HISTÓRIA DAS MULHERES NA AMAZÔNIA

(PARÁ, SÉCULO XVIII AOS DIAS ATUAIS)

Comissão Científica

David Alejandro Ramírez Palacios (PPHIST/UFPA)
José Alves de Souza Junior (PPHIST/UFPA)
José Maia Bezerra Neto (PPHIST/UFPA)
Karl Heinz Arenz (PPHIST/UFPA)
Nelson Rodrigues Sanjad (PPHIST/UFPA/MPEG),
Marcelo Ferreira Lobo (SEDUC/CE)
Mauro Cézar Coelho (PPHIST/UFPA)
Rafael Ivan Chambouleyron (PPHIST/UFPA),
Rosangela da Silva Quintela (UEPA)

Conselho Científico da Coleção Floresta

Casimira Grandi (Università di Trento – Itália)
Chantal Cramoussel (Universidad de Guadalajara – México)
João dos Santos Ramalho Cosme (Universidade de Lisboa – Portugal)
Mark Harris (University of Saint Andrews – Escócia)
José Luis Ruiz-Peinado Alonso (Universitat de Barcelona – Espanha)
Oscar de la Torre (University of North Carolina – Estados Unidos)
Maria Luiza Ugarte (Universidade Federal do Amazonas)
Luis Eduardo Aragón Vaca (Universidade Federal do Pará)
Rosa Elizabeth Acevedo Marin (Universidade Federal do Pará)
Érico Silva Alves Muniz (Universidade Federal do Pará)
Clarice Nascimento de Melo (Universidade Federal do Pará)
Lígia Terezinha Lopes Simonian (Universidade Federal do Pará)

CRISTINA DONZA CANCELA
NATÁLIA CAVALCANTI
ANA LÍDIA NAUAR
ROSÂNGELA QUINTELA
(Organizadoras)

HISTÓRIA DAS MULHERES NA AMAZÔNIA

(PARÁ, SÉCULO XVIII AOS DIAS ATUAIS)

2023

Copyright © 2023 Os organizadores
1ª Edição

Direção editorial: José Roberto Marinho

Revisão: Paula Santos
Capa: Fabrício Ribeiro
Projeto gráfico e diagramação: Fabrício Ribeiro

Edição revisada segundo o Novo Acordo Ortográfico da Língua Portuguesa

Dados Internacionais de Catalogação na publicação (CIP)
(Câmara Brasileira do Livro, SP, Brasil)

História das mulheres na Amazônia: (Pará, século XVIII aos dias atuais) / organizadoras Cristina Donza Cancela...[et al.]. – São Paulo: Livraria da Física, 2023.

Vários autores.
Outras organizadoras: Natália Cavalcanti, Ana Lídia Nauar, Rosângela Quintela.
Bibliografia.
ISBN 978-65-5563-340-5

1. Amazônia - Aspectos sociais 2. Amazônia - História - Período colonial 3. Mulheres - Amazônia - Usos e costumes 4. Mulheres - Aspectos sociais 5. Mulheres - História - Período colonial
I. Cancela, Cristina Donza. II. Cavalcanti, Natália. III. Nauar, Ana Lídia. IV. Quintela, Rosângela.

23-161931   CDD-305.42

Índices para catálogo sistemático:
1. Mulheres: História: Sociologia 305.42

Aline Graziele Benitez - Bibliotecária - CRB-1/3129

Todos os direitos reservados. Nenhuma parte desta obra poderá ser reproduzida sejam quais forem os meios empregados sem a permissão da Editora.
Aos infratores aplicam-se as sanções previstas nos artigos 102, 104, 106 e 107 da Lei Nº 9.610, de 19 de fevereiro de 1998

Editora Livraria da Física
www.livrariadafisica.com.br
www.lfeditorial.com.br
(11) 3815-8688 | Loja do Instituto de Física da USP
(11) 3936-3413 | Editora

APRESENTAÇÃO DA COLEÇÃO

Criado em 2004, o Programa de Pós-Graduação em História Social (PPHIST), vinculado ao Instituto de Filosofia e Ciências Humanas (IFCH) da Universidade Federal do Pará (UFPA), tem construídos estudos sobre a Amazônia invariavelmente alinhados às tendências historiográficas nacionais e internacionais. Com um diversificado perfil do corpo docente, que também se observa nas linhas de investigação, o programa tem se tornado um espaço importante de contribuição e renovação historiográfica com produção significativa em que se inserem Dissertações de Mestrado e Teses de Doutorado, relevantes nas suas temáticas e na articulação que estabelecem com os novos enfoques historiográficos.

A percepção mais ampla da Amazônia de florestas e cortadas por muitos cursos d'água que tornam à terra úmida e colabora na sua fertilização, mas que também permitem os deslocamentos e comunicações, exige um exercício de investigação e uma perspectiva de análise que valorize as experiências vividas nesta vasta região e as múltiplas conexões, fluxos e compulsões internas e externas, historicamente construídas. O caleidoscópio movimento das populações e a forças das instituições deram lugar a projeções de dramas e experiências sociais diversas e de complexidade em relevo, o que tem imprimido ao programa um caráter inovador e renovador, com novas, instigantes e necessárias abordagens.

Os livros que aqui apresentamos, neste ano de 2021, em que o programa completou 10 anos de criação do doutorado e 17 anos de existência, fazem parte da *Coleção Floresta*, vinculada ao IFCH, e são resultados dos trabalhos de professores e egressos do PPHIST. Revelam um promissor momento da pesquisa histórica na Amazônia abordando temas e temporalidades variadas que oferecem, como observaremos, novos aportes e novas interpretações sobre a Amazônia.

Um dos iniciais objetivos comuns destes livros, é o de mostrar as variedade e complexidades do espaço amazônico, seu passado histórico e os fatores condicionantes que se tem mantido vigente em sua atualidade, assim como as relações produzidas com a introdução de novos enfoques de estudos. Assim, se foi perfilado um espectro de temas relacionados com questões espaciais, identitárias e de poder. Experiências comuns, valores partilhados e sentimentos de pertencimentos foram observados em ambientes condicionantes por relações de poder e medidos por espaços forjados na luta e dentro das práticas que o configuram e o reproduz. A Amazônia se revela nestes estudos como espaço modelar em que os agentes que o operam socialmente, constroem percepções, representações e estratégias de intervenção em diferentes temporalidades.

Tais trabalhos de pesquisa, sem dúvida, constituem contribuições originais e, sobretudo, desnaturalizadoras como se propõem ser os estudos que assumem, como coerência e autenticidade, a relação com o passado e demandas presente, tendo como eixo central de diálogo, a história social em contexto amazônico e suas conexões. Os trabalhos reunidos propiciam aos leitores, ademais, um profícuo exercício de crítica historiográfica, métodos e análises documentais. Como apontado, percorrem searas das mais diversas, adensando as riquezas de suas contribuições, quanto à análise de estratégias para enfrentar variadas formas de controle, pensar as ações de domesticação e dominações estabelecidas por agentes e agências oficiais, assim como revelar práticas de resistências, lutas e enfrentamentos.

Os textos expressam, simultaneamente, pesquisas em andamento e outras já concluídas. Temáticas, temporalidades e enfoques plurais que apenas um programa consolidado poderia construir. Diante de tantas e inovadoras contribuições, a intenção é que o leitor estabeleça um exercício de escolha mais consentâneo a seus interesses e afinidades, estando certo de que encontrará nestas coletâneas um conjunto de leituras, instigantes, necessárias e provocativas.

Aproveitamos para registrar os nossos cumprimentos e agradecimentos a CAPES pelo apoio financeiro para publicação, o que expressa o compromisso com o desenvolvimento da pesquisa e a formação superior no Brasil e na Amazônia. Estendemos os cumprimentos ao Programa de Pós-Graduação em História Social, ao Instituto de Filosofia e Ciências Humanas e a Universidade Federal do Pará pelo apoio institucional e envolvimento dos seus professores e técnicos na construção destas importantes obras bibliográficas.

Um bom exercício de leitura é o que inicialmente desejamos.

Fernando Arthur de Freitas Neves
Diretor do IFCH

Francivaldo Alves Nunes
Coordenador do PPHIST

PREFÁCIO

HISTÓRIA COM LENTES DE GÊNERO

Cristina Scheibe Wolff[1]

Quando, em 1994, resolvi iniciar uma pesquisa sobre a história das mulheres na região do Alto Juruá, Acre, para meu doutorado na Universidade de São Paulo, minha primeira ação foi buscar toda e qualquer bibliografia que se referisse à história das mulheres na Amazônia, incluindo o Pará. Foi difícil. Naquela época ainda não existiam as ferramentas de busca na internet como hoje, e a busca era feita nos fichários das bibliotecas. Não encontrei nada. O que havia eram menções breves em livros e documentos sobre a região. Sobre o Acre, era comum dizerem que, no período de exploração da borracha, finais do século XIX e início do século XX, "Mulher, naqueles tempos, não havia, no Acre todo" (TOCANTINS, 1979, p. 166).

Mas isso não significa que já não houvesse pesquisas sobre este tema na Amazônia. Justamente no Pará, em 1995 foi publicado o livro *A mulher existe? Uma contribuição ao estudo da mulher e gênero na Amazônia*, organizado por Maria Luiza Álvares e Maria Ângela D´Incao. Uma coletânea com vários textos importantes, aos quais tive acesso ainda durante a escrita da tese. A diversidade de textos e trabalhos de pesquisa daquela coletânea já demonstrava um campo de estudos de gênero bastante amplo no Pará. Assim, não é à toa que agora surge esta nova coletânea, com trabalhos também bastante diversos, mas

---

1 Professora titular do Departamento de História da Universidade Federal de Santa Catarina, bolsista de produtividade do CNPq. Integra o Laboratório de Estudos de Gênero e História (www.legh.cfh.ufsc.br) e o Instituto de Estudos de Gênero (www.ieg.ufsc.br). É também uma das editoras da *Revista Estudos Feministas*. E-mail: cristiwolff@gmail.com

com uma perspectiva da história, e que cobre desde o período da colonização até o presente.

Como conta Joan Scott (1992), a história das mulheres surge a partir da reivindicação do feminismo de que as mulheres se tornassem sujeitos políticos. Foi a partir dos movimentos feministas que as historiadoras nas universidades começaram a se questionar sobre onde estavam as mulheres na história. Se tivemos algumas precursoras anteriores, foi a partir dos anos 1960 e 1970 principalmente que se desenvolve o campo que chamamos de História das Mulheres (SOIHET; PEDRO, 2007).

Michelle Perrot (1984), em um texto que ficou muito famoso nos anos 1980, perguntava: É possível uma história das mulheres? Ela preconizava uma história das mulheres que se integrasse à história de maneira orgânica, que não ficasse como um "gueto". Ela estava se opondo ao que estava acontecendo no mundo anglo-saxônico em que se iniciavam os Departamentos de Women Studies (Estudos de Mulheres). Por isso esses departamentos interdisciplinares não são comuns na França, e mesmo no Brasil, embora tenhamos núcleos, centros, institutos, mas não departamentos, como é comum nos Estados Unidos, Inglaterra, Canadá, Austrália. Podemos lembrar sempre de Virgínia Woolf que dizia que para escrever uma mulher precisava de um quarto próprio, e de uma renda mensal... Nesses países as mulheres acadêmicas e feministas construíram seus quartos próprios, assim como nós, latino-americanas, fomos construindo talvez não quartos propriamente, mas fomos organizando nossos cantinhos com uma escrivaninha e uma estante de livros no canto da sala de nossos departamentos de história, sociologia, antropologia, literatura, e fomos nos juntando através de conferências, revistas feministas e institutos interdisciplinares para mantermos esses cantinhos. Minha colega Joana Maria Pedro disse recentemente que nós fomos construindo um puxadinho, um anexo na casa da história. E que isso pode derrubar paredes, desestruturar a casa ou também ajudar a sustentá-la, enriquecê-la, ampliar seus espaços para acolher mais gente. O fato que quero evidenciar aqui é que foram os movimentos de mulheres e feministas que construíram as mulheres como sujeitos históricos e como sujeitos do conhecimento histórico, historiadoras, através de suas reivindicações, conquistas e sua reflexão teórica, derrubando a categoria "homem" como sujeito universal da história, depois derrubando também a própria categoria mulher em favor de uma perspectiva plural do sujeito do feminismo para incluir mulheres negras, indígenas, muçulmanas, pobres, periféricas, deficientes, idosas, jovens, lésbicas e trans em sua diversidade. E foi dessa teoria feminista, associada aos estudos ligados às sexualidades e a teoria queer, que se produziu a categoria gênero (PEDRO, 2011; WOLFF; SALDANHA, 2015).

Gênero nasceu como categoria relacional, pensada para superar a noção patriarcal de que as diferenças hierárquicas entre homens e mulheres fossem dadas pela "natureza" e pelos corpos. É uma categoria útil para a análise histórica, segundo Joan Scott (1990), que nos diz que ela é um elemento das relações sociais, que se articula com outros elementos dessas relações sociais, tais como classe, raça, etnia, nacionalidade e outros, dependendo de cada contexto social a ser analisado, na constituição de relações de poder. Dessa forma, a categoria gênero também já nasce de forma interseccional, buscando essa articulação de opressões e relações de poder que constituem sujeitos nas sociedades, na história e na cultura, com consequências econômicas, sociais, culturais, biológicas, políticas.

Na área da literatura, há uma discussão muito forte sobre se haveria uma forma de escrita feminina, diferente da escrita masculina. Eu não advogo uma diferença intrínseca a uma escrita da história feminina. Mas por questões de socialização, educação, e mesmo de engajamento (no caso no feminismo), acredito que as mulheres foram capazes de trazer para a história outros olhares, outros problemas, outros sujeitos.

Com o advento dos cursos de história, muitas são as historiadoras que produzem pesquisas e textos teórico-metodológicos. No Brasil e em muitos lugares da América Latina, temos nas escolas e nos meios de comunicação uma história ainda muito eurocêntrica e ao mesmo tempo uma história produzida por homens e na qual os personagens principais são homens, com muitas poucas exceções. Os cânones da história, especialmente quando falamos em teoria na história, ainda são muitos autores homens. De Marx a Foucault, a Koselleck, estamos falando de homens brancos e europeus. Pensar uma história decolonial, que descolonize não somente o conteúdo que pesquisamos, implica também em procurar outras perspectivas teórico metodológicas, que permitam enxergar a história com outras lentes. E aí, trazer autoras mulheres, latino-americanas, africanas, asiáticas, sem jogar fora as contribuições e as polêmicas que podemos fazer com aqueles homens brancos europeus, é um grande desafio, mas permite muitas novas descobertas.

Muito recentemente, por exemplo, foi lançada no Brasil uma tradução do livro da socióloga nigeriana Oyèrónké Oyêwùmí, intitulado *A invenção das mulheres: construindo um sentido africano para os discursos ocidentais de gênero* (2021). A autora explica que "a categoria 'mulher' – que é fundacional nos discursos de gênero ocidentais – simplesmente não existia na Iorubalândia antes do contato mantido com o Ocidente" (p. 15). O livro faz um questionamento epistemológico ao afirmar que os próprios estudos africanos assumiram as construções ocidentais como universais, e que para a sociedade iorubá o corpo não era a base para papéis sociais, inclusões e exclusões.

Outro livro incrível, cuja tradução é de 2010 no Brasil, é *Couro Imperial: raça, gênero e sexualidade no embate colonial*, da autora Anne McClintock, nascida no Zimbawe. Nesse livro McClintock estuda a questão colonial em fontes muito diversas, que vão das fotografias, literatura, às propagandas de sabão, mostrando o alcance da colonialidade por dentro da própria sociedade europeia e como marcou as relações sociais e construiu padrões de gênero e raça que se reproduzem de várias maneiras, tanto na Europa como na África.

São só dois exemplos de livros produzidos em décadas anteriores que, por políticas de tradução e citação, tivemos acesso somente recentemente, possivelmente por terem sido escritos por mulheres, uma não branca e outra, mesmo branquíssima, mas mulher e não europeia ou estadunidense. Entretanto, as duas são hoje professoras em universidades estadunidenses. Será que se seus livros tivessem sido publicados na Nigéria ou no Zimbawe, nós teríamos tido acesso a eles? São livros que aportam questões epistemológicas que nos dão a oportunidade de outra compreensão da história da colonização, da nossa história, e que colocam as questões de gênero como centrais para essa compreensão.

Outra dimensão desta questão, que sempre gosto de lembrar, é que nossas e nossos e nosses estudantes brasileiras, negras, indígenas, todas, precisam se pensar como possíveis autoras, como pessoas que têm potencial para a construção de conhecimento para desafiar e elaborar novas teorias. Para isso, uma bibliografia que inclua pessoas mulheres, trans, negras e negros, indígenas, de várias partes do globo, é muito importante (WOLFF; ZANDONÁ; MELLO, 2019). Confesso que quem me ensinou isso foram minhas alunas. Este livro, com sua diversidade de temas e questões para a história das mulheres no Pará, contempla essa questão, e nos permite *insights* muito significativos, tanto do ponto de vista dos temas da história quanto do ponto de vista epistemológico e metodológico.

Mas o que uma perspectiva de gênero aporta para o conhecimento histórico?

Em primeiro lugar, ao desconstruir um sujeito universal masculino, uma perspectiva que inclui as relações de gênero como clivagem social propicia a INCLUSÃO de metade da humanidade como sujeitos da história.

Em segundo lugar, a perspectiva de gênero possibilita VER que todas e todos e todes nós vivemos dentro de um sistema de gênero, que cria dinâmicas sociais, hierarquias, comportamentos, violências, opressões e exploração. Por exemplo, como vêm chamando a atenção muitas historiadoras feministas e marxistas, como Silvia Federicci, a perspectiva feminista permite ver como trabalho e como produção aquilo que era relegado ao termo "reprodução" e que era por isso negligenciado na história econômica e na economia. O que seria do mundo e do capitalismo sem o trabalho de cuidado, que tem sido realizado de forma silenciosa, gratuita, através de uma exploração profunda e ideologizada pelas mulheres?

Em terceiro lugar, a perspectiva de gênero traz a possibilidade de compreender dinâmicas que articulam gênero, raça, classe, sexualidades e outras clivagens sociais para construir as opressões e violências. E assim permitem pensar políticas que possam TRANSFORMAR as sociedades.

No momento atual (2022), vivemos um momento muito particular no Brasil e no mundo quanto às questões de gênero e às políticas e direitos das mulheres. Após muitas décadas de conquistas de direitos, aparentemente vivemos um momento em que esses direitos e conquistas são novamente questionados, com tentativas de restringi-los, trazidas por movimentos conservadores e de direita, alguns de cunho religioso e outros político. Foi inclusive mobilizada a ideia de que gênero se(ria uma invenção ideológica, construída no sentido de "acabar com a família cristã" a família patriarcal...) e os valores tradicionais. A verdade é que o feminismo sempre quis terminar com o caráter patriarcal da família, construindo outras formas de convivência familiar baseadas em relações igualitárias e solidárias, e não nessa hierarquia de gênero.

As histórias das mulheres, como estas provenientes de pesquisas criteriosas e articuladas neste livro, nos permitem enxergar resistências, projetos, sonhos compartilhados e nos dão esperanças de que podemos continuar nosso trabalho de reconfiguração social no sentido de um mundo mais justo, com alegria, amor, amizade e solidariedade (WOLFF, 2021).

Referências

ÁLVARES, Maria Luiza M.; D´INCAO, Maria Ângela (org.). *A mulher existe?* Uma contribuição ao estudo da mulher e gênero na Amazônia. Belém: Gepem/Museu Goeldi/ CNPq, 1995.

MCCLINTOCK, Anne. *Couro imperial*: raça, gênero e sexualidade no embate colonial. Campinas: Editora da Unicamp, 2010.

OYEWÙMÍ, Oyèrónké. *A invenção das mulheres*: construindo um sentido africano para os discursos ocidentais de gênero. Tradução de Wanderson Flor do Nascimento. Rio de Janeiro: Bazar do Tempo, 2021.

PEDRO, Joana Maria. Relações de gênero como categoria transversal na historiografia contemporânea. *Topoi*, Rio de Janeiro, v. 12, p. 270-283, 2011.

PERROT, Michelle (dir.). *Une histoire des femmes, est-elle possible?* Marseille: Rivages, 1984.

SCOTT, Joan W. Gênero: uma categoria útil de análise histórica. *Educação e Realidade*, Porto Alegre, v. 16, n. 2, p. 5-22, jul./dez. 1990.

SCOTT, Joan. História das mulheres. *In*: BURKE, Peter (org.). *A escrita da História*: novas perspectivas. São Paulo: Ed. Unesp, 1992. p. 62-95.

SOIHET, Rachel; PEDRO, Joana Maria. A emergência da pesquisa da história das mulheres e das relações de gênero. *Revista Brasileira de História*, v. 27, p. 281-300, 2007.

TOCANTINS, Leandro. *Formação Histórica do Acre*. Vol. 1. Rio de Janeiro: Civilização Brasileira; Brasília: INL, 1979.

WOLFF, Cristina Scheibe (org.). *Políticas da emoção e do gênero no Cone Sul*. Curitiba: Brazil Publishing, 2021. [recurso eletrônico] DOI: 10.31012/978-65-5861-572-9. Disponível em: https://repositorio.ufsc.br/handle/123456789/230126.

WOLFF, Cristina Scheibe; SALDANHA, Rafael Araújo. Gênero, sexo, sexualidades - Categorias do debate contemporâneo. *Retratos da Escola*, v. 9, n. 16, p. 29–46, 2015. Disponível em: https://retratosdaescola.emnuvens.com.br/rde/article/view/482.

WOLFF, Cristina Scheibe; ZANDONÁ, Jair; MELLO, Soraia Carolina de. (org.) *Mulheres de luta*: feminismo e esquerdas no Brasil (1964-1985). Curitiba: Appris, 2019. [recurso eletrônico]. Disponível em: https://repositorio.ufsc.br/handle/123456789/201257

WOLFF, Cristina Scheibe. *Mulheres da floresta*: uma história. Alto Juruá, Acre. (1890-1945). São Paulo: Hucitec, 1999.

APRESENTAÇÃO

O GT de Estudos de Gênero Seção Pará surgiu no ano de 2020, vinculado ao GT de Gênero da ANPUH Nacional. Embora ainda bastante recente, espelhou e congregou pesquisador@s que há muito vinham trabalhando com a temática da História das Mulheres, mesmo antes da categoria gênero surgir na academia de forma contundente nos anos de 1990, alterando nosso vocabulário, ampliando as temáticas, densificando e contorcendo a historiografia. A História das Mulheres não apenas trouxe visibilidade à experiência das mulheres, mas também fez girar o eixo do olhar da história sobre sua produção, suas metodologias e fontes de pesquisa.

Se os estudos de gênero foram importantes nesse redimensionamento político do fazer historiográfico na academia, no ensino e na militância feminista, as categorias de interseccionalidades, sexualidades e decolonialidades trouxeram novas quebras e rupturas, nos revirando e revirando nossas produções. Ampliaram nossa percepção sobre as assimetrias existentes entre homens e mulheres; questionaram a homogeneidade simulada da categoria mulher, trazendo visibilidade sobre a experiência e as demandas de mulheres negras e indígenas, inclusive nas pautas do movimento feminista; problematizaram a essencialidade biológica dos sujeitos sexuados e da heteronormatividade, abrindo espaço para as sexualidades dissidentes; nos mostraram que as experiências e performances femininas estão marcadas não apenas pela classe social, mas também pelo lugar de quem fala, mais ao norte ou mais ao sul do planeta, nas áreas coloniais ou de colonização, dentro e fora do mesmo país.

O GT de Estudos de Gênero da ANPUH/Seção Pará surge reunindo e ampliando historiador@s preocupad@s em pensar as questões citadas, que dizem respeito à prática acadêmica e à prática política de tod@s nós que lutamos pelo fim das desigualdades de gênero, da heteronormatividade compulsória, do racismo, pela autonomia dos povos originais e das populações tradicionais. Em sua curta e intensa trajetória, o GT fomentou o intercâmbio, as discussões teóricas, a militância social, o diálogo entre a pesquisa, o ensino e a extensão.

Este livro é o resultado dessa rede e dessa prática. Os textos aqui reunidos são de autoria de historiador@s e demais cientist@s sociais, numa proposta interdisciplinar de olhar a experiência das mulheres. Embora os capítulos tenham sido organizados tendo como marco a divisão por séculos, que tendem a remeter a uma periodicidade ligada à História colonial imperial e republicana, a ideia foi considerar essas periodicidades como referências mas não como amarras. Isso porque se essas periodicidades são importantes, pois nos remetem a mudanças políticas e estruturais, muitas vezes não trazem muitas transformações na política do cotidiano e na história encarnada das gentes miúdas.

Tão importante quanto esses marcos temporais, os textos discutem a experiência de mulheres indígenas, negras e brancas na sua articulação com as categorias de classe social, gênero, sexualidade e relações étnico-raciais nos diversos momentos da formação social e econômica paraense. Mulheres aqui entendidas não apenas do ponto de vista da biologia, mas da autorreferência, identificação subjetiva e prazeres múltiplos, daí a necessidade de incorporação das mulheres transexuais.

Em alguns textos, pode-se marcar a experiência das mulheres diante dos acontecimentos tradicionais da história paraense, como a cabanagem, entretanto, a proposta não é fazer uma história totalizante, das macromudanças e/ou acontecimentos econômicos e políticos e, sim, pensar uma história das mulheres a partir de indivíduos, famílias, comunidades, movimentos sociais; analisar os aspectos econômicos e políticos em diálogo com as questões culturais; trabalhar com temas diversos como trabalho, corpo, saberes, prostituição, educação, famílias, sexualidades; uma história que dê conta das mulheres da elite e das camadas médias, mas também das mulheres populares. Mulheres brancas, negras, indígenas; escravizadas, quilombolas, extrativistas, agricultoras, pescadoras, profissionais liberais, trabalhadoras urbanas; uma história que mostre processos de conformação e diálogo com as normas e valores tradicionais, mas também a resistência, a mudança de perspectiva e olhares, que podem ocorrer de forma organizada, em movimentos coletivos, organizações feministas, lutas políticas ou nas relações capilares da prática cotidiana.

O livro é também uma homenagem do GT às pesquisador@as que produziram textos e/ou tiveram militância política na década de 1980 e 1990, tornando-se referência nos estudos de mulher e de gênero, formando muitas gerações de mulheres e pesquisdor@as. Assim, abrimos o livro com a produção dessas pesquisadoras pioneiras.

Gostaríamos de agradecer o financiamento dessa obra pelo Programa de Pós-Graduação em História Social da Amazônia (PPHIST) e o apoio do GT de Gênero ANPUH/PA. Por fim, agradecemos à Coordenação de Aperfeiçoamento de Pessoal de Nível Superior (CAPES) e ao Conselho Nacional de Desenvolvimento Científico e Tecnológico (CNPQ) que financiaram boa parte das pesquisas aqui desenvolvidas.

Resumo dos textos

Zélia Amador de Deus, em "Ananse, a aranha-deusa", analisa a Negritude em Movimento e o Movimento da Negritude como fenômenos construídos na Diáspora Africana, em diversos lugares. Seu texto é uma transcrição de sua palestra no evento Descolonizar #Negritude, realizado em 2017, e postada no *YouTube*.

O capítulo de Jane Felipe Beltrão, "'A gente tem que morrer no trabalho': corpo e trabalho entre as mulheres da castanha", encontra-se entre os trabalhos clássicos e pioneiros realizados sobre as mulheres paraenses. A autora analisou o cotidiano do mundo do trabalho e do corpo das chamadas "Mulheres da Castanha". O texto se constrói em uma narrativa que cruza o olhar da autora à época da pesquisa, na década de 1980, e na atualidade com as discussões de gênero em Antropologia e as violações de direitos humanos.

Aliando à perspectiva da raça a de gênero, Angélica Motta-Maués faz uma reflexão refinada sobre a construção da categoria, as interpretações e representações da chamada "mulata paraense" ou "mulata do Pará" na virada do século XIX para o XX. Ela mostra que essa foi uma imagem forjada pelo discurso branco de jornalistas, literatos, cronistas, uma personagem real a se mover pelas ruas, becos e cortiços da cidade – a "bela Joaninha" –, e um poderoso argumento nas mãos dos adeptos das teorias raciais na sua afirmação da suposta inferioridade do negro e dos prejuízos de sua presença para a "família brasileira" e para a nação em construção.

Marley Antônia Silva da Silva e Robervânia de Lima Sá Silva, em seu trabalho "Mulheres africanas em Belém: recriando liberdade na primeira metade do século XVIII", analisam a história de mulheres e crianças na diáspora, discutindo suas trajetórias, circularidade na cidade, formas de resistência e fugas.

Em "Donas de casa...donas da vida: Casamento e 'cabeça da família', Grão-Pará na década de 1770", Antônio Otaviano Vieira Junior e Flávia Drielle Aguiar Mesquita entram nas casas das mulheres "cabeças de família" e discutem questões relativas à chefia feminina no Grão-Pará, às práticas de casamento e sua relação com dimensões político-administrativas, que nos ajudam a pensar a multiplicidade da História da População para a Amazônia.

As mulheres de elite são o tema do trabalho de Marília Cunha Imbiriba dos Santos, "Mulheres, engenho e poder: a trajetória de Francisca Xavier de Siqueira e Queirós na Amazônia colonial". Seguindo a trilha de mulheres chefes de família, a autora vai nos mostrar a agência dessas mulheres, suas circularidades, estratégias de inserção e agência que se refletem na solicitação de mercês, administrando negócios, participação ativa na vida social da província, distanciando-se da imagem submissa com que as mulheres de elite foram homogeneizadas.

A cabanagem e o período que se seguiu a esse conflito são lidos por Eliana Ramos Ferreira para pensar a participação feminina. Em seu trabalho, "As viúvas da cabanagem: trajetórias, lutas e afetos das mulheres em meados do século XIX", ela vai mostrar o trabalho, as fugas para matas e rios, a administração de negócios e terras das mulheres, nos idos do século XIX, destacando a importância das diferenças sociais para compreender a assimetria das vivências de mulheres brancas e "de cor", como eram chamadas as indígenas e negras.

Circulando entre Belém, o Baixo Tocantins e a Zona Guajarina, Daniel Souza Barroso, em "Múltiplas no cativeiro: escravidão, reprodução demográfica e mundos do trabalho no Grão-Pará oitocentista", analisa as diferenças e aproximações dessas regiões quanto à dinâmica, às características, à reprodução social e demográfica da população cativa, observando o equilíbrio entre o número de mulheres e homens cativos, a importância da reprodução endógena, os arranjos familiares monoparentais femininos e o protagonismo das escravizadas no mundo do trabalho.

Analisando a imigração de mulheres portuguesas a partir dos distritos do Porto e de Aveiro, Cristina Donza Cancela e Anndrea Tavares, em "Mulheres, imigração portuguesa e gênero (Pará – 1850 a 1930)", investigam os números da imigração, o perfil de idade, escolaridade e as relações de trabalho, questionando os estudos de migração que costumam pensar a migração feminina como passiva, vindo a mulher a reboque das decisões e do trabalho masculino.

João Arnaldo Machado Gomes, em "Mulheres na linha: o telefone e o trabalho de telefonistas em Belém (1890-1920)", analisa como o uso do telefone permitiu a criação de um importante espaço no mundo do trabalho para as mulheres, fora do espaço doméstico, dialogando com tradicionais e novo comportamentos dessas telefonistas.

No capítulo "Prostituição e biopolítica em Belém (1890-1905)", Ronaldo Trindade faz uma etnografia histórica da prostituição pobre em Belém do Pará entre os anos 1880 a 1905 a partir de várias fontes documentais do período como autoscrimes, legislações, romances e jornais do período. O autor chama a atenção para as políticas de disciplinarização dos corpos das prostitutas no período de transição do trabalho compulsório para o trabalho livre, do Império para a República, contexto em que a cidade viveu o período conhecido como *Belle Époque*, propiciado pelo desenvolvimento da economia da borracha. Argumenta que a cruzada das autoridades paraenses contra a prostituição no referido período se fez por meio de estratégias biopolíticas que pretendiam disciplinar, moralizar e medicalizar o corpo das meretrizes pobres.

A pesquisadora Adriane dos Prazeres Silva apresenta o capítulo "A dama dos castanhais: o protagonismo feminino na Amazônia Tocantina (1930-1960)". O período abordado é marcado por tempos de conflitos pela terra na Amazônia. As mulheres da elite, arrendatárias de castanhais, agenciadoras de conflitos pela posse da terra, conhecedoras dos signos de poder estatal e algumas delas arrimos de família, são as protagonistas da narrativa da historiadora.

Partindo da proposição de José Veríssimo que dá título ao trabalho: "'Entre as quatro melhores cousas do mundo': gênero e representações femininas na capital do Pará (XIX/XX)", Franciane Gama Lacerda e Maria de Nazaré Sarges discutem as representações em torno do corpo, da beleza, do trabalho e dos amores de mulheres pobres que viveram em Belém entre os séculos XIX e XX, a partir do olhar de homens nacionais e estrangeiros.

Em "Atuações políticas das feministas paraenses: o Departamento Paraense pelo Progresso Feminino (Belém/PA, 1931-1937)", Bárbara Leal Rodrigues pesquisa as mulheres feministas que fundaram o Departamento

Paraense pelo Progresso Feminino (DPPF), em 1931, analisando suas lutas em relação ao voto feminino, à articulação com as pautas da Federação Brasileira pelo Progresso Feminino, à atuação no processo de construção da Constituição e das mobilizações pelos direitos sociopolíticos das mulheres na construção de uma Cultura Política.

No capítulo "Sufragismo e emancipacionismo das mulheres paraenses nas décadas de 1920-1930", Maria Luzia Miranda Álvares faz uma reconstrução histórica das formas de participação política das mulheres paraenses nas décadas de 1920 e 1930, contexto em que predominava em Belém um espaço público fortemente hierarquizado no qual as mulheres não eram bem vistas, pois se considerava inadmissível a vocação delas para a política, uma vez que, nesse contexto, ser mulher era se dedicar aos trabalhos domésticos e cumprir o papel de mãe e esposa. No entanto, apesar da prática política feminina ser naturalizada como campo masculino, havia algumas mulheres que rompiam os entraves estabelecidos ao seu ingresso na política. A pesquisa realizada pela autora aponta "pistas" que evidenciavam a presença de movimentos femininos nos partidos políticos em Belém.

Leila Mourão Miranda percorre o movimento feminista no Pará na sua diversidade espacial, temporal e ideológica, em seu "Movimentos de mulheres no Pará: Utopia e História (1832-2000)". Passando pela formação, ainda em 1832, da "Sociedade das Novas Amazonas ou Iluminadas" à mobilização feminina na Cabanagem, às greves operárias, à organização das trabalhadoras domésticas, à formação de Núcleos e Ligas Republicanas, a autora chega aos movimentos sociais atuais desde a ditadura ao processo de anistia, onde pontua a criação de diversas Associações e Federações representadas no I Congresso da Mulher Paraense, em 1982, e a formação do Conselho Estadual dos Direitos da Mulher, além de outras ações para promover a defesa dos direitos da mulher.

No capítulo "Mulheres quilombolas: tradição oral e saberes afrodiaspóricos no Nordeste paraense", Raimunda Conceição Sodré e Ana Célia Barbosa Guedes Neste evidenciam a importância de mulheres quilombolas das comunidades de Santa Rita de Barreira e de Narcisa – ambas localizadas no Nordeste paraense – como guardiãs da memória ancestral e a relevância que elas detêm em seus territórios para a continuidade dos saberes, das tradições e das narrativas que contam a história de suas comunidades aqui entendidas como fundamentais na luta por direitos e reconhecimento de seus territórios.

No capítulo "Quando a aldeia é a cidade: mulheres indígenas, trajetórias, experiências e identidades no contexto urbano de Belém do Pará", Alana Wictória Lima de Oliveira e Ana Lídia Nauar elaboram uma etnografia a partir das vivências de três indígenas mulheres pertencentes a diferentes etnias, no contexto urbano de Belém do Pará, para compreender como elas constroem suas narrativas a partir das especificidades de suas vivências ancestrais enquanto indígenas mulheres no contexto urbano, e como percebem e refletem sobre as situações de violência, estigmatização e exclusão por elas vivenciadas. A pesquisa aponta a persistência de práticas colonialistas atualizadas por meio de percepções preconceituosas e estereotipadas sendo reproduzidas pelos não indígenas nos mais diversos contextos na cidade. Contudo, as narrativas também apontaram a manutenção das suas identidades ancestrais, bem como o seu fortalecimento diante das experiências e dificuldades vividas por elas para além do imaginário social ligado à ideia de corpos selvagens e exóticos, vistos como objeto sexual.

Rosani de Fatima Fernandes, em "Indígenas mulheres nas Amazônias: resistências e lutas por direitos", desvela suas próprias vivências, trocas, convivências e parcerias com outras indígenas mulheres, em contextos de militância, da academia, assim como nas organizações políticas representativas das aldeias com ênfase na temática da Educação Escolar Indígena (EEI) e Direitos Indígenas, cujo objetivo é entrelaçar teorias sobre a categoria gênero com as vivências dos povos indígenas.

Em "'Não sou eu uma mulher?' Ensino de História e (in) visibilidade da História das mulheres no Espaço Escolar", Anna Maria Alves Linhares e Caroline Barroso Miranda apresentam como as estruturas interseccionalizadas de raça, gênero e classe influenciam nas rupturas e permanências nas representações imagéticas das mulheres negras nos livros didáticos. Apontam ainda a *política do silêncio* no espaço escolar, através de pesquisa na escola, livros didáticos e entrevistas com alunas negras do ensino básico.

Ieda Palheta Moraes, em "Mulheres horticultoras: agricultura familiar no Ubiroca em Marituba no Pará", descortina o cotidiano de mulheres agricultoras que sobrevivem e resistem no bairro do Uriboca, no município de Marituba, Região Metropolitana de Belém (RMB), diante da instalação da Central de Processamento e Tratamento de Resíduos de Marituba (CPTR Marituba), fato esse que ocasionou impactos socioambientais no município de Marituba, em especial, no bairro do Uriboca, onde vivem sujeitos sociais que historicamente ocuparam esse lugar por meio do trabalho na agricultura familiar.

Rosângela da Silva Quintela, em "As mulheres protagonistas do Polo Joalheiro do Pará: redes sociais visíveis e invisíveis, além das vitrines, na produção de joias artesanais", destaca e reflete sobre as trajetórias de mulheres que construíram redes sociais familiares, de trabalho e de saberes de modo a se tornarem personagens principais no ramo da produção de Joias Artesanais e outras artesanias no mundo do trabalho.

Denise Machado Cardoso, em "O trabalho das mulheres na pesca e na produção de massa de caranguejo no norte da Amazônia Brasileira", analisa a discussão socioambiental e de gênero relacionada à atividade produtiva das mulheres da vila de Guarajubal no processo de catação da massa de caranguejo. Observa a inserção e participação feminina nas associações de usuários de RESEX Marinhas e as conquistas das mulheres marisqueiras na Legislação.

Em "Trajetória de Iza Cunha: militância política e a questão dos direitos humanos na Amazônia", Sandra Regina Alves Teixeira analisa o perfil social feminino concernente à participação de militância no espaço público da História da Amazônia na perspectiva biográfica dialogando com a História Social e Cultural sobre uma das principais mulheres que se destacaram na militância social e política: Isabel Marques Tavares da Cunha, conhecida como Iza Cunha e pelo codinome "Maria". Iza, que através da luta clandestina na Ditadura Militar atuou em organizações populares, de trabalhadores, movimentos sociais e de mulheres, destacou-se como uma grande liderança feminista. Para a autora, é importante ouvir a voz de Iza e dar visibilidade às suas experiências sociais e políticas na sociedade paraense das décadas de 1970 a 1990, pois ela foi uma referência na militância política em defesa dos Direitos Humanos na Amazônia.

Em "Discursividades sobre travestis e transexuais na mídia paraense" Lyah Santos Corrêa, Leandro Passarinho Reis Júnior e Warlington Luz Lôbo problematizam as discursividades acerca dos fatos noticiados sobre travestis e transexuais em uma mídia *on-line* de grande circulação no Estado do Pará, no período compreendido entre 2011 a 2018. A pesquisa revelou que as interfaces entre mídia, Psicologia e experiências identitárias que fogem à matriz heterossexual põem em xeque as questões entre marginalização, patologização e medicalização dos corpos, além de se estabelecerem enquanto grandes campos de possibilidades de diálogos, seja no reconhecimento histórico da reprodução de discursos de ajustamento e normalidade, seja ao refletir e agir dentro de sua área de atuação nos seus limites e potencialidades em não reproduzir "verdades", já tão difundidas no imaginário coletivo sobre sujeitos que apenas querem ter o direito de existir.

Os pesquisadores José Luiz de Moraes Franco, Milton Ribeiro da Silva Filho e Natália Conceição Silva Barros Cavalcanti discutem a conquista por direitos civis, políticas públicas e visibilidade social do movimento LGBT nas décadas de 1970/80 em Belém do Pará. Analisam como grupos, militantes e entidades foram fundamentais no fortalecimento do reconhecimento da cidadania e dos direitos das pessoas LGBTs. Abordam a memória, a trajetória e a luta dos movimentos LGBTs e sua história ao longo das décadas dando visibilidade ao modo de viver dos homossexuais na época, quais os lugares que mais frequentavam tanto na capital quanto no interior do estado e as estratégias utilizadas para ter um diálogo mais próximo com o governo a partir dos movimentos sociais LGBTs, dos Concursos de cunho Gay, e principalmente combater a violência, o HIV/Aids, o preconceito e a discriminação.

Otto Vasconcelos, em seu texto "Exílio afetivo: a constituição familiar de pessoas trans numa parte da Amazônia brasileira no final do século XX", expõe reflexões sobre as afetividades cotidianas, muitas vezes vividas no seio familiar, as quais carregam ideias de pertencimentos, expondo o quanto as relações familiares influenciam os rumos tomados no decorrer da vida.

SUMÁRIO

Autoras pioneiras

ANANSE, A ARANHA DEUSA: Negritude em movimento. Movimento da Negritude-Descolonizar #Negritude (2017)..29
Zélia Amador de Deus

"... A GENTE TEM QUE MORRER NO TRABALHO..." corpo e trabalho entre as mulheres da castanha...47
Jane Felipe Beltrão

DA **"BELA JOANINHA"** QUE VIROU *MULATA PARAENSE* E DESAPARECEU NOS BECOS DA **"CIDADE MORENA"**: JORNALÍSTAS, LITERATOS E CIENTISTAS CONSTRUÍN'DO IMAGENS NEGRAS 69
Maria Angelica Motta-Maués

Mulheres no século XVIII

MULHERES AFRICANAS EM BELÉM: Recriando liberdade na primeira metade do século XVIII 97
Marley Antônia Silva da Silva & Robervânia de Lima Sá Silva

DE CATARINAS E TERESA: HISTÓRIA DE UM CASAMENTO E DE "CABEÇA DA FAMÍLIA", GRÃO-PARÁ NA DÉCADA DE 1770...117
Antônio Otaviano Vieira Júnior & Flávia Drielle Aguiar Mesquita

MULHERES, ENGENHO E PODER: A trajetória de Francisca Xavier de Siqueira e Queirós na Amazônia colonial...141
Marília Cunha Imbiriba dos Santos

Mulheres nos séculos XIX e XX

AS VIÚVAS DA CABANAGEM: trajetórias, lutas e afetos das mulheres em meados do século XIX 163
Eliana Ramos Ferreira

MÚLTIPLAS NO CATIVEIRO: escravidão, reprodução demográfica e mundos do trabalho no Grão-Pará oitocentista 187
Daniel Souza Barroso

MULHERES, IMIGRAÇÃO PORTUGUESA E GÊNERO (PARÁ- 1850 a 1930) 205
Cristina Donza Cancela & Anndrea Tavares

MULHERES NA LINHA: O telefone e o trabalho de telefonistas em Belém (1890-1920) 227
João Arnaldo Machado Gomes

PROSTITUIÇÃO E BIOPOLÍTICA EM BELÉM (1890-1905) 247
Ronaldo Trindade

A DAMA DOS CASTANHAIS: o protagonismo feminino na Amazônia Tocantina (1930- 1961) 267
Adriane dos Prazeres Silva

"ENTRE AS QUATRO MELHORES COUSAS DO MUNDO": gênero e representações femininas na capital do Pará (XIX/XX) 295
Franciane Gama Lacerda & Maria de Nazaré Sarges

ATUAÇÕES POLÍTICAS DAS FEMINISTAS PARAENSES: o Departamento Paraense pelo Progresso Feminino (Belém/PA, 1931–1937) 319
Bárbara Leal Rodrigues

SUFRAGISMO E EMANCIPACIONISMO DAS MULHERES PARAENSES NAS DÉCADAS DE 1920-1930 343
Maria Luzia Miranda Álvares

MOVIMENTOS DE MULHERES NO PARÁ:
Utopia e História (1832-2000) 375

Leila Mourão Miranda

Mulheres no tempo presente

MULHERES QUILOMBOLAS: tradição oral e saberes afrodiaspóricos
no Nordeste Paraense 401

Raimunda Conceição Sodré & Ana Célia Barbosa Guedes

QUANDO A ALDEIA É A CIDADE: mulheres indígenas, trajetórias,
experiências e identidades no contexto urbano de Belém do Pará 427

Ana Lídia Nauar & Alana Wictória Lima de Oliveira

INDÍGENAS MULHERES NAS AMAZÔNIAS: resistências e lutas
por direitos 451

Rosani de Fatima Fernandes

'NÃO SOU EU UMA MULHER?' Ensino de História e (in)visibilidade
da História das mulheres no Espaço Escolar 477

Anna Maria Alves Linhares & Caroline Barroso Miranda

MULHERES HORTICULTORAS: Agricultura familiar no Ubiroca em
Marituba no Pará 501

Ieda Palheta Moraes

AS MULHERES PROTAGONISTAS DO POLO JOALHEIRO DO
PARÁ – redes sociais visíveis e invisíveis, além das vitrines, na produção de
joias artesanais 527

Rosângela Quintela

O TRABALHO DAS MULHERES NA PESCA E NA PRODUÇÃO
DE MASSA DE CARANGUEJO NO NORTE DA AMAZÔNIA
BRASILEIRA 555

Denise Machado Cardoso

TRAJETÓRIA DE IZA CUNHA: Militância política e a questão dos direitos humanos na Amazônia 573

Sandra Regina Alves Teixeira

PROTAGONISMO DE MULHERES TRANS EM MOVIMENTOS SOCIAIS NO PARÁ: trajetórias, resistências e luta por visibilidade.......595

José Luiz de Moraes Franco, Milton Ribeiro da Silva Filho & Natália Conceição Silva Barros Cavalcanti

DISCURSIVIDADES SOBRE TRAVESTIS E TRANSEXUAIS NA MÍDIA PARAENSE 619

Lyah Santos Corrêa, Leandro Passarinho Reis Júnior & Warlington Luz Lôbo

EXÍLIO AFETIVO: a constituição familiar de pessoas trans numa parte da Amazônia brasileira no final do século XX................................639

Otto Vasconcelos

ANANSE, A ARANHA-DEUSA NEGRITUDE EM MOVIMENTO. MOVIMENTO DA NEGRITUDE -DESCOLONIZAR #NEGRITUDE (2017) – TRANSCRIÇÃO[1]

Zélia Amador de Deus[2]

Boa noite, boa noite a todas e todos. Muito agradecida por estarem aqui. Muito obrigada mesmo. Bom, vocês estão aqui, eu também, nós vamos falar de negritude. Negritude em movimento, movimento da negritude, é disso que a gente vai falar. Para falar de negritude, negritude é um fenômeno construído na diáspora africana. A diáspora africana no continente americano. Negritude, portanto, é um fenômeno construído no continente americano, aqui! Toda vez que eu falo da diáspora histórica dos africanos no continente americano, aqueles africanos que foram arrancados à força de seu continente e trazidos para a América, destituídos da sua humanidade, jogados como se fossem coisas, como se fossem máquinas, como se fossem mercadoria. Toda vez que eu falo dessa diáspora eu utilizo uma metáfora, que é a metáfora de Ananse. Ananse é uma divindade da cultura Fanti-Ashanti. E o mito de Ananse diz que houve um tempo em que os humanos não possuíam história. Mas a história era de posse de um deus maior: Nyame. Nyame era o dono da

---

1   Zélia Amador de Deus - Descolonizar #Negritude (2017). Transcrição realizada pelo discente do Curso de Graduação de Ciências Sociais, da Universidade do Estado do Pará, Lucas dos Santos Arruda. A Organização do texto foi feita pela Professora Dra. Rosângela Quintela, integrante do GT Gênero – ANPUH-Pará/PMB.

2   Professora Associada da Universidade Federal do Pará. Doutora em Ciências Sociais pela Universidade Federal do Pará. Atriz e Diretora de Teatro. Fundadora do Centro de Estudos e Defesa do Negro do Pará – CEDENPA. E-mail: zeliamador@gmail.com.

história e das histórias. Os humanos não tinham direito a essa história. Ananse, uma aranha muito esperta. Ananse é uma divindade que podia, portanto, se metamorfosear do jeito que ela quisesse. Mas a metamorfose principal utilizada por Ananse é a de uma aranha. Então, Ananse, a aranha-deusa, deusa aranha, resolve ir atrás de Nyame para trazer as histórias para os humanos. Ananse portanto tece uma teia muito grande de prata e sobe por essa teia até chegar no reino de deus maior, de Nyame. Quando ela chega lá no alto, ela negocia com deus maior. Ela quer trazer a história, as histórias para o meio dos humanos. Ele diz: "tudo bem... Você pode ter acesso a essa história, você pode ter acesso a essas histórias, desde que...". Aí Nyame dá uma série de provas para que Ananse cumpra. Se você conseguir uma a uma dessas provas, quem tiver interesse depois busque a história de Ananse, veja que as provas são difíceis. "Se você conseguir vencer uma a uma dessas provas, eu lhe dou as histórias". Ananse, muito esperta, desce pela sua teia de prata e vai resolver as provas dadas por Nyame. Resolve uma a uma. Quando ela termina de resolver essas provas, ela sobe pela teia de prata, chega lá com o Nyame, o deus maior, e diz a ele: "Pronto! Resolvi tudo". E leva as comprovações de que ela havia resolvido. Ele lhe responde: "Não precisa das comprovações. Eu sei que você resolveu, portanto, você tem direito a levar a cabaça das histórias para o meio dos humanos". Ananse desce pela sua teia de prata e vem superfeliz. Tanta é a felicidade de Ananse que ela se distrai e a cabaça escapole de sua mão e as histórias se espalham pelo mundo. É só por isso que temos histórias e histórias, pela distração da Ananse. Mas quando se trata de diáspora, eu tomo a Ananse como metáfora, porque Ananse não abandonou os seus filhos nesta grande travessia. Ananse teceu suas teias de prata e atravessou os oceanos e acompanhou seus filhos até este continente. E, portanto, quando a gente fala de negritude, a gente tem que falar de diáspora, a gente tem que falar de Ananse, porque negritude é mais uma dessas teia de resistência tecida pelas filhas e filhos de Ananse. Então, portanto, a negritude é o orgulho. Eu tive a ideia de colocar um nome de "Movimento da Negritude e Negritude em movimento" porque a negritude, depois a gente vai ver, embora tenha sido um conceito cunhado por um herdeiro de Ananse, o poeta Aimé Césaire, da Martinica, negritude, no sentido mais amplo, é o orgulho que todas as herdeiras de Ananse e todos os herdeiros de Ananse têm de sua origem. Orgulho de abrir a boca e dizer: "eu sou negro". Orgulho de ter tomado, num determinado momento, a consciência da sua condição de espoliado, da sua condição de vilipendiado, e dizer: "basta! Eu vou lutar. Eu vou mudar este estado de coisas. Eu tenho que botar a minha vida em função de mudar esse estado de coisas, em função de mostrar ao mundo que o mundo é bem maior do que a Europa, que o mundo é muito mais amplo do que a Europa". A Europa que, conforme Césaire, do ponto de vista espiritual, do ponto de vista moral, é indefensável. Indefensável porque colonizou, porque espoliou, porque arrancou a riqueza, arrancou as histórias, tentou arrancar as memórias de todos aqueles que foram colonizados, reduziu os colonizados a um mero simulacro deles, dos europeus. Portanto, a Europa é indefensável espiritualmente e moralmente, diz Césaire, no discurso sobre o colonialismo, discurso publicado em 1946. Mas então, para começar, porque como eu falava "negritude em movimento, movimento de negritude", a negritude em movimento, ela é muito anterior a um movimento de negritude. Podemos falar de uma negritude em movimento, por exemplo, no Brasil, quando os africanos resolvem se aquilombar. Quando os africanos dando prejuízo direto aos senhores se aquilombam e põem em xeque o regime da escravidão. Nós, no Brasil, ouvimos falar e, é só quase o que a gente ouve falar nas nossas aulas de História, do Quilombo dos Palmares. Mas a gente ouve falar pouco do Quilombo dos Palmares. Hoje em dia, o movimento negro, que é negritude, recuperou Zumbi dos Palmares como símbolo de luta pela cidadania plena, como um símbolo de luta pela liberdade, como símbolo de luta pela construção de uma sociedade sem racismo. Também no Brasil, o movimento negro recuperou o território de quilombo como sendo um território capaz de se constituir, um território utópico, de uma sociedade justa, de uma sociedade sem racismo. Os quilombos a gente pode dizer que, no Brasil, são gritos de negritude. Temos outros exemplos de negritude pelo Brasil. Então, bem antes de muitos africanos terem pisado em algumas partes do território americano, do continente americano, nós já tínhamos exemplo de negritude em território brasileiro. E esse exemplo de negritude configurada nos quilombos a gente ouve falar do Quilombo de Palmares, mas em todos os lugares do território brasileiro houve quilombos. Nós, aqui no estado do Pará, tivemos muitos quilombos, chamados de mocambos ou quilombos, inclusive, hoje, nós temos os remanescentes de quilombos que estão aí, configurando a sua Negritude, lutando pela titulação de suas terras, lutando para conseguir fazer seus cursos na universidade. Diga-se, de passagem, a Universidade Federal do Pará foi a primeira universidade brasileira a criar reserva de vagas para quilombolas. Isso é Negritude. Isso é exemplo de Negritude em movimento. Então, Negritude é esse orgulho, esse orgulho da sua origem. Acontece que como todos nós fomos educados para assimilar as imposições civilizatórias do colonialismo, nesse sentido, faço um parêntese para elogiar o projeto Descolonizar. Esse projeto tem uma importância grande porque ele trata de coisas importantíssimas, que é de uma coisa muito importante, que é tirar dos nossos cabeções, tirar das nossas mentalidades colonizadas, aquilo que um sociólogo peruano chamado Aníbal Quijano chama de colonialidade. Ou seja, o colonialismo, mesmo tendo acabado como sistema político, permanece nas nossas mentalidades como colonialidade bem presente. É por isso que brasileiro classe média têm dificuldade em entender por que as empregadas domésticas precisavam da PEC que ficou conhecida como PEC das Domésticas. Porque a colonialidade, as colonialidades impressas, impregnadas nas cabeças das classes médias brancas brasileiras, fazem com que eles nem imaginem poder viver sem empregada doméstica. Isso numa visão mais contemporânea de que a empregada doméstica não tem que se submeter a morar na casa dos patrões no famoso quarto de empregada, que os arquitetos brasileiros transformaram em gavetas ou pequenos armários e que a gente pode dizer que são as nossas senzalas contemporâneas. Então, na verdade, essa dependência, essa necessidade que a classe média branca brasileira tem, ela é resquício de um movimento, ela é resquício de um sistema escravagista, ela é resquício de um regime de escravatura em que todo o trabalho – TODO – nesse continente era feito pelos africanos e seus descendentes. Por isso, o projeto Descolonizar tem uma importância grande para limpar os nossos cabeções de determinadas mentalidades que ficaram incrustadas, que ficaram cristalizadas. Nós precisamos tirar da nossa cabeça essas mentalidades. Precisamos mudar, precisamos começar a ver o mundo por outros ângulos. Precisamos começar a analisar a sociedade por outros prismas, com outras lentes, sem a lente do racismo, por exemplo, que chega ao nosso continente com o colonizador. E a primeira vítima ou as primeiras vítimas desse racismo no continente americano são os povos indígenas. "N" povos que foram espoliados, foram vítimas de genocídio, genocídio senão físico, também genocídio simbólico, genocídio que permanece até hoje, com anuência de grande parte da sociedade, que tem tolerado a violência em decorrência do racismo. Tanto do racismo anti-indígena quanto do racismo antinegro. É uma sociedade que tolera esse racismo, que singularmente convive com a violência desse racismo sem se abater. Quem se abate são as vítimas, porque o resto da sociedade não se abate. Aqueles que não são vítimas do racismo sequer têm coragem de se botar no lugar das vítimas. Este é um dos entraves que temos para de fato construir uma sociedade justa. É a dificuldade das não vítimas se colocarem no lugar das vítimas, é a dificuldade de se construir um processo empático, um processo de empatia. Nessa linha, aqueles que não são vítimas estão tranquilos. Nada lhes tira o sono. Enquanto isso, a juventude negra está morrendo. Mas quem fala, quem reage são os negros só. É o movimento negro que reage e que fala porque o resto da sociedade já deu anuência desde sempre para que esse jovem morresse. Quando acontece a morte física, antes a sociedade já realizou a morte simbólica. Não só dos negros, dos indígenas também. Quem é que autorizou aquelas milícias do Maranhão, lá em Viena? É Viana, perdão. Já estou dizendo que na Áustria, Viena, é Viana, no Maranhão, lá em Viana, cortasse as mãos de indígenas que estavam lutando pela posse de sua terra. Quem autorizou? Fomos nós, sociedade brasileira, que alimentamos o racismo. E aí alguém foi lá e decepou as mãos, mas a autorização simbólica já havia sido dada por essa sociedade que tolera o racismo, por essa sociedade que não fica indignada quando um senador da República diz que as mulheres negras não foram estupradas, mas sim que houve consentimento delas. Ora, as mulheres negras no período da escravidão sequer eram donas de seu corpo. O dono do corpo não só das mulheres, mas dos homens negros, era o senhor, esse era o dono. Os africanos não eram considerados pessoas. Os africanos não tinham no espaço jurídico um lugar para eles, a não ser de movente. E ser movente como se sabe é previsto no direito de propriedade, ou seja, os africanos, mulheres e crianças e seus descendentes eram menos humanos, eles eram propriedades, eles tiveram a sua humanidade destituída. Eram propriedade. Ora, quando alguém chega e diz: "basta! Tomei consciência de que eu sou capaz". Não precisa verbalizar, mas diz "basta!", foge, constrói os quilombos, se junta aos outros. Isto é, negritude. É se orgulhar. Eu sou humano! Talvez um dos maiores movimento de negritude ou negritude em movimento que, é como eu digo, que essa negritude, no sentido mais amplo, porque esse conceito foi capaz de se modificar e tem sido capaz de se modificar ao longo da história, é um conceito dotado de uma grande plasticidade capaz de ser muitas coisas ao mesmo tempo, capaz de ser reconstruído a todo momento onde quer que tenha uma negra, um negro espoliado, que tome consciência de que ele tem que lutar contra essa espoliação e nessa luta ele pode se utilizar de tudo, sobretudo, e, principalmente, utilizar a sua cultura como um instrumento de luta. Então, como eu dizia, negritude em movimento e se caracteriza por exporem este orgulho de ser negro, de dar um basta. Esse orgulho está presente nesse poema de Solanoe eu tomo a liberdade de ler. Muitos devem conhecer Solano Trindade. Solano Trindade é um poeta negro, pernambucano, que escreveu, mais ou menos, sua obra nas décadas de 1940 a 1960. Aí um poema como um eco:

Sou Negro

meus avós foram queimados
pelo sol da África
minh'alma recebeu o batismo dos tambores
atabaques, gonguês e agogôs
Contaram-me que meus avós
vieram de Loanda
como mercadoria de baixo preço plantaram cana
pro senhor do engenho novo
e fundaram o primeiro Maracatu.
Depois meu avô brigou como um danado nas terras de Zumbi
Era valente como quê
Na capoeira ou na faca
escreveu não leu
o pau comeu
Não foi um pai João
humilde e manso
Mesmo vovó não foi de brincadeira
Na guerra dos Malês
ela se destacou
Na minh'alma ficou
o samba

o batuque

o bamboleio

e o desejo de libertação...

Solano Trindade. Cantares ao meu povo, Editora Brasiliense, 1981. Acervo Oubí Inaê Kibuko.

Bom, mas passeando um pouco pela história da negritude em movimento e do movimento de negritude, eu devo dizer que essa negritude foi construída no continente americano na diáspora e por isso que eu comecei falando dessa negritude, portanto, eu reitero, é uma das teias conhecidas por Ananse e as teias são muitas. O quilombo são teias, os terreiros são teias, ao longo do tempo, "N" teias de resistência foram tecidas. O hip-hop é teia, o rap é teia, o grafite, as rodas os batuques, tudo são teias construídas por esses herdeiros e herdeiras de Ananse. Rodas de tudo: roda de capoeira, samba de roda, o jongo, o lundu, enfim. Nós do Pará, inclusive que negamos nossa negritude em nome de uma suposta indianidade, que a gente também rejeita, mas que prefere, mesmo superficialmente, a assumir uma negritude que é forte e que está presente em nossos ritmos, e que está presente em nossas comidas, mesmo assim a gente rejeita. É capaz de afirmar e asseverar que a maniçoba, que é comida nacional do Congo, é de origem indígena. É provável que a mandioca é indígena, a mandioca, mas o fazer a mandioca, o cozido, todos os ingredientes, são de origem africana. É assim que se vai pelo Continente Africano, se você passa no Congo, já disse, maniçoba é comida nacional, não necessariamente feita do mesmo modo que fazemos aqui, no Pará. Mas, maniçoba, ora se põe peixe salgado, ora se põe camarão, ora, a gente põe, ao invés de se colocar os ingredientes que a gente põe, outros ingredientes. Mas enfim, é maniçoba. Mas nós no Pará costumamos não assumir nossa negritude. Dizemos que temos origem indígena. Mas também a gente diz isso de forma falsa porque a gente vê os indígenas sofrendo pela ganância, pela cobiça. Tudo isso mazela do colonialismo e a gente não faz nada. Parece que aquela luta não é nossa. É apenas dele. Parece que, no fundo, todos internalizamos a colonialidade de que os povos indígenas atrapalham o progresso. Esse é o discurso do colonizador e foi sempre. E a gente até hoje não conseguiu se livrar dessa colonialidade. Ela continua cristalizada em nossas mentes. Mas então, voltando a um pouco de história da negritude, do movimento de negritude, um sociólogo estadunidense chamado W. E. B. Du Bois. Ele vai ser, talvez, um dos principais construtores de um outro fenômeno construído na diáspora dos africanos neste continente. Esse sociólogo pode ser considerado mentor do pan-africanismo, que vai ser um movimento importantíssimo, vai juntar os descendentes de africanos da diáspora, que vão se juntar com alguns africanos e começar a elaborar um processo de libertação do Continente Africano, que, no século 19, pela conferência de Berlim, foi retalhado como se fosse um bolo e cada potência europeia ficou com uma fatia ou mais fatias desse bolo. A Europa é rica? A Europa é rica à custa da espoliação das colônias, do Continente Americano, da espoliação do Continente Africano. Então, Du Bois pode ser considerado um mentor desse pan-africanismo, movimento que propugna uma consciência e orgulho de ser negro e da origem africana. É a primeira tentativa de gerar um sentimento, uma prática de solidariedade e fraternidade universal entre os negros. Por tudo isso, Du Bois é considerado o pai não só do pan-africanismo, mas também o precursor da negritude. Certamente foi o movimento pan-africanismo a raiz dos movimentos negros posteriores. Sua influência é ampla e espraiou-se no espaço e no tempo. E aí Du Bois, nos Estados Unidos, vai influenciar os negros do Harlem e vai fazer que estes negros influenciados por Du Bois, sobretudo por um livro escrito por ele, chamado de *As almas da Gente Negra*. Vai fazer surgir no Harlem, um movimento chamado de renascimento negro. Esse movimento vai ter uma importância na literatura e na poesia. Desse movimento de renascimento negro vai surgir um poeta, que eu fico, inclusive, nervosa quando falo, que se chama James Langston Hughes. É um poeta estadunidense que vai surgir do renascimento do Harlem, influenciado por Du Bois. É ele, por exemplo, que vai criar a poesia-jazz, vai ter uma importância grande. E por falar em James Langston Hughes, não podemos esquecer que o CEDENPA, na década de 1980, fez um ritual e jogou as cinzas de James Langston Hughes na Baía do Guajará. Langston Hughes morreu cedo, morreu com 62 anos, morreu em decorrência de um câncer, de um tumor na próstata, e pediu, antes de morrer, que queria ter suas cinzas jogadas nos maiores rios do mundo. Ele amava o Mississipi, portanto, ele queria que parte das suas cinzas fossem lançadas no Mississippi. Ele também queria que suas cinzas fossem lançadas no seu continente de origem e aí ele escolheu o Rio Nilo, e o outro rio, portanto, seria o Rio Amazonas. Na década de 1980, a Fundação Ford chegou no CEDENPA e pediu ao CEDENPA que desse um jeito de jogar, de lançar parte das cinzas de Langston Hughes no Rio Amazonas. Nós não tínhamos dinheiro, tampouco a Fundação Ford, naquele tempo, pôde nos ajudar para que pudéssemos chegar ao Rio Amazonas. Nós aqui estamos no estuário, mas não estamos no Rio Amazonas ainda. A gente precisava viajar um pedaço para chegar ao Rio Amazonas. Negociamos e a Fundação Ford negociou com a família de Langston Hughes e parte das cinzas de Langston Hughes foram lançadas na Baía do Guajará, aqui, num ritual lindo defronte da escadinha. E aí eu vou ler um poema de Langston Hughes, que fala de rio. Um poema traduzido logicamente para o português, se chama "Eu sei dos rios":

Eu sei dos rios antigos como o mundo
Os rios mais antigos que o fluxo do sangue humano nas veias humanas.
Minha alma se fez profunda como os rios.
Me banhei no Eufrates quando as madrugadas eram jovens.
Construí minha choupana às margens do Congo
e ele embalou o meu sono.
Contemplei o Nilo e ergui as pirâmides sobre esse rio.
Ouvi a canção do Mississippi quando Abraão Lincoln
desceu para Nova Orleans, e vi o leito barrento do rio
espelhar-se todo dourado ao pôr-do-sol.
Eu sei dos rios:
Antigos, rios turvos.
Minha alma se fez profunda como os rios.
Me banhei no Eufrates quando as madrugadas eram jovens.
Construí minha choupana às margens do Congo
e ele embalou o meu sono.
Contemplei o Nilo e ergui as pirâmides sobre esse rio.
Ouvi a canção do Mississippi quando Abraão Lincoln
desceu para Nova Orleans, e vi o leito barrento do rio
espelhar-se todo dourado ao pôr-do-sol.
Eu sei dos rios:
Antigos, rios turvos.
Minha alma se fez profunda como os rios.

Nós, paraenses, temos a honra de ter a cinza de Langston Hughes lançada na nossa Baía do Guajará. Então com isso começamos o processo de construção do conceito de negritude, daquilo que eu estou chamando de movimento da negritude, que é menos amplo do que negritude em movimento, mais amplo, que inclui a luta de todas as negras e de todos os negros, enfim de todas as herdeiras e herdeiro de Ananse, construindo fronteiras de resistência contra o racismo. Resistência na luta pela cidadania. Resistência na luta pela vida. Du Bois, estou falando do início do século 20, 1902, mais ou menos, a data da publicação, se não me engano, não tenho certeza, de *As almas da gente negra*, o livro que vai muito influenciar os poetas e que vai influenciar o renascimento do Harlem. Ainda no século 19. Continuando no movimento de negritude, encontram-se em Paris, 1930, Aimé Césaire, um martinicano, aqui da Martinica. Aqui perto de nós, aqui em cima, a gente tem Macapá, que fazia parte do Pará até 1940. Em cima, a Guiana Francesa. Mais em cima, Guadalupe e Martinica que, a modo da Guiana Francesa, são departamentos da França, Aimé Césaire, este martiniquenho, foi estudar na França. E na França, Aimé Césaire, um negro da diáspora. Esqueci de dizer que uma das metáforas muito utilizadas pelos poetas negros do Renascimento do Harlem é a metáfora da Porta do Não Retorno. Aqui todos sabemos ou se não sabemos, vamos começar a saber que nos portos africanos, por onde eram mandados os africanos para ser escravos no Continente Americano, nesses portos, tinha a Porta do Não Retorno. Eu tive a oportunidade de visitar o Senegal, Dakar, e fui à ilha de Goré ou *Ile Gorée*, como chamam lá, que é a língua oficial do Senegal é o francês, porque, como a gente já sabe, o Continente Africano foi vítima do colonialismo. Foi repartido entre as potências europeias. Então eu fui conhecer a ilha de Goré e eu pude ver a Porta do Não Retorno. A cruel Porta do Não Retorno é por onde os africanos eram jogados dentro do navio negreiro. [...] Era um bequinho. Eu acho que nenhum negro da diáspora chega Na Porta do Não Retorno sem se emocionar. Tem Porta do Não Retorno também em Benin. Enfim, tem Porta do Não Retorno em diversos portos, por onde esses africanos foram arrancados de seus continentes e jogados nos navios negreiros, nos tumbeiros. Então a metáfora da Porta do Não Retorno. Esse incômodo do não lugar. Porque a diáspora representa o não lugar. A diáspora faz com que, muitas vezes, tenhamos a sensação de que somos estrangeiros em nosso próprio lugar e essa sensação não é gratuita, nem abstrata. É porque as sociedades racistas fazem com que os descendentes de africanos acabem se tornando estrangeiros em sua própria terra. Num primeiro momento, a diáspora é esse não lugar. É desse não lugar que você tem que se valer da memória para construir o lugar, para construir o espaço. É dessa forma que os descendentes de africanos vão juntando seus cacos, junta um caco dali, um caco de acolá, e vão criando um grande mosaico. Assim, foi minando as culturas dominantes de forma que o continente americano hoje não pode ser pensado sem considerar do ponto de vista da cultura as heranças africanas nos diversos aspectos. Se a gente pensar na cultura, basta que a gente pense a música do continente americano. Seria com certeza outra sem a presença dos africanos, então essa Porta do Não Retorno foi muito utilizada, mas daqui a pouco essa Porta do Não Retorno pode criar uma ilusão de uma África mítica. Então os descendentes de africanos percebem que têm que transformar esse não lugar, que é a diáspora, num lugar e aí vem o orgulho, eu sou negro, mas sou estadunidense, mas americano, não sou africano. Sou descendente de africano, minha origem está na África, mas eu sou américa, eu sou estadunidense, eu sou brasileiro e aí, a "deixa" para que várias Áfricas sejam construídas nesse continente. Essas Áfricas construídas nesse continente são resultados da negritude em movimento. É a negritude em movimento que cria essa possibilidade de que este continente seja minado de Áfricas porque os descendentes de africanos criam, conforme as suas condições objetivas e subjetivas, as suas pequenas Áfricas, que é o lugar daquele "não lugar" encontrado na diáspora, aí eu posso falar aqui, no Brasil. Eu vou e volto, depois eu volto para o movimento de negritude, mas agora eu vou falar ainda de negritude em movimento. Aí eu posso pensar que a Revolução Haitiana, inclusive pouco falada, é um exemplo de negritude em movimento. A Revolução Haitiana aconteceu no início do século 19 e a Revolução Haitiana é uma continuidade da Revolução Francesa que aconteceu no final do século 18. A Revolução Francesa vai trazer com ela os três princípios, liberdade, igualdade e fraternidade, uma liberdade, igualdade e fraternidade para os europeus, para os brancos. Liberdade, igualdade e fraternidade não eram extensivas aos outros, nem às mulheres europeias brancas, que eram consideradas um grau menos humano, porque a gente está acostumado, inclusive, faz parte também do nosso processo, das nossas mentalidades colonizadas, dizer que as mulheres têm menos razão, que elas são muito levadas pela emoção, portanto, têm menos razão, mas que razão é essa? Uma razão inventada pelo homem branco europeu à sua imagem e semelhança. Então as mulheres têm menos razão? Não foram elas que inventaram a razão. Os indígenas têm menos razão? Não foram eles que inventaram a razão. Os africanos têm menos razão, uma vez que não foram eles que inventaram a razão. Foi inventada pelo europeu branco à sua imagem e semelhança e tudo que se distancia dessa imagem e semelhança é menos um grau humano. Para o caso dos indígenas, dos africanos, a distância é muito grande porque um dos mecanismos utilizado pelo colonizador para inferiorizar o colonizado, e isso quem diz é um tunisiano, chamado Albert Memmi, ao escrever um livro importante, *Retrato do colonizado, precedido de retrato do colonizador*, que vai dizer que o objetivo do colonizador é representar o colonizado como sendo muito diferente dele. Então, ele exacerba essa diferença ao extremo, a ponto de o colonizado nunca ser como o colonizador, mesmo que se esforce e o esforço tem que ser grande, porque aí quem já vai falar é um outro, martiniquenho, Frantz Fanon, em *Pele negra, máscaras brancas* e *Condenados da Terra*. Vai dizer: o que quer o negro? Ao tempo que responde: o negro deseja ser um Ser humano, quer ser humano, mas humano são os brancos. Isso faz com que os negros tenham vergonha de ser negro, isso faz com que o colonizado tenha vergonha de ser colonizado e queira a todo custo ser semelhante ao colonizador, mas Memmi vai dizer: "nunca vai ser igual ao colonizador, mesmo que se esforce, porque esse colonizador representou o colonizado pela pior forma possível". A literatura, para quem gosta de ler, tem uma peça, de William Shakespeare, chamada *A tempestade*. Foi uma peça, inclusive, muito utilizada. É um texto dramático que foi muito utilizado pelos escritores e pelos autores, pelos escritores do movimento de negritude, no continente americano. Tem um personagem chamado Próspero, que é o colonizador e tem dois escravos, Ariel e Caliban. Ariel é aquele que assimilou tudo aquilo que o colonizador impôs. Primeiro, Próspero se faz de amigo e depois escraviza Ariel e Calibã, mas o Caliban reage e, por isso, Caliban, é considerado, pelo Próspero, como selvagem, como aquele que é degenerado. É o selvagem, é o degenerado. Na verdade, mesmo que o colonizado tentasse, ele nunca seria igual ao colonizador porque a sua representação foi desenhada de forma tão inferior, que no máximo ele vai ser um simulacro do colonizador e todo mundo sabe que simulacro é cópia mal-feita. Então é disso que o Fanon vai falar em *Peles negras, máscaras brancas*. É essa opressão que impede que um negro se veja no espelho. Ele sempre vai querer enxergar um branco, mas isso que é o colonialismo, que faz a negritude, exatamente num determinado momento, romper com isso e se vê como negro, com seu corpo negro e ver que esse corpo é um discurso. Esse corpo fala. Esse corpo não para de falar nunca e fala sempre ao longo do tempo. No Continente Americano, os africanos foram destituídos da palavra. Como eles não tinham o dom da palavra, eles falaram sempre com o corpo. E esse corpo continua falando para o bem ou para o mal. Eu gosto de ser negra porque tomei consciência da importância do orgulho de ser negra ou percebi o meu corpo, que ele se afirma. O meu corpo fala afirmando um discurso. Agora, se eu assimilei o discurso do colonizador e tenho vergonha de ser negro ou negra, também o meu corpo fala. Ele vai dizer que eu tenho vergonha. Ele vai continuar falando e ele vai denotar a minha postura política, sempre. Voltando ao movimento de Negritude, Aimé Césaire se encontrava na França. Vai estudar e se encontra com Léopold Senghon, que é um senêgales, e com Léon Damas, da Guiana Francesa, e eles formam aquilo que eles mesmo vão brincar com isso, que é a Santíssima Trindade. Inclusive Damas vai dizer: "eu nem sei quem é o pai, eu nem sei quem é o filho. Eu só sei que eu sou o espírito santo". É nesse contexto que Aimé Césaire, inquieto, grande poeta – eu lamentei não ter trazido para cá um vídeo com poemas de Aimé Césaire –, encontra-se com Senghon. E a África para Aimé Césaire é algo distante, porque é da Diáspora, mas aí ele vai se encontrar com Senghon, que é do Senegal. Ele vai descobrir com Senghon uma África com história. Uma África de antigas civilizações. Ele enlouquece e pira. E aí os três juntos, a Santíssima Trindade, criam um movimento de negritude, que é um movimento que vai ter uma importância grande na literatura. Aimé Césaire, que cunha o termo negritude numa publicação daquilo que ele chama "Le cahiers de negritude", daquilo que ele começa a ver para afirmar: "[...] mas enfim todos somos negros". É daí que vêm a solidariedade e a fraternidade.

Vou voltar para o Haiti, tá, daqui a pouco, não esqueci. Solidariedade e a fraternidade são do Continente Africano via a diáspora, que descobre uma África que tem história, que tem memória, que tem civilizações e aí nasce o movimento de negritude, que é um movimento que reage à assimilação imposta pela Europa. É um movimento que vai reagir a essa imposição cultural, que vai reagir ao eurocentrismo. Aimé Césaire escolhe o termo negritude que vem de *nègre*, que no francês, àquela altura, era pejorativo, ao contrário de *le noir*, que era mais respeitoso, *nègre* era pejorativo, então negritude exatamente para tentar positivar aquilo que era muito pejorativo para representar os descendentes africanos, por isso foi criado um movimento de negritude, que tem uma importância grande no mundo, mas eu falava que este é um movimento de negritude, mas tem negritude em movimento. Aí eu falava da Revolução Haitiana. Tem uma importância grande porque ela foi capaz de dizer em poemas: a Revolução te ama. Foi capaz de concretizar o princípio de liberdade, de tornar concreto esse princípio, porque a liberdade, a igualdade e a fraternidade eram para o branco europeu. A Revolução Haitiana amplia esses conceitos e os negros do Haiti fazem a sua revolução, então redimensionam o conceito de humano, restrito pelos europeus. Amplia esse conceito. Então os negros do Haiti fazem sua revolução. Toussaint Louvertura, no Haiti, é um dos grandes representantes na diáspora da negritude em movimento. Tá dando para entender o que é movimento de negritude? Ele é mais restrito. É a cultura, a política num determinado momento e a negritude em movimento é muito mais ampla. É a negritude em movimento que me faz pensar que no Brasil, no século 19, Luiz Gama, filho de Luísa Mahin, inclusive, participou da Revolta dos Malês, movimento de negritude que aconteceu na Bahia. Negritude é essa capacidade que os descendentes de africanos, herdeiros de Ananse, têm de redimensionar e trabalhar a seu favor. No século 19, Luiz Gama, em 1859. Chamavam Luiz Gama de bode porque ele tinha barba e Luiz Gama defendia os escravizados.

Quem Sou Eu?

Se negro sou, ou sou bode
Pouco importa. O que isto pode?
Bode há de toda casta
Pois que a espécie é muito vasta...
Há cinzentos, há rajados,
Baios, pampas e malhados,
Bodes negros, bodes brancos,
E, sejamos todos francos,
Uns plebeus e outros nobres.
Bodes ricos, bodes pobres,

Bodes sábios importantes,
E também alguns tratantes...[3]

O que ele fez foi uma sátira à política de branqueamento do Brasil, dialogando do ponto de vista da intertextualidade, com o Luiz Gama a gente vai encontrar. Cuti, poeta do quilombo hoje e que vai dizer que as divindades são colocadas em nossos imaginários. Um dia desses eu participei de uma defesa de um trabalho de conclusão de curso em que o estudante fazia uma pesquisa com pessoas do pentecostalismo e perguntava para elas como elas imaginavam Deus e elas respondiam: um senhor branco, de barbas. As divindades são assim que estão colocadas no nosso imaginário. Gama brinca com isso, faz uma sátira disso e também Cuti hoje, contemporaneamente, diz: "se o papai Noel não lhe trouxer uma boneca negra, dê-lhe um chute no saco". Eu vou terminar, na verdade, eu queria terminar com um poema que eu adoro, da Maia Angelus, que morreu em 2014. É uma poetisa estadunidense. Mas eu resolvi terminar com um outro poema. Do ponto de vista do símbolo, do ideograma, adinkra. Negritude é o símbolo Sankofa, o pássaro que bica a própria cauda. Eu tenho que olhar o passado para construir um presente e pensar na construção de um futuro melhor para pensar na construção de um mundo, de um futuro, em que não caiba nenhuma espécie de discriminação e aí eu vou terminar com um poema que me conduz para essa origem, de Solano Trindade.

Olorum Shanú

(Solano Trindade)

Antes de Olurum
Nada havia
Nem o mar
Nem o céu
Nem a lua
Nem o sol
Tudo era nada

---

3   https://www.ebiografia.com/luiz_gama/.

Depois de Olurum
Veio Obatalá o céu
Odudua a terra
Yemanjá a água
Okê os montes
Orum o sol
Oxú a lua
Depois oxum
O pecado
Com Xaluga
A riqueza
Xapauam a doença
E Ogum a guerra.
Depois
Veio Obalabou
Para evitar
Os males de Oxum
Olurum Shanú
Dada e Orishako
Com plantas e verduras
Olurum Shanú
Olukum o mar
Olaxá os lagos
Okê os montes
Encheram Odudua
De beleza
Olurum Shanú
De dia
Orum apareceu
No corpo de Obatalá
Dando luz e calor
A Odudua

Orum

Olaxá

Okê

Olurum Shanú

De noite

É Oxu

Ao lado das estrelas

Embelezando

Obatalá

Olurum Shanú...

Enfim, descolonizar as nossas mentalidades das colonialidades racistas que nos foram impostas, da naturalização do racismo, que é violento e que mata. Obrigada.

"... A GENTE TEM QUE MORRER NO TRABALHO ..."[1] CORPO E TRABALHO ENTRE AS MULHERES DA CASTANHA

Jane Felipe Beltrão[2]

O passado persistente de um trabalho "cansado"[3]

Há mais de 40 anos trabalhei com as "mulheres da castanha", operárias que se autodenominavam "da castanha", pois sentiam-se fortemente vinculadas ao beneficiamento das amêndoas, chamadas castanha-do--Pará, como se seus corpos fossem "tomados" ou pertencessem às castanhas.

A castanha beneficiada era/é fruto de uma jornada de trabalho escorchante, a qual correspondia/corresponde à produção de 15 kg de castanha descascada inteira, sem lascas nas amêndoas, para receber a fração/dia trabalhado

---

1 Depoimento de Maria do Amparo, "castanheira" que, em 1978, contava 43 safras trabalhando nas usinas de beneficiamento ou, como elas diziam, "nas fábricas de castanha". A expressão é simbólica e considerava que elas faziam nascer o produto – exatamente como na floresta as castanheiras produziam o fruto – não era um mero beneficiamento, era um novo nascer. Nas florestas, a castanha era a semente dos ouriços e na cidade eram produto de exportação.

2 Professora titular, docente permanente dos programas de pós-graduação em Antropologia (PPGA) e Direito (PPGD) da Universidade Federal do Pará (UFPA). Antropóloga, historiadora. Doutora em História pela Universidade Estadual de Campinas (UNICAMP). Bolsista de produtividade em pesquisa do Conselho Nacional de Desenvolvimento Científico e Tecnológico (CNPq) nível 1B. E-mail: janebeltrao@gmail.com.

3 "O trabalho é cansado, só é mais manso porque é na sombra ... embora se seja cozida tal qual as castanhas que beneficiamos ..." Depoimento de Maria de Nazaré, castanheira com 27 safras nas costas. Refere-se à sombra porque trabalhou alguns anos "cortando" castanha nas florestas no Sul do Pará.

do salário-mínimo ao final da semana. Considerando a exigência de produção, a extensão da jornada de trabalho diária era/é inevitável, durando até 12h/dia.

No capítulo, vou me ater às correlações existentes entre o trabalho e o corpo das mulheres operárias que tentavam/tentam sobreviver a cada safra de castanha levada a beneficiamento.[4] Considerarei, ainda, a articulação com os estudos de gênero em Antropologia e as violações de direitos humanos que, forjadas socialmente, mantêm as desigualdades de gênero que discriminam as trabalhadoras de forma naturalizada, no presente.

À época (anos 80 do século XX), realizei trabalho de campo em cinco das usinas de beneficiamento instaladas em Belém-Pará, entrevistei de forma mais aprofundada 25 mulheres operárias e tive acesso ao convívio cotidiano no espaço de trabalho das interlocutoras. Fiquei muitas horas observando a rotina das trabalhadoras tentando entender como se produzia a castanha para exportação.

O trabalho considerado "casado", por Maria do Amparo, ainda se faz presente no século XXI e as condições de trabalho sob as quais as operárias desenvolvem as suas atividades continuam persistentes, o tempo parece não ter atualizado o processo de beneficiamento de castanha nas usinas.[5]

As duas etapas de trabalho de campo, feitas por mim e por Marjorie Begot Ruffeil, permitiram a leitura dos depoimentos das quebradeiras de castanha desvendando como elas descrevem os eventos relativos ao seu cotidiano e atribuem importância diferenciada a cada um deles. Depois, com o auxílio do diário de campo, conferíamos cada uma das ideias surgidas em função da acurada leitura, pois lá estavam registradas as nossas escritas e vivências. A escrita e a vivência são diferenciadas não apenas no tempo, mas também na vivência

---

4   As castanheiras (*Bertholetia excelsa*) possuem uma safra que corresponde ao período das chuvas na Amazônia, cuja duração aproximada é de dezembro a março/abril do ano seguinte. As usinas de beneficiamento do produto acompanham o ritmo da natureza. Acumulam de janeiro a meados de março uma razoável quantidade de castanhas e assim, ainda em março, no mais tardar em abril, abrem as portas para receber as mulheres operárias que trabalham até outubro/novembro do mesmo ano. Quando a safra da natureza é "generosa", as usinas fecham em dezembro. Para mais detalhes sobre o assunto, consultar: BELTRÃO, Jane Felipe. Mulheres da Castanha: um estudo sobre trabalho e corpo. *In*: BRUSCHINI, Maria Cristina A.; ROSEMBERG, Fúlvia. *Trabalhadoras do Brasil*. São Paulo: Brasiliense, 1982, p. 67-109.

5   Sobre o assunto, consultar: RUFFEIL, Marjorie Begot; BELTRÃO, Jane Felipe. Quebradeiras de Castanha do Pará: um trabalho sobre trabalho feminino, gênero e Direitos Humanos. *In*: CANCELA, Cristina Donza; MOUTINHO, Laura; SIMÕES, Júlio Assis. *Raça, Etnicidade, Sexualidade e Gênero em perspectiva comparada*. São Paulo: Terceiro Nome, 2015, p. 183-202.

corpo e trabalho entre as mulheres da castanha **49**

como pesquisadoras, além do que, o espaço da observação participante que no meu caso permitiu acesso aos locais de trabalho, suas imediações e locais de moradia das operárias, no caso de Begot Ruffeil, a permanência nos locais de trabalho não lhes foi autorizada.

No meu caso não tive acesso aos processos movidos pelas mulheres da castanha junto à Justiça do trabalho. Para minha colega o acesso foi facilitado de algum modo pelo fato de ela estar relacionada ao campo do Direito, entretanto, os 14 processos identificados não puderam ser consultados. De semelhante, há a juventude de ambas as pesquisadoras (Marjorie e Jane) por ocasião da realização do trabalho de campo. Entretanto, minha visão, após 40 anos de academia, não é mais a mesma, entretanto vou anotar aqui, nas margens, observações que as reflexões e a bibliografia disponível me permitem. À época que escrevi meu trabalho, as reflexões sobre corpo eram raras, a mais conhecida era o clássico trabalho de Marcel Mauss e os artigos que obtive em artigos sobre disciplina do corpo entre profissionais da Educação Física e membros da caserna.[6]

Corpo "sem fibra", trabalho dobrado

Inicialmente, causou-nos surpresa o fato de os depoimentos serem demasiadamente semelhantes e a sequência das falas dar origem a um discurso dedicado ao desempenho de suas tarefas nas usinas, acrescidas de uma série de queixas a respeito das condições de trabalho que desgastavam o corpo, mas que mesmo cansadas elas tinham que trabalhar e, no caso, o trabalho dobrava. Entre as queixas, do passado e do presente, destacam-se a maneira como são obrigadas a usar seu próprio corpo, sobretudo as mãos e os braços, não apenas no manuseio de instrumentos, mas como solução para o rápido desenvolvido de suas tarefas. Por intermédio das queixas e da observação do cotidiano operário, dentro e fora das fábricas de castanha, detectamos algumas associações dentro do tema trabalho e corpo, pois sobretudo as operárias que tinham maior tempo como safristas alegavam ter ingressado na usina ainda jovens e donas

---

6 Vivíamos à época o período mais repressivo da Ditadura no Brasil, que o Golpe de 1964 fez se abater sobre nós por 21 longos anos. Reflitam que os tempos eram outros e o acesso à bibliografia se fazia presencialmente nas bibliotecas existentes na cidade em que você residia, quando muito pelo sistema de trocas chamado Programa de Comutação Bibliográfica (COMUT) do Instituto Brasileiro de Informação em Ciência e tecnologia (IBICT).

de um corpo disposto, "com fibra" e, após alguns anos de "trabalho cansado", o corpo parecia "sem fibra", não apto às tarefas da usina.

O trabalho na castanha é visto como "cansado" porque deixa o corpo "sem condições" pelo fato de somar o desgaste físico que, com o passar dos anos, acaba produzindo transformações no corpo da operária. Como explica Perpétua Socorro:[7]

> [...] eu estou com 54 anos, bom trabalhar! Acabei minha mocidade toda quebrando essa castanha, só vou me aposentar quando eu estiver com 60 anos, haja o que houver... A gente só pode se aposentar mesmo fora dessa idade se a gente tiver uma doença inválida, se a gente ficar inválida, num curar mesmo... já pensou! Tem uma vida a gente aqui dia e noite, chega para trabalhar cedo, pegando quentura da castanha, as vezes a gente sem condições, né? A senhora sabe que a gente é pobre, tem que enfrentar essa vida mesmo, é aqui que a gente sobrevive, né? Então a gente tem que enfrentar essa vida, às vezes, queira, ou não queira, porque muitas vezes a gente está se sentindo mal e 'tá enfrentando serviço, porque a gente é pobre, mas não tem jeito, né? [8]

A operária, como inúmeras outras, explica seus insucessos e a impossibilidade de superar a situação em que se encontra pelo fato de estar empregando ou ter empregado sua vida ao trabalho com a castanha. O fato acelera o caminho em direção à velhice, ou ainda, estar velha sem que lhe restem outras opções.

Ao trabalho com a castanha acrescenta-se o cansaço, a fadiga, a fraqueza, o esgotamento, o sono, a "sueira"[9], o inchaço e as dores sentidas durante e após a jornada de trabalho.

Maria de Belém, que em 1978 tinha 16 safras nas costas, iniciou seu depoimento assim:

---

7   Quebradeira de castanha que em 1978 possuía 34 safras trabalhadas.

8   Infelizmente, perdi o contato com as interlocutoras dos anos 70 do século XX, acredito que as pessoas mais velhas e com maior número de safras à época não mais se encontrem "comendo do seu suor", vivendo da aposentadoria conquistada a duras penas. A expressão foi usada por Maria José que acreditava ter ficado cega pela lida na usina, pois o vapor, a quentura emanada da castanha cozida, vem diretamente aos olhos e ela acreditava que ia desgastando-os.

9   Tontura acompanhada de suor frio ininterrupto provocados pelo funcionamento da caldeira que queima por intermação o ar, tornando-o rarefeito e, consequentemente, nocivo à saúde.

Depois de um dia, ah! Cansada, muito cansada, esgotada, fraqueza eu sinto demais, sou pessoa assim fraca, sabe? Trabalho aqui porque é o jeito mesmo, muita canseira, muito esgotamento de serviço, a gente se alimenta mal, né mana? Dorme pouco ... aí dói as minhas costas, dói meu corpo todo, minha cabeça, uma dor nas minhas costas, dá assim aquela fraqueza, aquela tonteira, parece que eu vou andando, chega topo pelos caminhos, sempre é demais...

Maria do Amparo relembrou amargurada:

[...] entrei com 12 anos, fui "moça[10] dentro dessa fábrica e agora eu trabalho, olhe! estou até com meu braço inchado, me apareceu. Eu já tive muitas doenças, mas... muito cansada, oh! um esgotamento, dor nas pernas como eu tenho, uma dor nas pernas, uma canseira, às vezes que me sento lá no sofá assim ... quero olhar televisão, às vezes já vejo, na metade estou cochilando, tenho muito sono, agora nem tomava remédio porque dá sono demais... eu não dou conta mais não é muita não, eu sinto assim o braço cansado, trabalho, mas se tivesse outro recurso não me levantava do meu lugar...

Na verdade, trabalho e corpo não podem ser dissociados pois, ainda hoje, ao beneficiarem as castanhas, as operárias são constrangidas a usar seu corpo. E usar o corpo trabalhando na castanha é transformá-lo fisicamente, ou seja, deformá-lo, passando a possuir um "corpo cansado", "sem condições".

As operárias apontam as péssimas condições de trabalho como responsáveis diretas pela sua transformação de pessoas "dispostas" e "com fibra" em mulheres "cansadas", "sem condições" de trabalho, vivendo uma vida precária. Nos depoimentos, encontramos a relação de uma série de problemas surgidos a partir do trabalho na castanha, bem como as consequências para o corpo. Vejamos no quadro a seguir.

---

10 Refere-se à vinda da menarca. A exploração era tamanha que crianças eram cooptadas a trabalhar para "ajudar" as mães. O trabalho realizado pelas crianças é chamado de "costela", pois é feito na ilharga (no flanco, um dos lados do corpo que se estende dos ombros ao quadril) da operária mãe.

HISTÓRIA DAS MULHERES NA AMAZÔNIA (PARÁ, SÉCULO XVIII AOS DIAS ATUAIS)

QUADRO 1 - Trabalho com a castanha

Produz "dá gera"	Provocado por conta, por causa de	**Atingindo atacando e abalando**
aleijão[11]	mexer com máquina e pá	orelhas, dedos e mãos
bexiga baixa ou caída (fora do lugar)	ficar sentada	bexiga
cortes	mexer com máquina, pá lâmina e esteira	orelhas, dedos, mãos, braços, pernas e pés.
desmaio ou passamento	susto com caldeira, choque elétrico ou desabamento	nervos[12], cabeça e corpo.
doença de barriga	ficar sentada, botar caixa na barriga, pegar quentura e resfrieldade (frio)	útero, ovário, trompa, períneo, apêndice, vesícula e bexiga.
doidice de cabeça ou leseira (loucura)	susto com choque elétrico	nervos e cabeça
dor de cabeça	barulho, pegar quentura, fumaça e poeira	cabeça e juízo[13]
dor nas cadeiras	ficar sentada, em pé e/ou curvada muito tempo	cadeiras e rim (rins)
dor nas costas	puxar nas máquinas com os braços	costas, pormão (pulmão) e rim (rins).
dor no fígado	ficar sentada e abafada	fígado.
dor no rim	ficar sentada e puxar na máquina com os braços	rim (rins)
dor nas urinas ou dor de urina	pegar quentura e resfrieldade	urina[14] e bexiga.
falta de ar	sofrer abafamento	nariz e cabeça
invalidez da vista (cegueira)	espirrar leite de castanha podre	vista[15] e olho
inchaço	ficar de pernas penduradas[16] e puxar sem parar pelos braços	braços, pernas e corpo
mal de pormão (tuberculose)	pegar poeira, quentura, resfrieldade, puxar na máquina com os braços e alimentar mal	pormão (pulmão) e corpo

---

11 O grifo indica os problemas mais graves associados à "invalidez para o trabalho".

12 Tomado pelas operárias como parte do corpo.

13 Idem, sem juízo o corpo não se orienta.

14 Falam da escassez ou da abundância "das urinas".

15 Por terem os olhos afetados, a vista "enfraquece", pouco enxerga.

16 Os bancos onde as castanheiras devem sentar são altos e não proporcionam comodidade.

problema de mulheres	sofrer abafamento, quentura e resfrieldade	regras ou menstruação
problema de nervos ou doença de nervos	susto com a caldeira velha e barulho demais	nervos, cabeça e coração.
perda de unhas	lidar na máquina e limpar banca	unhas e dedos
queimadura	pegar castanha quente e respingo da caldeira	dedos, mãos e corpo
reumatismo	pegar quentura e resfrieldade	dedos, mãos, pés, pernas e joelhos.
sinusita (sinusite)	pegar quentura, poeira e resfrieldade	cabeça
sueira ou tontura	pegar quentura demais	cabeça e corpo
varizes	ficar de pernas penduradas	pernas, coxas e virilha
vista curta ou problema de vista	pegar quentura, fumaça e poeira	vista e olho.

Trabalhar sob condições adversas gera problemas, prejudicando o corpo de quem trabalha. Os abalos produzidos ao corpo dificultam o perfeito desempenho das tarefas dentro da usina. Como nos coloca Maria de Jesus:[17]

> [...] se não fosse minha vista... da vista curta assim, foi por causa da castanha. Deus o livre! Minha filha, aquilo ali, a gente recebe uma quentura, aquele vapor tudo na vista da gente, né? Aquelas castanhas veem fervendo para dentro daquelas bancas, ninguém tem por onde correr dali, né? Eu talvez ainda estivesse trabalhando, mas como a vista não dava... porque tinha que quebrava cinco, seis caixas e botava uma (companheira) para catar. E eu para cooperar com aquele serviço que ela estava catando para mim, eu ia quebrar na banca dela...

Mas não apenas as castanheiras aposentadas dão conta dos fatos desta forma. Maria do Amparo falou:

> [...] eu já trabalhei bem [bastante], mas já tive enfermidade para invalidez, foi! Eu tive no sanatório, faz dezesseis anos [internada para tratamento de tuberculose], depois disso ... não trabalho o mesmo... Minha vista já está curta, eu tirei um óculos na assistente social, mas já pouco adianta,

---

17 Castanheira aposentada por invalidez conta como era a colaboração entre as operárias nas usinas.

agora precisa outro, mas só dá um... Não enxergo uma agulha, não enxergo mesmo, perdi minha vista, não enxergo mesmo... acho que é desse serviço, né? Só pode ser... essa fumaça, poeira. Já trabalhei também no crivo[18], nessa catação de castanha aí... aquele pó, a gente escarra assim, sai aquele pó, escarra pó ... não pode trabalhar com o nariz tapado ... tem horas que eu tenho um calor, uma falta de ar, eu vou saio para ali [pátio)] para pegar um vento, é uma agonia... não trabalho direito...

Maria Aparecida[19] lembrou: "[...] eu toda vez que começo a trabalhar (a cada safra), eu tenho problemas de alergia devido a esse pó... provoca uma coceira, às vezes me faz bolhas...".

Raimunda Nazaré[20] se queixou: "[...] eu adoeci da castanha, fui para tratamento, porque eu peguei uma enfermidade e foi da castanha, ela [a médica] disse que foi uma equizema que deu na minha perna, foi desse lado daqui [aponta a perna direita], era devido o pó, né? Fiquei um ano sem trabalhar...".

É importante ressaltar que as operárias, apesar de criticarem muito duramente as condições de trabalho e identificarem nelas as causas de seus problemas, não eliminam a possibilidade de outros fatores gerarem problemas graves. Com afirmou Maria de Nazaré:[21]

[...] eu uma vez, uma vez eu adoeci, sabe? Mas foi assim de doença de barriga, eu até me operei, vai fazer três anos, agora vai fazer quatro anos em setembro[22] que eu me operei. Foi negócio de útero, sabe? Foi uma inflamação que eu peguei no útero, pode até não ser de serviço, né? Porque um serviço desse, já pensou? Uma mulher passa o dia todo sentada, né? A pessoa fica abafada, o dia todo, né? Pode não fazer mal, mas bem não faz para gente, né? Sei que eu peguei o negócio de uma hemorragia, a minha regra [menstruação] vinha, não era normal, vinha, vinha, vinha, vinha demais... Depois que eu me operei minha regra não veio mais, vai fazer quatro anos, agora em dezembro, mas...

---

18   Local da usina onde se seleciona as castanhas por tamanho, após serem descascadas.

19   Em 1978, trabalhava há 27 safras.

20   Contava 13 safras nas costas quando a entrevistei.

21   Possuía, em 1978, 17 safras trabalhadas.

22   Entrevista realizada em 27 de junho de 1978.

O depoimento de Maria de Nazaré indica não ser um corpo qualquer que se transforma trabalhando na castanha, mas um corpo de mulher. Para compreender esse fato, faz-se necessário demonstrar que as castanheiras não assistem à transformação de seu corpo de braços cruzados, e que seu corpo, por ser um corpo de mulher, requer tratamento específico.

As técnicas corporais são "[...] as maneiras como os homens, sociedade por sociedade e de maneira tradicional, sabem servir-se de seus corpos" (MAUSS, 1974, p. 211)[23], somadas aos equipamentos de segurança – criado pelas próprias operárias – são algumas das respostas oferecidas pelas castanheiras ao desafio de salvaguardar seu único bem, o corpo.

Durante nossa permanência nas usinas, observamos que frequentemente as operárias procuram apoiar as pernas em caixas que mantêm sob a banca, tentando evitar os "inchaços" e o precoce aparecimento de varizes. Ao longo da jornada, alternam a posição frente à bancada ou à esteira, e sentam por pequenos intervalos ou ficam um pouco de pé quebrando ou selecionando as castanhas, comportamento esse que se verificava sobretudo ao final da jornada, quando as costas e as pernas estão demasiadamente doídas. Tentam, também, evitar uma excessiva diversificação de movimentos com as mãos e os braços e, para dar cumprimento à estratégia, procuram racionalizar as tarefas no setor de quebragem das amêndoas, ora quebram a castanha, ora retiram a amêndoa da casca, ora catam entre as cascas os pedaços de castanha, ora retiram as amêndoas podres das cascas. Depois acondicionam os produtos de seu trabalho em recipientes adequados.

Às mãos e aos olhos, no entanto, são dirigidos os maiores e mais frequentes cuidados das castanheiras. Em busca de resguardar os dedos e as mãos, as operárias envolvem os dedos com trapos de tecido ou esparadrapo como se estivessem de "luvas" precárias. O cabo da máquina de quebrar castanha também é envolvido por trapos de tecidos, pois, na maioria das vezes, se encontram rachados, quando não estão soltos. Para combater o "despelamento" (soltar a pele) das mãos, as operárias utilizam-se de cavacos (estilha ou lasca de madeira) para puxar a castanha do depósito para junto do martelo mecanizado com auxílio do qual quebram as amêndoas. Utilizam restos de vassouras para limpar as bancas, pois a madeira utilizada na confecção dos espaços de

---

23 Conferir: MAUSS, Marcel. As técnicas corporais. *In*: MAUSS, Marcel. *Sociologia e Antropologia*. Vol.II, Tradução: Lamberto Puccinelli. São Paulo, Epu/EdUDSP, 1974, p. 209-233.

trabalho é de péssima qualidade, não chegando nem, ao menos, a ser aplainada. Os restos de vassouras evitam que as operárias, ao utilizarem as próprias mãos para limpar as bancas, deixem penetrar "felpas" (partes salientes da madeira) sob as unhas ou mesmo nas mãos, produzindo infecções, ou ainda perfurem os dedos e as mãos em algum prego perdido pelos cantos da bancada. Recobrem com barbante ou trapos de tecido os restos de lâminas de facas de cozinha que utilizam no setor de quebragem para retirar da casca a castanha que não foi suficientemente cozida, ou, ainda, no setor de embalagem, para corrigir as imperfeições da castanha em pedaços.

Para proteger os olhos, as castanheiras que ainda possuem "vista boa" (perfeita) procuram manter o rosto erguido, enquanto aquelas que possuem "vista curta" (não perfeita) usam óculos, os quais não são necessariamente "de grau" (provido de lentes adequadas). Com o rosto erguido e os óculos mesmo sem grau, tentam evitar a fumaça advinda da castanha recém-cozida, a poeira produzida quer pela casca das castanhas, quer pela película que envolve a amêndoa e o líquido que se desprende da castanha apodrecida, tão comum ao final da safra.

A explicação e a justificativa das atitudes que acabamos de descrever são encontradas no depoimento das castanheiras. Maria Aparecida coloca que: "[...] tem meninas que trabalham com os dedos enrolados porque corta a mão... amarram com o pano, às vezes os dedos principais (o indicador e o polegar) que trabalham mais. É para poder suportar a quentura da castanha...".

Observo que os equipamentos de proteção individual (EPI) não eram/ são utilizados, nem mesmo máscaras eram colocadas no rosto. Talvez usem máscaras hoje devido à covid-19. Nenhum material de proteção era oferecido pelos empresários da castanha às operárias.

Maria de Belém[24] nos diz:

> [...] é porque quando a máquina pega aqui (mostra os dedos indicador e polegar da mão esquerda) não espoca, porque tem gente que trabalha sem isso (sem os trapos de tecido envolvendo os dedos), mas praticamente a castanha corta, a máquina corta. Aí, eu amarro eles (os dedos) para vê se num fere meu dedo, para num atrapalhar o serviço...

---

24   Castanheira que em 1978 possuía experiência de 16 safras.

Ouvimos, também, as razões de Maria de Nazaré que chamam a atenção para as "vaidades de mulher":[25]

> [...] ela [vizinha de banca] tem a mão limpa e eu não. Minha mão é um ralo, olhe! Bem aqui (dedo indicador e polegar da mão direita) forma um galo, um calo, esse calo rala aqui [ao segurar no cabo da máquina] e vai ficando dessa altura [mais ou menos meio centímetro], isso [o calo] é duro, duro. Um dia desses eu fui mandar fazer minha unha [manicure], diz que! Meus pedacinhos de unha, lá numa moça e ela tirou isso aqui [o calo], mas todo dia, todo dia forma aqui, forma aqui tudinho, fica com a mão grosseira mesmo, só calo, já pensou? A comadre [vizinha de banca)] não, usa esse negócio [dedos envoltos em trapos de pano], o dedo dela até que é liso, eu? Nem unha não tenho, não dá para nada. É assim tem pessoas que machuca mesmo o dedo, eu sei lá, acho que eu não tenho é cuidado. Tem pessoas não. Que trabalha afobada, ligeiro, não vê a hora que bate, amachuca o dedo. Eu não... às vezes escapa o dedo e bate, foi esse ano mesmo, bem aqui, não sei como foi que apertou na castanha, assim escapole de repente, aí fica aquele calo de sangue, mas eu furei na hora, tirei aquele sangue pisado, né? Passei quantos dias que não podia quase nem pegar na castanha, sabe? Essa casquinha da castanha, isso é venenoso à beça [muito perigoso], se a gente pegar uma furada com a casca, Ave Maria! É danado para inflamar e dói, dói, dói, ih! Deus o livre! É fina mesmo essa castanha ... A mão da gente fica igual de carregar peso e os dedo tudinho torto... olhe [mostrou as mãos tortas pelo árduo trabalho].

Os cuidados, portanto, não são destinados a proteger um corpo qualquer, mas um corpo de mulher. Podemos detectar as concepções referentes ao corpo de mulher que subjazem aos cuidados. A mulher deve conservar as mãos limpas e as unhas bem tratadas. Entretanto, a mulher que trabalha na castanha, por mais que se resguarde, possui as mãos cheias de calos, "grosseiras feito um

---

25   A outra menção às "vaidades de mulher" partiram do Waldomiro (gerente de usina há 29 anos) que, quando interrogado sobre equipamento de segurança, indicou os trapos atados aos dedos como tal, mas entre risos acrescentou: "... na verdade é para não quebrar as unhas, são mulheres, a senhora sabe ..." Parece impossível confundir a necessidade de proteção por meio de EPI com mera "vaidade de mulher", o registro demonstra a concepção a respeito do trabalho das operárias. A quebra da castanha é trabalho que requer cuidado, paciência e "jeito" que só a denominada fragilidade feminina pode oferecer e, como tal ,é trabalho de importância menor, tanto que nenhuma mulher ocupava cargo de chefia nas usinas, eram sempre submetidas à administradores homens.

ralo", "mãos de carregar peso". Quanto às unhas, não passam "de pedacinho de unha".

Um dos empresários entrevistados em 1978 comentou que os cuidados com as mãos e os dedos eram parte da "vaidade de mulher", como se a queixa das mulheres não fosse pertinente. Em determinado momento, tentou apresentar as melhorias nas condições de trabalho no seu estabelecimento. Entretanto, tratava-se de minúsculas modificações que não produziam modificações de fato.

Maria de Belém fala dos cuidados com os olhos, explicando seu próprio caso:

> [...] tem tempo que minha vista está como que me deram um murro, sabe? Tudinho vermelho, aí coça, coça, coça, eu coço dói, aí vai aparecendo aquela mancha ... eu fui ao médico uma vez, ele passou um colírio, eu também nem comprei, aí de tempo em tempo aparece, mas chega dói tudo por aqui assim (a fonte), é daqui [da usina] mesmo dessa quentura, é sim. A maioria dessas criaturas trabalham tudo de óculos... a gente vai ficando com a vista curta, cansada, acabada... mas usar óculos é muito caro... mas é o jeito...

O peso da reprodução social

Há outro potente marcador no discurso das operárias da castanha que diz respeito às dificuldades que a gestação traz às mulheres. Dificuldades que se estendem para além da exclusão de pessoas gestantes à partida da safra.

Advirto os/as leitores/as que nas usinas as mulheres gestantes eram preteridas, fato comprovado pelas inscrições feitas nas fichas de cadastro que tive oportunidade de consultar. Nos cadastros, encontrei exames negativos e positivos para gravidez. Quando buscava o contrato de trabalho das operárias que se encontravam gestantes no início da safra, não os encontrei. Provavelmente só as mulheres não gestantes eram contratadas.

A descoberta da gravidez durante a safra exige redobrados cuidados que podem ser entendidos a partir das atitudes tomadas para proteger o corpo, pelas explicações e justificativas oferecidas às formas de cuidado explicitadas de forma bastante detalhada. As operárias deixam entrever uma estratégia de ação referendada cultural e socialmente, a noção de que a mulher por ser guardiã das crianças desde a gestação até o encaminhamento social dos jovens merecem atenção especial, ao mesmo tempo que a maternidade pesa quando o trabalho é realizado fora do ambiente doméstico.

As ações de proteção ao corpo que trabalha, diuturnamente, contribui para diminuir o ônus pago pelo corpo das operárias "dedicadas" à castanha. A estratégia de ação apresenta nuances diferenciadas de proteção quando a "mulher está cheia" (gestante), pois existem diferenças entre uma "mulher livre" (não gestante) e uma "mulher cheia" (gestante). Diferenças que pedem ser verificadas no quadro a seguir.

QUADRO 2- Proteção aos corpos de acordo com o estado da mulher

Mulher livre (não gestante) *não buchuda/não barriguda*	Mulher cheia (gestante) buchuda/barriguda
trabalha sempre	trabalha se esconder o bucho, a barriga
trabalha por necessidade	trabalha por necessidade, mas se mortifica no serviço, fica no sacrifício trabalhando
tem parte fraca (sensível)	tem parte mais fraca
seu corpo exige cuidados	seu corpo exige mais cuidados
prejudica seu corpo no trabalho	prejudica, não apenas seu corpo no trabalho, mas um(ns) corpo(s) em formação
teme a quentura	teme mais a quentura.
teme a resfrieldade	teme mais a resfrieldade
usa utensílios comuns	usa utensílios especiais e ainda passa mal
padece de cansaço	padece de muito cansaço
padece de fadiga (falta de ânimo)	padece bastante de fadiga
sofre fraqueza	sofre mais fraqueza
tem sono durante o dia	tem muito sono durante o dia
padece insonha[26] à noite	padece muito de insonha à noite
força a barriga	força bastante a barriga
machuca a barriga	machuca muito a barriga a ponto de enterrar a criança
sofre de varizes	sofre de varizes a ponto de ter dificuldades de levantar
sujeita a vômito	sujeita a vômito direto (com freqüência). padece incômodo (mal-estar não localizado). tem moleza, p'ra preguiça sofre indisposição.

---

26   IN-sonha significa não sonhar, pois dormir significa sonhar.

O fato de mulheres gestantes não serem contratadas pelas usinas produz marcações expressivas no depoimento das operárias. A mulher cheia nem sempre consegue obter colocação como operária nas usinas pois

> [...] mulher gestante, eu acho que ela se torna assim um pouco mais lenta, devido ao problema dela na gestação. E mesmo esse nosso tipo de serviço [...] devido a quentura, o movimento, não é muito bom para operária gestante, de forma que, mesmo assim algumas tentam, a empresa não pode botar para fora, ela (a empresa) tem que aguentar, porque quem vai ter que pagar os três meses de ordenado é a empresa e não o INAPS,[27] por isso nós aguentamos. Nós não admitimos (gestante) porque vamos dizer, no decorrer da safra se torna mais difícil conseguir operárias para trabalhar, porque sabemos que dentro de meses ela vai ter que sair. Para ir fazer o pré-natal dela e passar os três meses descansando, então é melhor colocar outra que não estiver, que não esteja gestante, que colocar estas..."[28]

O depoimento do gerente desvenda a política que as usinas de beneficiamento de castanha desenvolviam à época e ao que tudo indica a estratégia não mudou. A política de contratação desumaniza e inferioriza as mulheres. "Ontem" (1978) eu pude circular de forma vigiada pelos espaços da usina, "hoje" Begot Ruffeil (2015) não logrou êxito, foi impedida de entrar na usina.

Mesmo que o trabalho na castanha seja caracterizado como trabalho feminino, as mulheres encontram uma série de barreiras para ingressar em uma usina quando estão gestantes, pois, segundo os referenciais dos patrões, mulher grávida não está apta ao trabalho na castanha, além de significar prejuízo.

O que mudou? Em 1978, se discutia precariamente os direitos trabalhistas desrespeitados pelos empresários; em 2015, os direitos humanos e a questão do trabalho digno estavam em discussão, então o acesso aos locais de trabalho se tornou difícil. Quando realizei trabalho de campo pude percorrer cinco usinas; em 2015, as usinas localizadas no centro e os arredores do centro de Belém tinham sido fechadas e Begot Ruffeil contou com os depoimentos

---

27 A operária refere-se ao Instituto Nacional de Assistência Médica da Previdência (INAMPS), criado em 1974 pelo regime militar a partir do desmembramento do Instituto Nacional de Previdência Social (INPS). O Instituto referido pelo gerente se constituía como a política pública que precede o Sistema Único de Saúde (SUS) e foi extinto em 27 de julho de 1993, pela Lei Federal nº. 8.689.

28 As observações foram feitas por Sílvio, que em 1978 era gerente de usina há 15 anos.

das operárias empregadas em uma usina no distrito de Icoaraci, em Belém. No século XXI, por maiores esforços que envidamos, as entrevistas foram feitas fora do espaço de trabalho. Mesmo as tentativas de "ver a partir das frestas do portão" não foram exitosas.

Como se viu linhas antes, a mulher por estar cheia torna-se ou fica "mais fraca" e exige consequentemente maiores cuidados, pois tudo que ela fizer trabalhando na castanha provoca duplo efeito, uma vez que carrega no ventre uma criança. Entretanto, a mulher cheia precisa trabalhar, pois estando na usina possui chances de usufruir da Previdência Social.[29]

O caso de Maria de Nazaré ilustra os cuidados especiais que a operária deve ter desde a postura até a substituição dos utensílios comuns por artefatos especiais produzidos por elas para a ocasião. Vejamos:

> [...] é assim, tem mulheres que trabalhou gestante assim (com o auxílio das mãos faz uma barriga enorme), era aqui na fábrica de castanha, elas não suportam. Nós usamos isso aqui [pequena caixa para aparar cascas], né? Usa assim, entre a banca e a barriga, imprensado. Tem gente que diz que isso [a caixa] ainda faz mal para barriga da gente, porque o dia inteirinho isso aqui [a caixa] esquenta a gente por dentro, sei lá ... né? Tem mulheres que trabalha gestante elas não suportam com caixa desta, ela trabalha com paneirinho [pequeno cesto] de palha maleável] daí que tem que ter paneiro, porque paneiro cede [afrouxa] né? Então, nós colocamos aqui [aponta o colo] para não forçar a barriga, aí juntando a casca, aí eu já trabalhei para quase três mês buchuda...

Observem que mesmo tomando todas as precauções, a operária não está imune a problemas, Maria de Nazaré prossegue demonstrando-os:

> "[...] meu filho que esta com oito anos, mas já foi aqui, já era aqui, que eu estava trabalhando barriguda. É assim, dá sacrifício, passa o dia todinho, a gente fica passada de dor ... quando a barriga da gente fica dura ... para levantar a modo que a criança está enterrada, tinha que mandar puxar

---

29 Antes do Sistema Único de Saúde (SUS) só tinha acesso aos benefícios da Previdência Social quem possuía uma relação de emprego, a atenção se estendia aos descendentes e aos ascendentes desde que registrados em carteira de trabalho, apoio imprescindível às precárias condições de vida e trabalho das oberarias.

minha barriga, deu uma dor nisso meu [apontou a barriga], eu acho que a
criança ficava forçada, só pode ser ...".

E Maria José arremata fazendo comparações e denúncias:

[...] a gente estando livre, não estando com barriga, já é assim cansativo,
né? Quer dizer, quando eu chegava em casa todo o tempo meu filho estava
torto [fora da posição] na minha barriga. Porque sentia tanta dor, por aqui
[indicando a barriga] e sentia para cá [mostravaas costas]. Tinha uma
senhora parteira, que eu só vivia aborrecendo a mulher, coitada! Ela chegava, de dia mesmo, eu já ia passando para casa dela. Aí me deitava e ela
puxava a minha barriga, ela ajeitava bem, ela colocava a criança. Ela dizia
que encaixava. No outro dia enterrava noutro lugar... sei lá, e é sacrifi-
coso [exige sacrifício] sim, uma mulher barriguda aqui na fábrica, é que
a mulher engana eles, [supervisores] quando estão assim de nova, ainda...

A operária não poderia ter narrado melhor as provações pelas quais passa
uma mulher gestante. Repassando os depoimentos, encontramos:

QUADRO 3- Mulher cheia trabalhando na castanha

Quando	Dá	Apesar de	Abala a mulher a ponto de
...tem tantas varizes de antes...	...dificuldade de levantar da banca...	...botar paneirinho... ...procurar não fazer força	...a gente fica mais esgotada... ...desmaiar, ficar uns dias sem trabalhar...
...a barriga está grande, está dura...	...dor muita na barriga...	...puxar a barriga, colocar a criança, encaixar o menino...	...dá varizes do lado de fora das minhas partes [vagina]. ...parto difícil, sacrificoso.
...fica sentada o dia todinho e não levanta...	...força a barriga, machuca...	...tomar água com açúcar muita e chá...	...a criança quando nascei aí cutuca [mexe]...
...fica de pé o tempo todo e não senta...	...é dores, dor nas urinas...	...deitar um pouco no quarto...	...ser preciso fazer parto cesária [parto cesariana]...
...dana a levanta e abaixa demais...	...é uma dor nas cadeiras da gente...	...se abanar e pegar vento...	...prejudica a criança... ...meu filho ficou de atravessado, de lado, sentado...
	...de sofrê tontura, fica branca...		...aí meu filho nasceu de pé... ...a neném nasceu morta...

Entre as operárias, à exceção de "moça-velha" (mulheres solteiras que
se conservam virgens) e de "mulher nova" (mulheres solteiras ou casadas que

ainda não pariram, conceberam crianças), quase todas as operárias perderam, no mínimo, uma criança quando, durante a gestação, trabalharam na castanha.

As operárias concordam que durante a gestação há mais dificuldade para executar as tarefas que lhes são confiadas; entretanto, encontramos duas operárias que afirmam não haver diferenças entre trabalhar livre e trabalhar cheia desde que as "condições de trabalho fossem outras". Entrevistamos algumas operárias gestantes que conseguiram burlar os encarregados do setor de seleção de pessoal de uma das usinas e trabalharam durante a safra de 1978. Essas mulheres, em número de cinco, afirmaram não haver diferenças entre trabalhar livre e trabalhar cheia. Acreditamos que a situação vivenciada pelas referidas operárias tenha interferido nas respostas, pois sete outras operárias que sem recorrer a burla foram aceitas em outra usina não são da mesma opinião.

Na usina onde as operárias afirmaram não haver diferenças entre trabalhar livre e trabalhar cheia, o serviço médico exerce severa fiscalização sobre as operárias e, quando descobre situações de gravidez, dispensa a mulher. Foi no arquivo médico dessa usina que encontramos uma declaração "assinada" com impressão digital, dizendo mais ou menos o seguinte: "eu, fulana de tal, declaro para os devidos fins que caso fique grávida durante a safra serei despedida sem ter direito a aviso prévio [...] Belém, [...]" O documento foi firmado em papel timbrado da empresa e preenchido pela médica do trabalho, uma das mais conhecidas ginecologistas e obstetras de Belém, à época.

O peso da violência de gênero

Considero gênero como uma categoria relacional que denuncia a injusta, opressora e exploradora relação de poder que os homens estabelecem com as mulheres (PAREDES, 2014)[30], que permite explicar as relações de trabalho estabelecidas com as operárias da castanha.

Os depoimentos obtidos no passado (BELTRÃO, 1978) foram corroborados agora, em 2015, por Begot Ruffeil, e permitem tratar da lógica presente no cotidiano do trabalho que violenta o corpo das mulheres.

Segundo as denúncias registradas, as mulheres só podem e devem trabalhar quando gozam de saúde. As mulheres não podem e não devem trabalhar

---

30 Conferir: PAREDES, Julieta. *Hilando fino desde el feminismo comunitário*. México: El Rebozo, 2014.

quando não estão com saúde. Entretanto, o trabalho com a castanha faz com que as operárias desrespeitem seus princípios, pois as mulheres que não podem e não devem trabalhar quando não estão com saúde, são obrigadas, considerando a situação de privação, a trabalhar mesmo não estando bem. Trabalhar sem saúde é uma violência do ponto de vista físico e cultural.

O trabalho na castanha é tido pelas operárias como uma decorrência da situação de privação, pois nesse trabalho, dada as condições sob as quais executam suas tarefas, seu corpo está condenado à transformação devido ao desgaste físico. De pouco adiantam as medidas de proteção, pois geralmente o corpo sofre deformações produzidas pelo ritmo cadenciado das tarefas monótonas e repetitivas. O corpo aleija-se, envelhece precocemente, obrigando a operária a aposentar-se. Apesar do esforço em preservar seu corpo e seguir a rotina culturalmente estabelecida para tal, as operárias não usam seu corpo adequadamente.

Segundo o referencial cultural das operárias, a mulher pode trabalhar em qualquer estado: livre, cheia ou vazia. Quando as operárias falam em "estar livre" ou "mulher livre" nomeiam a circunstância de não estar gestante, conforme vimos anteriormente. Ao mencionarem que uma mulher "está cheia" ou que alguém é uma "mulher cheia", referem-se à condição de estar gestante. Agora, quando falam que fulana "já está vazia" ou que se tornou "mulher vazia", as operárias indicam que a mulher "teve criança" e passa pela fase do resguardo, ou, ainda, podem estar simplesmente se referindo ao período entre uma e outra gestação, quando a mulher indicada é alguém que costuma ter um filho por ano. A mulher que "já está vazia" ou que se tornou "mulher vazia" não trabalha na castanha, pois quando passou uma parte do período de gestação na usina, nesta fase está gozando licença-repouso. Por esse motivo, não nos detivemos no assunto. A possibilidade aberta culturalmente à mulher para que trabalhe, qualquer que seja seu estado, sofre algumas restrições, pois segundo os princípios vigentes, a mulher livre (não gestante) só pode e deve trabalhar se tomar cuidados para proteger seu corpo. No caso da mulher cheia (gestante), só pode e deve trabalhar se tomar cuidados especiais para proteger seu corpo.

Entretanto, trabalhando na castanha, a partir do momento em que começa a seguir a rotina culturalmente estabelecida para tal, termina por contrariar os parâmetros que respaldam seu comportamento, pois mulher livre ou cheia, apesar dos cuidados – especiais ou não – que tome para proteger seu corpo, termina por ser afetada de alguma forma.

As consequências desta atitude se refletem sobre o corpo da operária da mesma maneira, sendo que a mulher livre afeta, apenas, seu corpo e a mulher cheia afeta não apenas seu corpo, mas corpo/s em formação.

Neste momento, chamamos atenção para uma espécie de "refrão" que aflora quer através das atitudes, quer através dos depoimentos das castanheiras. Qual seja, trabalhar na castanha implica "perder o corpo são" para "apropriar-se de um corpo não são". A noção de "perda do corpo" está associada ao desenvolvimento das atividades de trabalho durante sucessivas safras, nas quais são constrangidas, obrigadas pela situação de classe[31] a usar/desgastar/transformar/deformar o próprio corpo, dadas as condições de trabalho às quais se submete.

É interessante observar que a representação social do corpo, mantida pelas operárias, não se detém no presente, ela implica em uma referência ao passado e outra ao futuro. É uma representação atada a um referencial temporal, ousamos dizer que é uma noção diacrônica. O corpo é representado pelo que foi e pelas expectativas do que virá a tornar-se.

Refletindo sobre os depoimentos das operárias, encontramos que trabalhar com a castanha é um serviço: cansado, sem futuro, caro/custoso, ingrato, puxado, castigado e sem férias. E, olhando para o passado, as operárias se veem entrando na usina muito pequeninas, "novinha, novinha mesmo" a ponto de terem a menarca dentro da usina, lembram com saudade que eram fortes, dispostas e com muita vontade de trabalhar.

Ao deixar o trabalho de safrista, aposentada, vai "comer do seu suor", mas estará descorada, magra, sofrendo com tremores pelo abalo do serviço que tudo faz aparecer junto com a velhice, às vezes com as mãos deformadas e o pior, sem vontade para nada. Segundo Maria Genoveva, que se aposentou após 50 safras de trabalho, "imprestável para o mundo", pois estava cega e deformada pela artrose.

Faz-se necessário observar que as operárias que ainda não se aposentaram tomam as experiências vividas pelas companheiras como se fossem suas. Algumas vezes, quando tentamos fazê-las sair do abatimento em que ficavam

---

31 Entendida como posicionamento dentro da estrutura de classes, que independe da consciência individual dos agentes.

ao vislumbrarem uma perspectiva não desejável, respondiam algo semelhante ao que disse Maria Aparecida: "[...] a senhora duvida? Eu sei, eu já sinto diferença e o mesmo que eu digo, eu tenho certeza que elas (apontava as companheiras) dirão também... o destino é o mesminho...".

Há nas queixas uma referência expressa ao fato de trabalharem na castanha, por serem castanheiras, não desfrutam da vida como todo mundo, "[...] a necessidade não deixa a gente viver, é só aqui...". Essa observação nos remete à mensagem cultural que subjaz à afirmação, ou seja: cada pessoa tem direito a uma quota determinada de anos de vida e experiências, entretanto, quem trabalha na castanha não usufrui sua quota determinada de anos de vida e experiência, pois o trabalho não permite, não deixa a operária viver, não lhe concede tempo para usufruir a vida.

À guisa de conclusão

Apesar do desânimo que os depoimentos trazem consigo, as mulheres da castanha não deixam de agenciar seus destinos.

No beneficiamento da castanha, não há equidade entre operárias e operários. As primeiras trabalham para quebrar 15 quilos de castanha por dia em uma jornada que se estende, no mínimo, por 10h de trabalho diário, enquanto os homens ganham o salário mínimo por oito horas de trabalho. O fato indica que há, ainda hoje, desigualdade das mulheres diante dos homens. Nas usinas, as normas patriarcais vigentes socialmente se fazem presentes.

Do trabalho com a castanha muitos são os produtos gerados, a saber: castanha inteira, castanha lascada (com pequeno ferimento da amêndoa), castanha em pedaços (quebrada, partida), castanhas podres, casca de castanha e, ainda, pó de castanha. Os empresários aproveitam todos os produtos. A castanha inteira (de primeira) vai à exportação; a castanha ferida (de segunda) é destinada ao mercado internacional e nacional; a castanha em pedaços miúdos ou graúdos é vendida internamente; as castanhas apodrecidas são vendidas para fazer sabão; a casca da castanha é vendida como aterro para áreas alagadas; e o pó da castanha é vendido como adubo.

As operárias recebem unicamente pelo quilo da castanha inteira, embora produzam todos os outros produtos listados, portanto, a mais-valia em relação ao trabalho das mulheres se faz intensamente presente, pois o processo de extorsão por meio do trabalho excedente na produção dos demais produtos gerados pelo sofrido trabalho das mulheres (MARX, 2014).[32]

Ao longo dos anos, as operárias demandaram direitos, enfrentaram os patrões, conseguiram algumas melhorias salariais, mas continuam sem receber pelos produtos considerados menos importantes, horas extras e seguro-desemprego.

As condições de trabalho se mantêm precárias e continuam a produzir acidentes e, como no passado, não recebem EPI. Apesar de a legislação assegurar 1h para repouso e alimentação, as operárias, hoje, continuam a possuir no máximo 30 minutos de intervalo, quando não comem na própria banca de trabalho para dar conta da produtividade.

Parece-nos que jamais haverá equidade de gênero, de classe e de raça nas usinas, afinal, a mão de obra é recrutada nas áreas suburbanas (periféricas) da capital do estado do Pará, juntamente nos bolsões onde se encontram as pessoas étnica e racialmente diferenciadas.

Em quase meio século, nada parece ter mudado no beneficiamento da castanha. As operárias ainda são condenadas a morrer trabalhando.

Referências

Documental

Entrevistas gravadas com as interlocutoras

Diário de Campo

Bibliográfica

BELTRÃO, Jane Felipe. Mulheres da Castanha: um estudo sobre trabalho e corpo. *In*: BRUSCHINI, Maria Cristina A.; ROSEMBERG, Fúlvia. *Trabalhadoras do Brasil*. São Paulo: Brasiliense, 1982. p. 67-109.

RUFFEIL, Marjorie Begot; BELTRÃO, Jane Felipe. Quebradeiras de Castanha do Pará: um trabalho sobre trabalho feminino, gênero e Direitos Humanos. *In*: CANCELA, Cristina Donza; MOUTINHO, Laura; SIMÕES, Júlio Assis. *Raça*,

---

32 Conferir: MARX, Karl. *O Capital*. Livro II, Tradução: Rubens Enderle. São Paulo: Boitempo, 2014.

Etnicidade, Sexualidade e Gênero em perspectiva comparada. São Paulo: Terceiro Nome, 2015. p. 183-202.

MARX, Karl. *O Capital.* Livro II. Tradução: Rubens Enderle. São Paulo: Boitempo, 2014.

MAUSS, Marcel. As técnicas corporais. *In*: MAUSS, Marcel. *Sociologia e Antropologia.* Vol. II. Tradução: Lamberto Puccinelli. São Paulo: Epu/EdUDSP, 1974. p. 209-233.

PAREDES, Julieta. *Hilando fino desde el feminismo comunitário.* México: El Rebozo, 2014.

DA "BELA JOANINHA" QUE VIROU *MULATA PARAENSE* E DESAPARECEU NOS BECOS DA "CIDADE MORENA": JORNALISTAS, LITERATOS E CIENTISTAS CONSTRUÍNDO IMAGENS NEGRAS

Maria Angelica Motta-Maués[1]

Defendendo o escravo, construindo o negro: o trabalho e o projeto

Este artigo, apresentado numa Reunião de Antropologia (ABA, 2008) vinculado a projeto que desenvolvia então (Motta Maués, 2006, Ufpa/CNPq), é bem um exemplo de minha já longa incursão pelos estudos sobre mulheres e gênero, iniciada com a pesquisa para o mestrado, realizada entre 1975/76, em uma comunidade da Zona do Salgado Paraense, dedicada à pesca e agricultura, onde vivi durante quatro meses e estudei o que defini àquela altura, como "o status das mulheres, em contraposição ao dos homens". No trabalho, concluído em 1977 e intitulado "Trabalhadeiras" & "Camarados" - um estudo sobre o status das mulheres numa comunidade de pescadores, vali-me dos estudos clássicos do simbolismo, especialmente de Levi-Strauss, Mary Douglas e Edmond Leach, para analisar o rico material obtido em campo, em Itapuá (Vigia/Pa), apresentado no trabalho concluído em 1977 (Motta Maués, 1977/[1993]). O que significa dizer, aliás, que já falávamos academicamente das questões, antes das

---

1   Professora da Universidade Federal do Pará. Atualmente atua no Programa de Pós-Graduação em Sociologia e Antropologia/PPGSA. E-mail: angelicamaues@uol.com.br

rubricas conceituais as sagrarem. Desde então, a temática tem estado presente em meus próprios estudos e nos muitos que, como orientadora, acompanhei e discuti de perto. No artigo tal discussão vem acoplada à da questão racial, estudo ao qual também me dediquei (Motta-Maués, 1997).

Começo o texto com duas questões postas aqui na ordem inversa à que formulei no decorrer da pesquisa ligada ao projeto que então desenvolvia[2], (Motta-Maués, 2006), em que a "mulata paraense" é tema e pretexto: 1) Por que, no caso em pauta, o discurso ambíguo e ambivalente cujo foco era o escravo, transfere-se para o (homem) negro, a seguir para a (mulher) negra, e vai fixar-se na mulata? 2) O que tem a ver a figura da "baiana" de existência concreta, como tal, conhecida, celebrada e explorada até hoje como símbolo importante de identidade, não só de um Estado brasileiro, mas do próprio país, com a da "mulata paraense" que, ao contrário, desapareceu nos becos de Belém, depois de frequentar, para o bem ou para o mal, as páginas de cronistas, literatos, artistas e "homens de sciencia" na virada do XIX para o XX?

A resposta a estas perguntas que espero começar a dar neste capítulo permite tratar de certas especificidades de nossa questão racial, vistas aqui através do retrato da personagem que encarnou a figura símbolo que, tal como a "baiana", que ainda é, poderia ter sido e não foi.

Deixo, porém, as perguntas em suspenso retomando-as no final do texto e passo a contar como cheguei a elas, o que significa declarar 1) o contexto em que acabaram surgindo; 2) o percurso que me permitiu formulá-las, 3) as fontes e os dados utilizados, seguidos de sua interpretação, o que nos leva de volta ao começo de minha história aqui e, portanto, às respostas provisórias e limitadas que consiga dar às questões que provocaram meu texto

O tema do trabalho é parte do contexto maior de uma pesquisa que objetiva identificar e analisar 1) as imagens e interpretações sobre o negro que

---

2   Trata-se do projeto de pesquisa ligada ao projeto "Do 'mísero escravo' à 'bela Joaninha'; raça, gênero, jornais e memória social em Belém (PA) (Final do século XIX/início do XX)", em desenvolvimento que então desenvolvia (Motta-Maués, 2006) na UFPA/Departamento de Antropologia. Durante a consulta e coleta de dados, nos jornais, contei com a colaboração de Denize Matni, aluna concluinte do Curso de Ciências Sociais (UFPA), a quem agradeço. Com isso quero dizer, também, que o trabalho será publicado sem alterações ou atualizações. Acrescentei a seu texto, apenas, uma observação final, como uma espécie de "chamada de atenção" desta autora a ela mesma, no que chamei de *Post Scriptum*. Agradeço as organizadoras do livro, de modo particular à minha querida Ana Lídia Nauar, que foi quem o fez, o convite honroso para participar dessa importante publicação.

foram construídas quase ao final do século XIX e início do XX, nos anos que antecedem e sucedem proximamente à abolição da escravidão e à proclamação da república, expressas em jornais editados na cidade de Belém (PA), buscando apreender as múltiplas dimensões da condição e da situação negra naquele momento; 2) os relatos pessoais e/ou histórias de vida de pessoas negras, coletados através de entrevistas, para tentar captar as traduções, as interpretações que daquelas construções (dos jornais) faziam o chamado meio negro na forma como possam ter sido preservadas na memória social de que seus descendentes são depositários.

Devo dizer que não se trata unicamente de recuperar e entender o processo de construção e atualização de um pensamento sobre o negro ainda escravizado ou já liberto, mas de ver como, para dar um exemplo, ao defender e lutar pelo escravo se cria, ao mesmo tempo, o "negro" e o "mulato" enquanto categorias sociais carregadas de valores negativos – ou, no mínimo, ambíguos – pensados como atributos eminentemente raciais que a abolição do cativeiro não podia apagar de seus portadores. Além e mais do que isso, aliando à perspectiva da raça a de gênero, estou pesquisando a construção da categoria, as interpretações e representações, o retrato, enfim, da chamada "mulata paraense" ou "mulata do Pará". Que foi, conjuntamente (embora não na mesma ordem), uma imagem forjada pelo discurso branco de jornalistas, literatos, cronistas (BIARD, 1858; MORAIS, s. d.; NASCIMENTO, 1923), uma personagem real a se mover pelas ruas, becos e cortiços da cidade, e um poderoso argumento nas mãos dos adeptos das teorias raciais na sua afirmação da inferioridade do negro e dos prejuízos de sua presença para a família brasileira e para a nacionalidade em construção.

Mas, para chegar a isso, não percorri um caminho linear como pode parecer aqui. Muito ao contrário, só descobri a mulata paraense, ou melhor, o discurso nativo sobre ela (cf. VERÍSSIMO, 1970/1878, 1865, 1890), que informa o seu papel fundamental no discurso sobre a questão racial no Brasil, fazendo um percurso às avessas. Ou seja, ouvindo falar dela pelos que, fora daqui, aprenderam com seu detrator e melhor fizeram (RODRIGUES, 1894; PRADO, 1828; FREYRE, 1984/1933). Falo a seguir desse percurso e de meus achados ao longo dele.

De como fui do negro (brasileiro) à mulata (paraense) ou as tortuosas vielas do pensamento brasileiro

Em trabalho anterior – minha tese de doutorado – que trata da questão racial (negra) no Brasil, considerando as diversas faces de discurso do e sobre o negro (MOTTA-MAUÉS, 1997), embora privilegie a interpretação do pensamento das elites negras, lideranças dos movimentos desde os anos 20/30, percorri, obviamente, incontáveis páginas dos escritos de um conjunto de representantes das elites brancas[3], que nelas desenharam, em fortes contornos, o perfil moral do negro – dado crucial na discussão da personagem tema deste trabalho.

Da lista certamente muito mais extensa, vou lembrar a seguir algumas importantes figuras. Embora, no percurso que fiz, a primeira encontrada tenha sido, para o que interessa aqui, Nina Rodrigues com seus *Os africanos no Brasil* e *As raças humanas e a responsabilidade penal no Brasil* – texto exemplar este último, onde descobri as "degradadas" raças da Amazônia – e Manoel Querino com *Costumes africanos no Brasil*, para facilitar nossa discussão neste trabalho vou referir os autores no percurso linear que realmente não fiz.

Em 1758, em seu *Etíope resgatado*, o sacerdote católico português Manuel Ribeiro Rocha considera os negros como sendo todos "naturalmente propensos" aos pecados e vícios "e com excesso à sensualidade" (p. 123). Daí seu organizado programa emancipacionista, expresso, como sabemos, no próprio título completo da obra.

No mesmo diapasão, José Bonifácio em sua Representação à Assembleia Geral Constituinte em 1823, indaga e dá ele mesmo a resposta: "que educação podem ter as famílias que se servem esses infelizes sem honra, sem religião? [...] Tudo se compensa nesta vida. Nos tyrannizamos os escravos e os reduzimos a brutos animaes, eles nos innoculam toda a sua imoralidade e todos os seus vícios [...]" (*apud* FREYRE, 1984/33, p. 350).

Joaquim Manuel de Macedo, junto com o *Moço loiro* e a *Moreninha*, escreveu também, em 1869, *As vítimas-algozes – quadro da escravidão*, rótulo que cria para retratar os escravos nas três "historias verdadeiras" que compõem

---

3   Tanto no caso dos negros como dos brancos, apesar do dado da cor, que evidentemente aparece marcando diferenças, trata-se principalmente da consideração ou identificação social, ainda que pensada e tratada, muitas vezes, como racial.

DA "BELA JOANINHA" QUE VIROU *MULATA PARAENSE* E DESAPARECEU... **73**

a obra. E, das quais, a da mucama Lucinda, tramando com o branco devasso a perdição de Cândida, emblemático nome que dá à sinhazinha da história, é talvez a mais fiel às ideias da ausência de moral e da sexualidade exacerbada "próprias" do negro.

Até Joaquim Nabuco n'*O Abolicionismo* (1883) junta-se a esse coro que aponta o ódio e os prejuízos morais que os "domésticos-inimigos", como chamava Ribeiro Rocha, ou as "vítimas-algozes" de Macedo denotavam e impingiam à família branca, traduzindo sua ideia de uma vingança escrava, através da proliferação da "raça negra" entre nós, pois, com a multiplicação das crias dos ventres escravos, também "os vícios do sangue africano acabavam por entrar na circulação geral do país" (*apud* AZEVEDO, 1987, p. 97).

Não preciso dizer que, excetuando o autor de *Etíope resgatado*, escrito e editado em meados do XVIII, todos os outros beberam em Gobineau, Lapouge, Buckle, Spencer, para falar apenas dos mais citados em suas referências.

Na ênfase a essa visão da ausência de moralidade e do excesso de sensualidade e lascívia entre os negros, entraram com boa contribuição – até pelo gênero de seus escritos – os romancistas e contistas no final do XIX e início do século XX, do que são bons exemplos as personagens d'*O cortiço* e d'*O mulato*", de Aluísio de Azevedo, d'*O Bom Crioulo*, de Alberto Caminha, e de *Canaã*, de Graça Aranha. Ênfase que teve sua continuidade, por exemplo, numa *Negra Fulô* de Jorge de Lima e na série de personagens negras e mulatas do baiano Jorge Amado.

Mas, voltando ao meu percurso às avessas, e aqui corrigido, encontro o médico maranhense[4] e estudioso de negros e mestiços na Bahia, Raimundo Nina Rodrigues, e é no seu texto exemplar (como já disse), deste tipo de pensamento sobre o negro que refiro aqui, que discute e opina sobre a questão da *responsabilidade penal* em relação ao perfil racial criminoso.

E é então, nas páginas escritas por Nina no início dos anos noventa do século XIX, que leio, fortemente reproduzidas pelo mestre "baiano", as formulações deletérias e alarmantes do paraense José Veríssimo a respeito das "raças cruzadas da Amazônia", tomadas como "uma descrição tão completa e fiel" pelo autor. Tanto é assim que, apesar de discordar de Veríssimo na sua

---

4   Lembro aqui a significativa, apesar de fortuita, coincidência da junção de um maranhense (Nina) e de um paraense (Veríssimo), ambos do "norte", portanto, na construção mais acabada da imagem da mulata, tal como passou a existir no cenário brasileiro.

afirmação da influência negativa dos defeitos dos colonizadores, do insucesso da catequese e dos prejuízos do clima e do solo para a "degradação" e falta de "energia moral" da gente mestiça da Amazônia, é nele e na sua ideia-chave da origem racial dessa degradação (aparentemente comprovada pelos componentes da mistura que se processou, na região)[5] que se apoiam para produzir a tese da correspondência entre a variabilidade da combinação de caracteres herdados dos mestiços – a partir da afirmação da "incapacidade das raças inferiores" numa escala que iria do "inaproveitável e degenerado ao produto válido e capaz de superior manifestação da atividade mental" – e a escala da responsabilidade moral e penal, que iria "desde a sua negação em um extremo, até a affirmação plena no extremo opposto" (1938/1894: 182/83).

E assim se dá porque a análise de Veríssimo é invocada para confirmar, com força do exemplo (da população mestiça da Amazônia), a crença de que "certos cruzamentos dão origem [...] a produtos moraes e sociais, evidentemente inviáveis e certamente hybridos" (p. 172).

Uma consulta a Veríssimo revela por que era tão invocado. Deixemos que ele fale – ainda que em alguns trechos apenas de sua longa fala – sobre as "raças cruzadas na Amazônia".

Sobre o caráter:

> *"A feição dominante do caráter desta gente é uma falta completa, absoluta, de energia e de acção. [...] Tudo que exige acção, iniciativa, exercício continuado, persistência, e energia moral [...] lhes é impossível. Tal é o seu estado moral... [...].*

Sobre a família:

> *"A casa* – que ele chamava de "mesquinhas habitações – *revela a constituição da família que a habita [...] No seu acanhado âmbito vivem, numa mistura repugnante, homens e mulheres, moços e velhos, filhos e paes [...]. Falta-lhes [...]*

---

5   Para Veríssimo, o "mal" da Amazônia é que aqui, além de africano – aliás pensado como de menor contingente entre as raças cruzadas – a presença indígena era forte e presente no processo. O que merece boa reflexão para responder as questões deste trabalho.

*o sentimento delicado do pudor [...] As mulheres banham-*se *nuas em lugares públicos* [...] *e prostituem-se precocemente...".*

Sobre o trabalho:

"Inconstantes e despreocupados dos sérios cuidados da vida preferem ao sedentário o trabalho nomada. Assim acodem contentes às migrações periódicas [...] (referência às atividades extrativas e ao aglomerado de pessoas que se formava para exercê-las), *onde reina a maior licença, além da satisfação de seu herdado instinto nomada, a dos vícios a que mais se dão: a bebedice, a dança, a devassidão, a vida fácil em summa".*

E conclui:

"As raças cruzadas do Pará estão profundamente degradadas". (VERÍSSIMO, 1878 *apud* RODRIGUES, 1938, p. 173 a 177).

A degradação da gente amazônica sendo exceção no país, provava que mistura ruim dá mestiço ainda pior. Ou seja, contra o que ocorreu no resto do Brasil tínhamos na Amazônia o predomínio do índio, "o menos aproveitável dos nossos elementos ethinicos" para Nina (p. 196).

Na química racial de Rodrigues e Veríssimo, o grau de degeneração ou de degradação (moral) dependia não apenas da qualidade dos componentes – mesmo que branco valesse mais que negro e índio, nessa ordem. O problema está no equilíbrio da mistura, o que significa no mestiço *tout court*. Se predomina um dos elementos (particularmente o branco) e o mestiço tende "a voltar a qualquer das raças puras", será ele superior aos "verdadeiros mulatos ou segundo sangue" (p. 197-198).

Assim, nos "verdadeiros mulatos" é que aparece o "desequilíbrio do mestiço", traduzido pela esdrúxula combinação da melhoria da inteligência com uma "imperfeição sensível das qualidades moraes" (p. 199).

É nessa argumentação sobre o mulato que Nina reforça, ao extremo, o traço mais salientado no discurso sobre o negro, trazendo, porém, um dado novo – a referência explícita e depreciativa à mulata. Chamando, mais uma vez, o testemunho de José Veríssimo, diz Nina:

"A sensualidade do negro pode atingir então (nos mulatos de primeiro e segundo sangues) *as raias quasi das perversões sexuais morbidas. A excitação genésica da* **clássica mulata** *brasileira não pode deixar de ser considerada um typo anormal' (p. 199).*

E fecha com o longo e instaurador discurso de Veríssimo:

"Nunca se frizou bastante, diz o sr. José Verissimo (A educação nacional, Pará, 1890, a depravada influência deste característico typo brasileiro, **a mulata**, *no amollecimento do nosso caracter. 'Esse fermento do aphrodisismo patricio', como lhe chama o sr. Sylvio Romero, foi um dissolvente de nossa virilidade physica e moral. A poesia popular brasileira nol-a mostra, com insistente preocupação apaixonada, em toda a força de seus attractivos e de sua influência. O povo amoroso se não fatiga em celebrar-lhe, numa nota lubrica os encantos, que elle esmiuça, numa sofreguidão de desejos ardentes. Canta-lhe a volupia, a magia, a luxuria, os feitiços, a faceirice, os dengues, os quindins, como elle diz na sua linguagem piégas, desejosa, sensual"* (VERÍSSIMO, 1890 *apud* RODRIGUES, 1938, p. 199-200, grifos nossos).

Chega-se com isso aos pontos que quero enfatizar: 1) a mudança de foco sobre o gênero ou pelo menos o acento maior sobre a mulher de cor (a mulata) que parece ocorrer em boa medida com Veríssimo, e, nesse sentido, 2) a espécie de precedência ou pelo menos destaque na "invenção" da *mulata* pelo autor paraense, o que para minha discussão é deveras significativo e implica em considerar que 3) o "modelo original" da tal mulata brasileira era de alguma forma a personagem que trabalhava e passeava sua "faceirice" pelas ruas de Belém e que jornalistas, literatos, artistas e homens de ciência encarnaram como, transformaram, em categoria racial.

Devo dizer, ainda, duas coisas. Primeiro que, tal como ocorreu em meu percurso anterior, encontro e refiro aqui o importante discurso de José Veríssimo através do uso que dele faz Nina Rodrigues. Não só por aquela razão, mas antes porque sua invocação posterior (já nos anos 20 e 30 do XX), por Paulo Prado e Gilberto Freyre, os dois que em suas clássicas interpretações do Brasil dedicaram-se demoradamente à discussão da sensualidade, da moralidade negra e sua deletéria influência na vida social e no que chamamos *ethos* brasileiro, deixa de lado a interpretação original daquele autor sobre o problema racial na Amazônia, base de tudo, e vai direto para o "legado" da mulata. Como se Veríssimo é que tivesse absorvido de Nina sua própria discussão.

Ao tratar sobre a influência do escravo negro na vida sexual e da família do brasileiro, dedicando a isso dois capítulos de *Casa-grande & senzala*, apesar de suas acusações ao escravo (ao sistema) e não ao negro (a raça), considera de qualquer modo no aprendizado dos vícios dos filhos/família que "As primeiras vítimas eram os animais domésticos; mais tarde é que vinha o grande atoleiro de carne: a negra ou mulata. Nele é que se perdeu como em areia gulosa, muita adolescência insaciável" (1984, p. 371).

Para o que me interessa aqui é importante perseguir as referências de Freyre neste particular tema e ai vamos encontrá-lo remetendo-nos às suas fontes de discussão da "lascívia" das negras e mestiças, considerando a situação da família patriarcal no Brasil, em Portugal e no sul dos Estados Unidos.

Em primeiro lugar, Calhoun (1918), que responsabiliza "a negra e seus – *'strong sex instinctis'* e principalmente a mulata – *'the lascivius hybrid woman'* – pela depravação dos rapazes brancos" (FREYRE, 1984, p. 378).

Em seguida, Freyre refere Nina e Veríssimo numa forma e ordem que invertem a procedência da interpretação: é como se, para Freyre, o segundo tivesse absorvido do primeiro as ideias sobre a mulata em particular:

> Entre nós, já vimos que Nina Rodrigues considerou a mulata um tipo anormal de superexcitada sexual; e até Veríssimo, de tão ordinário e sóbrio, escreveu da mestiça brasileira: **"um dissolvente de nossa virilidade física e moral"** (p. 378, grifos nossos).

Como sabemos que, mesmo não referindo a leitura de primeira mão do texto mais antigo de Veríssimo (de 1885/1878, 1ª. ed.), Freyre tomou contato com ele através das "Raças Humanas..." do próprio Nina –, sua "inversão" só pode relevar de uma consideração maior do "mestre baiano" em assuntos de raça. Até porque Veríssimo abandonou essa trilha quando "pegou um Ita" e foi para o Rio fazer crítica literária e se tornar uma referência nessa área.

A insistência na questão das genealogias, no caso, não significa "brigar" por paternidade de ideias. Até porque tendo sido a Amazônia (sendo ainda, muitas vezes) o paraíso dos naturalistas e dos viajantes, não faltaram a Veríssimo fontes de inspiração em nada menos que Wallace, Bates, Agassiz,

Coudreau, entre outros. Trata-se, em vez disso, de ver o fato num contexto maior que inclui: 1) a referência à posição da Amazônia diante do debate sobre a questão racial no país (temas que trato a seguir com a breve história da "bela Joaninha"; 2) a discussão sobre a personagem tema do discurso referido, tendo em vista as questões que iniciam este trabalho.

Breve história da "bela Joanninha

Corria o ano da graça de 1888 e a "bela Joanninha" passeava cotidiana-mente, em verso e prosa, nas páginas do *Diário de Notícias* – importante jornal de tendência liberal que circulava na cidade de Belém. Nesse mesmo momento ela também participava da organização e desfilava com suas companheiras na "marcha cívica das mulatas", por ocasião dos festejos abolicionistas. Joanna ilustrava ainda o jornal humorístico *O Mosquito* (1895), onde aparece, em gros-seira caricatura, posando para um suposto pintor, de coroa na cabeça, com a inscrição "Sua majestade Joanna e seu pintor". Joanna foi também cantada nos versos do poeta paraense Luis Demétrio Juvenal Tavares, sob o pseudô-nimo Varetas, merecendo dele um opúsculo intitulado justamente "A viola de Joanna" (SALLES, 1988), composto pelos poemas que foram, a partir de maio de 1888, regularmente publicados pelo jornal que me serve de fonte.

A "mulata paraense", traduzida ou não na figura da "bela Joaninha", mereceu também longa e caprichada descrição no estudo do escritor maran-nhense João Affonso do Nascimento, "Três séculos de modas" (1916), lançado ao ensejo do tricentenário da fundação da cidade de Belém, bem assim nos escritos de outros autores como Baena (1838); Biard (1858), Bates (1944), todos eles surpreendidos e impressionados, na Belém do século XIX, com o esmero, a originalidade e (conforme a ocasião) até o "luxo" do modo de tra-jar dessa mulata, dessa mulher negra paraense que "marcou profundamente a paisagem humana de Belém, aparecendo nas ruas, praças, mercados e até nas festas da igreja", como nos diz ainda o historiador Vicente Salles, no seu importante e referencial estudo "O Negro no Pará" (1988/71, p. 174-175). E que assim permaneceu quase até o final da segunda década do século XX, como atesta Nascimento (1923), quando, como figura humana de mulher tra-balhadora de rua, vestida e ataviada em seu traje especial – desapareceu da paisagem da cidade.

Para encurtar a história, é bom dizer que Joanna, enquanto a *mulata*, como já mostrei, foi referência fundamental para o mestre do racismo científico no Brasil, Nina Rodrigues, através de longa citação distribuída em páginas de seu referencial estudo de 1894, respaldada pelo aval de Sylvio Romero, todos atentando para o alerta de Veríssimo de que "Nunca se frizou bastante, a depravada influência deste característico typo brasileiro, a mulata no amolecimento do nosso caráter" (1938, p. 199).

Desse modo, Joanna, bela Joanninha, Joanna e seu pintor, Joanna Treze de Maio, todos esses termos com que no jornal era referida a personagem, real ou fictícia de uma categoria social (racial) – a "mulata paraense" –, é tomada aqui como uma espécie de figura paradigmática que nos permite pensar e interpretar um processo de construção social, intelectual, do pensamento, do discurso e das relações mesmas na medida em que, real ou não (isso é o que menos importa aqui), essa personagem, cantada em prosa e verso, simboliza e sinaliza a forma de lidar com o que é a pedra de toque de nossa ideologia racial – a mestiçagem. O que está terrivelmente documentado, por exemplo, na ilustração sobre Joanna e o pintor, na qual a mulata, retratada no jornal é, na verdade, a figura – praticamente a caricatura – de uma negra (que tem aliás, seus atributos físicos propositalmente exagerados), o que pode indicar que, já àquela altura, se falava em mulata mas podia-se estar pensando em negra. Como se passou a fazer depois com o uso de outro eufemismo – "morena".

Levando em conta as ideias e os fatos, posso dizer que pude ver que o debate intelectual produzido no país sobre a questão racial (no que respeita ao elemento negro), já em curso desde o final do século XIX, e que se estende, com novas formas de preocupação teórica e política, e do próprio estado da questão, até o presente, num certo momento deixou, praticamente, de incluir a região norte, e, em particular, a Amazônia. Na verdade, a inclusão deixou de ser feita justamente a partir da mudança de orientação teórica e metodológica dos estudos sobre o negro, que se verificou no bojo e sob o impacto dos resultados do grande programa de pesquisa patrocinado pela UNESCO, no início dos anos cinquenta do XX, que, a não ser por um artigo do antropólogo Charles Wagley, na coletânea que só analisa o Nordeste, a Amazônia estaria completamente de fora do projeto mais ambicioso já realizado no país sobre o tema das relações raciais (MAIO, 1997).

Embora depois daquela espécie de efervescência traduzida nas mais de uma dezena de pesquisas desse programa, a maior parte no Sudeste, e alguma coisa no Sul e Nordeste, a questão racial deixe de ser um tema "quente" e a academia só volte a incluí-lo, com alguma ênfase, na década de 1970, coincidentemente quase ao mesmo tempo em que são retomados os movimentos negros. Mas aí, novamente, é o Sudeste que, preferencialmente, volta a ser objeto de interesse de estudiosos da situação das relações raciais no Brasil. (Cf., entre outros, MITCHELL, 1977; HALSENBALG, 1979; SKIDMORE, 1976; DEGLER, 1976; DANTAS, 1988; MACIEL, 1987; AZEVEDO, 1987; SCHWARCZ, 1987; ANDREWS, 1988; HANCHARD, 1994).

Entretanto, no momento em que tomo como referência a situação era outra. No final do século XIX, através da pena do "nativo" José Veríssimo, ou de naturalistas e viajantes como Henri Coudreau (1887) e principalmente Louis Agassiz (1869), a Amazônia era referência fundamental para subsidiar a discussão sobre a mestiçagem, atestando, como os exemplos vívidos de sua gente "profundamente degradada", os males que esta já havia causado, na "última página ainda a escrever-se do Gênesis", conhecida definição de Euclydes da Cunha, no prefácio que escreveu para *Inferno verde*, de Alberto Rangel.

Entre os estrangeiros, Louis Agassiz vale ser lembrado neste particular, não só pelo alcance de seus estudos – ele é referido ainda hoje por estudiosos do tema como Thomas Skidmore, por exemplo – mas porque, ao discutir mestiçagem, esse autor cita, especificamente, a Amazônia. Em *Viagem ao Brasil* (1938), editada pela primeira vez em francês em 1869, Agassis argumenta:

> Aqueles que põem em dúvida os efeitos perniciosos da mistura de raças e são levados, por uma falsa filantropia, a romper todas as barreiras colocadas entre elas, deveriam vir ao Brasil [...] Veriam que essa mistura apaga as melhores qualidades, quer do branco, quer do negro, quer do índio, e produz um tipo mestiço indescritível, cuja energia física e mental se enfraqueceu [...] concedamos ao negro todas as vantagens da educação: [...] mas respeitemos as leis da natureza e, em nossas relações com os negros, mantenhamos no seu máximo rigor a integridade do seu tipo original e a pureza do nosso (1938, p. 366).

Com toda essa veemência, não admira que o naturalista seja referência obrigatória no debate da virada do século – que resultou, entre outras coisas, na tese do branqueamento a qual, ao contrário do que se costuma dizer, o Brasil compartilha com toda a América Latina (GRAHAM, 1991) – nem que ele tenha citado explicitamente a Amazônia, antes de argumentar contra a mistura, uma vez que, além da presença negra, havia entre nós a do índio, por vezes mais desconsiderado que aquele. Somando-se a isso a natureza inóspita e tão primitivamente grandiosa que atrasa a civilização e enclausura o homem, como diria ainda em 1936 Raymundo de Moraes, o *Inferno verde* de Rangel prestava-se, admiravelmente, para justificar as teses dos dois determinismos em voga na época, o biológico e o geográfico. Tinha, assim, a Amazônia os dois itens que a condenavam ao atraso e a elegiam como caso exemplar dos males da sua junção num só lugar: o meio hostil e a raça misturada. É isso que faz Agassis dizer: "Essa classe híbrida, ainda mais marcada na Amazônia por causa do elemento indígena, é numerosíssima" (Idem, p. 365).

Diante disso, como estamos cansados de saber, a solução a que chegaram todos os que discutiam o futuro (racial) do país até as primeiras décadas do século XX – Joaquim Nabuco, Oliveira Vianna, Sylvio Romero, Oliveira Martins, Batista de Lacerda, Paulo Prado e romancistas como Joaquim Manuel de Macedo e Graça Aranha – era promover, inclusive e fortemente com a ajuda da vinda de imigrantes, o branqueamento de nossa população.

Eram essas ideias todas, também, que certamente estavam na cabeça dos que escreviam nos jornais editados na Belém do "fin-de-sciècle", desejosos, como todos, de fazê-la uma "Paris nos trópicos" ou uma "Paris n'América"[6], o que significava, entre outras coisas, civilizada e branca[7].

---

6   Essa última denominação foi aproveitada, aliás, para designar o que até pouco tempo foi importante loja de tecidos, perfumaria e artigos finos para presentes (hoje transformada em "magazine"), fundada por um comerciante português que tinha fascinação por Paris, onde teria ido inclusive passar a lua de mel, na volta da qual fez construir e inaugurar o prédio de sua loja, que é uma das mais belas e melhor conservadas construções em estilo *art-nouveau* em Belém. As informações de caráter mais pessoal me foram dadas por Dona Antônia Mendes, filha de "Nhá Antonia", uma mulata (negra), exímia cozinheira, que trabalhou para esse comerciante quando, ainda solteiro, morava no prédio em frente ao local onde construiu a loja. Dona Antônia, aliás, conservava em um baú, até morrer em 1990, com mais de 80 anos, as saias rodadas, os "cabeções" abertos em bordado "Richelieu" e renda, e as chinelinhas fechadas de bico e saltinho que compunham, juntamente com os colares e brincos de coral, a figa de azeviche e o feixe de jasmins, baunilha, ervas e raízes aromáticas usado preso aos cabelos, o traje habitual da chamada "mulata paraense", e que haviam pertencido à sua mãe.

7   Este período e esta face da história paraense, de Belém particularmente, correspondentes ao maior desempenho da chamada "economia gomífera" ou "ciclo da borracha" (cf. SANTOS,

Daí que, ao mesmo tempo em que se quer chamar ao "bom caminho" do trabalho e do lar as tantas Joannas, belas ou não, também se pensa (e fala) nelas como alguém que só faz mau uso da liberdade, como veremos a seguir. Combina-se na imagem da "mulata paraense" a beleza, a faceirice, o luxo, a limpeza, com a vadiagem, a irresponsabilidade, a libertinagem, os maus costumes, enfim, as atribuições pensadas como "próprias" da raça, como bem se vê nas notícias do jornal e no conjunto de poemas que exploro agora, ambos, pretensamente, de exaltação a essa personagem.

O jornal, as notícias, as "Canções a viola", ou O desaparecimento da mulata na "cidade morena"

Corria o mês de maio de 1888 e a cidade de Santa Maria de Belém do Grão-Pará, com seus ares de cidade que se urbanizava tendo como modelo nada menos que Paris, atestava movimentação diferente da habitual. A razão disso estava nos festejos que a cada dia ocorriam nas diversas ruas da capital paraense que iam sendo "libertadas", fato que era celebrado com festas, discursos, plaqueamento indicativo e notícias nos jornais locais.

Verdadeiro termômetro da vida social da cidade, o jornal *Diário de notícias*, cujas matérias são utilizadas neste trabalho, era os olhos, ouvidos e a boca de todos – brancos, negros, mulatos; livres, cativos, forros, libertos; ricos, pobres; trabalhadores disciplinados e vagabundos desordeiros. Todos apareciam e acorriam ao jornal (aos jornais). De um lado, as elites, em artigos nas habituais colunas de acalorados debates com o clero e políticos locais, ou bradando contra a permanência da escravidão e o abuso de senhores que mantinham cativos os que, por lei, livres se tornavam; ou em notas sobre as viagens à Europa nos paquetes de luxo, ou nas festas elegantes e espetáculos de teatro.

Mas, de outro, desfilava no mesmo espaço a arraia miúda, representada em outro tipo de matéria: reclamações contra cortiços, brigas e pagodes; prostituição; casos de pajés charlatões e de bruxas e matintas mulatas; queixas de desfloramentos e sedução de pobres meninas; notinhas sobre espancamentos e

---

1980), caracterizada por uma modernização civilizadora, têm sido identificados pela expressão *belle époque* (CASSALO, 1984; COELHO, 1992; SARGES, 1990). Trabalhos mais recentes chamam atenção para a outra face do mesmo processo e para espaços, costumes, atores sociais e situações opostos à vida *chic* dos "barões da borracha". Criticam eles o que chamam de "miopia" da historiografia local (cf. FIQUEIREDO, 1996; DONZA CANCELA, 1997).

assassinatos de mulheres por seus amantes ou maridos; reclamações contra as ameaças que quebravam o sossego das ruas ou contra os atentados à moral e aos bons costumes que a presença pública das Joannas e dos Ambrósios provocava.

No jornal, o retrato da cidade: os gêneros do cardápio, de gosto marcadamente europeu, do belemense (nos anúncios de casas comerciais e importadoras e nos menus dos restaurantes); os remédios de uso corrente; as festas de igreja; os espetáculos de circo, teatro, canto lírico; os melhoramentos urbanos (linhas de bondes, iluminação pública, serviço de água, abertura de ruas, construção de praças); as condições de saúde, com referências constantes ao cólera e à varíola; e, para não ir mais longe, os folhetins, as historietas, as trovas populares e os poemas.

Lá também estava a personagem de que me ocupo neste trabalho, quer anonimamente, englobada na categoria mulata paraense, quer explicitamente nomeada como Joanna, a "bela Joanninha".

Para mostrar ao leitor essa presença, vou me valer de um conjunto de matérias do jornal formado por: uma notícia, uma carta publicada e uma série de quinze "canções", todas numeradas pelo autor.

Minha intenção é fazer uma espécie de etnografia a partir destes textos, usando essas matérias como "falas" que expressam interpretações socialmente partilhadas, culturalmente significativas, que permitam ir além da palavra e do argumento, até a ideia, o pensamento que os engendra e dá suporte. E assim começar a responder minhas indagações formuladas no início deste trabalho.

Pela ordem de aparecimento, temos, em primeiro lugar, a carta. Sob o título "Epístola amistosa", o jornal estampa uma carta em que Joanna se dirige a uma amiga falando da recente abolição:

> *"Minha querida Maria do Rosário*
> *Como bem dizem os brancos, não há expressões bastante expressivas com que possa expressar o que vai por esta capital [...]"*

Segue-se longa descrição e explicação sobre o aparelho telefônico da casa do patrão – veículo através do qual chegara a notícia da abolição.

> *"Ora, por volta das 3 horas da tarde de domingo, estando eu a preparar o jantar, as campainhas repinicaram e o patrão encostou a orelha.*

*De repente eu o vi accender os olhos e perguntou [...]: – **Passou? Já foi sancionada? Bom! Muito bem!***

*E collocado o canudo no gancho, deu um pulo para o ar e bradou: – **Viva a liberdade! Viva a princeza! Viva João Alfredo! Viva a Joanna!** – e atirou-se como um doido sobre mim, querendo me abraçar...*

Crédo! Disse eu só commigo, este homem parece estar hydrophobizado, como diz o seu Varetas[8]?

Mas elle prendeu-me em seus braços, cobriu-me... de beijos, enquanto cobria-me... de pudor.

E se meu homem sabe! Disse-lhe eu indignada.

Nada disso, mulata, estás livre, viva a liberdade! [...]

Estamos livres, minha querida amiga, estamos livres deste cruel captiveiro [...]

Era delírio! Corri para minha habitação, preparei meu vestido branco e a minha facha (sic) auri-verde e dispus-me a sahir à noite, a fim de fazer pela cidade o meu passeio, não já como uma pobre captiva, mas qual outra exma. senhora dona que sou. [...].

Em outra epístola dar-te-hei conta do que vi e ouvi neste meu passeio [...].

*Hoje estou muito cançada (sic) por isto que chego agora mesmo do palácio do governo onde fui como **membra** da comissão encarregada de saudar o sr. Miguel Pernambuco (era o governador da província) e pedir-lhe o obséquio de ceder-nos uma banda de música para nossa passeata.*

O homem, com o fino tracto com que nos acolheu [...] disse que, de todas as comissões e felicitações nenhuma lhe tinha sido mais agradável do que a visita das mulatas do Pará por isso que notava-se n'ellas a sinceridade, etc, etc...

Até mais

Tua do coração

Joanna Treze de Maio (Diário de Notícias, 20 de maio de 1988, p. 2).

Em seguida, sob o título a seguir, temos a notícia:

"O Epílogo"

Se o início das festas da liberdade n'esta capital, esteve na altura de tão alevantado assumpto, o seu epílogo não foi menos digno, nem menos soberbo, [...] De tarde sahiu a marcha cívica das mulatas, uma originalidade no seu genero.

---

8   Varetas, como já disse anteriormente, é o pseudônimo com que o jornalista e literato Juvenal Tavares assina as "Canções à viola", que veremos depois.

Ninguém senão elas poderia festejar com mais jubilo [...] pois que [...] tendo vivido na noite escura da escravidão, com maiores arroubos as pálpebras para fitarem a claridade amena que lhes trouxe a aurora da redenpção, [...] Honra, pois, á ellas, que se mostraram saber apreciar devidamente o bem que lhes acaba de ser dado! [...].

Deste início, duas indicações: 1) a massa negra não aparece, fica realmente de fora nos festejos; as mulatas (que não aparecem na programação divulgada), embora mais próximas e de qualquer modo partícipes, permanecem estranhas (são uma "originalidade" como tal); 2) o tipo de percepção da abolição e de reação ao fato, além da simbologia dos termos empregados para descrevê-las, algo extremamente recorrente no discurso brasileiro sobre o episódio, inclusive o das lideranças negras dos anos 1920/30.

A notícia continua reproduzindo, agora, a saudação do "Dr. Cordeiro de Castro", apresentado como fervoroso abolicionista local:

"Mulheres Redimidas"!

[...] Sede felizes e, na humildade da vossa condição operosa, procurae engrandecer-vós, conquistando nossos respeitos, pela reforma dos nossos (vossos?) costumes, pela vossa dedicação ao trabalho.

Sede felizes; e com a modéstia do vosso recolhimento procurae cada vez mais engrandecer o vosso sexo, constituindo legítima e religiosamente a família; porque somente na santidade do lar, ao lado do esposo amado, junto dos filhos queridos, vós podereis alegremente gozar os abençoados fructos da liberdade alcançada e geralmente festejada.

Viva a Princesa Imperial!
Viva a Religião Católica
Viva o trabalho livre!
Viva as mães e filhos de família!
Viva as mulheres redimidas!".
(Diário de Notícias, 22 de maio de 1988, p. 2).

Se lembrarmos da notícia anterior, temos aqui uma interpretação exatamente contrária da ideia e do (bom) uso da liberdade pelas mulatas (pelo negro livre de um modo geral). Em vez da mulata livre, dona de seu corpo, e de sua vontade, que deixa o fogão e sai pela noite com seu vestido branco, em vez de festas, passeios, beijos e abraços (com o branco), em vez de "exma. senhora dona", o que temos? Temos a "modéstia", o "recolhimento", a "família" legítima e regida pela igreja, o marido e os filhos para cuidar – valores modernos da família burguesa que não lhes eram receitados da mesma forma ou no sentido da consideração de um estatuto de igualdade entre brancos e negros. O que temos aqui é o desejo da imposição da disciplinarização do corpo, a organização do trabalho – pela "reforma" num caso e a "dedicação" noutro; e mais, cruzando, com isso, as categorias de gênero e raça, a construção ambígua e ambivalente da imagem da mulher negra – sintomaticamente representada pela mulata e sua mediação – elo significativo a ligar as duas visões referidas.

O que digo é que mesmo contrárias, as duas interpretações, como "discursos imbricados" – na forma registrada por Mello e Souza (1986) noutro caso – caminham juntas forjando, ao mesmo tempo, a imagem e sua encarnação. Como mostram as "canções" que considero a seguir e a própria trajetória da personagem.

As "Canções à viola" aparecem no *Diário de Notícias*, em 1888, quase todas tendo como referência explícita e nomeada a assim chamada mulata "Joanna". Tomo para análise um conjunto de oito canções que, pelo momento em que são dadas a público e pelos desdobramentos do discurso que apresentam, servem muito bem para sinalizar a própria trajetória – presumidamente real nas canções, mas socialmente atribuída – da mulher negra ou mulata – como imagem que permaneceu, como personagem que deixou de existir.

A primeira canção à Joanna aparece no jornal no mês de maio de 1988, o que é por si só bastante significativo. No seu conjunto, elas constroem e contam uma historinha que vou procurar traduzir aqui, ilustrando cada passo com a fala do próprio "seu Varetas", como chamava Joanna ao autor, na "epístola amistosa" que, como vimos, dirigia à Maria do Rosário, pretensamente, outra "mulata" como ela.

Na primeira canção, o autor apresenta Joanna logo no início e pinta seu retrato com elementos que misturam, no mesmo argumento, a detração e o elogio, terminando com a declaração da preferência (não aprovada socialmente, aliás) do branco pela mulher de cor, ainda que seu parâmetro seja mesmo a brancura da neve:

> *"É mulatinha zolhuda*
> *A minha bella Joanna!*
> *Faceira como um macaco,*
> *Tem as doçuras da canna.*
> *[...]*
> *Podem dizer que quizerem,*
> *Eu não a troco por nada,*
> *Nem mesmo por ti, Paquita,*
> *Que tens a cútis nevada. (Diário de Notícias, 02 de maio de 1888, p. 2)*

Se logo a seguir Joanna, naturalizada, é igualada à comida que ela (é) faz,

> *"Há três coisas neste mundo,*
> *Com que passo uma semana:*
> *É a carne e a farinha*
> *E a beijoca da Joanna. (04.05.88)*

quando se aproxima a liberdade[9], as queixas do branco começam a aparecer; Joanna começa a perder a inocência e a canção a ganhar malícia:

> *"Joanna, falla... Joanna,*
> *Tu queres me atraiçoar!*
> *'Não te fies n'essa bixa*
> *(sempre me disse o José)*
> *Ella um dia, sem pensares*
> *Cáe no mundo... té-té-té...'*
> *[...]*
> *Deixa metter-te meu bico*
> *N'essa boquinha cheirosa;*
> *Deixa beber as delícias*
> *N'essa fonte deleitosa... (Diário de Notícias, 10 de maio de 1888; p. 2).*

---

9   Mesmo que a assinatura da lei Áurea não tivesse se dado no 13 de maio, esta data já estava marcada pela Liga Redentora dos Cativos para solenizar o fato de não haver, a partir desse dia, um só escravo na capital da Província do Pará (cf. SALLES, 1988).

Logo depois do 13 de maio, com Joanna livre, a canção joga pesadamente com os eufemismos referidos à manipulação e elaboração do alimento juntando, na mesma "arte", comida, trabalho e sexo, com direito até a um diálogo entre o "cantor" e sua musa:

"ARTE CULINÁRIA..."

– Ai Joanna, tu não ouves?...
Mette fogo no fogão!...
Mette fogo ó rapariga,
Que sem fogo, ó bella
De nada serve o tição.

Mexe bem, mexe a panella...
Dá por mexer, não se acabe...
Se o comer não é mexido,
Esse comer bem não sabe.

– Por essa também stou eu...
*Sois um sábio, **seu** varetas;*
Foi a meza c'um judeu...
Coisa insulsa, e que pezeta".
[...]
Applica-te bem, Joanna,
N'esta arte culinária;
Imita quanto puderes
*Uma **tar** di Januaria*[10] *(Diário de Notícias, 16 de maio de 1888, p. 2).*

Se aqui é o eufemismo que domina, na que vem depois não se precisa usá-lo para mostrar a diferença entre a negra escrava e a mulata livre. Surgidas no calor da semana dos festejos abolicionistas, dividindo com as notícias sobre eles o mesmo espaço do jornal, as canções "pós- 13 de maio" declaram com todas as letras da cartilha das elites brasileiras a saga da mudança que a data encerra – inscrita no corpo e nos passos das "Joannas Treze de Maio":

---

10 Januária era uma mulher negra que aparece no noticiário do jornal sempre envolvida com prostituição e violência.

"Não é só o ventre d'ella
Que goza da liberdade
Da cabeça até os pés
Ella é sua propriedade.

Quando quer dá seus passeios
Vae aqui, vae acolá;
Acabou-se a nhanhá velha,
Não conhece mais sinhá
Já não tem impedimentos
Vae fazer filho a vontade...
Ai! Amor, me abraça e grita
–Viva a nossa liberdade!

Já se foi o bom tempo
Do tyranno mestre André
Que con quatro badaladas
Nos punha logo de pé.

Joanna, bela Joanninha
É nosso agora este mundo;
Vamos fazer um filhinho
Que se chamará Raymundo. (Diário de Notícias, 18 de maio 1988; p. 2)

A canção tem de tudo, da história das leis abolicionistas à nostalgia do cativeiro, mas, acima de tudo, tem o retrato da "bella Joanninha" e de sua liberdade "mal usada", liberdade que vira "libertinagem". O ciclo se completa – e a historinha termina – quando Joanna "vira" Januária (a prostituta tão mal falada no jornal).

"Eu que nunca acreditára
Em promessa feminina,
Vim pagar a minha língua,
Cumprir talvez minha sina,
Tornando-me apaixonado,
Criando paixão ferina,

> *Por uma **tar** di Joanna*[11]
> *Que é brutal e vil tyrana!..." (Diário de Notícias, junho de 1888).*

e, como tal, da faceirice de macaco (da 1.a canção) passa à inconstância da "pipira".

> *"Connosco dá-se o contrário:*
> *Eu, o macho, é quem suspira;*
> *Enquanto a fêmea voando,*
> *Anda ahi como pipira*[12]*; [...]" (Diário de Notícias, 05 de agosto de 1888, p. 2).*

e ele, em complemento, imita o cão velho e o colibri,

> *"Joanna, como um cão velho*
> *Junto de ti passo bem*
> *Tuas mãos, teus pés lambendo*
> *E ás vezes lambo... também...*
>
> *Se o colibri tão mimoso*
> *Vae beijando cada flor,*
> *Que tem, pois, que sempre eu beije*
> *A flor cheirosa do amor?*

Voltam os eufemismos, a imitação vira normalidade – Joanna é qualquer uma... *mulata.*

O desfecho das canções, com sua caracterização de Joanna (leia-se, da mulher negra, mulata), com todos os atributos que nossa ideologia racial, cuidadosamente construída a favor do branco, lhe entregou, me leva de volta às minhas indagações iniciais e ao que posso dizer em resposta a elas.

Isso significa prestar atenção na versão particular dessa ideologia racial que construímos na Amazônia para dar conta de nós mesmos. Significa também, entre outras coisas, prestar atenção em dados como a construção, ao que

---

11 Chamo atenção do leitor que o autor usa exatamente a mesma frase (ou verso) que usou noutra canção para se referir a Januária, pedindo para Joanna imitá-la.

12 Um passarinho muito comum no Pará, que voa de árvore em árvore, nos quintais, buscando as frutas de que se alimenta. A analogia é bastante explícita.

parece tão cuidadosa, da categoria "mulata paraense" ou "mulata do Pará" – em nenhum lugar do país aparece essa combinação da categoria racial com o gentílico – a ponto de, não ficando só nesse nível, "encarnar" uma figura pública, um tipo social, como já disse, da mesma forma que se deu na cidade do Salvador (BA), com a figura da "baiana"[13]. E ver também que, ao contrário da Bahia, aqui o tipo desapareceu enquanto tal, e da imagem da mulata paraense – fundamentalmente uma mulher que trabalhava na rua, ou que, ao menos, se deslocava para trabalhar – passa-se à da "morena", a que já não corresponde a uma figura tão definida, mas é algo impreciso, que serve mais para nominar a própria cidade, até hoje dita a "cidade morena" – e de "belas morenas". Embora, certas vezes, ainda nomeie um tipo físico representativo – a "morena paraense". Além disso, é acompanhar uma espécie de deslocamento da categoria de um espaço a outro, pois se, como diz Vicente Salles, referindo João Afonso do Nascimento, quase ao final da primeira década deste século, essa "figura popular", como ele chama, já havia desaparecido da paisagem da cidade, é certo que a categoria, sem adjetivação, continuou a percorrer, especialmente, as páginas dos poemas e romances – aqui e alhures[14] – para ressurgir, no Rio de Janeiro, como personagem de divulgação nacional, quase um século depois da versão paraense da mestiça, como a "mulata tipo exportação", dos shows e das escolas de samba (sobre a mulata na literatura, ver QUEIRÓZ JÚNIOR, 1982; GIACOMINI, 1988).

Mas a figura análoga e oposta à da mulata paraense não é a mulata carioca (brasileira) mas a "baiana" que, construída no mesmo processo, permanece até hoje. Por que se deu assim?

No caso da "baiana", esta continuou sendo a preta (a negra) com seus atributos raciais, de cor, definidos perfeitamente, sem ambiguidades; e com um lugar (social, de classe) também não ambíguo. Num certo sentido, é como se ela reproduzisse permanentemente a escrava, a "mãe-preta", hábil no preparo de seus quitutes, como tanto celebrou Freyre.

No caso da "mulata paraense", esta não é (era) a preta (a negra), a escrava, portanto, muito menos a mãe-preta, mas também não era, não é, não pode ser a branca (a senhora, "exma. Dona"). E, nesse sentido, inclassificável racialmente

---

13   Aliás, como se sabe, nos jornais baianos do início do XX, a Bahia era chamada.

14   Para lembrar só os mais conhecidos, citaria aqui, *O cortiço*, de Aluísio de Azevedo; *Clara dos Anjos*, de Lima Barreto; e, mais tarde, *Gabriela, cravo e canela*, de Jorge Amado.

(pela cor) e, assim, desclassificada socialmente (enquanto pessoa e personagem). É alguém fora de lugar.

E mais, o termo baiana não diz explicitamente sobre a cor/raça de ninguém. Ainda que todos saibam que ele remete, no caso, à cor também – baiana, nesse contexto, é uma mulher negra vendedora de comidas "típicas" da Bahia; comidas que são herança africana. O que está gramaticalmente encaixado no modo brasileiro de lidar (eufemisticamente) com a questão racial.

Contrariamente a isso, o termo mulata paraense assume/proclama não só o dado racial, porém, mais grave ainda, o fruto, o resultado da mistura (da relação íntima) entre branco/negro. Que, ideologicamente, é algo não aceitável tranquilamente. Em princípio, e de forma latente, para todos permanece algo não desejado.

Acrescente-se a isso que, além do fruto da mistura, a mulata é o produto de mistura "ruim", devido à presença mais considerada do índio na Amazônia.

Por isso a negra, antes vendedora de comida (e de sexo, no dizer de Manuel Querino), vira a *baiana*, como categoria social definida e como figura típica, no verdadeiro sentido do termo. A identificação como que suplantando a raça e a classe.

Já a mulata paraense que existiu do mesmo modo e com os mesmos atributos e atribuições, desapareceu. O que ficou dela, além da lembrança e dos registros iconográficos, subsumiu-se na figura, hoje característica, mas não típica como a da baiana, da *tacacazeira*[15], sem, porém, o invólucro do traje tal qual sinal diacrítico a destacar a *baiana* na paisagem urbana. Esta, aliás, a que restou como única representante das antigas identidades que como trabalhadoras (amassadeira de açaí, lavadeira, ama, doceira, cozinheira) a mulata, a negra, possuía. De todo modo, ao contrário da baiana que ainda é a mesma vendedora negra, a tacacazeira não é a mulata (a negra), na verdade, efetivamente/socialmente.

Na verdade, a *baiana* não tem mesmo a ver com a *mulata paraense*. Se quisesse arriscar mais, diria que, na forma como existiu socialmente e foi construída intelectualmente, a mulata paraense virou a "madame urubu", a Maria do pau", mulheres que, em imagens da minha infância, ocupavam as ruas e as

---

15   Chama-se assim às mulheres vendedoras do *tacacá*, bebida típica da culinária paraense vendida até hoje nos tabuleiros da tacacazeiras nas esquinas da cidade de Belém.

crônicas da cidade, maltrapilhas, vistas como loucas, evitadas como indesejáveis, enfim, sem um lugar social positivo. Mas identificáveis na paisagem. Que aliás, ao lado da "mulata faceira", já começam a obter registros nos jornais, no início deste século:

> *Famílias moradoras à Travessa [...], pedem providências à polícia contra a linguagem descabellada que usam e os xifrins que fazem duas mulheres residentes em um pardieiro que alli existe de nomes Maria Urubu e Pernanbucana. (Folha do Norte,* "Reclamações do Povo", 26.07.1991, p. 2 *apud* AZEREDO, 1997, p. 29-30).

Mas esse é assunto para mais investigação e outro trabalho.

Post Scriptum – Tratar-se-ia de uma pesquisa e um trabalho que dessem conta, por exemplo, da possibilidade e das mudanças, portanto (mesmo que não tanto quanto necessitamos que seja), que a paisagem da cidade espelha, da existência "real", como se diz, de mulheres negras que trabalham nas ruas de Belém – vendendo comidas "típicas" – vestidas e ataviadas com roupas, turbantes, colares de inspiração e material originário de países africanos. Revirando e reeditando como se fosse a presença tão detratada de suas ancestrais de quem tanto "ouvi" (nos tantos escritos que explorei neste trabalho) mal falar, englobadas todas na figura da, assim chamada, "mulata paraense". Tão repetida detração parece que envolveu até mesmo esta autora que, ao final de seu trabalho, de algum modo não viu nenhuma agência, uma saída sequer para sua cara personagem que não a do caminho cruel e decadente (evidentemente na leitura racista e misógina que foi examinada no texto) que traça, prevê para ela, nas últimas linhas do seu artigo.

Referências

AFFONSO, J. N. Três Séculos de Modas (1616-1916). *À propósito do Tricentenário da Fundação da cidade de Santa Maria de Belém, capital do Estado do Pará.* Belém: Livraria Tavares Cardoso & Cia., 1923.

AGASSIZ, L.; CARY, E. *Viagem ao Brasil.* São Paulo: Companhia Editora Nacional, 1938 (1869), Editora Brasiliana, 95.

ANDREWS, G. R. *Blacks and Whites in São Paulo, 1888-1988.* Editora Madison, 1991.

AZEVEDO, C. M. M. de. *Onda negra, medo branco*. Rio de Janeiro: Paz e Terra, 1987.

BATES, H. W. *O Naturalista no Rio Amazonas*. São Paulo: Comp. Ed. Mar, 1994.

BIARD, F. A. *Deux annés au Brésil*. Paris: L. Hachette, 1862.

CANCELA, C. D. *Adoráveis e dissimuladas*: as relações amorosas das mulheres das camadas populares na Belém do final do século XIX e início do XX. Dissertação (Mestrado em Antropologia Social) – UNICAMP, Campinas, 1997.

COUDREAU, H. *Les français en Amazonie, Paris, Librarie Picard-Bernheim Et. C.* 1887. Digitalização disponibilizada pela Biblioteca Brasiliana Guita e José Mindlin, Universidade de São Paulo.

DANTAS, B. G. *Vovô Nagô e Papai Branco*: usos e abusos da África no Brasil. Porto Alegre: Editora Graal, 1988.

DEGLER, C. N. *Nem preto nem branco*. Rio de Janeiro: Labor, 1971.

FIGUEIREDO, A. M. *A cidade dos encantados: pajelanças, feitiçarias e religiões afro-brasileiras na Amazônia*: a constituição de um campo de estudos (1870-1950). Dissertação (Mestrado) – UNICAMP, Campinas, 1996.

FREYRE, G. *Casa-grande & senzala*. Rio de Janeiro: José Olímpio, 1984 (1933).

GIACOMINI, S. M. *Profissão mulata*: natureza e aprendizagem em um curso de formação. Dissertação (Mestrado em Antropologia Social) – Museu Nacional, Rio de Janeiro, 1986.

GRAÇA ARANHA, J. P. de. *Canaã*. Rio de Janeiro: Edições de Ouro, 1901.

HANCHARD, M. G. *Orpheus and power*. The Movimento Negro of Rio de Janeiro and São Paulo, Brazil, 1945-1988. Princeton, 1994.

HASENBALG, C. *Discriminação e desigualdades raciais no Brasil*. Rio de Janeiro: Graal, 1979.

MACEDO, J. M. de. *As vítimas-algozes*: quadros de escravidão. Rio de Janeiro: Scipione/Fund. Casa de Rui Barbosa, 1988 (1869).

MACEDO, J. M. de. *O moço loiro*. Rio de Janeiro: Livraria Garnier. 2t., s. d. [1845].

MACEDO, J. M. de. *A moreninha*. 9. ed. Rio de Janeiro: Livraria Garnier, s. d. [1844].

MAIO, M. C. *A História do Projeto Unesco*: estudos raciais e Ciências Sociais no Brasil. Tese (Doutorado em Ciência Política), IUPERJ, Rio de Janeiro, 1997.

MITCHEL, M. Racial *Conciousness and the Political Attitudes and Behavior of Blacks in São Paulo, Brazil*. University of Michigan, 1977 (Ph. D. diss.).

MOTTA-MAUÉS, M. A. *Negro sobre negro*: a questão racial no pensamento das elites negras brasileiras (1920/30 a 1970/80). Tese (Doutorado) – Rio de Janeiro, IUPERJ.

NABUCO, Joaquim. *O Abolicionismo*. Rio de Janeiro: Vozes, 1977.

PRADO, P. *Retrato do Brasil*. São Paulo: Duprat Mayença, 1928.

QUEIROZ JUNIOR, T. *Preconceito de cor e a mulata na literatura brasileira*. São Paulo: Ática, 1982.

ROCHA, M. R. *Etíope resgatado*. Petrópolis: Vozes, 1992.

RODRIGUES, R. N. *As Raças Humanas e a Responsabilidade Penal no Brasil*. São Paulo: Nacional, 1938.

SALLES, V. *O negro no Pará*. Belém: Secult/Minc, 1988.

SCHWARCZ, L. *Retrato em branco e negro*. São Paulo: Companhia das Letras, 1993.

SKIDMORE, T. E. *Preto e Branco*: raça e nacionalidade no pensamento brasileiro. Rio de Janeiro: Paz e Terra, 1976.

SARGES, M. N. *Belém*: riquezas produzindo a Belle Époque. (1870-19120). Recife: Universidade Federal de Pernambuco, 1990.

SOUZA, L. M. *O diabo e a Terra de Santa Cruz*: feitiçaria e religiosidade popular no Brasil colonial. São Paulo: Companhia das Letras, 1986.

VERÍSSIMO, J. A. *A Educação Nacional*, Belém: UFPA,1890.

VERÍSSIMO, J. A. *Estudos Amazônicos. Coleção Amazônica*. Belém: Universidade Federal do Pará, 1970 (1865/1978, 1916). Série José Veríssimo.

MULHERES AFRICANAS EM BELÉM: RECRIANDO LIBERDADE NA PRIMEIRA METADE DO SÉCULO XVIII

Marley Antonia Silva da Silva[1]
Robervânia de Lima Sá Silva[2]

Elas fugiram, escaparam de uma roça em Belém do Pará. Era início de maio de 1741. Cinco mulheres africanas escravizadas compunham um grupo de sete pessoas, que buscavam ser livres fugindo. A mais velha tinha cinquenta anos e foi descrita como gorda de peitos grandes e caídos, outras ainda eram mães, seus corpos são descritos em detalhes[3]. As fugidas e seus parceiros aterrorizavam João de Abreu Castelo Branco, Governador e Capitão-general do Estado do Maranhão e Grão-Pará[4]. Dizia o governador que os cativos em fuga faziam desatinos, teriam ameaçado matar os brancos,

---

1 Professora do Instituto Federal de Educação, Ciência e Tecnologia do Pará e atua no campus Castanhal. Pós-doutoranda pela UFRJ no Programa de Pós-Graduação em História Comparada – PPGHC. Doutora em História pelo PPHIST/UFPA. E-mail: marley.silva@ifpa.edu.br

2 Professora do Instituto Federal de Educação, Ciência e Tecnologia do Pará e atua no campus Castanhal. Doutora em Letras pelo PPGL/UFNT. E-mail:robervania.sa@ifpa.edu.br

3 O documento que exploro aqui é uma correspondência do governador destinada ao capitão da companhia de guarnição da cidade de Belém. A fonte está transcrita e faz parte de um conjunto de documentos compilados no livro: VERGOLINO-HENRY, Anaíza; FIGUEIREDO, Arthur Napoleão. *A presença africana na Amazônia colonial: uma notícia histórica*. Belém: Arquivo público do estado do Pará, 1990. p. 167-168.

4 Confira: SANTOS, Fabiano Vilaça dos. Governadores e capitães-generais do Estado do Maranhão e Grão-Pará: apontamentos sobre qualidade social e trajetórias (1642-1701). *In*: SANTOS, Fabiano Vilaça dos; RIBEIRO, Mônica da Silva. (org.). *Impérios Ibéricos no Antigo Regime*: governo, agentes e dinâmicas políticas e territoriais. Belo Horizonte: Fino Traço, 2019, p. 57-73. SANTOS, Fabiano Vilaça dos. Governadores e capitães-generais do Estado do Maranhão e Grão-Pará e do Estado do Grão-Pará e Maranhão (1702 a 1780): trajetórias comparadas. *Crítica Histórica*, n. 16, 2017, p. 44.

roubar e colocar fogo nas roças dos moradores. As cinco mulheres e os dois jovens homens eram escravos de João de Abreu Castelo Branco.

A força militar poderia conter essas mulheres fugidas. O oficial João Paes do Amaral foi acionado, ele era capitão da companhia de guarnição da cidade de Belém[5], deveria organizar seus subalternos e elaborar estratégia para pôr fim à liberdade do grupo. Membros do exército da cidade foram instados a capturar uma idosa, quatro jovens mulheres e dois jovens homens negros.

Homens e mulheres da diáspora africana viveram a experiência da escravidão na Belém Colonial (PALHA, 2019; SILVA, BARBOSA, 2020). Mulheres e homens experimentaram a escravização, mas havia distinções entre eles. A experiência dessas mulheres no cativeiro, que se insurgiram, possivelmente incluía dimensões ligadas ao gênero, etnicidade e idade/geração, além de condições de saúde.

A desnaturalização dos papéis desempenhados por homens e mulheres, de maneira geral, teve a colaboração fundamental da historiadora Joan Scott[6], que concebeu o conceito de gênero evidenciando que as assimetrias entre eles pouco têm de determinação biológica. Todavia, intelectuais negras e teóricas pós-coloniais destacaram as limitações do conceito generalizante de gênero, uma vez que este não conseguiu elucidar outros modos, de dominação e hierarquia social, entre as próprias mulheres, como cor/raça, cultura/etnia e *status*/classe[7]. Sobre a história da escravidão africana, Maria Helena P. T. Machado destacou:

---

5   VIANA, Wania Alexandrino. *A "gente de guerra" na Amazônia Colonial*: composição e mobilização de tropas pagas na Capitania do Grão-Pará (primeira metade do século XVIII). Dissertação (Mestrado) – Universidade Federal do Pará, Instituto de Filosofia e Ciências Humanas, Programa de Pós-Graduação em História, Belém, 2013. [ant. 1753, Março, 6], REQUERIMENTO do cabo de esquadra da Companhia do capitão João Paes do Amaral de guarnição da cidade de Belém do Pará, João Pedro de Sá e Almeida, natural do Reino, para o rei D. José, solicitando dispensa para ser provido em qualquer posto subalterno ao de capitão nas Tropas daquela Cidade. Anexo: bilhete. Obs.: decreto inserido com rubrica do rei D. José. AHU_ACL_CU_013, Cx. 34, D. 3173.

6   SCOTT, Joan W. Gênero: uma categoria útil de análise histórica. *Educação e Realidade*, Porto Alegre, v. 16, n. 2, jul./dez. 1990; SCOTT, Joan W. Unanswered Questions. *American Historical Review*, v. 113, n. 5, p. 1422-1430, dec. 2008. Para uma breve discussão acerca da historicidade do conceito de gênero e sua incorporação nos estudas acadêmicos nas ciências sociais, conferir: FREITAS, James. Continuidade e ruptura nos estudos de gênero: historiografia de um conceito. *OPSIS*, Catalão, v. 11, n. 1, p. 15-30, jan.-jun. 2011.

7   Confira: AZEREDO, Sandra, Teorizando sobre gênero e relações raciais. *Revista Estudos Feministas*, número especial, p. 203-216, 2. sem. 1994; CARNEIRO, Sueli. Engrecer o feminismo: a situação da mulher negra na América Latina, a partir de uma perspectiva de gênero. *In*:

MULHERES AFRICANAS EM BELÉM: RECRIANDO LIBERDADE NA PRIMEIRA... 99

> Nas pesquisas sobre a escravidão, ainda é comum notar que especialistas se referem aos escravos de forma geral como se esses fossem isentos de gênero e sexo e pudessem ser inseridos numa categoria única. Condições de vida, trabalho, saúde, relações sociais e comunitárias são frequentemente descritas como características de um modo de vida do escravo, sem que em nenhum momento se mencionem as diferenças de homens e mulheres – sejam eles/elas africanos/as ou crioulos/as – no sistema de trabalho escravo ou na comunidade de senzala. (MACHADO, 2018, p. 334).

A vivência e a experiência dessas mulheres da diáspora africana, ao norte da América Portuguesa, envolveram a liderança de Quilombos, como foi o caso de Felipa Maria Aranha[8], que a partir de 1750, junto a outros escravizados, formaram o Quilombo do Mola ou Itapocu, onde hoje é a cidade de Cametá. A produção historiográfica sobre a Amazônia Colonial é densa, diversa e profícua. Todavia, quando se trata de reflexões sobre mulheres de modo geral e de africanas/negras de forma particular, a produção historiográfica não tem ocorrido em profusão; exemplares disso são publicações recentes que se propõem a análises da historiografia atual que não mencionam nenhuma reflexão diretamente destinada a mulheres.[9]

Ashoka Empreendimentos Sociais; Takano Cidadania (org.) *Racismos contemporâneos*. Rio de Janeiro: Takano Editora, 2003; CALDWELL, Kia Lilly. Fronteiras da diferença: raça e mulher no Brasil. *Revista Estudos Feministas*, v. 8, n. 2, p. 92-93, 2° sem. 2002; MOHANTI, Chandra. *Feminism without borders*. Decolonizing theory, practicing solidarity. Durham & London: Duke University Press, 2003. HIRATA, Helena. Gênero, classe e raça: interseccionalidade e consubstancialidade das relações sociais. *Tempo Social*, v. 26, n. 1, p. 61-73, jan./jun. 2014. DAVIS, Angela. *Mulheres, raça e classe*. Tradução: Heci Regina Candiani. São Paulo: Boitempo, 2016, 244p. REIS, Adriana Dantas. Gênero: uma categoria útil para a história da escravidão no Brasil. *Revista Interfaces Científicas – Humanas e Sociais*, v. 6, p. 11-28, 2017.

8 GOMES, Flávio dos Santos; LAURIANO, Jaime; SCHWARCZ, Lilia Moritz (org.). *Enciclopédia negra*. São Paulo: Companhia das Letras, 2021, p. 202-203. MOURA, Clóvis. *Dicionário da escravidão negra no Brasil*. São Paulo: EdUSP, 2004. p. 47. PINTO, Benedita Celeste de Morais. Escravidão, Fuga e a Memória de quilombos na Região do Tocantins. *Revistas Eletrônicas da PUC-SP*. Consultado em 25 de março de 2016. PINTO, Benedita Celeste de Morais. História, Memória e Poder Feminino em Povoados Amazônicos» (PDF). *In*: ENCONTRO NACIONAL DE HISTÓRIA ORAL. *Anais Eletrônicos* – 2012. Consultado em 25 de março de 2016.

9 Confira: ARENZ, Karl Heinz. "Não sem (o) norte": a Amazônia colonial na recente seara historiográfica (1990-2020). **Temas Americanistas**, v. 1, n. 47, p. 21–43, 2021. Disponível em: https://revistascientificas.us.es/index.php/Temas_Americanistas/article/view/19666. SOUZA JÚNIOR, José Alves de; MAIA, Lívia L. Silva Forte (org.). *O Mundo do trabalho na Amazônia colonial*. São Paulo: Livraria da Física, 2021 (Florestas; 1).

As mulheres na escravidão[10] experimentaram em seus corpos a exaustão fruto de um cotidiano de trabalho extenuante, de violência sexual, de castigos brutais, além das apalpadelas dos escravistas e traficantes nos leilões, que ficaram inscritas em seus corpos. Mas não somente as práticas senhorias violentas estavam registradas em seus corpos, havia outras dimensões no corpo dessas mulheres, como o prazer e a resistência, como abordou Sthépane Camp[11].

Antes de resistiram através da fuga, essas pessoas desenvolviam atividades diversas na propriedade do governador. E provavelmente conheciam os diferentes espaços da cidade. Havia caminhos distintos na busca por ser livre. Ao se referir à Amazônia Colonial, o historiador Flávio Gomes destacou que "fugas de escravos eram constantes em toda Amazônia inclusive, alcançando outras fronteiras coloniais" (GOMES, 1997, p. 23). Fugas e formações de Quilombos foram caminhos para liberdade, naquele momento. Os indivíduos oriundos de África e seus descendentes tornados cativos sempre criaram formas múltiplas de resistências, reelaboraram, reorganizaram e transformaram, quando possível, o universo em que viveram (GOMES, 1997, p. 30).

---

10 Confira: HIRATA, Helena. Gênero, classe e raça: interseccionalidade e consubstancialidade das relações sociais. *Tempo Social*, v. 26, n. 1, p. 61-73, jan./jun. 2014. DAVIS, Angela. O legado da escravidão: parâmetros para uma nova condição da mulher. *In*: DAVIS, Angela. *Mulheres, raça e classe*. São Paulo: Boitempo, 2016. REIS, Adriana Dantas. Gênero: uma categoria útil para a história da escravidão no Brasil. *Revista Interfaces Científicas – Humanas e Sociais*, v. 6, p. 11-28, 2017. KARASCH, Mary. Rainhas e juízas: as negras nas irmandades dos pretos no Brasil central (1772-1860). *In*: GOMES, Flávio dos S.; XAVIER, Giovana; FARIAS, Juliana B. (org.). *Mulheres negras no Brasil escravista e do pós-emancipação*. São Paulo: Selo Negro, 2012, p. 52-66. GRAHAM, Sandra L. Primeira História – Caetanea diz não: o patriarcado perturbado. *In*: GRAHAM, Sandra L. **Caetana diz não**: história de mulheres da sociedade escravista brasileira. São Paulo: Companhia das Letras, 2005. p. 23-104. NARO, Nancy Priscilla. O gênero em questão: mulheres escravas e livres perante a justiça. *In*: LIBBY, Douglas Colle; FURTADO, Junia Ferreira (org.). *Trabalho livre, trabalho escravo*: Brasil e Europa, séculos XVII e XIX. São Paulo: Annablume, 2006. p. 131-152. COWLING, Camillia. *Concebendo a liberdade*: mulheres de cor, gênero e a abolição da escravidão nas cidades de Havana e Rio de Janeiro. Campinas: Editora da Unicamp, 2018. MACHADO, Maria Helena Pereira Toledo. Mulher, corpo e maternidade. *In:* SCHWARTZ, Lilia Moritz; GOMES, Flávio dos Santos (org.). *Dicionário da Escravidão e Liberdade 50 textos críticos*. 1. ed. São Paulo: Companhia das Letras, 2018; JACINTO, Cristiane Pinheiro Santos. *Laços e enlaces*: relações de intimidade de sujeitos escravizados. São Luís – século XIX. São Luís: EDUFMA, 2008.

11 CAMP, Stéphanie. *Closer to Freedom*. Enslaved Women and Everyday Resistance in the Plantation South. Chapel Hill: The University of North Carolina Press, 2004; CAMP, S. "The Pleasures of Resistance. Enslaved Women and Body Politics in the Plantation South, 1830-1860". *In*: BAPTIST, Edward; CAMP, Stéphanie (ed.). *New studies in the History of American Slavery*. Athens and London: The University of Georgia Press, 2006.

Circulavam na cidade de Belém, talvez conhecessem bem os portos e o mercado do Ver o Peso, e poderiam extrapolar as fronteiras. Angustiado, João de Abreu Castelo Branco informa no documento que os sete fugidos iriam embora "para suas terras do Rio Negro", já estariam supostamente organizando todo o necessário; haviam roubado farinha de mandioca do governador e dos vizinhos, e se evadiriam nas canoas, que, segundo o capitão general, teriam furtado de Pernambuco; estariam ainda fazendo remos para executarem seu intuito de escapar pelas águas.

Vieram da Guiné

Atravessar oceanos, viajar pelas águas, como se sabe, fez parte da experiência de parte da população africana, retirada de suas comunidades, transmutada em escravizados e comercializada no tráfico transatlântico de escravizados. No Pará, essa população chegou em fins de século XVII. Quantas mulheres e crianças saídas de África compunham essa população que chegou até Belém em fins do século XVII até a primeira metade do século XVIII? Como se adaptaram num lugar completamente novo e estranho? Como sobreviveram num mundo de estrangeiros? Como aprenderam o português? Quais línguas falavam? De onde vieram? Muitas questões ligadas às populações afrodiáspóricas desembarcadas no Ver o Peso ainda estão carentes de investigação.

As crianças, as mulheres e os homens oriundos de África chegados em Belém no período aqui mencionado pertenciam predominantemente, segundo Wilson Trajano Filho, aos grupos wolof, tucolor, serer, mandinga, soninke, khasonke, bamana (grupos de origem mande), jola (assim como grupos menores dele derivados), banhun, cassanga, baiote, balanta, tenda (bassari e coniague), manjaco, mancanha, papel, bijagó, beafada, pajandinca, jalonke, fula (e também seus sub-grupos do Futa-Jalom), nalu, sosso, baga, landuma, temne, bulom, kissi, vai e kpele.[12] Estes habitavam a região da Senegâmbia/Alta Guiné.

Elas vieram majoritariamente da Guiné. A conexão entre o norte do continente africano e o norte da América Portuguesa perdurava desde o século XVII. Pois buscou-se uma conexão entre Maranhão e Guiné.[13] De

---

12 TRAJANO FILHO, Wilson. "Uma experiência singular de crioulização". *Série Antropologia*, n. 343, 2003, p 10.

13 Instalado em 1621, o Estado do Maranhão foi instituído como unidade administrativa diferente do Brasil em 1626, foi temporariamente extinto em 1642 e logo reconstituído em 1654, com

HISTÓRIA DAS MULHERES NA AMAZÔNIA
(PARÁ, SÉCULO XVIII AOS DIAS ATUAIS)

acordo com Rafael Chambouleyron, tal conexão tinha por objetivo resolver os problemas decorrentes da proibição da escravização e da escravidão indígenas no Estado do Maranhão e consolidar a presença portuguesa na Guiné (CHAMBOULEYRON, 2006: 95). Todavia, o termo Guiné ou Guiné Portuguesa ou "o uso mais restrito de 'Guiné' e termos associados que se vulgarizou não estava isento de ambiguidades e estava longe de ser neutro, correspondendo a diferentes e por vezes contrastantes percepções do espaço africano" (HORTA, 2009, p. 02).

A historiografia dividiu a zona costeira atlântica em Guiné Superior ou Alta Guiné, indo do Senegal ao Cabo de Palmas, e Guiné Inferior ou Baixa Guiné, indo do Cabo de Palmas ao delta do Níger, na baía do Biafra. Essa é a delimitação empregada pelo historiador Walter Rodney, no seu clássico trabalho "A History of the Upper Guinea Coast 1545-1800" (RODNEY, 1970, p. 72), em que a expressão "Upper Guinea Coast" designa a costa compreendida entre a Gâmbia e o Cabo Mount.

É necessário ainda acentuar que investigar a história de mulheres e crianças na diáspora permite entender outros contornos do tráfico transatlântico de escravizados. Mulheres africanas compuseram a sociedade multifacetada, que se desenvolveu na Belém da primeira metade do século XVIII. É preciso delinear suas trajetórias, tais africanas circulavam na cidade, agiam, resistiam e tensionavam as relações nas quais estavam envolvidas, a fuga para conseguir liberdade é prova inequívoca disso.

Africanas em Belém na primeira metade do século XVIII

Todas as cinco africanas escravizadas haviam fugido, como dito, de uma roça em Belém. A historiadora Rosa Acevedo caracterizou as roças de Belém no século XVIII como sendo as plantações e criações de animais que eram localizadas na freguesia da Sé. A organização de Belém, no período colonial, foi assim caracterizada (ACEVEDO,1980, p. 58).

---

a denominação de Estado do Maranhão e Grão-Pará, sendo São Luís sua capital. Durante o reinado de D. José I (1750-1777), a separação foi mantida, entretanto a região sofreu reordenamentos. Em 1751, foi extinto o Estado do Maranhão e Grão-Pará e, em seu lugar, foi instalado o Estado do Grão-Pará e Maranhão, sediado em Belém, compreendia as capitanias do Grão-Pará, Maranhão e Piauí e – a partir de 1755 – a de São José do Rio Negro.

A freguesia da Sé abrangia uma extensa área relativamente pouco povoada mais onde se desenvolvia a agricultura da cana, café, cacao, arroz, algodão, as "roças" de mandioca ou "lavras de farinha", a criação de gado. Os primeiros engenhos de cana e de arroz haviam-se estabelecido nas fazendas, mas, faziam parte da "cidade". O centro da vida comercial, administrativa e religiosa era comportava duas dúzias de ruas, correspondente ao bairro da Campina. Se faz referência a algumas igrejas – de São João, do Convento de Santo Antônio, do Rosário da Campina-; à Roda dos Enjeitados, ao armazém da Polvora, ao Largo da Sé onde se situava a residência do Governador. A rua Direita (junto à Roda dos Enjeitados), a de Santo Antônio (onde ainda está o convento de Santo Antônio), a rua da Misericórdia (detrás da igreja da Campina), a rua dos Mercadores, a da Baroca, de São Boaventura, das Almas, do Açougue, das Flores, do Pacinho, de São Matheus, a Rua Nova, do Atalaia, de São Vicente, de São João, a Formosa constituíam o primeiro tecido da cidade em formação.

Segundo Renata Araújo (1998, p. 83), "Belém no século XVII desenvolveu um processo não aleatório, mas norteado se não por um plano formal preestabelecido, certamente por uma idéia de urbano nitidamente concebido". A parte urbanizada da Belém colonial era composta pelas freguesias da Sé e Campina. Espacialmente, a cidade não sofreu mudanças bruscas até o final do século XVIII. De acordo com Antônio Ladislau Monteiro Baena (2004, p. 184), as duas freguesias durante o século XVIII somavam 1.953 casas, distribuídas entre 35 ruas.

Sobre as mulheres e os silêncios da História, Michele Perrot destacou que "as mulheres são mais imaginadas do que descritas ou contadas"[14]. Na historiografia voltada para a denominada Amazônia Colonial, na primeira metade do XVIII, há profusão de análises voltadas para as populações indígenas, e eventualmente as mulheres indígenas emergem, como no caso de Francisca[15].

---

14 PERROT, Michelle. *Mulheres ou os silêncios da História*. Bauru: UDESC, 2005, p. 11.

15 Confira: SWEET, David G. Francisca: esclava india (Gran Pará, siglo XVIII). *In*: SWEET, David G.; NASH, Gary B. (org.) *Lucha por la supervivencia en la América colonial*. México: Fondo de Cultura Económica, 1987. p. 316-328. MELLO, Marcia Eliane. Desvendando outras Franciscas: Mulheres cativas e as ações de liberdade na Amazônia colonial portuguesa. *Portuguese Studies Review*, Toronto, n. 13, p. 1-16, 2005. FERREIRA, André Luís. *Nas malhas das liberdades*: o Tribunal da Junta das Missões e o governo dos índios na Capitania do Maranhão (1720-1757). 2017. 205 p. Dissertação (Mestrado em História Social da Amazônia) – Instituto de Filosofia e Ciências Humanas, Universidade Federal do Pará, Belém, 2017. PRADO, Luma

No que se refere a mulheres africanas na primeira metade do século XVIII, o trabalho de Benedito Barbosa (2009, p. 114) evidencia mulheres como Rosa e Mariana, que buscaram a liberdade via justiça.

A presença e os caminhos de liberdade criados por mulheres africanas escravizadas e suas descendentes, na primeira metade do século XVIII[16], bem como suas lutas e insubmissões, na sociedade que se desenvolveu no Estado do Grão Pará, no período mencionado, ainda resguarda silêncios sobre essas trajetórias. Tais mulheres escravizadas negras não só circulavam e habitavam a cidade, mas buscavam viver livremente, uma busca que perdurou por séculos.

Tais mulheres negras viveram nos idos do século XVIII na cidade de Belém do Grão-Pará, uma cidade ao norte da América Portuguesa onde a sociedade, assim como no restante da América lusa, era patriarcal e com hierarquia de cor. Os habitantes e trabalhadores dessa cidade eram indígenas pertencentes a povos distintos, assim como pessoas oriundas de diversos povos africanos, além de mestiços e portugueses. Uma sociedade etnicamente multifacetada, em que indígenas, mulatos, mamelucos, cafuz, pardos são apontados fartamente na documentação. As variações no tom de pele eram um forte indicativo de hierarquia social que poderia acentuar ou atenuar a diferenciação entre os indivíduos (PAIVA, 2012; LARA, 2019).

Na primeira metade do século XVIII, o tráfico transatlântico e a presença africana em Belém são caracterizados pela historiografia como pouco expressivos, uma vez que as populações indígenas foram massivamente utilizadas como trabalhadores, especialmente até 1750 no Grão-Pará. O historiador Daril Alden destacou bem o papel fundamental das populações indígenas também como trabalhadores "desde os princípios da colonização até 1750" (ALDEN, 1985, p. 431). Livres ou cativas, as populações indígenas oportunizaram a riqueza gerada na Amazônia Colonial. Existiam diferentes formas de ter acesso a estes trabalhadores, o recrutamento nos idos de 1680-1755 poderia ocorrer através dos descimentos, resgates ou guerras justas (DIAS; BOMBARDI, 2016; SIQUEIRA, 2017).

Ribeiro. *Litigants Captives*: indigenous freedom demands in Portuguese Amazon, 1706-1759. 2019. 238 p. Dissertação (Mestrado em História Social) – Faculdade de Filosofia, Letras e Ciências Humanas, Universidade de São Paulo, São Paulo, 2019.

16 Confira: SILVA, Marley Silva. Mariana quer ser livre: tráfico de escravizados e nação em Belém (1700-1750). *Revista da Associação Brasileira de Pesquisadores/as Negros/as (ABPN)*, [*S. l.*], v. 12, n. Ed. Especi, p. 10-26, ago. 2020. ISSN 2177-2770.

Os africanos chegados no Grão-Pará, enquanto trabalhadores, complementavam a mão de obra, pois, naquele momento, eram os trabalhadores indígenas que faziam as atividades econômicas girarem, e eram largamente utilizados pelos colonos. Sendo impossível falar de trabalhadores neste contexto, sem tomar como ponto de referência os povos indígenas eram demograficamente, a maior parte da população do Estado do Grão-Pará.

Todavia, quanto aos números de pessoas desembarcadas, de acordo com Benedito Barbosa que investigou o tráfico africano no período de 1707 a 1750,[17] esse historiador fez um elaborado cruzamento de diversos conjuntos documentais e chegou ao número de 959 pessoas escravizadas chegadas na região. É preciso destacar que a história do tráfico transatlântico também é a história de mulheres e crianças africanas, chegadas em Belém do século XVIII, ainda que possamos inferir que destas 959 pessoas cativas chegadas no Ver o Peso, a maioria era de homens escravizados.

Fugiram e (re)existiram

As revoltas, os quilombos e as fugas estão associados à atuação de homens escravos.[18] No caso descrito aqui, a maioria das pessoas que tentam conseguir sua liberdade são mulheres e são elas as primeiras a serem descritas no documento pelo governador: "lhe noticio como suponho que já terá notícia que me fugirão da minha rossa sete pessas a primeira foy hua negra, que vay em quatro annos ou cinco que comprey na câmera". [19]Ainda que africanas e suas descendentes tenham sido pouco contadas, na Belém da primeira metade do século XVIII, essas mulheres esgarçaram os limites impostos e buscaram reconquistar suas liberdades.

Após a primeira mulher fugir da roça de João de Abreu Castelo Branco, as demais foram fugindo em sequência. Segue o governador: "Logo depois desta negra fugio outra que comprey a meu genro Antonio da Costa há três

---

17 O autor investiga tal recorte desde a especialização: BARBOSA, Benedito Carlos Costa. *Braços negros na Amazônia*: trabalho e economia no Estado do Maranhão e Grão-Pará 1707-1750. Monografia de Especialização (História Social da Amazônia) – Universidade Federal do Pará, Belém, 2008.

18 COWLING, Camillia. *Concebendo a liberdade*: mulheres de cor, gênero e a abolição da escravidão nas cidades de Havana e Rio de Janeiro. Tradução: Patrícia Ramos Geremias e Clemente Penna. Campinas: UNICAMP, 2018, p. 25.

19 Escolhi manter a grafia original do documento, toda vez que o citar na íntegra.

para quatro anno". O então senhor das escravizadas evadidas, continuou descrevendo a partida de mulheres de sua propriedade: "e mais duas negras também me fugiraõ". Somadas a estas "e há seis mezes pouco mais ou menos fugião me dous negros com hua rapariga". Escravizadas e escravizados fugindo na busca por liberdade.

As formas distintas de aquisição de pessoas oriundas de África, que o governador indica, como comprar da câmara ou de um familiar são indicativos da inserção de escravizados africanos e das formas de aquisição deles. Em geral, o período que envolve as últimas décadas do século XVII até a primeira metade do século XVIII (1680 até 1755) é marcado pela descrição de trânsito irregular de navios negreiros entre Grão-Pará e África. Remetendo a esse período e aos povos escravizados africanos, Manuel Nunes Pereira afirma que "não chegavam em massa para inundar as plantações do Norte"[20]. Todavia, Rafael Chambouleyron colabora para relativizar tal perspectiva, para este historiador as entradas de pessoas oriundas de África ocorriam desde as últimas décadas do século XVII a 1705, para estes anos, o historiador indicou a inserção de pouco menos de mil cativos africanos foram trazidos para o Estado do Maranhão por meio do tráfico legal, mas este número não seria pequeno se for pensado no conjunto total dos habitantes (CHAMBOULEYRON, 2006, p. 102-105).

A circulação de africanas e africanos em Belém desde a primeira metade do XVIII é assim descrita por Vicente Salles: "negro de ganho, ou negro de aluguel, em todo caso era homem da rua, dos mercados, das feiras, dos recados e dos mandados"[21], indubitavelmente as mulheres habitavam as ruas da Belém Colonial, engomavam, lavavam, cozinhavam, serviam como ama de leite, dentre outras atividades desenvolvidas.

As escravizadas e escravizados dessa Belém do século XVIII fugiam para conseguirem ser livres. Os caminhos para galgar liberdade eram tortuosos, ser livre era uma conquista árdua que as pessoas africanas escravizadas sempre buscaram obter durante todo o período da escravização no Brasil. Havia caminhos distintos na busca por ser livre, todos eles resguardavam dificuldades. As fugas, formações de Quilombos, foram alguns caminhos para liberdade.

---

20 PEREIRA, Manuel Nunes. "A introdução do negro na Amazônia". *Boletim Geográfico – IBGE*, v. 7, n. 77 (1949), p. 510.

21 SALLES, Vicente. *O negro no Pará*: sob o regime de escravidão. 3. ed. Belém: IAP; Programa Raízes, 2005, p. 140.

As fugas ocorreram com alguma frequência nos idos de 1741. Um escravo descrito como "perigoso" tinha fugido da viúva Juliana Pestana Franca, que pedia auxílio militar para prender o africano, em 23 de abril. Alguns dias depois, Luiz Correa de Afonseca também solicitava prisão de um escravo, que havia evadido juntamente com sua mulher[22]. Escravizados fugidos tiravam a tranquilidade tanto dos colonos como do governador.

Gordas, delgadas, baixinhas, orelhudas, rosto redondo: o perfil das africanas fugidas

Era necessário identificar as/os fugidas/os. Eles foram descritos detalhadamente, ou melhor, seus corpos, para facilitar a identificação e, talvez, a posterior captura. A primeira a ser descrita foi uma negra com o peito marcado com um sinal[21] que estaria se apagando. Possuía cerca de cinquenta anos. Descrita como gorda, de pernas grossas, peitos grandes e caídos, estatura mediana. As características físicas, principalmente dos corpos femininos, foram destacadas em detalhes. Os nomes dessas escravizadas e escravizados não aparecem no documento.

A historiadora Ynaê dos Santos lembrou que "Ser escravo é não ter direito sobre seu corpo"[23]. A mulher tinha mais ou menos cinquenta anos e o sinal que fora cunhado com ferro quente em seu peito já estava se apagando. Quando teriam marcado essa mulher, em sua saída de África ou quando tendo chegado na América Portuguesa? O sinal já estava sumindo, indicando que provavelmente boa parte da vida desta mulher fora consumida na condição de escravizada. Como ela teria chegado em Belém? Teria vindo direto de África ou chegou em algum outro porto e fora trazida para a cidade do Grão-Pará? Quanto anos já vivia em Belém? O fragmento da história dessa mulher, que acessei, não permite responder esses e outros questionamentos.

Seguida a essa senhora escravizada, teria fugido outra negra, que seria corpulenta, alta e com peitos pequenos, e fora comprada de Antonio da Costa,

---

22 VERGOLINO-HENRY, Anaíza; FIGUEIREDO, Arthur Napoleão. *A presença africana na Amazônia colonial*: uma notícia histórica. Belém: Arquivo público do estado do Pará, 1990. p. 167

23 Este trecho é parte da entrevista da historiadora ao Canal Curta! para a série *Alegorias do Brasil* em que discute os ecos do passado escravista atualmente. Disponível em: http://canalcurta.tv.br/filme/?name=a_querela_do_brasil. Acesso em: 25 jul. 2018.

genro do governador. Elas não fugiram no mesmo momento, mas teriam confabulado/elaborado uma fuga conjunta? Em qual lugar se encontraram/reuniram na medida em que iam escapando da roça de João de Abreu Castelo Branco?

Somadas a estas, mais duas negras haviam fugido. Descritas apenas como orelhudas, delgadas e olhos pequenos, ambas já haviam fugido anteriormente, no ano de 1739, mas retornam à roça e estavam fugindo novamente. Os motivos do retorno dessas mulheres não fica bem nítido na documentação, pois o governador escreveu: "mais duas negras também me fugirão, orelhudas hua há dois annos, apareceu, e tornou a fugir ambas de duas parideiras (destruído) delgadas e olhos pequenos". O documento indica "ambas de duas parideiras", significaria que ambas eram mães? Teria sido em função da maternidade que elas teriam retornado da primeira vez que se evadiram? E após dois anos teriam condições de fugir novamente? As crianças teriam sobrevivido ou foram a óbito? Se vivas, as crianças estavam com elas durante a fuga ou seus filhos haviam sido anteriormente retirados delas? Quem eram os pais dessas crianças? Quais condições teriam tido de exercer sua maternidade? O fato de serem "delgadas" estaria ligado à alimentação parca? Ou a maternidade teve impacto na saúde delas?[24]

A historiadora Beatriz Nascimento, ao se referir às mulheres negras escravizadas, salientou que "além da sua capacidade produtiva, pela sua condição de mulher, e, por tanto, de mãe em potencial de novos escravos, ela tinha a função de reprodutora de nova mercadoria para o mercado de mão de obra" (RATTS, 2021, p. 56). Na cidade do Grão-Pará, na primeira metade do século

---

24 Confira: CARNEIRO, Maria E. R. *Procura-se uma "preta, com muito bom leite, prendada e carinhosa"*: uma cartografia das amas-de-leite na sociedade carioca (1850-1888). Tese (Doutorado em História) – Universidade de Brasília, Brasília, 2006. CARULA, Karoline. Alimentação na Primeira Infância: médicos, imprensa e aleitamento no fim do século XIX. *In*: SANGLARD, Gisele (org.). *Amamentação e políticas para a infância no Brasil*: a atuação de Fernandes Figueira (1902-1928). Rio de Janeiro: Editora Fiocruz, 2016, p. 31-56. MUAZE, Mariana de Aguiar Ferreira. Maternidade silenciada: amas de leite no Brasil escravista, século XIX *In*: XAVIER, Regina Célia; OSÓRIO, Helen (org.). *Do tráfico ao pós-abolição*: trabalho compulsório e livre e a luta por direitos sociais no Brasil. São Leopoldo: Oikos, 2018, p. 360-391. SIEGOL, Micol. Mães pretas, filhos cidadãos. *In*: CUNHA, Olivia M. G. da; GOMES, Flávio dos S. (org.). *Quase-cidadão*: histórias e antropologias da pós-emancipação no Brasil. Rio de Janeiro: Ed. FGV, 2007, p. 315-346. TELLES, Lorena Féres da Silva. *Africanas e crioulas grávidas na cidade. Teresa Benguela e Felipa Crioula estavam grávidas*: maternidade e escravidão no Rio de Janeiro (1830-1888). Tese (Doutorado em História Social) – Universidade de São Paulo, São Paulo, 2019.

XVIII, a maternidade de mulheres escravizadas negras foi pouco explorada. A constituição e o formato dessas famílias, as práticas de saúde ligadas ao parto, alimentação e cuidados dessas crianças são algumas questões que merecem investimento de análises futuras.

Na sequência de gente fugida da roça do governador, segundo ele em sua correspondência: "fazia mais ou menos seis meses, escaparam mais três: dois negros e uma rapariga". Com estes somaram as sete pessoas que haviam escapado da roça de João de Abreu Castelo Branco. A jovem tinha rosto redondo, olhos pequenos e negros, os peitos eram pequenos e era baixinha, orelhuda e teria uns 20 anos. Um dos rapazes tinha por volta de 22 ou 23 anos, tinha uma ferida no olho direito, havia sido da tropa de João Paes do Amaral, era carpinteiro (carapina) e fazia "muita falta", segundo o governador. O último negro fugido fora caracterizado como sendo "magro e não muito alto". Mas, ainda seguindo os escritos do governador, seria perigoso, tendo se reunido com as negras que escaparam, teria matado uma pessoa a facada e ferido um rapaz. Essas sete pessoas, seus nomes não são mencionados, estariam juntas e teriam se somado a outras pessoas que teriam também fugido da roça de Braz Gonçalvez e Nicolau Ferreira. Essas mulheres que incluem idosa, possíveis mães e jovens, são descritas como violentas. Eis as palavras do governador:

> E este dtº negro ultimo encontrandoçe com os outros negros da rossa, Estando com as negras que tenho apontado matou-me hû negro que tinha na mª Rossa, deEl Rey, que o Encheraõ de facadas e fechou-me hu rapaz que ainda naõ esta bem escapo estas mesmas sete pessoas que tenho declarado estão juntas com outras pessoas fugidas do meu vezinho Braz Gonçalvez e Nicolau Ferreira e esta gente do dito meu vezinho Braz Gonçalvez e Nicolau Ferreira são os que mattarão sua filhinha, e o roubaram e lhe deitaraõ fogo atado.

Mulheres perigosas, insensíveis e violentas. Essa é uma das perspectivas que se podem apreender da descrição de João de Abreu Castelo Branco. Tal imagem contrasta com o recato, fragilidade, delicadeza e sensibilidade, geralmente atribuídos a mulheres brancas europeias. Essa imagem da insensibilidade e violência de negras e negros fica patente quando o documento menciona que mataram uma criança e atearam fogo. Ainda reverbera do documento a tentativa – que fora uma constante – de arrancar a humanidade dos escravizados, reificando a coisificação de africanas e africanos; o que era sistematicamente combatido com as múltiplas formas de continuidade de existência e resistência.

Tinham, afinal, conseguido escapar de Belém. Fugindo teriam chegado em quais locais? O grupo conseguiu se manter reunido? O governador solicitou que fosse feito diligências a todas as canoas que passassem no distrito, para caso encontrassem as fugidas, as remetesse a Belém com segurança e vigias "para os matadores serem castigados conforme a lei e os mais para se entregarem a seus donos pagando achados para quem os apanhar, como é estilo".

O intuito de fugir de Belém fora alcançado. Todavia, as diligências do capitão João Paes do Amaral tiveram resultados. Três pessoas foram capturadas e enviadas a Belém por uma embarcação, vinda do Forte do Parû, indicando que conseguiram alcançar lugares muito distantes de Belém, uma vez que o Forte Parû hoje corresponde ao município de Almeirim, localizado na afluente da margem esquerda do rio Amazonas. Em que lugar no percurso entre o Forte do Parû e Belém, os/os fugidos foram capturados, não sabemos.

As pessoas escravizadas, capturadas distante de Belém, foram remetidas pelo capitão Bernardo de Almeida, que ordenou entregar as pessoas aprisionadas, após a chegada em Belém, para que fossem remetidas à roça. Dentre as três pessoas aprisionadas, não sabemos quantas eram mulheres. Todavia, quatro pessoas continuaram livres, mesmo que talvez uma liberdade precária.

Todavia, mulheres negras existiram e resistiram a condições de desumanização, que lhes foram impostas. Construíram e lutaram por liberdade, eram mulheres inconformadas, insubmissas, que pertenciam provavelmente a grupos étnicos distintos, possuindo idades, corpos e experiências diferentes, ainda assim, articularam formas de enfrentamentos comuns, diante de tentativas impostas de retirada de suas humanidades.

A sociedade que se conformou no Grão-Pará da primeira metade do século XVIII, analisada em perspectiva política, econômica e social, buscam elucidar a formação histórica da região; todavia, deveria estar mais permeável a multiplicação de pesquisas sobre mulheres. Não é possível elaborar análise histórica de mulheres e homens, desconsiderando a economia e política. Elaborar narrativa história que negligencia o papel do gênero como uma categoria de análise impede que se possa iluminar aspectos das relações de poder e a ação de homens e mulheres no passado.

Mulheres e homens africanos, bem como seus descendentes, viveram na condição de escravizados ao norte da América Portuguesa. Ainda que ambos vivenciassem a experiência do cativeiro, a escravidão não era homogênea para homens e mulheres. A gestação, o exercício da maternidade, o temor da violência sexual que deveria ser uma constante, a participação delas na vida familiar, a dupla jornada de trabalho, uma vez que poderiam ser responsáveis tanto pelo trabalho na propriedade para o senhor como por afazeres cotidianos junto a suas famílias.

A correspondência do governador, enviada ao capitão da companhia de guarnição da cidade de Belém, anunciando a fuga de suas e seus escravizados, permitiu deslindar vários aspectos da vida de mulheres africanas na cidade de Belém na primeira metade do século XVIII. De pronto, permitiu questionar uma presença rarefeita e masculina da população africana e de seus/as descendentes na cidade. Também evidenciou a diferença geracional entre africanas, a maternidade e a fuga iniciada por elas.

A liberdade reconquistada pela população afrodiaspórica no Grão-Pará teve também a participação de muitas mãos femininas. Muitas mulheres negras estiveram na construção e efetivação de fugas, formações de quilombos, participaram de múltiplas formas de resistência. A conquista da liberdade e as permanências da escravidão devem considerar a relação entre gênero, raça e condição jurídica.

Referências

ACEVEDO MARIN, Rosa Elizabeth. Trabalho Escravo e trabalho feminino no Pará. *Cadernos do Centro de Filosofia e Ciências Humanas*, UFPa, n. 12, p. 53-84, 1987.

ARENZ, Karl Heinz. "Não sem (o) norte": a Amazônia colonial na recente seara historiográfica (1990-2020). *Temas Americanistas*, v. 1, n. 47, p. 21–43, 2021. Disponível em: https://revistascientificas.us.es/index.php/Temas_Americanistas/article/view/19666 . Acesso 10 de Dezembro de 2022.

AZEREDO, Sandra, Teorizando sobre gênero e relações raciais. *Revista Estudos Feministas*, número especial, p. 203-216, 2. sem. 1994.

BARBOSA, Benedito Carlos. *"Em outras margens do Atlântico"*: tráfico negreiro para o Estado do Maranhão e Grão-Pará (1707-1750)." Dissertação (Mestrado em História) – Universidade Federal do Pará, Belém, 2009.

BEZERRA NETO, José Maia. *Escravidão Negra no Pará (séculos XVII-XIX)*. 2. ed. Belém: Paka Tatu, 2012.

CAMP, Stéphanie. *Closer to Freedom*. Enslaved Women and Everyday Resistance in the Plantation South. Chapel Hill: The University of North Carolina Press, 2004.

CAMP, S. "The Pleasures of Resistance. Enslaved Women and Body Politics in the Plantation South, 1830-1860". *In*: BAPTIST, Edward; CAMP, Stéphanie (ed.). *New studies in the History of American Slavery*. Athens and London: The University of Georgia Press, 2006.

CALDWELL, Kia Lilly. Fronteiras da diferença: raça e mulher no Brasil. *Revista Estudos Feministas*, v. 8, n. 2, p. 92-93, 2° sem. 2002.

CARNEIRO, Sueli. Enegrecer o feminismo: a situação da mulher negra na América Latina, a partir de uma perspectiva de gênero. *In*: Ashoka Empreendimentos Sociais; Takano Cidadania (org.). *Racismos contemporâneos*. Rio de Janeiro: Takano Editora, 2003;

CARNEIRO, Maria E. R. *Procura-se uma "preta, com muito bom leite, prendada e carinhosa": uma cartografia das amas-de-leite na sociedade carioca (1850-1888)*. Tese (Doutorado em História). Brasília: UnB, 2006.

CARULA, Karoline. Alimentação na Primeira Infância: médicos, imprensa e aleitamento no fim do século XIX. In: SANGLARD, Gisele (Org.). *Amamentação e políticas para a infância no Brasil*: a atuação de Fernandes Figueira (1902-1928). Rio de Janeiro: Editora Fiocruz, 2016

CHAMBOULEYRON, Rafael. Escravos do Atlântico equatorial: tráfico negreiro para o Estado do Maranhão e Pará (século XVII e início do século XVIII). *Rev. Bras. Hist.*, São Paulo, v. 26, n. 52, p. 79-114, Dec. 2006. Available from http://www.scielo.br/scielo.php?script=sci_arttext&pid=S0102-01882006000200005&lng=en&nrm=iso. access on 12 July 2020. https://doi.org/10.1590/S0102-01882006000200005.

COWLING, Camillia. *Concebendo a liberdade*: mulheres de cor, gênero e a abolição da escravidão nas cidades de Havana e Rio de Janeiro. Campinas, SP: Editora da Unicamp, 2018.

DAVIS, Angela. *Mulheres, raça e classe*. Tradução de Heci Regina Candiani. São Paulo: Boitempo, 2016, 244p.

FERREIRA, André Luís. *Nas malhas das liberdades*: o Tribunal da Junta das Missões e o governo dos índios na Capitania do Maranhão (1720-1757). 2017. 205 p. Dissertação (Mestrado em História Social da Amazônia) – Instituto de Filosofia e Ciências Humanas, Universidade Federal do Pará, Belém, 2017.

GOMES, Flávio dos Santos. *A Hidra e os pântanos*: quilombos e mocambos no Brasil (sécs. XVII-XIX). 1997. 773 f. Tese (Doutorado em História) – Instituto de Filosofia e Ciências Humanas, Universidade Estadual de Campinas, 1997.

GOMES, Flávio dos Santos, LAURIANO Jaime; SCHWARCZ, Lilia Moritz (org.). *Enciclopédia negra*. São Paulo: Companhia das Letras, 2021, p. 202-203.

GRAHAM, Sandra L. Primeira História – Caetanea diz não: o patriarcado perturbado. *In*: GRAHAM, Sandra L. *Caetana diz não*: história de mulheres da sociedade escravista brasileira. São Paulo: Companhia das Letras, 2005. p. 23-104.

HIRATA, Helena. Gênero, classe e raça: interseccionalidade e consubstancialidade das relações sociais. *Tempo Social*, v. 26, n. 1, p. 61-73, jan./jun. 2014.

JACINTO, Cristiane Pinheiro Santos. *Laços e enlaces*: relações de intimidade de sujeitos escravizados. São Luís – século XIX. São Luís: EDUFMA, 2008.

KARASCH, Mary. Rainhas e juízas: as negras nas irmandades dos pretos no Brasil central (1772-1860). *In*: GOMES, Flávio dos S.; XAVIER, Giovana; FARIAS, Juliana B. (org.). *Mulheres negras no Brasil escravista e do pós-emancipação*. São Paulo: Selo Negro, 2012. p. 52-66.

LARA, Silvia Hunold. Pretos, pardos e mulatos: cor e condição social no Brasil da segunda metade do século XVIII. *In*: SAMPAIO, Gabriela dos Reis; LIMA, Ivana Stolze; BALABAN, Marcelo (org.). *Marcadores da diferença*: raça e racismo na história do Brasil. Salvador: EDUFBA, 2019.

MACHADO, Maria Helena Pereira Toledo. Mulher, corpo e maternidade. *In*: Schwartz, Lilia Moritz; GOMES, Flávio dos Santos (org.). *Dicionário da Escravidão e Liberdade 50 textos críticos*. São Paulo: Companhia das Letras, 2018.

MELLO, Marcia Eliane. Desvendando outras Franciscas: Mulheres cativas e as ações de liberdade na Amazônia colonial portuguesa. *Portuguese Studies Review*, Toronto, n. 13, p. 1-16, 2005.

MOHANTI, Chandra. *Feminism without borders*. Decolonizing theory, practicing solidarity. Durham & London: Duke University Press, 2003.

MOURA, Clóvis. *Dicionário da escravidão negra no Brasil*. São Paulo: EdUSP, 2004. p. 47.

MUAZE, Mariana de Aguiar Ferreira. Maternidade silenciada: amas de leite no Brasil escravista, século XIX *In*: XAVIER, Regina Célia; OSÓRIO, Helen (org.). *Do tráfico ao pós-abolição*: trabalho compulsório e livre e a luta por direitos sociais no Brasil. São Leopoldo: Oikos, 2018, p. 360-391.

NARO, Nancy Priscilla. O gênero em questão: mulheres escravas e livres perante a justiça. *In*: LIBBY, Douglas Colle; FURTADO, Junia Ferreira (org.). *Trabalho livre, trabalho escravo*: Brasil e Europa, séculos XVII e XIX. São Paulo: Annablume, 2006. p. 131-152.

PAIVA, Eduardo França. *Dar nome ao novo*: uma história lexical das Américas portuguesa e espanhola, entre os séculos XVI e XVIII (as dinâmicas de mestiçagem e o mundo do trabalho). 2012. 286 f. Tese (Doutorado em História do Brasil) – Universidade Federal de Minas Gerais, Belo Horizonte, 2012.

PALHA, Bárbara da Fonseca. *Escravidão de origem africana em Belém*: um estudo sobre demografia, mestiçagem, trabalho e liberdade (c. 1750 - c. 1850). Tese (Doutorado em História do Brasil) – Instituto de Filosofia e Ciências Humanas, Universidade Federal do Pará, Belém, 2019.

PEREIRA, Manuel Nunes. "A introdução do negro na Amazônia". *Boletim Geográfico – IBGE*, v. 7, n. 77, 1949.

PERROT, Michelle. *Mulheres ou os silêncios da História*. Bauru: UDESC, 2005.

PINTO, Benedita Celeste de Morais. Escravidão, Fuga e a Memória de quilombos na Região do Tocantins. *Revistas Eletrônicas da PUC-SP*. Acesso em: 25 mar. 2016.

PINTO, Benedita Celeste de Morais. História, Memória e Poder Feminino em Povoados Amazônicos. *Anais Eletrônicos – Encontro Nacional de História Oral – 2012*. https://revistas.pucsp.br/revph/article/view/10744. Acesso em: 25 mar. 2016.

PRADO, Luma Ribeiro. *Litigants Captives*: indigenous freedom demands in Portuguese Amazon, 1706-1759. 2019. 238 p. Dissertação (Mestrado em História Social) – Faculdade de Filosofia, Letras e Ciências Humanas, Universidade de São Paulo, São Paulo, 2019.

RATTS, Alex (org.). *Uma história feita por mãos negras*: Beatriz Nascimento. Rio de Janeiro: Zahar, 2021.

REIS, Adriana Dantas. Gênero: uma categoria útil para a história da escravidão no Brasil. *Revista Interfaces Científicas – Humanas e Sociais*, v. 6, p. 11-28, 2017.

SALLES, Vicente. *O negro no Pará*: sob o regime de escravidão. 3. ed. Belém: IAP; Programa Raízes, 2005.

SANTOS, Fabiano Vilaça dos. Governadores e capitães-generais do Estado do Maranhão e Grão-Pará: apontamentos sobre qualidade social e trajetórias (1642-1701). *In*: SANTOS, Fabiano Vilaça dos; RIBEIRO, Mônica da Silva. (org.). *Impérios Ibéricos no Antigo Regime*: governo, agentes e dinâmicas políticas e territoriais. Belo Horizonte: Fino Traço, 2019. p. 57-73.

SANTOS, Fabiano Vilaça dos. Governadores e capitães-generais do Estado do Maranhão e Grão-Pará e do Estado do Grão-Pará e Maranhão (1702 a 1780): trajetórias comparadas. *Crítica Histórica*, n. 16, 2017, p. 44.

SCOTT, Joan W. Gênero: uma categoria útil de análise histórica. *Educação e Realidade*, Porto Alegre, v. 16, n. 2, jul./dez. 1990.

SCOTT, Joan W. Unanswered Questions. *American Historical Review*, v. 113, n. 5, p. 1422- 1430, dec., 2008.

SIEGOL, Micol. Mães pretas, filhos cidadãos. *In*: CUNHA, Olivia M. G. da; GOMES, Flávio dos S. (org.). *Quase-cidadão*: histórias e antropologias da pós-emancipação no Brasil. Rio de Janeiro: Ed. FGV, 2007, p. 315-346.

SILVA, Marley Silva. Mariana quer ser livre: tráfico de escravizados e nação em Belém (1700-1750). *Revista da Associação Brasileira de Pesquisadores/as Negros/as (ABPN)*, [*S. l.*], v. 12, n. Ed. Especi, p. 10-26, ago. 2020. ISSN 2177-2770.

SILVA, Marley Antonia Silva da & BARBOSA, Benedito Carlos Costa. A "cidade enegrecida": escravizados na Belém do Grão-Pará colonial. *Revista de Estudios Brasileños*, v. 7, n. 14, p. 109-122, 2020.

SOUZA JÚNIOR, José Alves de, MAIA, Lívia L. Silva Forte (org.). *O Mundo do trabalho na Amazônia colonial*. São Paulo: Livraria da Física, 2021 (Florestas; 1).

SWEET, David G. Francisca: esclava india (Gran Pará, siglo XVIII). *In*: SWEET, David G.; NASH, Gary B. (org.) *Lucha por la supervivencia en la América colonial*. México: Fondo de Cultura Económica, 1987. p. 316-328.

TELLES, Lorena Féres da Silva. Africanas e crioulas grávidas na cidade. *Teresa Benguela e Felipa Crioula estavam grávidas*: maternidade e escravidão no Rio de Janeiro (1830-1888). Tese (Doutorado em História Social). São Paulo: USP, 2019.

TRAJANO FILHO, Wilson. "Uma experiência singular de crioulização". *Série Antropologia*, n. 343, 2003. p 10.

VIANA, Wania Alexandrino. *A "gente de guerra" na Amazônia Colonial*: composição e mobilização de tropas pagas na Capitania do Grão-Pará (primeira metade do século XVIII). Dissertação (Mestrado) – Universidade Federal do Pará, Instituto de Filosofia e Ciências Humanas, Programa de Pós-Graduação em História, Belém, 2013.

VERGOLINO-HENRY, Anaíza; FIGUEIREDO, Arthur Napoleão. *A presença africana na Amazônia colonial*: uma notícia histórica. Belém: Arquivo público do estado do Pará, 1990.

DE CATARINAS E TERESA: HISTÓRIA DE UM CASAMENTO E DE "CABEÇA DA FAMÍLIA", GRÃO-PARÁ NA DÉCADA DE 1770

Antônio Otaviano Vieira Junior[1]
Flávia Drielle Aguiar Mesquita[2]

Na cidade de Belém no ano de 1772 existia o sobrado da viúva Dona Catarina de Oliveira, situado na rua do Espírito Santo (atual rua Dr. Assis), próximo à Igreja do Rosário. Na residência, além da "cabeça da família" e de seus cinco escravizados, morava sua família composta exclusivamente por mulheres, brancas e pertencentes à elite local. Eram elas: Dona Teresa Antônia Ferreira, a filha Dona Catarina Micaela e a neta Cataria Ferreira. Aquele ano era especial, pois elas estavam empenhadas em obrigar o ouvidor da capitania[3], José Feijó, a casar-se com Dona Catarina Micaela e reconhecer a paternidade da filha. Como estratégia fizeram uma reivindicação ao rei de Portugal, D. José I. Considerando a demora na aceitação do casamento por parte do nubente e a espera da resolução real, o final desse ano foi notadamente tenso para essas mulheres. Meses depois, no dia 25 de março de 1773, a cerimônia de matrimônio fora celebrada na capela do sobrado.

---

1 Professor titular da Universidade Federal do Pará, atuando no Programa de Pós-Graduação em História Social da Amazônia (PPHIST) e na Faculdade de História (FAHIS). Doutor pela Universidade de São Paulo. Coordenador do Grupo de pesquisa *População, Família e Migração na Amazônia* (RUMA). Bolsista produtividade do Conselho Nacional de Desenvolvimento Científico e Tecnológico (CNPQ). E-mail: otaviano@ufpa.br

2 Discente da Faculdade de História da Universidade Federal do Pará. Bolsista PIBIC. mesquita. flavia321@hotmail.com

3 O ouvidor administrava parte da justiça na capitania (SALGADO, 1985, p. 357-358).

HISTÓRIA DAS MULHERES NA AMAZÔNIA
(PARÁ, SÉCULO XVIII AOS DIAS ATUAIS)

O casamento e o domicílio das "Catarinas" servirão de base para refletir-mos sobre o emaranhado de possibilidades do existir feminino no Grão-Pará em fins do século XVIII. Na primeira parte do texto, trataremos especifica-mente da família da noiva, a discussão inclui interferências entre esferas hoje consideradas privadas e ações de ordem político-administrativas, como também a construção de hierarquias sociais baseadas em ascendências familiares e no estado conjugal. Essa família estava sob chefia feminina, e nos instiga inquirir de maneira mais ampla acerca da constituição de outros arranjos familiares comandados por mulheres.

Parte I: Entre o íntimo e o Estado

O local escolhido para a cerimônia de casamento de Dona Catarina Micaela pode ser interpretado como uma tentativa de tornar o rito mais próximo ao doméstico, preocupação articulada à história da relação do casal e às exigências públicas da honra (ARIÈS; DUBY, 2009, p. 9). Essas exigências eram interligadas à formação de uma elite na América sob as marcas do Antigo Regime, durante o qual a reputação era elemento fundamental para asseverar lugares sociais mais destacados.[4] A tentativa da não exposição do matrimônio se justificava pelo fato de o casal já possuir uma filha ilegítima[5], batizada em 1769. Para a Igreja, a criança, chamada Catarina Ferreira, era signo da concupiscência dos noivos e de uma relação iniciada fora dos ditames do sacramento católico. Anos depois, em 1791, o registro de batismo de Catarina Ferreira sofreu uma alteração: o acréscimo do nome do pai "com que depois de nascida, a justificante [a mãe] contrahio Matrimônio"[6].

Entre o nascimento da filha ilegítima e a realização do casamento de seus pais houve um movimento contínuo de pressão por parte da mãe e da tia da noiva, procurando vencer a resistência do ouvidor em sacramentar a união. Após insistentes recusas e esgotadas as tratativas em Belém, o esforço para a realização do matrimônio atravessou o Atlântico na forma escrita de uma denúncia, encaminhada por Dona Teresa Antônia Ferreira, mãe de Dona Catarina

---

4 A elite "detêm poder político ou os que destacam pela fortuna, ou os que dominam pela cultura ou os que detêm ou o carisma ou a jurisdição religiosa" (HESPANHA, 2005, p. 39-44).

5 Para a Igreja Católica, as crianças batizadas que não fossem geradas dentro do matrimônio eram consideradas ilegítimas (RAMOS, 2003, p. 228).

6 Arquivo Nacional da Torre do Tombo [ANTT], Conselho da Fazenda [CF], mç.04, doc.18.

DE CATARINAS E TERESA: HISTÓRIA DE UM CASAMENTO E DE "CABEÇA DA... **119**

Micaela, ao rei D. José I.[7] A queixa fora enviada no ano de 1771 e serviu para mobilizar várias instâncias da administração do Império. O monarca a repassou ao Conselho Ultramarino[8] e ao seu secretário do Ultramar, Martinho de Melo e Castro. Este último, por sua vez, destinou a averiguação da denúncia ao recém-nomeado governador do Estado do Grão-Pará e Maranhão, João Pereira Caldas. A questão central da querela era o fato de o denunciado "ter levado de sua honra [de Dona Catarina Micaela] e virgindade com promessa de casamento".[9] A denúncia articulava uma possível desqualificação social de D. Catarina Micaela por ser mãe ilegítima com pressões administrativas para subjugar a resistência do pai da criança, e ao mesmo tempo impunha uma relação simbólica entre o monarca e a mãe da deflorada.

Dois meses antes de tomar posse no cargo, estando ainda em solo lisboeta, João Pereira Caldas produziu e enviou um primeiro relatório ao secretário do Ultramar com o objetivo de responder a uma série de demandas apresentadas pelo Conselho Ultramarino; entre elas a investigação da denúncia encaminhada por Dona Teresa Antônia Ferreira. A mãe havia suplicado a intervenção do monarca, pois este seria "reparador da estimável honra de seus fieis Vassalos".[10] Pelas palavras da queixosa, o acusado foi "impulsado do seu desonesto apetite e depravada inclinação".[11]

Salta aos olhos a iniciativa de uma mãe em acionar a mais alta autoridade do Império e reivindicar sua intervenção para a resolução de um problema de ordem familiar. Na Europa, a partir da Idade Média até o século XVII, progressivamente emergiu um Estado mais preocupado com o controle das pulsões e emoções, que avançou sobre o mundo da domesticidade, tentando gerir as relações familiares transcorridas neste espaço (CHARTIER; LEBRUN; CASTAN, 2009, p. 29). Pedir a intervenção real para solucionar uma questão privada, íntima, apontava para a interseção entre diferentes, mas imbricadas,

---

7   O chamado "direito de petição" dizia que qualquer indivíduo poderia encaminhar uma carta ao monarca, que (supostamente) leria todas as petições durante a reunião dos três estados (ENES, 2018, p. 293)

8   O Conselho Ultramarino, criado em 1642 em Portugal, tinha como função auxiliar o rei na administração do ultramar português, analisando assuntos de Estado e encaminhando ao rei pareceres sobre diferentes temas. Tais pareceres poderiam ser ou não acatados pelo monarca.

9   Arquivo Histórico Ultramarino, Projeto Resgate [AHUPR], capitania do Pará, 30 de setembro de 1772, cx.68, doc. 5887.

10   AHUPR, capitania do Pará, 30 de setembro de 1772, cx.68, doc. 5887.

11   *Ibidem.*

instâncias. A intervenção de D. José I seria acionada nos jogos de interesses e embates sociais na cidade de Belém, isto é, a fragilidade de ingerência política de um rei poderia não ser proporcional à sua representação simbólica – como nos chama atenção Marc Bloch (BLOCH, 1993, p. 44).

O rei demandou um "parecer" ao recém-nomeado governador: "sou [o rei] servido ordenar vos que sobre os factos mencionados na referida petição informeis com o vosso parecer".[12] Em dezembro de 1772, João Pereira Caldas, já em terras paraenses e aproveitando a partida da frota do porto de Belém rumo ao reino, enviou um conjunto de cartas oficiais como governador empossado. A correspondência tratava de temas diversos: o comércio entre a capitania do Grão-Pará e a do Mato Grosso, o precário estado dos fardamentos dos Regimentos de Infantaria, o desenvolvimento da cultura do arroz e do anil e o defloramento de Dona Catarina Micaela.[13] A investigação acerca da denúncia contra a recusa do ouvidor em casar-se integrava um rol de temas de interesse da Coroa. Figurava no mesmo fluxo epistolar de outros assuntos administrativos e acionava redes de informações, autoridades e conexões entre as duas margens do Atlântico. Significava a interferência do Estado em esferas domésticas e íntimas, acionada por uma "habitadora" de Belém que representava o monarca como "Senhor Supremo e Augusto reparador da estimável honra de seus fieis Vassalos".[14] Dona Teresa Antônia Ferreira fizera a engrenagem administrativa do Império movimentar-se em seu favor e em favor de sua filha.

A figura do monarca estava associada diretamente à constituição de elites coloniais pela ocupação de ofícios régios ou pela confirmação de nomeações. Dona Teresa Antônia Ferreira instigava o movimento da engrenagem e alcançava um ouvidor obrigado a ceder às pressões baseadas em ideais de honra. Em uma sociedade marcada por estamentos, o rei se efetivava como a imagem da ordem e, através de "mercês remuneratórias", criava possibilidades de promoção ou exclusão social (OLIVAL, 2001, p. 21). Essa "economia das mercês" poderia operar até mesmo longe da Corte, em terras onde o rei nunca pisou (MACHADO, 2017, p 435-455), e nela Dona Teresa Antônia Ferreira buscava respaldo para garantir a união de sua filha à luz do sacramento católico

---

12 *Ibidem.*

13 AHUPR, capitania do Pará, 15 de dezembro de 1772, cx. 69, doc. 5915.

14 AHUPR, capitania do Pará, 30 de setembro de 1772, cx.68, doc. 5887.

do matrimônio. O ouvidor poderia perder a possibilidade de novas nomeações e mercês, caso caísse em desgraça com o rei.

A ação impetrada pela mãe na sua origem articula dois marcadores sociais: primeiro, o fato das envolvidas na trama pertencerem a uma elite local; segundo, a denunciante era viúva, ou seja, institucionalmente não tinha um homem para defender a sua honra e nem de sua filha. A viuvez explicaria o papel da mãe como acusadora, qualificando-a enquanto defensora da honra da filha e responsável por sua educação. O pátrio poder, reconhecido pela legislação colonial, não se limitava ao corpo masculino, podendo ser exercido a partir de um lugar social (SCOTT, 1990, p. 71-99). Na queixa, Dona Teresa Antônia Ferreira destacava que a filha "foi nobremente [grifo nosso] educada em os seus braços com louvável disciplina, e bons costumes".[15] O discurso não apenas falava da educanda em si, mas marcava a dedicação dispensada por sua família, em especial por uma mãe cujos "braços" havia assegurado os "bons costumes", reavivando a trajetória familiar construída sob o signo do "viver a lei da nobreza". Para Roberta Stumph, "aqueles que se pautavam no modo de vida da nobreza eram também reconhecidos como tais" (STUMPH, 2009, p. 117). A reclusão ao domicílio e o olhar atento da mãe – nessa circunstância exercendo o poder paterno – tornavam Dona Catarina Micaela mais próxima da representação de sua distinção social e marcavam a gravidade da acusação contra o ouvidor. Gênero, estado conjugal e estamento social se articulavam não apenas para garantir a força da denúncia, mas também para reivindicar a intervenção do rei.

Por ocasião da denúncia, "[estava] essa menor de baixo do poder de huma sua tia, D. Catarina de Oliveira Franca".[16] Essa afirmação não era inocente, acionava a lembrança do lugar da família no processo de colonização do Grão-Pará. Mãe e filha residiam na casa de Dona Catarina de Oliveira, "tendo ella creado em sua própria caza a dita sua sobrinha desde que nella nascera com o próprio amor de sua filha que a denominava sua neta além do parentesco tão chegado que com ella tem...".[17] A declaração tornava imprecisos os limites de ascendência familiar, pois tratava a sobrinha como filha e a chamava de neta. Esse afeto foi traduzido em aporte econômico quando a tia/avó transformou

---

15 AHUPR, capitania do Pará, 30 de setembro de 1772, cx.68, doc. 5887.

16 AHUPR, capitania do Pará, 30 de setembro de 1772, cx.68, doc. 5887.

17 AHUPR, capitania do Pará, 23 de novembro de 1773, cx.71, doc. 6079.

Dona Catarina Micaela em sua herdeira universal e lhe antecipou a herança na forma de dote.[18]

Diferentes marcadores sociais se entrecruzam com o intuito de fortalecer a credibilidade da queixa e da denunciante (BRAH, 2006, p. 329-376). A tia era viúva de Guilherme Brussem de Abreu, cavaleiro fidalgo da casa real, vereador e senhor de Engenho (MELLO, 2013, p. 51). Na ocasião da denúncia era idosa, cega, proprietária de escravizados, de terras e do sobrado. Na teia construída para legitimar a acusação, o fato de Dona Catarina Micaela ser criada pela tia era um marco do seu lastro social. O destaque dado ao parentesco com um "cavaleiro fidalgo" mais uma vez pode ser compreendido dentro do esforço de enquadrar a vítima na órbita de pertencimento a uma "nobreza local", pois reivindicava o compromisso do rei com a honra de seus fiéis vassalos. D. João V havia concedido a Guilherme Brussem tença de 75 mil reis ao mês e mais um alqueire de cevada, recompensa por ter servido militarmente na Índia e nas "Terras do Norte".[19] Mais que uma retribuição pecuniária, essa mercê representava o reconhecimento real da importância de Brussem na imposição militar portuguesa. Famílias e mercês se misturavam em arranjos e lembranças imbuídas em garantir o casamento de Dona Catarina Micaela. Como ressalta Donald Ramos, para a elite só existiam idealmente duas possibilidades para as mulheres: casamento ou igreja (RAMOS, 2003, p. 234).

Na construção discursiva do lastro social de Dona Catarina Micaela, houve apenas uma sutil referência ao seu pai o capitão-mor de Caeté, Felix Joaquim Souto Maior. A sutileza da referência ganha sentido quando descobrimos que o pai, ao contrário do tio, não era propriamente um "fiel vassalo". Ele foi acusado de falsificar assinaturas de vereadores de Bragança numa tentativa de enganar o rei, de expulsar sem autorização real os missionários da Companhia de Jesus da mesma vila e, por último, de invadir um bergantim e tirar uma prisioneira que seria remetida para Lisboa. Em 15 de abril de 1747, o rei D. João V assinou a ordem de prisão contra Felix Joaquim, não cumprida

---

18 O dote era elemento fundamental para a valorização do matrimônio das mulheres de elite no período colonial (NAZZARI, 2001, p. 138).

19 ANTT, Registro Geral de Mercês, D. João V, Livro 15, fólio 339, 26 de fevereiro de 1724.

sob alegação do réu encontrar-se doente e incapacitado de enfrentar uma travessia atlântica[20].

Estrategicamente na querela feita por Dona Teresa Antônia Ferreira foram citados apenas o nome e o posto do marido. O silêncio, proposital ou não, surtiu efeito na construção de uma linha argumentativa fortalecida no estado de viuvez de Dona Teresa Antônia Ferreira e de orfandade de Dona Catarina Micaela, mas não associava sua família às ações paternas. A composição familiar atrelada ao predicado "das famílias principaes daquele Estado [do Grão-Pará e Maranhão]" foi repetida por diferentes autoridades coloniais envolvidas na investigação, e até o monarca fora categórico: "me pedia provisão [Dona Catarina Micaela] por ser huma das pessoas principaes desse Estado por seus Pays [grifo nosso] e Avós, e Orfã, aquém eu [o rei D. José I] costumo acodir".[21] Durante a investigação, nenhuma das autoridades envolvidas, em Belém ou em Lisboa, fez qualquer referência ao passado do pai da deflorada.

A celeridade na averiguação da denúncia, iniciada em setembro de 1772 e finalizada em dezembro do mesmo ano, pode ser compreendida pelo estamento social dos envolvidos na querela, e em especial a lembrança de Guilherme Brussem:

> Diz D. Thereza Antônia Ferreira [...] o mayor descredito dos todos os seus parentes, que conservarão sempre inviolável a sua boa reputação e decoroso nome [da família], ocupando se nos empregos mais distintos do serviço de V. Magestade e respectivos ao bem comum da pátria com recomendável zelo e atendível desvelo...[22]

Dona Teresa Antônia Ferreira representava sua família estendida por gerações e parentescos, sua voz era a voz de uma família em "mayor descredito", uma família que outrora participara do processo de conquista portuguesa do vale amazônico. A alegação do envolvimento de famílias locais no combate ao "índio do corso" e às tropas estrangeiras figurava como importante estratégia no processo de nobilitação na América lusitana (SILVA, 2005, p. 8). Construía-se

---

20 Cf: AHUPR, capitania do Pará, 23 de fevereiro de 1742, cx. 29. Doc. 2747; AHUPR, capitania do Pará, 25 de dezembro de 1742, cx. 25, doc. 2326; AHUPR, capitania do Pará, 03 de dezembro de 1744, cx. 27, doc. 2572; AHUPR, capitania do Pará, 30 de maio de 1749, cx.31, doc. 2916.

21 AHUPR, capitania do Pará, 30 de setembro de 1772, cx.68, doc. 5887.

22 AHUPR, capitania do Pará, 30 de setembro de 1772, cx.68, doc. 5887.

HISTÓRIA DAS MULHERES NA AMAZÔNIA
(PARÁ, SÉCULO XVIII AOS DIAS ATUAIS)

um discurso de associação entre a garantia da colonização da região com a trajetória de serviços prestados ao rei por famílias da elite local, portanto habilitadas a exigir privilégios. A combinação de termos como "famílias principaes" e serviços prestados ao rei, quando articulados nas conquistas lusitanas, corroborava para a formação da "Nobreza da Terra" (MELLO, 2008, p. 285). Essa nobreza, apesar de afastada dos círculos mais próximos da Corte e do monarca, tentava garantir o controle de cargos e privilégios apoiada em lembranças dos serviços prestados à Coroa (SOUZA, 2006, p. 179-180). Concomitantemente, a partir da segunda metade do século XVIII, foi atenuado o rigor à admissão a uma nobreza inferior, o que fortaleceu o sistema de remuneração de mercês como mecanismo de controle do rei na composição de elites locais. A lembrança do lugar da família no caso aqui analisado foi acionada diretamente por uma mulher viúva, e pautada na imagem de honradez de sua filha.

Essa elite local se apresentava como a marca da Coroa no ultramar. Uma ofensa contra esse grupo seria uma afronta à presença real e aos "conquistadores" das fronteiras setentrionais da América lusitana. A partir da tia, mãe, filha e neta, esboçava-se uma estratégia discursiva da acusação, tentava-se construir a ideia da gravidade do ato sustentada no lugar social da vítima. Sua desonra seria uma desonra da própria trajetória lusitana na região, portanto, se fazia necessária a redenção da agressão através do matrimônio.

Outro aspecto que compunha a gravidade da denúncia era a imagem de fragilidade feminina associada ao estado de viuvez de Dona Teresa Antônia Ferreira e de orfandade de Dona Catarina Micaela. Ao longo da denúncia, foi destacado que a presença do acusado, o ouvidor, na casa da tia da vítima, se deu "com simulados pretextos de concluir o inventario e partilhas da referida sua Tia também viúva e esquecendo se das severas e adoráveis Leys da Justiça Divina e humana...".[23] A viuvez emerge como marca de uma suposta fragilidade da mãe e da tia. O argumento foi pontuado pelo governador João Pereira Caldas: "dizendo-me ser aqui bem publico, que o sobredito ouvidor se introduziu na caza da referida Dona Tereza Antônia com o pretexto de arranjar-lha, na falta de seu defunto marido".[24] Na ausência de um marido e de

---

23 AHUPR, capitania do Pará, 30 de setembro de 1772, cx.68, doc. 5887.

24 AHUPR, capitania do Pará, 16 de dezembro de 1772, cx. 69, doc. 5917.

um pai, implicitamente, ficaria a mulher desprovida de proteção, justificando a intervenção real em uma "paternal" ação em favor de mãe e filha.

D. José I não fugiu do imaginário de um pai para vassalos e vassalas (TREVISAN, 2013, p. 1-12), e reiterava textualmente que costumava "acudir" as órfãs. O teor da acusação formulada pela viúva e mãe da "menor" era que o ouvidor José Feijó, "aleivosamente", teria entrado na casa da tia de Dona Catarina Micaela através da mediação de duas escravizadas e, sob "promessas de casamento [...] corrompeo, entrou a solicitar de amores a mesma Donzella menor de dezoito anos [...] aquém levou da sua própria Virgindade e honra...".[25]

João Pereira Caldas referendou a acusação e destacou o fato de o ouvidor aproveitar-se "aleivosamente"[26] de uma mulher viúva.[27] D. José I reforçou essa imagem ao ordenar a investigação do caso: "entrara o Ouvidor desse Estado [...] a querer proteger e zelar a caza [da tia de Dona Catarina Micaela] já com o intento Sinistro de solicitar a Supllicante...".[28] A imagem criada era de um homem se beneficiando da fragilidade de viúvas (mãe e tia) e órfã, enganando--as duplamente: sob promessa de proteção e sob promessa de matrimônio. Outro elemento agravante da culpa do ouvidor era a possibilidade de durante anos poder cumprir a promessa de casamento, pois a filha do casal foi batizada em 1769 e a denúncia foi feita somente em 1772.[29]

A queixa entrelaçava a "boa conduta" e o lugar social de Dona Catarina Micaela com a aleivosia de José Feijó. O homem foi descrito como uma amea-ça à credibilidade social da mulher e de sua família: "E que o credito daquela moça se conservava antes de similhante sucesso, sem dezar [pesar] algum; não constando também depois que tivesse mais falta que aquella em que existe com o mesmo Ouvidor".[30] Dona Catarina Micaela precisava recuperar o "crédito" e isso seria possível através do enlace matrimonial com o ouvidor. Para o rei, a

---

25 AHUPR, capitania do Pará, 30 de setembro de 1772, cx.68, doc. 5887.

26 Segundo as Ordenações Filipinas, Livro V, Título XXXVII, parágrafo I, a aleivosia era "huma maldade cometida atraiçoeiramente sob mostrança de amizade, e comete-se, quando alguma pessoa sob mostrança de amizade mata, ou fere, ou faz alguma ofensa ao seu amigo, sem com ele ter rixa, nem contenda, como se lhe dormisse com a mulher, filha, ou irmã". Disponível em: http://www1.ci.uc.pt/ihti/proj/filipinas/l5p1187.htm.

27 AHUPR, capitania do Pará, 30 de setembro de 1772, cx.68, doc. 5887.

28 *Ibidem.*

29 ANTT, CF, mç.04, doc.18. AHUPR, capitania do Pará, 30 de setembro de 1772, cx.68, doc. 5887. AHUPR, capitania do Pará, 16 dezembro de 1772, cx. 69, doc. 5917.

30 AHUPR, capitania do Pará, 30 de setembro de 1772, cx.68, doc. 5887.

intervenção solicitada pela suplicante ia no sentido de "obrigar o supplicado a cazar com ella a este fim me pedia provizão".[31]

Essa intervenção seria mais que necessária, pois, segundo uma das testemunhas, o ouvidor havia dito "que quanto a circunstancia da promessa de casamento, me disse que posto publicavão assim os Parentes da queixosa, com tudo, o Ouvidor lhe protestara que nada a ella devia, e que só obrigado do Preceito Real se sujeitaria a Recebe la".[32] Talvez subestimasse o alcance da voz de Dona Teresa Antônia Ferreira, ecoou no outro lado do Atlântico, e gerou uma pressão vinda de Lisboa: "se deliberou [o ouvidor] a cazar com Dona Catherina Micaella Souto Mayor, que a S. Magestade tinha reprezentado a divida em que o dito Ministro lhe restava do seu Credito, E recebendoa com efeito no dia 25 de Março próximo passado [1773]".[33]

A análise do (não) casamento de Dona Catarina Micaela evidencia alguns pontos: a suposta gravidade do "descrédito" não recaía na perda da virgindade, mas no fato desta não ser remediada pelo matrimônio, colocando-a na condição de mulher deflorada e mãe ilegítima. O segundo aspecto está relacionado ao envolvimento de membros de uma elite local. Essa ideia se sustenta no predicado "Dona" antecedendo os nomes de Teresa e Catarinas (tanto a Oliveira quanto a Micaela), no fato de o denunciado ser o ouvidor geral da capitania, no envio da denúncia ao rei, na decisão deste em remetê-la ao seu secretário do Ultramar e a resposta figurar entre as prioridades de um recém-nomeado governador. Não foi sem razão que Pereira Caldas classificou a família de Dona Catarina Micaela como sendo uma das "mais distintas desta Cidade [de Belém]". Outro ponto evidenciado é a representação do matrimônio como elemento de proteção da esposa e de sua prole. Ainda dentro dessa lógica, mascarando as agências e estratégias femininas, a viuvez tornava a mulher mais suscetível aos enganos e ataques aleivosos. Viuvez, aleivosia e defloramento passam a integrar um conjunto retórico fortalecedor do sentido de casamento como signo da proteção da família e da honra das mulheres sob sua tutela.

O último aspecto de nossa análise é a presença de arranjos familiares matrifocais. A acusação contra o ouvidor partiu do domicílio situado na rua

---

31   *Ibidem.*

32   *Ibidem.*

33   AHUPR, capitania do Pará, 02 de abril de 1773, cx. 70, doc. 5983.

Espírito Santo, cuja "cabeça da família" era Dona Catarina de Oliveira. Nas cidades coloniais da América portuguesa, a presença de arranjos familiares chefiados por mulheres permitia "às matriarcas elaborar agendas extremamente positivas para os seus: casavam filhos e filhas interferindo na escolha do cônjuge; controlavam o dinheiro com que cada membro colaborava no domicílio; punham em funcionamento redes de solidariedade; agiam sós ou em grupo, quando deparavam com interesses contrariados" (DEL PRIORE, 2017, p. 17). Entretanto essa possibilidade de ingerência econômica e destaque social deveria ser relativizada, principalmente quando confrontamos outros marcadores sociais, para além do gênero: local de residência, estado conjugal e raça/cor.

Parte II: Chefia Feminina

Dona Catarina Micaela após o casamento viaja juntamente com a filha e o marido para Lisboa, e no ano da morte deste (1790) "ficou em posse e **cabeça do casal** [grifo nosso] sendo herdeira em todos os bens".[34] Anos antes, em 1778, sua mãe, Dona Teresa Antônia Ferreira, pode ser encontrada residindo na vila do Acará, e na ocasião fora classificada como "cabeça da família", branca, viúva e Senhora de Engenho, sem coabitar com filhos ou filhas, mas tendo em sua propriedade 14 assoldados (trabalhadores livres, oito mulheres e seis homens) e mais 11 escravizados.[35] A atribuição do termo "cabeça da família" para essas duas mulheres, feita em períodos, locais (Lisboa e Acará) e documentos diferentes nos chamou atenção para a valorização de mulheres chefes de domicílios.

Alinhavando-se dois marcadores sociais, o de gênero e o estado conjugal (solteira, casada ou viúva), começa a ganhar forma nosso esforço de compreensão da condição de chefia feminina, seja numa escala mais reduzida e restrita às posses de Dona Teresa Antônia Ferreira ou Dona Catarina Micaela, seja numa escala mais ampla incluindo várias propriedades no Grão-Pará sob o controle de tantas outras mulheres. A análise das "cabeças das famílias" nos faz avançarmos sobre uma detalhada contagem populacional produzida em 1778, a mando do nosso já conhecido governador, João Pereira Caldas – chamada de

---

34   Arquivo Nacional da Torre do Tombo [ANTT], Conselho da Fazenda [CF], mç.04, doc.18.

35   AHUPR, Capitania do Grão-Pará, 22 de junho de 1785, cx. 94, doc. 7509.

"Mapa das Famílias das Capitanias do Grão-Pará e Rio Negro".[36] O documento é representativo para a história da população da região por abarcar 63 vilas/freguesias e 4.273 fogos.[37]

No "Mapa das Famílias", os domicílios foram divididos a partir do nome da "cabeça da família", e vincula uma série de informações sobre essa chefia: nome, contagem separada para os fogos chefiados por mulheres e por homens, a localização do domicílio, a "qualidade" (branco, índio, negro, mulato, forro, mameluco, curiboca, caboclo e cafuzo), estado conjugal, possível cargo administrativo ou militar e ocupação. Além dessas informações específicas sobre a "cabeça da família", a documentação traz informações sobre a casa em si: composição das famílias, destacando o número de parentes e agregados, trabalhadores assalariados e escravizados – todos divididos por faixa etária (menor/adulto) e sexo. Outro ponto é a classificação do domicílio como pobre, mediano, rico e em muitos casos pontuando sua principal atividade econômica. Como fonte histórica, o "Mapa das Famílias" não pode ser percebido nem comparado ao que conhecemos hoje como censos populacionais (MATOS; SOUSA, 2015), mas nos auxilia a enxergarmos e pensarmos a população da capitania do Grão-Pará.

Além da caracterização da fonte, temos o desafio de compreendermos o significado da classificação como "cabeça da família", termo ligado diretamente ao chefe do domicílio. Nesse sentido, destacamos a ausência de um padrão único adotado pelos párocos e demais funcionários responsáveis pelo preenchimento do "Mapa das Famílias". A distância temporal nos limita na compreensão do critério, ou critérios, adotados para se atribuir a uma mulher a nomeação como "cabeça da família". Entretanto, um conjunto de documentos pesquisados, em especial associados à família de Dona Catarina de Oliveira, como também as observações pontuais contidas no "Mapa das Famílias", nos leva a considerar a nomeação atrelada à chefia do domicílio, em especial a sua administração e manutenção econômica. Essa ideia ganha força principalmente quando consideramos famílias em que, apesar da existência de homens adultos no fogo, em algumas situações casados, a "cabeça da família" é atribuída a uma mulher e a sua função econômica, por exemplo: Maria Josefa Serrão era

---

36 Um dos primeiros trabalhos a analisar o Mapa das Famílias do Grão-Pará foi de Euda Veloso, tendo como foco a estrutura econômica dos domicílios em Belém (VELOSO, 1998).

37 A noção de "fogo" coincide com casa, domicílio e/ou alojamento (MARCÌLIO, 1972).

sapateira e Rosa Maria era taberneira, ambas "cabeças da família". O conceito de chefia feminina é desafiador, não deve ficar circunscrito ao crivo econômico e nos impele a abarcar dimensões culturais e a diversidade das experiências dessas mulheres (PRAXEDES, 2008, p. 122).

No "Mapa das Famílias" emergem diversos fogos matrifocais, expondo diferentes arranjos familiares e domiciliares. Como no caso de Dona Ângela de Oliveira Franca, irmã de Dona Catarina de Oliveira, moradora da freguesia da Sé, senhora de Engenho, residindo com 12 parentes adultos (oito homens e quatro mulheres) e possuidora de um plantel com cinco escravizados. Na mesma freguesia residia outra Ângela, no caso Dona Ângela Maria, mulher branca e viúva. Sua casa era composta por dois parentes masculinos (provavelmente filhos) menores e três parentes femininos (provavelmente filhas) também menores. Além disso, o domicílio contava com 14 escravizados (três menores e 11 adultos) e 28 escravizadas (seis crianças e 22 adultas). A atividade econômica principal do domicílio era a rizicultura, incluindo uma fábrica de descascar arroz. Essas mulheres rechaçavam a ideia de fragilidade associada à viuvez, pelo contrário, eram apresentadas como possuidoras de vasto cabedal e administradoras de suas posses.

Mas, nem todas as casas sob chefia feminina tinham a mesma configuração, ainda para efeito de exemplo, podemos citar a casa de Maria Clemência, também moradora da Sé, mulher mameluca e solteira, vivia sozinha e se sustentava através do ofício de costureira. Foi classificada como de "possibilidade pobre". Ou Fermiana Maria, cafuza, solteira, também moradora da Sé, dedicada ao fabrico de redes e residente num domicílio com mais três parentes – "pobre".

Dona Ângela de Oliveira, Dona Ângela Maria, Maria Clemência e Fermiana Maria tinham em comum o fato de serem mulheres "cabeça das famílias", mas também apresentavam diferenças: seja no uso do "Dona", seja na posse de escravizados, seja na classificação como "branca", "mameluca" ou "cafuza", seja no estado conjugal, seja no número de moradores no domicílio, seja nas atividades econômicas e "possibilidades" de suas respectivas casas. Dona Ângela de Oliveira e Dona Ângela Maria estavam muito mais próximas de Dona Teresa Antônia Ferreira enquanto Maria Clemência e Fermiana Maria se encontravam no outro extremo social.

HISTÓRIA DAS MULHERES NA AMAZÔNIA
(PARÁ, SÉCULO XVIII AOS DIAS ATUAIS)

Em toda a capitania do Grão-Pará, segundo o "Mapa das Famílias", o percentual de domicílios cujas "cabeça das famílias" eram mulheres alcança a média percentual de **17%**. Mas podemos encontrar variações significativas internas à capitania. Nesse sentido, para efeito de compreensão do significado dos domicílios chefiados por Dona Catarina de Oliveira e por Dona Teresa Antônia Ferreira, selecionamos nove freguesias/vilas do Grão-Pará – entre elas Santana da Campina e a vila do Acará, onde se localizavam as residências de nossas personagens.

Tabela I: Chefia feminina pelo Mapa das Famílias 1778

Localidade	Total Domicílio	Chefia Feminina	% Chefia Feminina da Localidade
Capitania do Grão-Pará	**4273**	**729**	**17,06%**
Acará	61	10	16,39%
Santana da Campina	532	129	24,24%
Sé	826	184	22,27%
Cametá	603	113	18,73%
Santarém	62	08	12,90%
Macapá	274	35	12,77%
Bragança	138	17	12,31%
Moju	122	11	9,01%
Soure	13	01	7,69%

Fonte: AHUPR, Capitania do Grão-Pará, 22 de junho de 1785, cx. 94, doc. 7509.

Destacamos inicialmente na Tabela I a variação significativa no número de domicílios entre as vilas/freguesias. O total de casas na capitania é de 4.273, na distribuição desses fogos encontramos freguesias com mais de 500 domicílios, como Santana da Campina (532), Sé (667)[38] e Cametá (603), e outras com menos de 100, como Soure (13), Acará (61) e Santarém (62). A discrepância fica ainda mais realçada ao considerarmos o fato da Sé e Santana da Campina integrarem a urbe de Belém, e somadas nos apresentam uma cidade com 1.358 fogos, acumulando aproximadamente 28% das casas da capitania.

---

38 A freguesia da Sé também tinha uma amplitude para além da cidade, alcançando localidades como Acaraú, Aurá, Bujarú, Irituia, Gibriè... os domicílios pertencentes à cidade de Belém e circunscritos à freguesia da Sé eram no total de 667 fogos e a somatória era de 826.

Aspecto importante para considerarmos a existência de diferentes sentidos de ser "cabeça da família" em uma vila com 13 domicílios, ou em outra com mais de 600. Evidentemente, a diversidade da composição demográfica do Grão-Pará, considerando a irregular densidade populacional e a localização da vila, nos instiga a pensarmos múltiplas possibilidades do existir feminino, do peso das atividades econômicas e do sentido da chefia domiciliar.

A Santana da Campina, freguesia onde morou Dona Catarina de Oliveira, tinha contornos mais urbanos e possuía 129 domicílios com mulheres como "cabeça das famílias". Neles se concentravam 253 escravizados, com dois fogos classificados como "ricos" e 15 de "mediana possibilidade". No outro extremo, se encontrava a vila de Bragança, fundada a partir da inserção de imigrantes açorianos e situada nas proximidades do Atlântico, nela o número de domicílios é 138, destes, 17 estavam sob a chefia feminina; ou seja, o total de domicílios em Bragança (chefiados por homens ou por mulheres) era similar ao número de fogos chefiados apenas por mulheres na Santa da Campina. Todos os domicílios sob chefia feminina de Bragança foram classificados como "pobre", e a somatória de seus escravizados era cinco. Os domicílios de Bragança, chefiados por homens ou mulheres, se dedicavam principalmente à agricultura, com 109 roças. Em Santana da Campina, mais urbanizada, encontramos apenas 37 roças – embora o número total de domicílios seja bastante superior –, mas, ao mesmo tempo, encontramos 103 oficiais mecânicos, duas fábricas de madeira, sete tabernas e 15 mercadores. Na Santana da Campina, Dona Catarina de Oliveira tinha 18 escravizados. Sua vizinha, Dona Josefa de Souza, mulher solteira e chefe de um domicílio com 115 pessoas, tinha a posse de 28 escravizados, cinco vezes mais que todos os escravizados sob chefia feminina em Bragança. Em relação à distinção social, riqueza, estrutura domiciliar e posse de escravizados, é clara a diferença entre as "cabeça das famílias" nessas localidades.

Nas áreas com mais domicílios podemos encontrar a tendência de um maior percentual de fogos sob chefia feminina: Santana da Campina (24,24%), Sé (22,27%) e Cametá (18,73%) – todos acima da média da capitania (17,06%). Entretanto, havia pontos de fuga a essa tendência, como a vila do Acará, onde se situava o Engenho sob a posse de Dona Teresa Antônia Ferreira: com apenas 61 domicílios tinha o percentual significativo de 16,39%. Outras vilas com mais fogos tinham uma média percentual inferior, vila de Macapá com o total de 274 domicílios, cuja chefia feminina foi arrolada em 12,77%; Bragança com 138 domicílios e desses 12,31% com "cabeça da família" mulher; e Mojú, com 122 domicílios, e, destes, 9% eram chefiados por mulheres. Ou seja, a vila onde estava o Engenho de Dona Teresa Antônia Ferreira fugia à inclinação das localidades com maiores populações tenderem para um maior número proporcional de lares sob a responsabilidade feminina. Os dados reforçam a necessidade de não se criar uma percepção homogênea sobre tais domicílios, considerando-os a partir de sua localização e ao mesmo tempo com outros marcadores sociais para além do gênero.

Não era exceção lares chefiados por viúvas, como Dona Cataria de Oliveira e Dona Teresa Antônia Ferreira. Das noves localidades analisadas, encontramos apenas na freguesia da Sé a preponderância de arranjos matrifocais sob o comando de solteiras, e em nenhuma localidade encontramos uma maioria de casadas como "cabeça da família".

Tabela II: Estado Conjugal e Chefia Feminina pelo Mapa das Famílias 1778

Localidade	Casadas	Viúvas	Solteiras	S/I
Acará	0	9	1	0
Campina	7	74	48	0
Sé	13	62	108	1
Cametá	13	62	36	2
Santarém	0	8	0	0
Macapá	2	31	1	0
Bragança	0	15	2	0
Moju	0	9	2	0
Soure	0	1	0	0
Oeiras	0	5	0	0

Fonte: AHUPR, Capitania do Grão-Pará, 22 de junho de 1785, cx. 94, doc. 7509.

Referente à freguesia da Sé, das 108 chefes de famílias solteiras, a esmagadora maioria (102) foi classificada como "pobre". Seus fogos eram mantidos por atividades ligadas diretamente à fiação, à costura e à lavra da terra, nesse último caso à fabricação de farinha, produto direcionado ao abastecimento interno da capitania. Também encontramos mulheres solteiras "pobres" chefiando domicílios e vivendo do aluguel de escravizados, como Tomásia Maria em seu arranjo familiar monoparental, sobrevivendo da locação de um escravizado adulto e de duas escravizadas adultas.

Ainda na Sé, os domicílios das mulheres viúvas eram classificados como "possibilidade mediana" ou "possibilidade inteira", tinham enquanto principais atividades a agricultura com ênfase à exportação – cacau, arroz, café, açúcar.[39] Não apenas plantavam, mas beneficiavam os produtos através de Engenhos de açúcar e fábricas de descascar arroz. As viúvas estavam também associadas às atividades ligadas diretamente ao abastecimento interno, em especial produção de farinha e aguardente.[40]

Outro ponto de destaque desses fogos era o número de pessoas que neles residiam, todas as "cabeças" viúvas tinham em suas casas parentes, incluindo filhos ou filhas, e uma escravaria significativa. Isso não excluía a presença de chefes de domicílio solteiras e com plantel ampliado, como Dona Ana Maria de Moraes e seus 23 escravizados na Sé ou Dona Josefa de Souza e seus 28 escravizados e mais 65 assoldados na Santana da Campina – eram exceções. E ainda, no levantamento das "cabeças" solteiras para toda capitania do Grão-Pará, encontramos 218 nomes, dessas mulheres apenas 26, ou cerca de 12%, traziam o título de "Donas".

Tais indícios reforçam a ideia do casamento como possibilidade de ampliação das posses femininas, especialmente pela viuvez. Nesse sentido, como foi apontado para outras áreas do Brasil, os domicílios comandados por mulheres solteiras tinham menor número de habitantes e por isso tais mulheres encontravam nas cidades mais e melhores oportunidades de sobrevivência (RAMOS, 1990). Por outro lado, era o casamento um instrumento importante para a configuração de arranjos familiares estendidos, agregando uma gama maior de parentes, assoldados e escravizados à habitação, consequentemente a ampliação da capacidade de trabalho e alianças com outros grupos familiares.

A tendência do número significativo de moradores nos fogos chefiados por viúvas no Grão-Pará contrasta, por exemplo, com Campinas onde a maior parte das famílias monoparentais chefiadas por mulheres era composta por viúvas, e se aproxima de Vila Rica e São Paulo (COSTA, 2000).

---

39 AHUPR, Capitania do Grão-Pará, 31 de agosto de 1778, cx. 80, doc. 6627.

40 Para as expedições ao sertão e manutenção dos indígenas "remeiros", eram as canoas o principal meio de transporte da região, a farinha e a aguardente se efetivavam como fundamentais para o pagamento dessa força de trabalho (RAVENA, 2005, p. 130).

Essa possibilidade de enriquecimento material, ampliação da capacidade de trabalho e de montagem de redes de sociabilidades, somada ao lugar social da mulher casada, poderia ter instigado a obstinação do empenho de Dona Teresa Antônia Ferreira em casar sua filha. Aliás, nos dois domicílios onde viveu, seja no Engenho ou na casa da tia, estava cercada de parentes femininas (tia, filha e neta), além de uma escravaria significativa. A agregação de parentes e de escravizados apontavam não apenas para um fogo maior, mas também para a rede de apoio mútuo que envolvia as mulheres brancas da casa.

A alta incidência de "cabeças das famílias" viúvas na Capitania do Grão-Pará é indício da agitação do mercado matrimonial, em especial do aumento de possibilidades para o primeiro casamento (COSTA, 2000). Na política de povoamento do reinado josefino houve a tentativa de utilização do matrimônio como elemento de colonização.[41]

No Grão-Pará, podemos vislumbrar a tendência de valorização do casamento, seja para formação de redes familiares, seja para garantir a posse de terras e ferramentas ou no controle de cargos e mercês. Essa explicação pode encontrar apoio no fato de Dona Catarina de Oliveira enviuvar duas vezes. E nos remete a considerar em alguns casos o papel do dote e lugar social da viúva, tornando-a mais ou menos suscetível ao casar-se novamente. Já destacada na primeira parte do texto, havia a tentativa discursiva de associar a viuvez a uma necessidade de proteção por parte das autoridades locais e da benção real. Mas, efetivamente, os números associados aos domicílios chefiados por viúvas mostram lares com muitos agregados e escravizados, e reforçam o poderio social e econômico dessas "cabeça das famílias".

No entanto, internamente à capitania existiam diferenças. A maioria das vilas analisadas apresentavam uma preponderância de mulheres viúvas em relação às mulheres solteiras quando consideramos a chefia feminina. No caso da vila do Acará, moradia de Dona Teresa Antônia Ferreira, das 10 mulheres chefes de domicílios, nove eram viúvas. Nessas casas nos chama atenção o número de residentes. O fogo de Francisca Xavier por exemplo, embora não tivesse nenhum parente habitando, apresentava 10 trabalhadores assoldados e 87 escravizados dedicados à produção do Engenho.

---

41 Cf. SILVA (1984); FIGUEIREDO (1993); CALDEIRA (1997); SEABRA (2014).

Nem todos os fogos chefiados por viúvas se destacavam pelo número alto de habitantes e nem pelo peso econômico de sua produção. Em Macapá, das 31 mulheres "cabeça das famílias", duas eram casadas e uma solteira. Considerando somente as viúvas, encontramos um perfil diferenciado quanto ao número de habitantes por fogo: cerca de quatro pessoas por casa (parentes, assoldados e escravizados), quando nos detemos na escravaria o total é 41 escravizados, desses, 17 estavam em dois domicílios. Na vila de Bragança, eram 15 fogos chefiados por viúvas e dois chefiados por solteiras, todos os 17 domicílios classificados como "pobre", cuja somatória de seus moradores (parentes, trabalhadores assoldados e escravizados) era de 50 pessoas, cerca de três pessoas por domicílio – contingente bastante reduzido e marcado por sete arranjos familiares monoparentais. Tanto as vilas de Macapá como as de Bragança receberam grupos familiares açorianos, e algumas dessas mulheres acabavam sós em seus domicílios. Mesmo entre os fogos das "cabeça das famílias" viúvas, encontramos significativas diferenças quando consideramos a coabitação, principalmente no número de parentes agregados, assoldados e escravizados.

As múltiplas variações do universo da chefia feminina no Grão-Pará não se resumiam às localidades, posse de escravizados ou estado conjugal. Também envolviam uma classificação do chamado pelo "Mapa das Famílias" de "qualidade", isto é, de uma classificação baseada no trinômio raça/cor/etnia. Dona Cataria de Oliveira e sua família estavam associadas à "qualidade" branca, uma tônica das "cabeça das famílias" viúvas da freguesia da Santana da Campina, onde apenas Águeda Souza foi classificada como "índia" – nesse caso era lavadeira, pobre e residia com um parente adulto. Nessa freguesia, encontramos 10 domicílios chefiados por mulheres viúvas e "não brancas", entre elas "pretas forras", "mulatas", "cafuzas" e "mamelucas" – a nenhuma foi atribuída a designação de "Dona". Os domicílios das mulheres "não brancas" eram reduzidos na sua estrutura, nenhum deles chegou a 10 moradores e apenas dois fogos de viúvas "não brancas" tinham escravizados, com destaque para a forra Inês da Silva com seus três escravizados.

Na freguesia da Sé, embora encontrássemos 75 mulheres solteiras e brancas como "cabeça da família", a variação da raça/cor/etnia ocorria somente em relação às solteiras. Todas as mulheres "não brancas" chefes de domicílios eram solteiras e nenhumas delas tinha seus nomes precedidos do qualificador "Dona", foram classificadas como "pobres" e dedicadas ao trabalho de costura, de tecedura ou à lavra da terra. Estavam chefiando domicílios reduzidos, não passando a maioria das vezes de cinco pessoas. A presença de escravizados era zero, salvo no caso do domicílio chefiado pela "mulata livre" Perpétua, com duas escravizadas adultas, ou pela "índia" Maria Joana com um escravizado adulto e dedicada à produção de farinha. Na vila do Acará, das 10 chefes apenas uma era "não branca", foi o caso de Maria Nascimento, mulher sem o título de "Dona", classificada como "pobre", e sem possuir escravizados – embora contassem com a presença de 11 parentes e três assoldados para lavrar a terra.

A chefia feminina no caso das "não brancas" reforçava a ideia de exclusão social dessas mulheres por terem arranjos familiares reduzidos e atrelados a uma produção econômica de pequena escala. A diversidade de arranjos insiste em se impor e combater as generalizações. Nesse caso, a vila de Cametá foge à tendência, pois lá encontramos 18 domicílios chefiados por mulheres "não brancas" viúvas ou casadas. Entretanto, seguiam em composições domiciliares de reduzidas pessoas, sem escravizados, classificadas como "pobres" e dedicadas às roças e aos cacauais. Em relação à posse de escravizados, o ponto fora da curva da freguesia de Cametá era a "mulata" Rita da Silva, costureira, casada e possuidora de dois escravizados. Essas mulheres "cabeça das famílias" e "não brancas" dificilmente seriam ouvidas pelo rei de Portugal como foi Dona Teresa Antônia Ferreira e nem mesmo poderiam casar com um alto funcionário da capitania, como o fez Dona Catarina Micaela.

O emaranhado de possibilidades e marcadores sociais das "cabeças de famílias" nos instiga a pensar a chefia feminina para além da pobreza, do reduzido número de pessoas em um domicílio, do reduzido plantel de escravizados e da solteirice. A diversidade também nos instiga a pensarmos na possibilidade de diferentes sentidos para os domicílios chefiados por mulheres, com variações locais e étnico-raciais. Efetivamente os números nos apresentam variáveis, e como *Matrioshkas* insistem em evidenciar as múltiplas possibilidades e arranjos no existir feminino no Grão-Pará, reconhecendo para o século XVIII inúmeras composições e diferenças.

Considerações finais

Nosso texto é menos explicativo, foge à tentação de criar vetores unilaterais que desaguariam numa condição feminina na Amazônia colonial.

Partimos da trajetória de um casamento, avançamos para as tensões e intervenções relacionadas às vidas de Catarinas e Teresa. Essas mulheres "cabeça das famílias" experimentaram possibilidades que não cabem em nenhuma tabela, mas podem ser pensadas a partir delas. Avançamos para problematizar a ideia de um sentido único da chefia feminina no Grão-Pará, avançamos para reforçar a ideia de que a História da população da Amazônia não pode ser espremida em modelos explicativos e deve ser pensada também na sua inconstância. O passado reivindica problematizarmos o presente, instiga a pontuarmos diferenças e aproximações entre o ontem e o hoje.

Referências

ARIÈS, Philippe; DUBY, Georges (org.). *História da Vida Privada*. v. 1. São Paulo: Companhia das Letras, 2009.

BLOCH, Marc. *Os Reis Taumaturgos*. São Paulo: Companhia das Letras, 1993.

BRAH, Avtar. Diferença, diversidade e diferenciação. *Cadernos Pagu*, Campinas, Unicamp, n. 26, p. 329-376, 2006.

CALDEIRA, Arlindo Manoel. *Mulheres, sexualidades e casamentos em São Tomé e Príncipe (séc. XV-XVIII)*. Lisboa: Cosmos, 1999.

CHARTIER, Roger; LEBRUN, François; CASTAN, Yves. Figuras da Modernidade. *In*: ARIÈS, Philippe; DUBY, Georges (org.). *História da Vida Privada, vol III*. São Paulo: Cia. das Letras, 2009.

COSTA, Dora Paiva. As mulheres chefes de domicílios e a formação de famílias monoparentais: Brasil, século XIX. *Revista Brasileira de Estudos Populacionais*, v. 17, n.1/2, 2000. Disponível em: https://rebep.org.br/revista/article/view/355.

DEL PRIORE, Mary. *História e Conversas de Mulher*. 2. ed. São Paulo: Editora Planeta, 2017.

ENES, Thiago. O rei distante, o império de papel e o novo mundo. *Revista Clio*. Recife: UFPE, n. 36, 2018, p. 286-318. DOI: http://dx.doi.org/10.22264/clio. issn2525-5649.2018.36.2.14.

FIGUEIREDO, Luciano. *O avesso da memória*. São Paulo: Editora José Olympio, 1993.

HESPANHA, Antonio Manuel. Governos, elites e competência social: sugestões para um entendimento renovado da história das elites. *In*: BICALHO, Maria F.; FERLINI, Vera (org.). *Modos de governar*: ideias e práticas políticas no Império Português, séc. XVI-XIX. São Paulo: Alameda, 2005, p. 39-44.

MACHADO, Estevam Henrique. O ideal nobiliárquico e a busca por distinção social no Antigo Regime Português: em busca de uma definição para o conceito de nobreza da terra. *Revista Aedos*, Porto Alegre, UFRGS, v. 9, n. 21, p. 435-455, 2017.

MARCÌLIO, Maria Luiza. Tendências e Estruturas dos Domicílios na Capitania de São Paulo (1765-1828), segundo as Lista Nominativas de Habitantes. *Estudos Econômicos*, v. 2, n. 6, p. 131-143, 1972.

MATOS, Paulo Teodoro; SOUSA, Paulo Silveira. A Estatística da População na América Portuguesa, 1750-1820. *Memórias*, n. 11, 25, p. 73-103, 2015.

MELLO, Evaldo Cabral. *Rubro veio*: o imaginário da restauração pernambucana. São Paulo: Editora Alameda, 2008.

MELLO, Márcia Eliane Alves de Souza. Perspectivas sobre a "nobreza da terra" na Amazônia Colonial. *Revista de História*, São Paulo: USP, n. 168, p. 26-68, 2013. DOI: https://doi.org/10.11606/issn.2316-9141.v0i168p26-68.

NAZZARI, Muriel. *O desaparecimento do dote*: mulheres, famílias e mudança social em São Paulo, Brasil, 1600-1900. São Paulo: Cia. das Letras, 2001.

OLIVAL, Fernanda. *As Ordens Militares e o Estado Moderno*: honra, mercê e venalidade em Portugal (1641-1789). Lisboa: Estar Editora, 2001.

PRAXEDES, Vanda Lúcia. *Segurando as pontas e tecendo tramas*: mulheres chefes de domicílio em Minas Gerais (1770-1880). Tese (Doutorado em História) – Programa de Pós-Graduação em História da Universidade Federal do Pará, Belém, 2008.

RAMOS, Donald. Casamento e família no mundo iber-americano. *População e Família*, n. 5, p. 227-253, 2003.

SALGADO, Graça. *Fiscais e meirinhos*: administração no Brasil Colonial. Rio de Janeiro: Nova Fronteira, 1985.

SCOTT, Joan. Gênero enquanto categoria analítica. *Educação e Realidade*, Porto Alegre, UFRGS, v. 16, n. 2, p. 71-99, 1990.

SEABRA, Leonor Diaz de; MANSO, Maria de Deus Beites. Escravizadatura, concubinagem e casamento em Macau: séculos XVI-XVIII. *Revista Afro-Asia*, Salvador, UFBA, n. 49, p. 105-133, 2014.

SILVA, Maria Beatriz Nizza da. *Sistema de casamentos no Brasil Colonial*. São Paulo: Edusp, 1984.

SILVA, Maria Beatriz Nizza da. *Ser nobre na colônia*. São Paulo: Editora Unesp, 2005.

SOUZA, Laura de Mello. *O sol e a sombra*. São Paulo: Companhia das Letras, 2006.

STUMPH, Roberta Giannubilo. *Cavaleiros do ouro e outras trajetórias nobilitantes*: as solicitações de hábitos das ordens militares nas Minas setecentistas. Tese (Doutorado em História) – Universidade de Brasília, Brasília, 2009.

TREVISAN, Mariana Bonat. Ser Rei, Ser Pai: a exemplaridade de D. João I na criação dos infantes da ínclita geração (Portugal – Século XV). *In*: SEMINÁRIO INTERNACIONAL FAZENDO GÊNERO: DESAFIOS ATUAIS DO FEMINISMO, 10, 2013, Florianópolis. *Anais*. Florianópolis: Universidade Federal de Santa Catarina, 2013, p. 1-12.

RAVENA, Nírvea. O abastecimento no século XVIII no Grão Pará: Macapá e vilas circunvizinhas. *Novos Cadernos do NAEA*, v. 8, n. 5, p. 125-149, 2005.

VELOSO, Euda. Estruturas de apropriação de riqueza em Belém do Grão-Pará, através do recenseamento de 1778. *In*: MARIN, Rosa (org.). *A escrita da história paraense*. Belém: NAEA/UFPA, 1998, p. 07-28.

MULHERES, ENGENHO E PODER: A TRAJETÓRIA DE FRANCISCA XAVIER DE SIQUEIRA E QUEIRÓS NA AMAZÔNIA COLONIAL

Marília Cunha Imbiriba dos Santos[1]

A história das mulheres torna-se pauta na historiografia a partir das décadas de 60/70 do século XX, na vaga dos movimentos feministas e debates em torno do direito das mulheres. Nasce atrelada a grandes análises da demografia e movimentos populacionais; a temas relacionados à família e sexualidade; vinculada à Nova História, História Social, História Cultural e Estudos da População.

Na historiografia paraense, as temáticas atinentes à família e à população começaram a impor-se a partir das décadas de 1970/80. Esses trabalhos surgiram na sequência do desenvolvimento que a História Econômica e a História da População começaram a ter no Brasil em geral, e no Pará em particular (ANDERSON, 1976; MORAES, 1984; KELLY-NORMAND, 1984; ACEVEDO-MARIN, 1985). Na década de 1990, o trabalho *Adoráveis e Dissimuladas* (CANCELA, 1997) foi um marco na historiografia paraense. Nele são abordadas questões e percepções em torno da honra, virgindade e moral feminina no final do século XIX e início do século XX. É um estudo fortemente influenciado pela Antropologia Social que agrega ao debate histórico

---

1   Professora da Educação Básica e Ensino Superior (FIBRA-PARÁ). Membro do Grupo de Pesquisa População, Família e Migração (UFPA). Doutora pela Universidade de Lisboa. Professora da Educação Básica e Ensino Superior (FIBRA-PARÁ). Membro do Grupo de Pesquisa População, Família e Migração (UFPA). Doutora pela Universidade de Lisboa. E-mail: marilia.imbiriba@gmail.com

a desnaturalização dos papéis sociais do homem e da mulher e a construção do conceito de gênero.

A partir dos anos 2000 observa-se o aumento de estudos das formas familiares e da demografia histórica no contexto da escrita da história no Pará. Essas análises centram o foco nas relações familiares, organização das elites locais e nas implicações do impacto da economia da borracha do final do século XIX e início do século XX (CANCELA, 2006; LACERDA, 2010). A maioria desses estudos centra o recorte temporal no século XIX. Este trabalho objetiva, por outro lado, alcançar as relações familiares e organização das elites locais a partir da história de mulheres na Amazônia Colonial, recuando, portanto, no tempo histórico da maioria dos trabalhos que versam sobre mulheres na Amazônia.

A ideia de que mulheres de elite, no período colonial, viviam reclusas ao espaço do privado não cabe para a família Siqueira e Queirós. Uma família que chega à capitania do Pará nos primeiros momentos da colonização, chamados "primeiros povoadores", cujos membros casaram entre si, prestaram serviços à Coroa e galgaram novos espaços de privilégio durante gerações vivendo "à lei da nobreza". É objetivo deste estudo trazer à luz a participação de mulheres nesse processo, solicitando mercês, contraindo matrimônio e gerindo negócios; porque as mulheres também eram agentes de mobilidade e inserção social. Catharina, Ângela e Francisca Xavier de Siqueira e Queirós são três mulheres dessa família que se movimentam no interior da capitania do Pará. E essa movimentação é geográfica e social. Organizam a vida entre uma freguesia e outra, arranjam casamentos, peticionam a instituições ultramarinas e locais, exercem seu papel de colonas e participam de forma ativa da economia colonial.

Este estudo objetiva apontar que as mulheres da Amazônia Colonial não se resumiram a representações para elas atribuídas em uma noção generalizada para figuras femininas; porque a prática social passava pelo que se podia aplicar no cotidiano das vivências. Objetivamos alcançar a agência de mulheres de elite, tendo como fio condutor Francisca Xavier de Siqueira e Queirós. Coletando informações em fontes diversas, perceber quem eram essas mulheres que chefiavam domicílios, desconstruindo a imagem da mulher submissa e reclusa na ociosidade do espaço doméstico.

Francisca Xavier de Sequeira e Queirós

Ao primeiro dia do mês de dezembro do ano de 1831, morre a senhora dona Francisca Xavier de Sequeira e Queirós, filha de uma das principais famílias da Amazônia colonial, descendente dos primeiros desbravadores daquelas terras do Grão-Pará, habilitada duas vezes pelo Tribunal do Santo Ofício para casar-se com seus dois maridos, viúva por duas vezes, mãe de seis filhos, senhora de um dos mais importantes engenhos de açúcar do Rio Acará. Francisca falece em seu engenho chamado Nossa Senhora do Rosário, propriedade erigida por seu 3° avô, Manuel de Moraes, que moeu cana pela primeira vez em agosto de 1673.[2]

O engenho Nossa Senhora do Rosário passa de geração em geração na família de Francisca. É na capela deste engenho que ela será batizada no dia 30 de agosto de 1753, sob as bênços de Nossa Senhora do Rosário.[3] "Filha das famílias principais", "descendente de gente nobre", "dos mais nobres desta terra" são os adjetivos empregados por testemunhas que foram interrogadas por comissários do Santo Ofício da Inquisição de Lisboa, entre os anos de 1771 e 1772, e depois novamente entre 1789 e 1799, quando Francisca teve sua vida e a vida de sua família investigadas pela Inquisição para habilitar-se.[4]

Para compreendermos a formação da opulência de Francisca e a razão desta mulher conseguir habilitar-se por duas vezes pelo Santo Ofício, necessário se faz perceber que as formas de acumulação de cabedais e honrarias de sua família são peças-chave. Francisca está ligada às principais famílias do Grão-Pará no período colonial: é quinta neta de Pedro Teixeira e Dona Catharina de Bittencourt, quarta neta de Feliciano Correa, que foi governador do Grão-Pará e um dos fundadores da Irmandade da Misericórdia; terceira neta de Antônio Ferreira Ribeiro, bisneta de Catharina de Moraes Bittencourt e João Ferreira Ribeiro, neta de Gaspar de Sequeira e Queirós e Ângela de Oliveira Franca. Também estão aparentados por laços de matrimônio e compadrio os Vasconcelos, Lemos, Oliveira Pantoja, Mendonça, Lameira Franca, entre outras importantes famílias coloniais.

2　Arquivo Histórico Ultramarino, Avulsos do Pará, Caixa, 2 Documento, 164.

3　Centro de Memória da Amazônia, Cartório Odon, Inventário de Francisca Xavier de Sequeira e Queirós, 1832.

4　Arquivo Nacional da Torre do Tombo, Habilitação para Familiar do Santo Ofício. Amândio José de Oliveira Pantoja, Maço 1 documento 10. Habilitação de Gonçalo Pereira Viana.

Quadro 1 – Segmento da genealogia de Francisca Xavier de Sequeira e Queirós

Fonte: Santos (2020, p. 210).

Essas famílias principais tratavam de casar-se entre si, caracterizando a endogamia típica das elites; e tratavam, também, de casar-se com membros externos à família, mas que agregassem capital simbólico à parentela. Funcionários régios, homens com altas patentes militares e comerciantes enriquecidos eram agregados à família através de alianças matrimoniais; porque o enriquecimento e o enobrecimento também passavam pelas relações com a administração colonial em laços que eram fortalecidos através de alianças familiares, principalmente matrimônios e compadrios.

Em sociedades de antigo regime, o capital ia para além do econômico, era importante pavimentar um capital simbólico que, acumulado durante anos, colaborasse com a construção da nobreza que lhes era possível. A nobreza possível que se apresentava no Pará colonial não era uma nobreza de sangue, mas forjada nas estratégias, conflitos e negociações com outras instâncias de poder presentes na sociedade. A chegada ao novo mundo; a investidura na condição de conquistadores, desbravadores e descobridores; a conquista das terras em sesmaria; a passagem de colonos-senhores de engenho à cidadãos, inclusive com privilégios de cidadãos do Porto; os ofícios camarários e a disputa pela manutenção de espaços de poder; são pequenas partes de um quebra cabeça que no horizonte vai se delineando: esta é, indubitavelmente, a herança material e imaterial que Francisca Xavier de Sequeira e Queirós recebe.

A família de Francisca chega no Grão-Pará no momento inicial da conquista em 1616. A primeira estratégia acionada foi empreender a defesa e "desbravamento" do território e, concomitantemente, formar um patrimônio fundiário que não passava pela compra, sendo a sesmaria o ponto fulcral para essa formação patrimonial. Por serem da primeira leva de colonização, se estabelecem nas zonas dos rios próximas a Belém, principalmente nos rios Moju e Acará, tendo como produção em suas terras o engenho de açúcar acompanhado de lavouras de cacau, café, mandioca e outros gêneros de subsistência. Também empreenderam expedições aos sertões para a colheita das "drogas". A mão de obra que construirá esse vasto patrimônio é a indígena, em um primeiro momento, com apresamentos ilegais nos sertões distantes. Em um segundo momento, principalmente com o advento da Companhia de Comércio do Grão-Pará e Maranhão, será a mão de obra escravizada africana.

Através das redes de relações e alianças com os poderes intermédios, conseguem mais terras em sesmaria e mais indígenas legalizados. Com os serviços prestados à Coroa recebem honrarias, hábitos de ordens militares, patentes nas milícias, estatuto de cidadãos. Em casamentos endogâmicos, fortalecem a parentela e tornam-se o que se denomina "elite colonial", "potentados locais" ou nobreza da terra, ocupando cargos na câmara, governanças, entram para irmandades, aumentam suas qualidades e se estabelecem entre as famílias principais por viver à lei da nobreza.

Do seu batismo, em 1753, até o dia do casamento com seu primeiro marido, em 10 de fevereiro de 1770, tudo na vida de Francisca é mistério para nossos olhos de historiador. Nenhum documento ficou para contar-nos a história da menina Francisca que vivia com seus pais entre o Engenho Nossa Senhora do Rosário, a fazenda Tauassu e a casa na cidade de Belém, defronte às portas laterais da Igreja da Sé. São pequenas peças que, ao juntá-las, construímos a ponte que nos faz chegar até Francisca Xavier. Não é possível falarmos da senhora de engenho, habilitada duas vezes pela Inquisição, detentora de um vasto patrimônio se não olharmos para a construção da fortuna e capital simbólico que desde o início foi sendo amealhado por essa família. Porém, Francisca viverá um outro tempo na capitania do Pará: o tempo das políticas empreendidas pelo ministro de D. José I. Decisões ministeriais tomadas no

Reino repercutiram-se na capitania do Pará em geral, e na vida de Francisca em particular: uma Companhia de Comércio, um administrador desta companhia, um marido.

O primeiro casamento de Francisca: A nobreza da Terra encontra a atividade mercantil

O primeiro marido de Francisca é Gonçalo Pereira Viana, que nasceu na Vila de Vianna, Arcebispado de Braga e foi para o Rio de Janeiro fazer a vida como homem de negócios. Filho de pai livreiro, seu avô materno era um cirurgião. Em 1765, Gonçalo Pereira Viana retorna ao Reino, mas por pouco tempo, porque logo em 1766 ele embarca para uma aventura que mudará sua vida para sempre. Assistindo há três anos no Pará, contrata casamento com Francisca Xavier de Sequeira e Queirós. No dia 10 de fevereiro de 1770, Gonçalo e Francisca recebem-se como marido e esposa, casados por ninguém menos que o Senhor Inquisidor Vigário Capitular e Governador do Bispado do Pará Giraldo José de Abranches, tendo por testemunha o próprio Governador do Pará, Fernando da Costa de Ataide Teive. Em primeiro de setembro de 1770, quando Gonçalo recebe sua carta de familiar do Santo Ofício, já estava estabelecido na cidade de Belém, casado e como Administrador da Companhia de Comércio do Grão Pará e Maranhão.[5]

A família de Francisca, os Siqueira e Queirós, com os quais Gonçalo irá consorciar-se, eram pertencentes à elite tradicional da capitania do Pará. Casar a filha com alguém dessa elite mercantil e, ainda, administrador da Companhia de Comércio, abria à família Siqueira e Queirós possibilidades econômicas e, possivelmente, vantagens na obtenção de mão de obra para o trabalho, ou, até mesmo, no escoamento de sua produção. Como administrador da companhia de comércio, Gonçalo tem acesso a um mundo de facilidades, dentre eles, a obtenção de braços africanos, a inserção em redes transatlânticas e ao acesso a créditos fornecidos pela companhia do comércio; todas essas vantagens muito interessantes para a família de Francisca.

Por outro lado, para Gonçalo, um reinol recém-chegado, abria-se um mundo de outras possibilidades: terras, escravos, poder. Obviamente que o

---

5   Arquivo Nacional da Torre do Tombo. Habilitação para familiar do Santo Ofício de Gonçalo Pereira Viana. Mç 9, doc 155.

casamento com Francisca lhe era vantajoso e agora a migração de Gonçalo se fazia completa: do norte de Portugal para o norte da América Portuguesa. Na Amazônia Colonial, será administrador da Companhia de Comércio, casar-se-á com Francisca, receberá patente na ordenança, tornar-se-á senhor de engenho e se habilitará por familiar da Inquisição de Lisboa.

Se a habilitação para familiar do Santo Ofício, Gonçalo consegue sem problemas; o mesmo não podemos dizer da habilitação para o Hábito de Cristo. Essa lhe é negada e, quando ele pede dispensa dos impedimentos falece, no meio do processo. Em sentença, a Mesa de Consciência e Ordens afirma que nega a mercê pelo fato de o pai ter sido livreiro e rendeiro das rendas de benefícios; pelo avô paterno ter sido contratador com loja de mercearia; e por mãe e avó terem sido mulheres de segunda condição. A decisão é de 1774 e logo em meados de 1775 Gonçalo falece em Belém do Pará aos 41 anos de idade. Mas o processo da habilitação para o Hábito de Cristo não ficará parado; sua viúva, Francisca Xavier de Sequeira e Queirós, tomará a frente e emitirá justificações e requisições à Mesa, em seu nome e, depois em nome de seu filho mais velho, João Pereira Viana. O pai de Francisca está morto, seu marido também, ela tem dois filhos homens e duas filhas mulheres frutos de um casamento que durou menos de 5 anos; todos de menor idade. Sem homens para que seja tutelada, ela, Dona Francisca, como assina os documentos, senhora de engenho e escravos, a partir de então, regerá sua vida, propriedades e família.

Quadro 2 – Filhos de Francisca Xavier de Sequeira e Queirós com Gonçalo Pereira Viana

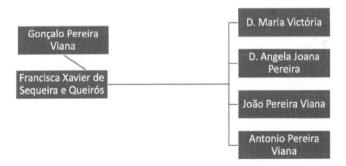

Fonte: Santos (2020, p. 262).

Francisca Xavier de Sequeira e Queirós nasceu em um engenho, foi batizada neste engenho, viveu e deu seu último suspiro dentro de um engenho de açúcar. Gonçalo Pereira Viana, nunca havia antes lidado com a terra, nem seus pais, nem seus avós. Francisca era da terra, de família ligada à terra desde tempos ancestrais. Seu primeiro marido era um homem da cidade, um comerciante de fazendas de lã e seda no Rio de Janeiro. Um negociante, um administrador de uma companhia de comércio, um burocrata, um homem da cidade e das rotas transatlânticas. Definitivamente no casamento entre Gonçalo e Francisca o grande "senhor de engenho" foi Francisca, que levou para aquele casamento um complexo açucareiro que moeu cana, a primeira vez, em agosto de 1673. Era a família de Francisca, os Sequeira e Queirós, que fazia açúcar desde tempos imemoriais.

O casamento com Gonçalo Pereira Viana é dissolvido com a morte deste no ano de 1775. Sabemos o ano da morte de Gonçalo porque está registrado no Diário H, n° 1, da Companhia de Comércio do Grão-Pará e Maranhão a substituição de Gonçalo por outro administrador em 15 de novembro de 1775. E as dívidas que Gonçalo possuía com a Companhia já passam, no dia 20 de dezembro de 1775, "por mão da viúva sua molher".[6] Francisca assumirá, agora, o engenho e os negócios da família. Dentre estes, a negociação de dívidas com a Companhia de Comércio, onde só uma delas chega ao valor de 4:293$329, uma das maiores entre todas daquele ano, revelando o montante de negócios daquela família.

Viúvas e senhoras de engenho: as mulheres Sequeira e Queirós

No ano de 1778, Francisca Xavier de Sequeira e Queirós permanece viúva. Ela é recenseada no mapa de famílias daquele ano na Capitania do Pará.[7] Era uma das 478 viúvas, cabeça de família. Possuía dois domicílios, um na freguesia da Sé e outro na freguesia do Rio Acará. É registrada como detentora de 93 escravos que trabalhavam, basicamente, em seu Engenho de açúcar. Na

---

6   Arquivo Nacional da Torre do Tombo, Companhia Geral do Grão-Pará e Maranhão, livro 173.

7   OFÍCIO do [governador e capitão general da capitania] do Rio Negro, João Pereira Caldas, para o [secretário de estado da marinha e Ultramar], Martinho de Melo e Castro, remetendo os mapas anuais da população das Capitanias do Estado do Pará e Rio Negro, de 1778 a 1781. Rio de Janeiro: Biblioteca Nacional, 1785. (Arquivo Histórico Ultramarino). Disponível em: http://resgate.bn.br/docreader/DocReader.aspx?bib=013_PA&pagfis=59245. Acesso em: 5 maio 2022.

casa da cidade, freguesia da Sé, possuía um escravo moleque e cinco adultos para os afazeres da casa e da rua.

Francisca Xavier é a maior senhora de engenho da freguesia do Acará. É o maior domicílio, e, inclusive, possui o maior número de escravos. Nesse mapa de 1778, dentre os seis cabeças de família classificados como ricos na freguesia de São José do Rio Acará, dois são mulheres. São, aliás, essas duas mulheres as maiores proprietárias de escravos em toda a freguesia. Uma delas é Francisca, possuidora de 87 escravos em seu Engenho de Nossa Senhora do Rosário do rio Acará. A outra grande proprietária, também senhora de Engenho, é a viúva D. Ângela de Oliveira Franca, avó de Francisca, proprietária de 47 escravos em seu engenho de Santo Antônio do rio Acará. Juntas, essas duas senhoras detinham 23,30% de todos os escravos da freguesia. A família de Francisca, que além de três mulheres apresenta mais um homem, detinha 31,13% do total de escravos de toda a freguesia (179 do total de 575 escravos da freguesia). Francisca sozinha detinha 15,13% dos escravos do Acará (87 de 575 escravos), sendo que ela é a cabeça de família que mais possui escravos homens adultos, 40 indivíduos; e estes são os escravos mais valiosos porque estão em idade produtiva e reprodutiva.

No entanto, como vimos, não são apenas D. Francisca e D. Ângela as freguesas do Acará membros da parentela de Francisca Xavier de Sequeira e Queirós. Temos D. Catharina, mãe de Francisca, que não foi considerada de possibilidade rica; e sim, mediana possibilidade. Mas, mesmo com possibilidade média, D. Catharina é detentora de um plantel de 12 escravos. Se somarmos a porcentagem do total de escravos que detinham as três mulheres da família de Francisca, ela própria, sua mãe e sua avó, teremos 25,39% de todos os escravos do Acará. O que significa que apenas as três mulheres, senhoras donas de engenho, detinham mais de ¼ dos escravos da freguesia. Dona Ângela de Oliveira Franca era mãe de Dona Catharina que era, por sua vez, mãe de D. Francisca Xavier de Sequeira e Queiros. Três gerações de mulheres, avó-mãe- -filha, viúvas. Três mulheres brancas, senhoras de engenho, proprietárias de terras e escravos. Três mulheres que eram reconhecidas por Donas. A "dona" era mulher de condição nobre; nesse sentido, o tratamento "Dona" trazia um valor de respeito, poder econômico e/ou simbólico, administrativo e político.

Francisca, Catharina e Ângela eram senhoras de engenho. Relacionado a isso é importante percebermos que o açúcar adquiriu uma dimensão

HISTÓRIA DAS MULHERES NA AMAZÔNIA
(PARÁ, SÉCULO XVIII AOS DIAS ATUAIS)

colonizadora não só porque contribuiu para a manutenção do Estado, mas também porque fez parte da dinâmica colonial tanto como moeda quanto como tributo; e, portanto, ser "senhor de engenho" qualificava o indivíduo naquela sociedade entre os seus melhores. Não era diferente com as mulheres.

Em 24 de outubro de 1747, os senhores de engenho do Pará escrevem carta ao Rei D. João V solicitando o não pagamento dos direitos relativos aos alambiques dos engenhos por ser "penoso o tributo anual de seis mil reis", e por ser útil à Coroa que eles lavrem açúcar naquelas longínquas terras, e, por isso, devem ser recompensados por serem leais vassalos. Dos dez senhores e senhoras de engenho que assinaram a carta pedindo isenção dos tributos ao Monarca, seis eram da família de Francisca Xavier de Sequeira e Queirós. As únicas duas mulheres que figuram na relação são parentes diretas de Francisca: a mãe, D. Catharina, e a tia-avó.

Eram mulheres no mundo colonial, mas não estavam trancadas em casa, sendo abanadas por mucamas e trançando os cabelos. Francisca, Catharina e Ângela comandavam suas propriedades, iam à cidade, saíram do espaço do privado por trás das gelosias e iam à rua. Mais uma vez, e este trabalho vem neste sentido, devemos desconstruir a imagem da mulher na colônia que vivia submissa, reclusa, na ociosidade do doméstico (SAMARA, 1989). É preciso trazer à luz a história de vida de outras mulheres que, ainda que dentro de uma expectativa de comportamento e de uma estrutura que as tentava aprisionar, foram agentes de sua própria vida, mesmo que com uma limitada margem de manobra para exercer a agência sobre si.

Gerindo seus bens, administrando seus engenhos, supervisionando escravos, feitores e trabalhadores assoldadados; peticionando ao Rei, participando ativamente da vida política e econômica da capitania. Assim vivia Francisca, sua mãe e sua avó. As três mulheres são freguesas da Sé, bem como do Acará. Provavelmente, na Sé, suas casas são próximas umas das outras, uma vez que são recenseadas seguidas.

O único homem da família Sequeira e Queirós[8] que identificamos no mapa de 1778 é Pedro de Sequeira e Queirós, recenseado tanto na Sé quanto no Acará, tem um grande plantel de escravos na freguesia da Sé, principalmente

---

8   Pedro de Sequeira e Queirós é, provavelmente, irmão do pai de Francisca Xavier de Sequeira e Queirós. Pedro terá um filho chamado António de Sequeira e Queirós, que terá Foro de Cavaleiro Fidalgo em 1781.

homens em idade produtiva. Pedro de Sequeira e Queirós, aliás, tem mais escravos na cidade do que no Engenho Nossa Senhora do Carmo na freguesia do Acará, com poucos escravos menores e bem mais homens adultos que mulheres. Talvez Pedro de Sequeira e Queirós comercializasse escravos, não encontramos nenhuma referência a este assunto na documentação coeva. Deixamos essa pista, sem a perseguirmos, para que outros pesquisadores possam se debruçar sobre as análises desse mapa de 1778.

O que nos interessa mais de perto para este estudo é indicar uma outra pista. Pedro de Sequeira e Queirós aparece recenseado junto com as três viúvas da família Sequeira e Queirós, o que talvez possa indicar que, mesmo estando em domicílios separados, a presença de um homem da família pode ser entendida como um olhar masculino sobre aquelas mulheres que agenciavam suas vidas dentro de uma margem do possível.

Outra observação digna de nota é que Francisca Xavier de Sequeira e Queirós fica viúva de seu primeiro casamento com quatro filhos menores. Tendo casado em 1770, seu filho mais velho, João Pereira Vianna, teria, em 1778, no máximo, oito anos de idade, os outros três seriam ainda mais jovens. No entanto, não os encontramos em seu domicílio nem na Sé, nem no Acará. À exceção de uma criança menina que é recenseada na Sé. Talvez, uma das duas filhas de Francisca. Mas, e os outros? Sabemos que, pelo menos três deles, chegam à idade adulta, porque, quando D. Francisca falece em 1832, eles estão no inventário da mãe. Também não encontramos menores nos domicílios dos outros membros da família de Francisca. Talvez estivessem recenseados no agregado de algum parente do pai. No entanto, devemos lembrar que Gonçalo Pereira Viana era reinol, não sabemos, portanto, se mandou vir algum parente do Reino. Talvez sim. Fato é que a pista das crianças fruto deste matrimônio perdemos e só voltaremos a encontrá-las quando D. Francisca falecer e for aberto seu inventário.

O segundo matrimônio

Francisca Xavier de Sequeira e Queirós, no entanto, voltará a casar; e, desta vez, não será com um reinol. Nem será com mercador ou administrador da Companhia. Francisca se casará com um seu parente. Um primo não muito distante. Filho da terra, com a família ligada ao cultivo dos gêneros cacau, anil, café e cana há muitas gerações. Talvez essa estratégia Francisca tenha acionado por já estar com o patrimônio construído e um grande plantel de escravos, precisando de alguém que tivesse experiência no trato com a terra e a produção. Esse segundo marido será Amândio José de Oliveira Pantoja.

Filho de Manoel de Oliveira Pantoja; neto de José de Oliveira Pantoja e D. Luiza de Moraes Bittencourt. Amândio nasceu e foi batizado no ano de 1758. Entra para a vida militar, e, aos vinte anos de idade, em 1778, o encontramos na documentação sendo recenseado como cadete da tropa paga. Ou seja, no mesmo recenseamento, que mostra Francisca como uma grande senhora de engenho, Amândio é recenseado como cadete e sua situação é "vive de seu soldo".[9] Aos vinte e dois anos casa-se com D. Francisca Xavier de Siqueira e Queirós, mulher viúva, de vinte e sete anos, trazia do primeiro casamento quatro filhos. Aos dezessete dias do mês de outubro de 1780, Amândio e Francisca unem-se em matrimônio e, a partir daquele momento, a vida e a fortuna de Amândio mudam significativamente.

Após o matrimônio com Francisca, Amândio passa a figurar com maior frequência na documentação da época. Nove anos depois do casamento, faz requerimento ao Santo Ofício para que seja admitido no cargo de familiar, percorrendo os mesmos passos do primeiro marido de Francisca que havia servido no cargo de familiar do Santo Ofício. Porém nesses nove anos posteriores ao casamento, a vida de Amândio já havia mudado significativamente. Podemos observar essa mudança comparando o patrimônio em três documentos: primeiro no mapa de famílias de 1778, onde ele aparece solteiro, como freguês da Campina, sem escravos, sem terras, dois anos antes de casar-se; em um segundo momento na habilitação para familiar do Santo Ofício em 1789 e, por último, no inventário *post-mortem* de Amândio, datado de 1826; a evolução em seu patrimônio e poder é impressionante.

Se o nosso personagem começa a sua vida nesta história como "vivendo de seu soldo", ao fim de sua vida, em 1826, Amândio José de Oliveira Pantoja era um homem rico e poderoso na província do Pará.[10] Possuía patente de

---

9   OFÍCIO do [governador e capitão general da capitania] do Rio Negro, João Pereira Caldas, para o [secretário de estado da marinha e Ultramar], Martinho de Melo e Castro, remetendo os mapas anuais da população das Capitanias do Estado do Pará e Rio Negro, de 1778 a 1781. Rio de Janeiro: Biblioteca Nacional, 1785. (Arquivo Histórico Ultramarino). Disponível em: http://resgate.bn.br/docreaer/DocReader.aspx?bib=013_PA&pagfis=59245. Acesso em: 6 abr. 2022.

10   Província no período pós-independência. Pós-1823 (data da Adesão do Pará à independência).

Coronel, era familiar do Santo Ofício, com justificação de nobreza, detentor do direito de usar Brasão d'Armas. Havia participado ativamente da invasão de Caiena e, posteriormente, dos movimentos independentistas ao lado de Batista Campos. Em seu velório, realizado na Igreja das Mercês, local onde também foi sepultado, compareceram muitas autoridades formando um "luxuoso cortejo". Deputados do governo provisional, o Cabido, ministros do culto, Senadores da cidade, todos estampavam *"um pesadume na face"*, realizaram a *"mais sincera oração fúnebre"*, um cortejo que, embora sem dizer palavra alguma, *"carregava o luto estampado"* e prestava àquele homem as últimas homenagens (BAENA, 1869).

Diante do que visualizamos em termos patrimoniais, Amândio cresce seu patrimônio quando casa com sua prima Francisca Xavier. Já agora podemos perguntar; por que Francisca, uma mulher que aparece no mapa de 1778 como rica e de possibilidade inteira, com um grande plantel de escravos em comparação com os demais de sua freguesia, casa-se com Amândio? Não sabemos, mas podemos conjecturar possibilidades. Em uma sociedade centrada no masculino, no homem como chefe de família, ditada por normas e padrões misóginos e paternalistas, mulheres como Francisca, cabeças de família, não são a regra, configuram-se como exceção (TEIXEIRA, 2004, p. 149). Talvez se os dois filhos homens, fruto de seu primeiro casamento com Gonçalo, fossem maiores e já pudessem gerir os negócios da família, Francisca não tivesse casado.

Se pensarmos nas razões de Francisca para se casar, devemos também avaliar as de Amândio. O casamento com Francisca, talvez, abra para Amândio a possibilidade da familiatura, o primeiro marido de Francisca foi familiar do Santo Ofício, o que a tornava já habilitada pela Inquisição. Oportuno sublinhar que antes do casamento não encontramos documentos de Amândio pedindo terras ou patentes militares. É depois do casamento que ele pede habilitação, é promovido a capitão e passa a figurar constantemente na documentação oficial. Também é fato que a família de Amândio não estava inserida na produção açucareira. É a partir do casamento de Amândio com Francisca, filha de uma família que tradicionalmente era composta por donos de engenho, que Amândio torna-se um dos maiores senhores de engenho da capitania do Pará.

Mulheres habilitadas pelo Santo Ofício

Francisca é a única mulher que temos conhecimento, dentro do Grão-Pará e Maranhão, que é habilitada duas vezes pela Inquisição. A primeira habilitação de Francisca data de 18 de abril de 1772 (aprovação), sendo a petição inicial feita em 07 de junho de 1771, tendo durado 10 meses e 11 dias todo o processo. Francisca tinha 19 anos quando foi habilitada a primeira vez. A idade de Francisca coaduna com a maioria das habilitações de mulher para o Grão-Pará, onde 21,43% das habilitações se dão com mulheres menores de 21 anos de idade. Se, em um primeiro momento, esse quadro nos faz pensar que eram jovens mulheres; por outro lado, quando fazemos outras análises como média, mediana e moda, percebemos que as habilitações tocavam mulheres que, na sua maioria, rondavam a casa dos 30 anos de idade (SANTOS, 2020).

Quadro 3 – Idade das mulheres habilitadas pela Inquisição de Lisboa moradoras no Grão-Pará e Maranhão

IDADE (ANOS)	NÚMERO	%
Menor de 21	9	21,43
21 - 25	4	9,52
26 - 30	6	14,29
31 - 35	2	4,76
36 - 40	3	7,14
41 - 45	2	4,76
46 - 50	1	2,38
51 - 55	2	4,76
56 - 60	1	2,38
61 - 65	-	-
66 - 70	-	-
FALECIDA/NÃO INFORMADO	12	28,58
TOTAL	42	100,00

Fonte: Santos (2020, p. 171).

Em análise do perfil sociológico das mulheres habilitadas pela Inquisição, é possível constatar que 64,29% das mulheres eram nascidas na Amazônia Colonial. Por outro lado, a maioria dos homens habilitados são reinóis, de um total de 69 habilitações, 78,26% dos agentes eram naturais de Portugal continental (54 indivíduos dos 69 totais) e 2,9% das ilhas portuguesas (Madeira e Açores). E esses dados são fundamentais para entendermos a importância dos casamentos para a inserção desses homens reinóis na sociedade do Grão-Pará colonial.

Quadro 4 – Naturalidade das mulheres habilitadas pelo Santo Ofício moradoras no Grão-Pará e Maranhão

PROVÍNCIA	COMARCA	NÚMERO	%
GRÃO PARÁ E MARANHÃO	BELÉM	17	40,48
	SÃO LUIS	7	16,67
	ALCANTARA	1	2,38
	ITAPECURU	1	2,38
	VIGIA	1	2,38
	SUBTOTAL	27	64,29
ESTREMADURA	LISBOA	11	26,19
	ALCOBAÇA	1	2,38
	TORRES NOVAS	1	2,38
	SUBTOTAL	13	30,95
MINHO	BARCELOS	1	2,38
	CALDAS DE BAIÃO DE CIMA DO DOURO	1	2,38
	SUBTOTAL	2	4,76
TOTAL GERAL		42	100,00

Fonte: Santos (2020, p. 162).

O primeiro marido de Francisca, Gonçalo Pereira Viana, já era familiar do Santo Ofício quando pede habilitação para a esposa. A segunda habilitação de Francisca foi junto a de seu segundo marido: Amândio José de Oliveira Pantoja. Ao ser habilitada pela segunda vez, Francisca tinha 36 anos de idade.

Interessante perceber os percursos que seguiram Gonçalo Pereira Vianna; bem como Amândio José de Oliveira Pantoja: primeiro pediram habilitação, foram habilitados e depois pediram o hábito de Ordens militares – Gonçalo, o Hábito de Cristo; Amândio o de São Bento de Avis. Se Gonçalo não viveu para receber o seu, Amândio recebe o hábito que pediu e morreu envolto em pompas e homenagens recebidas pela elite política e econômica do Pará.

Neste momento, já passamos por toda a vida de Amândio e estamos diante de seu inventário. Vamos pinçar dele alguns quesitos fundamentais para perceber a composição do patrimônio de Francisca Xavier. O primeiro é quantos escravos ficaram para Francisca e quanto de bens ela passa a ter que gerir. Depois, vamos comparar com o inventário dela para saber se ela aumentou seu patrimônio ou não. Com o falecimento de seu segundo marido, Francisca recebe por quinhão de meação a quantia de 36:875$943. Recebe também o que sempre foi seu, o Engenho Nossa Senhora do Rosário.

Patrimônio e fortuna

Vamos analisar o que ficou no quinhão de Francisca por falecimento de Amândio e, depois, o total de bens que aparecem em seu inventário. Francisca falece em seu Engenho Nossa Senhora do Rosário, no ano de 1832, aos 79 anos. Entre a morte de Amândio e a morte de Francisca não temos informações relacionadas diretamente a ela. O filho primogênito do casamento com Amândio é quem organiza e dá prosseguimento no inventário do pai, como curador da mãe. Seis anos separam os dois falecimentos. Vejamos a evolução do patrimônio de Francisca Xavier de Sequeira e Queirós neste intervalo.

Quadro 5 – Inventários de Amândio José de Oliveira Pantoja e Francisca Xavier[11]

Nome	Ano de Morte	Bens Imóveis		Animais		Escravos		Dinheiro	Dívidas Ativas	Dívidas Passivas	Monte-Mór
		Qtde.	Soma	Qtde.	Soma	Qtde.	Soma				
Amandio José de Oliveira Pantoja. Cel.	1826	19	11:134$260	1038	3:781$322	239	25:594$000	6:932$333	25:806$082	6:514$129	80.266$015
Francisca Xavier de Siqueira e Queirós. D.	1832	8	1:580$000	140	389$000	126	14:252$000	5:938:180	12:741$011	2:135$154	38.:741$011

Em seis anos de diferença, o patrimônio de Francisca evoluiu, posto que ela recebeu de meação pela morte de Amândio a quantia de 36:875$943, e deixa em seu inventário a quantia de 38:741$011. Evolui o patrimônio em relação ao plantel de escravos também. Ela recebe na meação do inventário de Amândio exatamente 100 escravos. E deixa, em seu inventário, a quantidade de 122 escravos. Em compensação, o Engenho Nossa Senhora do Rosário desvaloriza 200$000 réis em seis anos; uma vez que estava avaliado em 1826 por 3:200$000 e em 1832 foi avaliado por 3:000$000. Francisca já era uma senhora em idade avançada quando enviuvou pela segunda vez e, também, não sobrevive muito tempo à morte do marido; portanto, não temos bem como calcular a ingerência de Francisca Xavier na valorização ou desvalorização de seus bens. No entanto, podemos perceber que o patrimônio amealhado durante toda uma vida pela mão de Francisca é significativo.

Considerações finais

Francisca Xavier de Sequeira e Queirós é filha das primeiras famílias, descendente direta de um dos homens mais importantes no processo de conquista

---

11   Elaborado pela autora com base em Arquivo Público do Estado do Pará Inventário de Amândio José, 1826 e Centro de Memória da Amazônia, Cartório Odon, Inventário de Francisca Xavier, 1832.

do Pará e Maranhão, Pedro Teixeira, que por patente régia foi proclamado *Restaurador e Descobridor do Estado do Maranhão* até a cidade de Quito[12]. É filha das famílias que primeiro construíram suas casas, mandaram homens aos sertões na captura de índios e coleta de gêneros, que primeiro construíram suas fazendas, sendo todas essas famílias proprietárias de terras e escravos. Francisca Xavier foi a personagem fio condutor deste capítulo; em torno da qual orbitam homens e mulheres, seus parentes, aliados e inimigos, que habitaram o Grão-Pará colonial.

Nossa personagem casa-se a primeira vez aos 17 anos de idade. Logo após o casamento, é habilitada pela Inquisição quando tinha 19 anos. Desse primeiro casamento lhe ficam quatro filhos. Enviúva a primeira vez aos 22 anos de idade. Aos 22 anos precisa assumir os filhos e o patrimônio da família. E assume de forma tal que é Francisca mesma quem dá prosseguimento ao processo de solicitação do hábito de Cristo feito por seu falecido marido. Francisca agora faz requerimento em nome de seu filho mais velho, ainda criança, tentando resguardar a possibilidade daquele hábito ser convertido, futuramente, ao filho. Herdeira de um complexo açucareiro e maior senhora de Engenho da Freguesia do Acará no ano de 1778, Francisca fica viúva durante cinco anos, até que, em 1780, aos 27 anos, casa pela segunda vez com seu primo, Amândio José de Oliveira Pantoja. Amândio e Francisca vivem casados durante 46 anos, até que em 1826 Amândio falece no Engenho Nossa Senhora do Rosário. Ela, viúva pela segunda vez, agora com 73 anos, já não tem mais a vitalidade de outrora para resolver os assuntos que aquela viuvez acarretava. O curador de Francisca, que era inventariante de seu falecido marido, será Francisco de Oliveira Pantoja; único filho vivo fruto do casamento entre Francisca e Amândio.

Será Francisco de Oliveira Pantoja que herdará de sua mãe, quando ela falecer aos 79 anos, em 1832, o Engenho de Nossa Senhora do Rosário; levando adiante a história da família Sequeira e Queirós unida à família Oliveira Pantoja. Francisco herdará o engenho que no ano de 1673 moeu cana de açúcar pela primeira vez, arrastando consigo 159 anos de história. Herdará os bens de sua mãe, bens materiais e imateriais de gerações e gerações que o precederam.

---

12 Arquivo Nacional da Torre do Tombo. *Justificação de Nobreza*, Feitos Findos, maço 23, n.º 11.

Ao fim desta pequena biografia de Francisca, o que queremos desvelar, ainda que em lampejos que ora iluminam, ora desvanecem por entre a ausência de documentos, é que a grande senhora de engenho do Rio Acará no final do século XVIII foi uma mulher. Foi essa mulher que alçou seus dois maridos à condição de homens influentes e proprietários de terras e de escravos que nenhum dos dois possuía antes de casar-se com ela. Foi Francisca Xavier de Sequeira e Queirós que ao lado de sua mãe e avó, também viúvas senhoras de engenho do Acará, comandaram a produção açucareira, que peticionaram mercês e isenção de impostos, que elevaram homens em distinção e qualidade social e econômica. Foi também pela mão de Francisca Xavier de Sequeira e Queirós que a roda da fortuna e do poder simbólico girou nas terras do Acará e na cidade de Belém; que conectou os mundos da terra e do comércio, do açúcar e das rotas transatlânticas, das mercês e honrarias que perduraram por gerações e gerações na Amazônia colonial.

Referências

ACEVEDO MARIN, Rosa Elizabeth. Alianças matrimoniais na alta sociedade paraense no século XIX. *Revista Estudos Econômicos*, n. 15, São Paulo, IPE-Edusp, 1985.

ANDERSON, Robin. *Colonization as exploitation in the Amazon Rain Forest, 1758-1911*. Flórida: University Press of Florida, 1999 (1976).

ARMITAGE, David. The elephant and the whale: Empires of land and sea. *Journal for maritime research*, v. 9, 2007.

AZEVEDO, João Lucio de. *Estudos de História Paraense*. Belém: Typ. de Tavares Cardoso, 1893.

BAENA, João Ladislau Monteiro. *O compêndio das eras da Província do Pará*. Belém: UFPA, 1969.

BARATA, Carlos E. A.; CUNHA BUENO, Antônio Henrique da. *Dicionário das Famílias Brasileiras*, Tomo I, 2 volumes, Rio de Janeiro: Edição dos Autores, 1999.

BARATA, Carlos E. A.; CUNHA BUENO, Antônio Henrique da. *Dicionário das Famílias Brasileiras*, Tomo II, 2 volumes, Rio de Janeiro: Edição dos Autores, 2001.

BERREDO, Bernardo Pereira. "Livro Grosso do Maranhão I". *Anais da Biblioteca Nacional*, v. 66, 1ª parte, Divisão de obras raras e publicações, Rio de Janeiro, 1905.

BETHENCOURT, Francisco. *História das Inquisições, Portugal, Espanha e Italia Séculos XV-XIX*. São Paulo: Companhia das Letras, 2000 [1994].

BETHENCOURT, Francisco. As câmaras e as misericórdias. *In*: BETHENCOURT, Francisco; CHAUDHURI, Kirti. *História da Expansão Portuguesa*. Espanha: Círculo dos Leitores, 1998. v. 3.

BETHENCOURT, Francisco. O complexo atlântico. *In*: BETHENCOURT, Francisco; CHAUDHURI, Kirti. *História da Expansão Portuguesa*. Espanha: Círculo de Leitores, 1998. v. 2.

BICALHO, Maria Fernanda B. Conquista, mercês e poder local: a nobreza da terra na América portuguesa e a cultura política do Antigo Regime. *Almanack brasiliense*, n. 02, 2005.

BLUSSE, Leonard. Batavia, 1619-1740: The rise and fall of a Chinese Colonial Town. *Journal of Southeast Asian Studies*, v. 12, n. 1, Ethinic Chinese in Southeast Asia. Março 1981.

BOURDIEU, Pierre. Da regra às estratégias. *In*: BOURDIEU, Pierre. *Coisas ditas*. São Paulo: Brasiliense, 1990.

CAMPOS, Marize Helena de. *Senhoras Donas, Economia, povoamento e vida material em terras maranhenses (1755-1822)*. São Luís: Fapema, 2010.

CANCELA, Cristina Donza. *Adoráveis e Dissimuladas*: as relações amorosas e sexuais das mulheres das camadas populares de Belém, 1890 – 1910. Dissertação (Mestrado em Antropologia) – Universidade Estadual de Campinas, 1997.

CANCELA, Cristina Donza. *Casamento e relações familiares na economia da borracha (Belém. 1870-1920)*. Tese (doutorado em História Econômica) – Universidade de São Paulo, São Paulo, 2006.

CANCELA, Cristina Donza. Famílias de elite: transformação da riqueza e alianças matrimoniais. Belém, 1870-1920. *Topoi: Revista de História*, Rio de Janeiro, v. 10, n. 18, 2009.

CARDOSO, Alanna Souto. *Apontamentos para História da Família e Demografia Histórica na Capitania do Pará (1750-1790)*. Dissertação (Mestrado em História) – Universidade Federal do Pará, Belém, 2008.

CARDOSO, Alanna Souto. Fotografia demográfica dos cabeças de família da Capitania do Pará a partir do Recenseamento de 1778. *In*: ENCONTRO NACIONAL DE ESTUDOS POPULACIONAIS, 17., set. 2010. *Anais [...]*.

HISTÓRIA DAS MULHERES NA AMAZÔNIA
(PARÁ, SÉCULO XVIII AOS DIAS ATUAIS)

CHAMBOULEYRON, Rafael. *Povoamento, ocupação e agricultura na Amazônia colonial 16400-1706.* Belém: Açaí, 2010.

CHAMBOULEYRON, Rafael. Terras e poder na Amazônia Colonial (séculos XVII – XVIII). *In:* CONGRESSO INTERNACIONAL PEQUENA NOBREZA NOS IMPÉRIOS IBÉRICOS DE ANTIGO REGIME. *Anais [...].* Lisboa: 2011.

FARIA, Sheila de Castro. *A colônia em movimento:* fortuna e família no cotidiano colonial. Rio de Janeiro: Nova Fronteira, 1998.

FIGUEIREDO, Luciano. Mulheres nas Minas Gerais. *In:* DEL PRIORE, Mary (org.); BASSANEZI, Carla. *História das mulheres no Brasil.* São Paulo: Contexto, 2004.

GINZBURG, Carlo. O nome e o como: troca desigual e mercado historiográfico. *In:* GINZBURG, Carlo *et al.* (org.). *A micro-história e outros ensaios.* Lisboa: DIFEL, 1989.

HEINZ, Flávio (org.). *Por outra história das elites.* Rio de Janeiro: FGV, 2006.

IMÍZCOZ, José Maria. Actores, redes, processos: reflexiones para uma historia más global. *Revista da Faculdade de letras,* Porto, III série, v. 5, p. 115-140, 2004.

KEENE, Derek. Cities and empires. *Journal of urban history,* v. 32, n. 1, nov. 2005.

KELLY-NORMAND, Arlene. *Family, Church and Crown:* a social and demographic history of the lower Xingu valley and the municipality of Gurupá, 1623-1889. PhD Thesis in History, Flórida: University of Flórida, 1984

KOK, Jan. Principles and prospects of the life course paradigm. *Annales de démographie historique,* n. 113, p. 203-230, 2007/1.

LACERDA, Franciane Gama. *Migrantes cearenses no Pará:* Faces da sobrevivência (1889/1916). Belém: editora Açaí/ Programa de Pós-Graduação em História Social da Amazônia (UFPA)/Centro de Memória da Amazônia (UFPA), 2010.

LOUREIRO, Guilherme Maia de. *Estratificação e Mobilidade Social no Antigo Regime em Portugal (1640-1820).* Lisboa: Guarda-Mor, 2015.

MORAES, Ruth Bulamaqui de. *Transformações demográficas numa economia extrativa:* Pará (1872-1920). Dissertação (Mestrado em História) – Universidade Federal do Paraná, Curitiba, 1984.

NAZARI, Muriel. *O desaparecimento do dote:* mulheres, famílias e mudança social em São Paulo, Brasil 1600-1900. São Paulo: Companhia das Letras, 2001.

ROLLER, Heather Flynn. *Colonial Routes*: Spatial mobility and community formation in the portuguese Amazon. Tese (Doutorado) – Stanford University, Califórnia, 2010.

SAMARA, Eni de Mesquita. *As mulheres, o poder e família, São Paulo, século XIX*. Editora Marco Zero, 1989.

SAMPAIO, Patrícia M. M. *Espelhos partidos*: etnia, legislação e desigualdade na Colônia. Tese (doutorado) – Universidade Federal Fluminense, Niterói, 2001.

SANTOS, Marília Cunha Imbiriba dos. *Família, Trajetória e Poder no Grão-Pará setecentista*: os Oliveira Pantoja. Dissertação (Mestrado em História) – Universidade Federal do Pará, Belém, 2015.

SANTOS, Marília Cunha Imbiriba dos. *Família, trajetórias e Inquisição*: mobilidade social na Amazónia Colonial (c.1672 – c. 1805). Tese (doutorado em História) – Faculdade de Letras, Universidade de Lisboa, Lisboa, 2020.

SCOTT, Joan. História das Mulheres. *In*: BURKE, Peter. *A escrita da História*. São Paulo: Unesp, 1992.

SILVA, Maria Beatriz Nizza da. Mulheres Brancas no fim do período colonial. *Cadernos Pagu*, Ed. Unicamp, 1995.

SILVA, Maria Beatriz Nizza da. *Ser Nobre na Colônia*. São Paulo: Editora UNESP, 2005.

TEIXEIRA, Paulo Eduardo. *O outro lado da família brasileira*. Campinas: Editora Unicamp, 2004.

TORRES, Veiga, "Da Repressão Religiosa para a Promoção Social: a Inquisição como instância legitimadora da promoção social da burguesia mercantil". *Revista Crítica de Ciências Sociais*, n. 40, p. 109-135, 1994.

VIEIRA JR., Antonio Otaviano. Demografia Histórica, família e inquisição: possibilidades metodológicas a partir da habilitação de Familiar. *Revista de História Unisinos*, v. 15, n. 1, 2011.

AS VIÚVAS DA CABANAGEM: TRAJETÓRIAS, LUTAS E AFETOS DAS MULHERES EM MEADOS DO SÉCULO XIX

Eliana Ramos Ferreira[1]

Cabanagem foi um movimento social que ocorreu na então Província do Pará, no período oficial de 1835-1840, e que envolveu homens e mulheres, de diversas classes sociais e etnias, motivado/as por múltiplas razões (econômicas, étnicas, sociais e religiosas) que se acumularam ao longo de um passado colonial recente.

As mulheres viúvas da Cabanagem procuraram reconstruir as suas vidas ante as perdas que tiveram, já que muitas delas perderam seus maridos e companheiros, a família inteira e suas terras durante a guerra cabana e necessitaram assumir integralmente a chefia e os negócios da família. Nas peças arquivísticas, surgiram diversos documentos nos quais elas são reveladas, expostas suas experiências e vivências sociais, de trabalho e sentimentos afetivos. Assim, pretende-se refletir como as mulheres agiram e quais estratégias elaboraram no período do pós-cabanagem, com o sentido de reorganização do seu cotidiano, relações afetivas e da sua existência material.

"... Mulher assaz laboriosa"

Na guerra, o que interessa é matar (CANETTI, 1995, p. 67-74). Na Cabanagem não foi diferente. Sabe-se que um dos resultados de uma guerra é um quadro desolador de mortos, de vidas ceifadas bruscamente. O presidente

---

1 Doutora em História Social pela Pontifícia Universidade Católica de São Paulo. Professora do PROFHISTORIA da Universidade Federal do Pará. E.mail: lia64star@gmail.com

da província, Francisco José de Sousa Soares d'Andréa, assina uma "Relação dos Prezos Rebeldes Fallecidos a Bordo da Corveta Defençora desde 4 D'Agosto de 1837 thé 31 de Dezembro de 1838" (MOREIRA NETO, 1988, p. 281-314), que enviou ao ministro e secretário de estado dos negócios da justiça do império, senhor Bernardo Pereira de Vasconcellos, dando conta de que havia morrido 229 cabanos nos porões do navio. Desses, 87 eram casados, ou seja, 38% dos prisioneiros.

Ainda, em correspondência de 27 de outubro de 1835, Soares d'Andréa informa ao ministro que "O contágio das bexigas, os fluxos de ventre, e o escrubuto tem feito morrer 139 dos prezos, dos que existião na Curveta Defensora Presiganga, e que existem actualmente 150 prezos" (HURLEY, 1936, p. 174-175).

Em novembro do mesmo ano, foram computados mais 163 mortos na Corveta Defensora. De um confronto ocorrido em abril de 1836, na vila de Curuçá, o comandante João Antonio Martins informou ao presidente Soares d'Andrea que além dos 25 cadáveres cabanos que ele e a sua tropa deram sepultamento, "Encontraram mais cabanos mortos, cujos cadáveres, cahidos pelas mattas e caminhos, eram denunciados pelos urubus que os devoravam [...]" (HURLEY, 1936, p. 110-111).

Na "guerra, [...] jamais é realmente guerra se não visa primeiramente um amontoado de inimigos mortos" (CANETTI, 1995, p. 67). À repressão, a Cabanagem estava impregnada dessa premissa, as tropas imperiais, sob a espada do presidente Soares d'Andrea, empreenderam uma caçada aniquiladora aos cabanos. A guerra do que o poder imperial conveniou chamar de *pacificação*, conduzida a ferro e fogo, não tinha regras.

Por outro lado, além dos combates empedernidos entre cabanos e tropas imperiais, as epidemias e a fome faziam também as suas vítimas. Foram diversas as frentes de batalhas enfrentadas.

Nos estudos sobre a Cabanagem, convencionou-se admitir que os embates dizimaram cerca de 30.000 (RAYOL, 1970, p. 806) vidas, ocasionando forte decréscimo demográfico na província. Isso num exercício de aproximação quantitativa. O fato é que a província pagou uma conta de elevado descenso demográfico, atingindo duramente as famílias constituídas.

No Arquivo Público do Pará, existem outras cinco *Relações de Rebeldes Presos* a Bordo da Corveta Defensora, com dados que cobrem o período de 1836-1840, que totalizam aproximadamente 2.429 presos, entre "vivos" e "mortos", concentrados num único ponto de encarceramento, fora os presos espalhados nas localidades do interior da província, para os quais ainda carece de pesquisa para aglutinar os dados. Desses, 556 eram casados, sendo que 160 faleceram a bordo, nos hospitais ou em seus sítios. Pelo menos, 160 esposas, implícitas sob a categoria classificatória dos homens casados, nas Relações de Rebeldes, ficaram viúvas, conforme quadro a seguir.

Tabela 7 – Casados mortos a Bordo da Corveta Defensora[2]

Códices	Total Bordo Defensora	Casados	Casados / Falecidos	% Casados A bordo da Defensora	%Casados/ Falecidos	% de Falecidos entre os Casados
973	798	179	99	22.43	12.40	55.30
974	145	12	–	8.27	–	–
1130	467	175	21	37.47	4.49	12
1131	887	136	39	15,67	4,39	28,67
1132	133	54	–	40.60	–	–
TOTAL	2430	556	159	22,88	6,54	28,59

Fonte: elaborada pela autora.2010

A grande inquietação é no sentido de refletir como as mulheres deram continuidade às suas vidas. A família constituiu-se no núcleo seminal para a sobrevivência do grupo. As ligações que viabilizavam essa sobrevivência perpassavam as relações de parentesco, trabalho, amizade, amor e troca de favores. As mulheres ocuparam papel fundamental na iniciativa de retomada do cotidiano da província, fossem solteiras, viúvas, com ou sem filhos, possuidoras de escravizados ou não, além dos agregados.

A família também se tornou o celeiro fornecedor de mão de obra masculina para as mais diversas atividades de soerguimento e policiamento da província, tanto para as obras públicas quanto para os empreendimentos particulares. As mulheres compulsoriamente abandonadas devido à operacionalização dos

---

2 Nos códices 974 e 1132 não foi encontrada a categoria mortos e falecidos, atribui-se ao escrivão, pois são os códices que apresentam muitas lacunas nos preenchimentos dos dados. Arquivo Público do Pará. Códices: 973, 974, 1130, 1131 e 1132.

recrutamentos efetivados pelas instituições como o Corpos de Trabalhadores[3], onde os comandantes que os dirigiam deveriam fazer remessas regulares de homens para a Cidade de Belém, eles eram redistribuídos para os destinos predeterminados. Outra instituição que também drenou número significativo de homens foi a Guarda Nacional, bem como o Arsenal de Marinha e o de Guerra. A disputa pela mão de obra masculina era acirrada. A Cabanagem aflorou a tensão e o acirramento pelo controle do trabalho livre, levando o governo a buscar estratégias que lhe permitisse ter acesso aos "braços" masculinos sobreviventes e desmobilizados da luta cabana.

Elas eram, também, as mulheres abandonadas compulsoriamente pelos recrutamentos. Também se tornaram mulheres abandonadas pela morte dos seus pares na guerra cabana! Em meio ao caos, muitas sentiram e sofreram a perda por morte de seus pares masculinos, emergindo o recorte conjugal das viúvas da Cabanagem.

A consulta a alguns autos de inventários, testamentos, inventário e prestações de contas revelou que na grande maioria desses documentos os escrivães nem sempre registravam a *causa mortis*. Entretanto, o escrivão Francisco Pereira Gomes registrou nos autos do

> Inventário dos Bens de Joze Mathias de Vilhena, assassinado pelos Rebeldes em 1835, em *Igarapé-Miri* sem testamento. O falescido foi cazado com Ângela Maria Morais, de cujo matrimonio lhe ficou huma única filha de nome Francisca, Idade dez annos e que falecera no anno de mil oito centos e trinta e cinco, em Igarapé-Miri, asacinado pellos rebeldes [...] (ARQUIVO PÚBLICO DO PARÁ. Autos de Inventário e Partilhas. 1840).

D. Ângela Maria Morais, agora viúva e com uma filha de dez anos, filha única e herdeira do pai, legalmente casada e "de cujo matrimonio" revela ter o casal contraído núpcias dentro dos códigos social e provavelmente religiosos da sociedade paraense da primeira metade do século XIX. A viúva teria agora a incumbência de zelar pela manutenção dela e de sua filha, Francisca,

---

3 Entre 1838 e 1859, na província do Grão-Pará, foi instituído o "Corpos de Trabalhadores", instrumento de coerção e de controle do trabalho de índios, mestiços e pretos não escravizados e sem propriedades ou ocupações reconhecidas como constantes. Tinha o objetivo de evitar que houvesse "vagabundos e homens ociosos" espalhados pela província.

o que implicaria estratégias econômicas (trabalho e sustento) e sociais (vida social, ajuste às regras sociais, inclusive quando se tratava de segundas núpcias). Portanto, enfrentar a responsabilidade de assumir a chefia da casa significava elaborar estratégias de negócios e de sobrevivência.

A viúva devia tomar conhecimento dos bens que possuíam. O novo estado conjugal, de viúva, significaria mais independência, uma autonomia legal e efetiva maior que as mulheres solteiras e casadas (LEITE, 1989, p. 143-178). Para D. Ângela, já em estado de viuvez, se personifica como mulher à frente de sua família enquanto mantenedora (TEIXEIRA, 2004, p. 162.). No entanto, havia a dúvida coeva sobre a capacidade feminina de gerir os próprios bens e os que porventura herdasse; uma espécie de expectativa negativa quanto à eficiência da mulher no comando de atividades produtivas foi o que aconteceu com d. Ângela Morais.

Através do Auto de Inventário deduzem-se as posses do casal; posses essas que seriam administradas pelo senhor Manoel Raymundo da Pureza, nomeado pelo falecido como tutor e tenedor dos bens do casal. Devido a essa determinação do falecido, foi também o inventariante.

Em relação aos bens do casal, de acordo com os autos:

> E logo pelo dito Inventariante foi dado a descrever oprezente Inventario, *trez braças de chãos citas no Arraial da Freguezia do Igarapé Meri*[4], [...] que sendo vista e avaliadas pelos ditos Avaliadores apreço de quatro mil réis, cada huma braça e todas perfazem a quantia de doze mil réis.

> Dis mais o dito Inventariante a descrever no prezente Inventario, hum preto de nome Domingos, Crioulo, de idade trinta annos pouco mais ou menos que sendo visto e avaliado pelos ditos Avaliadores na quantia de trezentos mil réis, [...]

> [...] a descrever no prezente Inventario huma Igarité em bom uso, que sendo vista e avaliada pelos ditos Avaliadores na quantia de dez mil réis [...]

---

4 A região de Igarapé-Miri foi uma das áreas de maior intensidade da Cabanagem. Geograficamente fica próxima aos municípios do Acará e do Moju, pontos de lutas intensas e extrema violência durante a Cabanagem. Concentrava grandes fazendas e engenhos, além de pequenos posseiros, arrendatários e agregados.

[...] metade de um Balcão em bom uso [...] na quantia de quatro mil réis.

A terra era de pequenas proporções, apenas três braças, avaliadas em doze mil réis, seriam suficientes para garantir a sobrevivência de d. Ângela e sua filha? Contudo, havia também um preto, Crioulo, de nome Domingos, de 30 anos aproximadamente, valendo cerca de trezentos mil réis, o mais valioso dos bens, e que dentre outros se encontrava ainda uma igarité em "bom uzo" estimada em dez mil réis.

Dentre os bens avaliados, Domingos foi o de maior valor, afinal de contas, escravizados eram um dos bens mais valiosos nesse período, superando em muito o valor de mercado de algumas "braças de chãos e de uma igarité em bom uso". A explicação consiste no fato que o valor do escravizado residia na possibilidade de produção e rendimentos que podia propiciar a quem o possuísse; principalmente se tivesse algum ofício, pois significava que era um escravizado especializado.

Todavia, a igarité também era um bem de significativa importância para o deslocamento da família e transporte de algum produto, pois era uma espécie de embarcação, de pequeno porte, mais modesta é verdade do que um batelão, mas fundamental para quem morava numa região encravada em meio aos rios, igarapés e furos como era (e ainda hoje é) Igarapé-Miri, por isso a sua avaliação é próxima da terra, e teve o preço fixado em dez mil réis.

Morar numa "braça de chão" implica em ter de cuidar desse chão. Mesmo com um tenedor, D. Ângela teria o desafio de chefiar os trabalhos das três "braças". O preto Domingos, de 30 anos mais ou menos, era escravizado fugido! Qual seria a contribuição do senhor Manoel, testamenteiro e tutor? São algumas inquietações acerca de como as mulheres que perderam seus maridos ao longo do conflito que assolou a província e que tiveram que enfrentar outras condições de existência.

As mulheres indígenas e negras tiveram que percorrer trajetórias mais duras, já que, inseridas numa sociedade escravista, seu lugar social era de submissão pelo gênero e pela etnia. Nessa perspectiva, na disputa pela mão de obra masculina entre particulares e estado imperial, as mulheres "de cor" foram enquadradas para as mais diversas atividades, prestando serviços, inclusive, na reconstrução física de vilas nos interiores da Província do Pará, trabalho que exige significativo esforço físico e ocasiona grande desgaste do corpo, conforme se denota no documento referente à freguesia de Moju, no Baixo Tocantins, próximo a Belém, o qual evidencia a falta de "braços" na Província:

> Não se pôde lançar os alicerces desta Igreja, como tive a honra de communicar a V. Exª o mez proximo passado, por falta de gente; por que sendo o numero das pessoas, que trabalhão fallivel hum dia por outro em todos os mezes, o mez passado foi cada vez a menos, de mmodo q' p^a o serviço deste mez não se acha mais, do que sette mulheres, e oito homens do corpo de trabalhadores, dos quaes passo já a despidir metade, q' trabalhão aqui desde junho passado, por me estar exforçando para adquirir maior numero,[...]. Freg^a do Mojú 3 de Septembro de 1839.
>
> Pe Sebastião Borges de Castilho
>
> Vigário Interino da Freguesia do Mojú (ARQUIVO PÚBLICO DO PARÁ. Fundo: Ofícios de Autoridades Eclesiásticas, 1839).

Essas sete mulheres utilizadas no soerguimento da igreja da vila de Moju provavelmente deveriam ser índias/tapuias, mas o documento não deixa isso claro, apenas nos dá indícios, uma vez que gênero e etnia são categorias que, obrigatoriamente, se imbricaram no Pará oitocentista.

Outra frente de participação das mulheres indígenas que foram submetidas compulsoriamente ao trabalho foi no roçado nacional de Maicá, bem como para a fábrica nacional de madeiras no Igarapé Jambu-assú (ARQUIVO PÚBLICO DO PARÁ. Ofícios dos Comandantes Militares, 1840).

Além de prestarem serviços para a Igreja, ainda tinham que se defrontar com a expropriação de autoridades legais designadas para a administração das Vilas e Lugares nos interiores da província. O Corpo dos Trabalhadores permitiu o abuso de autoridade, inclusive com indícios de enriquecimento ilícito dos seus comandantes militares. Saídos de uma experiência traumática como a Cabanagem e enfrentar os desmandos de autoridades era expor a situação de desconfiança e incerteza que pairava nos moradores e, principalmente, das moradoras da província.

Afinal, em quem confiar? Os Corpos de Trabalhadores eram uma instituição nova, que mostrava a sua face de exclusão social ao pretender a disciplinarização compulsória da força de trabalho masculino – de *cor* –, tirando o princípio básico da liberdade de locomoção, por exemplo.

As ações de resistência não demoraram a aparecer. Na Vila de Oeiras, em julho de 1842, os moradores enviaram um abaixo-assinado ao presidente da província, queixando-se e pedindo a saída do comandante do Corpo de Trabalhadores da Vila, alegando que tanto os trabalhadores quanto os "[...] de facto estão sendo mais escravizados do que são os escravos da gleba [...] e que o povo pacifico digno de melhor sorte, e não só prejudicado em sua liberdade, mas até em sua reputação, poiz que para maior vexame callunniarão o Povo de sedicioso e rebelde". (ARQUIVO PÚBLICO DO PARÁ. Série: Abaixo Assinados. 1842-1849).

Ser associado aos cabanos era motivo de suspeição da idoneidade e que poderia ser motivo para levar à prisão, principalmente dois anos após o término oficial da Cabanagem. Há o contraponto entre *povo pacífico* e *Povo sedicioso e rebelde.*

De acordo com essa premissa, as mulheres também não ficaram excluídas dessas ações dos agentes da legalidade, e mesmo com a dificuldade de rastreamento, encontraram-se registros de algumas que perderam terras com plantações de maniva e café, além de criações domésticas, num violento processo de expropriação, imbricado com a problemática de etnia.

> A Índia Josefa da Gaia viuva de Eugenio da [?⁵]é mulher assaz laboriosa, com seu citio denominado Caxoeira em o rio [?] Pruaná [?⁶] onde allem de roça de maniva, e cafezal, tirava grande rendimento de creação de galinha, patos e pirunz, foi forçada a abandonar seus estabelecimentos e seus bens, e conduzida pelo mesmo Commandante com seus filhos [...] como se escravos fossem a essa cidade. (ARQUIVO PÚBLICO DO PARÁ. Série: Abaixo Assinados. 1842-1849).

Esse registro é quase uma excepcionalidade de violência e expropriação imputada a mulheres. Josefa, índia, viúva, era cabeça de família, livre, responsável pela manutenção dos filhos e, assim como as outras sete mulheres empregadas compulsoriamente nas atividades da igreja em Mojú, encontrava-se numa

---

5   Documento oxidado.

6   Documento de difícil leitura, devido ao seu precário estado de preservação.

posição de submissão social, conforme a dinâmica de relações sociais e étnicas tecidas na província.

"Mulher assaz laboriosa", d. Josefa Gaia possuía um sítio com uma rentabilidade bastante razoável para a sua existência e de sua família, cultivando uma roça com plantações de maniva e cafezal, além da criação de animais domésticos como galinha, patos e perus, ou seja, a unidade produtiva apresentava uma rentabilidade significativa, e quiçá, por isso, cobiçada pelo comandante militar do Corpo de Trabalhadores da Vila de Oeiras. Presa, foi remetida a ferros para a Cidade, condição atribuída aos criminosos de alta periculosidade pelo governo imperial, bem como os filhos; todos conduzidos como se fossem escravos.

A produção advinda do sítio de dona Josefa era devidamente dividida para o atendimento das necessidades dos moradores e outra parte destinada à circulação no mercado, geralmente era transportada para a Cidade de Belém, conforme registrado no abaixo-assinado dos moradores da Vila de Oeiras enviado ao presidente:

> [...] Cada família e cada pessoa emancipada tinha seu citio bem arranjado, suas roças de mandioca, de que extrahião grande quantidade de farinha d'agua, farinha seca, tipioca, carima, criação, porcos, galinhas, patos, pirouz, tinhão seus algudoaes, cacoaes, cafezaes, e tabacaez; e nos momentos vagos á lavoura empregavão-se assiduamte e com reciprocidade coadjudando-se na factura de azeite de andiroba, amarramento de tabaco, pescarias, factura de canoas, tiramento de madeiraz e em outras cousas maiz com que fazia feliz sua subsistência, e faziao grande augmento ao mercado dessa Cidade, e dahi tãobem resultava grandes rendimentos á Fazenda Publica. (ARQUIVO PÚBLICO DO PARÁ. Série: Abaixo Assinados. 1842-1849)

D. Josefa provavelmente também extraía diversos tipos de farinha de sua roça, como indicados no documento: farinha d'água, farinha seca, farinha de tapioca, carimã. Pautada na produção de uma agricultura familiar, como revela o documento, havia também a atividade extrativista (azeite de andiroba, madeira, construção de canoas, pescaria) coadunada com a produção agrícola e comercializava parte da produção advinda do sítio e da atividade extrativista nos portos da cidade de Belém.

Mesmo que quase subsumidas nas linhas da documentação, foi possível palmilhar, por meio de uma minuciosa pesquisa arquivística, as marcas das lutas deixadas por mulheres das camadas populares do Pará provincial para defender e preservar as suas terras e bens da ação violenta de expropriadores que ocupavam cargos dentro do governo.

Nessa linha investigativa existem outros registros de mulheres que foram expropriadas de suas terras e bens e que procuraram defendê-los como D. Maria da Conceição, que se autorrepresentou como

> Pessoa miserável do Districto de Benfica, esbulhada de sua casa pelo subdelegado respectivo que arrogando atribuições civis, a mandou sair daquelle Destricto por seos despachos transcriptos na certidão junta, não podendo por sua pobreza perseguir o author desse crime recorreo ao Exmo Antecessor de V. Exª que mandando tudo ao Dr Chefe de Policia a 16 de Maio do corre anno para proceder como fosse de Direito, transmitio elle ao Juízo de Direito da primra Vara para a formação de culpa e ouvido o delinqe mandou notificar testemunhas a 20 de Septembro, como consta da mesma certidão. Mas como a Suppe não tendo meios para pagar custas nisso ficam tudo não obste a disposição do Art. 73 do Cod. do Proc. Cra, e intretanto se acha privada de sua caza única couza que possue.
>
> Despacho: Use dos meios necessários.
>
> Pará, 7 de Novembro de 1853 (ARQUIVO PÚBLICO DO PARÁ. Série: Requerimentos. 1850-1853).

O documento revela a determinação de d. Maria da Conceição para que fosse feita justiça pela violência praticada contra ela pelo subdelegado[7]. Para contrapor aos desmandos da autoridade, ela teve de perscrutar a estrutura jurídica e de poder provincial no sentido de reverter a ação violenta da autoridade policial.

---

7   Utilizou-se o procedimento do cruzamento de fontes, mas não foi possível identificar o nome do subdelegado.

O exercício de uma etnografia do documento propiciou algumas frestas do caminho percorrido pela requerente. Denota-se que não era a primeira vez que ela se dirigia ao mandatário do poder executivo da província ao enfatizar que não podendo por sua pobreza perseguir o autor desse crime recorreu ao Exmo. Antecessor[8] de V. Exa.

Ela fez uma leitura da estrutura hierárquica do poder institucional da província, já que o presidente como representante máximo do governo poderia resolver a sua difícil situação. Outra fresta vislumbrada foi o contato travado com a estrutura administrativa e burocrática ao acompanhar o trâmite do seu requerimento e informar que o presidente antecessor, senhor José Joaquim da Cunha, havia enviado tudo ao Dr. Chefe de Polícia para que tomasse os procedimentos cabíveis.

Atenta ao encaminhamento do requerimento, pois buscava a solução para o seu problema, seguiu o percurso do seu pedido que foi enviado para o Juízo de Direito da 1ª Vara para formação da culpa e ouvido o "delinqe". Formado o processo, inclusive com a notificação de testemunhas, D. Maria da Conceição não teve condições financeiras de arcar com a custa, ficou à "disposição do Art. 73[9] do Cod. do Proc. Cra, e se achava privada de sua caza única couza que possue". O despacho foi para que use dos meios necessários.

Um movimento social recém-reprimido como a Cabanagem e os vencedores comprometidos com a ordem imperial, responsáveis pela manutenção da situação de dominação política e organização social, usaram de suas prerrogativas para expropriar pessoas como d. Josefa e d. Maria da Conceição. A violência física e principalmente simbólica exercida durante a Cabanagem estendia-se para além do Tempo Cabanal.

Contudo, em meio a essas ações e aos impactos do movimento cabano no cotidiano da província e na vida das mulheres, havia aquelas que procuraram melhorar a sua existência material com a ampliação dos seus negócios. Em

---

8   O presidente em 1853 era o senhor José Joaquim da Cunha e o de 1854 era Sebastião do Rego Barros.

9   O Art. 73 determinava que "Dentro de cinco dias, contados da interposição do recurso, deverá o recorrente ajuntar à sua petição todos os ditos traslados e razões; e se dentro desse prazo o recorrido pedir vista, ser-lhe-ha concedida por cinco dias, contados daquelle em que findarem os do recorrente, e ser-lhe-ha permittido ajuntar as, razões e traslados que quizer. Cf.: BRASIL. Senado Federal. SICON – Sistema de Informações do Congresso Nacional. Disponível em: http://www6.senado.gov.br/sicon/ PaginaDocumentos.action . Acesso em: 06 ago. 2009.

fevereiro de 1837, por exemplo, D. Julha Martinha de Vilhena contraiu dívida no valor de setecentos mil réis junto a Vicente Antonio de Miranda, "provenientes de humas moendas de ferro com todos os seus pertences pa o meu Engenho, e me obrigo a pagar no prazo de hum anno, contando da data deste [...]". A moenda de ferro aumentava a capacidade produtiva de um engenho e ela comprou com os acessórios, conjunto completo, ou seja, com todos os seus pertences. E os resultados não demoraram a aparecer. A produção do engenho melhorou consideravelmente.

Pode-se deduzir, pois, que D. Julha Martinha de Vilhena continuou investindo na ampliação de sua unidade de produção, tanto que, em novembro de 1838, adquiriu uma pipa de cachaça com capacidade para 23 frasqueiras e 4 frascos, além de um casco para a referida pipa, importando tudo em cento e quarenta e quatro mil, cento e setenta réis, que somados aos setecentos mil anteriores totalizavam uma dívida de oitocentos e quarenta e quatro mil, cento e setenta réis.

Considerando que uma frasqueira equivale a 39,8 litros (ou a 12 frascos) multiplicados por 23, que era a capacidade da pipa adquirida por D. Julha, obtém-se o resultado de 915,4 litros de cachaça e o frasco a 3,3 litros. Já que ela comprou 4 (ou 5 quartilhos), resulta em 13,2 litros. Ou seja, D. Julha estava fazendo uma ampliação razoável no seu engenho, pois aumentou a capacidade de armazenamento da cachaça em 928,6 litros. Ela contraiu dívidas relativamente significativas para equipar seu engenho, buscando o aumento da produção no momento em que a Cabanagem recrudescia nos interiores da província. E os indícios dos documentos são de que os resultados obtidos por d. Julha foram satisfatórios.

Mulheres, amores e afetos

Teoricamente, a guerra é um *locus* essencialmente masculino e trágico com o predomínio de armas, combates diretos, fome, mortes. Todavia, as mulheres na prática plasmaram sua presença e participaram ativamente da Cabanagem. Elas formaram um segmento relevante, não apenas na retaguarda, como mães, esposas, companheiras ou não, prisioneiras, escravas, fugitivas, com suas pertencias étnicas (FERREIRA, 1999).

Em meio aos combates, famílias inteiras foram arrastadas e muitas mulheres acompanharam seus pares em fuga para as entranhas das matas e rios. Ali, atuaram nas mais diversas frentes de trabalho e de luta direta. Elas experimentaram, ao lado dos homens, os horrores e incertezas que a guerra impõe.

A Cabanagem obteve momentos de refluxo em algumas localidades. Essa desaceleração levou alguns combatentes a procurarem os representantes da legalidade, já que o governo estava acenando com a proposta de anistia. Foi o que ocorreu em 2 de dezembro de 1838, na vila de Chaves, na região do Marajó, quando apresentou-se "Manoel Antunes que foi tambor mor do Regimento de Melicias de Macapá com sua familia, que consta de Mulher e seis filhos menores de ambos os sexos" (ARQUIVO PÚBLICO DO PARÁ. Série: Ofícios dos Comandantes Militares. 1838-1839).

A anistia não representava o direito e a esperança para um indivíduo, de um rebelde, mas atingia toda a família, crianças e mulheres que deveriam também ser anistiadas. Em meio à mata e rios, eles tinham sobrevivido ao terror dos conflitos e enfrentavam a incerteza de voltar a um povoado, ou seja, vila de Chaves, no Marajó.

Houve mulheres que não acompanharam seus pares – chamassem estes de marido, irmão, sobrinho, tio, pai ou filho –, ficariam fora do teatro dos combates, visto que nem todos se engajaram em um ou outro lado armado. Havia a possibilidade política de não se alinharem em uma das facções, e tentar manter-se à margem das disputas. Assim, a ação de fugir passou a ser uma possibilidade de sobrevivência. Outros preferiram ficar no lugar em que moravam, enfrentando as incertezas e os perigos do desenrolar dos acontecimentos, em meio às pelejas da guerra. Muitas idas e despedidas. Reencontros mediados por testamentos em que afloraram situações de relações partidas pelo medo causado pela Cabanagem.

As vidas cruzadas, as rupturas de laços afetivos e de cumplicidade pululam na história. Isso se aprende da vivência do senhor Joaquim Jose Pinho. Assim, no dia 27 de outubro de 1880, ele foi intimado para comparecer no prazo de três dias para prestar juramento de inventariante dos bens deixados pela sua mulher Alexandrina da Conceição Pinho. O inventariante nomeado ressaltou que prestaria juramento desde que fizese a declaração seguinte sobre os bens do casal.

[...] uma sorte de terras pertencentes ao casal, assim como algumas deterioradas ferramentas de lavoura, de longo annos (desde as com muções políticas de 1835) havião saído de seo poder e posse até o presente, extando no dos filhos adulterinos, que teve a referida mulher do supp^te p^r ocasião de ter este sahido da casa conjugal, fugindo à morte de que fora ameaçado pelos cabanos. (ARQUIVO PÚBLICO DO PARÁ. Juízo de Órfãos da Capital. Inventário. 1880).

Em 1835, ante a ameaça da chegada dos cabanos pelas bandas do município do Moju, e das ameaças sofridas, o senhor Joaquim Jose Pinho preferiu preparar a sua retirada e de sua família, pois, segundo ele, não queria ser vítima dos cabanos. Contudo, a sua mulher, Alexandrina Gonçalves Pinho, se recusou a acompanhá-lo, preferindo ficar nas terras em que moravam. Talvez por não querer abandonar o que haviam conseguido. De acordo com o testamento de d. Alexandrina Pinho, aberto em 1880 revelando a sua escolha, ela possuía uma posse de terra e algumas ferramentas de lavoura, já usadas, deterioradas desde o tempo da Cabanagem.

O senhor Joaquim Pinho (seu testamenteiro), ao executar o inventário, soube haver herdado não só os bens mencionados como também os filhos d. Alexandrina.

Nada fora do comum, mas nesse caso, o herdeiro recusava-se a aceitar a herança recebida, pois os filhos eram a "comprovação pública da infidelidade" de d. Alexandrina Pinho. O senhor Joaquim Pinho manifestou sua recusa de criar os filhos adulterinos de outro homem.

Enfrentar uma revolta sem a companhia de um homem em um povoado que corria o risco de tomada pelos cabanos foi a opção de d. Alexandrina, seguindo caminho diferente de seu marido, em meio a comoções Políticas. Preferiu ficar, enfrentar o desafio de um avanço cabano e cuidar de sua lavoura, construir outra possibilidade de vida, sem se privar, enquanto mulher, de sua sexualidade. Os filhos seriam a materialização dessa escolha.

Em sua declaração para que o processo do inventário tivesse prosseguimento, o senhor Joaquim Jose Pinho afirmou que ao sair da "casa conjugal", as ferramentas que tinham ficaram em poder dos "filhos adulterinos" e que nada possuía que fosse do casal para ser incorporado e avaliado ao inventário.

AS VIÚVAS DA CABANAGEM: TRAJETÓRIAS, LUTAS E AFETOS DAS MULHERES...

Numa manobra jurídica, queria evitar que os bens adquiridos posteriormente passassem aos filhos adulterinos.

Dona Alexandrina teve de refazer a sua vida longe do marido, teve filhos com outro homem e cuidou da manutenção de sua família, trabalhando a terra em que ficou com as ferramentas deterioradas que ficaram após a sua morte, com seus filhos fruto de uma nova relação conjugal. São desafios enfrentados em meio a momentos de incertezas. Entretanto, apesar das perdas materiais, emocionais e afetivas, em meio a perdas e dores, foi possível encontrar outro amor, como d. Alexandrina encontrou. E ela não foi a única!

Pelo menos é o indício que nos deixa D. Catarina de Christo ao querer deixar registrado em seu testamento, os sentimentos cultivados e devotados ao seu segundo marido, o senhor João Candido de Gusmão Christo.

> Declaro que [...] fui viúva de Antonio Joze Pastana e qual foi asassinado pelos Rebeldes quando ivadirão o Rio Acarameri de cujo matrimonio tive quatro filhos dois murrerão antes fallecimento de seu Pay, [...] ficando--me somente um menino [...] = Declaro que prezintimente sou cazada com João Candido de Gusmão Christo de cujo matrimonio me acho gravida, e como mieira dos bens existentes, [...] podendo dispor livremente da terça da metade que pertence a deixo ao ditto meu João Candido de Gusmão Christo pelo muito amor que consagro e elle igualmente me tem [...].(CENTRO DE MEMÓRIA DA UFPA. Fundo do Poder Judiciário. Série: Inventários. 11ª Vara Civil – ano de 1850-1851)

O primeiro marido, senhor Antonio Joze Pastana, pereceu nas contendas do movimento cabano quando os "Rebeldes ivadirão o Rio Acarameri", mas não teve uma linha de expressão de maior ou menor afeto, e sim mais uma família partida em meio aos combates.

Sabemos que os testamentos têm uma estrutura, inclusive redacional, de uma linguagem jurídica, porém, o de D. Catarina Christo apresenta a necessidade de ela querer deixar registrados o apreço e sentimentos pelo segundo marido. Pode-se refletir que, para além das demonstrações cotidianas de afeto que sentia, desejava deixar para a posteridade[10] e a todos que quisessem

---

10 Não podemos deixar de considerar que um testamento é a expressão da vontade de um morto, portanto, é um registro para a posteridade.

saber e/ou que tivessem acesso ao testamento, o amor que tinha por ele. E no momento da escritura do testamento, ela estava grávida! E fez questão de deixar registrado.

Esse testamento apresenta singularidade, pois ainda na historiografia da Cabanagem não há um olhar sensível para a dor e os sentimentos das pessoas (o sujeito não é destituído de sua subjetividade). Ela perdeu o marido para "os cabanos", mas encontrou o amor em um segundo casamento! É possível amar em meio a um conflito tão denso e complexo como a Cabanagem. Muitas interrogações estão postas, não estou tomando o documento como registro de uma verdade inconteste, mas como possibilidade de se vislumbrar outras histórias que não seja só a das balas cruzando os rincões da província do Pará.

Destroçadas pelo recrutamento compulsório para as diversas instituições do Estado Imperial de seus pares masculinos, bem como pelos combates travados, as mulheres tiveram que gerir a família e elaboraram estratégias, inclusive matrimoniais. As mulheres não só se posicionaram politicamente ante o conflito, mas também sofreram, amaram e buscaram outros caminhos para as suas vidas. Procurar ser feliz também faz parte da história. Portanto, refazer a família, reconstruir os laços de parentesco, dentro das regras patriarcais vigentes em meados do século XIX, surgia como uma ação de estratégia não só de reprodução social, mas também como a busca de novas possibilidades de vivências de novos sentimentos e amores.

Soube na missa: mulheres e o "perdão" das multas da Lei de Terras, 1850

Os Registros Paroquiais de Terras eram os instrumentos burocráticos que primeiro acionariam a engrenagem do trâmite burocrático para encaminhamento formal de processos de medição e demarcação das terras possuídas. Em tese, "todos os possuidores de terras, qualquer que seja o título de sua propriedade, ou possessão são obrigados a fazer registrar as terras" (ARQUIVO PÚBLICO DO PARÁ. Colleção das Leis do Império no Brasil de 1854).

Os Registros Paroquiais de Terra foram feitos por determinação da Repartição Geral de Terras Públicas, criada pela Lei de Terras de 1850 e regulamentada pelo Decreto n° 1.318, de 30 de janeiro de 1854, e estava subordinada ao ministro e secretário de Estado dos Negócios do Império, objetivando encaminhar o processo de medição, divisão e descrição das terras devolutas, que seria o órgão responsável pela organização da estrutura e propriedade agrárias no país.

Precedendo a essa exigência, contudo, estava a tomada de iniciativa política dos possuidores e possuidoras de terras em se dirigir à paróquia e fornecer as informações solicitadas pelo Estado. Estava na mão dos proprietários e proprietárias a iniciativa primeira, e isso era uma decisão também política, que desencadearia o processo de demarcação das terras, que então se encontravam em poder dos particulares (SILVIA, 1996).

De acordo com essas instruções, o passo seguinte era o declarante procurar o vigário para fazer o registro da terra. Aqueles que não obedecessem seriam multados, importando a multa, de acordo com o estabelecido no Art. 95 do Decreto 1.318, em vinte e cinco mil réis findo o primeiro prazo (ARQUIVO PÚBLICO DO PARÁ. Colleção das Leis do Império no Brasil de 1854)[11], cinquenta para quem perdesse o segundo e cem mil réis após o término do terceiro.

Ora, lendo essas orientações prescritas pela supracitada Lei, D. Joanna Francisca, moradora na Freguesia da Vila de Cintra, viúva (ARQUIVO PÚBLICO DO PARÁ. Série Requerimentos. 1858), enfrentou problemas por ter perdido os dois primeiros prazos, pois, em requerimento enviado ao presidente da província, solicitou dispensa da multa de cinquenta mil réis por não ter o seu marido feito o dito registro das terras em que possuía morada habitual.

> [...] E acontecendo, que indo Ella a Missa Parochial no mez de Septembro, ouvio do Parocho que seu marido estava na relação dos multados, não só no primeiro prazo, como também no segundo, e que visto elle ter finado, Ella deveria, a fim de livrar-se da terceira multa, mandar formular sua declaração [...]. (ARQUIVO PÚBLICO DO PARÁ. Série Requerimentos. Caixa 485. 1858).

Ela ficou sabendo que o nome do seu marido constava na relação dos multados, quando foi à missa paroquial no mês de setembro de 1858. Igualmente

---

11   Os prazos estavam estabelecidos no Art. 92. Os prazos serão 1°, 2° e 3°: o 1° de dois annos, o 2° de hum anno, e o 3° de seis mezes.

HISTÓRIA DAS MULHERES NA AMAZÔNIA
(PARÁ, SÉCULO XVIII AOS DIAS ATUAIS)

ficou ciente que já tinha perdido os dois primeiros prazos, ou seja, já havia se passado quase quatro anos da implantação do Decreto nº 1.318 de janeiro de 1854. De acordo com as alegações, "seu finado marido não se importava de comprir tal dever", assim, a responsabilidade ficou para a viúva, D. Joanna Francisca.

Ela vai construindo razões em pelo menos três argumentos para não pagar a multa arbitrada. Um deles é de que o seu finado marido não atendeu ao chamado para fazer o Registro Paroquial das terras onde eles tinham morada habitual e que se constituía um fogo. Entende-se aqui que a atribuição de registrar a terra seria do marido, fazendo valer o lugar social de "chefe de família" e responsável perante as instituições públicas.

D. Joana Fernandes soube da situação em que se encontrava na missa, quando o Vigário mencionou estar o seu nome na relação de multados. A taberna e a missa podem ser entendidas enquanto espaços de sociabilidades, pois na aldeia de Montaillou, "o ato cultual representa o momento central na realização da crença" (LADURIE, 1997, p. 332.). D. Joanna Francisca dirigiu-se à Igreja, talvez, nesta perspectiva indicada, buscando a assistência espiritual. Todavia, a missa, respeitando as devidas distâncias históricas, foi também, em meados do século XIX, um núcleo de sociabilidade global.

A missa é uma das grandes ocasiões de interação e de sociabilização dos sujeitos. Na igreja e durante a missa, reunia-se a maior parte dos moradores das Vilas e das Freguesias, muitas vezes provenientes de lugares remotos. Mulheres e homens, de diversos grupos etários e até de diferentes camadas sociais realizavam trocas e estabeleciam laços sociais. O espaço onde acontece a missa é, para além das funções do sagrado, um ponto de encontro, servindo para se informar dos acontecimentos da província, da saúde de um vizinho, para se fechar negócios, iniciar namoros ou mesmo para tramar sedições. Dominical, a missa não deixa de ser um lugar privilegiado de comunicação com o mundo exterior e entre si (LADURIE, 1997, p. 333).

A missa, enquanto espaço privilegiado de comunicação, mesmo que refletido para outra realidade diferente da estudada por Le Roy Ladurie, como foi a do Estado Imperial Brasileiro, adquiriu centralidade quando ficou determinado no Art. 99 do Regulamento de 1854 que "Estas instrucções [sobre os dados que deveriam constar nos registros] serão dadas nas Missas conventuaes, publicadas por todos os meios, que parecerem necessários para o conhecimento dos respectivos fregueses". (ARQUIVO PÚBLICO DO PARÁ. Colleção das Leis do Império no Brasil de 1854).

A missa conventual formava parte do quotidiano dos párocos e também da chamada "comunidade", geralmente ministrada nos domingos e dias santificados. Por um lado, nesta reunia-se e dava-se resposta à devoção dos "fregueses" e *pari passu* exigia-se a obrigação de assistir às missas, quem sabe, pelo menos uma ao mês. Supostamente, os fiéis se fariam presentes nesse tempo e lugar em maior número e, portanto, constituía momento propício para a divulgação das "instrucções", que seriam mais amplamente ouvidas e repassadas com maior alcance e reverberação entre os paroquianos. Isso era o pretendido.

Na segunda metade do XIX, a Igreja católica, pela relação do padroado, estava vinculada à estrutura organizacional do Estado imperial. Os membros eclesiásticos, como os padres, integravam a malha burocrática estatal enquanto funcionários públicos, uma vez que o Estado considerava a fé católica essencial para manter a unidade do império. Essa relação possibilitava a este utilizar os membros eclesiásticos como seus agentes, se bem que, segundo José Murilo de Carvalho, "embora se igualassem em termos de salário, um pároco certamente não poderia ser colocado no mesmo nível de um servente" (CARVALHO, 1996, p. 130).

De acordo com a divisão eclesiástica, a Província do Pará em 1855 compreendia 63 freguesias (Relatório da Presidência da Província do Pará. 1855). Existiam localidades – povoados, lugarejos – que poderiam não contar com um agente civil do estado, mas, geralmente, a igreja enquanto instituição estava presente. Então, não é de se estranhar que D. Joanna Francisca na igreja da Vila de Cintra tivesse sabido durante a celebração da missa que o nome de seu marido estava na relação dos multados[12].

Depois de ficar viúva, D. Joanna Francisca teve que se defrontar com os meandros das disposições do Decreto nº 1.318, pois foi penalizada a pagar a multa. De imediato,

---

12 Não é objetivo discutir sobre a prática e religiosidade dos sujeitos e sua assiduidade às obrigações ritualísticas; já pensamos as possibilidades do não cumprimento das orientações e obrigatoriedade de registrar as terras por parte do marido de D. Joanna Francisca, contudo, fica a reflexão acerca da frequência com que a família ia à missa, pois os dois primeiros prazos implicavam em, pelo menos, três anos.

> Ella deveria, a fim de livrar-se da terceira multa, mandar formular sua declaração, Convencida que fosse de tal dever, rogou a uma alma Caridoza que pelo amor de Deos, pois é pobre, que lhe fizesse a tal declaração, como em effeito lha fez e a presentou-a ao Vigário; porem Exmo Senr já dentro do terceiro prazo, vendo-se assim sem culpa alguma, no rol dos multados, já em vinte e cinco, e já em cincoenta mil reis, quantia esta que lhe é impossível pagar attenta sua pobreza, e sem ter um filho, que ajude a Supp^e a obter a parca subsistência para Ella e suas filhas celibatas [...] (ARQUIVO PÚBLICO DO PARÁ. Série Requerimentos. Caixa 485. 1858).

D. Joanna Francisca reconheceu o dever da obrigatoriedade de ter que registrar a terra. Do reconhecimento à ação, "rogou a uma alma caridoza", para que lhe fizesse a declaração solicitada, apresentando-a ao Vigário o mais rápido possível e o mais importante a ser destacado é que "já dentro do terceiro prazo, vendo-se assim sem culpa alguma, no rol dos multados". Os termos utilizados pelo escrevente que assina a rogo de D. Joanna Francisca, Manoel Joaquim de Sta. Anna, visa atingir os sentimentos de comiseração e piedade do presidente da Província. Nesse sentido, a retrata num "compulgentes lagrimas no miserável estado de viuvez e pobreça suspirar aos Ceos socorro [...]". Nesse discurso, reiterava-se a impossibilidade financeira para o pagamento da multa. Agora, dois objetivos impunham-se à viúva: registrar a terra e não pagar a multa.

A suplicante, ao submeter-se às normas estabelecidas no Decreto n.º 1.318 de 1854, em seu Art. 92, acerca dos prazos reivindicava que o presidente da Província agisse com justiça para com ela. Cumpriu o estabelecido na Lei, cumprindo com o seu dever – agora de ser "cabeça de casal" e ainda assim continuava na relação de multados. Portanto, duplamente responsabilizada.

O argumento sobre "sua miserável pobreza" e a condição de mantenedora de suas filhas celibatas apontavam para a ausência da égide masculina, com isso marcando uma reiteração da situação (e percepção) social, esperada ou idealizada de uma sociedade patriarcal: na falta de um homem, as dificuldades se potencializavam.

A viuvez, e a chefia da família, empurrou a D. Joana Francisca para outra experiência no âmbito do jurídico, desta vez para penetrar e decifrar as fímbrias da Lei de Terras de 1854 sobre os registros de terras. Para solucionar os problemas, teve que tomar determinadas decisões como buscar esclarecimentos quanto à forma da declaração que deveria apresentar ao pároco, revelando outra necessidade: a de procurar "uma alma caridoza" para fazer o referido documento. Os sujeitos atentam e se apropriam da lei (THOMPSON, 1987, p. 348-361)[13], como eles entenderam o Art. 95 da Lei de Terra. Como D. Joana Francisca muitos outros, mulheres e homens, atentaram para o significado de prazos e foram compelidos a penetrar no conteúdo do Decreto nº 1.318. Ora, se a Lei determinava três diferentes prazos para o registro, havia uma flexibilidade. E ela usou isso a seu favor! Argumentou registrar a terra no segundo prazo, portanto, dentro do estabelecido em Lei.

Essa aprendizagem pela sanção (penalidades previstas para os indivíduos flagrados nas suas malhas) constitui privilégio do poder do estado para forçar a obediência e realizar a disciplina.

Esses atos de disciplina que se consagravam em um lugar, a igreja, e durante as missas estavam sendo expressos numa circularidade em que se exerceria o poder e ao qual deviam se submeter os sujeitos que estavam sendo constituídos pela lei de terras (FOUCAULT, 1999, p. 35)[14].

Referências

ARQUIVO PÚBLICO DO PARÁ. Capítulo IX, Art. 91 do Decreto 1.318, de 30 de Janeiro de 1854. Colleção das Leis do Império no Brasil de 1854. Tomo XV, Parte I. Rio de Janeiro, Typographia Nacional, 1854

ARQUIVO PÚBLICO DO PARÁ. Fundo: Juízo de Órfãos da Capital. Autos de Inventário e Partilhas. 1840

ARQUIVO PÚBLICO DO PARÁ. Fundo: Juízo de Órfãos da Capital. Inventário. 1880

ARQUIVO PÚBLICO DO PARÁ. Fundo: Secretaria da Presidência da Província. Ofícios de Autoridades Eclesiásticas. Série: Ofícios. Caixa 53. 1839

---

13   Thompson, ao analisar a Lei Negra, afirma que "O que muitas vezes estava em questão não era a propriedade defendida pela lei contra a não – propriedade; eram as outras definições dos direitos de propriedade: para o proprietário de terras, o fechamento das terras comunais; para o trabalhador rural, os direitos comunais; para os funcionários das florestas, *terrenos reservados* para os cervos; para os habitantes da floresta, o direito de apanhar torrões de grama".

14   Essas práticas se aproximariam do que Foucault expõe como sendo "o poder transita pelos indivíduos, não se aplica a eles [...] o poder transita pelo indivíduo que ele constituiu".

ARQUIVO PÚBLICO DO PARÁ. Fundo: Secretaria da Presidência da Província. Ofícios dos Comandantes Militares. Caixa 55. 1840.

ARQUIVO PÚBLICO DO PARÁ. Fundo: Secretaria da Presidência da Província. Série: Abaixo Assinados. Caixa 2, pasta 1. 1842-1849.

ARQUIVO PÚBLICO DO PARÁ. Fundo: Secretaria da Presidência da Província. Série: Requerimentos. Caixa 475. 1850-1853.

ARQUIVO PÚBLICO DO PARÁ. Fundo: Secretaria da Presidência da Província. Série: Ofícios dos Comandantes Militares. 1838-1839

ARQUIVO PÚBLICO DO PARÁ. Relação de Rebeldes Presos. Códices: 973, 974, 1130, 1131 e 1132. (1836-1840).

ARQUIVO PÚBLICO DO PARÁ. Secretaria da Presidência da Província. Série Requerimentos. Caixa 485. 1858.

BATES, Henry Walter. *Um viajante no rio Amazonas*. Tradução de Regina Régis Junqueira. Belo Horizonte: Itatiaia; São Paulo: EDUSP, 1979.

CANETTI, Elias. *Massa e poder*. São Paulo: Cia. das Letras, 1995.

CARVALHO, José Murilo de. *A construção da ordem:* a elite política imperial I - Teatro de sombras: a política imperial II. Rio de Janeiro: UFRJ/ Relume-Dumará, 1996.

CASTRO, Sheila de Castro. *A colônia em movimento*: fortuna e família no cotidiano colonial. Rio de Janeiro: Nova Fronteira, 1998.

CENTRO DE MEMÓRIA DA UFPA. Fundo do Poder Judiciário. Série: Inventários. 11ª Vara Civil – ano de 1850-1851. *Mandado Citatório ao testamenteiro de D. Catarina Christo*. 1851.

DIAS, M. O. L. da Silva. *Quotidiano e poder em São Paulo no século XIX*. São Paulo: Brasiliense, 1995.

FERREIRA, Eliana Ramos. *Em Tempo Cabanal:* cidade e mulheres na Província do Pará. Dissertação (Mestrado em História Social) – Pontifícia Universidade Católica, São Paulo, 1999.

FOUCAULT, Michel. *Em defesa da sociedade*. São Paulo: Martins Fontes, 1999. p. 35.

HURLEY, Jorge. *Traços cabanos*. Belém: Instituto Lauro Sodré, 1936.

LADURIE, Le Roy Emmanuel. *Montaillou*: povoado occitânico – 1294-1324. São Paulo: Cia. das Letras, 1997. p. 332.

LEITE, Miriam Moreira. Mulheres e famílias. *Revista Brasileira de História*. São Paulo, ANPHU/ Marco Zero, 1989. p. 143-178.

MOREIRA NETO, Carlos de Araújo. Índios da Amazônia: de maioria a minoria (1750-1850). Petrópolis: Vozes, 1988.

PARÁ, Governo da Província do. Relatório da Presidência da Província do Pará. 15 de outubro de 1855. Cf.: CENTER FOR RESEARCH LIBRARIES – CRL. Disponível em: http://brazil.crl.edu/bsd/bsd/u1001/000041.html. Acesso em: 04 jun. 2009.

PERROT, Michele. *Mulheres públicas*. São Paulo: Ed. UNESP, 1998, p.38

RAYOL, Antônio Domingos. *Motins políticos*: ou história dos principais acontecimentos políticos da província do Pará desde o anno de 1821 até 1835. Belém: UFPA, 1970.

SILVIA, Ligia Osório. *Terras devolutas e latifúndios*: efeitos da Lei de Terras de 1850. Campinas: UNICAMP, 1996

TEIXEIRA, Paulo Eduardo. *O outro lado da família brasileira*. Campinas: Ed. UNICAMP, 2004. p. 162.

THOMPSON, E. P. *Senhores e Caçadores*: a origem da lei negra. Rio de Janeiro: Paz e Terra, 1987.

MÚLTIPLAS NO CATIVEIRO: ESCRAVIDÃO, REPRODUÇÃO DEMOGRÁFICA E MUNDOS DO TRABALHO NO GRÃO-PARÁ OITOCENTISTA

Daniel Souza Barroso[1]

Nos últimos anos, vários estudos contribuíram para a ampliação do conhecimento acerca da escravidão no Grão-Pará. Superada a noção de inexpressividade do escravismo na região, hoje, entendemos bem a organização dos tráficos externo e interno, das famílias escravas e da posse de cativos, assim como o processo que culminou, já nas décadas finais do século XIX, na Abolição (BARROSO, 2017). O sólido quadro historiográfico formado avançou na compreensão de mecanismos de reprodução social, demográfica e econômica da escravidão amazônica, no que concerne a seus fundamentos internos de funcionamento e a seus vínculos externos, com a economia-mundo capitalista (BARROSO; LAURINDO JUNIOR, 2017; LAURINDO JUNIOR, 2021). Não obstante os avanços, tal historiografia ainda é marcada pelo que Fernand Braudel (1995, p. 12) chamou de "zonas de opacidade".

Uma dessas zonas engloba os estudos que privilegiam o marcador de gênero. Com o propósito de somarmos a outros estudos que buscaram analisar as experiências de mulheres escravizadas na Amazônia[2], examinamos, neste capítulo, a inserção e o protagonismo das escravizadas nos mundos do

---

1   Professor de História da Escola de Aplicação da Universidade Federal do Pará (EAUFPA). Doutor em História Econômica pela Universidade de São Paulo (USP). E-mail: dsbarroso@ufpa.br

2   Referimos, especialmente, os seguintes trabalhos: Pastana (2006); Ferreira (2010); Palha (2011; 2019); Cavalcante e Sampaio (2012).

trabalho do Pará oitocentista. O texto encontra-se estruturado em três partes. Na primeira, analisamos os dados do tráfico, a dinâmica e as características da população cativa, com ênfase em Belém, no Baixo Tocantins e na Zona Guajarina. Em seguida, discutimos a centralidade das escravizadas nos mecanismos de reprodução social e demográfica da escravidão no Pará ao longo do Oitocentos. Por fim, refletimos sobre o protagonismo dessas mulheres nos mundos do trabalho paraenses, focalizando o contexto da escravidão urbana de Belém.

Não somente indígenas, como também africanas: as mulheres cativas no contexto de formação do escravismo paraense (séculos XVIII-XIX)

A partir dos meados do Setecentos, em resposta à crise econômica enfrentada por Portugal e os domínios ultramarinos, a Coroa Portuguesa, sob D. José I, levou a efeito um conjunto de reformas que objetivava, grosso modo, aperfeiçoar a administração e ampliar as receitas advindas da exploração colonial. As Reformas Pombalinas tiveram um grande impacto na reorganização dos mundos do trabalho na região amazônica. Segundo Patrícia Sampaio (2011, p. 87), a Coroa reiterou, agora com sucesso, um procedimento similar ao que precedeu a criação da primeira Companhia de Comércio do Maranhão (1682): de um lado, "alterando as disposições com relação aos índios e criando novos impedimentos ao seu acesso indiscriminado", do outro, "acenando com a perspectiva da disponibilidade de africanos a tempo e preço razoáveis".

As estimativas recentes dão conta de que, de meados do século XVII a meados do XVIII, 3.368 africanos foram traficados à Amazônia (HAWTHORNE, 2010, p. 40-1). Se levarmos em conta o período de atuação da Companhia, primeiro em regime monopolista (1755-1777), depois em livre comércio (1778-1787), 22.481 africanos aportaram somente em Belém, afora a quantidade semelhante direcionada a São Luís (HAWTHORNE, 2010, p. 40-1). A média de cativos introduzidos, por ano, no Pará (607), nesse período, manteve-se relativamente estável nas décadas seguintes (646 de 1788 a 1800 e 578 de 1801 a 1815), vindo a decrescer, mais substancialmente, apenas a partir de 1816 (120 até o ano de 1841). A década de 1840 assistiu ao fim prematuro do tráfico direto de africanos escravizados à Amazônia[3], em comparação a outras regiões do Brasil.

Tabela 1 – Estimativas do tráfico de escravizados destinado ao Grão-Pará (1751-1841)

Período	N.º	Média anual
1751-1787	22.481	607
1788-1800	8.402	646
1801-1815	8.670	578
1816-1841	4.310	120
Total	**43.863**	**482**

Fonte: Hawthorne (2010, p. 52).

A efetividade do tráfico, entre as últimas décadas do século XVIII e as primeiras do XIX, possibilitou a construção de uma economia agroextrativista ancorada na mão de obra de origem africana, que se complementava à indígena na (re)estruturação de mundos do trabalho multifacetados na Amazônia, como indica extensa historiografia (SAMPAIO, 2011; BEZERRA NETO, 2012; MELLO; BARROSO, 2016; DE LA TORRE, 2018; COSTA, 2022). Essa efetividade, contudo, não levou à ampla prevalência de escravizados do sexo masculino no Grão-Pará. Ao examinarmos os dados sobre as escravarias dos dois principais redutos escravistas da região no limiar do Oitocentos – o núcleo urbano central de Belém, que reunia 19,1% dos escravos da província em 1823, e o Baixo Tocantins e a Zona Guajarina, que reuniam 40,0% dos cativos nesse mesmo ano (BARROSO, 2017, p. 101) –, podemos observar que o peso relativo dos africanos (ambos os sexos) não superou o das mulheres (africanas ou crioulas) em nenhuma faixa de tamanho de plantel.

---

3   Sobre as últimas décadas do tráfico de africanos para a Amazônia, Bárbara Palha (2019, p. 176) esclarece que "duas viagens foram realizadas na década de 1830, uma no ano de 1830, outra em 1835, que carregaram cativos em Luanda, introduzindo 281 e 507, respectivamente, e uma única e última viagem foi realizada em 1841, quando ocorreu o desembarque de 120 cativos, originários das Ilhas de Cabo Verde, marcando o fim do tráfico transatlântico, já realizado ilegalmente".

Tabela 2 – Africanos (ambos os sexos) e mulheres na população escravizada do Grão-Pará (1810-1850) de acordo com as faixas de tamanho de plantel (FTP)

FTP	Belém		Baixo Tocantins e Zona Guajarina	
	Africanos (%)	Mulheres (%)	Africanos (%)	Mulheres (%)
01-09	38,6	52,7	22,9	43,2
10-19	15,3	48,7	13,2	44,1
20-49	39,2	48,5	31,2	49,8
50-99	-	-	32,0	43,8
100/+	2,1	47,9	32,9	43,4
Total	24,1	49,5	27,4	45,2

Fonte: Inventários *post mortem* do Centro de Memória da Amazônia (CMA/UFPA) e do Arquivo Público do Estado do Pará (APEP).

Algumas hipóteses podem justificar o relativo equilíbrio entre homens e mulheres cativos na escravaria do Pará, no decurso da primeira metade do Oitocentos. De início, é bastante provável que, no tráfico destinado para a Amazônia, a participação das africanas tenha sido maior do que, a priori, se supõe. Embora não disponhamos de parâmetros sobre a participação relativa das mulheres no tráfico de cativos ao Grão-Pará, sabemos que elas perfaziam 38% do total de escravos traficados para o Maranhão, durante a Companhia de Comércio. Trata-se de um peso praticamente equivalente ao das escravizadas nos plantéis da chamada Ribeira do Itapecuru (39,1%), a principal região produtora de algodão e arroz no Maranhão, entre 1785 e 1824 (MOTA; BARROSO, 2017, p. 29-30). Não seria de todo irrazoável considerarmos que dinâmica semelhante tenha ocorrido no caso do Grão-Pará.

Em segundo lugar, considerando que a população cativa do Grão-Pará se manteve em um patamar constante (entre 25 e 30 mil escravizados) até a década de 1870, os dados (Tabela 2) são indicativos de um processo de crioulização da escravaria paraense. Com o enfraquecimento do tráfico, a partir dos anos de 1820, a manutenção da população escrava da província teria passado a depender, cada vez mais, de sua reprodução endógena. Além disso, as informações apresentadas são sugestivas de que tal processo se iniciou, primeiro, em Belém, depois se expandindo ao Baixo Tocantins e à Zona Guajarina. Não ao acaso, dos redutos escravistas em tela, Belém, o com menor peso relativo de africanos, foi o que manifestou a maior participação de mulheres na escravaria

– tendo o Baixo Tocantins e a Zona Guajarina manifestado característica contrária.

De forma a nuançarmos essa segunda hipótese, analisamos, a seguir, a relação entre o peso relativo de africanos e os indicadores de fecundidade das escravizadas. Tal esforço incorpora à análise uma dimensão geracional, na medida em que a variável utilizada para a fecundidade (razão crianças-mulheres[4]) compreende, igualmente, a participação relativa de crianças escravizadas na população cativa. Como podemos observar, por mais que os valores totais das razões crianças-mulheres nos espaços examinados não se distanciassem sobremaneira, a correlação entre a fecundidade e o peso relativo de africanos nos plantéis se mostrou inversamente proporcional nos casos de Belém, do Baixo Tocantins e da Zona Guajarina. Tal tendência evidencia a reprodução endógena como um caminho alternativo, quando não complementar, ao tráfico atlântico.

Tabela 3 – Africanos (ambos os sexos) e fecundidade *proxy* na população escravizada do Grão-Pará (1810-1850) de acordo com as faixas de tamanho de plantel (FTP)

FTP	Belém		Baixo Tocantins e Zona Guajarina	
	Africanos (%)	Fecundidade	Africanos (%)	Fecundidade
01-09	38,6	511	22,9	1.375
10-19	15,3	889	13,2	1.075
20-49	39,2	703	31,2	819
50-99	-	-	32,0	791
100/+	2,1	1.333	32,9	736
Total	24,1	809	27,4	869

Fonte: Inventários *post mortem* do Centro de Memória da Amazônia (CMA/UFPA) e do Arquivo Público do Estado do Pará (APEP).

Conquanto as diferenças apontadas (Tabela 3) possam estar associadas a distintos padrões da posse de cativos existentes em Belém, no Baixo Tocantins e na Zona Guajarina (BARROSO, 2017), destacamos a aparente dificuldade

---

4 A razão crianças-mulheres é uma variável *proxy* da fecundidade – empregada para substituir outra (a taxa de fecundidade em si) com a qual guarda relação de pertinência. Refere-se, segundo o critério aqui adotado, ao número de mulheres escravizadas em idade reprodutiva (15-49 anos) existente para o número de crianças (0-9 anos) vezes 1.000.

encontrada pelas pequenas (um a nove) e médias (10 a 19 escravizados) propriedades das regiões tocantina e guajarina em renovarem seus plantéis via tráfico, a tirarmos pelo menor peso de africanos nessas faixas. Naquele contexto, a reprodução endógena, enquanto uma alternativa ao tráfico, parece ter ganhado importância. Se cotejarmos os indicadores de fecundidade do Baixo Tocantins e da Zona Guajarina com a participação relativa das mulheres escravizadas nas pequenas e médias propriedades das mesmas regiões, as maiores razões crianças-mulheres estiveram conectadas não ao maior número de escravizadas disponíveis, mas à maior incidência de crianças (0-9 anos) por mulheres em idade potencialmente mais reprodutiva (15-49 anos), isto é, à fecundidade das mulheres escravizadas em si.

Por uma participação mais expressiva do que se imaginava no tráfico ou, como se afigura mais pertinente, por meio do lugar central que ocupavam na reprodução endógena nas regiões em tela, as mulheres escravizadas representaram, dentre um conjunto bastante significativo de outras experiências sociais, uma chave à reprodução social e demográfica da escravidão no Pará oitocentista. Nas próximas páginas, procuramos matizar esse papel, a partir de dois eixos de observação: 1) a relação entre família, maternidade e a autonomia cativa; 2) o avanço na discussão sobre a reprodução endógena da escravidão na província, ao longo da segunda metade do século XIX. Buscamos, dessa forma, estreitar as fronteiras existentes entre as mulheres escravizadas e a sociedade, compreendendo comportamentos coletivos e demandas particulares.

Corpos escravos, vontades livres? Família, maternidade e reprodução demográfica da escravidão no Grão-Pará oitocentista

Em uma obra sobre a família escrava no Brasil, cujo título emprestamos à presente seção, José Flávio Motta (1999) analisou as relações familiares de cativos em uma vila do interior de São Paulo, no começo do século XIX. Hoje referência nos estudos da temática, esse trabalho explorou duas questões que gostaríamos de pontuar: a existência de arranjos familiares no cativeiro – muitas vezes complexas, estáveis e duradouras – e o grau (ou o nível) de autonomia possível para que os escravizados fizessem valer, na formação desses arranjos, suas vontades livres. Ambas as questões têm relação com a reprodução social e demográfica da escravidão, em qualquer contexto. A primeira, já que a família é uma das bases dessa reprodução. A segunda, pois a autonomia escrava é uma questão essencial no debate sobre a maternidade escrava, outra das bases daquela reprodução.

Em muito articulada à ideia de família, a maternidade escrava é um campo decerto controverso na historiografia da escravidão na medida em que combina a exploração e a opressão sobre o trabalho feminino no cativeiro com uma das dimensões mais íntimas das vidas das mulheres escravizadas, ao mesmo tempo em que abre espaço para a construção de relações e estratégias de sobrevivência de diversas ordens (COWLING *et al.*, 2018, p. 222). Portanto, não podemos perder de vista que a já comentada centralidade das mulheres escravizadas na reprodução social e demográfica da escravidão no Pará oitocentista, além das dimensões de ordem social e racial, era invariavelmente marcada por uma perspectiva de gênero desde suas bases: as experiências familiares e a autonomia (inclusive, espacial) das mulheres escravizadas eram distintas das experimentadas pelos homens escravizados.

Tal observação é importante, pois lança luz sobre a relação entre comportamentos e demandas particulares tanto na formação de arranjos familiares quanto nas experiências de maternidade. Em estudo anterior, considerando o período de 1810 a 1888, verificamos que existia uma predominância de famílias monoparentais femininas (formadas por mães e sua prole) em Belém, no Baixo Tocantins e na Zona Guajarina. No núcleo urbano central de Belém, 90,1% dos arranjos identificados nos inventários *post mortem* eram desse tipo, vis-à--vis um peso de 70,4%, no Baixo Tocantins e na Zona Guajarina (BARROSO, 2017, p. 185/270). Tal quadro, no entanto, é nuançado pelas dinâmicas particulares de formação de famílias cativas em escravarias específicas, nas quais outros arranjos poderiam ter uma representatividade maior:

> [...] [o] Engenho Nossa Senhora do Rosário, localizado no Moju e propriedade de Amândio José de Oliveira Pantoja, onde, em 1826, 113 dos 209 pertencentes àquela escravaria viviam em família – 29,2% em famílias nucleares, 48,7% em monoparentais femininas, 12,4% em extensas, 4,4% em famílias múltiplas e 5,3% em outros tipos de famílias – e já em um período mais avançado a Fazenda Taperuçú, propriedade de José Antônio de Miranda, onde, em 1879, 148 dos seus 243 escravos e ingênuos possuíam vínculos familiares: 54,1% viviam em famílias nucleares, 4,1% em famílias

monoparentais masculinas, 37,7% em famílias monoparentais femininas e 4,1% noutros tipos de família (BARROSO, 2017, p. 272-273).

No que diz respeito ao período de 1810 a 1888, 30,6% dos escravizados e ingênuos de Belém (BARROSO, 2017, p. 179) e 36,3% do mesmo grupo no Baixo Tocantins e na Zona Guajarina (BARROSO, 2017, p. 266) estavam inseridos em relações familiares. Considerando, em específico, os menores de 15 anos de idade, os percentuais para tais regiões foram de, respectivamente, 57,2% (BARROSO, 2017, p. 179) e 58,5% (BARROSO, 2017, p. 266). Esses dados, lidos em conjunto com a prevalência de arranjos familiares monoparentais femininos, sugerem que grande parte da reprodução endógena desenvolvida no Pará oitocentista – pelo menos, no caso das regiões examinadas – se deu em âmbito familiar, sobretudo se levarmos em conta que o peso de escravos vivendo em famílias, nos inventários *post mortem*, são um "piso"[5]. Vejamos, a seguir, dados sobre a fecundidade cativa para a segunda metade do Oitocentos.

Tabela 4 – Mulheres e fecundidade *proxy* na população escravizada do Grão-Pará (1851-1888) de acordo com as faixas de tamanho de plantel (FTP)

Período	FTP	Belém		Baixo Tocantins e Zona Guajarina	
		Mulheres (%)	Fecundidade	Mulheres (%)	Fecundidade
1851-1871	01-09	59,1	609	54,5	1.045
	10-19	50,0	1.091	49,4	1.303
	20-49	45,1	1.800	54,1	1.397
	50-99	43,1	1.500	58,6	765
	100/+	31,0	800	54,2	1.188
	Total	48,7	821	53,5	1.201

---

5   Os inventários *post mortem* são uma fonte clássica para o estudo da família escrava no Brasil. Uma extensa historiografia se dedicou a analisar seus limites e potencialidades. Dentre aqueles, destaca-se o fato de esses documentos não abrangerem alguns tipos de família, nem relações para além das consanguíneas (a exemplo do compadrio). Assim, os pesos relativos dos cativos em famílias, nesses documentos, costumam ser vistas como um "piso". A tal respeito, recomendamos a leitura de Motta e Valentin (2004).

	01-09	60,2	440	44,8	679
	10-19	51,5	900	54,0	1.056
1872-1888	20-49	-	-	38,0	1.176
	50-99	-	-	46,9	854
	100/+	-	-	57,3	1.725
	Total	**59,0**	**489**	**48,6**	**1.217**

Fonte: Inventários *post mortem* do Centro de Memória da Amazônia (CMA/UFPA) e do Arquivo Público do Estado do Pará (APEP).

A partir de 1850, com o tráfico transatlântico permanentemente extinto, a reprodução endógena cresceu em importância na dinâmica demográfica da escravidão no Pará, tanto em Belém quanto, principalmente, no Baixo Tocantins e na Zona Guajarina. Nas últimas, a dependência da reprodução antes mais efetiva nas pequenas e médias escravarias, menos articuladas ao tráfico desde as primeiras décadas do Oitocentos, se consolidou igualmente entre os grandes (20-49), muito grandes (50-99) e megaplantéis (100 ou mais cativos). Os patamares da fecundidade evidenciados nessas regiões, acima dos 1.200, são elevados. A efeito de comparação, superam os verificados para outras localidades e regiões brasileiras e se equivalem ao encontrado para o Sul dos Estados Unidos – o maior exemplo existente, na historiografia, de reprodução natural positiva no cativeiro (BARROSO, 2017, p. 281).

Já no núcleo urbano central de Belém, apesar do ligeiro crescimento entre 1851 e 1871, observamos um arrefecimento nos indicadores de fecundidade das escravizadas, a partir de 1872. Dois fatores, em particular, parecem ter contribuído para isso. Em primeiro lugar, não seria irrazoável pensarmos que a Lei Rio Branco (Ventre Livre) tenha suscitado mudanças nos sentidos e significados da maternidade, por parte das próprias escravizadas, ou nos interesses de variados sujeitos e agentes sociais envolvidos com o escravismo, em "incentivar" essa reprodução. Ademais, os dados (Tabela 4) assinalam uma mudança nas características da população escrava de Belém, bem como na estrutura da posse de cativos na região, com o crescimento do peso relativo de mulheres na escravaria e a consolidação de um perfil de pequenas posses. Entre 1872 e 1888, os plantéis de Belém eram formados, em média, por 3,3 cativos, sendo que 54,2% das escravarias do período eram unitárias ou possuíam dois escravizados (BARROSO, 2017, p. 137).

HISTÓRIA DAS MULHERES NA AMAZÔNIA
(PARÁ, SÉCULO XVIII AOS DIAS ATUAIS)

Assim, é bastante provável que as transformações nas características da população cativa, da posse de escravos e no lugar ocupado pela mão de obra escravizada nos mundos do trabalho do núcleo urbano central de Belém tenham impactado a reprodução endógena na região, contrastando sua dinâmica demográfica da escravidão à do Baixo Tocantins e da Zona Guajarina, mais dependentes dessa reprodução. Essa observação, entretanto, não implica assumirmos que houve uma diminuição no protagonismo das mulheres cativas na reprodução social e demográfica da escravidão em Belém. Pelo contrário, com o aumento de sua participação relativa na população escravizada, o cativeiro na cidade se feminizou. É justamente esse processo e seus efeitos nos mundos do trabalho do núcleo urbano central Belém que analisamos a seguir.

O cativeiro era feminino? Mulheres escravizadas e os mundos do trabalho em Belém no século XIX

A análise da participação e do protagonismo das mulheres cativas nos mundos do trabalho no núcleo urbano central de Belém, ao longo do século XIX, parte das atividades econômicas características dos inventários *post mortem* coligidos[6]. Longe de procurarmos esgotar essa discussão e cientes dos limites impostos à reflexão proposta, objetivamos dar conta menos da diversidade da atuação das escravizadas naqueles mundos e mais das suas participações em diferentes atividades econômicas pela perspectiva dos plantéis aos quais pertenciam. Nesse sentido, trata-se igualmente de analisar as transformações na posse de cativos em Belém, assim como as próprias características da força de trabalho escravizada no seu núcleo urbano. Observemos,

---

6 Partimos do pressuposto de que em um meio marcadamente urbano, como o núcleo central de Belém, não haveria, necessariamente, uma relação entre a atuação socioprofissional dos escravistas e as atividades nas quais os escravos sob a sua posse estavam empregados: os escravistas que exerciam profissões liberais e os empregados públicos podem ser tomados como exemplos nesses termos. Para a classificação das atividades dos cativos, lançamos mão apenas dos inventários *post mortem*, atentando para suas atividades econômicas características, sem as cotejarmos a outras fontes de natureza qualitativa. Como consequência dessa escolha metodológica, a classificação aqui apresentada não diferencia os cativos entre três dos principais ramos de atividades habitualmente associados pela historiografia à escravidão urbana, a saber: os cativos domésticos, os de ganho e os de aluguel (diferenciamos apenas os ligados à indústria). Trata-se de atividades que, muito embora distintas – seja nos tipos de serviços prestados pelos cativos, seja nos parâmetros de interação deles com seus respectivos senhores, com aqueles que usavam seus serviços ou com as populações livre e escrava de Belém –, nem sempre são discerníveis pela análise de inventários. Portanto, mais do que um esforço de generalização, a classificação adotada considera os limites da documentação analisada. Sobre tal discussão, ver: Barroso (2020).

inicialmente, indicadores demográficos e econômicos referentes à primeira metade do século XIX.

Tabela 5 – Indicadores demográficos e econômicos dos escravizados de acordo com as faixas de tamanho de plantel e as atividades características dos inventários (núcleo urbano central de Belém, 1810-1850)

Atividade(s)	NP	NE	ID	RD	RS	RA
Escravos de ganho, de aluguel e domésticos	44	7,0	25,5	85,3	93,7	40,4
Comércio	01	4,0	27,0	33,3	300,0	-
Ferraria e Caldeiraria	02	6,0	22,8	9,1	140,0	300,0
Quintas e Rocinhas	04	12,8	24,7	50,0	96,2	41,7
Cacau e Olaria	01	140,0	23,2	135,6	109,0	2,2
Subsistência ou Abastecimento	01	12,0	27,3	20,0	500,0	140,0
Sem atividade característica	02	1,0	29,0	-	-	-
Total	55	9,6	24,8	85,1	101,9	31,8

OBS: NP= Número de propriedades por atividade econômica; NE= Número médio de escravos por propriedade; ID =Idade Média (em anos); RD= Razão de dependência total; RS=Razão de Sexo; RA=Razão de Africanidade.

Fonte: Inventários *post mortem* do Centro de Memória da Amazônia (CMA/UFPA) e do Arquivo Público do Estado do Pará (APEP).

Das 55 escravarias analisadas no primeiro período de observação (1810-1850), 44 (80,0%) desenvolviam atividades de ganho, de aluguel ou domésticas. Eram plantéis com prevalência de mulheres escravas, peso significativo de cativos em idades potencialmente mais produtivas e de pequeno porte (menos de 10 escravizados). As quintas e as rocinhas, embora em menor quantidade, apresentavam perfil semelhante. As propriedades escravas que desenvolviam essas atividades apresentaram, também, uma participação de africanos maior que a média encontrada para a região como um todo. Nos casos dos demais plantéis, identificamos uma maioria de cativos do sexo masculino e um número médio de escravos por propriedade mais elevado. Os perfis observados têm relação com o que Bárbara Palha verificou para a década de 1840.

Ao analisar notícias de jornais veiculadas nos periódicos em circulação em Belém, na década de 1840, a autora observou que, nos anúncios e avisos, era frequente o interesse por cativas para desenvolverem atividades "geralmente associadas ao público feminino", como lavagem e engomagem de roupas, costura e o preparo de alimentos. Palha encontrou anúncios nos quais locadores ofereciam e potenciais locatários expunham o interesse por escravas para atuarem como amas de leite, no comércio de alimentos nas ruas e quitandas, assim como na lavoura (PALHA, 2011, p. 93-8). Esse perfil particular de oferta e procura pela força de trabalho cativa no núcleo urbano central de Belém afigurava-se intimamente atrelado às atividades de ganho, de aluguel e domésticas, predominantes entre os escravos de nossa amostra para a primeira metade do século XIX.

Tabela 6 – Indicadores demográficos e econômicos dos escravizados de acordo com as faixas de tamanho de plantel e as atividades características dos inventários (núcleo urbano central de Belém, 1851-1871)

Atividade(s)	NP	NE	ID	RD	RS	RA
Escravos de ganho, de aluguel e domésticos	61	4,6	25,6	93,1	72,1	2,9
Comércio	06	7,0	23,9	82,6	90,9	2,4
Ourivesaria	01	5,0	39,6	150,0	66,7	-
Padaria	01	4,0	25,3	300,0	300,0	-
Quintas e Rocinhas	04	2,5	25,4	66,7	66,7	-
Derivados da cana-de-açúcar	02	97,0	30,3	90,0	185,3	11,5
Subsistência ou Abastecimento	02	14,0	21,1	133,3	133,3	-
Arroz	01	27,0	-	-	125,0	-
Total	78	7,6	26,9	93,4	105,5	5,4

OBS: NP= Número de propriedades por atividade econômica; NE= Número médio de escravos por propriedade; ID =Idade Média (em anos); RD= Razão de dependência total; RS=Razão de Sexo; RA=Razão de Africanidade.

Fonte: Inventários *post mortem* do Centro de Memória da Amazônia (CMA/UFPA) e do Arquivo Público do Estado do Pará (APEP).

No segundo período de observação, as razões de sexo variaram bastante conforme o perfil urbano ou rural das atividades. Enquanto as propriedades vinculadas às atividades urbanas se destacaram pela composição fundamentalmente feminina dos plantéis, aquelas vinculadas às atividades rurais se destacaram pela composição essencialmente masculina. A mesma correlação não se efetivou no que concerne às razões de africanidade, apesar de os dois plantéis dedicados à produção de derivados da cana de açúcar terem demonstrado o maior peso relativo de africanos em sua composição no segundo período de observação. É importante destacarmos que essa falta de correlação não pode ser dissociada do fato de os africanos terem representado somente uma fração residual dos escravos desse período de observação (5,2%), em geral.

Em comparação ao primeiro e ao segundo período, os dados referentes ao terceiro período observado evidenciam grandes reduções na média de cativos por plantel, na razão de dependência geral – essa, efeito das Leis Rio Branco (1872) e Saraiva-Cotegipe (1885) –, na razão de sexo geral e na razão de africanidade geral. Em sentido oposto, assinalando uma tendência ao envelhecimento da escravaria de Belém, a idade média dos escravos do terceiro período se desvelou superior às do primeiro e do segundo período de observação. Ademais, no terceiro período, as idades médias dos cativos tornaram a variar segundo as atividades econômicas dos plantéis, por conta da menor idade média dos escravos ligados ao comércio e das maiores idades médias dos escravizados ligados, sobretudo, à produção de cerâmica e à tipografia.

Tabela 7 – Indicadores demográficos e econômicos dos escravizados de acordo com as faixas de tamanho de plantel e as atividades características dos inventários (núcleo urbano central de Belém, 1872-1888)

Atividade(s)	NP	NE	ID	RD	RM	RA
Escravos de ganho, de aluguel e domésticos	53	3,0	28,1	35,7	55,2	0,6
Comércio	10	3,1	22,8	23,8	68,8	-
Olaria	02	5,0	39,0	42,9	100,0	-
Tipografia	01	8,0	35,6	25,0	100,0	-
Quintas e Rocinhas	02	2,0	30,5	100,0	33,3	-
Subsistência ou Abastecimento	01	7,0	28,6	100,0	300,0	-
Pecuária	01	14,0	-	-	366,7	-
Total	**70**	**3,3**	**28,2**	**36,7**	**69,6**	**0,4**

OBS: NP= Número de propriedades por atividade econômica; NE= Número médio de escravos por propriedade; ID =Idade Média (em anos); RD= Razão de dependência total; RM=Razão de Sexo; RA=Razão de Africanidade.

Fonte: Inventários *post mortem* do Centro de Memória da Amazônia (CMA/UFPA) e do Arquivo Público do Estado do Pará (APEP).

Essas alterações foram particularmente intensas no caso dos plantéis com escravos de ganho, de aluguel e domésticos, que representaram 75,7% das propriedades no terceiro período de observação. Nos plantéis vinculados a essas atividades, as bruscas diminuições de suas razões de sexo e de dependência sugerem não somente uma sobressalente maioria feminina em sua composição (havia a proporção de praticamente duas escravas para cada escravo homem) como também um peso relativo de cativos adultos muito superior ao de jovens e de velhos – efeito natural do avanço da legislação emancipacionista. As escravarias associadas às atividades comerciais apresentaram tendência semelhante, assim como, em menor medida, os plantéis atrelados à produção de cerâmica, à tipografia, às quintas e às rocinhas. Os plantéis dedicados à produção de gêneros de subsistência e abastecimento e à pecuária demonstraram composição diferente, caracterizada pela prevalência de cativos homens em suas escravarias. Um perfil similar ao já identificado pela nossa historiografia.

Ao examinar os anúncios de cativos no *Diário de Belém*, um dos principais jornais em circulação em Belém nas décadas de 1870 e 1880, Luiz Laurindo encontrou frequentes anúncios oferecendo e procurando cativos que exercessem atividades ligadas ao ambiente doméstico. Com a adequada relativização do termo "doméstico" (o autor situa os escravos ditos domésticos no contexto mais amplo da escravidão urbana, compreendendo que suas atividades não se restringiam ao espaço doméstico, tampouco a um determinado conjunto de atividades que, de início, não gerasse rendimentos ao proprietário), Laurindo (2012, p. 74-120) evidencia como tais cativos predominavam nos anúncios, bem os aqueles ligados a outras atividades no âmbito da escravidão urbana, muito embora ainda houvesse procura para atividades rurais.

Essas transformações sintetizam, a nosso ver, as inflexões estruturais operadas no escravismo do núcleo urbano central de Belém do século XIX, especialmente, nas últimas duas décadas da escravidão. Inflexões no perfil dos escravistas, na concentração da posse, no perfil dos escravos e, acima de tudo, nas atividades econômicas por eles exercidas. Tal conjunto de aspectos – articulados uns aos outros – condicionou os termos de estruturação do escravismo na Belém oitocentista e as formas pelas quais o escravismo local lidou com as rearticulações do escravismo brasileiro produzidas pela legislação emancipacionista e, no âmbito interno, as formas pelas quais se adaptou ao próprio processo social, econômico e demográfico de Belém. Um padrão no qual ganhavam grande destaque as senhoras – de direito ou de fato – de poucos cativos, que, a exemplo do que constatou Maria Odila Dias (1995, p. 119) para a o caso de São Paulo, "compunham toda uma graduação descendente de remediadas, que reunia desde figuras aristocráticas [...] a concubinas sem sobrenome".

Considerações quase que finais

No presente capítulo, procuramos contribuir para a reflexão historiográfica acerca das mulheres escravizadas no Pará oitocentista. As análises desenvolvidas, ancoradas em metodologias da demografia histórica, evidenciaram o protagonismo dessas mulheres nos mecanismos de reprodução social da escravidão e nos mundos do trabalho multifacetados dessa província. Como não poderia deixar de ser, as discussões apresentadas, de um lado, indicam caminhos possíveis e, do outro, são marcadas por inequívocas lacunas. Assinalar novos percursos de pesquisa talvez seja, a nosso ver, a maior contribuição do texto. Muito ainda precisa ser escrito sobre essa temática, sobretudo ampliando o uso do marcador de gênero e lançando mão do conceito de agência escrava. Que, cada vez mais, tais mulheres assumam o protagonismo que lhes é de direito na historiografia e na história da Amazônia.

Referências

BARROSO, Daniel Souza. *O cativeiro à sombra*: estrutura da posse de cativos e família escrava no Grão-Pará (1810-1888). Tese (Doutorado em História Econômica) – Faculdade de Filosofia, Letras e Ciências Humanas, Universidade de São Paulo. São Paulo, 2017.

BARROSO, Daniel Souza. Nas ruas, casas e rocinhas: estrutura da posse de cativos no núcleo urbano central de Belém (Grão-Pará, 1810-1888). *Resgate*, Campinas, 28, p. 1-32, 2020.

BARROSO, Daniel Souza; LAURINDO JUNIOR, Luiz Carlos. À margem da segunda escravidão? A dinâmica da escravidão no vale amazônico nos quadros da economia-mundo capitalista. *Tempo*, Niterói, v. 23, n. 3, p. 567-588, set.-dez. 2017.

BRAUDEL, Fernand. *Civilização material, economia e capitalismo (Séculos XV-XVIII)*, *v. 1 – As estruturas do cotidiano*: o possível e o impossível. São Paulo: Martins Fontes, 1995 [1979].

BEZERRA NETO, José Maia. *Escravidão negra no Grão-Pará (séculos XVII-XIX)*. 2. ed. Belém: Paka-Tatu, 2012.

CAVALCANTE, Ygor Olinto Rocha; SAMPAIO, Patrícia Maria Melo; Histórias de Joaquinas: mulheres, escravidão e liberdade (Brasil, Amazonas: séc. XIX). *Afro-Ásia*, Salvador, 46, p. 97-120, 2012.

COSTA, Jéssyka Sâmya Ladislau Pereira. *Liberdade fraturada*: as redes de coerção e o cotidiano da exploração na província do Amazonas (Brasil, século XIX). Tese (Doutorado em História Social) – Instituto de Filosofia e Ciências Humanas, Universidade Estadual de Campinas, Campinas, 2022.

COWLING, Camillia; MACHADO, Maria Helena Pereira Toledo; PATON, Diana; WEST, Emily. Mothering Slaves: comparative perspectives on motherhood, childlessness, and the care of children in Atlantic slave societies. *Slavery and Abolition*, London, v. 38, n. 2, p. 223-31, 2017.

DE LA TORRE, Oscar. *The People of the River*: nature and identity in Black Amazonia, 1835-1945. Chapel Hill: University of North Carolina Press, 2018.

DIAS, Maria Odila Leite da Silva. *Quotidiano e poder em São Paulo no século XIX*. 2. ed. São Paulo: Brasiliense, 1995.

FERREIRA, Eliana Ramos. *Guerra sem fim*: mulheres na trilha do direito à terra e ao destino dos filhos (Pará, 1835-1860). Tese (Doutorado em História Social) - Pontifícia Universidade Católica de São Paulo, São Paulo, 2010.

HAWTHORNE, Walter. *From Africa do Brazil*: culture, identity, and an Atlantic slave trade, 1600-1830. New York: Cambridge University Press, 2010.

LAURINDO JUNIOR, Luiz Carlos. *A cidade de Camilo*: escravidão urbana em Belém do Pará (1871-1888). Dissertação (Mestrado em História) – Instituto de Filosofia e Ciências Humanas, Universidade Federal do Pará. Belém, 2012.

LAURINDO JUNIOR, Luiz Carlos. *Rios de escravidão*: tráfico interno e o mercado de escravos do Vale do Amazonas (1840-1888). Tese (Doutorado em História Social) – Faculdade de Filosofia, Letras e Ciências Humanas, Universidade de São Paulo, São Paulo, 2021.

MELLO, Márcia Eliane de Souza; BARROSO, Daniel Souza. Não somente indígenas como também africanos: uma introdução à demografia do Estado do Grão-Pará e Rio Negro (1778-1823). *Maracanan*, 15, p. 141-160, jul.-dez. 2016.

MOTA, Antonia da Silva; BARROSO, Daniel Souza. Economia e demografia da escravidão no Maranhão e no Grão-Pará: uma análise comparativa da estrutura da posse de cativos (1785-1850). *Revista de História*, São Paulo, 176, p. 1-40, 2017.

MOTTA, José Flávio. *Corpos escravos, vontades livres*: posse de cativos e família escrava em Bananal (1801-1829). São Paulo: Annablume, 1999.

MOTTA, José Flávio; VALENTIN, Agnaldo. A estabilidades das famílias em um plantel de escravos de Apiaí (SP). *Afro-Ásia*, Salvador, 27, p. 161-92, jan.-jul. 2002.

PALHA, Bárbara da Fonseca. *Escravidão negra em Belém*: mercado, trabalho e liberdade (1810-1850). Dissertação (Mestrado em História) – Instituto de Filosofia e Ciências Humanas, Universidade Federal do Pará. Belém, 2011.

PALHA, Bárbara da Fonseca. *Escravidão de origem africana em Belém*: um estudo sobre demografia, mestiçagem, trabalho e liberdade (c. 1750-c. 1850). Tese (Doutorado em História) – Instituto de Filosofia e Ciências Humanas, Universidade Federal do Pará. Belém, 2019.

PASTANA, Andréa da Silva: *Em nome de Deus, amém! Mulheres, escravos, famílias e heranças através dos testamentos em Belém do Grão-Pará na primeira metade do século XIX*. Dissertação (Mestrado em História) – Instituto de Filosofia e Ciências Humanas, Universidade Federal do Pará. Belém, 2008.

MULHERES, IMIGRAÇÃO PORTUGUESA E GÊNERO (PARÁ-1850 A 1930)

Cristina Donza Cancela[1]
Anndrea Tavares[2]

Nos estudos de migração, as mulheres foram, durante muito tempo, vistas como dependentes passivas, limitando-se a seguir ou a acompanhar os homens, seus pais, parentes ou maridos. Era como se o protagonismo feminino não existisse, vindo a reboque das decisões e deslocamentos masculinos, permanecendo invisíveis (MOROKVAŠIĆ, 2014). A autonomia das mulheres é minimizada e a migração associada exclusivamente à necessidade de reunir a família ou de viajar com ela sob a égide de uma chefia masculina, retirando ou matizando a agência feminina.

Da mesma forma, quando as mulheres aparecem em pesquisas sobre fluxos migratórios, nas quais se contabiliza a quantidade de pessoas que migra, os dados encontrados costumam ser apresentados de forma descritiva, sem problematizar possíveis subnotificações ou diferenças de deslocamento de homens e mulheres na perspectiva das assimetrias de gênero. Essa categoria é muitas vezes ignorada ou considerada uma minudência na análise sobre os números e os perfis da migração e, muitas vezes, a análise fica restrita à especificação do sexo dos sujeitos. Distinguir o sexo de quem migra é um primeiro exercício

---

1 Professora titular da Universidade Federal do Pará, atuando no Programa de Pós-Graduação em História Social da Amazônia (PPHIST) e na Faculdade de História (FAHIS). Doutora em História pela Universidade de São Paulo. Membro do Grupo de Pesquisa "População, Família e Migração na Amazônia" (RUMA). Bolsista produtividade do CNPQ. E-mail: donza@ufpa.br.

2 Professora na Rede Municipal de Ensino de Belém (SEMEC/Belém) e membro do grupo de pesquisa População, Família e Migração na Amazônia – RUMA. E-mail: anndreatavares23@hotmail.com

para dar visibilidade às questões de gênero, no entanto, ainda é preciso ir mais longe e analisar esses números e perfis para além da abordagem descritiva, que refere esses dados sem problematizá-los, ou questionar os processos que os possibilitaram. Não apenas os dados devem ser pensados em uma perspectiva de gênero, mas, também, as fontes pesquisadas, apontando seus limites para a compreensão e visibilidade das práticas femininas, a forma como elas reiteram silêncios e refletem/reforçam os papéis sociais tradicionais (CANCELA, 2021). Precisamos compreender o lugar de produção dos documentos, o que eles dizem e o que ocultam ou minimizam, assim como os estudos acadêmicos, que findam por reforçar assimetrias e diferenças ao não problematizarem as fontes e os resultados em uma perspectiva de gênero (LUTZ, 2010).

Com esse cuidado em mente, nosso objetivo neste trabalho é analisar os fluxos e perfis de mulheres migrantes portuguesas provenientes dos distritos do Porto e de Aveiro, dois dos principais distritos de origem da maior parte das pessoas que migrou para o Pará e para o Brasil. Analisaremos o fluxo feminino ao longo do século XIX e XX, assim como o perfil de idade, estado social e ocupação dessas mulheres, em uma perspectiva de gênero.

A análise foi feita a partir dos registros de passaporte dos dois distritos, com intervalos de anos semelhantes, embora o período não seja exatamente o mesmo. O levantamento do Porto compreendeu os anos de 1834 a 1930, num total de 18.308 registros. Para o distrito de Aveiro, foram levantados 13.680 registros de passaportes, entre os anos de 1882 e 1918.

Os números da imigração feminina

Os trabalhos que se detêm sobre a imigração portuguesa para o Brasil ressaltam o número expressivo de homens jovens e solteiros que realizaram esses deslocamentos (MENEZES; SARMENTO, 2020). Para o Estado do Pará esse perfil não foi diferente e se manteve ao longo de todas as décadas dos levantamentos feitos, seja tomando por base a análise das habilitações consulares (FONTES, 2016; EMMI, 2013; CARVALHO, 2011), ou os registros de passaporte (COSME, 2015; CANCELA; COSME, 2016; CANCELA, 2019; GUIMARÃES, 2016; TAVARES, 2021).

No entanto, duas questões são importantes para pensar esses números. Em primeiro lugar, como já destacamos, é necessário problematizar o lugar de produção dos documentos que utilizamos para chegar a esses resultados, destacando de que forma eles encerram lógicas de poder, estereótipos e desigualdades.

Assim, em trabalho anterior sobre a imigração do Distrito do Porto para o Estado do Pará, Cancela mostrou, ao analisar os registros de passaporte, como os números oficiais da imigração feminina eram subnotificados, uma vez que muitas mulheres migravam na condição de acompanhantes, sem passaporte individual. Desse modo, várias mães, esposas, filhas, tias e criadas chegaram ao Pará englobadas nos passaportes coletivos de um marido, parente ou patrão, numa evidente subnotificação do fluxo migratório feminino. Cabe lembrar que o ordenamento jurídico muitas vezes reforça as assimetrias entre homens e mulheres, e a legislação que embasava os registros de passaporte não estava isenta dessa lógica. Assim, os regulamentos jurídicos em torno das viagens impunham sobre as mulheres uma série de restrições, como a necessidade de autorização prévia de seus responsáveis-cônjuge, pai ou irmãos[3], o mesmo não valendo para os homens; não é à toa que nenhum marido foi encontrado na condição de acompanhante nos passaportes.

Para se ter uma noção da importância desse dado nos números da imigração feminina, para o Distrito do Porto tivemos o total de 1.821 registros de passaporte feminino, o que correspondeu a 10% do total da imigração masculina. Entretanto, quando somamos as acompanhantes, esse número sobe para 3.026 registros, pois 1205 mulheres migraram sem passaporte individual, sendo registradas nos passaportes de outrem, um parente, marido, conhecido ou patrão. Nessa condição foram computadas "esposas (544) e filhas (552) irmãs (20), seguidas de enteadas (5) criadas (9) sobrinhas (3), netas (3), cunhadas (3) e tia (1)" (CANCELA, 2020). O número de homens que apareceram como acompanhantes é menor, num total de 872 indivíduos, a maior parte deles formada pelos filhos que somaram 787 indivíduos. Na sequência, aparecem os irmãos (53), sobrinhos (9), netos (4), enteados (3) e criados (2) (CANCELA, 2020). Vemos que o número de mulheres acompanhantes é bastante expressivo e chega a corresponder a 66% do total daquelas que tiraram passaporte individual.

---

3   As restrições para as movimentações femininas estão dispostas em vários documentos da administração portuguesa, com destaque a Carta de Lei de 31 de janeiro de 1863 (LEITE, 1987. p. 463-480).

Para o Distrito de Aveiro esse percentual é ainda maior. Foram encontrados 431 registros de mulheres titulares de passaporte, o que correspondeu a 3,2% do total da imigração masculina. No entanto, foram 368 registros de mulheres acompanhantes correspondendo a cerca de 85% daquelas titulares do passaporte. Entre as acompanhantes havia cônjuges (270), filhas (71), criadas (18) e irmãs (6), e em menor escala as sobrinhas (2) e cunhadas (1). Enquanto acompanhantes, as informações se limitam ao nome e ao grau de parentesco, em outros poucos registros eram acrescidos os dados da instrução e da idade. Somando as mulheres titulares de passaporte e acompanhantes, chegamos a um total de 799 imigrantes.

Mesmo considerando o fato de que, ao agregar as mulheres que vieram na condição de acompanhante ao daquelas que eram titulares de seus passaportes, o número de homens imigrantes permaneça maior, é importante perceber a subnotificação da presença feminina marcada por questões de gênero.

A que se deve essa menor presença feminina? Dentre as várias situações possíveis não podemos esquecer que era interessante ao governo português que a dispersão familiar ocorresse, e que as mulheres ficassem em Portugal e não emigrassem para o Brasil, em virtude das remessas que durante décadas auxiliaram na estabilidade econômica de Portugal.[4] Partindo dessa premissa, tornam-se compreensíveis as constantes mudanças burocráticas que envolviam a facilitação, ou não, da saída de seus cidadãos, com regras que recaíam, sobretudo, às mulheres casadas e aos menores de idade em período de alistamento militar.

Por sua vez, havia os temores de uma viagem longa e em condições desconhecidas, como nos lembra Brettell, em seu trabalho clássico e pioneiro, "Homens que partem, mulheres que esperam", o fluxo menor de mulheres nos deslocamentos, ocorria muito em função das imagens hegemônicas de feminilidade, moral e honra, que condenavam aquelas que viajavam distanciando-se dos laços familiares (BRETTELL, 1991). A despeito disso, em sua pesquisa, a autora evidencia uma questão central ao afirmar que se a imigração feminina não era tão acentuada quanto a masculina, seu protagonismo podia ser

---

4   As remessas eram afluxos de capital enviados pelos imigrantes às famílias que ficavam em Portugal, movimentando valores e favorecendo as finanças do Estado Português, sendo um dos motivos de tensão das políticas de imigração que variavam entre a repressão e o estímulo (GONÇALVES, 2018).

observado no planejamento e viabilidade dos deslocamentos masculinos, nas atividades de produção assumidas por elas nos locais de origem, além do cuidado e sustento da casa e da família enquanto os homens estavam no além-mar. Da mesma forma, os papéis de gênero que associam as mulheres à família nos ajudam a entender por que do total de mulheres que chegaram como titulares de passaporte provenientes do Porto, 25% delas vieram acompanhadas de filhos, filhas, irmãs, sobrinhas ou criadas. No entanto, o número de homens que viajou acompanhado é de apenas 6%, predominando entre os acompanhantes as esposas, filhos e filhas, além de sobrinhos e sobrinhas, irmãos e criadas.

As questões pontuadas demonstram como as assimetrias de gênero na sociedade nos ajudam a compreender não apenas os dados obtidos na pesquisa, mas também a forma como as fontes que utilizamos para chegar a esses dados se conformam marcadas pelo gênero, pelas práticas e percepções de masculinidade e feminilidade do período estudado. Como alertamos, os trabalhos sobre migração precisam levar em conta esses limites, hierarquias e diferenças de gênero, utilizando a categoria não de forma descritiva e acessória, mas constitutiva dos processos de deslocamento.

A literatura sobre o tema não é nova. Desde 1984, Morokvasic chamava atenção para essas questões em seu trabalho clássico, *Birds of Passage are also Women* (MOROKVASIC, 1984). Alguns anos depois, Eleonore Kofman faz uma nova leitura do Trabalho de Morokvasic e pontuou como o viés masculino ainda predomina nas análises sobre imigração internacional do pós-guerra, mesmo após uma maior visibilidade da História das mulheres depois dos anos 1970. Kofman pondera ainda que, em geral, quando falam da participação feminina na imigração, as pesquisas ressaltam a dependência das mulheres e sua atuação na esfera doméstica (KOFMAN, 1999). Da mesma forma, Nancy Green, em *Gender and Immigration*, discute como o gênero tem um impacto importante na migração, influenciando em quem sai e quem não sai e de que maneira os números da migração e a razão de sexo diz muito sobre o gênero, pois nos ajuda a pensar não apenas em quem está migrando, mas também as concepções sobre a migração pelos sujeitos e pela sociedade de destino e de acolhimento (GREEN, 2012). Como vimos, as representações em torno dos papéis femininos associados à família, a desqualificação da mulher que migra, o interesse nas remessas familiares e a existência de uma legislação que reforça os papéis tradicionais do homem provedor e da mulher reprodutora e dependente invisibilizam os números, a experiência e o protagonismo feminino, nos revelando muito das concepções de gênero da sociedade de destino e de origem.

Pensando nas questões relativas às razões de sexo levantadas por Green, é importante observar esse dado em meio às imigrantes portuguesas que aportaram no Estado do Pará, pois ele muda significativamente nas primeiras décadas do século XX.

Tabela 1 – Razão de sexo dos imigrantes do distrito do Porto para o Pará, entre os anos de 1834-1930, por década

Faixas etárias	Homens		Mulheres		Total	Razão de Sexo
	N	%	N	%		
1834-1840	146	0,9	3	0,2	149	4.867
1841-1850	596	3,6	6	0,3	602	9.933
1851-1860	2.386	14,5	35	1,9	2.421	6.817
1861-1870	1.283	7,8	51	2,8	1.334	2.516
1871-1880	1.576	9,6	77	4,2	1.653	2.047
1881-1890	2.414	14,6	141	7,7	2.555	1.712
1891-1900	2.643	16,0	282	15,5	2.925	937
1901-1910	3.245	19,7	348	19,1	3.593	932
1911-1920	1.458	8,8	535	29,4	1.993	273
1921-1930	740	4,5	343	18,8	1.083	216
Total	16.487	100,0	1.821	100,0	18.308	905

Fonte: livro de registro de passaporte do Governo Civil do Porto.
Acervo do Arquivo Distrital do Porto

Pela tabela, relativa aos titulares dos registros de passaporte do distrito do Porto, vemos que se no início do levantamento que corresponde à primeira metade do século XIX, para cada 48 ou 99 homens que imigravam para o Estado do Pará, chegava 1 mulher. Entretanto, no último período do levantamento, que corresponde à década de 1920, esse número cai para a entrada de 2 homens para cada 1 mulher que migrava. O mesmo processo pode ser observado em relação ao distrito de Aveiro.

Tabela 2 – Razão de sexo dos imigrantes do distrito de Aveiro para o Pará, entre os anos de 1882-1918, por quinquênio

Quinquênios	Homens		Mulheres		Total	Razão de Sexo
	Nº	%	Nº	%		
1882-1883*	320	2,41	2	0,46	322	160,0
1884-1888	931	7,04	16	3,71	947	58,18
1889-1893	733	5,54	14	3,25	747	52,35
1894-1898	2.133	16,1	66	15,31	2.199	32,31
1899-1903	2.867	21,64	81	18,79	2.948	35,39
1904-1908	3.184	24,03	118	27,39	3.302	26,98
1909-1913	2.838	21,42	101	23,43	2.939	28,09
1914-1918	243	1,84	33	7,66	276	7,36
Total	13.249	100	431	100	13.680	50,08

(*) Quinquênio incompleto em função da perda dos livros de registro anteriores a 1882.
Fonte: ADAVR – Livros de Registro de Passaporte do Distrito de Aveiro (1882-1918).

No intervalo entre 1884 e 1888, registramos um maior distanciamento entre homens e mulheres, com a entrada de 58 homens para cada mulher, contudo, quanto mais nos aproximamos do novo século, mais presente se tornou o elemento feminino, cuja razão de sexo – entre 1904 e 1908 – caiu para quase 27 homens a cada mulher chegada no Pará. Esse número diminuiu significativamente para sete homens a cada mulher no último intervalo do levantamento, entre os anos de 1914 e 1918.[5]

Mesmo que a razão de sexo entre os emigrados do Porto e de Aveiro, ao longo dos períodos, evidencie a predominância masculina no largo processo migratório, há um crescimento considerável da imigração feminina nos finais do século XIX e início do XX. Esse é um fenômeno global e não apenas das mulheres portuguesas, sendo apontado pelas especialistas como um processo de feminização da migração (LUTZ, 2010; KOFMAN, 1999; ASSIS, 2007).

Analisando os números da imigração para o Brasil a partir do primeiro censo demográfico realizado na Primeira República (1890), Medeiros e Matos destacam "que aumentou o número de mulheres que e/imigravam, ainda que

---

5   Essa crescente presença feminina também foi verificada por Cosme quando analisou os registros de passaporte para o estado do Pará, emitidos a partir de Lisboa. O autor destacou que no inicial do levantamento, 1886, o percentual de mulheres em relação aos homens era de 18,18%, proporção que sobe para 30,81% em 1900, ano final do levantamento (COSME, 2015).

os homens continuassem amplamente majoritários (MENEZES; MATOS, 2017, p. 16). Essa alta também foi verificada no censo de 1920, evidenciando "ter havido notável crescimento na presença da mulher no conjunto da colônia portuguesa" (MENEZES; MATOS, 2017, p. 18). Pensando a imigração do distrito do Porto para o Brasil no contexto da Primeira Guerra Mundial, Ricardo Rocha pontua o aumento do "peso relativo do sexo feminino, que nos primeiros anos da década de 1910 representava pouco mais de 20% do total do contingente migratório, verificando-se no período em estudo uma distribuição bem equitativa, com cerca de 43% do total de emigrantes" (ROCHA, 2011, p. 264). Esse aumento da participação feminina na imigração portuguesa para o Brasil pode também ser observada nos censos brasileiros de 1940 e 1950, não apenas em meio às imigrantes portuguesas, mas também espanholas e italianas (MEDEIROS; SARMENTO, 2020).

Dentre as explicações para se compreender esse crescimento e feminização da imigração no século XX, encontram-se aquelas que o associam ao aumento da migração familiar, ou ainda, ao fato de as mulheres viajarem para reunir a família anteriormente separada. Essas causas podem ser pertinentes para algumas localidades, mas não deve ser vista como um fator geral para todas as formações sociais.

Quando analisamos as mulheres que imigraram a partir de Aveiro, predominou a emigração das casadas (60,7%), sobre as solteiras (32,7%), viúvas (6,2%) e divorciadas (0,4%), mesmo em intervalos em que a migração feminina ganhou fôlego, nas duas primeiras décadas do século XX. Em alguns momentos é possível observarmos que o quantitativo de casadas se aproxima ao dobro das entradas de solteiras. Os números de mulheres casadas de que migram de Aveiro podem contribuir para reforçar a tese da reagregação familiar. No entanto, João Cosme analisando os pedidos de passaporte de Lisboa para o Pará, emitidos entre os anos de 1886 e 1900, destacou que apenas 21,1% deles pertenciam às mulheres e, destas, a maior parte era solteira (67%), seguida das casadas (19,1%), viúvas (12,4%) e separadas (1,0%) (COSME, 2015).

Da mesma forma, para o distrito do Porto houve um equilíbrio entre o número de mulheres solteiras e casadas, chegando ambas a um percentual de 46% do total daquelas que tiveram declaradas a sua condição civil, seguidas das viúvas, com 8% da amostra (CANCELA, 2020).

Observamos, portanto, uma diferença no perfil das imigrantes quanto ao estado civil, quando comparamos os diferentes distritos. Em Aveiro a imigração de mulheres casadas predominou em relação às solteiras, seguindo a tendência verificada para outras localidades brasileiras, como o Rio de Janeiro, cidade-capital do Brasil, onde as mulheres casadas se sobrepuseram às solteiras (MENEZES; MATOS, 2017, p. 1-19). Todavia, esse perfil se mostrou diferente para as saídas a partir do Distrito do Porto e de Lisboa, onde houve um equilíbrio na condição do estado civil das mulheres imigrantes.

Essas diferenças em relação aos marcadores sociais das imigrantes podem ter várias explicações. No entanto, o que queremos ressaltar nesse ensaio é que, aliar o aumento da participação feminina na imigração do século XX à ampla presença de mulheres casadas que viajavam para reunir a família não funciona para todas as formações sociais. Devemos considerar e dar relevância ao amplo número de mulheres solteiras que migravam (com ou sem filhos/as) e, ainda, às situações em que as mulheres eram as primeiras de suas famílias a migrar, deslocando-se para locais em que não possuíam parentes ou marido, viajando por conta própria, vivendo de seu trabalho e saber. Como nos lembra Koffman, continuar a falar da imigração de massa como essencialmente voltada ao trabalho, e ao trabalho masculino, seguida da migração familiar para reunir a família, esta última feita esmagadoramente pelas mulheres, é uma perspectiva que reforça a ideia dicotômica do homem produtor e da mulher reprodutora, associando a participação feminina na imigração à dependência das mulheres e sua atuação na esfera doméstica (KOFMAN, 2000).

É importante reiterar que a questão não é rejeitar a explicação que alia a agregação familiar à maior presença feminina na migração do final do século XIX e início do século XX. Essa pode ser uma condição e causa pertinente para algumas formações sociais ou, ainda, pode conviver com diversas outras condições e causas em um mesmo local de destino. Mas, cabe questionar a hipótese da reagregação familiar como a única suscitada ou sobreposta a outras possibilidades. Até mesmo porque é necessário levar em conta a interseccionalidade e os marcadores sociais de classe, condição familiar, ocupação e idade das mulheres ao associar a migração à reunião familiar. Em que medida mulheres das classes populares migravam em condições familiares e de trabalho semelhantes às mulheres de elite e de camadas médias? Quais as condições de migração de uma jovem solteira, com ou sem filho, e uma mulher casada, ou viúva, viajando com sua prole? Mulheres com experiências em localidades urbanas e aquelas que advinham de freguesias rurais? As especificidades dos marcadores sociais da diferença, muitas vezes, são subsumidas e as mulheres homogeneizadas e encerradas no mundo privado, nos arranjos familiares e reprodutivos, sem agência, mesmo quando não têm laços de parentesco e aliança no local de destino e sobrevivem de seu trabalho, exercendo a chefia de sua prole (CANCELA, 2021).

Mulheres, idade e alfabetização

Entre as mulheres que solicitaram passaporte no Distrito do Porto, a maioria estava na faixa etária entre 20 a 24 anos de idade (15,3%), seguidas daquelas que se encontravam entre 25 a 29 anos (14,9%), 30 a 34 anos (12,9%) e 35 a 39 (10,3%). Acima de 40 anos temos cerca de 16,4% das mulheres. As menores também eram expressivas na travessia do Atlântico, particularmente aquelas que tinham entre 10 e 14 anos de idade (11,5%), seguidas das jovens de 15 a 19 anos de idade (8,2%). Entre as menores de 10 anos encontramos poucos registros, não chegando a 0,5% da amostra. Trata-se, portanto, de uma imigração de mulheres jovens e em idade reprodutiva.

Em relação a Aveiro, a maioria também estava na faixa etária entre 20 e 24 anos de idade (22,9%), seguidas de perto das que tinham entre 25 e 29 anos (21,7%), 30 a 34 anos (17,7%) e 35 a 39 (13,3%). O número daquelas acima de 40 anos é semelhante ao distrito do Porto (16,4%). No que diz respeito às menores, os números de Aveiro são menos expressivos, alcançando apenas 2,6% dentre aquelas entre 10 e 14 anos de idade e 4,9% entre as que tinham entre 15 e 19 anos de idade. Entre as menores de 10 anos também foram poucos os registros, chegando aos mesmos 05% da amostra do distrito do Porto.

Quando comparamos o grau de alfabetização das imigrantes observamos o baixo percentual de alfabetização das emigradas de Aveiro que chegou somente a 35,4% do total (431). Não temos esse dado para o Porto. Cabe destacar que esses números levam em conta apenas aqueles passaportes em que vinha discriminado que a pessoa não sabia ler e nem escrever, portanto, não temos como ter a dimensão do nível e tempo de escolaridade das imigrantes.

Pode-se justificar o alto índice de analfabetismo entre as aveirenses tanto pela escassez de escolas destinadas ao ensino feminino, a disponibilidade de professoras qualificadas fora dos espaços religiosos (RODRIGUES, 1995), a estrutura familiar e de trabalho que muitas vezes limitava a saída de mulheres para atividades consideradas não essenciais à sua formação, como donas de casa ou chefes de família, onde se incluía a alfabetização básica. Entendendo também que boa parte dessas mulheres trabalhava e havia a tendência predominante no ensino distrital da frequência escolar se concentrar entre os meses de inverno, já que ao longo do verão ocupavam-se na lavoura, na pesca e demais atividades acessórias, o que restringia o tempo disponibilizado à educação básica (PEREIRA, 2007).

É interessante destacar que dentre as mulheres que foram declaradas como não sabendo ler e nem escrever no distrito de Aveiro, pelo menos 6 delas foram registradas no passaporte com o pronome de tratamento Dona, que muitas vezes significava um sinal de distinção e de melhor condição social. Essa era a situação das irmãs Clara Rosa Soares Guimarães[6], viúva, 25 anos de idade e Rosa Clara Soares Guimarães Coimbra[7], casada, 27 anos de idade. Ambas são originárias de Oliveira de Azeméis, distrito de Aveiro e chegaram ao Pará nos anos de 1862 e 1864, respectivamente.

Mulheres e trabalho

A figura do imigrante está associada ao trabalho. Como nos lembra Abdelmalek Sayad, a imagem do imigrante é essencialmente ligada à força de trabalho, a ponto de trabalhador e imigrante "ser quase um pleonasmo" e o imigrante só ter sua razão de ser, *pelo* trabalho e *no* trabalho (SAYAD, 1998).

Na maioria das vezes, as desigualdades das condições econômicas dos países de acolhimento e de origem, juntamente com os papéis atribuídos aos sexos, pressionam as mulheres imigrantes às atividades de contextos domésticos, numa clara femininização do trabalho e da pobreza (NEVES; NOGUEIRA, 2016). Essa condição reforça a invisibilidade da mulher imigrante, pois se a imagem do imigrante está ligada ao trabalho, como afirma Sayad, e o trabalho doméstico associado ao cuidado e à reprodução é visto como extensão da "natureza feminina", portanto, um "não trabalho", a mulher imigrante não é

---

6   Arquivo Distrital do Porto. Registro de Passaporte, livro 46, p. 81. número registro 479, de 19.02.1862.

7   Arquivo Distrital do Porto. Registro de Passaporte, livro 48, p. 210. número registro 1255, de 28.07.1864.

considerada uma trabalhadora. Nessa perspectiva, é como se ela não existisse, sendo ocultada ou tendo suas atribuições minimizadas no processo migratório, representadas como acompanhantes e vindo a reboque das decisões masculinas (CANCELA, 2021). Dessa forma, entendemos por que é comum nos registros de passaportes, as informações sobre a ocupação feminina, virem homogeneizadas no grande guarda-chuva circunscrito ao termo "serviços domésticos", o que invisibiliza a diversidade de suas atividades laborais. De algum modo, isso ocorre pelo fato de o trabalho feminino ser pensado como extensão da natureza reprodutiva da mulher, associado ao mundo do cuidado e da domesticidade, não tendo o mesmo valor das atividades vistas como produtivas, sendo a experiência feminina ligada sempre a dependência de uma chefia masculina, retirando-lhe ou matizando sua agência.

O dado sobre a ocupação feminina, muitas vezes, não chegava nem mesmo a ser preenchido nos passaportes, como se fosse natural as imigrantes não terem uma ocupação, ou quando o tivesse, ela não fosse importante para a sua manutenção. Tudo se passa como se a atividade doméstica fosse naturalizada a ponto de não precisar ser mencionada, mesmo quando remuneradas.

Ao analisarmos os dados do distrito do Porto, destacamos que a maior parte das imigrantes foi qualificada como doméstica (334), seguidas das costureiras (37), serventes (18), criadas (08) lavadeiras (04), proprietárias (4) estudantes (3), cozinheiras (2), gaspeadeiras (2), empregadas comerciais (2), Trabalhadoras (7). Entre aquelas atividades registradas para apenas 1 imigrante, encontramos: jornaleira, engomadeira, curandeira, padeira, dentista e comerciante, modista.

Em meio às imigrantes aveirenses, o perfil não foi muito diferente. Dentre as 431 aveirenses, 37 declararam não terem ofício, das quais 14 tinham menos de 18 anos, entre elas cinco meninas com apenas 10 anos. Entre as que declararam ocupação, predominaram as domésticas ou donas de casa (168), seguidas pelas costureiras (63), jornaleiras[8] (38), agricultoras (27), criadas de servir (26), proprietárias (24), lavadeiras (16), serviçais (10), peixeiras (5), engomadeiras (3) e estudantes (3). Entre os trabalhos com apenas uma ocorrência nos passaportes, estavam de ama de leite, comerciante, cozinheira, doceira, marítima, moleira, padeira, pescadora, professora, taberneira e tecedeira.

---

8   Aquelas ocupadas em funções, quase sempre, esporádicas, pagas por horas ou jornadas trabalhadas.

Diluídas as profissões declaradas pelas titulares, fica claro o vigor pluralista dos trabalhos exercidos por mulheres, conferindo a elas uma multiplicidade de experiências, ainda que o termo "serviços domésticos" pudesse subsumir possíveis diversidades.

O mercado de trabalho a essas recém-chegadas em Belém, de maneira geral, não oferecia ampla empregabilidade em cargos assalariados, como nos referimos ao falar sobre a feminização do trabalho e da pobreza no processo migratório, reservando às imigrantes as tarefas de "serviço doméstico".

Além da inserção no mercado de trabalho com os ofícios "porta adentro" (MATOS, 2002; FONTES, 2016), chama atenção para a preferência na sociedade local em contratar portuguesas para determinadas atividades, camuflando o preconceito racial, e alimentando o imaginário de que os trabalhadores europeus brancos eram mais laboriosos e civilizados. Essa preferência ganhou robustez especialmente no pós-abolição, quando se forjou a imagem de que a mulher negra – agora liberta – não era sensível para com as crianças na medida em que a escravidão extirpava a sensibilidade e sociabilidade dos cativos, justificando que serviços como de amas de leite fossem delegados às brancas, portuguesas. Ademais, Fontes reforça que a preferência em empregar portuguesas no ambiente doméstico simbolizava também o temor com que os patrões e patroas passaram a ter na empregabilidade de recém-libertas, alegando não poderem mais controlar suas "malcriações", tornando-se inflexíveis diante dos direitos e exigências por parte dessas trabalhadoras (FONTES, 2016, p. 179).

Desse modo, assim como Fontes, encontramos diversos anúncios de trabalho envolvendo mulheres portuguesas:

> Para Casa de Família. Precisa-se tomar uma cozinheira e uma criada de fora[9], mas que saiba engomar, para **dormir em casa**, preferindo-se que

---

9   Herança de antigas tradições portuguesas que distinguiam os ofícios internos e externos a casa, as criadas "de fora" poderiam ser lavadeiras, jardineiras, horteleiras, vendedoras, entre outras atividades que solicitassem a saída do domicílio. Em oposição as "criadas de dentro", sobretudo serviçais, cozinheiras, amas-secas, engomadeiras e arrumadeiras. (MATOS, 2019)

sejam **portuguesas**, a tratar na *Morgadinha*[10], rua de Santo Antônio, n. 24. F. Pimentel & C.ª[11]

Outras portuguesas também anunciavam seus serviços nos jornais, descrevendo um perfil possivelmente desejável pelo mercado, incluindo o dormir na casa das famílias, com o uso de termos que reforçavam a herança servil, como sublinhamos.

> Criada. Portuguesa para cozinhar para pouca família, ou outros serviços, dormindo em casa dos **amos**, se oferece, travessa da Indústria, n. 9, se diz[12].

Ou, ainda, a solicitação de criadas para realizarem viagens com a família:

> Creada Portugueza. Precisa-se de uma para acompanhar uma família, em viagem para Lisboa. Paga-se a passagem e o que mais se convencionar. Trata-se com M. A. Marques & Cia. À Rua Conselheiro João Alfredo, 81.[13]

O mundo doméstico permitia aberturas. Muitas empregadas, serviçais ou criadas, tinham por responsabilidade o abastecimento das casas, solicitando saídas frequentes à rua, espaço de liberdade onde realizavam encontros e compartilhavam informações (MATOS, 2019, p. 220). Aos empregadores – muitos alinhados a herança escravista de controle sobre o outro –, a circulação dos trabalhadores domésticos entre os espaços "porta a fora" passou a ser vista como ato de desobediência e maus serviços, e estampavam os jornais do Pará em longas críticas,

> [...] no mercado público as cozinheiras que se reúnem diariamente e de balde ao braço esquecem os seus afazeres em prolongadas conversas. [...] nas tabernas, que se vê em quase todas as esquinas das nossas ruas, fazem

---

10   Correspondia a uma loja de Fazendas e Miudezas, segundo consta em BARBOSA, Pinto. (Org). *ALMANAK DO PARÁ*: Commercial, Industrial e Administrativo. Pará: Typ. Dos Editores Proprietários Pinto Barbosa & C., 1890.

11   Biblioteca Nacional Digital. Diário de Notícias, edição 200, 02 de setembro de 1890, p. 1

12   Biblioteca Nacional Digital. Diário de notícias, edição 70, p. 1.

13   Hemeroteca do CENTUR. Folha do Norte, 21 de março de 1896, p. 3.

o seu ponto de reunião as serventes, e têm elas por objetivo o mais desenfreado deboche[14].

Sobre as costureiras, os anúncios em periódicos paraenses não seguiram um padrão étnico rígido, apesar das propagandas sobre casas de modistas serem assinadas, sobretudo, por francesas, aclamadas pelo simbolismo da *belle époque* e o auge da cultura burguesa afrancesada (SARGES, 2010). Apesar das modistas – responsáveis pelo processo criativo da costura, dos cortes e tendências – levarem maior fama, o ofício das costureiras – classificado como mecanizado e pouco criativo em relação às anteriores – apresentava um *savoir fare* de alta qualificação, já que o trato com o vestuário solicitava as habilidades dos cortes, remendos e todo tipo de manejo, os quais, de fato, produziam os trajes (REIS, 2021, p. 5).

Esses trabalhos de agulha desempenharam papéis de destaque no crescimento e consolidação do trabalho classificado como "feminino" a partir da segunda metade do século XIX, enquanto a cultura burguesa movia os negócios do vestir, tornando-os acessíveis às recém-chegadas, possibilitando a elas amealhar um certo capital usado para a reemigração. Entre as costureiras de Aveiro, 25% (16 registros) destas empreenderam mais de uma viagem à terra natal, e pelo menos 3,7% (6 registros) delas retornaram trazendo seus filhos menores, como fez Maria Delfina Mansa, emigrada a primeira vez em 1905, sem acompanhantes[15], que, de retorno ao Pará em setembro de 1907, trouxe a filha menor[16]. Em ambas as viagens, Maria Delfina nomeou-se viúva.

Redes sociais e imigração

Um último aspecto importante a ser ressaltado em relação à imigração das mulheres imigrantes diz respeito às redes sociais estabelecidas. Elas são mecanismos estruturais importantes na migração internacional, unindo redes de migrantes, ex-imigrantes e não imigrantes, em áreas de origem e de destino através de laços de parentesco, amizade e origem compartilhada, gerando

---

14   Biblioteca Nacional Digital. Diário de Belém, edição 243, 27 de outubro de 1888, p. 3.

15   Arquivo Distrital de Aveiro. Registro de Passaporte de Maria Delfina Mansa, livro 26, p. 335v, nº 2027, 26 de abril de 1905.

16   Arquivo Distrital de Aveiro. Registro de Passaporte de Maria Delfina Mansa, livro 26, p.195v, nº 1170, 26 de setembro de 1905.

expectativas mútuas e minimizando custos e riscos (MASSEY, 1988). Desse modo, os laços de parentesco ou de conterraneidade podiam ser acionados no estabelecimento de redes profissionais e de solidariedades, com famílias portuguesas buscando por empregados portugueses, ou aqueles já estabelecidos chamando parentes ou conhecidos. Essa foi a situação de Alda da Silva Gonçalves[17], que chegou ao Pará solteira, com 18 anos de idade e foi trabalhar como doméstica no ano de 1906. Sua irmã mais velha, Eloisa da Purificação da Silva Gonçalves[18], chegou ao Pará alguns anos depois, em 1917, com a idade de 35 anos, também solteira. Ambas eram domésticas e foram morar na rua de São Mateus, em Belém (CANCELA, 2020). Ou, ainda, das irmãs Adelaide de Souza[19] e Leonor de Sousa[20], filhas de Paulo de Sousa e Ignacia Cândida, naturais de Vila Pouca de Aguiar, distrito do Porto. Adelaide era solteira, lavadeira, e chegou ao Estado do Pará em 1920. Leonor era também solteira, serviçal e chegou ao Estado do Pará no ano de 1921.

Não era incomum irmãs migrarem em temporalidades diferentes para o Estado do Pará, como foi o caso das irmãs de Póvoa de Varzim, distrito do Porto, Maria da Conceição Rodrigues Maia[21] e Cândida Rodrigues Maia[22]. Maria da Conceição chegou ao estado em 1913, com 28 anos de idade, solteira, vinda do Porto de leixões. Sua irmã mais nova, Cândida aportou 7 anos depois, em 1920, com 30 anos de idade, também solteira. Algumas irmãs migraram juntas, como Deolinda Fernandes[23] e Teresa de Jesús Fernandes[24], filhas de José Fernandes e Maria Potilho, naturais de Celorico de Bastos, distrito do Porto. Ambas chegaram no Estado do Pará, em 1914, provenientes do porto

---

17 Grêmio Literário Português. Livro de Habilitação do Consulado Português no Pará. Código 8334, habilitação n. 2186, 7 de julho de 1917.

18 Grêmio Literário Português. Livro de Habilitação do Consulado Português no Pará. Código 7889, habilitação n. 2181, 7 de julho de 1917.

19 Grêmio Literário Português. Livro de Habilitação do Consulado Português no Pará. Código 235, habilitação n. 1610, 14 de junho de 1921.

20 Grêmio Literário Português. Livro de Habilitação do Consulado Português no Pará. Código 569, habilitação n. 2236, 1 de setembro de 1922.

21 Arquivo Distrital do Porto. Livro de passaporte. Maria da Conceição Rodrigues Maia. Livro 166. p.173, Registro 1035, 20 de setembro de 1913.

22 Arquivo Distrital do Porto. Livro de passaporte. Cândida Rodrigues Maia. Livro 181. p. 36v, Registro 214, 29 de janeiro de 1920.

23 c 2 de maio de 1918.

24 Grêmio Literário Português. Livro de Habilitação do Consulado Português no Pará. Código 7047, habilitação n. 2928, 2 de maio de 1918.

de Lisboa. Deolinda tinha 20 anos e era solteira, Teresa tinha 22 anos, também solteira, as duas moravam juntas na Rua General Gurjão, n.14g e não sabiam ler nem escrever.

Por vezes, essas mulheres viajavam com seus filhos e parentes como foi o deslocamento de Maria Emília de Jesus, costureira de 37 anos[25], a qual, saindo de Lisboa no vapor *Augustine*, em setembro de 1900[26], emigrou ao Pará trazendo o filho Antônio, de apenas 2 anos. Além da companhia do filho, Maria Emília veio junto de seu irmão, José da Silva Dias, igualmente solteiro, lavrador, que trouxe seu sobrinho, José Domingues da Silva, de 11 anos[27]. Em outras situações migravam sozinhas e, depois, voltavam para buscar sua família, como a costureira Maria Delfina Mansa, anteriormente mencionada, que migrou e, depois, voltou para Portugal para buscar o seu filho.

Essas e tantas outras situações poderiam ser aqui descritas, mas o importante é percebermos as várias experiências vividas pelas mulheres imigrantes, solteiras, casadas ou viúvas, viajando sozinhas ou com familiares, sendo a primeira da família a migrar ou vindo para morar na casa de um parente. As realidades diversas devem ser visibilizadas para que possamos pensar as mulheres imigrantes em sua diversidade e diferenças de marcadores sociais, não deixando de considerar as práticas e as representações tradicionalmente pensadas como femininas, mas também, não colando e podando suas vivências para caberem nesses papéis tradicionais, reorientando, e essa palavra é fundamental, reorientando nosso olhar em uma perspectiva de gênero para trabalhar com as fontes, a historiografia e a escrita da História.

Considerações finais

Os trabalhos que discutem imigração, mulher e/ou gênero de forma mais direta e analítica costumam seguir a linha de abordagem da História do Cotidiano e da Nova História Cultural (BOSCHILIA, 2017). Esses trabalhos não desmerecem os números, mas enfatizam a experiência e trajetória

---

25   Arquivo Distrital de Aveiro. Registro de Passaporte de Maria Emilia de Jesus, livro 23, página 199, nº 1187, 14 de setembro de 1900.

26   Grêmio Literário e Recreativo Português. Habilitação Consular de Maria Emilia de Jesus, nº 7699, 25 de julho de 1908.

27   Arquivo Distrital de Aveiro. Registro de Passaporte de José da Silva Dias, livro 23, página 199, nº 1186, 14 de setembro de 1900.

de mulheres no mundo do trabalho, nas relações familiares, amorosas e nas lutas sociais. Mas, como nos lembra Green, os números não são tudo, mas são importantes para se começar a pensar e conhecer os padrões da migração. Os números por si só não explicam as circunstâncias, as escolhas e os motivos dos deslocamentos, mas são uma parte importante para entendermos o fenômeno (GREEN, 2012). Analisados em uma perspectiva de gênero, como procuramos fazer neste trabalho, os números sobre o fluxo, razão de sexo, idade, estado civil e ocupação compõem uma dimensão importante para compreender os padrões de imigração. Por sua vez, esses números alcançados a partir da abordagem serial e quantitativa das fontes nos permitiram chegar a um número maior de indivíduos com condição social distinta, permitindo um trabalho mais democrático, como referiu Le Goff (1990) ao falar sobre a história quantitativa. De qualquer forma, tão importante quanto saber quantas e que perfis possuíam essas mulheres, é compreender sua presença e protagonismo, mesmo quando as fontes e as pesquisas insistem em não reconhecer sua visibilidade ou minimizar sua agência.

Referências

ASSIS, Gláucia de Oliveira. Mulheres migrantes no passado e no presente, gênero no presente: gênero, redes sociais e migração internacional. *Estudos Feministas*, Florianópolis, n. 15, v. 3, p. 45-72, set.-dez., 2007.

BARBOSA, Pinto (org.). *ALMANAK DO PARÁ*: Commercial, Industrial e Administrativo. Pará: Typ. Dos Editores Proprietários Pinto Barbosa & C., 1890.

BOSCHILIA, Roseli. As mulheres imigrantes portuguesas sob o véu da invisibilidade Um balanço historiográfico. *In*: BENEDUZI, L. F.; DADALTO, M. C. (org.). *Mobilidade humana e circularidade de ideia Diálogos entre a América Latina e a Europa*. Veneza: Ca Foscari, v. 7, 2017. p. 41-54.

BRETTELL, Caroline. *Homens que partem, mulheres que esperam*: consequências da emigração numa freguesia minhota. Lisboa: Publicações Dom Quixote, 1991.

CANCELA, Cristina Donza; COSME, João Santos Ramalho. Entre fluxos, fontes e trajetórias: imigração portuguesa para uma capital da Amazônia (1850-1920). *Estudos Ibero-Americanos*, Porto Alegre, v. 42, n. 1, p. 232-254, jan.-abr. 2016.

CANCELA, Cristina Donza. O fluxo imigratório do distrito do Porto para o Estado do Pará: borracha, conflitos, epidemias e gênero (1834-1930). *Revista Brasileira de Estudos Populacionais*, v. 36, p. 1-22, 2019.

CANCELA, Cristina Donza. Mulheres portuguesas no Pará: números, perfis, redes sociais e visibilidade (1834-1930). *Outros Tempos*, v. 17, n. 29, p. 100–114, 2020.

CANCELA, Cristina Donza. *Mulheres Portuguesas na Amazônia*: deslocamentos, trabalho, moradia e alianças (Pará, c.1830-c.1930). Projeto de pesquisa. Edital de produtividade/CNPQ, 2021.

CARVALHO, Marcos Antônio de. *Bebendo açaí comendo bacalhau*: Perfil e práticas da sociabilidade lusa em Belém do Pará entre finais do século XIX e início do XX. Tese (Doutorado em História) – Universidade do Porto/Faculdade de Letras/ Departamento de História e de Estudos Políticos e Internacionais, Porto, 2011.

COSME, João Santos Ramalho. Quadros da Emigração portuguesa para o Pará (Brasil): 1886-1900. *Naveg@mérica. Revista electrónica editada por la Asociación Española de Americanistas*, n. 15, p. 1-17, 2015.

EMMI, Marília Ferreira. *Um século de imigrações internacionais na Amazônia brasileira (1850-1950)*. Belém: Editora do Núcleo de Altos Estudos Amazônicos da Universidade Federal do Pará, 2013.

FONTES, Edilza Joana de Oliveira. *Preferem-se português (as)*: Trabalho, cultura e movimento social em Belém do Pará (1885-1914). Belém: EDITAED, 2016.

GONÇALVES, Paulo Cesar. A emigração como força civilizadora: portugueses nas colônias africanas e no Brasil independente. *Revista de História*, São Paulo, n. 177, p. 1-53, 2018.

GREEN, Nancy L. Changing Paradigms in Migration Studies: From Men to Women to Gender. *Gender & History*, n. 3, v. 24, p. 782-798, nov. 2012.

GUIMARÃES, Luiz Valente. *De chegadas e partidas*: Migrações portuguesas no Pará (1800- 1850). Tese (Doutorado em História) – Universidade Federal do Pará, Belém, 2016.

KOFMAN, Eleonore. Female 'Birds of Passage' a Decade Later: Gender and Immigration in the European Union. *International Migration Review*, v. 33, n. 2, p. 269-299, Summer, 1999.

KOFMAN, Eleonore and al. *Gender and International Migration in Europe*: Employment, Welfare, and Politics. London: Routledge, 2000.

LE GOFF, Jacques. Documento/monumento *In:* LE GOFF, Jacques. *História e memória.* Campinas: Editora da Unicamp, 1990. p. 535-549.

LEITE, Joaquim da Costa. A Emigração portuguesa: a lei e os números. *Análise Social,* v. XXIII, n. 3, p. 463-480, 1987.

LUTZ, Helma Gender. The Migratory Process. *Journal of Ethnic and Migration Studies,* v. 36, n. 10, p. 1647-1663, December 2010.

MASSEY, Douglas. Economic development and international migration in comparative perspective. *Population and Development Review,* n. 14, p. 383-413, 1988.

MATOS, Maria Izilda Santos de Matos. *Cotidiano e cultura*: história, cidade e trabalho. São Paulo: e-Manuscrito, 2019.

MENEZES, Lená Medeiros de. Imigração e comércio: silêncios sobre a mulher. *In:* Sarges, Maria de Nazaré dos Santos; Sousa, Fernando de; Matos, Maria Izilda; Vieira Jr, Antônio Otaviano; Cancela, Cristina Donza (ed.) *Entre mares*: o Brasil dos portugueses. Belém: Paka-Tatu, 2010, p. 86-194.

MENEZES, Lená Medeiros; MATOS, Maria Izilda Santos de. *Gênero e imigração*: mulheres portuguesas em foco (Rio de Janeiro e São Paulo – XIX e XX). São Paulo: E-manuscrito, 2017.

MOROKVAŠIĆ, Mirjana. Gendering Migration. **Migracijske i etničke**, v. 30, n. 3, p. 355–378, 2014.

NEVES, Ana Sofia Antunes das; NOGUEIRA, Maria da Conceição Oliveira Carvalho, TOPA, Joana Bessa, SILVA, Estefânia Gonçalves. Mulheres imigrantes em Portugal: uma análise de gênero. *Estudos de Psicologia,* Campinas, n. 33, v. 4, p. 723-733, out./dez. 2016.

PEREIRA, Marco. História do Ensino Primário no Concelho de Estarreja. *Terras de Antuã – Histórias e Memórias do Concelho de Estarreja,* n. 1, Ano 1, Estarreja, Câmara Municipal de Estarreja, 2007, p. 176-179.

PINHEIRO, Maria Luiza Ugarte. Mulheres portuguesas na Belle Époque manauara, 1880-1920. In: MENEZES, Lená Medeiros de; SOUSA, Fernando (org.). *Brasil – Portugal: pontes sobre o Atlântico*: múltiplos olhares sobre a e/migração. Rio de Janeiro: EdUERJ, 2017, p. 137-146, p. 143.

REIS, Laura Junqueira de Mello. "Encarrega-se de fazer tudo que lhe encomendar a moda": O trabalho das modistas e costureiras (Rio de Janeiro, 1815-1840). *In:* SIMPÓSIO NACIONAL DE HISTÓRIA DO RIO DE JANEIRO/RJ, 2021. Rio de Janeiro, 31., 2021. *Anais* [...]. Rio de Janeiro. Rio de Janeiro: ANPUH-BRASIL, 2021.

RODRIGUES, Henrique. *Emigração e Alfabetização – O Alto Minho e a Miragem do Brasil*. Viana do Castelo: Governo Civil, 1995, p. 107.

ROCHA, R. "A emigração do Porto para o Brasil durante a primeira guerra mundial (1914-1918)". *In*: SOUSA, F. *et. al. Um passaporte para a terra prometida*. Porto: Fronteira do Caos/CEPESE, 2011. p. 262.

SARGES, Maria de Nazaré. *Riquezas Produzindo a Bélle Époque. Belém do Pará (187-1910)*. Belém: Paka-Tatu, 2010.

SARMIENTO, Érica; MENEZES Lená Medeiros de. "Imigração ibérica: reflexões sobre trabalho e sobrevivência de mulheres portuguesas e galegas no Rio de Janeiro". *Locus: Revista de História*, Juiz de Fora, v. 26, n. 2, p. 359- 385, 2020.

SAYAD, Abdelmalek. *A imigração ou os paradoxos da alteridade*. São Paulo: EDUSP, 1998.

SOUZA, Flávia Fernandes de. "Empregam-se todos os que precisam trabalhar": o serviço doméstico e o mundo do trabalho na cidade do Rio de Janeiro no final do século XIX. *In*: SIMPÓSIO NACIONAL DE HISTÓRIA, 25., 2009, Fortaleza. *Anais* [...]. Fortaleza: ANPUH-BRASIL, 2009.

TAVARES, Anndrea Caroliny da Costa. *Em busca das "patacas"*: patrimônio de portugueses na economia da borracha (Belém, 1840-1930). Dissertação (Mestrado em História) – Universidade Federal do Pará, Belém, 2016.

TAVARES, Anndrea Caroliny da Costa. *"Partindo mais ou menos pobre, voltando mais ou menos rico"*: A emigração de aveirenses ao Pará (1882-1918). Tese (Doutorado em História) – Universidade Federal do Pará, Belém, 2021.

MULHERES NA LINHA: O TELEFONE E O TRABALHO DE TELEFONISTAS EM BELÉM (1890-1920)

João Arnaldo Machado Gomes[1]

divulgação na imprensa, em 1914, de algumas instruções do uso do aparelho de telefone foi mais uma tentativa, operada por Francisco de Paula Assis Vasconcelos, gerente da *Pará Public Works Company, Limited*, empresa responsável pela manutenção e prestação de serviços de comunicação telefônica em Belém, a fim de evitar a reprodução de alguns incômodos nos serviços de telefonia em Belém. A instrução, cuja finalidade era a de familiarizar os assinantes das linhas telefônicas e eventuais usuários com as maneiras de melhor servir-se do aparelho no momento de efetuar uma chamada telefônica, descrevia a operação em três etapas:

PARA CHAMAR

Virar a manivela duas ou três vezes.

Retirar o receptor, colocá-lo no ouvido e esperar a resposta da telefonista – "Pronto."

Dizer o número que deseja e quando a telefonista tiver repetido o número com clareza, esperar a resposta (conservando-se sempre o receptor no ouvido) a qual deverá ser: - "AQUI... (nome individual ou firma) ... QUEM CHAMA?"

---

1   Doutorando em História do Programa de Pós-Graduação em História Social da Amazônia (PPHIST) UFPA. E-mail: joao01gomes@gmail.com.

PARA RESPONDER

Assim que soar a campainha, *colocar imediatamente o receptor no ouvido*, dizendo o seu nome ou firma e perguntar: - "QUEM CHAMA?"

PARA ACABAR

Depois de colocado o receptor no seu lugar, virar a manivela *duas* ou *três* vezes. (*Estado do Pará*, 22/04/1914, p. 4).

Embora se denote da divulgação do aviso do gerente da *Pará Public Works Company, Limited* uma incipiente intimidade da parte dos assinantes dos serviços de telefonia em Belém com os aparelhos telefônicos, a prestação desses serviços data de um período bem anterior. Inaugurados nos anos finais do Império, esses serviços foram prenunciados na imprensa paraense por meio do jornal *Diário de Belém*. Na ocasião, o cronista do jornal relatava o êxito que nos Estados Unidos as companhias criadas para estabelecer a comunicação geral por telefones haviam alcançado, elencando os benefícios que se podiam obter por meio desse sistema de comunicação. A geração de uma grande economia de tempo na execução de negócios importantes seria uma das mais importantes, especialmente para uma cidade como Belém, cujo comércio, fortalecido pela economia da borracha, indicava significativos índices de prosperidade. Além disso, os serviços de telefonia serviriam para agilizar uma consulta ao médico, pedir socorro à polícia ou ao corpo de bombeiros, "bastando, para isso, dar volta a uma manivela magnética para chamar a atenção do escritório central e formular o pedido." (*Diário de Belém*, 01/03/1881, p. 2).

Embora os serviços de telefonia já se encontrassem em funcionamento na capital paraense desde 1882, o marco cronológico escolhido para o presente estudo se estende mais precisamente entre os anos de 1890 a 1920, ou seja, dentro de um período em que busco compreendê-los no contexto do surgimento das novas tecnologias, entre o final do século XIX e a Primeira Guerra Mundial e quando começa a funcionar o sistema de telefonia interurbano, motivado pelo interesse do Governo Estadual em expandir e melhorar a comunicação entre o interior e a capital paraense. O interesse se fundamenta também pelo fato de, na historiografia sobre Belém e seu processo de modernização entre o final do século XIX e início do XX, muito pouco ter sido escrito sobre a telefonia, o impacto que teria tido no contexto social, a natureza dos contatos e as interações que teriam surgido entre os indivíduos.

Nesse mesmo sentido, por meio da pesquisa de exemplares de jornais correspondentes ao recorte temporal, verifiquei que o uso do telefone não somente passou a motivar novas formas de relações econômicas e sociais no contexto urbano, contribuindo para promoção de mudanças no comportamento dos belenenses, de modo especial, no dos grupos sociais mais influentes, cujas capacidades de comunicação interpessoal foram ampliadas, mas que, além disso, a implantação de um sistema de telefonia, requerendo a mediação de telefonistas, contribuiu para o surgimento de uma nova função profissional na cidade, a qual abriu um importante espaço no mundo do trabalho para as mulheres e que, na sua esteira, não deixou de motivar a retomada de estereótipos atribuídos à imagem do feminino da época, que, por meio da imprensa, reforçaram a característica da mulher faladeira, linguaruda e tagarela.

Sobre a expansão que os serviços telefônico haviam alcançado em Belém no início da década de 1890, o autor do livro *O Estado do Pará: apontamentos para a Exposição de Chicago*, relata que a telefonia na capital paraense podia ser considerada como relativamente maior que a de Paris, contando já com linhas de grandes percursos que acompanhavam a Estrada de Ferro de Bragança, comunicando a capital paraense por meio de uma via maior a 74 quilômetros de extensão, com as colônias agrícolas do Castanhal e Araripe, entre outras (*O Estado do Pará*, 1892, p. 112). Era importante para o autor dar ênfase a essa tecnologia da comunicação instalada há pouco mais de uma década em Belém, pois um livro que iria circular em uma exposição onde se encontravam negociantes de várias partes do mundo poderia atrair a atenção dos investidores estrangeiros, de modo que se fez necessário alertá-los desse suporte que a capital paraense já possuía e que se mostrava de essencial importância à celeridade dos negócios.

Alguns anos antes, porém, da instalação do sistema telefônico de Bell, ao qual o autor do *O Estado do Pará: apontamentos para a Exposição de Chicago* se refere e que se define por um sistema de ligação extensiva com necessidade da mediação de uma telefonista (BELENS, 2010, p. 3), um serviço de telefonia privada, cujo sistema se limitava a agilizar a comunicação direta entre apenas dois prédios comerciais e residenciais ligados por cursos de fios particulares, encontrou-se em experiência na capital paraense e chamou a atenção dos leitores do jornal *A Constituição*. Uma dessas linhas ligava a "Casa Havanesa", um estabelecimento comercial localizado na rua dos Mercadores e de propriedade de Carlos Monteiro de Souza, à casa de Luiz Block, na rua do Imperador, podendo os respectivos proprietários da linha se comunicarem diretamente por meio do aparelho telefônico (*A Constituição*, 10/10/1879, p. 1).

Carlos Monteiro de Souza, aliás, era um grande entusiasta dos serviços telefônicos em Belém, de modo que, por meio de um contrato autorizado pelo Decreto nº 8.344, de 17 de dezembro de 1881, e assinado entre ele e o presidente da Província para o assentamento de novas linhas telefônicas, tornou possível a inauguração, em Belém, do sistema telefônico de Bell. A empresa distribuidora desses serviços possuía, então, uma estação central localizada inicialmente na Tv. do Passinho, nº 15, e que depois passou a ocupar umas das salas do Palácio do Governador, contava com um quadro de distribuição de 25 direções que comunicava, entre si, linhas telefônicas instaladas em alguns prédios públicos, a exemplo do Gabinete da Presidência da Província, do Instituto de Educandos Paraense, da Chefatura de Polícia, do Quartel do Corpo de Polícia, da Câmara Municipal, da Cadeia de São José, do depósito dos carros funerários e da Secretaria do Hospital da Santa Casa de Misericórdia (Almanak Paraense, 1883, p. 322-323).

Não demorou muito para que alguns membros da sociedade endinheirada adquirissem essa invenção, inicialmente, talvez, como objeto de luxo, mas que depois se mostrou como instrumento de primeira necessidade. Afinal, o telefone, como um aparato raro nos inícios de sua difusão pela cidade, estabeleceu-se como um "símbolo cujo prestígio denotava a relação intrínseca entre a tecnologia moderna e as elites dominantes" (SEVCENKO, 1998, p. 583). Tanto é assim que no primeiro semestre do ano de 1890, a *Empresa de Telefone do Pará*, cuja central já havia mudado para a Tv. Das Mercês, possuía em seu catálogo de assinantes um número expressivo de pouco mais de 470 nomes cadastrados, contando-se entre eles, além das repartições públicas, os de bancos, casas comerciais, redações de jornais e muitas residências (*O Democrata*, 27/07/1890, p. 2).

No semestre correspondente ao período entre o mês de outubro daquele ano e março do ano seguinte, a *Empresa* informou à imprensa que seus assinantes em Belém haviam realizado uma média aproximada de 48.526 ligações mensais, número que equivalia a mais de 1.600 ligações diárias. No mês de março de 1891, o pico alcançado foi de 52.918 ligações, representando uma média diária de 1.764 chamadas diárias e que equivale a quase quatro chamadas por linha (*A República*, 07/05/1891, p. 2). Um número expressivo que indica a boa aceitação do telefone pelos belenenses, mas que não superou os números computados pelo escritório da Estação Central da empresa de telefones no sábado, véspera do Círio de Nazaré de 1888, quando foram pedidas 2.100 comunicações para os diferentes pontos da cidade que se achavam ligados por linhas telefônicas. Ou seja, uma média aproximada de seis chamadas por linha (*Diário de Notícias*, 16/10/1888, p. 3).

O sucesso da telefonia na capital paraense não passou despercebido na imprensa local e era apregoado com frequência em diversas folhas. Os jornais publicavam notícias e artigos sobre a utilidade dos serviços telefônicos e a história da criação do sistema de comunicação, atualizando constantemente os seus leitores sobre as novidades que chegavam dos Estados Unidos e da Europa. Enquanto em alguns havia seções de breves notícias e informativos vindas de outros estados da federação transmitidas às suas redações por meio do aparelho telefônico, outros criavam seções de entretenimento em que figurava o telefone sendo utilizado em situações cômicas a fim de divertir seus leitores com anedotas e piadas. Nelas, era reproduzido, para o conhecimento do leitor que ainda não havia tido contato com a novidade, desde o soar da campainha de alerta de chamada do aparelho até desenvolvimento do diálogo entre os comunicantes. Com seu peculiar humor crítico, o jornal *O Binóculo* inaugurou uma seção especial intitulada "Pelo Telefone" para divulgar notas informativas e denúncias do cotidiano utilizando, como recurso, o processo de uma conversação telefônica. E assim chegava ao público algumas reclamações de seus leitores:

PELO TELEFONE

Trim, trim, trim...

- Quem fala? É do BINÓCULO?

- Sim, o que deseja?

- É que chamem a atenção da polícia, para os moleques que durante o dia, atiram pedras nas mangueiras, do largo do Palácio, das estradas de Nazareth e de São Jerônimo com risco de cair nos transeuntes.

- Pois bem, havemos de reclamar uma patrulha, para esses lugares, a fim de impedir as tais pedradas de moleques sem ocupação.

- Muito bem. Obrigado.

Trim... (*O Binóculo*, 07/02/1897, p. 4).

No entanto, apesar do grande sucesso e entusiasmo que o telefone despertou na população, nem tudo era satisfação na relação entre os usuários das linhas e os serviços telefônicos. Para que pudesse ter suas publicações gratuitamente divulgadas na imprensa, a *Empresa Telefônica do Pará*, por seu turno, disponibilizava, também gratuitamente, um aparelho e uma assinatura mensal nas redações dos jornais. Um trato que, diga-se, nem sempre era bem cumprido por parte da Empresa Telefônica. Em vista da demora que muitas vezes a redação do jornal *Folha do Norte* era submetida a fim de se completar uma ligação, além dos constantes erros cometidos pelas telefonistas ao trocar os números de chamadas, o redator do jornal tornou pública sua insatisfação com os serviços prestados pela Empresa em recado endereçado ao seu gerente, denunciando que seus serviços eram "uma das moléstias que mais nos aflige" (*Folha do Norte*, 07/03/1897, p. 3).

Antes desse episódio, porém, alguns leitores do *Correio Paraense* já haviam tornado pública sua insatisfação por meio do jornal. Em uma delas, o leitor assim de expressava:

> Se a instituição desta Empresa, quando soube angariar as suas assinaturas, foi para corresponder aos mais vivos interesses do comércio; se, quando esta Empresa se organizou foi com o fim de facilitar não só as comunicações particulares, como também aos comerciais; se esta Empresa sabe corresponder aos mais ínfimos pedidos de comunicação, é fácil ao ilustre gerente chamar ao cumprimento de seus deveres os seus empregados que, com franqueza, pouco se tem dedicado ao chamado dos seus contribuintes.
>
> Ao ilustre gerente [...] pedimos que, d'ora vante empregue os seus bons esforços a fim de que os seus assinantes não estejam sujeitos às *indigestões* de seus estacionados (*Correio Paraense*, 09/08/1893, p. 1).

Embora a prestação dos serviços telefônicos apresentasse algumas dificuldades em seu funcionamento, muitos profissionais não tinham como se furtar da utilidade de um número de assinatura, o qual era divulgado juntamente às informações contidas em anúncios postados nos jornais. Dessa forma, médicos, dentistas, advogados e engenheiros, os quais procuravam agilizar seus contatos com a clientela por meio do aparelho telefônico, formam os conjuntos de profissionais liberais que, sem dúvida, foram os que primeiramente atentaram para os benefícios do uso do telefone na execução de seus ofícios. Os aparelhos lhes permitiram poder trabalhar mais e em diversos lugares, sem o prejuízo de não serem localizados. O médico Silva Rosado, cuja especialidade era em tratamento de moléstia de crianças, das vias respiratórias e digestivas, por exemplo, desde os primeiros anos da prestação dos serviços telefônicos em Belém, possuía duas linhas telefônicas: uma instalada em seu consultório, na rua da Imperatriz, outra em sua residência, na rua de Santo Antônio, nº 50, de onde se prontificava a atender qualquer chamado para consultas (*Diário de Notícias*, 16/02/1887, p. 4).

Em pouco tempo, os proprietários de estabelecimentos comerciais também aprenderiam que na concorrência entre si pela conservação e rapidez no atendimento aos seus clientes, o telefone seria um importante aliado. Nesse sentido, a fim de oferecer maior prestatividade em seu atendimento, muitos proprietários trataram de garantir uma linha telefônica por meio da qual pudessem manter contato direto com seus fregueses em suas residências, a exemplo de como fizeram os proprietários do *Bouquet das Moças*, uma loja de venda de tecidos importados e moda feminina localizada na rua Conselheiro João Alfredo, nº 52. Em anúncio publicitário divulgado na imprensa, esses proprietários se mostravam atentos ao crescimento que o mercado da capital paraense e dos recursos que se ofereciam com o fim de manter seu estabelecimento comercialmente competitivo. Desse modo, no intuito de gerar maior proximidade e agilidade no atendimento a seus clientes, resolveram instalar em sua loja um aparelho telefônico, por meio do qual suas "excelentíssimas freguesas bastarão transmitir suas ordens por meio do referido aparelho que serão servidas em suas próprias casas" (*O Democrata*, 06/11/1890, p. 3).

Adepto fervoroso das estatísticas em grande escala, A. L. Chermont, então gerente dos serviços telefônicos em 1891 em Belém, afirmava que em cidades norte-americanas e europeias, com número de assinantes de linha telefônicas três e quatro vezes maiores que o de Belém, as chamadas correspondiam a um número igual a dois terços do número dos telefonemas efetuados na capital paraense. Segundo explicava, o período entre as dez horas da manhã e três da tarde era o que fazia diferença, visto ser nesse período que o serviço de chamadas telefônicas aumentava sensivelmente. A causa, segundo explicava, atribuía-se à posição equatorial da cidade, a qual tornava muito dificultosa a exposição dos negociantes aos raios solares durante esse intervalo do dia. Com isso, Chermont queria convencer os comerciantes belenenses das vantagens da instalação de um aparelho telefônico em seu estabelecimento (*Diário de Notícias*, 05/04/1891, p. 3).

Por fim, há de se levar em consideração que a instalação do sistema telefônico em Belém, embora tenha correspondido a um interesse em facilitar as comunicações particulares, teve como principal objetivo atender os interesses do comércio, propiciando maior agilidade nos contatos (*Correio Paraense*, 09/08/1893, p. 1). A partir de 1910, nos anúncios divulgados na imprensa de casas comerciais, gabinetes de profissionais e repartições públicas (*Diário de Notícias*, 23/11/1888, p. 2), era raro não encontrar algum estabelecimento sem indicação de um número de telefone para a comunicação. No entanto, havia muitos que se negavam a aderir à tecnologia. Isso talvez justifique o novo anúncio de Francisco de Paula Assis Vasconcelos, no qual apelava aos comerciantes ainda não assinantes de linha telefônica, alertando para a necessidade de um telefone em seu estabelecimento e os benefícios que ele poderia representar aos negócios, destacando como principal o lucro em menor tempo:

O TEMPO É DINHEIRO

Assim, pois, praticamente em todos os casos, especialmente em negócios, um telefone pouparia o tempo de um mensageiro e consequentemente o seu salário. Que espécie de mensageiro podeis conseguir por 20$000 por mês, capaz de desempenhar tanta utilidade, como um telefone?

O telefone é não só

Um valioso servidor a qualquer hora do dia e da noite

Com um seguro contra fogo, perigos, desastres, etc., etc.

DEVEIS, PORTANTO, OBTER O VOSSO TELEPHONE

Tratai de o conseguir imediatamente pois não podeis prescindir desta necessidade! (*Estado do Pará*, 17/07/1914, p. 4).

Desde o início, o telefone se configurou como um objeto de distinção social. Para os que dele podiam servir-se houve algumas modificações, por meio de seu uso, na maneira de se associar uns com os outros. Novos hábitos urbanos foram incorporados no cotidiano, principalmente na forma de apresentação pública e de estabelecer os laços sociais. A prática da comunicação privada à distância, executada até então por meio de cartas, bilhetes, da telegrafia, de meninos de recados que percorriam pequenos e longos trajetos pelas ruas da cidade, agora tinha um novo concorrente. A prática de congratular uma pessoa querida por algum evento especial, também. Usuários desses meios tradicionais e de outros mais recentes, a exemplo dos anúncios postados nos jornais, agora podiam se utilizar de outro meio. Diante disso, posso inferir que os usuários viam o aparelho telefônico como mais uma possibilidade de se tecer laços sociais. Nesse sentido, o autor da seção "Saracoteando...", do jornal *Diário de Notícias*, e que assinava com D. Fuas, mostrava-se agradecido e enaltecido pelas felicitações de aniversário que havia recebido, pela primeira vez, por esse meio de comunicação:

> P.S. – Estou completamente anormalizado pela delicadeza com que alguns cavalheiros e exmas. senhoras distinguiram-se, já enviando-me felicitações em cartões e [...] empregando o meio do telefonema! Isto só é suficiente para fazer *rabiar* qualquer mortal! (*Diário de Notícias*, 24/05/1891, p. 2).

Desde 1882, quando entrou em funcionamento, a elite belenense passou a incorporar o hábito de usar o telefone para articular encontros sociais, compromissos sociais etc. A pesquisa permite-me afirmar que por causa disso houve uma mudança na sociabilidade dos habitantes mais abastados de Belém, os quais usavam o telefone não somente como um objeto de utilidade, mas também como capital simbólico de distinção social. Essa ideia transparece nos versos humorísticos de um dos fragmentos da *Musa Alegre*, de Eugênio José de Magalhães Carvalho. Sob o pseudônimo de "Braz Patife", o autor, com um jeito debochado, cantava os costumes adquiridos nos lares de famílias abastadas do Rio de Janeiro e descrevia algumas mudanças de comportamento de mulheres que já se viam acostumadas com o uso do aparelho telefônico. Publicado em 1892 na capital carioca, o livro teve alguns de seus versos reproduzidos na imprensa belenense um ano antes. O que tratava do telefone, dizia:

O aparelho telefônico
Da casa da baronesa
Não é bom com certeza,
Pois ontem à noite partiu-se.
- Não falo hoje com ninguém,
Disse a fidalga à criada...
E eu que estava acostumada...
Uma coisa assim já se viu?...

Truz! Truz! – Quem Bate? – Queria
Com a baronesa falar.
- Sem demora vá tratar,
Meu senhor, da sua vida,
Pois não fala com a patroa.
- A razão não me dirá?
- Faz empenho? Pois vá lá.
Tem a linha interrompida. (*Diário de Notícias*, 11/10/1891, p. 3)

Embora o telefone representasse um bem de consumo que beneficiava apenas uma parcela da população, composta por aqueles que podiam pagar e por aqueles que se decidiram pela novidade, não posso dizer que os habitantes da capital paraense pertencentes a estratos sociais menos abastados eram totalmente excluídos da tecnologia telefônica. No início dos anos de 1890, a empresa anunciava, para a comodidade pública, a ampliação dos seus serviços ao público menos abastado, garantindo a instalação de diversas estações urbanas telefônicas em pontos estratégicos da capital. Essas estações seriam montadas com aparelhos especiais para o serviço a qualquer pessoa e a chamada poderia ser direcionada a qualquer linha pertencente aos assinantes da rede telefônica a um preço de 200 réis. Essas estações poderiam ser encontradas na casa comercial Amazônia, no Largo das Mercês, no Restaurante Coelho, no Largo de Santana, no Centro Comercial Redutense, no bairro do Reduto, na Farmácia Galeno, no Largo de Nazaré, na Farmácia Nogueira, na rua Dr. Malcher, e na casa comercial Flor da Maia, na Calçada do Colégio (*A República*, 02/07/1891, p. 1).

Falar pelos aparelhos telefônicos não constituía apenas uma questão de suprir as necessidades pragmáticas e cotidianas. Para as pessoas que dele se utilizavam, despontava também um deslumbrar-se diante das possibilidades de transcendência do tempo e do espaço em que a rapidez no fluxo das informações dinamizava os contatos interpessoais (BELENS, 2010, p. 30). Assim, duas pessoas estando em locais diferentes e distantes, podendo se contactar sem o prejuízo do tempo da locomoção, podiam trocar informações, saudar--se afetivamente, compartilhar segredos, marcar encontros, consultar-se sobre determinado assunto, enfim, manter-se próximos por alguns minutos por meio da voz mesmo estando fisicamente distantes. Era um novo modo de se comunicar por meio do qual os interlocutores, de pontos diferentes e distantes, podiam conversar de forma direta, em uma relação destituída de visibilidade, sem a interferência de terceiros, bastando apenas a ação de um intermediário – melhor dizendo, uma intermediária – entre os dois. E é nesse momento que entra em cena a figura da telefonista como a responsável pela mediação que interligava os usuários na conversação telefônica.

Seguindo uma tendência internacional, o atendimento telefônico era operado por meninos adolescentes, os quais, em Belém, eram recrutados pelo diretor do Instituto de Educandos Paraense (*Diário de Notícias*, 28/04/1887, p. 2). O problema era que muitas vezes os garotos se engajavam em brincadeiras e linguajar inapropriado, deixando os clientes em situações constrangedoras. Por causa disso, as empresas de telefonia, a exemplo da instalada em Belém, logo começaram a contratar moças para assumir esse serviço operacional, as quais tinham que se enquadrar em alguns critérios básicos, como, por exemplo, a de apresentarem uma imagem gentil. Além da gentileza, deveriam também possuir a capacidade de manterem-se calmas e educadas diante de situações inusitadas, ter uma boa dicção, locução e habilidade para lidar com os equipamentos. Reuniam-se, assim qualidades técnicas adquiridas com treinos a outras consideradas naturais das mulheres que deveriam ser aplicadas na operação de seu trabalho, uma ideia que remete à afirmação de que a entrega das máquinas às mulheres no final do século XIX correspondeu a uma sequência natural do ser feminino que demandavam apenas por uma simples adaptação (PERROT, 2005, p. 226).

Embora tenha sido uma novidade esse encontro das mulheres com a profissão de telefonistas por meio do qual passavam a lidar com um objeto de trabalho em forma de aparelho e que fazia parte de um sistema com alguma complexidade de manuseio, especialmente no sentido da eficácia da comunicação, nunca foi novidade para mulheres o trabalho, inclusive o trabalho com máquinas e aparelhos tecnológicos. Lembremos das máquinas de costura, cujo manuseio poderia ser feito em casa, junto a outros trabalhos domésticos, ou em ateliers, como assistentes de modistas, ou ainda como operárias em fábricas de roupas; das máquinas datilográficas que não demoraram para sentir suas teclas serem pressionadas por ágeis dedos femininos como professoras em escolas de datilografia e secretarias de instituições públicas ou empresas privadas; dos maquinários de tecelagem nos quais muitas mulheres passaram a assumir postos de controle em fábricas de cordas; e das máquinas de lavar roupas que logo se viram ser instaladas em diversas lavanderias que passaram a fazer parte do cotidiano de trabalho da cidade.

O local onde as telefonistas operavam o sistema telefônico, comandadas por uma chefe de telefonistas, era uma sala isolada e iluminada por uma lâmpada incandescente instalada no teto. Por toda extensão, havia mesas de operação e, sobre cada uma delas, um abajur que as ajudava na execução dos serviços (BELENS, 2010, p. 13). Para executar a operação e viabilizar a ligação, a telefonista trabalhava em frente a um painel onde havia uma tomada para cada linha telefônica instalada. A telefonista recebia a chamada, perguntava a quem devia destiná-la e conectava o telefonema requisitante ao do destinatário da chamada, enfiando o pino na tomada correspondente ao número da linha. Feito isso, avisava a pessoa sobre a chamada e transferia a ligação. A realização desse processo, no qual as telefonistas entravam em contato com cada assinante apenas por alguns segundos, aparentemente cômodo para uma mulher, poderia apresentar-se bem cansativo quando esses poucos segundos se multiplicavam às centenas de chamadas de pedidos de interligação que podiam ser realizadas por dia.

Para se ter uma ideia, entre outubro de 1919 e julho de 1920, o número de ligações cresceu em Belém de 12.893 (*Estado do Pará*, 4/10/1919, p. 2) diárias para 17.315 (*Estado do Pará*, 22/07/1920, p. 2), um trabalho já não muito cômodo se levarmos em conta que para executá-lo a Estação Central Telefônica contava como apenas com 25 telefonistas empregadas (*Estado do Pará*, 22/07/1920, p. 2). Dessa forma, não seria de admirar que, entre uma e outra chamada, alguma telefonista não tenha se encontrado irritada diante de uma situação inusitada semelhante à narrada na anedota de um certo "Aquelezinho", divulgada pelo jornal *Folha do Norte*:

Enquanto a minha sogra está falando [ao telefone] [...]
Pergunta a telefonista:
- Está ouvindo bem?
- Hein? Responde a minha sogra [...] E a velhota continua:
- Hein?
A moça telefonista experimenta outra vez:
- Está ouvindo bem?
E a minha sogra já um tanto desconcertada, porque não quer parecer surda, aflita, murmura:
- Hein?
Afinal ela me chama, quer que eu vá saber o que estão dizendo.
Chego lá e não entendo o que me dizem, mas penso saber do que se trata e respondo:
- Bem, muito obrigado não há de que.
Agora é a telefonista que está atrapalhada do outro lado.
- O que?
E eu, só de mau, respondo:
- É!
E a moça já nervosa:
- Hein?... (*Folha do Norte*, 08/07/1903, p. 1)

Interessante notar que, na imprensa, logo foi atribuída às mulheres uma associação estreita com o telefone não somente no que diz respeito ao trabalho de telefonistas. A exemplo das anedotas expostas, as quais mostram a figuras femininas contracenando com o aparelho de comunicação a distância, inclusive no ambiente do lar, vivenciando situações em que se vê mulheres ou como dependentes desse possibilitador de expansão de sua voz, ou como desejosas de dominá-lo mesmo que de modo ainda desastrado. Em campanhas publicitárias de divulgação de estabelecimentos comerciais na imprensa, a associação também era enfatizada, como se pode observar no anúncio da alfaiataria *New York Tailor*, de propriedade de B. S. Vianna. Nele, a enfatização da figura feminina associada ao telefone é bem mais nítida ao apresentar a imagem de uma mulher vestida em uma blusa decotada e cabelos curtos, perguntando sobre a qualidade e o valor das roupas (*Estado do Pará*, 24/05/1918, p. 4).

Estado do Pará, 24/05/1918, p. 4.

Utilizando-se do recurso imagético onde se vê a imagem de uma figura feminina sorridente manuseando um telefone – provavelmente de dentro de sua casa – a fim de se comunicar com a alfaiataria para fazer seu pedido, o anúncio nos mostra não somente a satisfação e a comodidade que o telefone representava às suas clientes por meio da agilidade no atendimento, mas também que eram modernas e sofisticadas, além de exigentes e econômicas. Focalizando prioritariamente as mulheres, ações publicitárias, como a veiculada nos jornais pela alfaiataria *New York Tailor*, em Belém, tinham como objetivo destacar as mulheres como fortes consumidoras (MATOS, 2018, p. 87), e não deixam de reforçar a ideia de que elas eram usuárias frequentes do aparelho, em particular, em ambientes como o do lar. Nesse sentido, como monopolizadoras desse meio de comunicação em ambientes mais restritos, não teriam as mulheres dominado efetivamente a profissão de telefonistas por causa da adequação dessa condição ao trabalho em um local fechado e distante dos olhares do público ao qual atendiam? (MALUF; MOTT, 1998, p. 404)

Para colocar em funcionamento o sistema telefônico e alcançar certa eficiência na prestação de serviços, havia toda uma organização social que se centralizava em uma rede de comunicabilidade formada pelas telefonistas e pelos usuários que, diariamente, faziam contatos pelas linhas e dinamizavam o fluxo de informação na cidade. Nesse sentido, a atividade das telefonistas exigia comportamento moral inatacável, saúde – boa audição e dicção – e, especialmente, silêncio. Um silêncio que fazia parte de um código de ética profissional e que garantia prestígio social a essas trabalhadoras (BELENS, 2010, p. 15). Para isso, as mulheres selecionadas para exercer tal ofício tinham uma origem social específica, pois tinham que ser educadas, amáveis no falar e se vestir bem. Sua origem social também pode ser constada pela frequência com que seus nomes apareciam nas seções sociais dos jornais. Úrsula Melo, por exemplo, foi elogiada pelo articulista do jornal *O Pará*, na seção Belém Elegante, como uma "senhorita ativa e hábil telefonista" (*O Pará*, 21/10/1899, p. 2).

A entrada dessas "senhoritas" (*O Pará*, 07/10/1898, p. 1), como geralmente eram tratadas socialmente as mulheres jovens e solteiras[2] das classes média e rica, no mercado de trabalho como telefonistas, representou uma mudança importante que se adequava ao novo cenário republicano, no qual algumas mulheres de famílias um pouco mais abastadas começavam, sempre com maior frequência, a exercer um trabalho fora do lar (MATOS, 1995, p. 102). Mas, embora o ofício de telefonista fosse exercido fora do lar, não posso dizer que elas exerciam um trabalho, necessariamente, em um espaço público, visto ocuparem um espaço fechado e isolado e não expostas aos olhares daqueles a quem prestavam seus serviços. Apenas a sua voz e a eficácia de seu trabalho eram sentidas externamente. No entanto, essa categoria de trabalhadoras não deixava de ser representante de uma presença feminina a mais que se via ocupando postos de trabalho e exercendo ofícios como profissionais. Uma imagem que, por sua vez, se distanciava daquela representada pela mulher quase sempre inserida no espaço doméstico, cumprindo suas funções de esposa e mãe (SCOTT, 2020, p. 20).

Desse modo, não demorou para que as mulheres telefonistas se tornassem alvo de críticas, afinal, era preciso um deslocamento de suas casas até o local de trabalho. Um deslocamento que se fazia por vias muitas vezes movimentadas. E havia também a experiência do ganho do próprio dinheiro por meio do trabalho. Um ganho que podia representar o início de um processo de emancipação financeira, caso a *senhorita* continuasse trabalhando depois que

---

2   A condição civil, aliás, também era importante. O trabalho de telefonista privilegiava mulheres solteiras, o que se justificava pelo trabalho noturno e fins de semana a que estavam sujeitas e que não era aceito no casamento.

o *status* mudasse para o de *senhora*. Para aquele final de século XIX e início de XX, "era muito recente a presença de moças das camadas médias e altas, as chamadas de 'boa família', que se aventuravam sozinhas pelas ruas da cidade" (MALUF; MOTT, 1998, p. 368), seja para qualquer necessário serviço para casa ou, menos ainda, para trabalhar. Com isso, logo o alarme foi acionado pelos belenenses mais conservadores, os quais passaram a se manifestar nos órgãos da imprensa contra as telefonistas.

Colocando em dúvida o profissionalismo das jovens, um certo Colombino mostrava-se indignado com a decisão do então gerente da *Empresa de Telefones* por ter trocado por moças os rapazes que trabalhavam como telefonistas e tentava convencer os leitores do jornal *Diário de Notícias*, na seção "Sem ofensa e sem... malícia", sobre os perigos que então representava o telefone em Belém, especialmente para o segredo dos negócios comerciais. Segundo argumentava, não era por causa do telefone em si, mas pelo fato de os serviços de interligações das linhas serem feitos por mulheres (*Diário de Notícias*, 13/02/1892, p. 3). O que Colombino colocava em questão e retomava para a discussão era o uso de um estereótipo popularmente atribuído às mulheres, o qual as descrevia como linguarudas, faladeiras, tagarelas, incapazes de se manterem em silêncio e, por isso, impossibilitadas de guardar segredos. Estereótipo este que passou a ser reforçado pela imprensa por meio da publicação de supostos provérbios que afirmavam ser as mulheres "dotadas pela natureza com duas armas cada qual mais temível: o dente e a língua" (*Diário de Notícias*, 10/01/1895, p. 1) e que "a língua da mulher é uma espada que nunca enferruja" (*República*, 15/02/1900, p. 1).

Posicionando-se contra a decisão do responsável pelos contratos de funcionários da empresa telefônica por ter substituído os rapazes pelas senhoritas no emprego dos serviços telefônicos, Colombino, manifestando sua desconfiança em relação ao respeito ao código do silêncio pelas telefonistas e reproduzindo o pensamento da época, acusava as mulheres de serem inclinadas à bisbilhotice e à curiosidade. E, embora ponderasse que os homens assim também o fossem, enfatizava, no entanto, que, nas mulheres, o perigo era a combinação da bisbilhotice e curiosidade ao seu peculiar e natural caráter de tagarela. Desse modo, alertava:

> [...] se desejamos confiar a qualquer amigo [por telefone] algum segredo importante, arriscamo-nos a vê-lo conhecido por outrem.
>
> Dantes, passávamos por igual risco; tínhamos, porém, confiança, no critério dos empregados, porquanto, se o homem pode ser curioso, raras vezes é tagarela.
>
> Hoje, no entanto, o telefone é mais que inútil: é perigoso, quando se trata de uma comunicação séria; ouvida esta pelas encarregadas da estação, quem nos garantirá o sigilo, desde que todos sabemos que segredo em boca de mulher é o mesmo que manteiga em focinho de cachorro? (*Diário de Notícias*, 13/02/1892, p. 3).

Claramente a crítica continha uma implícita má-vontade contra as telefonistas pelo fato de serem mulheres, mas também por serem jovens trabalhadoras remuneradas que exerciam uma profissão fora do lar. Nesse sentido, não foi sem entusiasmos o recebimento de uma notícia vinda dos Estados Unidos sobre a suposta criação de um aparelho telefônico que dispensava aquelas intermediárias para as comunicações verbais a distância. Segundo se descrevia no jornal *O Democrata*, o aparelho seria munido de teclas com unidades numéricas que bastariam ser comprimidas na ordem dos números da linha destinatária da chamada para que o aparelho distribuidor das comunicações, instalado na estação central e ligado a todos os outros aparelhos telefônicos, transmitisse esses movimentos ao assinante correspondente. Assim, comemorava-se no jornal o fato de que "as telefonistas estão destinadas a desaparecerem em breve prazo" (*O Democrata*, 07/12/1892, p. 2).

Interessante notar que a criação e expansão dos serviços de telefonia deram-se num momento em que, tanto na América como na Europa, as campanhas de emancipação feminina por meio do trabalho despertavam muitas mulheres pertencentes às classes sociais mais abastadas para a procura de emprego fora de casa. No entanto, o que se nota na imprensa belenense é um reforço de ideias conservadoras empenhadas em combater esse sentimento feminino por meio de discursos que inferiorizavam as mulheres e as classificavam como inaptas a exercerem certos ofícios, visto que, se as trabalhadoras menos favorecidas eram tidas como seres profundamente ignorantes, irresponsáveis, incompetentes e irracionais, as mulheres de níveis sociais médios e altos, por sua vez, eram vistas como menos racionais que os homens (RAGO, 2006, p. 589).

No caso das telefonistas, no entanto, o desprezo pela condição de mulheres sendo vistas no exercício de uma profissão que demandava um trabalho fora do ambiente doméstico só era menor do que a importância que elas representavam para a eficácia da circulação de informações por meio desse meio de comunicação. Em tempos agitados como 1918, período da epidemia da gripe espanhola, jornais belenenses escreviam sobre a heroicidade das telefonistas que, mesmo exaustas pelos difíceis e longos dias de exposição ao contágio, asseguravam as comunicações, sempre com profissionalismo e simpatia (*Estado do Pará*, 29/10/1918, p. 1).

Nesse contexto, a expansão da rede telefônica em Belém, nos finais do século XIX e primeiras décadas do século XX, demonstrou, sobretudo, o dinamismo de uma economia que se fortalecia com o comércio da borracha, em que as elites dominantes investiram em uma infraestrutura que se tornava básica para a celeridade das negociações. Desse modo, o telefone foi se consolidando como meio de comunicação fundamental de articulação de mudanças tanto econômicas – por constituir-se como fator de diminuição de distâncias e auxiliar na acumulação de capitais, satisfazendo os empreendedores na busca dos benefícios proporcionados pela modernidade – quanto sociais, a exemplo do que se verificou no comportamento dos citadinos que tiveram acesso ao uso do aparelho e que puderam estabelecer novas formas de contatos interpessoais. No caso das mulheres, a criação de uma nova oportunidade de trabalho no setor de atendimento telefônico colaborou para a expansão da mão de obra feminina.

Referências

Almanak Paraense de Administração, Comércio, Indústria Estatística para o ano de 1883. AZEVEDO, Belmiro Paes de (org.). Belém (Pará). *Tipografia de Assis e Lemos*, 1883. Disponível em: http://memoria.bn.br. Acessado em: 13 de setembro de 2020

BELENS, Adroaldo de Jesus. *A modernidade sem rosto*: Salvador e a telefonia (1881-1924). Semana de Mobilização Científica, 2009, Salvador, UCSAL – Universidade Católica de Salvador, 2009, p. 8. Disponível em: http://ri.ucsal.br.pdf. Acesso em: 21 jun. 2019.

MALUF, Marina; MOTT, Maria Lúcia. Recônditos do feminino. *In*: SEVCENKO, Nicolau (org.). *História da vida privada*: República - da Belle Èpoque à Era do Rádio. São Paulo: Companhia das Letras, 1998. p. 367-421.

MATOS, Maria Izilda S. de. Do público para o privado: Redefinindo espaços e atividades femininas (1890-1930). *Cadernos Pagu*, n. 4, p. 97–115, 1995.

MATOS, Maria Izilda S. de. *Por uma possível história do sorriso*: institucionalização, ações e representações. São Paulo: Hucitec, 2018, p. 275.

PERROT, Michelle. *As mulheres ou os silêncios da história*. Tradução: Viviane Ribeiro. Bauru: EDUSC, 2005, p. 520.

RAGO, Margareth. Trabalho feminino e sexualidade. PRIORE, Mary Del (org.). *História das mulheres no Brasil*. São Paulo: Contexto, 2004, p. 484-507.

SCOTT, Ana Sílvia. O caleidoscópio dos arranjos familiares. *In*: PINSKY, Carla Bassanezi; PEDRO, Joana Maria (org.). *Nova história das mulheres no Brasil*. São Paulo: Contexto, 2020. p. 15-42.

SEVCENKO, Nicolau. A capital irradiante: técnica, ritmos e ritos do Rio. *In*: SEVCENKO, Nicolau (org.). *História da vida privada*: República - da Belle Èpoque à Era do Rádio. São Paulo: Companhia das Letras, 1998. p. 513- 619

Fontes:

A Constituição, 10/10/1879, p. 1

A República, 02/07/1891, p. 1

A República, 07/05/1891, p. 2

Correio Paraense, 09/08/1893, p. 1

Diário de Belém, 01/03/1881, p. 2

Diário de Notícias, 05/04/1891, p. 3

Diário de Notícias, 10/01/1895, p. 1

Diário de Notícias, 11/10/1891, p. 3

Diário de Notícias, 13/02/1892, p. 3

Diário de Notícias, 16/02/1887, p. 4

Diário de Notícias, 16/10/1888, p. 3

Diário de Notícias, 23/11/1888, p. 2

Diário de Notícias, 24/05/1891, p. 2

Diário de Notícias, 28/04/1887, p. 2

Estado do Pará, 17/07/1914, p. 4

Estado do Pará, 22/04/1914, p. 4

Estado do Pará, 22/07/1920, p. 2

Estado do Pará, 24/05/1918, p. 4

Estado do Pará, 29/10/1918, p. 1

Estado do Pará, 4/10/1919, p. 2

Folha do Norte, 07/03/1897, p. 3

Folha do Norte, 08/07/1903, p. 1

O Binóculo, 07/02/1897, p. 4

O Democrata, 06/11/1890, p. 3

O Democrata, 07/12/1892, p. 2

O Democrata, 27/07/1890, p. 2

O Pará, 07/10/1898, p. 1

O Pará, 21/10/1899, p. 2

O Estado do Pará: livro de apontamentos para a Exposição de Chicago, 1892. Disponível em: https://issuu.com/ufpadoispontozero. Acessado em 19 de agosto de 2020.

República, 15/02/1900, p. 1

PROSTITUIÇÃO E BIOPOLÍTICA EM BELÉM (1890-1905)

Ronaldo Trindade[1]

Flores				horizontais
Flores		da		vida
Flores	brancas		de	papel
Da	vida	rubra	de	bordel
Flores		da		vida
Afogadas	nas	janelas	do	luar
Carbonizadas	de	remédios,	tapas,	pontapés
Escuras	flores		puras,	putas
Suicidas,				sentimentais
Flores				horizontais
Que rezais?				
Jose Miguel Wisnik				

Introdução

O texto ora apresentado é, antes de mais nada, um reencontro de um antropólogo com a História e de um pesquisador com suas fontes, coletadas nos arquivos públicos de Belém entre os anos de 1994 e 1997, tanto para a escrita de meu trabalho de conclusão de curso como de minha

---

1 Doutor em Antropologia Social pela Universidade de São Paulo. Atualmente faz estágio pós-doutoral no PPGAS-UNB, é professor substituto no Departamento de Antropologia da Universidade de Brasília (UNB) e Pesquisador associado ao Laboratório Matula. Sociabilidades, Diferenças e Desigualdades Grupo de Pesquisa (PPGAS - UnB).
E-mail: ronaldotrindade@gmail.com

dissertação de mestrado, ambos orientados para a História Social. Trata-se de um vasto corpo documental composto por autos policiais, processos-crimes, relatórios de Governo, Códigos de Postura, álbuns de fotografias e, principalmente, notícias nos principais jornais paraenses publicados entre 1880 e 1905, período de transição do trabalho compulsório para o trabalho livre, do Império para a República e também foi, talvez, o momento mais apoteótico da história dessa cidade. Mas minha etnografia histórica, como hoje prefiro classificá-la, não foi sobre os cavalheiros e damas da Belle Époque. Ao contrário, enveredei pelas ruas mal iluminadas, boêmias e imorais, frequentadas por indivíduos que foram noticiados na imprensa local como cafetinas, meretrizes, vagabundos/as, desordeiros/as, enfim, daqueles/as que representavam um entrave para a construção de uma cidade moderna tais quais as capitais europeias que tomaram por modelo.

Na época, detive-me, principalmente, nas distintas maneiras como os comportamentos das pessoas pobres e ricas de Belém destoavam e de como isso se revertia em intervenção direta do poder púbico e de seu aparato punitivo no cotidiano dos chamados populares do bairro da Campina, daí minha opção teórica por privilegiar a perspectiva dos historiadores sociais ingleses e seu foco no ponto de vista das pessoas simples, no destacamento de seus projetos, suas representações e sua ativa resistência aos processos de expropriação de suas vidas. Michel Foucault, certamente, estava lá, mas em segundo plano. Agora, nessa retomada, sua analítica do poder passa a ocupar o centro da trama. Agora, submeto o referido corpo documental à perspectiva biopolítica elaborada pelo filósofo francês, juntamente com a insistência no cotidiano de Michel de Certeau, pois que o poder é capilar e atua nas extremidades, e é no cotidiano que arranjos que resistem ao poder se articulam. O poder está em toda a parte, mas, como já disse Foucault, se há poder há resistência.

Abordagens biopolítica da prostituição

Biopolítica é um construto elaborado pelo filósofo francês Michel Foucault, principalmente a partir dos seus escritos sobre o dispositivo sexualidade e governo em livros como *História da sexualidade I* (2012), *Em defesa da sociedade* (2010), *Segurança, território e população* (2008a) e *O nascimento da biolítica* (2008b). O termo biopolítica se refere a um conjunto de técnicas de poder que incidem sobre o corpo social de uma dada população visando torná--la mais apta à produção e reprodução. Argumento neste artigo que a cruzada das autoridades paraenses contra a prostituição nas últimas décadas do século XIX e início do XX se fez por meio de estratégias biopolítica que pretendiam disciplinar, moralizar e *medicalizar* o corpo das meretrizes pobres.

No Brasil, as ideias de Michel Foucault foram de farta importância para a constituição do campo dos estudos de gênero. Nas últimas décadas do século XX, o campo dos estudos de gênero começou a se constituir no Brasil, articulado por diversos/as pesquisadores/as e docentes em diferentes áreas das humanidades, das ciências sociais e das artes. Por ser um momento embrionário, era possível fiar sabendo quais eram as questões em debate e os/as autores/as mais influentes no campo, então em constituição.

Uma das vozes mais influentes nesse campo foi a da historiadora e ativista e teórica feminista Margareth Rago, que, já naquela época, havia publicado livros e artigos que podem ser considerados esforços bem empreendidos de aproximar os historiadores sociais das práticas discursivas e dos processos de subjetivação, o epicentro da produção foucaultiana. Esse esforço é mais evidente nos instigantes artigos "As marcas da pantera" (1993) e "O efeito Foucault na historiografia brasileira" (1995), mas está no cerne de seus dois livros mais discutidos entre os/as historiadores/as cujos temas de investigação estão relacionados aos temas da mulher, da disciplinarização, medicalização que afetava de forma distinta as vidas de homens e mulheres nas últimas décadas do século XIX e início do século XX. Trata-se de *Do cabaré ao lar* (1985) e *Os prazeres da noite* (1991), o primeiro mais voltado para os processos de disciplinarização dos homens e mulheres pobres, de modo a acomodá-los de forma harmônica no mundo do trabalho operário, ao passo que o segundo trata da prostituição em São Paulo do mesmo período, mas agora focando na constituição discursiva da prostituta por distintas instituições como a medicina, o direito nos textos jornalísticos e literários.

Outra pesquisa de orientação foucaultiana foi apresentada por Magali Engel em um livro chamado *Meretrizes e Doutores* (1988), em que a historiadora fluminense faz emergir os discursos médicos sobre o corpo feminino constantes nas teses médicas das faculdades de medicina do final o século XX, bem como as práticas sanitaristas que orientavam o poder público em relação à prostituição. Algumas décadas depois, Fabíola Rohden, desde o campo da

Antropologia da Saúde, desenvolveria uma análise sofisticada da constituição discursiva do corpo feminino no livro *Uma ciência da diferença: sexo e gênero na medicina da mulher*. É essa aproximação entre Foucault e o tema da prostituição que me interessa mais diretamente neste capítulo.

No que se refere à presença de meretrizes pelas ruas de Belém, existiam na época da escrita de minha dissertação apenas algumas rápidas referências nos trabalhos de Conceição Almeida, Edilza Fontes ou mesmo de Iracy Ritzmann (1997), diluídas em debates sobre trabalho, gênero e raça. Nesse sentido, pode--se dizer que minha pesquisa foi a primeira a mergulhar na vida de ébrios, meretrizes e cafetinas que viviam ou trabalhavam no bairro da Campina num momento decisivo para a História de Belém.

Muito preocupados em sanear a vida dos habitantes da cidade, o que significava submeter a um laudo médico as práticas e comportamentos públicos e privados, as elites letradas empreenderam uma dura campanha para coagir a presença das meretrizes pobres nas ruas. Certos de que as mulheres que residiam nos cortiços, e demais habitações coletivas, eram prostitutas, e que estas não eram poucas, a guerra contra as habitações coletivas populares e a guerra contra a imoralidade seriam também a guerra contra a prostituição.

Entre os anos de 1880 e 1905, a presença de prostitutas em algumas ruas da cidade era realmente maior dò que em outros períodos. Tanto nos jornais quanto em obras literárias que retratavam a vida nas ruas, essa era uma situação que podia ser facilmente observada. Foi principalmente nas ruas do bairro da Campina que as fontes revelavam a presença dessas mulheres. Por exemplo, foi na rua da Trindade que Marques de Carvalho, em seu romance naturalista, localizou a casa de uma bastante solicitada prostituta.

Concentrando-se principalmente na rua das Gaivotas, atual Primeiro de Março, as meretrizes podiam ser encontradas também nas Ruas Riachuelo, Rua das Flores, e nas travessas do Passinho e das Mercês, região de grande concentração populacional, por onde circulava a maior parte do dinheiro oriundo do lucrativo comércio da borracha. Estavam por aquelas imediações os bancos e firmas onde ocorriam as transações, além do concorrido porto, da rua dos mercadores e do mercado do Ver-o-Peso. Logo, para qualquer prostituta interessada em conseguir clientes, aquelas ruas eram bastante atrativas.

Era exatamente nas ruas da Campina que se encontrava o maior número de tabernas, bordéis e botequins da cidade. A publicidade desses locais estava garantida pela imprensa local, não necessariamente com palavras gentis sobre suas acomodações ou seus frequentadores. Brigas, ferimentos, desordens ou comportamentos imorais eram sempre identificados com esses estabelecimentos e com seus frequentadores, o que sugere que a concentração de boêmios por aquelas imediações não era insignificante.

> Quando não estão pelas ruas, dando mostras despudoradas de suas vergonhas, são os botequins e bordéis que pululam aos montes pelas redondezas da Praça Pedro II e Largo da Pólvora, o teatro de seus torpes comportamentos (O DEMOCRATA. 15/09/1890, p. 2).

Ao que nos parece, essa situação não era uma invenção daqueles anos, pelo menos no que diz respeito à presença de prostitutas pelas ruas. Porém, modernizar a cidade significava também sanear as ruas, daí uma estrondosa preocupação para com meretrizes pobres que frequentavam o bairro ou residiam nas habitações populares da Campina.

A tarefa autoatribuída dos jornalistas era convencer a população de Belém dos valores do trabalho. Para isso, incentivavam as campanhas médico-saneadoras que pretendiam desodorizar e tomar salubres as ruas e as pessoas. As prostitutas representavam uma ameaça em potencial para esse projeto de sociedade, como sugere Magali Engel ao se referir às formas como foram percebidas as meretrizes nas últimas décadas do século XIX.

> Estritamente vinculada às ideias de prazer excessivo e ano reprodução, a prostituição é inserida pelo médico no espaço da sexualidade pervertida. Deste modo, a prostituta é classificada — ao lado do libertino, do pederasta, do onanista, do sodomita da lésbica e da ninfomaníaca — entre os tipos que apresentam um comportamento sexual desviante, segundo os critérios médicos de avaliação. A noção de desvio, utilizada na elaboração desta patologia, traz explícita a percepção da sexualidade doente como uma distorção da natureza e, assim, a perversão sexual, qualificada de antifísica e antinatural, é identificada como doença do organismo (ENGEL, 1988, p. 72).

A definição de que o corpo da prostituta era um organismo doente, em uma época em que a medicina pretendia eliminar todo e qualquer foco de contágio, lançou essas mulheres ao topo da lista dos inimigos públicos das autoridades de Belém. Médicos e autoridades policiais, em nome do binômio saúde/moral empenharam-se na tarefa de coibir as ações das meretrizes nas ruas da cidade. Concordando com as definições médicas de que os cortiços eram fontes de propagação de doenças e que as habitações coletivas eram ocupadas unicamente por vagabundos e prostitutas, um jornal publicou o seguinte artigo, endereçado ao Chefe de Segurança Pública.

> É um escândalo ver-se todos os dias e noites, um grupo de mulheres sem ocupação, usando de linguagem condenada pela civilização postar-se na esquina da estrada de São José e Rua do Arcipreste Manoel Theodoro. A nada respeitam e as pessoas que por ali passam são desacatadas; o insulto impera ali. Confiamos que o Chefe de Segurança providenciará no sentido de eliminar com aquele centro de imoralidade em tempo. Essas meretrizes moram em cortiços que existem naquelas imediações. (O DEMOCRATA. 17/08/1894, p. 2).

Seus ajuntamentos eram considerados focos de imoralidade e a proximidade dessa região com os cortiços levava a supor que se eram meretrizes e desordeiros, não havia outra residência para elas que não fosse os "terríveis" cortiços. Por outro lado, as meretrizes também eram pintadas como as fiéis representantes do crime e da ociosidade. Não apenas afastavam o homem do trabalho honesto como também o induziriam à criminalidade. Bastante preocupado com o aumento da criminalidade na capital paraense, o secretário de segurança pública de Belém, em 1897, numa atitude deveras preconceituosa, chamou a atenção das autoridades públicas para o grande número de cearenses existente na cidade.

> Isso é demonstrado pelo mapa demonstrativo da criminalidade no Pará. A população cearense não corresponde ao terço da população paraense, entretanto ocupa o segundo lugar na escala de criminalidade. Pela estatística que apresento, aliás incompleta, vê-se que o cearense é mais propenso aos atentados contra as pessoas. (O DEMOCRATA, 17/08/1894, p. 2).

O grande número de cearenses nas ruas causava um verdadeiro temor nas autoridades públicas que se converteu num ostensivo policiamento das ruas, numa tentativa profilática de conter a criminalidade. Como a cidade crescia e consolidava sua urbanização sob os auspícios da borracha, Belém pareceu ao secretário de segurança pública uma cidade que crescia e se tornava palco privilegiado para a ação de pessoas mal-intencionadas.

> A Capital do Estado como já tive ocasião de notar, é a que apresenta o maior número de criminosos. A razão deste anômalo crescimento da criminalidade, concomitante com o desenvolvimento mental e industrial dos centros populosos, está no contato mais imediato de indivíduos de índole e costumes diversos que [...] mais áspero o conflito vital na reunião dos ociosos que [...] vem procurar fortuna sem trabalho, na prostituição, no jogo, no alcoolismo e em todas essas profissões industriais e modos de vida suspeitos que constituem a fronteira do crime. (O DEMOCRATA. 17/08/1894, p. 2).

Como demonstrei em outro momento, a diversidade social e cultural das ruas da Campina era fonte constante de preocupação para os abastados e para as autoridades públicas de Belém. A mistura de índoles e costumes causava medo porque *as* cearenses eram um número bastante significativo entre as suspeitas mulheres da Campina.

Os intelectuais paraenses do período acreditavam que o homem era extremamente influenciado pelo meio, portanto, os habitantes da cidade correriam grande risco de serem contaminados por um meio viciado que uma populosa capital inevitavelmente gerava. A ociosidade desfilava pela cidade, com as pernas de ébrios, jogadores e meretrizes, ameaçando contaminar sua população com os vícios de uma vida desregrada.

As meretrizes, do ponto de vista das autoridades púbicas, ameaçavam tanto a saúde da população como também atentavam contra o mundo positivo da ordem e do trabalho. Ameaçavam contaminar a população com as doenças físicas e com a latente ociosidade/criminalidade que suas vidas esboçavam. Essa preocupação pode ser facilmente percebida quando recorremos aos jornais da capital entre 1880 e 1900, cujos jornalistas falavam com muita frequência em assuntos como progresso e salubridade. Quase que diariamente, os jornalistas falavam em suas notícias de mulheres que haviam sido presas por "ofensas à moral pública" ou que coibiam os vizinhos de sair às janelas, com suas atitudes "imorais". Em alguns casos chegavam mesmo a funcionar como informantes da polícia chamando a atenção desta para a localização de meretrizes desordeiras ou de alguma cafetina.

Essas crônicas e artigos trazem valiosas informações sobre as práticas dessas mulheres quanto e sobre os mecanismos de repressão a seus comportamentos, implementados no cotidiano das ruas. No dia 12 de setembro de 1882, uma reclamação sobre um quarto habitado por três mulheres, supostamente meretrizes, foi divulgado em um jornal. O título, bastante esclarecedor do conteúdo, era *Escândalo*

> Pessoa fidedigna nos informou que na travessa Sete de Setembro, quase ao sair do Largo do Quartel, existe um quarto habitado por três mulheres públicas que passam a vida a escandalizar os vizinhos e os transeuntes. (O DEMOCRATA, 12/07/1882, p. 2).

É importante observar que a reclamação da pessoa fidedigna atentava para a moradia das três mulheres. Mesmo na vida privada, seus comportamentos estavam submetidos à vigilância dos vizinhos, da impensa e das autoridades públicas, acionadas por notas como esta:

> Dia e noite levam no seu ponto de honra e de tal sorte que as famílias estão impossibilitadas de sair às janelas a qualquer hora. À noite reúnem-se os Dom Juans e então o escândalo sobe "Dia e noite levam no seu ponto de honra e de tal sorte que as famílias estão impossibilitadas de sair às janelas a qualquer hora. À noite reúnem-se os D. Juans e então o escândalo sobe. (O DEMOCRATA, 16/04/1892, p. 1).

As frágeis janelas eram o lugar de onde as meretrizes se prostravam e escandalizavam os recatados vizinhos.

Para muitas das prostitutas pobres que moravam nas ruas do bairro da Campina, morar se transformou em um problema recorrente. Além das campanhas que pretendiam erradicar os cortiços, multar e sanear as casas de cômodos, havia também a intolerância de alguns moradores. Foi graças às reclamações dos vizinhos que o Chefe de Segurança Pública mandou despejar a casa de número 70, "[...] ocupada por mulheres de vida alegre, que ofendem a moral com linguagem indecente" (A REPÚBLICA. 18/05/91, p. 2). Da mesma forma, a maranhense Joana Maia, "mulher de vida airada", teve seu quarto apedrejado por mais de uma semana, motivo pelo qual recorreu à polícia. Não posso deixar de lembrar ainda dos casos de Luiza Farias, Maria Bernadete e Ambrosia Freire, que tiveram suas casas apedrejadas pelos vizinhos, sendo inclusive a primeira atingida na cabeça e ido parar na enfermaria da Santa Casa de Misericórdia (A VOZ DO CAIXEIRO. 26/02/1884, p. 1).

As razões que levavam os vizinhos a atitudes tão extremadas deviam ter relação com os noticiários jornalísticos que, ao denunciar as meretrizes e satirizar suas mazelas, acabaram forjando uma oposição direta entre os moralmente sadios e os desregrados; entre o trabalhador e o ocioso/criminoso, categoria em que enquadravam as meretrizes.

> Ali na rua do Riachuelo, há sempre um saragaço promovido pelas lingas de rosas desfolhadas que moram lá. Anteontem espocou um bem no canto da travessa do Passinho. Ah se a polícia soubesse. (A REPÚBLICA, 10/07/1891, p. 1).

Os textos jornalísticos desse tipo terminavam sempre com as chamadas de atenção das autoridades para que houvesse um melhor policiamento das ruas.

> As horizontais domiciliadas na travessa Primeiro de Março, estiveram anteontem, à noite, a reclamar enérgica repressão por parte da polícia, se esta não fosse o que é. Assaltavam os transeuntes, tirando-lhes os chapéus, que levavam para o interior dos cubículos; os boleeiros e condutores de bonde, quando passavam por ali os veículos, atiravam pilhérias e gracejos obscenos (A REPÚBLICA, 10/07/1891, p. 1).

Além de apresentar comportamentos considerados imorais, as meretrizes pobres, utilizando estratégias para atrair cortejadores, arrastavam para suas moradias insalubres e pecaminosas os homens que as elites pretendiam ter como disciplinados trabalhadores. Mesmo de dentro dos bondes, onde estavam entregues a uma atividade laboriosa, os condutores flertavam com alegres pilhérias, logicamente atraídos pelo encanto das animadas meretrizes da Campina.

Não havia, portanto, dúvida para as autoridades de que era preciso moldar em esquemas disciplinares o comportamento das prostitutas, já que não se podia erradicar a prostituição. Com o objetivo de remover a principal causa de "desordens", de que era constantemente teatro a capital, visando também "estabelecer efetivamente as normas necessárias para o respeito e moralidade pública", o chefe de polícia José Segundino Lopes Gomensato enviou no dia 07 de junho de 1890 uma circular para todos os delegados e demais autoridades sob seu comando para que cumprissem as seguintes determinações:

a. As habitações das mulheres que reconhecidamente forem de vida livre deverão ser registradas em livros especiais desta secretaria, com declaração do respectivo nome.

b. Fica expressamente proibido que as mulheres de que falo acima se coloquem fora de suas casas ou estejam nas janelas sem a precisa deferência nos modos e vestuários.

c. Fica do mesmo modo proibido que nas portas ou janelas das habitações das mulheres que reconhecidamente forem de vida livre deverão ser registradas em livros especiais desta secretaria, com declaração do respectivo nome.

d. As janelas ou rótulos quando abertas deverão ser munidas de cortinas que impossibilite que seja devassado o interior das mesmas habitações. (FOLHA DO NORTE, 25/01/1900, p. 1).

As medidas restritivas contemplavam em todos os aspectos os repetitivos alertas dos jornalistas, que sempre se referiam aos ajuntamentos organizados dia e noite na porta das meretrizes, conflitos entre seus cortejadores, entre elas próprias ou entre eles e elas. Queixavam-se também dos trajes indecentes com que se mostravam ao público ou das visões imorais que o interior de suas moradias proporcionava a "desavisados" transeuntes. De maneira bastante abrangente, o Estado impunha às meretrizes normas de comportamento que tornariam suportável sua existência em algumas ruas.

Outras personagens envolvidas no mundo da prostituição também causaram dores de cabeça às autoridades paraenses, merecendo também a atenção dos jornalistas. Os cáftens e cafetinas também eram apontados como figuras pervertidas, componentes de um suposto mundo da desordem. Em termos de periculosidade, seriam até mesmo mais perigosos que as próprias meretrizes. O Código Penal de 1890, título VIII, relativo aos crimes contra a segurança da honra e honestidade das famílias e do ultraje público ao pudor, prescrevia em seu capítulo 10, que:

> [...] excitar, favorecer ou facilitar a prostituição de alguém, para satisfazer desejos desonestos ou paixões lascivas de outrem, prisão celular por um ou dois anos. Também era crime induzir mulheres, que abusando de sua fraqueza ou miséria, quer constrangendo por intimidação ou ameaças, a empregarem-se no tráfico da prostituição.[2]

Não havia, como ainda hoje não há no Brasil, uma lei que proíba a prostituição em si. Esta era atacada pelas suas margens. À medida que se reprimir seus comportamentos, se multava os donos dos bordéis e se coibia a ação de cáftens e cafetinas, seria ponto para o Estado.

As maneiras como foram descritos nos artigos jornalísticos são exemplos bastantes contundentes do perigo que esses homens e mulheres causavam à sociedade. Em 1881, o cáften, popularmente conhecido por "Vai e volta", foi denunciado à polícia. Este era o proprietário de algumas escravas que forçava à prostituição. O jornalista que escreveu a matéria e alguns "homens ilustres" reivindicavam que lhes fossem tomadas as escravas e que a elas fosse dada a liberdade. "Em nome da lei e da justiça, solicitamos do honrado Sr. Dr. Juiz de Direito dos Órfãos sua atenção para essa demora, da qual se decorre prejuízo dos interesses das escravas, não menos se origina uma certa desconfiança dos nossos tribunais."

Pelas posturas políticas adotadas pelo jornal que divulgou essa notícia, certamente o jornalista não era um abolicionista. O "curioso" é que, nesse caso, mais importava a punição do cáften, ainda que para isso algumas mulheres escravas viessem a ganhar a liberdade. Se o final da escravidão já podia ser previsto sem a ajuda de uma cartomante pelos "poderosos" da cidade, era necessário que a nova sociedade não herdasse os maus costumes como os do cáften

---

2 Código Penal de 1890, título VIII, relativo aos crimes contra a segurança da honra e honestidade das famílias e do ultraje público ao pudor.

em questão. Com o fim da escravidão, como já foi dito, a sociedade precisaria de trabalhadores, logo urgia expurgar das ruas influências perniciosas.

Tão associadas à insalubridade quanto às meretrizes, as cafetinas eram frequentes alvos de denúncia nos jornais. Desodorizar a cidade significava também coibir as ações dessas mulheres, construtoras de uma cidade doente.

> Na rua das Gaivotas, paira uma doença grave. Na casa de número 32 vive a paulista Maria da Enunciação. Conhecida cafetina, que vive a captar mulheres para esse vício imundo que é a prostituição. Pedimos que a polícia de movimento no sentido de remover das ruas esse câncer, que aos poucos vai apodrecendo a sociedade. (DIÁRIO DE NOTÍCIAS, 15/03/1887, p. 2).

Maria da Enunciação como um ser doente e insalubre e a polícia seria o bisturi que auxiliaria na extirpação dessa enfermidade das ruas. Para as mulheres nativas ou migrantes que passaram a se prostituir pelas ruas de Belém, estavam voltados os olhares perscrutadores dos saneadores, dos jornalistas e da polícia, como bem expresso em notícias como esta: "O subprefeito da Trindade, tendo tomado conhecimento de que a hebraica Fortunata residente a rua do Riachuelo é cafetina mandou-a vir a sua presença e procede a inquéritos afim de averiguar-se da veracidade desse fato". (A REPÚBLICA. 09/04/1892, p. 2).

Outra hebraica também foi denunciada à polícia alguns anos mais tarde. Esta era moradora da travessa Primeiro de Março, entre as ruas Paes de Carvalho e Vinte e Oito de Setembro, "[...] que submersa na podridão do vício, exerce a profissão de cafetina". (FOLHA DO NORTE. 15/01/1900, p. 2).

Submersa na podridão do vício era a associação feita pelo jornalista entre o vício e a prostituição. Caracterizava-se como a negação ao trabalho, pois nos indivíduos em que não proliferavam as virtudes, que só o trabalho honesto poderia proporcionar, grassariam, inevitavelmente, os vícios.

Para quem vinha de outras províncias, inserir-se no universo da prostituição que acontecia nas ruas da Campina, os jornalistas permaneciam de olhos bem abertos, sempre denunciando a Cafetinagem e a prostituição das mulheres pobres por meio de notícias como esta: "Chegou e acha-se entre nós, vindo do Sul, o ilustre cáften Alfredo de tal, cujas proezas no Rio, Bahia, etc., torna-o um alvo das respectivas polícias, que de lá o puseram a trote" (FOLHA DO NORTE. 11/04/1900, p. 2).

Tanto quanto nas províncias do Sul, as elites paraenses pretendiam dar caça ao ócio/insalubridade/imoralidade, o que fazia com que os sentidos se aguçassem e percebessem a presença de um corpo nocivo. Alfredo e outros tantos cáftens e cafetinas desse período certamente não foram os precursores dessa prática em terras paraoaras. Todavia, em um momento em que os "homens bons" esforçavam-se em repensar os comportamentos socialmente aceitos e instituir uma nova ética do trabalho, para todo aquele que não pretendesse enquadrar-se no ordenado "mundo do trabalho", viver se tornou bastante perigoso. Viver era mais do que nunca um problema para as meretrizes, cáftens e cafetinas de Belém, mas não apenas para eles.

A gentil Cocote e a torpe meretriz

> Na vida da mulher manteúda, tudo começa e tudo termina na cama [...]. No aposento, tudo contribui para dar ao visitante uma ideia de luxo, não raro exagerado: os tapetes são de pele de urso, os espelhos têm moldura excessivamente dourada, os candelabros são quase sempre ornados de velas cor-de-rosa, os móveis têm incrustação de falso cobre. [...]. Aqui vive a mulher elegante, a mulher de projeção, a marquesa das altas calçadas, a mulher manteúda, a dama de copas, a imperatriz da alcova, o ídolo do templo do amor. No topo da hierarquia das mulheres manteúdas, ela preocupa os moralistas pela influência perniciosa que exerce sobre a sociedade. Faz o coração dos banqueiros e dos homens de negócios se agitar e perturba os burgueses com suas roupas provocantes e poses lascivas (ADLER, 1991, p. 21-22).

A descrição feita por Laure Adler das cortesãs parisienses do século XIX demonstra um patamar mais elevado – se é que se pode pensar dessa maneira – que separa essas mulheres de muitas outras companheiras de ofício. O luxo de sua alcova, a elegância do vestuário ou o poder de sedução que exerciam sobre a burguesia certamente foram características de poucas meretrizes que viveram em Belém entre 1880 e 1900. Certamente, era a essas mulheres que se referia Margareth Rago (1991) ao desvendar o universo da prostituição. Para Rago, a figura da prostituta se confunde com a imagem da própria modernidade. Em sua "função civilizadora", as prostitutas europeias desfilavam pelas ruas usando caros vestidos da última moda parisiense e mediavam importantes discussões políticas ao desfrutar da companhia de importantes políticos a quem ofereciam seus encantos (RAGO, 1991).

De nomes afrancesados, com usos e costumes modernos, as cocotes frequentavam os teatros, as pensões alegres, os *music halls* e os cabarés de luxo. É quase certo que não dividiam as calçadas da rua das Gaivotas, das Flores ou da Riachuelo com as legítimas representantes do "baixo meretrício" Não eram os amantes destas que as cocotes desejavam. Como lembra Adler (1991), "a vida cotidiana das mulheres venais depende inteiramente de seu status, do lugar onde exerciam seu charme, da sorte, de sua beleza, dos encontros".

Eram as protagonistas das fantasias dos homens abastados e dos juvenis desejos dos moços das elites que inebriavam com seus caros perfumes, quase sempre mimos de amantes abastados. Não atentavam diretamente contra a moral pública, com roupas, gestos ou palavras obscenas pronunciadas no meio das vias públicas. Poderiam mesmo ser confundidas com as damas da sociedade durante o dia, posto que suas roupas e seus acessórios eram provenientes das mesmas "*maisons* e das caras modistas francesas onde vestiam-se as boas senhoras."

O perigo maior que as envolvia era justamente a influência que podiam exercer sobre as moças de família, afinal eram belas, ousadas e insubmissas; não estavam confinadas à domesticidade ou às obrigações de um casamento ou mesmo da maternidade, papel destinado às educadas moças de família. Essas mulheres ousadas, as prostitutas de luxo, povoaram o imaginário dos literatos e dos poetas, que sempre as descreviam de forma poética.

> Das cocotes gentis do demi-monde
> Tu és a flor altiva e caprichosa.
> Esse teu corpo é a fonte venenosa onde a Volúpia languida se esconde
> Na tua alcova tépida e cheirosa de cocote gentil do demi-monde
> Entre as dobras de flácidos arminhos. Após o gozo sensual?
> Responde: Nada, somente compaixão saudosa por ti,
> Oh flor altiva e caprichosa das cocotes gentis do mi-monde
> (A REPÚBLICA, Belém, 05/12/1890, p. 2).

PROSTITUIÇÃO E BIOPOLÍTICA EM BELÉM (1890-1905)   **261**

Essas estrofes foram publicadas em um jornal paraense desse período. Seu autor nos dá indícios de como as prostitutas de luxo foram percebidas pelos letrados paraenses da época. Belas, inebriantes, voluptuosas e causadoras de compaixão saudosa, mesmo que causassem piedade. Infelizmente, as fontes que dão acesso ao cotidiano dessas mulheres são demasiado escassas pois, diferentemente das meretrizes pobres, que viviam envoltas em conflitos com as autoridades policiais, as prostitutas de luxo não são encontradas nos autos e processos criminais, não frequentaram as estatísticas e relatórios de governo. Torcemos para que sua existência possa ter ficado timbrada nas amareladas páginas de um diário ou em algum modesto caderno de memórias que, infelizmente, não chegou a minhas mãos. Sua existência ecoa, na maioria das vezes, apenas nos textos literários, onde escritores fascinados com o universo de sedução das cocotes passaram para o papel suas representações.

Muito timidamente, algumas fontes dão indícios dos locais onde as cocotes de passagem por Belém, ou que eram residentes da cidade, esperavam por seus amantes abastados. O *Cabaré Français* certamente foi um deste locais, que chegava ao conhecimento do público através das páginas dos jornais cotidianos. Bem diferente dos "freges" ou dos bordéis frequentados pelas meretrizes pobres, não foi nas seções policiais dos jornais que as informações sobre esse estabelecimento surgiram. Ao contrário, era anunciado como fino estabelecimento.

> Inaugura-se em breve no canto do Largo da Pólvora com a rua Gama Abreu, em frente do circo Providência, um novo estabelecimento de bebidas no gênero francês denominado Cabaré François. É dirigido por Madame Farge e os preços, ao que nos dizem, módicos quando possível. (A REPÚBLICA. 05/12/1890, p. 2).

Certamente o estabelecimento de Madame Farge e suas meninas não eram para aqueles que apenas possuíam a cachaça para embriagar-se. Ali, o absinto e o conhaque, dentre muitas outras bebidas, embriagavam os "bons" boêmios até que fosse chegada a hora de repousar da noite nos braços de uma bela dama.

Sorte igual não tiveram as meretrizes pobres e seus cortejadores. Essas mulheres apareciam sem nenhuma modéstia tanto nos jornais como nas fontes policiais, pois estavam no centro do picadeiro. Era para elas que se voltavam os holofotes censores de médicos, juristas e jornalistas, enquadrando-as dentro de um universo marginal, completamente destituído de padrões morais.

Se não existia no Brasil uma legislação que proibisse a prostituição, as práticas das meretrizes pobres estavam podadas pelo Código de Posturas Municipais de 1880, que proibia que fossem "proferidas palavras obscenas nas ruas e lugares públicos, praticar, em público, atos ou gestos considerados imorais e obscenos; chegar à janela em trajes considerados indecentes de maneira a poder ser vista pelos transeuntes e fazer batuques e sambas em qualquer parte da cidade".

Essas eram práticas bastante recorrentes no cotidiano das prostitutas pobres, que buscavam seus amantes nas calçadas, nas tabernas ou nos botequins; que se juntavam em delongadas prosas, nas quais usavam de um vocabulário pouco aceito por pessoas que estavam fora de seu universo. Em outros casos, esperavam pelos cortejadores seminuas em suas janelas, não hesitando em explorar a sensualidade que acreditavam possuir e que podia ser de grande valia na hora de atrair um homem que pagasse por seus serviços. Essas atitudes tiraram o sossego das autoridades públicas e de alguns vizinhos, além de atrair a fúria dos jornalistas, que contra elas bradavam enraivecidos.

Para as "baixas meretrizes", recorriam os que pouco dinheiro tinham para comprar o amor. O incorrigível mulato Lourenço, na visão literária de Marques de Carvalho, podia ser um bom exemplo dos homens que iam às putas: "Quando não ia à taverna pernoitava em casa de torpes meretrizes infames prostitutas da pior espécie e da mais repugnante linguagem". (CARVALHO, 1989. p. 150).

Torpes, infames e da pior espécie; esses eram adjetivos bastante usados para classificar as meretrizes pobres. Aliás, ao conduzir o personagem Lourenço – pobre, mulato e de péssimo caráter – para os braços dessas mulheres, o ator acaba traçando um perfil dos homens que frequentavam as meretrizes, segundo as ideias dos letrados daqueles anos. Imagens muito parecidas despontavam nos jornais quando estes se referiam aos ajuntamentos que se formaram nas janelas das meretrizes: eram homens dados à desordem e destituídos de moralidade. Para nós, a única certeza é que eram homens de pouco dinheiro e que não hesitavam em beber, conversar ou resolver suas querelas no meio da rua ou à porta das meretrizes. Foram elas – as "baixas meretrizes"

– indicadas como uma das principais causas de desordens e propagadoras de imoralidade e insalubridade, essas afirmações só podem ser pensadas dentro de uma ótica classista, saturada de preconceitos e de antagonismos, que tinha nos letrados os seus grandes difusores.

Era já madrugada quando o mulato Lourenço resolveu caminhar sem rumo pela cidade até chegar às ruas da Campina, em uma daquelas noites. Ouvindo uma confusão de Vozes que vinha dos lados da rua da Trindade, seguiu para lá "[...] destemido, valente e audaz, duma ousadia criminosa de perverso turbulento". Percebeu, ao chegar na esquina da tua da Trindade, que

> Três homens discutiam com ardor em frente à casa de uma prostituta que assistia da janela à briga de seus apaixonados. Efetivamente, pelas expressões deles, o mulato reconheceu ser aquela mulher — hedionda no rosto e ainda mais na meia nudez que apresentava — a causa da ruidosa disputa. (CARVALHO, 1989, p. 121).

Às vezes ficamos a pensar que, mesmo alguém que jamais teve contato algum com aquelas ruas ou presenciou cenas como a que foi descrita poderia perfeitamente descrever uma situação semelhante, pois os jornais faziam das meretrizes pobres e dos ajuntamentos em suas portas e janelas motivos constantes para suas crônicas. Até mesmo a linguagem utilizada para descrever essas pessoas e seus comportamentos eram muito similares. No caso de Marques de Carvalho, que trabalhou como jornalista do "Diário de Notícias" – o jornal que mais apoiava as ideias do governo –, é bem possível que ele tenha escrito alguns dos artigos que denunciavam as torpes e hediondas mulheres à toa.

Denunciando a diferença social que pesava na análise das meretrizes, de seus frequentadores, e dos ébrios da cidade, não foi nosso objetivo eleger os bons ou os maus indivíduos, ou os que mereceram ou não nossa piedade. Nossa intenção é primeiramente chamar a atenção para os mecanismos que levaram algumas pessoas a serem perseguidas incessantemente, enquanto outros povoaram o imaginário da cidade como *bon vivants* ou *femmes fatales* que roubavam o sono dos abastados senhores da Belle Époque. É necessário, sim, atentar para a existência de classes sociais distintas.

Outras categorias de análise como raça por exemplo não foram privilegiadas neste estudo pois acreditamos que a burguesia eliminava de seus devaneios, regados a champanhe francês, as negras ou índias que porventura viessem a se tornar prostitutas, ou ex-cativos que ocupavam os botequins. Estes certamente ficariam incluídos entre as torpes e hediondas meretrizes ou entre os imorais e desordeiros que perambulavam desafiadoramente pelas ruas da capital paraoara. As campanhas de moralização levadas a cabo na cidade de Belém, nesse período, aconteciam de forma orquestrada. Havia a especulação mobiliaria, que pretendia extirpar dali os cortiços, as moradias insalubres e os bordéis, casas de cômodo e as casas de tolerância, onde trabalhavam as prostitutas pobres do bairro da Campina, mas era por meio das reclamações de uma vizinhança abastada, aspirante à moderna e apegada a discursos moralistas que denunciavam aos jornais e essa denúncia era textualmente elaborada por um jornalista que então, publicamente, cobrava ações enérgicas do poder público.

As referências nos jornais que pesquisei as vidas das prostitutas pobres do bairro da Campina, quando não se deviam às sugestões de perseguição policial e limpeza urbana, à desordem ou imoralidade, cobravam ações sanitaristas como o recenseamento, higienização e medicalização dos seus corpos, além do confinamento em moradias e trabalho que deviam ter cortinas cerradas, como fronteiras a demarcar os distintos lados dos moralmente direitos daquelas mulheres perdidas. Não há como não fazer uma relação direta com os escritos foucaultianos sobre a medicalização da vida, a governamentalidade, a biopolítica e o dispositivo sexualidade, que instaurou as fronteiras entre o normal e o patológico e multiplicou as perversões.

Referências

ADLER, Laure. *Os Bordéis franceses*. São Paulo: Companhia das Letras, 1991.

CARVALHO, João Marques de. *Hortênsia*. Belém: Fundação Cultural do Pará Tancredo Neves; Secretaria do Estado de Cultura, 1989. (Primeira edição em 1888).

ENGEL, M. Meretrizes e doutores. *O saber médico e prostituição no Rio de Janeiro*. São Paulo: Brasiliense, 1988;

FOUCAULT, Michel. *Em defesa da sociedade*. 2. ed. Rio de Janeiro: Graal, 2012

FOUCAULT, Michel. *Nascimento da biopolítica*. São Paulo: Martins Fontes, 2008b

FOUCAULT, Michel. *Segurança, território, população*. São Paulo: Martins Fontes, 2008a

RABINOW, Paul. O conceito de biopoder hoje. *Revista de Ciências Sociais*, n. 24, 2006

RAGO, M. *As marcas da pantera*: Foucault para historiadores. Campinas: Papirus, 1993.

RAGO, M. Do cabaré ao lar. *A utopia da cidade disciplinar, 1890-1930*. Rio de Janeiro: Paz e Terra, 1985.

RAGO, M. O efeito Foucault na historiografia brasileira. *Tempo Social, Rev. Sociol. USP*, São Paulo, n. 7, p. 1-2, out. 1995.

RAGO, M. *Os prazeres da noite*. Prostituição e códigos da sexualidade feminina em São Paulo. Rio de Janeiro: Paz e Terra, 1991.

RITZMANN, Iracy Gallo. *Belém*: Cidade miasmática. Dissertação (mestrado em História) – Departamento de História da PUC-SP, São Paulo, 1997.

TRINDADE, José Ronaldo. *Errantes da Campina*. Dissertação (mestrado em História) – Departamento de História da UNICAMP, Campinas, 1999.

TRINDADE, Ronaldo. A Cidade de Hortênsia. *In*: COSTA, Antonio Maurício Dias; FARIAS, William Gaia (org.). *Olhares cruzados de Clio*: Ensino de História e temas de história da Amazônia. Belém: Paka-tatu, 2019.

A DAMA DOS CASTANHAIS: O PROTAGONISMO FEMININO NA AMAZÔNIA TOCANTINA (1930-1961)

Adriane dos Prazeres Silva[1]

Introdução

As trilhas que ora iremos percorrer nos levarão a nuances de uma parte das matas da Amazônia, mais especificamente, o baixo Tocantins[2]. Dentro desse espaço, encontramos os rios, paranás, igarapés que possuem matizes de cores que passam do anil, ao cobre, ao negro, numa mesma trilha aquática. Tanto a fauna quanto a flora desse cenário são exuberantes. O período abordado são os idos de 1930 a 1961, tempos de conflitos pela terra na Amazônia.

Ao longo dessas veredas, vislumbraremos as mulheres da elite no espaço de tempo em que arrendaram castanhais. Sim, elas foram protagonistas de suas vivências, agenciaram conflitos pela posse dessas terras, senhoras conhecedoras dos signos que regiam o poder estatal, muitos eram o arrimo de suas famílias, estavam no centro da luta pela posse dos castanhais. Dentre elas, destaco a "Dama dos Castanhais", uma mulher que arrendou por quase 30 anos um

---

1 Doutora em História Social pelo Programa de Pós-Graduação em História Social da Amaqzônia (PPHIST). Professora efetiva da Universidade do Estado do Pará, Ex-bolsista Coordenação de Aperfeiçoamento de Pessoal de Nível Superior (CAPES). Líder da linha de pesquisa movimentos Sociais, educação popular e trabalho na Amazônia, vinculado ao grupo de pesquisa Amazônia: história, culturas e identidades. E-mail: adrianedosprazeres@gmail.com

2 Baixo Tocantins (uma das microrregiões do estado do Pará), composto pelos municípios: Abaetetuba, Baião, Barcarena, Cametá, Igarapé-Miri, Limoeiro do Ajurú, Mocajuba, Moju, Oeiras do Pará e Tucuruí.

mesmo castanhal, o Anilzinho (um castanhal de Serventia Pública). Esperança Rocha era uma mulher perspicaz, filha de uma classe abastada, entendia e dominava as regras dos jogos de poder e acionava de acordo com suas conveniências a identidade que melhor lhe convinha em momentos de conflitos e de paz[3].

Para entender essas mulheres, dialoguei teoricamente com trabalhos que visassem entender o protagonismo das mulheres da floresta sob a perspectiva da História Social e do Trabalho, logo foram importantes três obras: *Mulheres da Floresta: uma história: Alto Juruá Acre (1890-1945)*, da autora Chistina Sheibe Wolff que aborda "aspectos da história social das mulheres do Alto Juruá, evidenciando seu papel no processo de constituição dos seringais e da sociedade que se formou naquela parte da floresta"; a instigante obra *Nas Veredas da Sobrevivência: Memória, gênero e símbolos de poder feminino em povoados Amazônicos*, de Benedita Celeste, por sua vez, demonstrou a vivência e o protagonismo de mulheres Quilombolas no baixo Tocantins e também o livro *Enciclopédia da Floresta o Alto Juruá: prática e conhecimentos das populações*, de Manuela Carneiro da Cunha e Mauro Barbosa de Almeida. A obra: *Uma floresta de disputas, conflitos sobre espaços, recursos e identidades sociais na Amazônia*, de Edvirges Marta Ioris, foi importante para compreender as disputas entre grupos sociais na Amazônia.

Desta feita, é necessário afirmar ainda que o presente trabalho traz à baila mulheres hábeis, que tiveram relações com as instâncias burocráticas do Estado. Em parte, eram da elite, mas nem por isso deixaram de conflitar-se com homens de sua classe e de outra classe (intendentes municipais, filhos da elite, comerciantes e burocratas da intendência de Minas e castanhais, chefes da Estrada de Ferro do Tocantins, lavradores pobres).

Para compreender a História dessas mulheres, cotejamos 257 processos de arrendamentos, que foram arrolados nas seguintes categorias: 149 processos de arrendamentos deferidos, 62 indeferidos, 23 registros de títulos de aforamentos e 23 arrendamentos sem solução, relatórios da FASE, memórias e alguns volumes do jornal *O Baionense*. A problemática que me norteou foi buscar entender o engendramento dos castanhais do Baixo Tocantins: qual a

---

3   Esse debate faz parte da minha tese de doutorado "As terras de uso comum e os castanhais do Vale Amazônico: luta, resistência e a lei dos posseiros (1930 - 1991)". Defendida na Universidade Federal do Pará (UFPA), no programa de pós-graduação de História Social da Amazônia.

sua lógica de funcionamento? Quais os sujeitos sociais que os compunham, as alianças, os conflitos? Enfim, as vidas que pulsaram dentro das matas! Lugar que me é familiar, fui criada em meio das matas, rios e igarapés da Amazônia, nasci na sede do município de Cametá, mas minha ancestralidade, meus pais, avós, e bisavós habitaram de forma imemorial as bordas das ilhas do grande rio Tocantins. Minhas idas e vindas nesses lugares eram intensas, sem contar os anos de moradia contínua. Para além do mais, as fronteiras entre as matas e as florestas são mais porosas do que se pode supor nessa região.

As mulheres nos castanhais do Baixo Tocantins

No interior da lógica de funcionamento dos arrendamentos de casta-nhais, as mulheres tiveram um papel fundamental, elas detiveram uma parcela significativa dos processos de arrendamentos e protagonizaram vários conflitos na disputa por terras, para ser mais precisa, por terras de castanhais, as terras de aluvião. Defenderam seus interesses, suas famílias, seus pares, portanto, sua classe. Vejamos um pouco quem eram essas mulheres no seu tempo e como elas protagonizaram as suas vidas e de suas famílias.

As mulheres arrendatárias representaram 29,1% do total de arrendatá-rios. Dessas 23 mulheres, 6 declararam-se como profissão serem donas de casa, 1 declarou-se doméstica em 1932, o que soma quase metade das arrendatárias; 2 Extratoras da Indústria da castanha e 15 não obtivemos informação, 1 decla-rou-se professora. Logo, podemos inferir que as atividades que essas mulheres acumulavam junto com ofício de arrendatária eram ser donas de casa.

Tendo em vista esses dados, me chamou atenção o fato de que duas mulhe-res se declararam extratoras da indústria da Castanha, ofício forjado durante o auge da extração da castanha, e isso demonstra o quanto essas mulheres esta-vam envolvidas com os ofícios de seu tempo e com o mundo do trabalho ao ponto de reconhecerem como profissão a citada modalidade de trabalho. Essas mulheres possuíam posses, rendas, suas famílias provavelmente eram detento-ras de pecúlio, pois o processo de arrendamento exigia pecúlio. Tivemos tam-bém o caso de Esperança Rocha, que se declarou doméstica, professora e com o passar do tempo Extratora da indústria da castanha.

O que eu percebo é que essas duas mulheres se diferenciam, pois ao "afir-marem que são da indústria de extrativismo da castanha", a afirmação nos leva a dois elementos que julgo essenciais: primeiro que estamos diante de uma nova profissão e segundo existe uma valorização desse fazer. Julgo que o fato é importante para entendermos o mundo do trabalho pela ótica da vida nas matas. Logo, essas duas mulheres destacam-se, ainda, por conta de não serem mais domésticas e sim mulheres do mundo do trabalho na floresta, extratoras da indústria extrativista da castanha.

Quanto ao estado civil das arrendatárias, conseguimos obter a resposta de 73% e 27% não obtivemos. As que declararam seu estado civil foram: 10 casadas, ou seja 45,5%; 4 viúvas, ou seja, 18,1%; 2 se declararam solteiras, 9%; 6 sem informação, 27,2%. Ao juntarmos as casadas com as viúvas, somam-se 63,6%, logo, podemos concluir que para o baixo Tocantins que mais da metade das arrendatárias já tinham constituído famílias, podemos pensar que elas foram "usadas por seus esposos ou membros de suas famílias" para burlar a legislação.

No entanto, diante das fontes, isto tornou-se uma explicação empobrecida, e mesmo reduzida, pois verificamos que elas foram até as últimas instâncias para terem direitos a arrendar castanhais, principalmente quando tornavam-se viúvas e assumiam em definitivo as chefias de suas famílias. Existiram mulheres solteiras que arrendaram castanhais e uma casada que se tornou viúva e casou-se novamente foi uma das inimigas mais implacáveis dos trabalhadores que coletavam castanha no baixo Tocantins, Esperança Rocha, a dama dos castanhais[4].

Ao analisar a tabela, percebemos que as mulheres arrendatárias dos castanhais que declararam suas profissões afirmavam ser domésticas, professoras e extratora de produtos da indústria de castanha do Baixo Tocantins. Nenhuma delas afirmou ser lavradoras, agricultoras ou extratoras da borracha. Compreendemos que por parte da renda dessas mulheres estarem ligadas com extração produto das florestas, elas não necessitavam adentrar a mata para coletar seus sustentos. Concluímos, portanto, que para serem arrendatárias essas mulheres eram filhas de famílias abastadas, como é o caso de Sant'Anna e Benchimol ou de Esperança Rocha. As mulheres abastadas, duas delas ficaram com castanhais de uso comum. Elas representavam sua classe e os interesses do seu grupo de poder e de seu tempo.

---

4   No próximo subtópico vamos lançar luz sobre o protagonismo dessa mulher, cuja vida entrelaça-se por completo com a vivência num castanhal de uso comum.

A frequência de idade das arrendatárias variou de 17 a 55 anos, a média de idade foi de 32 anos. Ao comparar com os homens, percebemos que elas eram mais jovens e casavam-se com menos idade que os homens, fruto de um processo cultural patriarcal. Elas também arrendavam os castanhais uma média de 2,8 anos, um a mais que os homens arrendatários, sendo que duas delas arrendaram o mesmo castanhal por mais de 21 anos. Elas enfrentaram conflitos diversos, acionaram a justiça para defender seus interesses, conflitaram-se com homens de classes distintas e apropriavam-se da identidade de mulheres frágeis, desamparadas quando julgavam necessário, em busca de defender a sua segurança ou segurança familiar de seus pares. Adiante iremos nos deparar com o protagonismo de algumas dessas mulheres.

Um dos exemplos de mulher que obteve um matrimônio jovem foi Benedita de Paula Dias que se casou com 16 anos com Acandino Dias da Silva. Seus sogros eram Girtino de Luiz Dias da Silva, ela nasceu em Acaripacu, em 12 de outubro de 1924, era doméstica[5]. Benedita era menor de idade quando se uniu a Girtino da Silva e ela foi também uma das mulheres que, além de doméstica, tornou-se arrendatária. Nesse caso, é possível perceber que Benedita Dias estava em consonância com o interesse da sua família. É muito provável que ela não tivesse experiência como arrendatária.

Um desses exemplos foi Eugênia Ramos de Oliveira, "de 20 annos de idade em 1935", que teve seu processo de arrendamento indeferido. Sua pretensão era conseguir o Castanhal Laguinho, mas a comissão de Minas e Castanhais de Baião (composta por João Conceição de Barros Ribeiro, José Paulo de Lima e Raimundo Martins) deu o parecer de que por ela ser menor de idade, e que provavelmente o processo foi movido pelo seu pai, o senhor Antônio Gonçalves de Oliveira, pesava contra si ainda o fato de seu progenitor ser comerciante e vereador na câmara de Baião.[6]

A partir desse fato pressupomos que existiam conflitos entre as elites em Baião e no Baixo Tocantins, pois observamos que várias famílias que ocupavam cargos públicos eram comerciantes e mesmo assim obtiveram arrendamentos. Esse foi o caso de Samuel e de David Benchimol ou de Esperança Rocha,

---

5   Processo de arrendamento da Gerência de Aforamento 1941/00007 Benedita de Paula Dias da Silva.

6   Processo de arrendamento da Gerência de Aforamento Indeferido 1936/00044 Eugenia Ramos.

que enquanto não foram formalmente denunciados continuaram arrendando castanhais.

Pedra Jesuína Gonçalves Ferreira, 38 anos de idade, casada, arrendou o castanhal Boa Esperança, cujas posses foram dadas "pôr vários anos a seu esposo Otaviano Alves Ferreira (ocupava cargo público) contudo em 1938, atropelos da administração da Estrada de Ferro Tocantins, não foi possível tomar do referido Castanhal apesar do despacho". Em 1940 Pedra Pereira ainda tentou arrendar o castanhal Boa Esperança, mas ele já estava sob a posse.[7]

Esse não era o caso de Clara Bendelek Wolf Pinto, que em 1940 pediu o castanhal Purucuizinho por conta do enorme prejuízo da safra de 1939. Ela, por sua vez, ao contrário de Benedita Paula Dias, já possuía experiência como arrendatária. No Telegrama enviado no dia 15 de dezembro de 1940, Clara Bendelak Wolf Pinto solicitou ao governador José Gama Malcher um outro castanhal, dessa vez o Caminho Longe.

O referido castanhal foi cedido na safra de 1939 ao escriturário da ferrovia Tocantins, o senhor Zebino Cunha, que segundo Clara Wolf "tripudiou da lei, pois queria ser comerciante e ainda gostaria de arrendar o citado castanhal". Nas palavras de Clara Wolf, o ferroviário "queria tripudiar do seu direito sobre lote assegurado de acordo com o decreto federal 3.413 dia 30 de novembro de 1939". Além de evocar o citado decreto, Clara evocou o argumento que também "era mãe de três filhos e solicitava de maneira benevolentes o esclarecido atender justo apelo faça saúde ao governador José Gama Malcher".[8] Clara Bendelek Wolf ganhou a ação, foi atendida pelo governador ao enviar o telegrama. Ela solicitava o arrendamento do castanhal, evocou o argumento de ser viúva e mãe de três crianças. Em busca de sensibilizar o governador, a matriarca Wolf arrendou os castanhais Caminho Longe e Pucuryzinho. Não tivemos mais notícias de Clara e sua família. Outra viúva que assumiu os negócios de sua família, Isidora Pontes Neves, era esposa de Thomas Ponte Neves. Em 1941, ela já era viúva quando arrendou Itacoroa Grande.

As mulheres arrendatárias tiveram suas vidas tangenciadas por suas vivências nos arrendamentos de castanhais, elas não eram apenas arrendatárias, eram mães, filhas e esposas vivenciando um processo de seu tempo e espaço,

---

7   Processo de arrendamento da Gerência de Aforamento Deferido 1930/00015 Pedra Jesuína Gonçalves Ferreira.

8   Processo de arrendamento da Gerência de Aforamento 1939/00017 Clara Bendelek Wolf Pinto.

vejamos o caso de Francisca Afonso de Lima, que nasceu em 15 de outubro das 1907, às 6 horas da manhã. Sua avó materna era Felícia Coelho de Souza e sua mãe, Honarato Caravalho de Moura, que possuía 29 anos e era viúva quando solicitou o castanhal Murú, foi arrendatária. O Castanhal deve ter ajudado nos proventos de sua família por um determinado espaço de tempo. Nesse sentido, temos também o caso de Hilda Sena Bittencourt, que era casada com Manoel Carlos de Morães Bittencourt, cuja profissão era auxiliar de comércio. Ela nasceu em Igarapé Miri, arrendou o castanhal Cambução.

As senhoras viveram os conflitos e singularidades inerentes aos arrendamentos de castanhais. Como exemplo temos as mulheres das famílias Sant'anna e Benchimol que se envolveram nas disputas por arrendamento de castanhais. Mereciana Sant'anna, por exemplo, nasceu em 20 de maio de 1892 em Goyas, na cidade de Boa Vista. Possuía 49 anos[9] quando solicitou o Castanhal Pucuruy. Ela residia com seu marido em Alcobaça, se reconhecia como extratora de castanha. Contudo, foi denunciada por não explorar pessoalmente o referido castanhal, limitando-se a comprar produção de moradores.[10]

Por sua vez, Rosa Maria Raimunda Benchimol, que provavelmente casou-se com David Benchimol em 27 de julho de 1937 e era moradora de Panpelônia quando arrendou "os pequenos pontos de Castanhais, Altamira, Teófilo, Igarapézinho e Cacunda.[11]

Os fatos ocorridos com Mericiana Sant'anna e com Rosa Maria Benchimol – que ficaram registrados nos processos de arrendamentos e podemos abstrair – nos revelam dois dados fundamentais, o primeiro é que essas mulheres sabiam interpretar os signos de poder do seu tempo, pois elas se alinhavam com os jogos de interesses que já estavam postos, era rotineiro arrendar castanhais e não fazer as benfeitorias exigidas do contrato e esperar para fazer a compra das amêndoas efetuada pelos moradores da região, como foi o caso da senhora Sant'anna. No caso dos cinco pontos de castanhais, é interessante, pois eles foram arrendados unicamente pela senhora Benchimol. Portanto, não podemos resumir a atuação dessas mulheres ao Decreto nº 1.779, de 16 de setembro de 1935, que cita:

---

9 Processo de arrendamento da Gerência de Aforamento 1941/00010 Hilda Sena Bittencourt.

10 Processo de arrendamento da Gerência de Aforamento 1940/00047 Mereciana Sant'anna.

11 Processo de arrendamento da Gerência de Aforamento 1942/00036 Rosa Maria Benchimol.

Art. 3º Fica vedado o arrendamento aos proprietários de terras de Castanhais, assim como os seus prepostos e ainda aos arrendatários que na safra anterior não houverem despachado castanha dos seus arrendamentos.

Art. 4º - A nenhum arrendamento será concedido mais de um lote de terras até uma légua quadrada, salvo se o segundo lote que vier e requerer ficar imediatamente nos fundos do primeiro e não houver outro pretendente.

Os casos de arrendatários que poderiam se encaixar em duas mulheres. As senhoras Rosa Maria Raimunda Benchimol e Mereciana Sant'Anna tiveram seus esposos como proprietário de terras, mas não me atrevo a reduzir os protagonismos dessas mulheres arrendatárias ao fato de que a legislação coibiu a ação de seus cônjuges proprietários de Castanhais, provavelmente elas compreenderam a lógica dos conflitos, o ônus e o bônus de serem arrendatárias. Isso explica o fato de arrendarem por mais tempo os castanhais.

Nesse sentido, não foram somente essas mulheres que possuem suas vidas marcadas pela experiência de necessitar de bens da floresta – para isso a floresta precisava estar em pé – "As mulheres pobres no sentido da lei[12]" precisaram adentrar a mata para fornecer o sustento de seus filhos, da sua família, entraram com os seus filhos, ainda crianças. Elas acompanhavam seus maridos, que eram apanhadores de castanha. Atribuir uma única profissão a esse grupo é algo complexo, pois o universo de profissões que elas exercitavam era diverso, pois elas foram: lavradoras, extratoras de borracha, de castanha, pescadoras, domésticas, marisqueiras, enfim, mulheres da mata.

Percebo pela tabulação dos dados que a quantidade de profissões das mulheres mais abastadas, que são as senhoras arrendatárias de castanhais, era menor. Isso pode se justificar pelo fato que elas tinham um leque de opções menor de profissões e também os proventos de sua família poderiam ser suficientes para o sustento de seus lares.

No entanto, essas mulheres arrendatárias que assumiram o arrendamento dos castanhais defendiam sua família e sua classe seu grupo, portanto, o conceito de materialismo histórico de lutas de classes que existe dentro do marxismo se aplica nesse caso. Em que essas mulheres arrendatárias não respondiam às questões de gênero, elas vivenciaram seu tempo, fizeram alianças

---

12   Termo encontrado na documentação.

e alinharam-se ao seu grupo de poder. E combateram aqueles que julgavam como inimigos, eram mulheres fortes que conheciam a legislação agrária referente aos arrendamentos de Castanhais.

O conjunto das imagens de Croquis a seguir pertence aos processos de arrendamentos das mulheres arrendatárias. Faremos algumas análises sobre estes castanhais, as singularidades e conflitos que os envolviam.

Imagem 1 – Croquis (A, B, C e D) dos processos de: Rosa Benchimol, Francisca Afonso de Lima, Clara Bendeleck Wolf Pinto e Mereciana Sant'anna

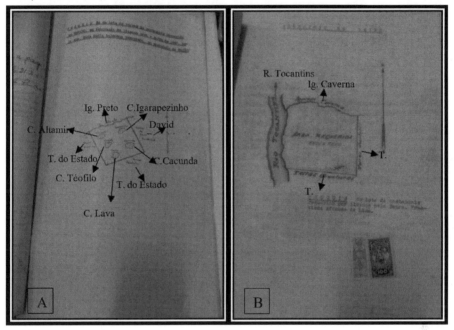

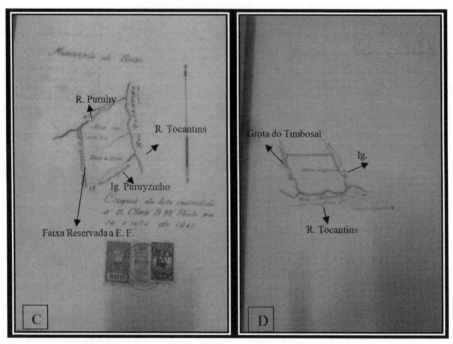

Fonte: GEA, ITERPA.

Na imagem A, temos os pontos de castanhais arrendados por Rosa Benchimol, fazia fronteiras com terras do Estado, com Igarapé Preto e com terras de seu esposo, David Benchimol. Esse castanhal me chamou atenção por revelar o que a senhora denominou de pequenos pontos de castanhais, ou semi-castanhais. Eles eram cinco castanhais: Altamira, Igarapezinho, Teófilo, Lava e Cacunda. A representação desses castanhais era precisa na mata, demonstrando o conhecimento da região, demonstra também o poder e influência da família Benchimol. O croqui B pertencia ao processo de Francisca Afonso de Lima. Ele é representação do castanhal Murú, pertencente à zona Murú, que era cercada por terras devolutas e pelo Igarapé Caverna, que fazia frente para o rio Tocantins. Portanto, era um Castanhal privilegiado, pois possuía duas vias de escoamento líquido, o citado Igarapé e o Rio Tocantins.

O croqui C é a representação do castanhal Caminho Longe, ele foi arrendado por Clara Bendeleck Wolf Pinto e fazia fronteira com o rio Pucuruy e Igarapé Pucuyzinho, sua frente era o rio Tocantins e fundos com faixas de terras reservadas à estrada de Ferro do Tocantins, cujo escriturário, o senhor

Zebino Cunha, entrou em conflito com Clara. O Croqui D nos revela o castanhal Pucuruy, pertencente à 5ª zona de Castanhal a Pucuruí – Itacorôa, o castanhal foi arrendado por Mereciana Sant'anna, uma das famílias cuja frequência de arrendamento foi elevada para essa zona de castanhal.

O que unia essas mulheres, tanto as abastadas quanto as menos abastadas, era a ligação com as riquezas fornecidas pelos castanhais. Para as que pertenciam ao primeiro grupo, as matas eram sinônimo de um fomento a mais, um estímulo significativo aos seus ganhos. Para o segundo, a mata com seus castanhais era o lugar do respeito, do sustento, do sagrado, da contemplação, dos igarapés, dos rios e dos lagos. Sinal de vida dura, mas que não significa somente trabalho, mais prazer, lazer, contemplação, lugares do sagrado e do respeito, essas mulheres das matas viveram e suas descendentes ainda vivem sob as copas das árvores da floresta.

Enquanto as mulheres que tinham que adentrar as matas para ganhar seu sustento precisavam ser mais polivalentes para manter o sustento das famílias, ou seja, são responsáveis não só pelos serviços da casa, mas também adentram no mato em busca de seu sustento e da sua família. Dentro desse espaço, assumem a profissão de marisqueiras e coletores tanto de borracha quanto da castanha e várias outras profissões dependendo do que o mundo do trabalho das matas lhes oferecer e exigir. E isso é um dado fundamental para distinguir as duas classes de mulheres. As arrendatárias possuíram lucros fornecidos pela floresta, o que podemos ver como mais um acréscimo nas suas rendas, enquanto para o segundo grupo de mulheres a mata era vista como o sinônimo de sustento, do respeito e do sagrado.

Essa gente vivenciou o cotidiano da mata, suas vidas foram marcadas pelo poder dos rios e da natureza, no entanto, no meio da luta, eles e elas viveram a sua cultura, cantaram, dançaram, sorriram, enfim, se divertiram. Essa diversão estava nas ruas de suas vilas e povoados como na ilha Jutaí, na rua do fogo, em Joana Peres e Anilzinho. Eles também sofreram à medida que não recebiam o pagamento justo ao coletarem a castanha, mas foi com fruto desse trabalho na mata que compraram os materiais escolares para seus filhos como dona Lúcia Lopes de Farias, mãe de Nilton Lopes de Farias[13], que conseguiu comprar os

---

13   Mais conhecido como Saci ex-prefeito do município de Baião com dois mandatos consecutivos.

itens do colégio do seu filho. Adiante temos uma mulher que teve sua vida amalgamada com um castanhal do baixo Tocantins castanhais.

Esperança Rocha era uma mulher que viveu sob a bonança dos arrendamentos dos castanhais, forte, quase implacável, contra seus adversários, tanto com os que eram da elite quanto os trabalhadores de dentro dos castanhais. Os dois grupos em perspectivas distintas sentiram a força de sua articulação e de sua influência.

Essa senhora pertencia à elite mandatária da cidade de Baião, parte de sua biografia esteve amalgamada, entrelaçada nos processos de arrendamento, e foi num espaço de 30 anos que presenciamos o seu 1º casamento, a viuvez em 1939, o 2º casamento em 1956 e mais uma segunda viuvez em 1968. Também podemos verificar a autodeterminação que tange às profissões que essa mulher assumiu, às mudanças residenciais, ao seu domínio dos signos da legislação, dos jogos de poderes e de suas influências. Mas, acima de tudo, observamos a obstinação de Esperança Rocha em transformar o castanhal Anilzinho, terras Indígenas – Comunitárias[14], para ser de seu uso exclusivo. Convido o leitor a conhecer um pouco da vida de uma mulher chamada Esperança Rocha, a dama dos Castanhais.

Essa senhora foi forte e implacável, quase uma rocha contra seus adversários como seu sobrenome indica, porém, soube se apropriar, quando necessário, de uma identidade de vítima e de mulher frágil, contudo, ao cruzarmos os processos de arrendamento com as memórias dos trabalhadores e os jornais, compreendemos que ela foi uma mulher de personalidade forte, marcante, obstinada e fruto de sua classe de mandatários.

Em busca de entender os rastros de Esperança Rocha, convido os leitores e leitoras para conhecer de maneira superficial a vida dessa mulher que viveu a maior parte de sua vida na cidade de Baião, sua vivência foi marcada pela experiência nos arrendamentos de castanhais, a denomino de dama dos castanhais, por ter arrendado o Castanhal Anilzinho – Terra indígena comunitária –, por quase três décadas. Esperança Rocha nasceu em 18 de julho de 1896, seus avós paternos eram Honorato Dias da Rocha e Jeronima Maria Monteiro e sua avó materna era Ana Maria da Silva[15].

---

14   No terceiro capítulo, iremos debater melhor este conceito.

15   Processos Deferidos 1943/00063; 1957/011000;

Esperança pertencia a uma família abastada, vejamos o anúncio presente na coluna do jornal *O Baionense* anno II, Número 11 quarta, 21 de março de 1906[16]:

Imagem 2 – Anúncio "Club Recreativo Levindo Rocha" em *O Baionense*

Club Recreativo Levindo Rocha

Conforme convocação especial, feita pelo sr. presidente interino, realisou-se na noite de 18 d'este mez uma sessão extraordinaria, presidida pelo sr. Verano Meirelles, onde vimos a quasi totalidade dos socios.

Essa reunião teve por fim dar cumprimento aos §§ 1.º e 3.º do artigo 13 dos Estatutos.

Na mesma sessão o sr. Narciso Agnello Simões Rodrigues pediu transferencia de socio effectivo para a classe de socio correspondente, visto mudar a sua residencia para o municipio de Camotá, sendo approvado o requerimento pela assembléa.

Um dos assumptos que mais prendeu a attenção dos dignos moços foi levar á pratica a installação do gabinete de leitura, assim como a da secção de jogos licitos, communs em todos os clubs, secções que já começaram a funccionar com bastante concorrencia, conservando-se as salas do Club abertas até ás 11 horas da noite.

Fonte: Stefano Paixão.

O anúncio do Club Recreativo Levindo Rocha (Imagem 29) nos revela que o pai de Esperança possuía influências políticas a ponto de ter um Clube com seu nome, o jornal nos revelou também que ele era republicano. O pai de Esperança era Levindo Dias da Rocha, tenente-coronel, intendente de Baião entre 1900-1916 e sua mãe era Inácia Maria Barros da Rocha, ambos naturais do estado do Pará. Ele era presidente do partido republicano em Baião,[17] nos idos de 1930 foi membro da instrução pública, concluímos que o nome de solteira da dama dos castanhais era Esperança Barros da Rocha. A família de Esperança era detentora de influência política no baixo Tocantins. Vejamos o retrato dos seus pais:

---

16   *O Baionense* ano II, Número 11 quarta, 21 de março de 1906. Doado por Stefano Paixão.

17   Almanak Laemmert: Administrativo, Mercantil e Industrial (RJ) - 1891 a 1940.

Imagem 3 – Levindo Dias da Rocha e Inácia Maria Barros da Rocha

Fonte: Stefano Paixão.

À direita temos o tenente-coronel Levindo Dias da Rocha e à esquerda, Inácia Maria Barros da Rocha. Notamos que suas vestes refletem um pouco de sua posição social, ele com terno e ela com roupas com tons claros, com detalhes de renda, refletindo as cores das "mulheres do lar", que naquele período, marcado pelo patriarcado, não poderiam usar tons mais quentes ou escuros. O fato de terem sido fotografados no início do século XX confirma o que Solange Ferraz de Lima e Vânia Carneiro de Carvalho afirmaram no livro *O historiador e suas fontes*, no capítulo três, que trata de "fotografias: usos sociais e historiográficos" as autoras afirmam: "a fotografia possibilitou o acesso virtual as pessoas da alta sociedade".

A vida da família Rocha era pública, propagada nos veículos de imprensa alinhados ao seu grupo de poder. Esse fato pode ser identificado nas colunas de jornais como *O Baionense*, com o título "Hóspedes e viajantes", que nos revela a viagem da família.

A senhorita Esperança Dias Rocha era uma criança de dez anos de idade quando partiu em viagem no navio denominado Vapor Cabral, em março de 1909. Ela e seu pai seguiram para Belém com o intuito de assistir à apuração eleitoral de março. Em breve eles estariam de volta, quando o trabalho de apuração fosse encerrado na capital. Ora, essa informação é relevante para compreendermos o ambiente em que Esperança Rocha foi forjada, pois ainda criança ela acompanhava seu pai nos ambientes palacianos do poder. Desde jovem provavelmente começou a lidar com os signos das entranhas do poder estatal, as articulações políticas, enfim, o poder político-partidário, e essa experiência é fundamental para entendermos boa parte de suas vitórias.

A memória desse senhor se faz presente na cidade Baião, não só com seu retrato no hall de entrada da prefeitura de Baião, mas também no nome de suas ruas e travessas, e na Escola de Ensino Fundamental e Médio do município. No entanto, a memória de que sua filha e sua sobrinha – graças também ao poder político dos Rochas – dominaram durante quase três décadas o castanhal Anilzinho. Tal memória foi legada ao esquecimento na sede do município, mas ela ainda continua viva, com os homens e mulheres mais velhos que compõem a população de moradores da Reserva Extrativista Ipaú-Anilzinho nessas duas décadas do século XXI.

Ao problematizar esse esquecimento, evocamos a afirmação de Maurice Halbwachs[18], que assegura que a memória coletiva depende do poder social e do grupo que a detém, ou seja, no caso dos senhores e senhoras arrendatárias do baixo Tocantins, por eles terem estado no poder, , houve um silenciamento da memória dos conflitos pelas posses dos Castanhais, e dois deles tiveram escolas batizadas com seus nomes, Escola Levindo Rocha e, na vila de Nazaré dos Patos, a Escola Municipal de Ensino Fundamental Maximiano Santana. Também receberam nomes de avenidas e travessas, tais como: Av. Levindo Rocha, Travessa Samuel Benchimol e Travessa Bena Santana.

Nessa perspectiva, concordamos com a afirmação de José Carlos Reis, que em seu livro *As identidades do Brasil V.1*, afirma que o Brasil possuía muitas identidades, porém a maioria foi silenciada e a memória dominante e que se fez mais presente é a dos grupos que detiveram o poder.

O fato de pertencer ao Clã Rocha talvez tenha influenciado em manter seu sobrenome Esperança Rocha. Ela era filha de seu tempo, fruto de uma sociedade patriarcal, sabia do legado e do prestígio que seu sobrenome possuía, fruto de jogos de poder e mandonismo. Entre 1935 e 1938 esteve casada, denominava-se Esperança Rocha Seixas, os processos e os jornais não nos

---

18   HALBWACHS, Maurice. *A memória coletiva*. 2. ed. São Paulo: Vértice, 1990.

permitiram descobrir o nome do seu primeiro cônjuge, mas em 1939 podemos perceber que se tornou viúva e isso permaneceu até o ano de 1956.

No entanto, em 1957, com 61 anos de idade, a dama dos castanhais casou--se novamente, seu esposo era o advogado Fernando Ferreira da Cruz, que se tornou procurador legal dos interesses da senhora que passou ao nome de Senhora Esperança Rocha Ferreira da Cruz. Não tivemos menção em nenhum dos 16 processos deferidos e 2 indeferidos de que Esperança teve filhos, contudo descobrimos que ela viveu ao lado de seu consorte quase uma década. Porém, Fernando faleceu em 1967, portanto, a partir de 1968, ano da revolução das flores, da revolução cultural, de quebra dos paradigmas, Esperança Ferreira da Cruz voltou ao estado civil de viúva.

Porém, não foi somente a vida abastada de Esperança que nos levou até a estrutura micro de análise que seria sua minibiografia, mas sim o fato de ter arrendado junto com sua prima Benedita Rocha o Castanhal Anilzinho por quase três décadas, na verdade, como o processo afirma, Benedita somente assumiu o Anilzinho por questões legais, mas quem tomou posse da parte operacional, colheita, compras, contratação e inclusive os lucros do citado Castanhal foi Esperança Rocha.

A primeira vez que a filha de Levindo Rocha arrendou castanhais da então Intendência de Minas e Castanhais foi no ano de 1935. Ela não era mais uma menina, denominada de senhorita Esperança Dias Rocha, mas uma mulher amadurecida no auge dos seus 40 anos. Tornou-se a senhora Esperança Rocha Seixas, estava casada. O primeiro castanhal por ela arrendado foi Laguinho, contudo o citado castanhal tornou-se propriedade de Jacinto Lemos de Souza, que se conflitou com Heraclito de Christo por essas terras. No ano de 1936, o castanhal Anilzinho "caiu na graça da senhora Esperança" e a referida dama não mediu esforços para mantê-lo sob sua posse.

Isso pôde ser observado no processo deferido de 1938. Esperança Rocha Seixas travou uma luta árdua contra o prefeito Franquilo Agostinho de Baião[19] e com população, que desejavam tornar Joana Peres e Anilzinho castanhal de Serventia Pública[20]. No processo, podemos ver os argumentos da filha do tenente-coronel:

---

19 Abstraímos a informação do nome do prefeito de Baião no Processo de arrendamento da Gerência de Aforamento Indeferido 1936/00044 Eugenia Ramos.

20 Denominação utilizada pela legislação agrária vigente.

> A interessada D. Esperança Seixas, veio protestar contra o requerimento do senhor prefeitos, fundamentando esse ato nos direitos que lhes assistem de poder renovar o arrendamento do castanhal Anilzinho que já vem sendo arrendado há mais de três anos, sem contestação alguma de quem quer que seja, mas agora o senhor prefeito pretende e entregar a terceiros [...] A prefeitura de Baião obteve em virtude da portaria baixada em 28 de julho 1937 Excelentíssimo senhor governador .... áreas de terras castanhães em volta de povoados de Joana Peres, Remensão, reservada a serventia das respectivas populações.
>
> Nestas condições sou do parecer que seja indeferida a petição da prefeitura de Baião por ser prejudicial aos interesses do Estado, sem vantagem alguma aos moradores locais, que qualquer modo ficaria honrados com a locação de 20.300 réis por pessoa desaparecendo assim a aludida utilidade pública (3 de secção 23 de dezembro de 1938).

O processo sobre a disputa de tornar Anilzinho e Joana Peres terras de serventia pública desdobrou-se no segundo semestre de 1938. A prefeitura de Baião, na figura do prefeito Franquilo Agostinho, solicitou ao Estado terras de Serventia Pública, na localização de Anilzinho, contudo Esperança Rocha Seixas alegou que o pedido do prefeito era descabido e refletia uma possível "perseguição política, pois segundo ela, já havia sido doado para tais fins Remansão e Joana Peres".

Desta feita, a senhora Esperança Rocha Seixas acreditava que essas "terras já eram suficientes para a exploração coletiva", além do mais, segundo a impetrante, "aquele lugar não possuía moradores por perto e cobrança de vinte mil e trezentos réis inviabilizaria tal assistência, aos pobres." A referente taxa reforçava o argumento de que ela estava sofrendo perseguições políticas. Resultado: a dama dos Castanhais venceu mais uma árdua batalha, pois o parecer da Intendência de Minas e Castanhais lhe foi favorável e ela derrotou o prefeito e o desejo da população das franjas destes Castanhais.[21]

Ora, ao analisarmos as documentações, descobrimos algumas incongruências nos argumentos da senhora Esperança. A primeira delas diz respeito ao fato de ela citar Remansão como se "fossem terras de serventias Públicas,

---

21 Processo de arrendamento da Gerência de aforamento deferido 1938/00019 Esperança da Rocha Seixas

próximas de Joana Peres", no entanto, ao olharmos no mapa referente às zonas de castanhais, percebemos a distância, de Remansão para Anilzinho, aproximadamente 70 km e para Joana Peres são 83 km. Além disso, ela insinuou que não existia população para ser beneficiada naquela região, "não existiam povoados próximos", negligenciando, propositalmente, os povoados de Bailique e Tucunaré, os moradores da Ilha Jutaí, o povoado de Igarapé Preto e mesmo Umarizal. Os indícios nos apontam que a dama dos castanhais contou com ajuda de articulações dentro das estruturas burocráticas do Estado.

Esperança Rocha Seixas, também soube instrumentalizar várias identidades, entre elas a figura de uma mulher frágil. Chegou a alegar "que sua única fonte de renda era o castanhal Anilzinho", no entanto, Thomas Aquino de Mendonça a denunciou, ele solicitou para o arrendamento o castanhal Laguinho, mas como não conseguiu e para tentar suprir essa falta solicitou Anilzinho, em 1936. Segundo Mendonça, "a produção do Castanhal Anilzinho era de 50 barricas, mas Esperança Rocha Seixas, só havia apresentado uma produção de menos de 20 barricas". Mendonça nos faz entender que houve por parte da arrendatária a sonegação de impostos referentes à produção de amêndoas de Anilzinho.[22]

Thomas de Aquino Mendonça alegou que o castanhal Anilzinho foi requerido por "uma funcionária pública que era professora do Estado, esse fato era proibido pela lei". Não contente, com denúncia verbal, Thomas Aquino de Mendonça apresentou um "Attestado que Dona Rocha Seixas era funcionária pública, sendo professora da escola Mixta, do lugar Callado no município de Baião, quem assinou o atestado foi o diretor da respectiva escola, o senhor José Bavo Martins.[23] De acordo com o jornal *O Baionense*, no ano de 1906 o pai de Esperança Rocha, intendente do município de Baião, construiu um grupo escolar na localidade de Callado[24].

Concluímos que as fontes de renda de Esperança de Rocha Seixas não se limitavam aos arrendamentos do Castanhal Anilzinho. De maneira paralela, ela acumulou a renda de professora e arrendatária. O Decreto n.º 3.143, de 11

---

22 Processo de arrendamento da Gerência de Aforamento processo indeferido Thomas Aquino de Menezes 1936/00024

23 *Ibid.*

24 Processo de arrendamento da Gerência de Aforamento processo indeferido Thomas Aquino de Menezes 1936/00024

de novembro de 1938, regulamentava o serviço de arrendamento de terras para exploração de produtos nativos. Em seu "Art. 13º - Ficava vedado o arrendamento aos proprietários de castanhais, bem assim aos funcionários públicos federais, estaduais e municipais". Logo, a senhora estava arrendatária, pois era professora estadual, mas não seria esse item da lei que iria afastá-la das terras de Anilzinho, ela encontraria em breve a solução.

Essa solução foi encontrada na figura de Benedita Gonçalves Rocha, sua prima, que em 1940 assumiu o dito castanhal. Juntas arrendaram o Anilzinho por 24 anos, sendo que Benedita ficou 7 anos arrendando em nome de sua prima, uma vez em 1940 e depois de 1946 a 1955. Os anos restantes foram todos em nome de Esperança Rocha, somando os 24 anos de Anilzinho e mais 1 de Laguinho, as mulheres da família Rocha arrendaram juntas por mais de 25 anos os Castanhais do Estado.

Porém, esse processo não foi harmonioso, existiram vários arrendatários desejando ficar com Anilzinho, como Felipe Silva, Thomas de Aquino, Francisca Ramos Oliveira Lemos, provavelmente filha de um dos irmãos Lemos, Lourival Rodrigues de Moura e Maximo Benchimol. Portanto, foram vários candidatos arrendatários, mas por inúmeros motivos eles não conseguiram arrendar Anilzinho. Entre eles estavam processos incompletos e a própria articulação de Esperança.

As denúncias feitas contra Esperança Rocha Cruz continuaram e em 1940 ela teve que fazer uma petição tentando provar, ou melhor, justificar os motivos pelos quais não fez melhorias no castanhal como solicitado na legislação agrária, em especial no Decreto n.º 1.014 de 7 de julho de 1933, que regulamentava o serviço de localização de castanhais das terras devolutas do Estado arrendado por intermédio da Inspetoria das Minas e Castanhais. O Decreto em seu Art. 11 especificava do que se tratava essas benfeitorias: [...] "No castanhal deveria se plantadas lavouras, se construir casa de moradia, com madeira de lei, paióis, para depósito de castanha ter porto de embarque, estradas, estaleiros para suas embarcações e realização de limpeza de igarapés e grotões"[25].

---

25 Optamos por discutir o Decreto n.º 1.014 de 7 de julho de 1933 por especificar de maneira mais precisa quais eram os tipos de beneficiamento a serem feitos nos castanhais, e não o Decreto n.º 1.779, de 16 de setembro de 1935, pois a única coisa que ele discute sobre as benfeitorias se restringe ao segundo parágrafo do art. 12 "a prova das benfeitorias será feita por atestado

HISTÓRIA DAS MULHERES NA AMAZÔNIA
(PARÁ, SÉCULO XVIII AOS DIAS ATUAIS)

Portanto, esses seriam os itens que a dama deveria ter realizado nos castanhais de sua posse durante os três anos que o arrendou, contudo isso não foi realizado. Vejamos quais as justificativas da senhora Rocha:

> I que a requerente é atual arrendatária, por três anos na forma da Lei do castanhal "Anilzinho" no município de Baião ao qual aliás, já vinha arrendado em anos anteriores.

> II que esse castanhal é central gastando-se algum tempo indo da margem do rio, para alcança-lo em matta espessa, sendo nele difícil e laboriosa a colheita da castanha;

> III que o referido Castanhal é infectado de índios bravos que, (...), durante a safra nelle porém fazem suas incursões e assaltos, numerosos e armados e ocasionando pânico já tendo ferido algumas pessoas.

> IV que, assim sendo, como de fato o é torna-se impossível e irrealizável a cultura e o beneficiamento do mesmo terreno de castanhal por mais boa vontade é impossibilitada por essa situação

> V que tanto visto (ilegível) que o chefe da inspetoria do Estado facilitou a situação dos arrendatários locais[26].

A professora/arrendatária se valeu de cinco argumentos para defender-se das acusações que foram impetradas no então órgão, denominado de Inspetoria de Castanhais[27]. O primeiro afirmava que ela já estava há três anos com a posse de Anilzinho, mas que deveria ter levado em consideração que ela não foi única arrendatária de Anilzinho. Ora, nós sabemos através dos processos de arrendamentos que ninguém até 1939 havia arrendado tantas vezes Anilzinho quanto ela. Portanto, atribuir a outrem a culpa do não beneficiamento era falacioso.

---

do prefeito municipal, do delegado de polícia ou dos comissários locais. Logo, só dar conta de discutir quem dava a comprovação de benfeitorias e não definia o que eram as benfeitorias.

26 Processo 1939/00018 Esperança Rocha Seixas.

27 Através do Decreto n.º 416 de 1931 foi criada a Inspetoria de Minas e Castanhais e através do Decreto n.º 2172, de 4 de junho de 1936, foi criada a Inspetoria de Castanhais do Estado, portanto, as Minas não estavam mais junto com a repartição dos castanhais.

O segundo e o terceiro motivo expõem as dificuldades de se ter acesso ao Castanhal e ser laboriosa a colheita primeiro por localizar-se "em Matta espessa" e ser feita através de caminhos longos até chegar ao castanhal e o terceiro motivo era a presença dos Asuninís, que ela os trata como se fossem uma espécie, de doença, ou peste. Isso se reflete quando afirma que o castanhal é "infectado de índios bravos". Por último, Esperança afirma que o não beneficiamento dos castanhais era uma prática corriqueira, pois o chefe da Inspetoria "facilitou a situação dos arrendatários locais". A citada dama não manteve o arrendamento de castanhal em 1940, quem o fez em seu lugar foi Benedita Gonçalves Rocha, mas em 1941 a 1945 a dama dos castanhais volta a ter posse legal de Anilzinho. A seguir, duas imagens de croquis representando Anilzinho.

Imagem 4 – Croquis (A e B) do processo de arrendamento de Esperança Rocha Seixas – Anilzinho

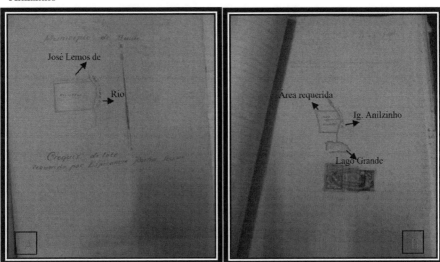

Fonte: GEA, ITERPA.

As duas imagens nos apresentam um dado interessante, demonstram que as terras de castanhais requeridas por Esperança Rocha estavam à margem do Igarapé Anilzinho. A Imagem do Croqui A, que é de 1933, nos revela que o confrontante do Anilzinho eram as propriedades de José Lemos de Sousa, que eram terras de castanhais também o castanhal Ubim. O que Esperança

HISTÓRIA DAS MULHERES NA AMAZÔNIA
(PARÁ, SÉCULO XVIII AOS DIAS ATUAIS)

arrendava quase que coincide com o lugar, que na segunda década do século XXI se encontra a vila de Anilzinho. Esse dado é fundamental para entendermos a discussão, especialmente quando for tratar do castanhal Anilzinho. O Croqui B mostra a conexão que existia pelas trilhas das águas do igarapé Anilzinho até chegar no rico Lago Grande.[28] Foi pelas riquezas extrativistas da amêndoa da castanha que a população da Amazônia Tocantina lutou. Mas vejamos a relação das primas Benedita e Esperança Rocha em torno do castanhal Anilzinho.

Em 1946, Benedita Gonçalves Rocha, prima de Esperança, assina um documento "abrindo mão" de arrendar o castanhal Anilzinho em favor de sua parenta, "pois antes ela (Esperança) ocupava o cargo de professora, portanto, existiu uma relação complexa entre essas duas mulheres, porque, na nossa concepção contemporânea de direito – aqui assumo os riscos do anacronismo – Benedita foi uma espécie de 'testa de ferro' ou uma 'laranja', termos bastantes conhecidos usados para designar alguém.

Os termos "laranja" e "testa de ferro" designam, na linguagem popular, a ação pela qual "uma pessoa que intermedeia, voluntária ou involuntariamente, transações financeiras fraudulentas, emprestando seu nome, documentos para ocultar a identidade de quem a contrata."[29]

Porém, não era somente da vivência no arrendamento dos castanhais e de todos os dramas e conflitos que isso implicava. A vida prosseguiu e a dama dos Castanhais a vivenciou e foi nesse devir que em 1957 casou-se novamente aos 61 anos de idade seu consorte foi advogado Fernando Ferreira da Cruz, a partir dessa data assume seu novo nome de casada tornou-se a senhora Esperança Rocha Ferreira da Cruz.

O ano de 1957 foi de transformações para o casal Ferreira da Cruz, pois a senhora mudou-se para Belém e eles foram morar na rua Jeronimo Pimentel, n.º 15 e no mesmo[30] ano, no dia 28 de maio, os cônjuges mudaram-se novamente, dessa vez para uma casa mais confortável no endereço rua Lauro Sodré

---

28   No terceiro capítulo, iremos debater a importância espiritual desses espaços para a população dos moradores da região.

29   Disponível em: https://pt.wikipedia.org/wiki/Laranja_(indiv%C3%ADduo). Acesso em: 7 set. 2009.

30   Optamos por eliminar números do endereço do casal para preservar os possíveis descendentes de Esperança e Fernando Ferreira da Cruz.

S/N. Seu cônjuge tornou-se o procurador legal para tratar dos arrendamentos de Anilzinho, e a primeira iniciativa do advogado foi requerer a validação do contrato de sua esposa, o arrendamento do Anilzinho.

Não encontrei na documentação rastros de que Esperança deixou herdeiros nem do primeiro casamento e muito menos do segundo, acredito que ela não os teve, pois se ela tivesse teria evocado esse argumento nos momentos dos conflitos pela posse de Anilzinho, como foi o caso de Pedra Jesuína, que ao escrever para o governador José Malcher, em 1954, afirmou que era viúva e precisava sustentar os seus três filhos pequenos.

O processo 1957/01000 de 28 de maio de 1957 pertencente a Esperança Rocha Ferreira da Cruz nos revela que seu esposo se tornou também seu advogado, portanto, a partir daquele momento ele teria o direito de desistir, transigir, transacionar, passar recibos e dar quitações e especialmente requerer a revalidação do contrato do castanhal Anilzinho para a safra de 1958. Os processos de arrendamento, grosso modo, masterizam a presença da dama dos castanhais, e as modificações ocorridas em sua vida, como sua assinatura que se modificou por três vezes e por último foi Esperança Rocha Ferreira da Cruz.

Em 1959, voltamos a ter notícias do casal. Eles renovaram a posse de Anilzinho no intuito de os arrendarem entre os anos de 1960-1964, no entanto, os rumos de Anilzinho foi outro, finalmente após quase 30 anos voltou a ser um castanhal que serviria à população de Baião através do Decreto nº. 3.641, de 16 de agosto de 1961.[31]

Contudo, Esperança não era mulher dada a desistir fácil. Entre 1965-1969, ela continuou lutando para não "perder" Anilzinho, que, como já indicamos, havia sido constituído como Castanhal de serventia Pública. No entanto, para pleitear, ou melhor, para não perder sua posse, o castanhal, ela usou vários argumentos. O primeiro se dava pelo fato de residir em Baião, o segundo foi que vários anos ela arrendou o dito lote e ainda existia o fato de ter feito Benfeitorias, tais como "estradas de penetração e abarracamentos para castanheiro, como também barracas para os viveres de trabalhadores". A senhora evocou a presença dos índios Asuriní como maneira de exacerbar seu feito. Afirmava que não construiu mais, pois "o lote era varejado vezes ou outra pelos

---

31 Não foi somente Esperança Rocha que lutou por se manter nesse castanhal, os demais proprietários e arrendatários que se sentiram prejudicados também, mas remos debater esses conflitos e a vida dentro desse castanhal.

daquela região, ela nada mais tem construído porque eles tudo constroem, já se tem se apoderado dos roçados por ela plantado limitando-se a coletar a castanha". Ela continuou por algum tempo a mais nessas terras.

Apesar do Decreto n.º 3.641, de agosto de 1961, Esperança conseguiu arrendar algum trecho do citado Castanhal, pois encontrei o registro de 4 processos, um de 1960, sob o número 1960/04405; um de 1961, o processo 1961/02191; ou seja, durante o ano de decreto dos castanhais de serventia pública, temos dois processos de arrendamento, os processos 1962/02161 e 1964/00181. Portanto, três anos depois do decreto ela continuou arrendando terras de castanhais na região, mas existia uma grande diferença, de 1930 para os anos de 1961, a população das franjas poderia catar a castanha de volta nos seus castanhais. Um deles era o castanhal grande, vejamos a memória de Lázaro Borges:

> O Castanhal Grande: conforme o decreto é área do município conquistado pela população pobre do município de Baião através de um abaixo assinado de mais de 200 pessoas. Foi uma luta muito dura dos castanheiros, pois estes eram explorados pela forma de arrendamento. Quando o castanhal grande ainda era terra devoluta, dona Esperança, filha do Coronel Levindo Rocha, arrendava do estado e subarrendava. Mas essa forma de subarrendamento o povo não mais aguentou; a exploração [...] só quem ganhava era Dona Esperança, então o povo se juntou e começou a fazer reclamação ao governo do Estado. Foi em 1960 ou 1961 que a população fez um abaixo-assinado com umas 200 assinaturas e encaminhou ao governador do Estado e o vice-governador, Newton Burlamarque de Miranda assinou o decreto de doação da área ao município em 1961. A partir de 1961, quase toda a população pobre de Baião ficou apanhando a castanha e sustentando suas famílias desse grande recurso[32].

A memória da população de Baião, ressoada pelo posseiro/comunitário Lázaro Borges Macieira, sobre os tempos de arrendamento e do subarrendamento promovido por Esperança – a filha do coronel Levindo Rocha –, era de um tempo de exploração, submissão, de pouca opção. Essa gente há tempos tentava em vão ter de volta o que era de todos, as terras que lhes eram preciosas.

---

32 Memória de Lázaro Borges

Mas o Decreto n.º 3.641, de agosto de 1961 – será debatido no quarto capítulo – consagrou a vitória "dos que apanhavam castanha". Esse gesto refletiu em sua liberdade, na qualidade vida. Eles poderiam propor uma melhor qualidade de vida, refletida no sustento para as suas famílias, fruto do trabalho na coleta das amêndoas.

Portanto, Esperança Rocha era vista como inimiga desses trabalhadores das matas, a mulher que lhes explorava "na forma de subarrendamento". A memória que eles e mesmo os filhos deles possuem dessa senhora, como no caso da filha de Lázaro Borges Macieira, Dona Maria das Graças Macieira, é uma memória ressentida. Posso afirmar que ela é uma referência do tempo de "exploração", do período que o castanhal lhes foi retirado, "a exploração era grande", mas eles organizaram-se de maneira comunitária e venceram uma batalha árdua.

Esperança Rocha reaparece nos processos de arrendamento em 1968 como viúva. Portanto, seu cônjuge, Fernando Ferreira da Cruz, faleceu. Ela, por sua vez, deixou a capital do Estado do Pará e voltou para Baião. É interessante notar que a referida Dama, em meados da década de 1930, designou-se como doméstica, mulher do lar. Contudo, ao analisarmos a documentação no período de 1939 a 1940, descobrimos que ela era professora da rede estadual de ensino na escola que seu pai construiu com dinheiro público. De meados de 1950 a 1964, a referida senhora designou-se como exploradora de produtos nativos.

Esses dados são muito importantes, pois revelam o mundo do trabalho dentro das matas na Amazônia Tocantina, e também um elemento ímpar, que é a própria Esperança Rocha, que, ao contrário da maioria das mulheres de suas classes, se assumiu com três profissões diferentes: doméstica, professora e exploradora de produtos nativos enquanto as mulheres arrendatárias aqui analisadas em sua grande maioria eram donas de casas e somente Mereciana e Esperança designaram-se de Exploradoras de produtos nativos.

A última "valsa que acompanhei" Esperança Rocha foi com o processo1964/0018, no qual ela solicitou, por aforamento perpétuo, o castanhal Anilzinho por meio da Lei n.º 913, de 4 de dezembro de 1954. Essa lei, como é de nosso conhecimento, restituiu os aforamentos perpétuos, o que poderia fazer ficar até a data de sua morte com o referido castanhal, mas lá já existia a resistência dos moradores da região e a Lei n.º 3.641/1968, sancionada por

Jarbas Passarinho. Também ocorreu o golpe civil-militar em 1964[33]. A partir de então eram novas peças no tabuleiro e nele não cabiam mais as ambições da dama dos Castanhais, mas veremos o protagonismo dos trabalhadores das matas que será mais bem tratada.

Portanto, compreendo que a citada dama possuía o poder de se articular no seu tempo e de evocar identidades, ou mesmo personagens de acordo com o que lhe era conveniente, como a figura de mulher frágil e viúva, cujo único provento era o arrendamento de Castanhal. Essa situação ocorreu em 1938, quando lutou pela posse de Anilzinho com o prefeito Franquilo Agostinho.

No entanto, mostrou-se ardilosa na medida que não informou que era professora entre 1939 e 1940. Foi apontada pelo senhor Thomas de Mendonça de não declarar a quantidade de barricas de castanhas produzidas no Anilzinho (ela diminuía o número da produção), foi acusada de explorar a força de trabalho dos moradores das franjas dos castanhais, mas era vista pelas autoridades locais como pertencente "a uma família tradicional da cidade de Baião". A nossa dama dos castanhais era uma exímia conhecedora das leis e dos jogos de poderes, afinal ela viveu desde menina nos bastidores de decisões políticas, ainda criança acompanhava o seu pai nas disputas eleitorais, aprendeu a lidar com os signos de sua classe, foi uma inimiga implacável. Essas foram algumas das faces da complexa mulher que nasceu como Esperança Rocha Dias e morreu como a dama Esperança Rocha Ferreira da Cruz.

Desta feita, acompanhar a vida dessa senhora foi verificar pela sua retina as disputas pelo poder e os conflitos dentro das matas, enfim, as disputas dentro das terras de indígenas/comunitárias. Logo, olhar a vida de Esperança Rocha não é somente olhar a vida de alguém comum, é verificar o que Carlo Ginzburg (2006) chama de excepcionalidade. A vida de Esperança está totalmente amalgamada com sua presença dentro dos castanhais, afinal ela arrendou por 27 anos o castanhal Anilzinho, junto com sua prima.

Portanto, olhar a vida dessa mulher é olhar também a vida e os costumes dentro dos castanhais, e principalmente entender parcialmente a relação que existiu entre ela e "os trabalhadores rurais" dessa região ou "os lavradores pobres no sentido da lei" porque ela foi a inimiga ferrenha e eles só conseguiram 27

---

33   Para melhor entender esse debate, ler *1964*, de Carlos Fico. No âmbito da Amazônia, temos Jaci Guilherme, Edilza Fontes e Pere Petit.

anos depois vencer a guerra contra a poderosa Dama dos castanhais, Esperança Rocha, cuja vida amalgamou-se com o castanhal Anilzinho. . Analisar sua trajetória através de processos de arrendamentos e aforamentos de castanhais é entender também o protagonismo feminino na Amazônia, em especial na questão agrária.

Referências

CUNHA, Manuela Carneiro; ALMEIDA, Mauro Barbosa (org.). *Enciclopédia da Floresta*. São Paulo: Companhia das Letras, 2002.

FONTES, Edilza J. O. Paisagens amazônicas: O espaço vazio e a floresta. *In*: COELHO, Anna Carolina de Abreu; ALVES, Davison Hugo Rocha; NETO, Raimundo Moreira das Neves (org.). *Perspectivas de pesquisa em História da Amazônia*: Natureza, diversidade, ensino e direitos humanos. 1. ed. v. 1. Belém: Açaí, 2017, p. 147-171.

HALBWACHS, Maurice. *A memória Coletiva*. 2. ed. São Paulo: Vértice, 1990. p. 130.

IORIS, Edvirges Marta.: *Uma floresta de disputas*, conflitos sobre espaços, recursos e identidades sociais na Amazônia. Florianópolis: Ed. da UFSC, 2014. p. 241-281.

PINTO, Benedita Celeste de Moraes. *Nas veredas da sobrevivência*: memória, gênero e símbolos de poder feminino em povoados amazônicos. Belém do Pará: Editora Paka-Tatu, 2004. v. 01. 251p.

REIS, José Carlos *As Identidades do Brasil*: de Varnhagen a FHC. 9. ed. Rio de Janeiro: Editora FGV, 2007. v. 1. p. 19-50.

WOLFF, Cristina Scheibe. *Mulheres da Floresta*: uma história: Alto Juruá Acre (1890-1945*)*. São Paulo: Hucitec, 1999. p. 9.

SILVA, Adriane, dos Prazeres. *As terras de uso comum e os castanhais do vale amazônico*: luta, resistência e a lei dos posseiros (1930 - 1991). 2021. Tese (Doutorado) – Universidade Federal do Pará, Instituto de Filosofia e Ciências Humanas, Programa de Pós-Graduação em História, Belém, 2021.

"ENTRE AS QUATRO MELHORES COUSAS DO MUNDO": GÊNERO E REPRESENTAÇÕES FEMININAS NA CAPITAL DO PARÁ (XIX/XX)

Franciane Gama Lacerda[1]
Maria de Nazaré Sarges[2]

Em 1878, ao publicar em Belém, capital da Província do Pará, o livro *Primeiras páginas: viagens no sertão – quadros paraenses*, o intelectual José Veríssimo trazia para seus leitores no capítulo VI, intitulado "A mameluca", instigantes representações acerca da presença feminina no espaço urbano dessa cidade, que naquele contexto começava a experimentar reflexos dos negócios da borracha, como por exemplo, a presença de migrantes, e um crescimento na movimentação de seu porto.

Tendo seu olhar voltado para as "mamelucas" que circulavam pela cidade de Belém no século XIX, Veríssimo vai como que construindo destas um "retrato", do qual saltam compreensões acerca do trabalho feminino, mas também da beleza dessas mulheres marcadas pelos fartos cabelos, pelo corpo perfumado e por certa liberdade que estas pareciam ter para decidir acerca de sua própria vida. De fato, conforme as descrevia, essas mulheres ora trabalhavam, ora viviam de "amor como o colibri vivi das flores" (VERÍSSIMO, 1878, p.

---

1   Professora Associada IV da Faculdade de História e do Programa de Pós-Graduação em História Social da Amazônia da Universidade Federal do Pará. Pesquisa resultante do projeto intitulado: "Borracha na Amazônia em tempos de crise: representações, consumo, trabalho, práticas cotidianas e ensino de história (Finais do Século XIX – Primeiras décadas do século XX)", desenvolvido pela autora na UFPA. E-mail: fgl@ufpa.br

2   Professora Titular aposentada da Faculdade de História e do Programa de Pós-Graduação em História Social da Amazônia. Diretora da Cátedra João Lúcio de Azevedo, Camões I.P.-UFPA. E-mail: sarges@ufpa.br

127). Por essa perspectiva, de acordo com o autor, elas estavam "entre as quatro melhores cousas do mundo: perfumes e amores doces e flores". (VERÍSSIMO, 1878, p. 127).

Tal proposição de José Veríssimo, apesar de seu tom poético e da doçura de suas comparações, na verdade trazem à tona algumas questões que nos parecem importantes para serem pensadas, que são as representações acerca dos corpos femininos, o ideário de beleza acerca de mulheres que viveram em Belém entre os séculos XIX e XX, as relações amorosas construídas por tais mulheres e as experiências de trabalho vivenciadas por estas. De fato, conforme indica Joan Scott, em texto clássico, a categoria gênero "amplia o foco da história das mulheres" quando também se alia a esta reflexão questões como "diferenças que a raça, a classe, a etnia e a sexualidade produziram nas experiências históricas das mulheres" (SCOTT, 1992, p. 89).

Ora, sabemos que tal abordagem não é necessariamente nova e que na historiografia brasileira há um número expressivo de importantes trabalhos acerca de tais questões[3], que faz com que por vezes até se ouça por parte de alguns a ideia de que as discussões sobre a "história das mulheres" já foram superadas, cabendo agora outras pesquisas, uma vez que já se venceu a imagem de vitimização das mulheres nos trabalhos acadêmicos. Duas questões, entretanto, nos apontam a necessidade de ainda se refletir sobre as experiências sociais de mulheres pobres no espaço urbano de Belém. Em um primeiro plano, trata-se de algumas permanências que percebemos ainda hoje em pleno século XXI e que se alinham em certa medida ao pensamento de Veríssimo, quando por exemplo, muitas mulheres são descritas a partir de seu corpo, do que se considera como atributos de beleza, e não a partir de suas ações de trabalho no âmbito privado e profissional. Além disso, são constantes imagens e notícias de violência e de feminicídios, não raro vinculados às decisões tomadas por mulheres acerca dos rumos dados à sua vida. Do mesmo modo, continua

---

3   MATOS, Maria Izilda S. de; SOLER, Maria Angélica (org.). *Gênero em debate*: trajetórias e perspectivas na historiografia contemporânea. São Paulo: EDUC, 1997. DEL PRIORE, Mary. História das mulheres: as vozes do silêncio. *In*: FREITAS, Marcos Cezar (org.). *Historiografia Brasileira em Perspectivas*. São Paulo: Contexto, 1998, p. 217-235. CORREA, Mariza. "Do feminismo aos estudos de gênero: uma experiência pessoal". *Cadernos Pagu* (UNICAMP), Campinas, v. 16, 2001. CANCELA, Cristina Donza. mulheres portuguesas no Pará: números, perfis, redes sociais e visibilidade (1834-1930). *Outros Tempos* (on-line), v. 17, p. 100-114, 2020. CANCELA, Cristina Donza. *"Adoráveis e dissimuladas"*: as relações amorosas e sexuais de mulheres pobres na Belém do final do século XIX e início do XX. São Paulo: Livraria da Física, 2021.

na pauta de discussões o fato de que no mundo do trabalho as mulheres ainda têm menos oportunidades e em algumas circunstâncias salários menores do que os dos homens. Portanto, refletir sobre a história de mulheres do passado e a forma como foram descritas e representadas por homens contribui para se refletir no presente sobre tais questões.

1. "Confusa mistura das três raças": cabelos, roupas e adornos

> [...] Grupos de pessoas tomavam ar fresco à porta de suas casas – gente cuja pele tinha todas as tonalidades, europeia, negra e indígena, mas era principalmente uma confusa mistura das três raças. Entre eles viam-se belas mulheres desleixadamente descalças ou de chinelos, mas usando brincos caprichosamente trabalhados e colares de enormes contas de ouro. Seus olhos eram negros e expressivos e elas exibiam uma massa de cabelos espessos e negros que chamavam a atenção (BATES, 1848, p. 12).

Assim Henry Walter Bates, naturalista inglês que visitou a Amazônia nos anos de 1848, se expressou em relação às mulheres que encontrou em Belém, capital do Pará. Viajantes europeus que passaram pela região amazônica durante o século XIX vinham em busca do conhecimento da natureza; a botânica, a zoologia e a geologia eram os principais focos de suas investigações. Contudo, não conseguiram deixar de registrar as suas impressões diante dos habitantes do lugar, gente de "todas as tonalidades". Desse modo, as mulheres e até mesmo os homens não escaparam de seus olhares. Esses naturalistas, olhando para as mulheres que circulavam pelas ruas da capital paraense, atentamente registraram o tom da pele, os seus afazeres, a participação em festas públicas e religiosas, enfim, o mundo feminino e masculino em uma cidade, como Belém, considerada àquela altura tão distante da dita civilização.

Bezerra Neto, refletindo sobre uma história social da escravidão urbana na Amazônia, destaca que "ainda que sob o peso das políticas de controle social", muitos escravos urbanos circulavam por Belém. Desse modo, "a cidade não era só o espaço daqueles em busca de liberdade, mas era ambiente, favorável às fugas escravas ocasionais". (BEZERRA NETO, 2016, p. 172). Conforme o autor, "o aumento da população livre não branca e a expansão espacial de Belém" favorecia que os escravos ficassem "cada vez mais perdidos no meio dos habitantes ante os olhares policiais e senhoriais", ou seja, esses "misturavam-se com a população escrava e liberta que transitava nas ruas, atrás da sobrevivência diária" (BEZERRA NETO, 2016, p. 169-172). Ainda que Bates tenha passado pela capital do Pará cerca de 30 anos antes do período a que o autor se refere, essa constatação nos leva a entender a ideia do viajante acerca da mestiçagem da cidade, tratada por ele como uma "mistura das três raças".

Bates observou atentamente os cabelos, os olhos, os adereços usados especialmente porque eram de ouro como que numa desproporção em relação aos pés descalços, aos chinelos e às roupas usadas de modo muito simples; era muita surpresa para um europeu acostumado a ter outro padrão de beleza e de comportamento. Não foi somente Bates que se encantou e se surpreendeu diante do mundo feminino amazônico. Alfred Russel Wallace, naturalista estrangeiro, também se espantou diante desse novo mundo, afinal, "[...] o estrangeiro fica espantado ao ver as pulseiras e outros ornamentos de ouro maciço que essas mulheres usam, especialmente porquanto muitas delas são escravas" (WALLACE, 1848, p. 20).

O pastor Daniel Kidder, em suas andanças pela Belém do pós-cabanagem, também contatou que na procissão de Nossa Senhora havia a participação de muitas mulheres "de todas as nuances, desde o negro até o amarelo, trajadas com muito exagero e exibindo vasta profusão de joias (KIDDER, 1840, p. 186). Alguns anos depois dessas impressões de Kidder, o próprio Bates explicava que as contas de ouro que as escravas usavam em seus pescoços geralmente pertenciam às suas senhoras "as quais procuram exibir assim suas riquezas" (BATES, 1848, p. 45).

Dando continuidade a essas impressões dos viajantes, em 1858, em viagem pela Amazônia, o viajante francês François Biard observara que

> [...] em nenhum outro lugar vira gente de cor se trajar com tanto requinte como no Pará. As negras, sobretudo as mulatas, graças aos seus cabelos ondeados fazem penteados de grande altura [...] Essas mulheres às vezes apresentam-se com certo agrado para as visitas (BIARD, 1858, p. 166).

É interessante observar no relato do francês o deslumbramento acerca do "requinte" no trajar da gente de cor dessas paragens, talvez considerasse improvável na mítica Amazônia haver gente vestida, afinal a imagem do selvagem desnudo era o que povoava a imaginação do europeu. De fato, anos antes, não escapou a Wallace esta observação acerca do vestuário, especialmente nas ocasiões de festas quando moças e mulheres "vestem-se inteiramente de branco, causando um agradável efeito o contraste das roupas com suas lustrosas peles negras ou acobreadas" (WALLACE, 1848, p. 20).

Nas representações deixadas por esses homens sobre as mulheres à roupa dessas se mesclava o comportamento e a moral. Um exemplo disso é a descrição da falta de pudor feminino construída pela pena de Florence, desenhista francês da expedição de Langsdorff, que ainda na primeira metade do século XIX visitou a Amazônia e destacou preconceituosamente:

> [...] as mulheres em geral, são muito licenciosas. Seu traje consiste numa camisa de musseline bordada, de mangas compridas e de uma saia de chita, cheia de dobras atrás e dos lados com uma abertura pela qual se vê a camisa também artisticamente franzida. (FLORENCE, 1825, p. 207).

Do relato das roupas das mulheres, outras observações acerca dos enfeites que usavam não passaram despercebidos dos viajantes, como Bates e Wallace, entre outros que registram: "[...] as moças trazem jasmins e outras flores no cabelo, sendo esse o único enfeite que as mulheres – seja qual for a sua classe – usam na cabeça" (BATES, 1848, p. 211). Com teor semelhante, Wallace evidenciou que muitas mulheres se apresentavam com "[...] suas belas cabeleiras cuidadosamente arrumadas e adornadas de flores e jamais se escondem sob toucas ou chapéus" (WALLACE, 1848, p. 110).

Festas e trabalhos

Essas longas viagens dos naturalistas estrangeiros transformaram-se em inesgotáveis fontes de observação da natureza e de sua gente. E como as festas eram constantes entre os moradores, chamou atenção a presença de mulheres, sobretudo nas festas religiosas, como registrou Bates, a partir do trecho que segue:

Na cidade do Pará o governo provincial ajuda a dar maior brilho às festas religiosas [...]. As mulheres geralmente comparecem em grande número, suas espessas cabeleiras enfeitadas com jasmins, orquídeas brancas e outras flores tropicais. Nessas ocasiões vestem suas roupas de festa, suas blusas de gaze e saias de seda preta [...] (BATES, 1848, p. 45).

O naturalista também observou que na festa de Natal era interessante ver seguindo a procissão até a igreja, "pela manhã, todas as mulheres e moças do lugar, trajando blusas de gaze branca e vistosas saias de chita estampada [...] (BATES, 1848, p. 123). Do mesmo modo, Wallace, ao observar a procissão e os seus seguidores, destacava que "[...] era dia de festa – realizava-se uma estranha procissão em torno da Igreja. O padre seguia à frente. Atrás dele vinham as mulheres e as meninas do vilarejo, ataviadas de fitas e flores, e dançavam animadamente de um modo que nada tinha de religioso" (WALLACE, 1848, p. 106).

As festas profanas também não escaparam dos relatos dos viajantes, neste caso, a descrição refere-se a uma festa ocorrida na casa de uma pessoa dos grupos mais abastados da cidade. E o relato faz-nos perceber outro tipo de comportamento:

> Ocasionalmente, porém um dos cidadãos ilustres do lugar dá um baile em sua casa. No primeiro que assisti, os homens ficavam sentados num dos lados do salão, e as senhoras no outro, os parceiros para as danças eram sorteados por meio de cartões numerados, distribuídos por um mestre de cerimônias [...] (BATES, 1848, p. 141).

Bates foi implacável ao comentar esse costume, pois o considerava arcaico e preconceituoso e sem nenhuma contribuição para as relações sociais, embora observasse que estava sendo abandonado, gradativamente. Contudo, o viajante não se ocupou em descrever apenas uma festa na cidade de gente abastada, o seu olhar também registrou a festa de ribeirinhos:

> Ao passarmos em nossa canoa, víamos seus moradores entregues às suas ocupações nas amplas varandas, e numa das casas notamos que estava sendo realizado um baile em plena luz do dia, rebecas e violões tocavam animadamente, e rapazes de camisas brancas dançavam com morenas donzelas em vistosos trajes estampados (BATES, 1848, p. 66).

Essas imagens também foram registradas por Agassiz, que percorreu a Amazônia no ano de 1865. Dizia o naturalista que as "belas da floresta", ao perceberem a presença de estrangeiros, ficaram inicialmente inibidas, mas bastaram poucos minutos para se animarem:

"ENTRE AS QUATRO MELHORES COUSAS DO MUNDO": GÊNERO E... **301**

> Todas estavam vestidas de branco, saia de chitão e musselina, corpete folgado de algodão, guarnecido em volta do colo com uma espécie de renda, que elas próprias fabricam puxando os fios de cambraia ou musselina de maneira a formar uma variedade de rede na qual os fios restantes são tomados pela agulha e presos uns aos outros [...] A maior parte das dançarinas estavam penteadas com um galho de jasmim branco ou com rosas presas no cabelo, algumas traziam colares e brinco de ouro (AGASSIZ, 1865, p. 327).

O suíço Luiz Agassiz, naturalizado americano, por um momento desligou-se de sua investigação científica que pudesse alimentar o amplo debate acerca da teoria da evolução e passou a registrar outras experiências vivenciadas em sua viagem pela Amazônia. Desse modo, percebe-se que a região foi notada não somente em sua natureza, mas em sua população com quem esteve em contato durante a viagem científica.

O mundo do trabalho foi ricamente descrito pelos viajantes e o olhar do europeu captou o importante papel que essas mulheres desempenhavam no cotidiano dos afazeres desempenhando diferentes funções. Interessante notar que à medida que o trabalho vai aparecendo nos registros, o corpo feminino também vai sendo representado nas ações da faina diária das mulheres. Não deixa de ser uma contradição diante da ideia da fragilidade feminina. Porém, a mulher que trabalha por essas descrições não é a branca europeia, mas sobretudo as negras, as índias e as mestiças. Agassiz (1865, p. 291) se surpreende:

> Fiquei admirado do vigor com que D. Maria, a sogra do nosso hospedeiro, abria seu caminho nessa vegetação emaranhada e ajudada a desimpedir a passagem abatendo os galhos com o seu facão. Nessa terra tão quente, seria de se supor que as mulheres fossem indolentes e moles, e assim bem o é nas cidades onde tem hábitos de lânguida indolência desconhecida das mulheres de nossos países [...], no Alto Amazonas, porém, as que são criadas fora das cidades e dos vilarejos, no meio dos índios, são as vezes muito enérgicas, metem mãos ao remo e a rede tão valentemente como o próprio homem.

A construção da imagem de mulher indolente passou bem longe da observação de Ave-Lallemant, naturalista alemão que visitou a Amazônia no ano de 1859, se detendo principalmente na cidade de Cametá. É interessante a sua impressão:

> [...] quando alguém se dispõe a fazer algum trabalho, é sempre a mulher, o homem dificilmente faz alguma coisa, o trabalho está abaixo de sua dignidade e só é próprio das mulheres [...] vimos um exemplo altamente original dessa atividade feminina. No canal de Tajapuru vive uma mulher muito conhecida, de origem meio índia, casada com um homem meio escuro. Essa mulher faz, viajando sozinha numa canoa, um grande negócio com artigos que recebe do Pará. Rema só, por todos os pequenos igarapés, para vender seus artigos ou trocá-los, e, deve ter juntado assim uma fortuna. Para sua maior segurança, leva sempre consigo uma espingarda carregada e um grande facão, conserva-os junto dela na rede, quando dorme. Vimo-la com toda a família, de pé diante da porta, uma mulher comumente robusta, bem parecida, rindo gostosamente, quando todos a saudaram gostosamente em altas vozes, pois ninguém passa pelo canal do Pará para Manaus, que não reconheça a célebre amazona D. Maria, do canal do Tajapuru, e não mostre grande respeito pela corajosa figura (AVE-LALLEMANT, 1859, p. 45).

A Dona Maria do canal do Tajapuru recebeu uma densa descrição do naturalista. Em tom de admiração, aquela mulher era uma verdadeira amazona, destemida, laboriosa, chefe de família, negociante e, sobretudo, uma alegre mulher reconhecida e respeitada em suas paragens, especialmente pelos que viajavam pelos rios da Amazônia. Impressionou-se também ao ver "uma mulher moça, governando habilmente a canoa com a mão direita, e com a esquerda segurando e acalentando uma criança nua" (AVE-LALLEMANT, 1859, p. 36)

Mas, ao que parece, o naturalista Bates também se surpreendeu com o universo do trabalho feminino amazônico. Continua em seu relato descrevendo a cena que segue:

> Atracamos no ancoradouro de um dos colonos; ele não estava em casa, e sua mulher – uma jovem e robusta mestiça, de rosto moreno e corado – preparava as varas de pesca, em companhia de outra corpulenta amazonense, a fim de ir pescar peixe para o jantar. Era época dos tucunarés e, D. Joaquina nos mostrou as iscas artificiais usadas para apanhar esse peixe e

que ela mesma tinha feito com penas de papagaio. As varas são feitas de finos bambus, e as linhas de fibras de folhas de abacaxis. Não é comum que as mulheres índias e mestiças providenciem a sua própria alimentação, como faziam aquelas duas ativas senhoras, embora todas sejam excelentes remadoras e frequentemente atravessem vastos rios em suas frágeis canoas sem ajuda dos homens (BATES, 1848, p. 172).

Mas, o longo relato não para. Continua o viajante a registrar que foi convidado por D. Joaquina para comer o tucunaré e conclui que "[...] devem ser felizes os maridos de criaturas como aquelas mulheres". Parece que o inglês manifesta o mais contundente desprezo aos homens do lugar, afinal, conforme escreveu:

> [...] É inegável que as mulheres índias e mestiças são excelentes administradoras; mostram-se bem mais industriosas que os homens, e a maioria delas fabrica farinha e a vende por sua própria conta, gozando de muito mais crédito junto aos mercadores que fazem o comércio fluvial do que os homens da família (BATES, 1848, p. 172).

O Príncipe Adalberto da Prússia, ao passar pela Amazônia no ano de 1842, também descreve as inúmeras ocupações das mulheres índias juruna, observando que "ao contrário das mulheres, os homens em casa estão sempre desocupados. Quando na sua cabana, ou estão sentados ou deitados na rede, para descansar [...]" (Príncipe Adalberto da Prússia, 1977, p. 184).

O viajante demonstra uma inegável surpresa ao verificar que a mulher tinha muito mais habilidade nos negócios do comércio que os homens. Eram elas que fabricavam a farinha e a negociavam com os comerciantes que vinham de barcos pelos rios, mas isto se explica também pelo fato de que os homens, por serem incumbidos de caçar e pescar, ficavam muito tempo fora de casa, obrigando as mulheres a assumirem determinadas tarefas que no universo do branco competia aos homens. Às mulheres mais velhas geralmente eram atribuídas outras funções como tecer os cestos que eram usados para empacotar a farinha. Em um trecho de seu relato, Bates anotou que "a mulher de Cipriano, uma atraente mestiça, supervisionava o empacotamento da farinha" (BATES, 1848, p. 164).

Esses relatos do "modo de vida" dos moradores ribeirinhos colaboraram para a construção de determinadas imagens nas quais se identificam o homem amazônida como o indivíduo indolente, esquecendo os estrangeiros que culturalmente as relações sociais naquelas comunidades eram perfeitamente naturais. Ao mesmo tempo, essas impressões que tanto surpreenderam esses homens europeus, ao ponto de se tornarem parte de seus relatos sobre a região, sugerem as múltiplas experiências femininas na Amazônia, indicando uma variedade de ações que não raro fugiam dos comportamentos pensados e esperados para as mulheres. Desse modo, a percepção acerca das mulheres indígenas pontilha os relatos dos viajantes. Geralmente narram o cotidiano das índias em suas aldeias desempenhando as tarefas que lhes competiam na distribuição dos afazeres e que aos olhos dos europeus eram consideradas "pesadas".

Spix e Martius, naturalistas bávaros que se recusaram à interpretação mecanicista da natureza, consideraram que "a vida em tais cozinhas dos índios era um espetáculo dos mais curiosos" (SPIX; MARTIUS, 1819, p. 196). Devido à necessidade de abastecimento da farinha, tendo em vista o escasseamento das provisões na expedição, tiveram que recorrer aos índios, o que permitiu um olhar sobre o trabalho feminino: "[...] em sua maioria, as mulheres acocoram-se nuas, em torno, e trabalham caladas com a mais absoluta gravidade.". Além disso, as indígenas "[...] ocupavam-se de outras tarefas, acolá, uma mãe pinta as pálpebras da criança de peito, outra penteia um pequeno traquina [...]". Contudo, segundo os viajantes, estas "nunca se lembraram de fazer peças de vestuário para si mesmas" (SPIX; MARTIUS,1819, p. 196). A questão da nudez das mulheres indígenas também foi bem observada pelos viajantes, como viu Bates: "[…] as mulheres estavam ocupadas num telheiro ao lado, fazendo farinha, quase todas sumariamente vestidas, o que fez com que ao nos virem, elas saíssem correndo para as suas choupanas a fim de vestirem as saias (BATES, 1848, p. 179).

Já em finais do século XIX, por volta de 1895, o geógrafo francês Henri Coudreau, encarregado pelo governador do Pará, Lauro Sodré de fazer a exploração dos rios Xingu e Tocantins-Araguaia, ao passar pelo Tapajós, assinalou que "essas mulheres e moças em trajes de Eva, consideram-se tão decente como qualquer herdeira da alta sociedade fazendo as honras de um salão" (COUDREAU, 1895, p. 97). Para esse viajante que visitou a Amazônia na segunda metade do século XIX, era perfeitamente compreensível a nudez das mulheres índias, afinal havia a percepção "do outro", o que poucos tiveram.

Ao observar o trabalho das mulheres, Coudreau chegou à conclusão de que enquanto o sexo feminino exercia diversas atividades como a manufatura do vime, os "homens se entregam a mais descuidada vadiação, as mulheres são incansáveis no incessante labor doméstico e até mostram benevolência nos esforços, aplicados ao preparo dos melhores guisados para nós e interesse em nossas doenças" (COUDREAU, 1895, p. 196).

O trabalho das mulheres foi motivo de atenção por parte de todos os estrangeiros que passaram pela Amazônia, como observou Florence na segunda década do século XIX:

> Todas as manhas iam ao parí. De volta entregavam o peixe às mulheres e durante o resto do dia em nada mais se ocupavam a não ser em fazer colares de sementes, arcos, flechas, ornamentos de pena, etc. As mulheres trabalhavam mais, põem o peixe a cozer, e quando o há em abundância, assam-no em pratos de terracota, fazem-no secar e socam-no com as espinhas, o que constitui a farinha de peixe (FLORENCE, 1825, p. 168).

Mesmo assim, dizia Agassiz, "a vida dessas índias me parece invejável quando a comparo com as mulheres brasileiras nas pequenas cidades e vilas do Amazonas." (AGASSIZ, 1865, p. 336). São mulheres livres que têm as suas ocupações cotidianas, conduzem a sua piroga nos rios, percorrem as trilhas das florestas, cuidam da casa e dos filhos, prepara a farinha e a tapioca, seca e enrola o fumo "enquanto os homens vão pescar ou caçar, tem finalmente seus dias de festa para alegrar sua vida de trabalho" (AGASSIZ,1865, p. 336).

Apesar de toda admiração que Agassiz demonstrou em seus relatos pelas mulheres índias, há em suas anotações um sentimento de repulsa à imagem das mulheres mais velhas da comunidade:

> [...] Uma piroga remada por mulheres subiu a correnteza, carregada de frutas e legumes, em cima dos quais vinham encarapitados dois papagaios de uma cor verde muito viva. Duas dessas índias **eram duas velhas horrendas**, de formas secas e enrugadas, como o são as pessoas dessa raça no declínio da vida (1865, p. 355, grifos nossos).

Contudo, continuava o relato, "mas a terceira pessoa era a índia mais elegante que já vi, e **tinha, sem dúvida, algumas gotas de sangue branco nas veias**, pois a cor de sua pele era mais delicada e os seus traços mais regulares do que costumam ser os índios" (AGASSIZ, 1865, p. 355, grifos nossos). A narrativa de Agassiz reflete um olhar estrangeiro na qual se destaca uma observação desrespeitosa e pouco lisonjeira à aparência de mulheres mais velhas, deixando entrever uma postura eurocêntrica, na qual há uma clara superioridade do homem branco e estabelecendo, portanto, uma distinção entre civilização e barbárie. Igualmente, ao referir-se à beleza da moça índia que estava na embarcação, a justificativa para tal era o fato desta ter traços genéticos da população branca.

Não podemos esquecer que existiam mulheres índias que moravam nas vilas e cidades, muitas vezes saindo com suas famílias e se estabelecendo em outros lugares. Também não foi incomum o trabalho dessas mulheres como empregadas domésticas. Estas, segundo escreveu Bates, eram "geralmente maltratadas por suas patroas". Para o viajante, a razão desse maltrato às empregadas indígenas era motivado pelo temperamento das mulheres brasileiras "ciumentas, passionais e ignorantes", que viam nas indígenas uma ameaça ao seu casamento (BATES, 1848, p. 207). Além das mulheres adultas, crianças e adolescentes indígenas também foram incorporadas aos serviços domiciliares. Essa prática se dava por vezes por meio de sequestros violentos que retiravam menores de suas localidades em aldeias do interior, e posterior vendas em capitais como Manaus, já no século XIX. Conforme Cavalcante, que investigou essa prática no Amazonas, muitas meninas e meninos eram "[…] utilizados como criados, serventes, aplicados ao serviço doméstico". Eram explorados realizando atividades como "lavar roupas, cuidar de arrumar casas, cozinhar, costurar. Eram fâmulas. Também se viam ocupados em fazer serviços de compras e vendas, e por isso vagam pelas ruas da capital" (CAVALCANTE, 2021, p. 264).

Voltando à questão das índias que não escolhiam a cidade e nem a vila e sim o refúgio da mata, elas despertavam nos viajantes certa curiosidade e é ainda Bates que anota:

> Frequentemente encontrávamos uma velha índia chamada Cecília, que possuía uma pequena plantação na mata. Essa índia tinha fama de ser uma

feiticeira, e ao conversar com ela descobri que ela se orgulhava dos seus conhecimentos de negra [...] A feitiçaria da velha Cecília era muito rudimentar e consistia em lançar ela ao fogo um punhado de pó feito de casca de uma certa árvore, bem como outras substâncias, ao mesmo tempo que murmurava palavras mágicas – uma oração dita de trás pra diante – acrescentando depois o nome da pessoa sobre quem ela desejava que o feitiço agisse (BATES, 1848, p. 155 - 156).

Como cientista europeu, a prática mágica da índia era a expressão da "barbárie" e especialmente pela estranheza que causava o fato de uma mulher morar sozinha na mata e possivelmente só os "índios e mestiços pobres de todas as partes do país" acreditavam no poder mágico da feiticeira. Mesmo diante da descrença diante de tais práticas, o cientista acreditava que essas mulheres eram perigosas por conhecerem o segredo das matas e o poder das ervas que poderiam curar ou matar. Algumas vezes essas mulheres foram julgadas pela justiça como "feiticeiras", vítimas de denúncias de senhoras brancas e o próprio naturalista observou que "durante a minha estada em Santarém foi julgado um caso de feitiçaria pelo subdelegado da cidade, no qual a queixosa era uma senhora branca, de alta respeitabilidade" (BATES, 1848, p. 156).

As narrativas desses homens das ciências que descreveram a natureza, os animais, os homens, sobretudo os nativos, também tiveram a sua atenção direcionada às mulheres negras que circulavam pelas ruas das cidades e vilas. E uma dessas descrições refere-se às lavadeiras de roupas em poços públicos da cidade de Belém conforme segue:

> [...] Mais adiante as terras vão novamente em declive até se tornarem pantanosas, e é ai que ficam situados os poços públicos. Neste local é lavada toda a roupa da cidade, trabalho esse que é feito por um bando de tagarelas escravas negras (BATES, 1848, p. 14).

Mas essas escravas não eram encontradas apenas nos poços púbicos, elas também circulavam pela cidade vendendo diversos produtos, desde ervas até comidas e quando ocorria uma festa religiosa ou profana lá estavam as vendedoras.

> À noite, quando começam os festejos na praça defronte da igreja, nas redondezas da cidade, há realmente muito o que admirar [...] Bandos de mulheres negras, vistosamente trajadas, enfileiram-se ao longo do caminho que vai desembocar na entrada da Igreja, com suas barraquinhas de bebidas, doces e cigarros que são vendidos aos forasteiros. (BATES 1848, p. 45).

Algumas dessas mulheres eram escravas de ganho que conseguiram por meio desse trabalho comprar a sua alforria e até mesmo algum imóvel para morar, como observou Bates:

> [...] Essa velha mulher tinha nascido escrava, mas – como era comum acontecer com os escravos nas grandes cidades do Brasil – ela tivera permissão para comerciar por sua própria conta, no mercado, pagando uma quantia fixa ao seu amo, diariamente e, guardado para si o que sobrasse. Em poucos anos ela conseguiu economizar o suficiente para comprar sua liberdade e de seu filho, já adulto. Isto feito, a velha criatura continuou trabalhar arduamente até arranjar dinheiro para comprar a casa onde morava, uma propriedade de valor, localizada numa das principais ruas da cidade (BATES, 1848, p. 291).

Bates referia-se a uma mulher chamada de Tia Rufina, em cuja casa costumava deixar os seus apetrechos quando estava em viagem fora de Belém. Diante das dificuldades de lugares para se alojarem, era comum esses viajantes ficarem hospedados em casas de senhores abastados da cidade e observaram que nunca os senhores apresentavam as suas mulheres e filhas, que só podiam ser vistas de longe.

> Quando o senhor Seixas chegou, ele nos tratou com grande gentileza. Contudo, não nos apresentou à sua família. Vi de relance, uma vez, a sua mulher, uma cabocla bonita, quando ela andava pelo quintal, na companhia de uma mocinha aparentemente sua filha. Todas as duas usavam vestidos compridos, de algodão estampado com cores vivas e traziam entre os dentes compridos cachimbos de madeira (BATES, 1848, p. 59).

Agassiz observara que muitas senhoras brasileiras "passam meses e meses sem saírem de suas quatro paredes, sem se mostrar, senão raramente, a porta ou janela [...]" e continua observando o viajante acerca de seu vestuário, "pois ao menos que esperem alguém, estão sempre tão pouco vestidas, que vão além da negligência"(AGASSIZ, 1865, p. 336). Portanto, não passou despercebido aos olhos dos estrangeiros a clausura a que eram submetidas as mulheres brancas ricas ou medianamente de posses das cidades amazônicas, em contraste com a liberdade de circulação que gozavam as mestiças e as negras.

Essas imagens que os naturalistas estrangeiros tiveram das mulheres amazônidas se associam a outras tantas dos intelectuais que viveram na cidade, no final do XIX e início do XX, os quais tiveram ou supunham ter a "missão", segundo Sevcenko ou a "responsabilidade" de construir uma identidade para um Brasil "novo" (SEVCENKO, 1983) e, especialmente, para a região amazônica.

Dentre esses intelectuais destacamos José Veríssimo, autor de inúmeras obras, dep90ntre as quais *Scenas da Vida Amazônica*, publicado em 1899. Em tais obras, o autor pretende mostrar a realidade dos habitantes da região, sua condição de vida e seus hábitos culturais, de modo que as suas imagens vão sendo vividas e apropriadas num momento significativo em que se pretendia cunhar a marca da civilização na Amazônia.

Assim, José Veríssimo retratou em uma crônica a mulher mameluca que encontrou pelas ruas da cidade de Belém

> Como fica linda quando se apronta para uma festa. Como é formosa com os cabelos negros e lustrosos negligentemente enrolados e presos no alto da cabeça por um pequeno pente de casco, fingindo tartaruga [...] (MARANHÃO, 2000, p. 57-58).

Mas não foram as únicas observações que este escritor registrou.

> A mameluca tem uma predileção todo particular pelo cetim. Não sei a razão. Em geral o vestido é encarnado ou amarelo. Não podendo ser cor--de-rosa, verde, azul ou de qualquer outra cor vistosa [...] Traz o vestido muito decotado. Faz bem. O colo opulento e as belas espáduas o reclamam. Disse não sei quem, que Deus fez a beleza para ser vista. E assim vão. Lindas como sultanas, altivas como rainhas (MARANHÃO, 2000, p. 57-58).

Essa imagem da mulher mameluca é enriquecida pelo depoimento dado pelo escritor (Veríssimo) ao dizer que uma figura da aristocracia local, o Conde D'Arcos, teria mandado retratar as mamelucas dada a beleza que impressiona o local e complementa o escritor paraense: "a gente passa por elas e fica meio embriagado: é o perfume dos jasmins dos seus cabelos [...] (MARANHÃO, 2000, p. 58). A título de ilustração, segue uma imagem de uma tela do pintor Ireneo de Souza, do ano de 1902, em que se pode perceber uma dessas representações femininas:

CABOCLA

Foto de Luís Augusto B. Quaresma, 2019. Tela de José Irineo de Souza, 1902. Acervo do Museu da Casa das Onze Janelas

O escritor maranhense Joao Affonso do Nascimento[4] também dedicou uma crônica à mulher que circulava no espaço público

> [...] a mulata paraense era sempre original no seu vestir, de que jamais se afastava. Em geral, bonita, feições de mestiça, robusta, elegante, amando o asseio e os perfumes fortes, feitos de raízes e ervas nacionais, a priprioca, o cipó-catinga, a mucura-caá, ela usava corpete decotado, de mangas curtas

---

4   Joao Affonso publicou em 1923, em Belém, o livro *Três Séculos de Modas*, primeiro livro de história da moda escrito no Brasil. Também assinava as suas colunas no jornal *Folha do Norte* com o pseudônimo de Joafnas. Ver HAGE, Fernando. *Entre palavras, desenhos e modas*: um percurso com João Affonso. Curitiba: Appris, 2020.

e tufadas, saia pelos tornozelos, toda em rida da mesma altura, de folho na beira, as mesmas chinelinhas de luxo que já vimos calçando [...] (1923, p. 127).

Observa-se, que anos depois dos relatos de Henry Bates e de outros viajantes europeus com os quais dialogamos, o padrão de representação da mulher mestiça não parece se modificar, pois estas continuam a ser vistas pela sua beleza, pela elegância das roupas e pelo perfume que exalavam de seu corpo, pela sua pele, e até mesmo pelas suas mãos arroxeadas, denotando que eram amassadeiras de açaí, em contraste com as mãos brancas de suas patroas. De fato, já na década de 1930, Raimundo Morais, em uma de suas crônicas assim escrevia: "gente asseada, até as mulatas, de chinelo na ponta do pé, trazem na trunfa do cabelo, enfiado no pente, a vagem da baunilha ou o molho do patchuli" (MARANHÃO, 2000, p. 61).

Assim, já no século XX, vemos uma permanência de narrativas acerca das mulheres trabalhadoras que circulavam nas vias urbanas da capital paraense, com os seus tabuleiros de doces ou de ervas "eram sempre negras ou mulatas, na maioria gordas, largas saias de florões vistosos, que arrastavam quase na terra dos passeios, pés descalços [...]", como registrou Barroso Rebello em suas memórias ao lembrar-se das "velhas doceiras", que mais tarde foram substituídas pelos "homens que traziam caixas envidraçadas, de quatro pés, altos, conduzidas à cabeça do vendedor" (MARANHÃO, 2000, p. 141). É o mesmo memorialista que ainda lembra as amassadeiras que se encontravam nas quitandas. Lembrava então que "As mãos das amassadeiras denotavam aquele ofício na cor arroxeada que não chegava a desaparecer, pela continuidade da tarefa que era uma obrigação de todos os dias" (MARANHÃO, 2000, p. 143).

Portanto, podemos pensar que na descrição do corpo limpo e perfumado das mulheres negras e mestiças, cujas ocupações – entre os séculos XIX e início do XX – as levavam a circular diariamente pelas ruas belenenses, ou a ter contato com muitas pessoas, encontramos dois sentidos que se conectam. De um lado, um ideal de higiene e até mesmo de saúde; de outro, o corpo, pensado e representado como objeto de desejo, e como alvo de olhares lascivos. Por essa perspectiva chama atenção o fato de que, nas fontes ora pesquisadas, não encontramos referências às mulheres brancas das elites.

HISTÓRIA DAS MULHERES NA AMAZÔNIA
(PARÁ, SÉCULO XVIII AOS DIAS ATUAIS)

Se nesse contexto, o corpo considerado limpo representava um ideário de higiene e de civilização, o contrário disso também não deixou de ser representado, com objetivo de demonstrar o quanto incivilizada era no século XIX a Província do Pará. Assim, em 1875, Gomes Percheiro, agente no Pará, da Agência Americana, publicou um livro em Lisboa intitulado *Questões do Pará*, cuja dedicatória é bastante emblemática: "Aos meus iludidos compatriotas que veem no Brasil uma nova terra da promissão". É um livro que relata o engodo que seria a emigração para esta terra, onde os portugueses eram tão maltratados, segundo o escritor. O livro inteiro é cheio de considerações negativas acerca das terras paraenses, por isso não nos surpreende quando faz a seguinte advertência:

> Creio que será difícil encontrar em qualquer parte do mundo civilizado uma terra mais insalubre e mais impossível para a residência dos emigrados europeus [...] Se os paraenses na higiene puramente particular são desmazelados, até ao ponto de ser difícil descrever o interior duma casa de família e os seus habitantes, que, salvas mui raras exceções só cuidam da sala quando esperam visitas, entretendo-se o resto do tempo, mães e filhas, todas desgrenhadas e sujas e de chinelos, como suas escravas, em coçar os pés. [...] se a higiene particular, repetimos, é tão descurada, que, vendo nós uma cozinheira paraense dificilmente poderemos tragar a comida que ela nos prepara [...] (PERCHEIRO, 1875, p. 62).

Mas, não eram somente as mulheres humildes que o português depreciava com os seus comentários, leiam o que pensava das jovens filhas de seus patrícios endinheirados:

> Algumas meninas, repito, das que são educadas para casamentos vantajosos, convidadas para, nas casas dos portuguezes, assistirem às festas de familia, oferecidas em honra dos dignos officiaes da corveta Sagres [...] (1875, p. 63).

A imagem que esse português fazia das famílias e casas de muitos paraenses contrasta com o depoimento de vários escritores, inclusive com o olhar disciplinador do médico Américo Campos, que escrevendo sobre a Higiene no *O Pará em 1900*, registrou:

São minimamente cuidadosos com a limpeza do corpo, os paraenses. Raro, raríssimo mesmo, é quem não usa tomar banho diariamente, ensaboando--se. A isto acresce o uso de mudar cotidianamente a roupa branca, cuidado de limpeza comum, nos naturais desta zona, à classe baixa, mesmo da mais ínfima condição social (1900, p. 107).

Voltando a essas imagens construídas por homens e europeus, observa--se que, fazendo um contraponto, os escritores amazônicos do final do XIX e início do XX não deixaram também de observar os corpos femininos, dando também destaque para o perfume e a beleza fruto da mistura de várias etnias, como alguns viajantes observaram. Nem mesmo a viajante italiana, Gemma Ferruggia[5], apesar de representar a imagem da mulher negra, como fortes a ponto de parecerem "fundidas no bronze", que as descreveu com o olhar feminino, fugiu a esse padrão da sensualidade. Segundo Mirian Moreira Leite, "[…] entre os livros das mulheres viajantes é a grande capacidade de observação, que ultrapassa as diferentes circunstâncias singulares e as diferentes situações pessoais e políticas que enfrentaram, através do século XIX". Ainda de acordo com Leite, essas observadoras, "[…] têm grande cuidado e atenção às condições da vida do dia a dia, quando comparam situações vividas, no local de origem, com aquelas que procuram descrever e interpretar." (LEITE, 2000, p. 132-133). Vejamos a seguir as impressões de Ferruggia:

Os brasileiros magros e miúdos passam com os olhos escuros e suaves e um sorriso um pouco triste: passam negras fortes em vestidos listrados: é as magníficas mulatas, que parecem fundidas em bronze, com seus belos ombros e belos braços nus, lentos e sedutores nas vestes brancas de musse-lina clara com os seus olhos semicerrados e nos lábios o famoso sorriso das esfinges amorosas [...] (FERRUGIA, 1902, p. 38).

Considerações finais

Ao tratarmos nesse texto de representações de mulheres a partir do olhar construído por homens estrangeiros e nacionais, temos que inicialmente

---

5   Gemma Ferrugia visitou a Amazônia em 1900, e suas experiências são retratadas no livro *Nostra Signora del mar dolce*, o qual dedica ao governador do Pará "A Sua Eccellenza il dottor José Paes de Carvalho per 'saudade' del suo magnifico paese".

considerar o limite dessas fontes, visto que estas trazem percepções a partir de um olhar masculino. De fato, as mulheres, especialmente as das camadas populares, deixaram poucos escritos sobre si. É nos registros de outros que vamos encontrar as experiências dessas mulheres e os sentidos que davam às suas vivências urbanas.

Assim, foi pelos escritos de muitos estrangeiros e até mesmo de paraenses, a exemplo do intelectual José Veríssimo, que pudemos perceber o mundo do trabalho experimentado por mulheres índias, negras e mestiças na capital paraense e no interior do Pará, próximas das matas e dos rios, entre os séculos XIX e XX. Sem dúvida, conforme delineamos a partir dos relatos dos viajantes europeus, estas tinham uma intensa vida urbana na capital paraense, circulando por lugares públicos por meio de seu trabalho e consequentemente da busca de sua sobrevivência. Portanto, não podemos deixar de pensar que tais mulheres construíam uma cultura urbana que lentamente foi se consolidando nos pós-cabanagem e posteriormente com os negócios da borracha, como vendedoras de comidas, e de ervas aromáticas, como lavadeiras de roupas, dentre outras ocupações.

Ao mesmo tempo, ainda que não possamos saber sobre o que estas mulheres pensavam sobre si e nem tão pouco os seus nomes, as fontes nos permitiram vislumbrar um pouco das suas vivências no Pará. Note-se que ao longo do texto poucos são os nomes femininos que aparecem, pois as idosas, senhoras, e senhoritas são simplesmente chamadas de mulatas, mamelucas, índias, escravas, negras, em raros registros têm seus nomes citados. Apesar disso, as fontes nos permitem concluir também que tais mulheres pareciam gostar muito de si mesmo. De fato, ainda que tivessem poucos meios e que vivessem em um outro contexto, não deixavam de cuidar de sua aparência, circulando pelas ruas da capital paraense, sob chuva e sob sol, com suas vistosas roupas, perfumadas, e com flores nos cabelos, pareciam ser tão altivas em sua faina diária que foram comparadas ao "bronze" dada a sua fortaleza. Em tempos como hoje, que muitas mulheres ainda podem ser julgadas pela sua forma de vestir e pelos lugares que frequentam na cidade, refletir sobre essas mulheres do passado nos parece um meio de construção de cidadania. Ao mesmo tempo, voltando ao passado, compreendemos que essas mulheres não viviam exatamente entre "amores e doces, perfumes e flores" porque trabalhavam muito e tinham que cuidar muitas vezes, de uma extensa família. Contudo, estas não deixaram de construir relações amorosas a partir de seus interesses, não deixaram de produzir e vender doces, e aromas com flores, participando da economia doméstica de suas casas, num tempo em que o provimento do lar era tarefa masculina.

Portanto, terminamos nossa breve reflexão com os nomes de algumas mulheres, cujas histórias se tornaram notícia de jornal no século XIX não porque elas haviam cometido algum delito, mas pela forma como elas se viam envolvidas entre as "quatro melhores coisas da vida", construindo uma identidade de si na capital paraense:

A Tia Mathilde – que sabia "fazer-se respeitar por todas elas [mulatas], impondo-lhes pelo prestígio de sua língua de tirar couto e cabelo". Devota, fazia anualmente uma festa em homenagem à N. S da Conceição. Apaixonada, não deixou de relatar ao repórter da *Folha do Norte* que quando um de seus "amantes" se foi, ela ficou por um tempo muito triste, pois segundo declarara: – "Ah! Meu menino; nem fale nisso ele era a luz dos meus olhos". Trabalhadora, em 1896, era vista há uns quinze anos "diariamente no mercado, na sua venda de peixe [...] cachimbo pendente do queixo, um ramo de jasmins fincado no cabelo sempre bem penteado e luzente" (*Folha do Norte*. 07/05/1896, p. 1).

A Tia Carolina, "negra pele luzindo aos revérberos do sol", que tinha sido escrava, e muitas vezes brigava na rua, xingando o molecório pelo fato de a meninada a chamar de "Macaca de cinto". O articulista, em 1896, dizia que a conhecia "há uns bons vinte anos". Era popular na cidade de Belém, e procurada por muita gente. Nas palavras do jornalista, que narrou sua história, ela concretizava "na mais perfeita homogeneidade a feiticeira, a cartomante e alcoviteira astuta e inteligente" (*Folha do Norte*. 10/05/1896, p. 1).

A Mãe Faustina, em 1896, tinha cerca de 80 anos, parteira, foi descrita na *Folha do Norte* como "a decana das nossas ginecólogas práticas". Por isso, tinha uma "prole infinita de afilhados que a cortejavam por toda a parte, que lhe pagavam passagem nos *bonds*". Em uma noite muito tarde, indo a uma casa realizar um parto, ela teria exclamado, impondo a importância de seu ofício de fazer partos: "Si mandam chama esse douto, eu então me arretiro. Não vê que eu não me troco por médico que aprendeu a partijar cortando perna de sordado no Paraguaia?" (*Folha do Norte*. 17/05/1896, p. 1).

A Tia Chica, festeira e devota, era a fundadora do Cordão das Estrela. Foi descrita como uma "uma das últimas representantes da legítima cafusa paraense que era a rival oculta e submissa da *senhora velha* [...]". Segundo a *Folha do Norte*, entre 1870 e 1875, ficou doente achando que estava enfeitiçada, possivelmente por ciúmes de alguma mulher. Assim, fez uma promessa ao "Menino Deus" fundando um cordão de pastorinhas que saía pelas ruas de Belém nos dias 24, 25 e 26 de dezembro. O articulista da *Folha*, que escreveu que conheceu tia Chica "há 5 anos num dos carimbós que ela nas tardes de verão dava aos domingos no extenso quintal da casinha que ocupa à estrada de S. Braz" (*Folha do Norte*. 28/03/1897, p. 2). Os versos que seguem eram entoados ao som dos tambores em uma dessas festas. Apesar do preconceituoso termo mulata, não deixa de ser uma possível expressão dos sentidos do amor dados por Tia Mathilde, Tia Carolina, Mãe Faustina, Tia Chica e por outras mulheres que não sabemos os nomes:

> Não tenho medo da onça
> Nem da pinta que ela tem,
> Tenho medo é da mulata
> Quando chega a querer bem. (*Folha do Norte*. 28/03/1897, p. 2).

REFERÊNCIAS

ADALBERTO DA PRÚSSIA, Príncipe. *Brasil; Amazonas-Xingu*. Belo Horizonte: Livraria Itatiaia Editora, 1977.

AFFONSO, João. *Três séculos de moda*. Belém: Tavares Cardoso & Cia, 1923.

AGASSIZ, Luiz; AGASSIZ, Elizabeth Carry. *Viagem ao Brasil-1865-1866*. São Paulo. Companhia Editora Nacional, 1938.

AVÉ-LALLEMANT, Robert. *No Rio Amazonas (1859)*. Belo Horizonte: Ed. Itatiaia; São Paulo: Ed. da Universidade de São Paulo, 1980.

BATES, Henry Walter. *Um naturalista no Rio Amazonas*. São Paulo: Editora da Universidade de São Paulo/Itatiaia, 1979.

BEZERRA NETO, José Maia. "A Belém dos escravos. Meados do século XVIII aos últimos anos da década de 1880". *In*: SARGES, Maria de Nazaré; LACERDA, Franciane Gama (org.). *Belém do Pará*: história, cultura e cidade para além dos 400 anos. Belém: Açaí, 2016, p. 165-182.

BIARD, F. *Dois anos no Brasil.* São Paulo: Companhia Editora Nacional. Brasiliana. Série 5ª. v 244. 1945.

CAMPOS, Américo. *O Pará em 1900.* Belém: A.A. da Silva, 1900, p. 107-108.

CANCELA, Cristina Donza. MULHERES PORTUGUESAS NO PARÁ: números, perfis, redes sociais e visibilidade (1834-1930). *Outros Tempos* (on-line), v. 17, p. 100-114, 2020.

CANCELA, Cristina Donza. "Adoráveis e dissimuladas": as relações amorosas e sexuais de mulheres pobres na Belém do final do século XIX e início do XX. 1. ed. São Paulo: Livraria da Física, 2021.

CORREA, Mariza. "Do feminismo aos estudos de gênero: uma experiência pessoal". *Cadernos Pagu* (UNICAMP), Campinas, v. 16, 2001.

COUDREAU, Henry. *Voyage aux Tocantins-Araguaya.* Paris: A. Lahure, 1897.

CAVALCANTE, Ygor Olinto Rocha. "Xerimbabos: escravidão e precariedade na vida de crianças indígenas e negras (Brasil, Amazonas: Séc. XIX. *In*: LACERDA, Franciane Gama; PESSOA, Alba Barbosa (org.). *História social da infância na Amazônia.* São Paulo: Livraria da Física, 2021.

DEL PRIORE, Mary. "História das mulheres: as vozes do silêncio". *In*: FREITAS, Marcos Cezar (org.). *Historiografia Brasileira em Perspectivas.* São Paulo: Contexto, 1998, p. 217-235.

FERRUGIA, Gemma. *Nostra Signora del mar dolce* (missioni e paessagi de Amazzonia). Milano: Typografia Editrice L. F. Cogliati, 1902.

FLORENCE, Antoine Hercule Romuald. *Viagem fluvial do Tietê ao Amazonas de 1825 a 1829.* Brasília: Edições do Senado Federal, 2002.

KIDDER, Daniel P. *Reminiscências de Viagens e Permanências nas Províncias do Norte do Brasil:* compreendendo notícias históricas e geográficas do Império e das diversas províncias. Tradução de Moacir N. Vasconcelos. São Paulo: Editora da Universidade de São Paulo, 1972.

LEITE, Miriam Lifchitz Moreira. "Mulheres viajantes no século XIX". *Cadernos Pagu*, v. 15, p. 129-143, 2000.

MARANHÃO, Haroldo. *Pará, Capital: Belém: memórias & pessoas & coisas & loisas da cidade.* Belém: Supercores, 2000.

MATOS, Maria Izilda S. de; SOLER, Maria Angélica (org.). *Gênero em debate*: trajetórias e perspectivas na historiografia contemporânea. São Paulo: EDUC, 1997.

PERCHEIRO, D. A. Gomes. *Questões do Pará*. Lisboa: Lallemant Frères, Typ Lisboa, 1875.

SCOTT, Joan. História das mulheres. *In*: BURKE, Peter. (org.) *A escrita da História: novas perspectivas*. São Paulo: Unesp. 1992.

SEVCENKO, Nicolau. *Literatura como missão*: tensões sociais e criação cultural na primeira república. São Paulo: Brasiliense, 1983.

VERÍSSIMO, Jose. *Primeiras Páginas: Viagens no sertão – Quadros Paraenses*, 1878

VERÍSSIMO, Jose. *Scenas da vida amazônica*. Rio de Janeiro: Typografica Laemmert, 1899.

WALLACCE, Alfred Russel. *Viagens pelos rios Amazonas e Negro*. Belo Horizonte: Ed. Itatiaia; São Paulo: Edusp, 1979.

ATUAÇÕES POLÍTICAS DAS FEMINISTAS PARAENSES: O DEPARTAMENTO PARAENSE PELO PROGRESSO FEMININO (BELÉM/PA, 1931-1937)

Bárbara Leal Rodrigues[1]

Introdução

No dia 21 de junho de 1931, na Rua dos Apinagés n. 10, em Belém do Pará, foi fundado o Departamento Paraense pelo Progresso Feminino (DPPF), um grupo de mulheres feministas. Pertencentes, principalmente, as classes médias da sociedade, com profissões que variavam desde poetisas e professoras até farmacêuticas e parteiras, cujo objetivo era propagar o movimento feminista e estabelecer suas reivindicações. Seus métodos eram diversos e podem ser divididos em práticas locais e nacionais: em relação ao âmbito local, era frequente o uso dos meios de comunicação, sessões lítero-musicais e recepções de personalidades ilustres, enquanto em âmbito nacional, a prática das correspondências era constantemente utilizada em articulação com políticos e feministas de outros Estados.

Dessa forma, o Departamento integrou-se em uma rede feminista nacional por ter sido uma organização filiada à Federação Brasileira pelo Progresso Feminino (FBPF), grupo do Rio de Janeiro fundado em 1922, que reivindicava

---

1 Mestranda em História Social da Amazônia, no Programa de Pós-Graduação em História, da Universidade Federal do Pará (PPHIST/UFPA) e graduada em Licenciatura Plena em História, pela Universidade do Estado do Pará (UEPA). Bolsista Coordenação de Aperfeiçoamento de Pessoal de Nível Superior (CAPES). E-mail: barbara99leal@gmail.com.

direitos sociopolíticos às mulheres. Dentre as práticas de mobilização da Federação Brasileira, destaca-se a propagação de seus ideais, principalmente por meio das associações autônomas filiadas, presentes em todas as regiões, sendo o Departamento Feminino sua representante no Estado do Pará. Assim, a Federação constantemente elaborava campanhas nacionais, requeria a contribuição de suas filiadas e encaminhava orientações, mas, por terem autonomia, cabia às associações aceitarem ou não participar e quais medidas empregar, de acordo com suas realidades locais.

Nessa conjuntura, localizam-se as ações do Departamento por meios das cartas encaminhadas pelas feministas paraenses às integrantes da Federação e pelas matérias dos jornais, onde foi possível analisar expressões das campanhas nacionais e suas adaptações diante das possibilidades existentes devido às dificuldades enfrentadas. Como observa Maria Luzia Álvares (2020), desde as primeiras práticas realizadas, com destaque para a mobilização a favor do voto feminino em 1931-1932 e a primeira celebração do Dia das Mães, em maio de 1932, constata-se a presença de oposicionistas às suas atividades em publicações nos periódicos. Ou seja, a imprensa era um espaço de disputa ao ser utilizada para propagação de diferentes perspectivas. Não somente, as feministas também procuraram utilizar-se da rádio com a realização de palestras e divulgações em finais de 1931, durante a campanha pró-voto (RODRIGUES, 2020).

Assim, as atividades políticas do Departamento estiveram presentes desde os seus primeiros meses de existência. Contudo, o objetivo deste texto direciona-se para as ações do grupo ainda pouco estudadas, como as suas mobilizações e integração ao movimento feminista nacional no processo de instituição de direitos às mulheres após a conquista do voto feminino em fevereiro de 1932. Destacam-se, principalmente, o processo de elaboração da Constituição de 1934 e a presença das mulheres nestes espaços políticos institucionalizados. Assim, segue-se desde a Comissão de Elaboração do Anteprojeto da Constituição, em 1932, até a presença da feminista Bertha Lutz, presidente da Federação Brasileira, na Câmara dos Deputados em 1936-1937.

Utilizou-se o conceito de cultura política na análise das ações dos grupos feministas, pois permitiu interpretações sobre o comportamento político das feministas enquanto atores sociais, individuais e coletivos, privilegiando suas percepções e vivências (GOMES, 2007, p. 47). Por ser um fenômeno de média e longa duração, o Departamento seria uma expressão de uma cultura política feminista, até mesmo pela diversidade existente nas sociedades. Ademais, nesse período, pelo papel dominante da cultura política republicana, elas se apropriaram gradualmente de suas práticas e debates, e o realizaram numa perspectiva feminista, com "seus próprios valores e visão de mundo" (NASCIMENTO, 2018, p. 3). Dessa forma, algumas características foram ressaltadas, como suas práticas, representações e valores compartilhados, identidade coletiva, seus projetos políticos e a imagem do líder.

Para isso, as fontes analisadas compreendem os documentos do Departamento Paraense, composto principalmente por cartas e telegramas presentes digitalmente no Sistema de Informação do Arquivo Nacional (SIAN), no fundo Federação Brasileira pelo Progresso Feminino. Outras correspondências também foram localizadas digitalmente no Arquivo Histórico da Câmara dos Deputados, na Coleção Bertha Lutz. Além destes, os jornais de Belém, especificamente a *Folha do Norte* e *O Estado do Pará*, ambos microfilmados e localizados na Biblioteca Pública Arthur Vianna. Contudo, por serem os únicos do período disponíveis na hemeroteca para consulta, precisou-se analisar alguns jornais do Rio de Janeiro com uma cobertura mais detalhada e direcionadas às feministas, presentes na Hemeroteca Digital Brasileira.

Feministas na arena política

O Decreto n.° 21.402, de 14 de maio de 1932, instituído por Getúlio Vargas, Chefe do Governo Provisório, definiu a data para realização das eleições para Assembleia Constituinte, no dia 3 de maio de 1933, e criou uma comissão para elaborar o anteprojeto da Constituição. Essa comissão não possuía um limite de número para membros, "quantos forem necessário", e a escolha dos integrantes ficou a cargo do próprio Getúlio Vargas com o critério de "serem nela representadas as correntes organizadas de opinião e de classe" (BRASIL, 1932a). Assim, com a possibilidade de participarem diretamente e de forma institucionalizada do processo de elaboração da Constituição, as feministas da Federação Brasileira, com apoio das associações filiadas, iniciaram no mesmo mês uma campanha para terem uma representante do movimento na comissão.

Dentre as inúmeras indicações constatadas nesse período e suas respectivas organizações, concernentes as representantes feministas, foram identificadas duas mulheres indicadas, em conjunto com seus grupos de apoio: Natércia da Silveira, pela Aliança Nacional de Mulheres (ANM), e Bertha Lutz, pela Federação Brasileira pelo Progresso Feminino. Sobre elas, sabe--se que Natércia da Silveira, natural do Rio Grande do Sul, era advogada e direcionou a ANM para a assistência das mulheres operárias, principalmente pelo apoio jurídico prestado; enquanto Bertha Lutz, natural de São Paulo, era bióloga e desde 1918 reivindicava direitos para as mulheres (SCHUMAHER; BRAZIL, 2000).

Em relação à indicação de Bertha, é válido mencionar que foi feita, aparentemente, sem o seu conhecimento, pois, em uma entrevista para o *Correio da Manhã* e republicada no *O Estado do Pará*, ela conta que se encontrava nos Estados Unidos neste período para estudar o papel do museu na educação popular, e "ignorava sequer tivesse sido lançada e aceita", mas tal ação por parte de suas companheiras foi recebida com profunda sensibilidade "[n]esta grande prova de carinho e prestígio" (A PRESENÇA..., 1932, p. 1-2). Mesmo que a indicação tivesse sido feita sem o seu consentimento, até mesmo devido à necessidade de uma mobilização rápida para poderem garantir um apoio nacional, é bastante provável ter sido logo comunicada sobre tais acontecimentos. Ainda assim, percebe-se a influência e a liderança de Bertha Lutz, pois mesmo na sua ausência, uma campanha nacional foi mobilizada em prol de sua nomeação.

Dessa forma, ambas as organizações apresentaram semelhanças em suas práticas de atuação, como o envio de ofícios para Getúlio Vargas, com seus respectivos argumentos para favorecer suas indicações, em conjunto ao envio de listas de apoiadores, com milhares de assinaturas. Contudo, a campanha de Bertha Lutz aparenta ter tido uma expressão mais significativa, ao constatar-se o envio de telegramas de diversos Estados por diferentes organizações, como a União Universitária Feminina, a Associação Nacional de Enfermeiras e os grupos estaduais filiados (DULTRA, 2018, p. 80). Tais diferenças apresentam algumas possibilidades, como o simples fato do tempo de funcionamento, pois a Aliança Nacional foi fundada somente em 1931, enquanto a Federação Brasileira já tinha uma década de instalação, o que favoreceu a consolidação de alianças e o apoio público recebido, além do próprio caráter expansionista do grupo, com suas associações filiadas em vários Estados brasileiros e apoiarem conjuntamente a indicação de Bertha Lutz.

Assim, é interessante considerar esse momento de campanha para a Comissão como um espaço de disputa entre as feministas, em que pese o caráter personalista das campanhas, pois o requerido não era para ter alguma feminista pela defesa dos direitos das mulheres, mas sim pela indicação específica de Bertha Lutz ou Natércia da Silveira. Além disso, esse período pode ser caracterizado como *tempo de política* (PALMEIRA; HEREDIA, 1995), devido às atividades cotidianas das feministas serem marcadas pela política, ou seja, as mobilizações foram provenientes e direcionadas especificamente para esse processo de elaboração da Constituição, não somente, houve uma reafirmação das fronteiras entre os grupos feministas com a disputa de poder entre Bertha e Natércia.

É parte desse *tempo de política* que o Departamento Paraense pelo Progresso Feminino atuou, considerado um marco no feminismo brasileiro, por ser a "primeira vez que a opinião feminina, como resultado da pressão feminista, se pronunciava sobre a organização da vida pública nacional" (SOIHET, 2006, p. 49), de dentro das próprias instituições políticas. Nessa conjuntura, o primeiro indício remanescente da integração das paraenses na campanha, a qual tive acesso, data de 26 de junho de 1932, em uma carta de Elmira Lima, presidente do Departamento, para Alice Coimbra, secretária da Federação. Contudo, na própria carta, há a indicação de que o primeiro contato com as pretensões para Comissão fora anterior à data da correspondência, pois informa estar "de posse da sua cartinha e documentos anexos" sobre o ingresso de uma representante feminista. Em relação à indicação de Bertha Lutz, Elmira aparenta estar de comum acordo com a nomeação: "nossa 'leader', por seus próprios merecimentos, há 10 anos comprovados", além de garantir ter feito de "tudo o que me era possível para dar cumprimento às suas ordens", ao tentar reunir a diretoria do Departamento para repassar as instruções da campanha (LIMA, 1932).

Entretanto, uma imediata mobilização das feministas paraenses foi comprometida devido a conflitos internos e Elmira Lima não conseguiu reunir a diretoria. Os motivos apresentados por suas companheiras, foram: por parte de Maria Costa Paraense, tesoureira do Departamento, "vive fora de casa, dias e dias na enfermagem de parentes", e não a respondeu, enquanto Cloris Silva, 1ª secretária, "depois de três chamados, respondeu uma carta desatenciosa, 'que não vinha em minha residência', e outras frases de ofensa" (LIMA,

1932), em relação à vice-presidente, Ana Leopoldina Borges, e a 2ª secretária, Antonina Prado, que também compunham a diretoria, nada foi mencionado. Provavelmente, a menção apenas de Maria Paraense e Cloris Silva seja justamente por ter sido com ambas o envolvimento no conflito.

Sobre tal divergência, considera-se que o grau de discordância entre elas pode ser percebido na própria justificativa para ausência, com os chamados de Elmira não sendo respondidos, a necessidade de insistências e, quando obteve uma resposta, continha ofensas. Além desses pontos, outros foram mencionados no decorrer da carta, pois ao longo das seis laudas manuscritas, ela narrou os acontecimentos da dissidência, ocorridos logo após a comemoração do Dia das Mães, em 5 de maio de 1932, em que ela teve a "infelicidade de desagradar duas das minhas auxiliares" (LIMA, 1932). Os motivos se restringem aos acontecimentos do evento em homenagem às mães, por isso não cabem neste texto, entretanto sua repercussão impactou nas suas outras atividades e ocasionou na renúncia de Elmira Lima da presidência.

Assim, torna-se de suma importância considerar o Departamento não como uma organização homogênea, mas como um grupo complexo e diverso, passível de conflitos e divergências entre suas integrantes, em que, em simultâneo, realizam suas atividades públicas e discordâncias privadas eram mediadas. Dessa forma, as movimentações das paraenses começaram somente na semana seguinte, ao enviar um telegrama para Getúlio Vargas: "pleiteia, solicita Vossência, nomeação Bertha Lutz, representante feminismo nacional comissão anteprojeto Constituição" (Departamento, 1932). Neste, já consta com as mudanças na configuração da diretoria, pois com a renúncia de Elmira Lima, Ana Leopoldina ocupou a presidência. Além disso, percebe-se a preocupação em estabelecer uma comunicação direta com o presidente e juntar-se às outras associações filiadas que já tinham enviado telegramas desde o final de junho. Dessa forma, o envio constante de correspondências pleiteando a mesma causa, por diferentes instituições de todas as regiões brasileiras, formou uma base de pressão em torno da reivindicação.

Publicamente, foi apenas no dia 8 de julho de 1932 que os jornais começaram a noticiar tais mobilizações, na matéria intitulada "A mulher brasileira na comissão do anteprojeto da Constituição", ao informar sobre o início das movimentações do Departamento no dia anterior, com a arrecadação de listas de assinaturas de "pessoas de idoneidade comprovada, pertencentes a ambos os sexos" (A MULHER..., 1932a, p. 2). Tal marcação de característica dos assinantes possibilita algumas interpretações do próprio Departamento, além de configurar quais grupos sociais com quem se relacionavam, e nesses momentos, recorriam como uma base de apoio para seus projetos; apresenta também uma restrição para quem poderia assinar a lista, com a "idoneidade comprovada" sendo, conforme a própria lista de assinantes publicada, o tipo de profissão exercida, pois, ao lado de cada nome, havia sua ocupação. Dessa forma, mesmo ao deixar uma lista no escritório da *Folha do Norte*, "que poderá ser assinada por quem desejar confraternizar com a ideia da indicação de Bertha Lutz" (A MULHER..., 1932a, p. 2), a mesma matéria insinua quais grupos sociais seriam aceitos como assinaturas válidas.

Essa mesma configuração é percebida em outra matéria, com novos nomes adeptos à causa, publicada dias depois de já terem sido divulgados os candidatos escolhidos para Comissão (A ATIVIDADE..., 1932, p. 3). O fato de terem publicado esses novos adeptos, mesmo depois do resultado, demonstra possíveis estratégias práticas das feministas, pois por meio destas listas tinham o conhecimento de quais indivíduos eram simpatizantes do movimento, estabelecer vínculos e apoio para atividades futuras, da mesma forma, demonstra qual imagem queriam repassar ao público leitor: a de um grupo influente localmente, com uma atuação nacional. Dessa maneira, tal atividade caracteriza suas movimentações tanto em âmbito local, pois transparece uma ligação com os setores importantes da sociedade belenense, configurando uma importância ao grupo, quanto um caráter nacional, por reivindicarem e atuarem a favor da nomeação de uma candidata para a Comissão.

De ambas as publicações, alguns nomes são interessantes destacar para conjecturar sobre as suas articulações e relações. Em primeiro, nota-se algumas assinaturas a partir dos seus vínculos pessoais, ou seja, infere-se um apoio familiar das próprias feministas e como tais atividades adentravam seus espaços privados, com a presença do desembargador Borges Pereira, marido da presidente Ana Leopoldina, ou o nome de Wladimir Lobato Paraense, ainda quando era acadêmico de medicina (mas, futuro cientista do Instituto Oswaldo Cruz), filho da tesoureira do Departamento, Maria Costa Paraense. Em segundo, a presença de algumas personalidades ilustres, cuja autoridade e prestígio social agregavam importância à campanha feminista, como o ex-presidente do

Tribunal de Justiça do Estado, Santos Estanilau Vasconcelos, ou o do maestro compositor Ettore Bosio.

Dessa forma, apesar da breve atuação na campanha, as paraenses demonstraram três tipos de ações para consolidarem seu pleito: o envio de telegrama, arrecadação de assinaturas e publicação na imprensa. Tais práticas demonstram uma mobilização estratégica nesse curto espaço de tempo, pois da mesma forma que compreendiam ser importante inquirir ao próprio Getúlio Vargas, o apoio público também era relevante, pois garantia um fortalecimento e uma amplitude na campanha. Além disso, nas cartas remanescentes, é possível visualizar alguns pormenores no desenvolvimento de suas atividades, mas apenas duas comentam a respeito desse processo.

A primeira, de 3 de julho de 1932, informa estarem "dando cumprimento a primeira parte do apelo enviado pela Federação ao nosso departamento", seguida da transcrição do telegrama enviado a Getúlio Vargas (SILVA, 1932a), assim, sugere uma campanha realizada em etapas, com a primeira sendo o envio da indicação ao Chefe do Governo Provisório. A segunda carta, de 11 de julho de 1932, informa sobre o envio de jornais locais com publicações da movimentação realizada, que as listas continuavam a receber assinaturas e sinalizavam o seu envio no próximo correio aéreo. Há também a informação sobre "os jornais aviltaram ficar cada um com uma [lista]" (SILVA, 1932b), ou seja, propuseram em fornecer espaço para receberem mais assinaturas. Esta não seria uma prática nova aos periódicos, pois em novembro de 1931, a *Folha do Norte* tornou-se um polo para as listas do Departamento, ao receber assinaturas pró-voto feminino na redação do jornal (PELA PROPAGANDA..., 1931, p. 1).

Entretanto, pela impossibilidade de analisar outros jornais, não se sabe quais se disponibilizaram nesta ação, sabe-se apenas da *Folha do Norte*, pois *O Estado do Pará* não publicou nada referente ao Departamento e restringiu-se em matérias sobre Bertha Lutz e a Federação Feminina, o que de certa forma as prejudicava, pois o apoio de mais de um jornal contribuiria em uma propagação mais ampla na sociedade e poderia arrecadar mais assinaturas. Por fim, há um pedido de desculpas por "estarem um pouco retardadas" na arrecadação e envio das listas, onde provavelmente iriam compor o memorial elaborado pela FBPF. Posteriormente, a própria Bertha Lutz informou sobre as assinaturas dos paraenses terem sido incorporadas às 5 mil já existentes (BERTHA..., 1932, p. 7).

Dessa maneira, a partir dessa atuação em conjunto com as inúmeras associações do Brasil, as feministas conquistaram mais essa vitória com a concretização da nomeação de Bertha Lutz, e com Natércia da Silveira, foram as duas únicas mulheres a compor a Comissão (RUMO..., 1932, p. 3). Além dos jornais, a notícia também foi recebida por correspondência, com Alice Coimbra agradecendo o envio do telegrama ao Chefe do Governo Provisório e informando: "nossa eminente presidente foi nomeada para a Comissão que vai elaborar o anteprojeto da Constituição e estamos certas de que ela saberá defender os interesses da mulher na nova lei do país" (COIMBRA, 1932). Pela data da carta, 10 de julho de 1932, a Federação Feminina, possivelmente, não estava informada das outras atividades desenvolvidas pelo Departamento, mas foi posteriormente noticiado o envio pelas feministas paraenses de uma comunicação oficial sobre a nomeação, onde provavelmente também encaminharam a lista de assinaturas (A MULHER..., 1932b, p. 2).

Nessa mesma notícia, publicada na *Folha do Norte*, em 25 de julho de 1932, apesar de tardia e já selecionados os membros, foi transcrito um memorial da Federação Brasileira a Getúlio Vargas, do dia 17 de junho de 1932, com a indicação ao nome de Bertha Lutz e uma lista contendo mais de 5 mil assinaturas, em que também foi publicado no *O Estado do Pará* três dias depois, enquanto nos periódicos cariocas, a sua publicação pode ser vista desde primeiro de julho (MOVIMENTA-SE..., 1932, p. 1). Na construção de argumentos favoráveis no memorial, as feministas enfatizaram tanto a trajetória da própria organização quanto de Bertha Lutz ao elencarem movimentações de grandes expressões, em caráter nacional e internacional, como a realização de congressos feministas, a vitória na reforma eleitoral e dos direitos trabalhistas às mulheres operárias, e participação em conferências internacionais, além de enfatizar que Bertha era "verdadeira 'leader' nacional do movimento de emancipação feminina" (O FEMINISMO..., 1932, p. 2; A MULHER..., 1932b, p. 2).

Meses mais tarde, apesar de finda a campanha e após a nomeação, o tema ainda seria mencionado. Em relação às ações do Departamento, além do agradecimento inicial efetuado por Alice Coimbra, anteriormente mencionado, Bertha Lutz também enviou suas gratulações. Segundo o jornal, em uma mensagem enviada ao Departamento, ela "pede tornar público os seus agradecimentos pessoais a todas as autoridades, senhores, senhoras, senhoritas e à imprensa paraense, que, num gesto de simpatia e solidariedade colaboraram com a filial daquela Federação, em Belém, no preenchimento de listas", além de enfatizar sobre "os votos vindos do Pará como de todos os outros Estados me honraram sobremodo" (BERTHA..., 1932, p. 7).

Esse agradecimento público torna-se importante para o Departamento, pois agrega relevância e envolvimento direto com o cenário nacional, além do vínculo com a Federação Brasileira, o que poderia contribuir para a própria importância do grupo diante da sociedade local, visto as frequentes dificuldades de apoio enfrentadas. Em resposta particular, Cloris Silva (1932c) afirmou: "nada há para agradecimentos; o nosso trabalho ainda não correspondeu ao vosso merecimento, exposta apenas a demonstração de nossa boa vontade". Apesar de recusar qualquer gratulação, o encaminhamento da respectiva mensagem para a redação da imprensa sugere uma importância e reforça o almejo por possíveis benefícios vindos deste reconhecimento.

A partir dessa conjuntura, algumas considerações precisam ser ressaltadas: a construção da imagem de Bertha Lutz como líder do feminismo, o uso dos impressos e as vitórias conquistadas no Governo Vargas. De acordo com Rodrigo Motta (1996, p. 97), os ritos e mitos são elementos importantes nas formações culturais em uma dimensão simbólica, pois podem sinalizar a coesão do grupo, ter uma função integradora e reforçar uma identidade coletiva, assim, ao que concerne às mitologias políticas, há o mito do líder. As características apontadas pelo autor seriam apresentadas como alguém de qualidades acima da média, exemplo a ser seguido, sua figura atuante como ponto unificador do grupo, reunindo em torno aqueles que se identificam com a imagem projetada.

Tais características podem ser percebidas em torno de Bertha Lutz, ao ser frequentemente denominada como "leader" nacional, com ênfase aos seus feitos em prol do feminismo, por exemplo, como ressaltou Elmira Lima, "por seus próprios merecimentos, há 10 anos comprovados", ou a certeza de Alice Coimbra que ela "saberá defender os interesses da mulher". Até mesmo no memorial, ressaltam-se os inúmeros congressos internacionais participados, além de ter sido eleita em 1925 presidente da União Internacional de Mulheres, na 2ª Conferência Pan-Americana em Washington, e ser escolhida como um dos peritos da Comissão do Trabalho Feminino pelo Conselho Administrativo do Bureau Internacional do Trabalho. Ou seja, sua posição no cenário nacional e internacional era apresentada como relevante, diferenciada e "acima da média", assim, não haveria dúvidas em relação às suas qualidades. Tal como enfatizou Cloris Silva, cujas ações do grupo "ainda não correspondeu ao vosso merecimento", ou seja, ainda teriam uma longa trajetória nos trabalhos feministas, muito provavelmente inspirados nas ações de Bertha.

Além disso, a campanha em torno do seu nome para a Comissão de Elaboração do Anteprojeto não foi a primeira nem seria a última vez que as feministas, associadas à Federação Brasileira, se reuniram em movimentações para promoção de Bertha Lutz, ou que sua imagem fosse representada como polo unificador das diversas associações. Outra prática constante era o uso frequente da sua imagem em publicações relacionadas ao feminismo. Em relação aos jornais consultados, era mais frequente a publicação de fotografias de Bertha Lutz do que das feministas paraenses, consolidando a projeção simbólica em torno dela.

Assim, em conjunto com outras estratégias de publicação, destaca-se a importância da mídia, pois os meios de comunicação eram uma das formas de contribuição no processo de difusão de uma cultura política na sociedade, gradativamente, com as matérias publicadas apresentando suas atividades, reivindicações e argumentos, tornam os espaços mais receptivos aos seus ideais políticos (BERSTEIN, 2009, p. 39). Não por acaso, o uso dos meios de comunicação constituía uma prioridade nas práticas do Departamento, ao qual recorriam para a divulgação de suas atividades e dos acontecimentos envolvendo a Federação Brasileira, pois compreendiam as benesses do seu uso, com a possibilidade de reverter as representações negativas propagadas pelos antifeministas e disputar esses espaços de comunicação, em que um dos seus objetivos poderia ser agregar mais simpatizantes com a propagação dos seus princípios e consolidar suas reivindicações.

Sobre tais pleitos, muitos foram conquistados nos primeiros anos do Governo Vargas, ao ter se demonstrado, até certo ponto, acessível às feministas pelo estabelecimento de comunicações diretas com elas. Esta era uma prática recorrente da Federação Brasileira, e identificada em suas filiadas, com a rede de relacionamentos constituírem um dos seus principais meios de atuação, com constantes negociações e alianças com os poderes estabelecidos, facilitando algumas conquistas feministas (MOURELLE *et al.*, 2009, p. 3). Nessa conjuntura, uma das primeiras demonstrações públicas de relações mais estreitas e de apoio de Getúlio Vargas às feministas foi ao alegar que "todos os ideais pleiteados pelo elemento feminista do Brasil são belas e devem ser acolhidas com simpatia", contudo não deixa de impor uma ressalva, "tanto mais quanto no Brasil verificarmos que o feminismo continua integrado na tradição da família" (O PROGRESSO..., 1931, p. 7). Assim, apresenta condições para continuar a receber seu apoio e delimita as reivindicações feministas, das quais excluem temas mais polêmicos e ameaçadores às normas familiares, como o divórcio.

Além disso, percebe-se uma integração das paraenses à nova configuração política, antes mesmo da fundação do Departamento, Felys Benoliel, uma das suas integrantes e responsáveis pela instalação do grupo, participou da organização de uma comemoração em homenagem ao Movimento de 1930 e a nomeação de Magalhães Barata como interventor federal (ÁLVARES, 2020, p. 380). Posteriormente, o DPPF participaria da celebração de recepção à visita de Getúlio Vargas no Pará, em setembro de 1933, e constantemente ressaltava os benefícios do novo governo às causas feministas e ao grupo, pois Elmira Lima chegou a escrever que o fato de serem "prestigiadas e apoiadas pelo sr. Presidente Revolucionário" era um dos motivos para conseguirem iniciar suas atividades (LIMA, 1931). Assim, apesar de o grupo não apresentar vínculo partidário, isso não exclui suas posições políticas.

Era nesse contexto, de intensas restrições e barganhas, que as feministas precisavam se movimentar e articular. Dessa forma, suas práticas não eram de confronto e sim de negociações. Ou seja, se no mesmo discurso elas pleiteavam pela participação política feminina, mas também reafirmavam as atribuições das mulheres no espaço doméstico, apesar de aparentar uma contradição ou uma concordância com as hierarquias de gênero, é preciso considerar nesses discursos a possibilidade de palavras codificadas, com significados maiores do que aparentavam, onde o não dito carregava outras intenções (BERSTEIN, 2009, p. 36). Isto é, por trás de seus discursos e a utilização desses argumentos, visavam maiores finalidades, mas não anulam possíveis concordâncias com a manutenção das normas sociais, com a agregação de novas funções. Como observa Rachel Soihet (2006, p. 98), tais práticas podem ser analisadas como um feminismo tático ao reapropriarem-se das normalizações nas relações de gênero e utilizá-las para os seus próprios fins.

Contudo, apesar das vitórias com a implementação de algumas de suas reivindicações, não se pode deixar de atentar para os próprios interesses de Getúlio Vargas. No caso da formulação da Constituição, Angela de Castro Gomes (1980, p. 30) ressalta o controle do processo jurídico que ele tinha, com interferências concretas e amplas, sendo a própria Comissão Constitucional um exemplo significativo, pois, por meio do anteprojeto, foram estabelecidas propostas a serem debatidas pelos parlamentares, com um texto que serviria de orientação para as reflexões políticas.

Além disso, a nomeação de Bertha Lutz pode ser considerada uma conquista parcial, pois poucos dias antes do início da Assembleia foi instituído o Decreto n.° 22.040, de 1.º de novembro de 1932, o qual regulamentou os trabalhos da comissão, mas também criava uma subcomissão, composta por um terço dos membros, a quem de fato era atribuída a função de formulação do projeto da constituição, cabendo aos outros membros enviar sugestões a esta (BRASIL, 1932b). Aos que compunham a subcomissão, nem Bertha Lutz, nem Natércia da Silveira foram escolhidas.

Assim, no dia 9 de novembro de 1932, ocorreu a instalação dos trabalhos da Comissão, com Bertha sendo uma das primeiras a discursar, e não deixou de fazer considerações sobre a exclusão das mulheres na subcomissão (COMISSÃO..., 1932, p. 5). Em seu pronunciamento, iniciou alegando sobre a colaboração das mulheres naquele momento como a consagração do triunfo da causa feminista no Brasil, e elencou algumas vitórias alcançadas. Além disso, destacou qual deveria ser a atuação da mulher na Comissão e o que esperava da Constituição, mas finalizou com sua crítica sobre a ausência de mulheres na subcomissão, e foi justamente o ressaltado pelos jornais:

> Neste momento, em que a mulher é injustamente excluída da subcomissão técnica (palmas prolongadas) é preciso firmar muito claramente que a mulher não representa uma classe, mas metade da população do Brasil, que aqui está menos para usufruir direitos do que para cumprir obrigações; que não visa apenas garantir interesses, mas principalmente defender ideais; que não esposa correntes partidárias, por mais respeitáveis que sejam, porque procura colaborar, despretensiosa e imparcialmente, em tudo que se relacione com o progresso da Pátria e a grandeza do Brasil (LUTZ, 1932).

Esse momento final do seu discurso torna-se relevante, tanto ao firmar sua posição frente aos acontecimentos quanto ao fazê-lo na abertura da Assembleia, pois pela sua importância na política nacional, era um momento acompanhado por um amplo público ao tornar explícito e de conhecimento comum o seu descontentamento. Não somente, Bertha explica o porquê de tal exclusão ter sido uma injustiça, pois as mulheres não estariam representando partidos ou interesses próprios, mas sim o melhor para a nação, o que desqualifica e torna até injustificável a ausência na subcomissão. Esses argumentos, em sua ideia geral, principalmente o papel feminino e suas contribuições ao progresso do país, não eram uma novidade nas argumentações feministas para a participação política feminina, nem tão pouco para um público mais amplo, pois eram também utilizados por diversos grupos sociais e instituições na reconfiguração republicana, o qual atrelava essa nova função principalmente com a educação e moral familiar. Ou seja, as feministas também se utilizavam desses argumentos, mas para seus próprios interesses, e por vezes, como no discurso de Bertha, utilizavam contra as próprias instituições públicas na tentativa de explicitar a incoerência desses grupos em momentos em que as mulheres eram excluídas.

Tal discurso não foi transcrito nos jornais belenenses, contudo, a *Folha do Norte* publicou um fotojornalismo deste momento:

Imagem 1 – Em marcha para o regime constitucional

Fonte: *Folha do Norte*. Belém, 18 de novembro de 1932, p. 1.

A fotografia apresenta Bertha Lutz, em primeiro plano, em pé no momento do seu discurso, enquanto no plano de fundo diversos homens sentados e uma mulher, ao que parece ser Natércia da Silveira, estão todos a olhando. Embaixo da foto, a legenda: "em marcha para o regime constitucional – aspecto parcial do recinto da Comissão de Constituição, no momento em que a dra. Bertha Lutz pronunciara o seu discurso, ao serem instalados os trabalhos para a elaboração da Carta Magna da República". Não apresenta nenhuma autoria, apenas a informação "serviço aéreo da A.I.P. especial para a Folha" (EM MARCHA..., 1932, p. 1).

Nessa conjuntura, apesar de o Departamento Paraense já ter protagonizado acontecimentos de grandes mobilizações locais, nenhum fotojornalismo e pouquíssimos retratos das integrantes foram publicados nos jornais locais aos quais tive acesso. Mesmo das matérias relacionadas à Federação Brasileira, era mais comum a publicação de um retrato de Bertha Lutz, sendo assim, esta constitui um dos primeiros fotojornalismos das feministas nos jornais de Belém. A relevância deve-se tanto ao seu uso pouco frequente nesse período quanto à importância dada quando esse tipo de fotografia era publicado, pois, segundo Netília Seixas e Thaís Siqueira (2015, p. 22), demonstrava a própria percepção dos periódicos quanto à força das imagens ao contribuir com a notícia vinculada, em que os principais temas do fotojornalismo nesse período eram de assuntos policiais, esportivos, saúde e reuniões políticas. Assim, a publicação desta fotografia em específico pode demonstrar tanto um apoio editorial da *Folha do Norte* ao feminismo, ou até mesmo ressaltar a crítica na ausência das mulheres na Subcomissão, quanto a perspectiva de considerarem este um marco da história política brasileira, por isso dentre tantos locutores na instalação da Assembleia, a de Bertha Lutz foi selecionada.

Na sucessão de eventos, tanto nas reuniões seguintes da Subcomissão ou posteriormente na Assembleia Constituinte, iniciadas em 1933 e finalizadas em 1934, as feministas acompanharam atentamente os trabalhos e discussões desenvolvidos, tanto para evitar algum retrocesso nos direitos já conquistados quanto para serem aprovadas suas reivindicações, assim, ambas as ações eram justificadas, pois, da mesma forma que houve deputados requerendo a revogação do voto feminino, muitas das suas propostas foram concretizadas na Constituição de 1934 (SOIHET, 2006, p. 50). Nesse processo, as ações do Departamento basearam-se no encaminhamento de correspondências aos deputados da Constituinte, pleiteando pelos direitos às mulheres. Essas mensagens só foram analisadas por cópias manuscritas ou datilografadas enviadas à Federação, únicas que tive acesso digitalmente. Tais entremeios ressaltam alguns receios na análise das fontes, tanto por ser uma cópia transcrita, muitas vezes tendo em uma mesma folha mais de três mensagens encaminhadas, além da ausência frequente das datas dos envios originais. Contudo, ainda é passível de análise suas intenções, as incidências dos pleitos, seus argumentos e os deputados destinatários.

Destes, os temas foram variados, pois tratavam sobre o serviço militar feminino, igualdade de direitos na família, defesa maternidade, direitos trabalhistas e o voto, estes seriam apenas com mais de uma incidência. Enquanto sobre seus interlocutores, eles não eram de um partido ou Estado específico, mas provavelmente eram aqueles mais simpatizantes às suas reivindicações, em que foram identificados 11 destinatários de outros Estados, enquanto com os deputados do seu próprio Estado, quando não era encaminhada uma missiva geral à bancada paraense, comunicavam-se individualmente com Abel Chermont, Leandro Pinheiro e Martins e Silva. Estes três apresentavam certas ligações anteriores com o Departamento, implicando o uso dessas relações pelas feministas em momentos críticos e importantes na implementação dos seus direitos pleiteados. Além disso, apesar de os três serem governistas e terem ocupado cargos públicos na interventoria de Magalhães Barata, as feministas também se relacionavam com atores de outros posicionamentos políticos, como o próprio Paulo Maranhão, proprietário da *Folha do Norte*, que realizava campanha de oposição ao Interventor, ou seja, tal panorama reforça a diversidade nas articulações políticas feministas, em contato com os governistas e opositores.

Em relação aos diferentes recursos argumentativos utilizados nas correspondências, um dos que mais chama atenção era a demonstração de gratidão aos deputados ao destacarem a importância deles na Constituinte e até mesmo a atribuição de certo protagonismo na defesa dos interesses feministas nas assembleias. Ao que pode indicar um reforço para tais atos serem mantidos, da mesma forma, ao colocá-los como contribuintes importantes ao feminismo, elas próprias se inseriram como colaboradoras significativas na elaboração da Constituição, pois após as formalidades iniciais, enfatizavam suas sugestões. Apesar de não participarem como deputadas constituintes, pois apenas uma mulher, Carlota Pereira Queiroz, foi eleita pelo Estado de São Paulo para integrar como deputada, as feministas tinham outras formas de colaboração:

> Acompanhando o movimento que em todos os Estados do Brasil se vem operando em torno da elaboração das novas leis que reintegrarão o nosso país no regime constitucional, dirigimos à VV. SS., em síntese, o pensamento da mulher brasileira, hoje chamada a colaborar com os homens na feitura de nossa carta magna, pós período revolucionário, no que concerne à solução de tão alto assunto (DEPARTAMENTO, 1934a).

A cópia dessa carta tem como destinatário os deputados paraenses, com data de 3 de fevereiro de 1934, sendo esse fragmento o primeiro parágrafo. Assim, essa decisão de iniciar o memorial pela constatação das mulheres serem "chamadas a colaborar", traz uma perspectiva igualitária de contribuição, ou seja, elas também seriam protagonistas e responsáveis pela elaboração da Constituição. O que implica o entendimento desse processo ocorrendo não apenas entre os deputados na assembleia, mas os fatores e grupos externos também eram relevantes, além de configurar mais uma forma de fazer política.

Outro recurso interessante em suas missivas era a ênfase na ideia de unidade dos grupos feministas brasileiros, e elas seriam uma de suas representantes: "sentimo-nos no dever de demonstrar a V.Excia. a opinião dum grupo de senhoras que se congregaram sob a mesma bandeira e lema da Federação Brasileira pelo Progresso Feminino para trabalhar unidas pelo bem coletivo" (DEPARTAMENTO, 1934b). Esse trecho, por pertencer ao primeiro parágrafo, demonstra uma possível intenção em logo explicitar os motivos por enviarem a carta e as suas intenções, ou seja, elas não estariam falando como um grupo isolado, mas como um conjunto de mulheres de todo o país, reunidas sob uma mesma instituição, cujos objetivos seriam os melhores para os cidadãos. Tais questões agregaram relevância para a sua proposta logo após mencionada, além de certa pressão aos deputados, tanto por fazerem parte de um todo quanto pela alegação de seus pleitos visarem ao bem coletivo, assim, não haveria motivos para não serem defendidas na assembleia.

Nessa perspectiva, acredito que as práticas desenvolvidas durante a Constituinte foram centrais à conquista de direitos às mulheres, não somente por muitas de suas reivindicações terem sido incluídas na Constituição, mas também pela repetição de semelhante mobilização em 1937. Nesse momento, as feministas paraenses voltam-se mais uma vez ao auxílio de Bertha Lutz, para os seus projetos na Câmara dos Deputados, quando ela se constitui como deputada em julho de 1936, como suplente pelo Partido Autonomista e, iniciados os trabalhos, dentre as variadas atuações e causas defendidas, em relação àquelas direcionadas às mulheres, destacam-se os projetos de lei n.º 736/1937, responsável pela criação do Estatuto da Mulher, e o n.º 623/1937, que cria o Departamento Nacional e o Conselho Geral do Lar, Trabalho Feminino, Previdência e Seguro Maternal.

A partir disso, as paraenses novamente reivindicam direitos às mulheres em cenário nacional, mas dessa vez advogando a favor dos projetos de Bertha Lutz. Contudo, constata-se apenas o uso das correspondências, até mesmo porque a análise dos jornais é mais limitada, devido somente à *Folha do Norte*, no ano de 1937, estar disponível para consulta e, nos meses de maiores mobilizações, não se constatou nenhuma matéria referente ao Departamento ou sobre a Federação, há apenas uma pequena nota informando sobre o projeto do Estatuto da Mulher (O ESTATUTO..., 1937). Assim, há um apagamento das ações do Departamento nos impressos locais, o qual suscita inúmeros questionamentos, pois até mesmo o número de cartas remanescentes no SIAN é diminuto comparado aos primeiros anos. Nessa perspectiva, não se sabe se o grupo estaria enfraquecido, ou haveria um descaso por parte dos jornais ao priorizar outros acontecimentos, ou ocorreu a perda da documentação ao longo dos anos.

Nessa conjuntura, mesmo com a possibilidade de o Departamento ter poucas integrantes e atividades desenvolvidas nesse ano, o fato de terem se mobilizado na defesa dos projetos de Bertha é um indicativo de que seus objetivos na defesa dos direitos femininos não minguaram. Assim, todas as correspondências aos deputados foram datadas no mês de outubro, pleiteando principalmente a favor do Departamento do Lar e o amparo à maternidade. A escolha dos destinatários foi parecida ao da Constituinte, pois enviaram para a bancada paraense, ao Getúlio Vargas, ao presidente da Câmara, ao ministro do trabalho e a outros deputados. Ou seja, indivíduos com cargos influentes no cenário político tanto com os que já mantinham contato quanto com aqueles sem relação antecedente.

ATUAÇÕES POLÍTICAS DAS FEMINISTAS PARAENSES: O DEPARTAMENTO... **337**

Além disso, é importante considerar que seus argumentos nesse momento rompem as fronteiras entre o público e o privado, pois tornam a maternidade um assunto doméstico em uma questão pública ao pleitear por assistência, amparo às mulheres nesse período e requerer estruturas sociais e médicas. Assim, na defesa do projeto, apelam para a importância consagrada socialmente às mães: "com a larga visão que demonstrou do problema de assistência à mulher que resolve por si mesmo a causa da família o fez credor de admiração e do apreço da opinião feminina organizada" (PRADO, 1937). Ou seja, defender um sistema de assistência às mulheres é, por conseguinte, pelo seu papel de mãe, assistir também às famílias e tal demonstração não deve ser menos que admirada. Dessa maneira, percebe-se mais uma vez a utilização das funções normalizadoras por parte das feministas paraenses para suas reivindicações serem apoiadas e implementadas. Além disso, constatam-se a interferência nos processos políticos e a integração de suas mobilizações no movimento feminista nacional.

Considerações finais

Na construção deste texto, procurou-se contribuir para história dos feminismos paraenses, tanto por outras perspectivas de análise, ao agregar o conceito de cultura política, quanto em ampliar os estudos sobre o Departamento Paraense pelo Progresso Feminino. Para tal proposta, optei por ressaltar as mobilizações do grupo em acontecimentos políticos nacionais, principalmente o processo de formação da Constituição de 1934, iniciado com a nomeação da Comissão de Elaboração do Anteprojeto devido a sua integração em uma campanha feminista brasileira para que suas reivindicações e participação fossem efetivadas institucionalmente. Assim, o Departamento configurou-se como uma expressão de uma cultura política feminista, em que pese os argumentos demonstrados.

Nesse sentido, apesar de integrar uma rede nacional e ser por ela orientada e influenciada, não se deixa de visualizar suas especificidades, nos argumentos utilizados, a quem direcionava-se, a sua organização interna e como até mesmo suas relações influenciavam em suas ações. Ou seja, embora a Federação Brasileira pelo Progresso Feminino procurasse manter uma comunicação frequente e mobilizar suas filiadas em suas campanhas, não somente requerendo apoio, mas também sugerindo quais deveriam ser suas práticas, o Departamento era autônomo em suas execuções ao realizar o que era possível na realidade belenense e ao grupo.

Tais práticas desempenhadas, mesmo com algumas variações ao longo dos anos, percebe-se uma continuidade em algumas estratégias, principalmente no encaminhamento de correspondências e nas publicações nos jornais, na procura tanto de estabelecer contato com os políticos e figuras de poder quanto com um público geral, ambos os grupos necessários para implementação dos direitos requeridos. Essas ações, apesar de serem recorrentes, apresentaram uma diversidade em suas reivindicações, discursos e correspondentes, conforme o *tempo de política*.

Assim, estes são apenas alguns aspectos que as feministas paraenses apresentaram durante o principal período de existência do grupo, por ser até 1944, as últimas cartas enviadas à Federação Brasileira, mesmo que episódicas e espaçadas entre os anos, o Departamento Paraense aparenta ter tido um funcionamento longevo, apesar das poucas informações durante o Estado Novo. Dessa forma, outros estudos ainda precisam ser feitos, tanto sobre o Departamento quanto em relação às outras formas de expressão e mobilização de práticas feministas paraenses na primeira metade do século XX.

Referências

A ATIVIDADE do feminismo no Pará. *Folha do Norte*. Belém, 15 de julho de 1932, p. 3.

ÁLVARES, Maria Luzia Miranda. *Saias, laços e ligas*: construindo imagens e lutas (um estudo sobre as formas de participação política e partidária das mulheres paraenses – 1910/1937). 1 ed. Belém: Paka-Tatu, 2020. 660 p.

A MULHER brasileira na comissão do anteprojeto da Constituição. *Folha do Norte*. Belém, 8 de julho de 1932a, p. 2.

A MULHER brasileira na comissão do anteprojeto da Constituição. *Folha do Norte*. Belém, 25 de julho de 1932b, p. 2.

A PRESENÇA da mulher na antessala da Constituinte. *O Estado do Pará*. Belém, 16 de novembro de 1932, p. 1-2.

BERSTEIN, Serge. Culturas políticas e historiografia. *In*: AZEVEDO, Cecilia et al. (org.). *Cultura política, memória e historiografia*. 1. ed. Rio de Janeiro: Editora FGV, 2009, p. 29-46.

BERTHA Lutz agradecida aos paraenses. *Folha do Norte*. Belém, 25 de setembro de 1932, p. 7.

BRASIL. Decreto n° 21.402, de 14 de maio de 1932a. Cria a Comissão de Elaboração do Anteprojeto da Constituição. *Diário Oficial da União*. Disponível em: https://www.camara.leg.br/. Acesso em: 3 maio 2022.

BRASIL. Decreto n° 22.040, de 1 de novembro de 1932b. Regula os trabalhos da Comissão de Elaboração do Anteprojeto da Constituição. *Diário Oficial da União*. Disponível em: https://www.camara.leg.br/. Acesso em: 6 maio 2022.

COIMBRA, Alice Pinheiro. [*Correspondência*]. Destinatário: Diretoria do Departamento Paraense pelo Progresso Feminino. Rio de Janeiro, 10 jul. 1932. 1 carta. SIAN. Código: br-rjanrio-q0-adm-cor-a932-49.

COMISSÃO de Constituição. *Folha do Norte*. Belém, 10 de novembro de 1932, p. 5.

DEPARTAMENTO Paraense pelo Progresso Feminino. [*Correspondência*]. Destinatário: Deputados paraenses. Belém, 3 fev. 1934a. 1 cópia de memorial. SIAN. Código: br-rjanrio-q0-adm-cor-a934-42.

DEPARTAMENTO Paraense pelo Progresso Feminino. [*Correspondência*]. Destinatário: Carlos Maximiliano, Levi Carneiro, Raul Fernandes e Abel Chermont. Belém, 18 fev. 1934b. 1 cópia de carta. SIAN. Código: br-rjanrio-q0-adm-cor-a934-42.

DEPARTAMENTO Paraense pelo Progresso Feminino. [*Correspondência*]. Destinatário: Getúlio Vargas. Belém, 4 jul. 1932. 1 telegrama. Arquivo Câmara dos Deputados. Código: br-dfcd-berthalutz-bl1-18.

DULTRA, Eneida Vinhaes Bello. *Direitos das mulheres na Constituinte de 1933-1934*: disputas, ambiguidades e omissões. Tese (Doutorado em Direito). Faculdade de Direito, Universidade de Brasília. Brasília, 2018. 254 p.

EM MARCHA para o regime constitucional. *Folha do Norte*. Belém, 18 de novembro de 1932, p. 1.

GOMES, Angela de Castro. Cultura política e cultura histórica no Estado Novo. *In*: ABREU, Martha; SOIHET, Rachel; GONTIJO, Rebeca (org.). *Cultura política e leituras do passado*: historiografia e ensino de história. 1. ed. Rio de Janeiro: Civilização Brasileira, 2007. p. 45-63.

GOMES, Angela de Castro. Introdução. *In*: GOMES, Angela Maria de Castro (org.). *Regionalismo e centralização política*. 1. ed. Rio de Janeiro: Nova Fronteira, 1980, p. 23-39.

LIMA, Elmira. [*Correspondência*]. Destinatário: Alice Coimbra. Belém, 26 jun. 1932a. 1 carta. SIAN. Código: br-rjanrio-q0-adm-cor-a932-48.

LIMA, Elmira. [*Correspondência*]. Destinatário: Bertha Lutz. Belém, 2 jul. 1931. 1 carta. SIAN. Código: br-rjanrio-q0-adm-cor-a931-98.

LUTZ, Bertha. A Sra. Bertha Lutz protesta contra a exclusão da mulher brasileira na subcomissão. *A Noite*. Rio de Janeiro, 9 de novembro de 1932, p.8-9.

MOTTA, Rodrigo Patto Sá. A história política e o conceito de cultura política. *LPH: Revista de História*, Marina: Departamento de História do ICH UFOP, n. 6, p. 92-100, 1996.

MOURELLE, Rodrigo Cabaliere *et al*. A Federação Brasileira pelo Progresso Feminino e o governo de Getúlio Vargas na década de 1930: estratégias e paradoxos do movimento feminista no Brasil. In: COLÓQUIO INTERNACIONAL GÊNERO, FEMINISMOS E DITADURAS NO CONE SUL, 2009, Universidade Federal de Santa Catarina. *Anais...* Florianópolis, 2009. 7p.

MOVIMENTA-SE o feminismo. *Diário de Notícias*. Rio de Janeiro, 1 de julho de 1932, p. 1.

MULHER Paraense. *Folha do Norte*. Belém, 11 de novembro de 1934, p. 1.

NASCIMENTO, Alcileide Cabral. A Cruzada Feminista Brasileira e a Cultura Política em Pernambuco (1927-1932). *Revista Estudos Feministas*. Florianópolis: Universidade Federal de Santa Catarina, v. 26, n. 2, p. 1-16, 2018.

O ESTATUTO da mulher. *Folha do Norte*. Belém, 21 de setembro de 1937, p. 3.

O FEMINISMO e a Constituinte. *O Estado do Pará*. Belém, 28 de julho de 1932, p. 2.

O PROGRESSO feminino através de sua Federação no Brasil. *Folha do Norte*. Belém, 26 de julho de 1931, p. 7.

PALMEIRA, Moacir; HEREDIA, Beatriz. Os comícios e a política de facções. *Anuário Antropológico*. Brasília: PPGAS/ UnB, v. 94, n. 1, p. 31-94, 1995.

PELA PROPAGANDA feminista no Pará. *Folha do Norte*. Belém, 20 de novembro de 1932, p.4.b

PRADO, Antonina. [*Correspondência*]. Destinatário: João Simplício e Jayme Vasconcello. Belém, 21 out. 1937. 1 missiva. SIAN. Código: br-rjanrio-q0-adm-cor-a937-18.

RODRIGUES, Bárbara Leal. *Vale a pena ser feminista?* Debates sobre o feminismo em Belém/PA (1922-1937). Monografia (Graduação em Licenciatura Plena em História) – Universidade do Estado do Pará, Belém, 2021. 126 p.

RUMO à Constituição. *O Estado do Pará*. Belém, 12 de julho de 1932, p. 3.

SCHUMAHER, Schuma; BRAZIL, Érico Vital. *Dicionário Mulheres do Brasil*: de 1500 até a atualidade. 1 ed. Rio de Janeiro: Zahar, 2000. 568 p.

SEIXAS, Netília Silva; SIQUEIRA, Thaís Christina. Fotojornalismo na imprensa de Belém: 1900-1950. *Brazilian Journalism Research*. Brasília: Associação Brasileira de Pesquisadores em Jornalismo, v. 2, n. 2, p. 30-51, 2015.

SILVA, Cloris. [*Correspondência*]. Destinatário: Alice Pinheiro Coimbra. Belém, 3 jul. 1932a. 1 carta. SIAN. Código: br-rjanrio-q0-adm-cor-a932-49.

SILVA, Cloris. [*Correspondência*]. Destinatário: Alice Pinheiro Coimbra. Belém, 11 jul. 1932b. 1 carta. SIAN. Código: br-rjanrio-q0-adm-cor-a932-49.

SILVA, Cloris. [*Correspondência*]. Destinatário: Bertha Lutz. Belém, 25 set. 1932c. 1 carta. SIAN. Código: br-rjanrio-q0-adm-cor-a932-49.

SOIHET, Rachel. *O feminismo tático de Bertha Lutz*. 1. ed. Florianópolis: Ed. Mulheres, 2006. 304 p.

SUFRAGISMO E EMANCIPACIONISMO DAS MULHERES PARAENSES NAS DÉCADAS DE 1920-1930[1]

Maria Luzia Miranda Álvares[2]

Introdução

Uma história pessoal e os aspectos conceituais e epistemológicos

A área da Ciência Política forjou minha formação acadêmica no Curso de Ciências Sociais da Universidade Federal do Pará. Nesse aspecto e considerando as evidências de que mulher e política mantinham relações excludentes, motivadas pela constatação da presença massiva de homens, nos processos eleitorais em relação ao restrito número de mulheres que participavam, o pouco interesse demonstrado por certas amigas e parentas em torno de assuntos políticos e, principalmente, o fortalecimento interior e pessoal de uma imagem feminina cultural e biologicamente vinculada às tarefas domésticas, imagem formada, desde a infância (vivida na zona rural) e reforçada nos anos de adolescência (na zona urbana), trouxeram à flor da pele essa questão para as minhas primeiras indagações de pesquisa, visto que as "coisas da política" tendiam a interessar-me.

---

1 Texto extraído do livro de Álvares (2020), sendo a *Introdução* (p.27-) e o Capítulo 3. *O Emancipacionismo* (p. 327-353), incluindo-se novas informações ausentes dessa publicação.

2 Professora da Faculdade de Ciências Sociais (FACS), Instituto de Filosofia e Ciências Humanas (IFCH), Universidade Federal do Pará (UFPA). Doutora em Ciência Política pelo IUPERJ. Coordenadora do Grupo de Estudos e Pesquisas Eneida de Morais (GEPEM/UFPA). E-mail: Luziamiranda@gmail.com

Nesse aspecto, criava-se um dilema, embora a saída mais convincente determinasse as regras aprendidas: ser mulher era voltar-se aos trabalhos domésticos e à dedicação ao lar, sendo a maneira mais fácil de realizar esses encargos a "dedicação exclusiva". A realização pessoal nesse campo – esposa e mãe – exigia um permanente relacionamento com figuras de outras áreas do espaço público (médicos, advogados, jornalistas, professores, padres, artistas etc.), com amigos e amigas de diferentes pensares. Fluíam novas ideias: aparentemente, o trânsito, no espaço social, era livre para homens e mulheres exercerem qualquer atividade (embora o específico feminino se mantivesse na área doméstica). Dúvidas. Novas angústias. Redefinição da antiga postura social a partir da presença, nessas áreas, da convivência com novos atores e da participação em outros espaços, na área cultural e artística, principalmente no campo cinematográfico, meu outro espaço profissional. O olhar, através dos filmes, retornava multiplicado de novos retratos, alguns estereotipados, outros fortalecendo o privilegiamento do espaço doméstico como área restrita às mulheres. Entretanto, em meio a estas, através do perfil de culturas diferentes, havia também imagens de brasileiras "descoladas" da imagem tradicional doméstica. Eram representantes marginais do gênero feminino? Surgiam daí questões mais contraditórias ou confusas: que formas de conciliação seriam necessárias, então, para manter a convivência entre o cotidiano doméstico e a presença da mulher no espaço profissional, acadêmico, sua formação intelectual, sua participação política? A responsabilidade do lar não deveria ser prevalecente sobre os interesses pessoais de participação, em outras áreas, conforme exigências da ascensão profissional, segundo o que era repassado às mulheres pela educação tradicional? Onde encontrar as mulheres da minha geração (1940)? Que fórmulas estariam elas empregando, na convivência entre duas práticas distintas em dois espaços – o público e o privado –, se, ainda para nós, mulheres que habitávamos Belém, na década de 1950, fora repassada a história do casamento, na qual o padrão matrimonial estimulava a segurança econômico-financeira e a carreira mais promissora da mulher (HOBSBAWM, 1988, p. 280)? As neuroses da submissão materno-marital estimulavam o olhar, através de ogivas que se abriam para várias direções, embora o "papel feminino" internalizado e generalizado entre as mulheres da minha época conduzisse-nos, em sua maioria, para o espaço restrito do lar.

A convivência em outros espaços sociais conquistados – a universidade, a profissionalização jornalística – possibilitou o reconhecimento da expressiva presença feminina, nas diferentes áreas do saber, das profissões, das artes, das técnicas, fortalecendo imagens de "dissidentes" do espaço privado, já no final da célebre década dos "anos dourados". Havia rupturas formais com os retratos esperados da "mulher submissa", mas essa condição ainda se mantinha nos discursos culturalmente hierarquizados dos dois gêneros. Onde encontrar as respostas ao porquê da "invisibilidade" das conquistas femininas? Possivelmente, na convivência "conciliadora" da mulher entre as duas jornadas de trabalho, procurando resguardar, prioritariamente, o espaço doméstico, assumindo culposamente o espaço público, embora as explicações mais cabíveis se referissem ao provimento econômico-financeiro do lar como recurso para a aceitação formal da ausência feminina das tarefas domésticas e da condução hegemônica da família.

As conquistas pessoais, na construção gradual da formação profissional, respondiam a uma parte das questões "duvidosas" referentes à possível desigualdade intelectual existente entre homens e mulheres. "Manter a feminilidade", deixando de abraçar uma profissão "masculina" como a Medicina – na versão de meu pai –, não correspondia mais a um argumento plausível sobre os níveis desiguais de inteligência para quem, como eu, já realizava "bravuras", no campo jornalístico (eu escrevia crítica de cinema no jornal "O Liberal"). Outros argumentos, entretanto, procuraram "invisibilizar" a minha igualdade intelectual com os homens, ao credenciar-se um discurso em que o meu marido aparecia como o responsável pela minha produção de crítica de cinema. Quer dizer, definiam-se os papéis profissionais femininos, através da "submissão marital". O convívio doméstico e afetivo fortalecia a dúvida externa quanto à possibilidade de conquistas pessoais na área acadêmica, mesmo que a minha produção, no campo jornalístico, revelasse diferenças estilísticas com a produção do meu marido. O que prevalecia, provavelmente, era a hierarquia masculina da suposta condução política da família.

Iniciei-me na indagação sobre os níveis de poder que regulavam as relações interfamiliares. Quer no espaço privado, quer no espaço público, a ideologia dominante estabelecia formas de predomínio masculino, interditando a possibilidade feminina de ascensão à "política do mando". Contudo, os poderes fragmentados desse mando ainda pertenciam às mulheres, quer no papel de mãe [atribuindo-se a esta a "potência civilizatória" (PERROT, 1992, p. 175)], quer como administradora do lar, quer como reprodutora da espécie humana, quer como "presença de pontuação", nas práticas de caridade e filantropia, quer nas festividades e nos encontros sociais e culturais, insistentemente, demonstravam a hegemonia oculta feminina. Por vezes, as decisões maiores a serem tomadas pela família exigiam-lhe a última palavra para se fortalecerem, ou seja, formalmente, o poder decisório sairia conjugado entre marido e mulher, e se, entretanto, o "fiel da balança" havia sido uma "palavra feminina" referida, no espaço privado do lar, esta versão, embora (ou quase sempre) aceita, não ia a público.

As reflexões sobre as práticas familiares desvendam a mim também poderes multifacetados exercidos pelos elementos dos dois gêneros, divergindo de análises da Ciência Política que limitavam "ao Estado o fundamental de sua investigação sobre o poder" (MACHADO, 1979, p. XI). O deslocamento dessa análise sobre as relações do poder, do fulcro maior em que era estudado cientificamente – o Estado –, para outras áreas nas quais esse poder se realizava em nível micro, por exemplo, a família, fortalecia o reconhecimento da presença de mecanismos de poder exercidos "em níveis variados e em pontos diferentes da rede social [...] e cujas análises indicavam, claramente, que os poderes periféricos e moleculares não foram confiscados e absorvidos pelo aparelho de Estado" (MACHADO, 1979, p. XI-XII).

Essas e as demais reflexões analíticas de Roberto Machado, na introdução de *Microfísica do Poder*, de Michel Foucault (1979), sobre a genealogia do poder, confirmariam que esse poder é uma relação, não é um objeto, nem uma coisa, daí porque esse caráter relacional ampliava o seu exercício para fora dos espaços onde estivessem ocorrendo as lutas visíveis,

> pois nada está isento de poder. Qualquer luta é sempre resistência, dentro da própria rede de poder, teia que se alastra por toda a sociedade e a que ninguém pode escapar: ele está sempre presente e se exerce como uma multiplicidade de relações de força. E, como onde há poder, há resistência, não existe propriamente o lugar de resistência, mas pontos móveis e transitórios que também se distribuem por toda a estrutura social (MACHADO, 1979, p. XIV).

Deduz-se da análise foucaultiana sobre as relações de poder que, embora a educação tradicional estabelecesse, para a minha geração, parâmetros de comportamento ao gênero feminino, o campo de forças representado pelo lar – espaço privado – via exercerem-se níveis de poder, nos quais a ideologia dominante masculina ainda procurava fortalecer um tipo de imagem em que a mulher aparecia submissa à domesticidade impingida pela sua condição biológica de reprodutora, enquanto, de diferentes formas, um número expressivo de mulheres já demonstrava manter alguns níveis de resistência a esse retrato instituído. Quanto ao espaço público urbano, se para algumas mulheres representava uma área já perfeitamente transitável, havia, contudo, algumas interdições. Constituíam-se em atitudes veladas de recriminação expressas através da construção de estereótipos reveladores, fortalecendo o discurso dominante masculino. Entre as "normas" estabelecidas nas décadas de 1950 e 1960 para as mulheres de classe média (migrante da zona rural), à qual pertencia a minha família, lembro algumas. Andar acompanhada de uma pessoa mais velha, principalmente à noite, denunciava uma prática de "mulheres de bem" ou "bem-casadas".

Nessa linha, seguiam também a frequência às *boites*, ao cinema (em alguns, elas não deveriam ir nem acompanhadas), aos clubes sociais, à igreja. Há um tipo de interdito radical, no espaço urbano, para as mulheres da minha classe, em relação a ruas do meretrício. O Bar do Parque também sofria restrições. Se ainda hoje, para algumas pessoas, revela-se um lugar proibido, avalie-se àquela altura uma mulher bem-casada ou, como se costumava dizer, uma filha de família parar naquele local para tomar um cafezinho ao menos. Fumar era atitude de mulher livre, assim como usar calças compridas (moda de resistência desde as insurgentes feministas da era vitoriana). Os filmes de temática de valorização de *american way of life* eram liberados para as "moças de fino trato". Entretanto, as produções francesas, geralmente apresentando uma linha "picante", eram restringidas. As imagens de sexo explícito eram utilizadas nos filmes científicos, e estes, quando apresentados comercialmente, levavam o exibidor a delimitar as sessões entre um público masculino e um feminino.

Havia um espaço público fortemente hierarquizado, o da política, e as mulheres que nele se inscreviam eram consideradas lésbicas ou "amantes dos líderes políticos". Inadmissível a vocação política do gênero feminino!

A esses interditos reveladores da prática de subsunção realizada pela ideologia masculina dominante sobre o gênero feminino, no período do pós-guerra, como forma de fazer retornar a mulher ao lar, interpunham-se as resistências de uma parte das mulheres dessa geração. O movimento feminista mundial nesse período, fortalecendo-se através de práticas, às vezes, radicais, acabou por forçar uma ruptura ideológica com a imagem da mulher interposta pela sociedade patriarcal, e fortaleceu-se através das lições refletidas do livro de Simone de Beauvoir, *O segundo sexo* (1949).

Não há lembrança, nesse período, no Pará, de algum movimento de mulheres adeptas de práticas feministas radicais, embora haja registro sobre as mulheres que formam o Departamento Feminino do Partido Social Democrático, ex-Legião Feminina Magalhães Barata). Os jornais em circulação – *Folha do Norte*, *O Estado do Pará*, *A Vanguarda*, *Folha Vespertina*, *O Liberal* –, de leitura regular entre as famílias letradas, procuravam fortalecer um retrato de mulher "do lar", ao editarem, semanalmente, uma seção feminina, em que eram publicadas receitas culinárias, trabalhos manuais (bordados, flores etc.), modelos de vestido, além de artigos sobre a condição feminina, quase sempre fundamentados nos estereótipos que reforçavam a imagem do eterno feminino.

Esse "retorno ao passado" objetivou ser uma anamnese na pretensão de esclarecer sobre as pistas que levaram (ou foram responsáveis) ao interesse pela reconstrução histórica das formas de participação política das mulheres paraenses, em épocas passadas. Ao interesse acadêmico, reflexo da Ciência Política, aliava-se uma primeira hipótese fundamentada através da ótica de sujeição feminina, fortalecida pela minha formação histórico-cultural e da minha geração. A formulação dessa hipótese: devido às condições históricas determinantes de diferentes papéis entre os gêneros masculino e feminino, a situação da mulher sempre fora vista como de submissão ao homem, resultando daí a exclusão das mulheres, de certas práticas, entre as quais se incluía a área da política. Segundo a minha hipótese, esse processo resultava da socialização a que fora submetida a mulher sendo responsável pela sua restrição desse campo de participação. Em consequência, a prática política feminina naturalizava-se como campo masculino. Entretanto, havia algumas mulheres rompendo os entraves estabelecidos a seu ingresso na política.

Há duas afirmações: a sujeição feminina e a ruptura com a estrutura política.

Ocorre que, ao elaborar os passos do processo da pesquisa que evidenciariam a ausência das mulheres paraenses, nesse espaço da política partidária, em dados jornalísticos, biografias, entrevistas com viventes da época, na revisão da historiografia clássica sobre os fatos políticos locais acontecidos em anos anteriores, surgiram "pistas" que evidenciavam a presença de movimentos femininos nos partidos políticos. Qual o significado? A ótica obscurecida intentava responder que essa presença subjugada, num espaço masculino, era reflexo da sujeição sofrida secularmente. Quer dizer, eu não via uma forma de "presença valorizada", mas a reprodução dos artifícios masculinos domésticos subjugando as mulheres. Não via o valor feminino requisitado como expressão de uma força percebida pelo parceiro, mas como decorrência da subalternidade feminina internalizada. Meu olhar ainda fortalecia o mito da sujeição. A contradição entre esses discursos e as práticas realizadas por mim, e as novas descobertas, através de dados coletados sobre movimentos partidários femininos, na Primeira República, ou a presença de um ideal feminista, na década de 1920, concretizado em um movimento organizado, na década de 1930, e que conviveu com outra associação feminina partidária, exigiu a reelaboração de conceitos sobre a questão da sujeição feminina e investimento em leituras sobre uma nova literatura que discutisse, por outra ótica, a situação da mulher.

A partir da reavaliação teórica entre a ótica clássica – mulher submissa – e a nova ótica histórica que procurava valorizar o cotidiano das lutas e as formas de resistência construídas pelas mulheres e invisíveis ainda, prevaleceu uma discussão metodológico-conceitual (ALVES, 1980, p. 186):

a) mantido sob a ótica do dominante (homem, poder, política), o comportamento da mulher é definido como de submissão. Dessa forma, ela é vista subordinando-se aos espaços que a sociedade determina como sendo espaços femininos. Sendo a participação política e partidária uma prática considerada naturalmente masculina, nega-se à mulher a possibilidade de ter presença neste espaço. O baixo nível de participação feminina, nessa instância, será interpretado como de aceitação à exclusão, tornando-se invisíveis, sob esta ótica, as suas preferências por outras formas não institucionalizadas de participação política. Arma-se o discurso que sacraliza a eterna sujeição da mulher, supondo-se que a baixa participação feminina, na política, resulta (somente) de uma submissão introjetada nesse gênero. Refaz-se, dessa forma, o mito da mulher submissa, vítima da sociedade;

b) se, entretanto, o olhar analítico inverter-se, tomando-se como ponto de partida da investigação não a "passividade" da mulher, nessa participação, mas a hierarquia masculina estrutural do espaço em que se realizam as práticas do poder político, vê-se, em contrapartida, a ideologização da não participação da mulher como uma imposição desse espaço masculinizado, sobrevindo uma sobrecarga estigmatizada pelo poder dominante masculino, o que não vem a ser submissão. Esse olhar torna possível uma outra resposta à baixa participação feminina, nos processos político-eleitorais, o que referencia uma opção feita pela mulher em adotar práticas institucionalizadas ou não da política. Através dessa "desconstrução", torna-se mais fácil chegar ao desvendamento das práticas políticas e partidárias da mulher, de opção ou de recusa à participação nas formas instituídas do jogo político.

Refeito o caminho conceitual e epistemológico: não passividade feminina, ou melhor, mulher e política não apresentam uma relação excludente, fortalece-se um novo parâmetro que serviu de fio condutor à nova hipótese de pesquisa – procurar reconstruir as imagens da mulher paraense, nos momentos de maior luta pelo poder político local, procurando ver a feminização do espaço da formação/presença de uma cultura política feminina. As imposições à submissão converteram-se em espelhos, nos quais mulheres paraenses, no seu cotidiano, procuraram firmar-se como agentes da sociedade. Tornou-se, então, mais fácil chegar às respostas práticas sociais e políticas das mulheres em estudo. Através de suas histórias, os dados levantados, nas páginas amarelecidas dos jornais das décadas de 1910, 1920 e 1930, das revistas, das biografias, das correspondências familiares, do material iconográfico, reviveram um movimento cotidiano construído de lutas e resistências aos interditos refletidos em perspectivas de comportamentos femininos esperados. Muitas vezes, notavam-se contradições entre o que era identificado como prática feminina e o que havia sido vivenciado pelas depoentes. Um exemplo refere a versão sobre a obrigação matrimonial que permeava a vida das mulheres das décadas passadas. Num confronto entre essa versão e a identidade civil da entrevistada, notava-se que esta era solteira, ou seja, havia infringido uma norma do seu tempo. Ao confrontar-se esta versão com a estatística disponível relativa ao número de mulheres casadas e solteiras, estas últimas apareciam em maior número. Não se pretende negar a prática tradicional do casamento entre as mulheres paraenses das primeiras décadas do século XX, visto que havia interesse em afastar esse gênero do ambiente econômico (HOBSBAWM, 1988, p. 303), além de serem extremamente valorizadas as alianças matrimoniais entre os membros das classes mais abastadas (HOBSBAWM, 1988, p. 282). Entretanto, essa situação poderia ser relativizada, visto que as próprias depoentes rompiam, de certa forma, com o discurso instituído.

Há, contudo, uma forte resistência dos entrevistados (homens e mulheres) em registrar a presença feminina, na participação política. Mas a imprensa garantiu o registro dessa memória. Nas páginas envelhecidas e borradas dos jornais em que as traças construíram seus caminhos, numa viagem no tempo, eliminando alguns percursos e excluindo personagens, foi possível, mesmo assim, reconstruir a militância política de grupos organizados de mulheres paraenses pertencentes ao segmento social médio, em dois momentos das lutas político-partidárias locais: em 1912 – as Ligas Femininas Lauro Sodré e Arthur Lemos –, a partir do descenso oligárquico do Senador Lauro Sodré pelo mando local; e, em 1935, a Legião Feminina Magalhães Barata, criada após a crise de hegemonia gerada pelas tensões entre os revolucionários de 1930, o que resultou no descenso do poder do Interventor Joaquim de Magalhães Cardoso Barata.

Quanto aos debates sobre os direitos feministas em que o voto era condição para a cidadania feminina, o antissufragismo emerge, no Pará, desde a década de 1910. Como definir debate feminista e sufragismo a partir desse período? De que feminismo e sufragismo falariam?

O feminismo constitui-se num processo de conscientização da mulher, em torno de seus compromissos com a condição de ente social, reconhecendo-se com os mesmos direitos do homem, processo que vai resultar na intenção da mulher de investir nas mudanças em suas condições de vida (HOBSBAWM, 1988, p. 280). Quer dizer, a mulher percebe-se mulher a partir dos seus compromissos relacionais com o homem e com outras mulheres e, a partir desse fato, reconhece níveis de desigualdade que a atingem, no cotidiano, quer no trabalho privado que realiza, quer dentro do lar, onde é responsabilizada por todas as tarefas e pela educação dos filhos, e esses níveis intelectuais e de trabalho são vistos de forma diferenciada do seu companheiro. A partir desse processo de percebimento, ela vai intentar influir sobre as condições de desigualdade, criando níveis de resistência, primeiramente num nível individual e, somente a posteriori, transformando esses níveis em uma ação coletiva.

Não é notada, entre as paraenses, nenhuma atitude mais arrojada de rompimentos radicais com a imagem que se estabelecera num modelo tradicional. Entretanto, não se pode considerar isso uma aceitação sumária do efeito imposto, visto que algumas intentam novas conquistas, quer através do acesso às escolas superiores, quer através dos empregos, dos modos, das modas, conquistas às vezes quase despercebidas. Pergunta-se: se elas estivessem satisfeitas com o modelo, sairiam para a conquista de novos caminhos, para demonstrar, sistematicamente, que não se consideravam intelectual e culturalmente inferiores aos homens? Certamente, não. Possuídas por essas novas perspectivas sobre si próprias (a partir do processo relacional com outros indivíduos), descobrem que não há um destino biológico, psíquico ou econômico determinando a sua forma de ser fêmea, visto que, através da elaboração relacional entre macho e fêmea (socialização), é que se constituirá como indivíduo. Quer dizer, "ninguém nasce mulher: torna-se mulher", conforme assegura Simone de Beauvoir (1980).

As cronistas paraenses das décadas de 1910 e 1920 antecipam a afirmativa de Beauvoir ao exporem suas ideias feministas nos artigos que escrevem, nos jornais. É esse vínculo com a desconstrução das características de "ser híbrido" (da versão masculina) que as torna alvo de proibições. Evidencia-se, enfaticamente, o antissufragismo masculino incorporado aos novos interditos ao comportamento da mulher política, a nova qualidade vislumbrada no processo de conquistas femininas e que será combatido a partir de 1913, ou seja, antes mesmo da Primeira Guerra Mundial. O exemplo das mulheres inglesas – as *sufraggettes* –, que resolvem radicalizar a luta pelo direito de participar politicamente, organizando greves de fome, *meetings*, passeatas, depredando propriedades públicas, invadindo a Câmara dos Comuns, eventos registrados nos jornais paraenses, serve de contraponto às denúncias. Aliás, até as mulheres da Liga Feminina Lauro Sodré, embora participando de outra forma política, recriminam a atitude das feministas inglesas, embora, em dois momentos de maior conflito político elas também se utilizem ou, melhor, estejam compactuando das violências de rua, em nome de Lauro Sodré: em 1912, na queda do Senador Antônio Lemos, e, em 1916, na deposição de Enéas Martins.

O sufragismo de que se fala, no Pará, nesse período, embasa-se, portanto, na perspectiva das próximas mudanças que podem ser realizadas através das conquistas empreendidas, em torno da concessão ao direito do voto, levando-as à cidadania e participação política, espaço considerado de exclusividade masculina.

É somente em 1931 que as aspirações feministas das mulheres paraenses encontram conveniência histórica, numa organização sistematizada. O **Departamento Paraense pelo Progresso Feminino** torna-se um campo fértil de ideias amadurecidas, em torno da luta nacional pela concessão ao direito do voto feminino, acirrada, no Brasil, a partir de 1922 (cf. projeto de Justo Chermont, em 1919), surgindo no bojo de outras aspirações de mudanças sociais e políticas dos brasileiros.

Embora constituindo-se em *lobby* para fortalecer os debates, no Congresso Nacional, em torno do sufrágio feminino, **o Departamento Paraense pelo Progresso Feminino** teve presença local significativa, cujo registro dessa trajetória somente foi possível através dos dados jornalísticos. Esse movimento sofreu um processo de ocultamento, na sociedade paraense, devido, em parte, à discriminação à formação filosófico-religiosa das mulheres que o organizaram, na maioria, professando a Doutrina Espírita, religião condenada pelo catolicismo, ainda prevalecente como religião oficial da sociedade, apesar das mudanças implantadas, através da constituição republicana de 1891, que decretava a liberdade religiosa dos cidadãos (ÁLVARES, 2020, p. 44).

Os Antecedentes do Sufragismo Paraense

O movimento sufragista que se organizou e se estruturou, nacionalmente, a partir de 1922, priorizando, entre as bandeiras do seu ideário, a conquista do direito do voto à mulher, manteve, no interior da sociedade paraense, corações e mentes atentos às conquistas ou aos recuos sofridos pelo movimento, ao longo da década de 1920, sem, contudo, sensibilizar as mulheres para a criação de um núcleo organizado para o debate mais objetivo das questões sufragistas. Percebe-se, portanto, esse movimento, através de atitudes individuais de paraenses alinhadas ao ideário, quer na Câmara Federal, quer na imprensa paraense ou na imprensa de outros Estados.

Em dezembro de 1919, o senador paraense Justo Leite Chermont apresentou um projeto, no senado, que estendia às mulheres que tivessem alcançado 25 anos o direito do voto. Sua esposa, Isabel Imbassahy Chermont, assumira a luta feminista ao articular as ideias sufragistas junto às amigas e participar da criação da Federação Brasileira pelo Progresso Feminino ao lado de Bertha Lutz. O senador tinha também uma parenta, Benevenuta Chermont Monteiro, considerada, pela família, como a "primeira vocação política feminina" (CHERMONT DE MIRANDA, 1982, p. 61). O registro, na imprensa paraense, evidenciava uma certa tendência favorável dos congressistas ao projeto de Chermont. Entretanto, embora enviado a 19 de dezembro de 1919 à Comissão de Constituição e Diplomacia, somente em 14 de maio de 1921 surgiu um parecer favorável, sendo aprovado, em sua primeira leitura, em 08 de julho desse ano, e mandado, posteriormente, à Comissão de Constituição e Justiça, "que apresentou um projeto substituto somente em 12 de dezembro de 1927" (HAHNER, 1981, p. 113), ou seja, cerca de nove anos depois da primeira apresentação do referido projeto, apesar de ter contado com o forte *lobby* feito pelas feministas, lideradas pela Profa. Leolinda Daltro (ALVES, 1980, p. 95).

A iniciativa de Justo Chermont não levou a maiores debates na imprensa paraense. Salvo o jornal de sua família, *O Estado do Pará*, nenhum outro assinalou a proposta de projeto do senador favorável ao direito do voto feminino. É possível que as desídias políticas locais estivessem por trás dos silêncios. Novos litígios estavam se estruturando, nesse período, entre as lideranças partidárias, em consequência da proximidade da mudança de governo. Lauro Sodré sairia do governo em 1921 e pretendia deixar, em seu lugar, um correligionário do seu partido, Antônio Emiliano de Souza Castro, enquanto as demais facções, em que se encontrava o Senador Justo Chermont, optavam por apoiar José Carneiro da Gama Malcher (ALVARES, 2020, p. 354). A *Folha do Norte*, como arauto do Partido Republicano Federal – PRF, garantindo as posturas dos chefes políticos, negaceou a informação ao projeto feminista de Justo Chermont, do PRP. Mas é possível que entre as mulheres ligadas aos correligionários deste e à sua mulher, membro de muito prestígio nos *lobbies* nacionais que realizavam os grupos ligados a Bertha Lutz, em prol da discussão do projeto, na Câmara, estivesse ocorrendo esse debate, fora dos jornais locais, nos espaços privados das conversas informais e reuniões sociais, nas quais a "inteligência" local também tinha presença. Uma das "pistas" sobre essa suposição é de que, em 1922, o governador do Pará, Antônio Emiliano de Sousa Castro, delegou competência à Cassilda Martins, que presidia a Aliança Fluminense pelo Sufrágio Feminino, para representar a mulher paraense, na Conferência pelo Progresso Feminino, realizada em dezembro desse ano, no Rio de Janeiro[3]. Cassilda era viúva de Enéas Martins. Nesse evento nacional, que contou com a presença de Carrie Chapman Catt, presidente da NAWS (Associação Nacional pelo Sufrágio da Mulher) norte-americana, foi inaugurada "uma Aliança Brasileira pelo Sufrágio Feminino", tendo Bertha Lutz como secretária geral e, como presidente, a esposa do Senador Justo Chermont" (HAHNER, 1981, p. 108). Esse envolvimento com as sufragistas norte-americanas apresenta anotações específicas e em uma dimensão interseccional (KARAWEJCZYK, 2018), contudo, há, ainda, o apagamento da presença das mulheres negras, na luta pelo direito do voto desse país. A bibliografia consultada por Álvares (1990) não registra esse acontecimento cujo teor só foi possível após a leitura de Davis (2016) em *Mulheres, raça e classe*, principalmente no capítulo 4, *Racismo no movimento sufragista feminino* (2016, p. 79-93), que aponta a tendência racista do movimento formado de mulheres brancas e da elite. Esse grupo esteve no Brasil em 1922, a convite da Liga pela Emancipação Intelectual da Mulher – LEIM, recriada como Federação Brasileira para o Progresso Feminino (FBPF), e organiza o Primeiro Congresso Internacional Feminista do Brasil, no Rio de Janeiro.

Pela verdade dos fatos, esse registro importa devido representar o interessante papel que as mulheres paraenses estavam realizando fora do Estado, em prol do movimento sufragista, sem, entretanto, constituir-se em núcleo oficial, no Pará. Uma prova disso é dada pelas notícias "pinçadas", na bibliografia histórica referente às lutas políticas das mulheres brasileiras que registram a militância de Cassilda Martins, líder, em Petrópolis, da Aliança Brasileira pelo Sufrágio Feminino, sendo também proprietária e redatora do jornal feminino *Nosso tempo*. Era também presidente da Associação Protetora do Recolhimento dos Desvalidos, daquela cidade brasileira. Colaborava, no jornal de Cassilda

---

3   Folha do Norte, Belém, 28 jan., p. 2.

Martins, uma outra sufragista, a poetisa e escritora Júlia Lopes de Almeida (HAHNER, 1981, p. 108).

Uma outra "pista" sobre a colaboração das mulheres paraenses ao movimento sufragista nacional é a presença da amazonense criada no Pará, Orminda Ribeiro Bastos, como assessora jurídica da FBPF ao engajar-se no movimento nacional desde a sua transferência de domicílio de Belém para o Rio de Janeiro, em 1925. Mas esse registro da feminista paraense também sofreu apagamento nas pesquisas de outras autoras brasileiras sobre o sufragismo. Jornalista, professora de grego no Colégio Paes de Carvalho, militante espírita e advogada, no Pará, Orminda Bastos atuava no Fórum de Belém e, no Rio de Janeiro, fazia parte da equipe profissional comandada pelo jurista Evaristo de Moraes. Foi uma das fundadoras da União Universitária Feminina, em 1929, associação considerada filha direta da Federação (ALVES, 1980, p. 117). A atuação sufragista de Orminda, no Pará, até 1925, manteve-se diretamente ligada ao jornalismo, tribuna efetiva do feminismo e do antissufragismo locais, e às conferências que realizava para levantar o debate sobre o assunto, como demonstra a palestra que fez em novembro de 1923, na sede da União Espírita Paraense, para as associadas da Liga Cooperativa das Operárias de Fábricas[4]. No Rio de Janeiro, passou a integrar a equipe jurídica da Federação, contribuindo, substancialmente, com os projetos da entidade debatidos internacionalmente através da Associação Feminina Pan-Americana e defendidos por Bertha Lutz, nos diversos congressos e conferências realizados. Orminda Bastos foi a responsável pela redação final das reivindicações da mulher brasileira incluídas no anteprojeto da Constituição de 1934.

A imprensa paraense e o sufragismo

Outras evidências sobre o feminismo sufragista, no Pará, são percebidas através do volume de notícias veiculadas pela imprensa local referentes aos avanços do movimento sufragista no país.

Após a organização da Federação Brasileira pelo Progresso Feminino – FBPF, por Bertha Lutz, os jornais paraenses passaram a manter, no seu noticiário, informes sobre os debates nacionais realizados em torno da questão. Na década de 1920, são prolíficas as notícias de primeira página com títulos

---

4   *Folha do Norte*, Belém, 22 ago. 1923, p. 1.

chamativos, *Femininos em marcha*, *As conquistas do feminismo*, *O feminismo triunfante*, *O voto feminino*, em que eram exploradas, desde a informação sobre as estratégias da FBPF para conseguir a vitória do voto, no Senado, até enfoques depreciativos sobre a "mulher política" ou, também, "mulher pública", estereótipo que ficou sendo a marca das mulheres que pleiteavam a concessão ao direito do voto. Qualquer mulher que assumisse, publicamente, uma atitude fora do padrão convencional do comportamento feminino entrava na galeria das "feministas". Nota-se, nesse período, um crescente volume de "antinotícias" femininas que procuram depreciar a imagem da mulher. Cito exemplos: a *Folha do Norte*, de 29 de abril de 1929, na primeira página, publica a notícia *Contra o despotismo da mulher*, um comunicado internacional, informando sobre a próxima criação, em Viena, de uma "Liga Mundial dos Direitos dos Homens", durante o congresso internacional do sexo masculino, reunindo "maridos tiranizados, pais inocentes e outras vítimas da feminilidade". O evento seria realizado em 15 de junho desse ano e pretendia arregimentar todas as "vítimas" internacionais. Estava sendo articulado o nome de Charles Chaplin para a presidência da Liga. A notícia finaliza dizendo: "O que ainda é mais curioso notar, que as sociedades feministas da Suécia, Áustria e Alemanha enviarão 'observadoras' que assistirão aos trabalhos esfingeticamente".

Outro exemplo é a construção de um perfil da mulher dado através das Ciências do tipo: "a mulher é um polígono irregular de inúmeras faces (Geometria)"[5].

É nesse clima (ou anticlima?) que a opinião de Orminda Bastos, favorável ao direito do voto, com restrições, é a voz no deserto, representando o movimento sufragista paraense. Quer dizer, na década de 1920, não há um movimento feminista organizado, mas há um processo feminista em marcha, estruturado através de um rico debate jornalístico. A linha antissufragista dos comentários dos informes e dos textos só está presente, na imprensa, porque existem as feministas defendendo suas conquistas. As práticas, nesse período, são expressões da própria trajetória informal e individualizada do processo. Salvo as militantes espíritas, bem poucas mulheres reconhecem publicamente o valor de sua condição feminina, mesmo presas a um discurso recorrente do

---

5   *O Estado do Pará*, Belém, 09 abr. 1927, p. 14.

"instinto materno". Mas, até mesmo sobre esse tema, há distinções entre as duas versões – a masculina e a feminina – interpretadas em dimensões diferenciadas.

Em dois artigos para a *Folha do Norte*[6], Orminda Bastos sustenta serenamente uma polêmica sobre a questão, sem se deixar nivelar pelos despautérios do Pe. Dubois contra sua pessoa.

No primeiro artigo, *O voto feminino no Brasil*, publicado em 20 de novembro de 1922, quando os projetos de concessão ao direito do voto da mulher brasileira retornam ao debate, na Câmara Federal, a articulista vai definir o feminismo em duas vertentes, o emancipacionismo e o sufragismo, considerando o primeiro procedente, nas razões que têm a mulher para pleiteá-lo, enquanto o segundo, que levará à concessão do direito do voto, será arriscado por ser uma ideia importada, caso não seja acompanhado da instrução e da educação feminina:

> Basta meditar sobre os motivos determinantes dele, tais como a dificuldade crescente dos meios de vida e consequente trabalho da mulher para obtê-los; a falta do apoio masculino causado pelo celibato ou pela viuvez, obrigando-a à responsabilidade derivada da sua própria condição; as afirmações teóricas que os fatos comprovam, da igualdade intelectual entre o homem e a mulher; o sentimento de independência que dessas causas resultam; e muito mais que tudo isto, o fermento inovador e revolucionário que de anos a esta parte tem desorganizado a velha sociedade, e, ameaçando surda mas seguramente, subvertê-la, faz presentir uma era nova; basta refletir em todos estes fatores visíveis ou latentes, para fortificar-se na certeza de que, longe de representar produto efêmero de passageiro abalo, o feminismo, surgindo de novas tendências e necessidades do meio social, está alimado de um largo movimento para diante, cujo impulso inicial, patente ainda a nossos olhos, deixa entrever num remoto futuro, a geral e completa emancipação da mulher.

O feminismo nessas bases "afirma-se vitoriosamente como um princípio", diz Orminda Bastos, visto que não se trata mais de saber se este deve ou não ser admitido, pois ele resulta da prática da própria mulher em viver as suas

---

6   O *voto feminino no Brasil*, publicado em 20 de novembro de 1922. Um outro é a transcrição da palestra de Orminda Bastos às operárias – Conferência de Orminda Bastos. *A emancipação da mulher. Folha do Norte*, Belém, 22 de ago. 1923, p. 01.

condições históricas. As formas de mudança foram se fazendo à medida que a mulher se confrontava com o seu cotidiano, e, desses confrontos, foram descoladas, gradualmente, de seu retrato, algumas das suas mais fortes estigmatizações, como a fragilidade, a incapacidade intelectual, a dependência, entre outras. Ela cita, como um dos motivos da "consagração das pretensões feministas", as transformações advindas com a guerra de 1914, para os europeus, e, para os brasileiros, as mudanças desencadeadas com a abolição da escravatura e a implantação do regime republicano.

Quanto ao feminismo sufragista, por ser uma ideia importada, imposta de cima para baixo, cria entusiasmo, de um lado, censura de outro, porque não houve aprofundamento de discussão. Impostas pela minoria, as ideias são aceitas, desgostando a maioria, alguns, entretanto, aceitando com medo de "parecer retrógrado e atrasado":

> No entanto, se em vez de nos voltarmos para os costumes europeus e norte-americanos, atentássemos nos nossos próprios, concluiríamos sem mais delongas, pela formal denegação, ao menos atualmente, do voto político à mulher brasileira[7].

Fundamentando suas restrições ao voto feminino, nos moldes das discussões travadas, Orminda Bastos vai apontar a ausência da instrução e da educação da mulher, um tema, aliás, recorrente no questionamento sobre o assunto. Diz que, embora a mulher da zona urbana seja "mais ou menos esclarecida", há uma "formidável massa restante de fora do processo escolar".

Quer dizer que, embora haja uma elite feminina esclarecida, mostrando-se à altura de ser cidadã, a grande massa restante não está preparada para assumir com isenção a moralidade eleitoral necessária à prática política. O motivo básico, diz ela, é a ausência de um nível de instrução e de educação à mulher brasileira, negando-lhe uma formação intelectual e integração cultural, visto que seu preparo tem priorizado uma "destinação doméstica" para a qual dizem não haver necessidade de grandes conhecimentos. Orminda vê a educação tradicional transmitida pela família brasileira em geral, repelindo como "ato vergonhoso" o trabalho externo da mulher, exigindo-se ao homem

---

7 Conferência de Orminda Bastos. A emancipação da mulher. *Folha do Norte*. Belém, 22 de ago. 1923, p. 01.

o provimento do lar. Entretanto, essa condição isola a mulher, girando as suas aspirações em torno do casamento, instituição responsabilizada socialmente pela garantia material do gênero. Dessa forma, diz ela, à mulher é exigida a direção do mundo doméstico.

Fechando-se ao mundo de fora e dedicando-se a esse mundo privado, a mulher se isola intelectualmente, conservando uma mentalidade retrógrada de dois ou três séculos atrás, aceitando a condição de tutelada perpétua de fato, mas não de direito. Se algumas vezes ela sai do retrato que a vincula aos deveres domésticos ou aos comportamentos e valores morais exigidos, essas regras configuram-se como liberdade e emancipação. Tanto a mulher frívola quanto a recatada, diz Orminda Bastos, se assemelham, na deficiente e restrita educação recebida, deixando de importar-se com assuntos mais sérios. Tanto a mulher pobre quanto as da classe média e as da elite priorizam as limitações de suas próprias condições históricas, despojadas de um maior discernimento intelectual, ou porque não lhes foram dadas as condições necessárias para absorvê-lo, ou porque o desprezaram por outras prioridades mundanas. Essas limitações dificultam um discernimento consciente e livre num processo eleitoral, diz a cronista.

Considero, então, esse momento como o marco inicial do movimento sufragista do Pará. Muito embora a questão já se mantivesse presente, na preocupação de articulistas e jornalistas, desde a década de 1910, é a partir deste novo momento que os antifeministas (não somente os antissufragistas) sentir-se-ão ameaçados nos seus postos políticos. Isso pode ser constatado a partir da leitura cronológica das notícias e dos artigos publicados na imprensa do período.

Alguns dias após a publicação desse artigo de Orminda Bastos, o jornalista Carlos B. de Souza aproveita a oportunidade das restrições feitas por uma mulher ao voto feminino para reafirmar sua posição antissufragista:

> Ainda bem que é uma mulher que assim se expressa, e uma mulher culta!

> Este artigo [...] devia ser transcrito em todos os jornais das capitais brasileiras, como um grito de alarme e um protesto escrito contra o mal que nos ameaça, qual epidemia de nova espécie. [...]

SUFRAGISMO E EMANCIPACIONISMO DAS MULHERES PARAENSES NAS DÉCADAS...

E não deixa de ser algo extravagante, convenhamos, a lembrança de se querer "presentear" a mulher com o direito de votar e ser votada, quando as nossas mulheres, pelos parcos conhecimentos intelectuais, não se acham aparelhadas para o desempenho honroso desse direito.

Demais, é preciso, para a própria felicidade da Pátria, que a mulher não se afaste um só instante do santo tabernáculo do lar, onde impera como rainha da meiguice e soberana do amor[8].

Assim, na sua opinião, para que haja viabilidade à concessão do voto feminino, primeiramente, é necessário dar educação e instrução à mulher, fatores de utilidade também ao traquejo feminino, no movimento externo, pois, através deles, a mulher despertaria para as coisas sérias e do interesse da coletividade.

Recorrendo a alguns temas levantados pelos opositores ao sufragismo, a feminista não esconde, entretanto, a argumentação em torno dos prováveis responsáveis pelo isolamento cultural e intelectual da mulher. A acusação maior à família brasileira confronta, entretanto, outras responsabilidades das próprias mulheres de todas as classes sociais existentes, que se deixam acomodar às imposições do costume tradicionalista, renegando outras condições da identidade feminina para firmar-se numa única, a sua "natureza" doméstica.

Esse artigo de Orminda Bastos, publicado em 1922, início da organização e da sistematização da Federação Brasileira pelo Progresso Feminino e da formação de núcleos sufragistas, em quase todos os Estados brasileiros[9], fortaleceu um debate mais expressivo em torno da questão, sem, entretanto, estimular a criação, naquele momento, de um núcleo organizado de atividades feministas. Diz o jornalista Carlos B. de Souza:

Penetramos no lar de uma eleitora, em dia de eleição. O quadro que se nos desenrola, à vista, é algo desolador! O fogão apagado, a casa desarrumada, a comida sobre a mesa da cozinha e ainda por fazer, e os filhos queridos, pelos quais devia e deve velar, porque esse é o seu maior dever, no meio da rua. [...]

---

8   *A Província do Pará*, Belém, 24 nov. 1922. p. 01.

9   *Folha do Norte*. Belém, 22 ago. 1923, p. 01.

> A mulher fora do lar, exercitando funções incompatíveis com o sexo e os seus parcos conhecimentos intelectuais, é como uma rainha destronada que só nos inspira uma respeitosa compaixão pelo seu infortúnio. [...]
>
> Para a honra e decoro da Pátria, é preciso que as nossas mulheres não se lembrem de imitar as escandalosas sufragistas inglesas, invadindo o Parlamento, acolitadas pela escória social de Londres[10].

O artigo de Carlos B. de Souza é longo, pleno de exemplificações que determinam os motivos da "necessária exclusão" da mulher da condição de cidadã. Os termos empregados pelo jornalista, ao referir-se a uma provável concessão do direito do voto à mulher, demonstram o grau de ameaça sentida pelos homens, daí porque acha necessária a transcrição do texto de Orminda Bastos "em todas as capitais do país", devendo transformar-se num "grito de alarme", um "protesto escrito" contra o "mal ameaçador", contra a "epidemia", contra o "presente extravagante" que teimam em dar à mulher.

Em outros parágrafos do artigo, delineia-se o real motivo do medo masculino à ameaça sufragista: a ausência da "empregada doméstica" do "santo tabernáculo" do lar. O confronto entre os elogios à figura da mulher, "rainha da meiguice", "soberana do amor", e os atributos de identificação da futura "eleitora", de "parcos conhecimentos intelectuais", "função compatível com o seu sexo", "rainha destronada", parece não corresponder a uma mesma pessoa. Isso demonstra a convicção das acusações de Orminda Bastos que, aliás, não foram tangenciadas pelo jornalista, contra a educação patriarcal a que era submetida a mulher de todas as classes sociais, pela família tradicional brasileira, o que corresponde a um vício cultural impregne de condicionar o sexo à sua biofisiologia, transformando essas condições num fator cultural contraído pela dependência afetiva. O que o jornalista está apontando, na acusação à "eleitora", é a ausência de uma "empregada doméstica" responsável por todo o serviço caseiro e pela vigilância aos filhos. Percebe-se que a sua visão é parcial, demonstrando-se através da exclusão dos elementos do sexo masculino – marido, pai – da educação dos filhos e dos afazeres domésticos, retrato, aliás, incontestável, naquela época.

---

10   O Voto Feminino no Brasil. *A Província do Pará*, Belém, 24 nov. 1923, p. 01.

No outro texto de Orminda Bastos, *A emancipação da mulher*[11], observa-se que as suas ideias feministas prosseguiram, fortalecendo uma imagem tradicional passada secularmente, sem levar às generalizações, mas identificadas através das classes sociais a que essa mulher pertencia. Seu ponto de vista em relação ao direito eleitoral feminino não se desvinculara, entretanto, de uma convicção arraigada ao fortalecimento das condições intelectuais necessárias ao discernimento feminino quanto ao processo eleitoral. Essa preocupação de feminista tem procedência se levarmos em conta o momento de desgaste moral do sufrágio universal através da deformação das práticas eleitorais sentidas desde os primórdios da implantação do regime republicano[12].

O artigo de Orminda Bastos e a palestra que ela proferiu às operárias, no dia 21 de agosto de 1923, quase um ano depois, portanto, do primeiro artigo, chegaram a problematizar algumas questões.

Os pontos levantados, nessa conferência, são, basicamente, o conceito de emancipação feminina, a prática desta emancipação e os fatores que concorrem para atingi-la, como a educação/instrução, o trabalho e a emancipação política.

Sobre o conceito de emancipação feminina, diz Orminda Bastos que é o direito que tem a mulher de "colaborar com o homem, na vida social, em igualdade de direitos e deveres". Essa emancipação não pretende a superioridade feminina nem o retorno ao desequilíbrio existente, pois é este que se pretende corrigir. A emancipação, diz, é o resultado do despojamento da dependência da mulher ao homem, através do trabalho, sem que esta, entretanto, perca a "docilidade". Diz que a independência econômica é o primeiro pressuposto da liberdade de ação e das ideias dos indivíduos. Assim, ela vê a participação da mulher nos encargos materiais de subsistência do lar como um aspecto da igualdade dos direitos femininos.

Nas classes média e alta, diz a articulista, as mulheres deixam aos cuidados do homem a manutenção da sobrevivência, sendo esse encargo "sacrifício resignado" que ele assume, mesmo com a perda de sua supremacia de chefe de família. Na classe operária, a igualdade de salários é mais uma situação criada na igualdade de direitos, pois vê o nível de salários desnivelados das condições de trabalho, entre os dois sexos. Nesse caso, ela vê uma dupla situação: ao

---

11   Conferência de Orminda Bastos. A emancipação da mulher. *Folha do Norte*. Belém, 22 ago. 1923, p. 01.

12   Sobre o assunto, ver Fausto (1970), Carone (1978, 1983) e Souza (1976, 1982).

mesmo tempo em que avilta o trabalho da mulher, desvaloriza o trabalho do homem, pela "concorrência inconsciente, mas esmagadora".

Quanto ao sufragismo, sua opinião conserva-se a mesma: é favorável ao voto qualificado, ou seja, o direito do voto não deve ser recusado à mulher, mas deve ser exercido por quem tem instrução e capacidade de discernimento das condições políticas e da questão pública. Ela é favorável a que a emancipação civil deva preceder a emancipação política.

A reação à posição feminina de Orminda Bastos veio através de Cézar Pinheiro[13], que publica o artigo *A emancipação da mulher*. Destacam-se, nesse artigo, alguns pontos esclarecedores de uma postura generalizada antissufragista:

a) A emancipação política da mulher deve ser realizada mediante restrições, visto que, entre os dois gêneros, há diferenças congênitas: o homem é nascido para todas as atividades, desde as mais rudes, enquanto o organismo feminino restringe as atividades da mulher, afastando-a da política eletiva, do militarismo, da engenharia, dos trabalhos de campo em certas indústrias. Se a mulher não alcança o equilíbrio nas finanças domésticas, não vai alcançar nas finanças públicas de onde estas emanam;

b) A emancipação feminina leva à eliminação do vínculo conjugal, base da constituição familiar, alterando o regime doméstico, os deveres e os cuidados da maternidade;

c) A fragilidade orgânica da mulher restringe seu preparo para as lutas, enquanto o homem, em que pese uma enfermidade imprevista, "tem o dever de estar sempre pronto" para agir;

d) A natureza reprodutora da mulher, de igual modo, impede-a de assumir a maioria dos encargos na área pública;

e) Quanto ao lado moral, nos trabalhos fora do lar, terá que deixar alguém em substituição com os filhos, e isso será causa de ruptura dos laços materno-afetivos;

f) Apela para o reconhecimento dos deveres da maternidade, uma consequência do "direito natural", e enumera os ofícios atribuídos à mulher e exercidos por mulheres "notáveis", ofícios que não ferem a fragilidade orgânica nem a moral assumidas com o direito natural;

---

13 A emancipação da mulher. *Folha do Norte*, Belém, 11 set. 1923, p. 02.

SUFRAGISMO E EMANCIPACIONISMO DAS MULHERES PARAENSES NAS DÉCADAS... **365**

g) O conceito de emancipação/igualdade é visto como processo de imitação, "perda dos adornos morais" da "distinção" peculiar à mulher.

Esses são pontos de temática recorrente. Ao mesmo tempo em que visam reforçar as qualidades "naturais" atribuídas à mulher, constroem óbices à emancipação, utilizando estigmatizações sobre esses mesmos atributos. Pelo que se observa das posições assumidas por Cézar Pinheiro e Carlos B. de Sousa, a perspectiva de conquistas emancipacionistas é ameaçadora, podendo comprometer os novos rumos das funções masculinas. O apelo à fragilidade orgânica e emocional da mulher, à sua responsabilidade na "derruição" da base da sociedade pela quebra das funções materno/maritais, evidencia a preocupação masculina diante das ameaças de "invasão" feminina ao espaço público da esfera política. Por que tanto medo? O que representaria naquele momento a presença da mulher, nos espaços eleitorais, ao menos como igual, politicamente? Das duas, uma: ou a política partidária representava a única forma de resistência de poder que garantiria ao homem a permanência, num recorrente discurso de desigualdade em relação à mulher, ou a "ameaça emancipacionista" representava risco à inversão dos papéis, ou seja, a "derruição" social derivaria da forma redistributiva dos encargos considerados "menos pesados" do que os da política, quando, na verdade, o "fragilismo orgânico e psíquico" feminino era mera invenção para que os homens fugissem desses encargos muito mais pesados do que os seus.

É de supor que os dois mecanismos estejam na base do discurso patriarcalista e antiemancipacionista daquele momento. Mesmo porque há registro de que a imprensa usou de outros artifícios para obstaculizar o avanço do ideário feminista, entre as paraenses da década de 1920, conforme indicado.

Em janeiro de 1929, duas jovens, Maria Aurora Pegado Beltrão e Corina Martins Pegado, solicitaram ao Dr. Dantas Cavalcante, Juiz do Alistamento Eleitoral, os seus alistamentos respectivos. Essa notícia alvoroçou os meios sociais da terra. Dias antes do despacho do juiz, a *Folha do Norte* fez uma enquete entre jornalistas paraenses para submeter-lhes a opinião sobre a questão do voto feminino.

O Dr. Eládio Lima fez três distinções:

Sob o ponto de vista político, como não considero a intelectualidade da mulher inferior à do homem, na média normal, não encontro razão inabalável para que se negue, em absoluto, aquilo que se faculta a homens de manifesta incapacidade, dadas as condições requeridas de simples maioridade civil e de instrução rudimentar.

Sob o ponto de vista social, a evolução dos costumes aproxima a criatura feminina de seu companheiro, e, muitas vezes, algoz na vida: há prós e contras na equiparação dos dois sexos.

Sob o ponto de vista legal, porém, não me parece sequer que a constituição do país tenha excluído a mulher do direito político de votar e de ser votada, por isso que são elegíveis os que são eleitores. E, não obstante a palavra – cidadão – em sentido lato, poder reunir indivíduos dos dois sexos, o elemento histórico interpretativo da lei fundamental demonstra que foi intuito dos constituintes, em imensa maioria, retirar da mulher a capacidade eleitoral[14].

O pronunciamento do Dr. Alcides Gentil, considerado "cultor na sociedade do direito", concluiu o seguinte:

Eu entendo que não. A nossa carta constitucional não previu a hipótese, mesmo porque ao tempo de sua elaboração, essa hipótese não se podia oferecer ao julgamento de ninguém. Isso basta para atribuir exclusivamente ao poder legislativo a sentença final. Ora, o poder legislativo, a quem incumbe o arbítrio discricionário de resolver, faz poucos meses que deixou de computar votos dados por mulheres ao seu ilustre amigo, Senador José Augusto. O bom senso conclui, por conseguinte, que sem uma lei especial, ou sem uma práxis que se firme interpretação do texto constitucional favorável a esse intuito, a mulher brasileira não tem o direito de votar.

[...] A natureza da mulher não se compadece com essa enorme porcaria a que, no mundo atual, se chama "política" e na qual, nós homens, uns até os joelhos, outros até os ouvidos e alguns até à consciência, nos encontramos todos afundados. [...] basta a solene displicência com que os pais de

---

14   O Direito do Voto Feminino. *Folha do Norte*, Belém, 26 fev. 1929, p. 01.

hoje em dia olham a inocência, o pudor e a delicadeza moral das próprias filhas[15].

O advogado Samuel Wallace MacDowell respondeu a enquete nos seguintes termos:

> A Constituição brasileira, não impede que seja dado a mulher o direito do voto político, mas por uma lei que a venha a estatuir expressamente a lei que pode, outrossim, muito constitucionalmente, declarar se este direito é extensivo a todas as pessoas do sexo feminino, com a idade exigida pela Constituição, ou se, por exemplo, só as solteiras ou viúvas[16]. (319)

Outro advogado, Centeio Lopes, assim se expressou:

> em rigor, só é possível o ingresso da mulher no corpo eleitoral do país, mediante uma lei especial do Congresso Nacional.

> Tanto é verdade, que o poder legislativo tem um projeto, ainda discutível, estendendo ao elemento feminino o direito de votar. Antes de convertido em lei pela sanção ou promulgação, o alistamento eleitoral da mulher é constitucional. Democracia não significa que cada um faça o que muito bem entende, fora da órbita traçada pela órbita legal[17].

Entre os juristas entrevistados, um não quis declinar o nome, mas a *Folha do Norte* identificou-o como a "figura de alta responsabilidade pública, na administração, na política e como cultor do Direito, notadamente o constitucional". Sua resposta seguiu a linha das demais, que denegavam o direito do voto à mulher:

> Tenho opinião formada de que o preceito concessivo na nossa Constituição do direito do voto ao cidadão não deve, por enquanto, beneficiar a mulher, a quem faltam requisitos, que se manifestam na ordem civil. A mulher solteira, mesmo quando maior, pelo tradicionalismo da constituição da

---

15   A Mulher e o Direito do Voto. *Folha do Norte*, Belém, 27 fev. 1929, p. 01.

16   A Mulher e o Direito do Voto. *Folha do Norte*, Belém, 28 fev. 1929, p. 01.

17   O Direito do Voto Feminino. *Folha do Norte*, Belém, 25 fev. 1929, p. 01.

família submete-se voluntariamente ao regime do pátrio poder. A mulher casada, como se sabe, está subordinada ao marido, com a sua capacidade restringida, necessitando da licença deste para a prática de atos na vida civil. A viúva é a única que possui a sua autonomia e independência, quando honesta, porque se lhe falta o requisito da honestidade, sofre uma "capitis diminutil", manifesta, por exemplo, na incapacidade para ter os próprios filhos ou dos outrem em seu poder. [...]

Acreditamos que à mulher ainda venha a ser concedido o direito de voto, por uma generalização desse direito político, quando o seu grau de mentalidade, também de um modo geral, se tenha elevado ao ponto de fazer jus a ele. Por enquanto não. [...]

Depois, é preciso entender-se que à mulher brasileira ainda fica tão bem a sua tradicional situação doméstica, de boa filha, boa dona de casa, boa esposa, boa mãe de família[18].

Cada depoimento procurou representar uma asséptica posição jurídica, transferindo-se à forma da lei a denegação da concessão ao direito político da mulher. O termo "cidadão" continuou responsável pela exclusão constitucional da mulher do processo eleitoral, e todos foram unânimes em afirmar a necessidade de uma lei especial para atribuir-se ao sexo feminino o direito político. Entretanto, por trás dos discursos masculinos, uma vez que nenhuma mulher foi ouvida nessa ocasião, subjaz o caráter ideológico de uma época, em que a argumentação básica interposta realçava a "mística feminina" como condição fundamental para a exclusão do gênero da participação política.

A "sublimação" dos atributos da mulher, quer nas suas condições biológicas, quer nas suas condições morais, serve de contraposição ao conceito de política, atividade "suja" e "corrupta" da qual "os homens estão metidos até à consciência", porque "são obrigados". O conteúdo ideológico do debate sufragista, no interior da sociedade paraense, articulou-se com o discurso antissufragista, de nível nacional, conforme pode ser detectado através da pesquisa de Alves (1980, p. 151-155), na sociedade carioca.

---

18 *Folha do Norte*, Belém, 22 fev. 1929, p. 01.

As duas mulheres que solicitaram alistamento eleitoral, no Pará, "como falangiárias do Partido Republicano Federal", eram D. Maria Aurora Pegado Beltrão, professora da localidade de Jambu-Açu, no rio Moju, e Corina Martins Pegado, casada e que, por esse fato, anexou declaração de consentimento de seu marido. Era filha do sindicalista paraense Luís Martins e Silva.

O requerimento de ambas seguiu o padrão estabelecido pela Federação Brasileira pelo Progresso Feminino, cuja fundamentação assentava-se na ausência da exclusão da mulher, da categoria de cidadã, expressa no artigo 70, da Constituição Federal de 1891. Nesse período, em todas as cidades brasileiras, a onda sufragista mantinha essas práticas como forma de pressão (ALVES, 1980). A presidente da FBPF, Bertha Lutz, acompanhava cada caso estadual[19], quer fazendo-se presente às sessões nas quais deveriam ser julgados os requerimentos, quer telegrafando aos juízes eleitorais, como aconteceu no Pará:

> Digníssimo Juiz do Alistamento Eleitoral no Pará. A Federação do Progresso Feminino tem a honra de informar a V. Exa. que as mulheres já votam em 8 Estados brasileiros, inclusive casadas. Em acordo, a Junta Eleitoral Fluminense manteve o alistamento feminino. Eram favoráveis os votos de Rui Barbosa e Rio Branco na Constituinte e Almeida Nogueira, Clóvis Bevilaqua, Afonso Celso, Levy Carneiro, Tito Fulgêncio, Adolfo Gordo, Ovídio Romeiro, ministros Mibielli e Heitor Souza, no Congresso Jurídico do Instituto dos Advogados, defendem a legalidade do alistamento eleitoral de mulheres. A Junta Apuradora, aqui, computa os votos dados aos candidatos pelas mulheres. Segue documentação. – Bertha Lutz, presidente[20].

Esse telegrama de Bertha Lutz demonstra a integração do movimento sufragista, mesmo sendo representado por fatos esparsos de alistamento eleitoral. Quer dizer, mesmo que, no Pará, não houvesse um núcleo de militantes organizado, havia feministas integrando um movimento maior de pressão à concessão do direito político da mulher.

O Juiz Federal, Dr. Dantas Cavalcante, indeferiu as solicitações das duas paraenses. Seu despacho seguiu a argumentação legal, contrária ao alistamento,

---

19   *Folha do Norte*, Belém, 26 fev. 1929, p. 01.

20   *Folha do Norte*, Belém, 27 fev. 1929, p. 01.

por ausência de uma lei especial que identificasse a mulher-cidadã, e, ao mesmo tempo, assumia uma argumentação de cunho ideológico, enfatizando a "nobilíssima missão que desempenha, na família, constituindo-se a providência do lar, a operária bendita e diligente do maravilhoso edifício social e um dos fatores mais poderosos do progresso, da liberdade e da paz" (ALVES, 1980, p. 72).

A imprensa não registrou nenhuma atitude de pressão que pudesse ter sido adotada pelas mulheres paraenses, como reação a essa medida do juiz federal contra as duas sufragistas. É possível que tenha havido e não tenha sido noticiada. Mas o indeferimento do juiz (324) transformou-se em notícia nacional, sendo transcrito na *Folha da Noite*, de 27 de maio de 1920, possivelmente por ter sido mais um argumento jurídico que salientava a função específica da mulher, incorporando a justificativa, num discurso ideológico generalizado, entre os antissufragistas.

A luta sufragista nacional alimentou a imprensa paraense ao longo dos anos de 1920. Esse fato demonstra o não alheamento das mulheres paraenses ao movimento que se desenrolava no Sul, e cujos estilhaços eram recompostos de acordo com a interpretação de cada uma das protagonistas. Nota-se, contudo, a ausência de uma outra opinião feminina, além de Orminda Bastos, favorável à concessão ao direito do voto à mulher. Creio ser plenamente justificável. A pressão negativa e constante, contrária à emancipação da mulher, encarregara-se de demonstrar as perdas femininas, no caso do gênero, de conseguir a emancipação civil. A imagem da feminista ou da candidata ao emancipacionismo fora construído com os recortes de uma imagem feminina estereotipada e desvalorizada. Quer dizer, aquele que infringisse a linha tradicional de comportamentos, imposta pela "natureza feminina", estava automaticamente banida da "ordem natural", inscrevendo-se no campo das "transgressões". A potência do discurso ideológico, forçando os interditos, criava adesões.

Considerações finais

Entre as várias versões analisadas neste capítulo, o tema feminismo recebeu diferentes enfoques. O que seria feminismo e o que seria prática feminina? Coisas diferentes? Para alguns, feminismo representou a prática política das mulheres da Liga Feminina Lauro Sodré (lauristas), enquanto, para outros, essa prática feminina tendia a expressar um "valor patriótico", "dever de toda a mulher quando vê a pátria ameaçada". Artifício? Ou lógica do movimento? Para outros, o termo representou a saída das mulheres às ruas, para o espaço público profissional, presença nos espaços ditos masculinos, apologia ao sufragismo, ou seja, vivência no emancipacionismo político. O crescendo da presença feminina, pleiteando ser reconhecida, no mesmo nível de igualdade com os homens, através da exigência de uma boa educação e instrução, referendava ameaças à superioridade masculina, tantas vezes demonstrada, e servia de argumentação ao conceito sobre o feminismo. A questão tornou-se esclarecida a partir do debate jornalístico sobre o sufragismo. Acrescentaram-se as formas de desvalorização à conduta feminista. A emancipação civil tornara-se mais tolerada, mas a emancipação política criou anticorpos masculinos.

Nas versões antissufragistas, elaboraram-se discursos fundamentados numa ideologia patriarcal, no liberalismo, no positivismo e no catolicismo. Quer nos discursos dos Constituintes de 1891, quer nos debates jornalísticos, quer no texto do processo de indeferimento do alistamento das duas mulheres paraenses, em 1929, estavam claros os termos das interdições à concessão ao direito do voto, "prática não condizente com a figura feminina", possibilidade de dissolução da "família brasileira", "fragilidade orgânica feminina", "incapacidade política da mulher", "desprezo que têm à mulher pelo direito do voto", argumento de que o Artigo 70 da Constituição de 1891 não excluía a mulher, só não evidenciava quem é o cidadão.

A versão feminina antissufragista tem uma dimensão. Exime as mulheres dos estereótipos da "saudação" masculina à imagem da sufragista, mas evidencia alguns problemas que estariam mascarando o verdadeiro feminismo sufragista: negaram as atitudes externas/ marcas dos tipos feministas (demonstração de superioridade intelectual, deselegância, "feiura") que surgem, afirmando que somente as rupturas, na essência das desigualdades entre homens e mulheres, levariam à superação da "escravidão" feminina. Questionaram a não percepção da mulher de sua condição de fêmea/feminilidade, obstáculo à concorrência, no campo masculino. Denunciaram um feminismo que não redime, mas conserva a mulher na "servidão" secular. Objetaram sobre a possibilidade da permanência da aparente fragilidade como artifício nas relações desiguais de poder. Denunciaram a ausência de uma boa educação e socialização, elementos necessários ao repensar da condição feminina e à ruptura com a discriminação intelectual. Elevaram a maternidade com aval de competência ao trânsito em outros espaços. Procuraram valorizar o espaço privado do cotidiano.

São duas versões distintas, portanto, em que o antissufragismo é percebido de acordo com as convicções pessoais dos dois gêneros: para os homens, a ameaça de um outro concorrente num espaço em que ele transita exclusivo; para as mulheres, a exigência das rupturas, no nível das essências da desigualdade. Do contrário, seriam preferíveis os artifícios femininos, subvertendo o poderio masculino. A sabedoria feminina procurava engendrar os reforços a um retrato instituído embora o significado tivesse um outro alcance.

Referências bibliográficas e outras fontes

ALVARES, M. L. M. *Saias, laços & ligas*: construindo imagens e lutas (um estudo sobre as formas de participação política e partidária das mulheres paraenses – 1910/1937). Belém: Paka-Tatu, 2020.

ALVES, Branca M. *Ideologia & Feminismo; a luta da mulher pelo voto no Brasil*. Petrópolis: Vozes, 1980.

CARONE, Edgard. *A República Velha (evolução política)*. 4. ed. São Paulo: DIFEL, 1983.

CARONE, Edgard. *A República Velha (instituições e classes sociais)*. 4. ed. São Paulo: DIFEL, 1978.

CHERMONT DE MIRANDA, Victorino C. *A família Chermont*. Rio de Janeiro: Eu e Você, 1982.

FAUSTO, Boris (org.). *A revolução de 30; historiografia e história*. São Paulo: Brasiliense, 1970.

FOUCAULT, Michel. *Microfísica do poder*. 7.ed. Rio de Janeiro: Graal, 1979.

HAHNER, June. *A mulher brasileira e suas lutas sociais e políticas*: 1850-1937. São Paulo: Brasiliense, 1981.

HOBSBAWM, Eric J. *A era dos impérios (1875-1914)*. Rio de Janeiro: Paz e Terra, 1988.

KARAWEJCZYK, Mônica. O Feminismo em Boa Marcha no Brasil! Bertha Lutz e a Conferência pelo Progresso Feminino. *Revista Estudos Feministas*, Florianópolis, 26(2): e49845, 2018.

MACHADO, Roberto. Por uma genealogia do Poder. *In*: FOUCAULT, Michel. *Microfísica do poder*. 7. ed. Rio de Janeiro: Graal, 1979. p. VII-XXIII.

PERROT, Michelle. *Os excluídos da história; operário, mulheres e prisioneiros*. 2. ed. Rio de Janeiro: Paz e Terra, 1992.

SOUZA, Maria do Carmo O. de. *Estado e partidos políticos no Brasil (1930-1964)*. São Paulo: Alfa-Ômega, 1976.

SOUZA, Maria do Carmo O. de. O processo político-partidário na Primeira República. *In*: MOTA, C. G. (org.). *Brasil em perspectiva*. 4. ed. São Paulo: DIFEL, 1982.

Jornais Paraenses

A PROVÍNCIA DO PARÁ. Belém, 1912, 1920, 1921.

FOLHA DO NORTE. Belém, 1912-1967.

O ESTADO DO PARÁ. Belém, 1912-1947

MOVIMENTOS DE MULHERES NO PARÁ: UTOPIA E HISTÓRIA (1832-2000)

Leila Mourão Miranda[1]

Introdução

Este texto é o resultado parcial da pesquisa que buscou recuperar o Movimento de Mulheres paraenses entre 1832 e 2000, enquanto ações, organizações e atividades de mulheres em múltiplas e diversas dimensões do vivido, em suas inserções sociais, econômica, política e cultural na luta pela obtenção de sua condição cidadã[2]. Por isso, elas surgem em distintas dimensões da vida cotidiana. São mulheres das tradicionais famílias ricas, são intelectuais, são trabalhadoras da cidade e do campo, marcando sua participação ativa em múltiplas temporalidades e circunstâncias, em busca ou afirmação de sua condição cidadã, através de reivindicação, luta, organização e movimentos sociais. Os caminhos que percorreram foram complexos e difíceis na busca da eliminação e superação da sua discriminação enquanto ser humano, em luta por direitos, na sociedade.

Para Almeida (1988), a elaboração histórica nunca é uma reconstrução pura do acontecimento, ela é perpassada pela ideologia e pela cultura dos/as

---

1   Professora Titular do Programa de Pós-graduação em História Social da Amazônia – Instituto de Filosofia e Ciências Humanas (IFCH), Universidade Federal do Pará (UFPA). Doutorado em Ciências: Desenvolvimento Sócio-Ambiental pela Universidade Federal do Pará. E-mail: eilamiranda.mourao@gmail.com

2   Registra-se que alguns movimentos de mulheres se tornaram perceptíveis através de narrativas, registros sobre outras temas, tornando quase impossível sua recuperação detalhada. E-mail: leilamiranda.mourao@gmail.com

historiadores/as e pelas fontes de informações e informantes. A história é, na melhor das hipóteses, uma reconstrução de parcela de realidades ausentes.

A historiadora Perrot (2005) explicita que na escrita da história existem "muitas zonas mudas no que reporta ao passado", principalmente no que se refere às mulheres, configuradas em processos históricos nos quais a partilha desigual de traços, de memórias e da história que lhes excluiu, ou omitiu sua participação por diversas razões, colocando-as tangencialmente em documentação, no limbo dos arquivos e da historiografia. E quando são relatadas, na documentação, enquanto partícipes da história, como afirma a autora, elas aparecem sempre por sua beleza, virtude, heroísmo ou, pelo contrário, por suas intervenções tenebrosas e nocivas, ou por suas vidas escandalosas[3].

Perrot (2005) afirma também que esse silêncio da história sobre as mulheres, então reduzidas a uma segunda categoria da espécie humana, localizadas em uma obscuridade fictícia, direcionada à reprodução e aos eventos permitidos, era e é parcialmente um mandamento reiterado, ao longo dos tempos, pelas religiões, pelos sistemas políticos, pela ciência e por longo tempo na historiografia. A justificativa para tal atitude derivava da sua (des)qualificação pela ciência e na cultura, como um gênero humano frágil e inferior.

Ao refletir sobre gênero e condição social e relacional da mulher na contemporaneidade, Colling (2004, p. 28-29), em *A construção histórica do feminino e do masculino*, deduz que há uma confusão proposital na histórica (des)qualificação das mulheres, pois, biologicamente, a identificação entre nascituros era e é feita pelo sexo e não por gênero: "falar de gênero em vez de sexo indica que a condição das mulheres não está determinada pela natureza, pela biologia ou pelo sexo, mas é resultante de uma invenção, de uma engenharia social e política" (MOURÃO, 2017, p. 7) (COLLING, 2004, p. 28-29)[4].

Os argumentos elaborados e instituídos para impor tal condição sócio-histórica às mulheres foram formulados em bases de princípios religiosos,

---

3   PERROT, Michelle. Escrever uma história das mulheres: relatos de uma experiência. Conferência proferida no Núcleo de Estudos de Gênero, em 06 de maio de 1994 (UNICAMP). *Cadernos Pagu*, v. 4, p. 9-28, 1995.

4   MOURÃO, Leila. Emília Snethlage: narrativas de ciência e literatura na Amazônia (1907). *Revista Complexita*, Belém: UFPA; IFCH n. 16, v. 2, n. 2, p. 74-94, 2017; COLLING, Ana. A construção histórica do feminino e do masculino. *In*: STREY, Marlene N.; CABEDA, Sonia T. Lisboa; PREHN, Denise R. (org.). *Gênero e cultura*: questões contemporâneas. Porto Alegre: EDIPUCRS, 2004.

como o descrito em o Martelo das Feiticeiras (Malleus Maleficarum de 1478)[5] e pela filosofia moral nas sociedades, principalmente na medieva europeia, que a seu tempo promoveu a preconização moral e social de que elas seriam seres inferiores a serem submetidas e controladas por ordem moral, religiosa, familiar e jurídica, e por isso deveriam ser tuteladas por homens.

As bases argumentativas utilizadas para impor a condição de subalternidade das mulheres ao longo dos séculos, parcialmente sistematizadas por Belov (2007, p. 28-28), relacionam afirmações de alguns influentes filósofos e pensadores que contribuíram para sua formulação, instituição e manutenção no mundo ocidental, que, segundo este autor (2007) e Muller e Besing (2018, p. 28), foram sempre reafirmadas por longo tempo sem maiores discussões, na síntese das formulações desses pensadores[6]:

> **Péricles** (século V a C) [...] – "As mulheres, os escravos e os estrangeiros não são cidadãos e não tem, portanto, cidadania". **Aristóteles** (século IV a C) – "A natureza só faz mulheres porque não conseguiu fazer apenas homens. A mulher, portanto, é um ser inferior". Na obra A Política, de sua autoria, ele afirma que "A mulher é um ser desprovido de alma. Razão pela qual é impossibilitada da condição do pensar. A inteligência é uma virtude transmitida via sanguínea e a mulher perde essa condição todo mês em fluxos mensais sanguíneos". **Tomás de Aquino** (século XIII) – "Para boa ordem da família humana, uns terão sempre que ser governados por outros, que são mais sábios do que aqueles. Daí a mulher mais fraca quanto ao vigor de sua alma e força corporal, deve estar sempre sujeita por natureza ao homem, em que a razão predomina". **Henrique Sétimo** (século XV d. C) – "As crianças, os idiotas, os loucos de todo o gênero e as mulheres não podem e não têm capacidade para efetuar qualquer tipo de negócios". **Gean Jaques Rousseau** (século XVIII) afirmava que "Enquanto houver homens sensatos sobre a terra, as mulheres letradas ou intelectuais devem morrer solteiras".

---

5   KRAMER, Heinrich, SPRENGER, James. *O martelo das feiticeiras*. Rio de Janeiro: BESTBolso, 2015.

6   BELOV, Maria da Graça Diniz. *A questão feminina*: gênero, identidade e direitos. TV Justiça. Palestra. Brasília, DF, 2007. Videocassete (02h20min); MULLER, Crisna Maria e BESING, Márcia. A trajetória da mulher no Brasil: da submissão à cidadania. *Rev. Augustus*, Rio de Janeiro, v. 23, n. 45, jan./jun. 2018.

HISTÓRIA DAS MULHERES NA AMAZÔNIA
(PARÁ, SÉCULO XVIII AOS DIAS ATUAIS)

As teses de desqualificação da mulher e a instituição de sua tutela e controle pelos homens se expandiram pelo mundo europeu ocidental e nas áreas de suas dominações, principalmente nas regiões coloniais dos países ibéricos.

Os princípios orientadores de consolidação de desqualificação, opressão e sujeição das mulheres acima vigoraram por séculos e alguns ainda estão presentes na cultura atual. A jurista Florisa Verucci (1994), ao analisar a legislação ibérica que orientou a conquista e a colonização no Brasil, constatou que ela também desqualificava a mulher como pertencente ao gênero "imbecilitus sexu", ao lado das crianças, dos doentes e dos incapazes. Reproduzindo em toda a colônia e mesmo posteriormente, a permanência da discriminação da mulher em todas as dimensões da vida no Brasil[7].

Mas apesar da opressão, sujeição e discriminação das mulheres, elas sempre reagiram de múltiplas e diversas maneiras, criando ou recriando movimentos de resistência.

Mulheres em movimento

O Movimento das Mulheres, inicialmente sem conotação feminista, surgiu com as lutas coletivas contra a discriminação sexual das mulheres, especialmente diante das medidas adotadas por sociedades para instituir e consolidar a inferiorização do feminino, executadas através de práticas rotineiras, de modo a assegurar a sua subordinação ao masculino. Foi e tem sido um movimento de resistência e luta contra a sua discriminação social. Configurou-se de modo diverso e em distintas temporalidades. Caracteriza-se como um movimento de desconstrução da histórica estrutura patriarcal, que assegurou, por longo tempo, as desigualdades estabelecidas social e culturalmente entre homens e mulheres, no trabalho, na escolarização, na arte, literatura e na história.

Ginzburg, em *Andarilhos do Bem* (1966), analisou os hábitos e crenças sobre o culto ancestral da fertilidade em torno da mulher como deusa no século XV na Itália, e destacou o surgimento de crenças, como a dos "empelicados/as", que se colocava, à época, como criação cultural alternativa à emergência da

---

7   VERUCCI, Florisa. A capacidade Jurídica civil da mulher brasileira com raízes nas ordenações do reino de Portugal. *In: O rosto feminino da expansão portuguesa: congresso internacional realizado em Lisboa, Portugal 21-25 de novembro de 1994.* Lisboa: Comissão para a Igualdade e para os Direitos da Mulher, 1994.

ciência que se impunha, desqualificando os saberes femininos[8]. Essa crença incorporava elementos de aspectos da religião cristã, organizada por mulheres, especialmente parteiras que se organizavam e articulavam a ligação à tradição cultural, resistindo à perseguição sobre elas como feiticeiras pela religião e pela ciência, que iniciava sua jornada histórica.

Na modernidade, Olympe de Gouges elaborou uma proposta de Declaração Universal dos Direitos da Mulher em 1792 para contestar a exclusão das mulheres na Declaração Universal dos Direitos do Homem e Cidadão, aprovada pela constituinte revolucionária francesa de 1789, e por isso foi sentenciada à morte na guilhotina. Muitas foram as formas de resistência realizadas pelas mulheres contra a condição de subalternidade, contrapondo comportamentos, ações, falas, escritas e outras. A partir do século XIX e início do XX, elas passaram a se movimentar em público, fazendo ouvir as suas vozes e reivindicações pelo direito de voto, em especial para o reconhecimento de sua condição de cidadã de direitos em vários países, inclusive no Brasil[9].

No que se refere à Amazônia paraense nos oitocentos, são poucos os registros de movimentos de reivindicações, resistência e ações de mulheres contrárias à sua condição subalterna; entretanto, elas se organizaram e atuaram em busca de cidadania. Em 1832, surgiu a "Sociedade das Novas Amazonas ou Iluminadas" sob a influência da filosofia liberal e do Iluminismo, da independência das colônias americanas, do surgimento dos Estados Nacionais, e, portanto, do ideário de sociedade-nação-pátria e estado nacional. No que se refere à condição social das mulheres que tiveram sua participação registrada na documentação, elas pertenciam às famílias "abastadas" da colônia e seu movimento era extremamente conservador.

Essa organização agregava mulheres das classes médias e ricas em torno do lema/slogan "Honra e Gloria à Mulher Forte, da Pátria Ilustre Defensora". De acordo com os estatutos dessa organização, assinado por Guiomar Maria Vatrin, Marciana Paula de Oliveira e Sousa, Ana Joaquina da Silva Campos, datado de 16 de abril de 1833, a sua estrutura organizacional era fortemente hierarquizada de modo assimétrico e funcionava como uma instituição de educação ética, moral e comportamental para as mulheres. A hierarquia

---

8   GUINZBURG. C. *Andarilhos do Bem*. Rio de Janeiro: Cia. de Bolso, 2010.

9   BANDEIRA, L.; MELO, H. P.de. *Tempos e memórias*: movimento feminista no Brasil. Brasília: Secretaria de Políticas para as Mulheres, 2010.

HISTÓRIA DAS MULHERES NA AMAZÔNIA
(PARÁ, SÉCULO XVIII AOS DIAS ATUAIS)

assimétrica se revela na existência das categorias classificadoras das associadas, em classes distintas de sócias: educandas, mestras e sublime mestras, com atribuições, estágio de aprendizado distintos, e pagamento dos valores financeiros estipulados pelas assembleias (RAYOL, 1970, p. 288-298)[10].

As reuniões de trabalho eram realizadas no primeiro domingo de cada mês, seguido de um banquete consagrado à suprema virtude-maternidade, à Pátria e à Amizade. Os princípios orientadores adotados em suas atividades eram: "mãe digna, esposa fiel, filha obediente e boa amiga". Mas Rayol adverte sobre seu sentido político, pois a instituição exigia uma espécie de compromisso: virtudes políticas, provas de decidido amor à pátria e adesão à "liberdade" (RAYOL, 1970, p. 297).

Rayol registrou que essa associação tinha como finalidade fundamental, de acordo com a informação de uma das sócias, que a educação deveria ocorrer "nos misteres próprios ao seu sexo". Relata também que essa sociedade sofreu ataques desabonadores através da imprensa local, sob o título Cartas do Sertanejo, através do jornal *Orfeu*, em 1832. A defesa da organização foi publicada em um opúsculo anônimo, impresso em Londres (tipografia de S. W. Sustennance)[11] e através de uma extensa representação ao presidente da Província, elaborado por algumas "senhoras" das Amazonas Iluminadas, que não gostaram das críticas[12].

São poucas as informações documentadas sobre essa entidade, entretanto se percebe que no mundo político local se debatia a necessidade de educação escolarizada de meninas na Província. O debate e as ações desse grupo de mulheres provavelmente arrefeceram durante a guerra cabana, sendo retomado somente após 1850, em torno da necessidade da instrução pública para ambos os sexos, demanda orientada pelo ideário modernizante e de progresso vigente. Assim, a ideia de criação de escolas de instrução para a juventude foi sendo implementada[13].

---

10   RAYOL, Domingos Antônio. *Motins políticos*: ou história dos principais acontecimentos políticos da Província do Pará desde ano de 1821 até 1835. Belém: UFPA, 1970.

11   O Pará em 1832. Sem autoria. Londres: S. W. Sustennance, 162, Picadilly, 1932.

12   O texto do abaixo-assinado discute a participação das mulheres como patriotas e a presença das ameaças que poderiam conduzir a Província a uma desgraça irremediável, pelas desavenças políticas e solicitavam repreenda aos autores das calunias publicadas no jornal Orfeu.

13   COSTA, B. Gonçalves; ARAÚJO, Sonia Maria da Silva. Entre romanizadores e liberais: a educação moderna na Província do Pará no século XIX. *Revista Brasileira de História da Educação*,

A Escola Normal criada para atender essa e outras demandas da sociedade, em Belém, foi instituída em 1839. A primeira turma ofertada pelo governo teve onze matrículas masculinas e dez femininas, mas as dez mulheres foram aceitas apenas como ouvintes. Em 1890, José Verissimo assumiu a direção da Instrução Pública no Pará e criou uma Escola Normal mista pelo Decreto n.º 165, em fevereiro daquele ano, tornando definitivo o aceite da escolarização pública para as jovens mulheres paraenses, importante conquista, já pleiteada pelas "Amazonas Iluminadas'.

Cabe destacar que na guerra cabana algumas mulheres tiveram participação direta em apoio e nas atividades da luta, como Laurinda Maria, conhecida como Lula, que combateu ao lado do líder cabano Vicente Ferreira de Paula, entre 1933 e 1935[14]. Na documentação, se constata também que Felipa Aranha participou ativamente das lutas contra a escravidão e em defesa da Abolição na Província do Pará, comandando o quilombo Alcobaça (atual município de Tucuruí) e apoiou o surgimento de outros, como indicou Vicente Salles, em seu livro *O Negro no Pará* (1988)[15].

Outras mulheres emergiram realizando atividades como donas de engenho e comércio, se instituindo e exercendo, publicamente, funções até então reservadas aos homens, como a de proprietárias e gerenciadoras de suas posses, ou inventariantes, como também ativas requerentes ao governo provincial, contestando e gradualmente eliminando componentes do sistema da "Tutela" jurídica dos homens, vigente à época. Assim, elas se tornaram parcela significativa como proprietárias rurais e urbanas, presentes nas estatísticas do governo, representando mais de 10% da categoria na Província paraense.

A partir de 1840, com o fim da guerra cabana na província do Pará, a economia local reorganizou suas atividades produtivas e de trabalho e iniciou e/ou consolidou na segunda metade dos oitocentos[16]: o extrativismo, o cultivo das espécies úteis, os engenhos, a criação de gado, as olarias, a produção e a

---

Maringá-PR, v. 17, n. 2 (45), p. 05-27, abr./jun. 2017.

14 LINDOSO, Dirceu. A razão quilombola: estudos em torno do conceito quilombola de nação etnográfica. Maceió: Edufal, 2011; LINDOSO, Dirceu. *A utopia armada*: rebelião de pobres nas matas do tombo real. Maceió: Edufal, 2005.

15 SALLES, Vicente. *O negro no Pará*: sob o regime da escravidão. Belém: Secretaria de Estado da Cultura; Fundação Cultural do Pará "Tancredo Neves", 1988.

16 Foi também nesse período que se intensificou a coleta e a exportação do látex, da Castanha do Pará e a produção de algodão nas províncias do Norte.

tecelagem de algodão, produção de barcos, cordoaria, saboaria, movelarias, medicamentos, alimentos, vestuário, chapéus, calçados, bebidas, madeiras serradas e outras manufaturas, como a da borracha, óleos, essências, madeiras, couros e peles, sementes para exportação.

No relatório de governo de Lauro Sodré, de 1895, consta que dos 9.608 trabalhadores atuantes nas manufaturas e fábricas, cerca de 80% trabalhavam em Belém[17]. Em 1900, os inventários realizados pelo governo do Estado do Pará indicavam a permanência e a dinâmica da atividade fabril, em especial em Belém, com elevada participação de mulheres como operárias. A ampliação dos processos de industrialização se dinamizou e incorporou mulheres, principalmente em processos produtivos de alguns ramos, como o têxtil, cigarros, vestuário, alimentos e outros, ao longo da segunda metade do século XIX e início do XX, ainda que alguns setores continuassem a ser considerados espaços masculinos.

Movimento de trabalhadoras

Segundo Perrot (2005), "o proletariado" feminino sem qualificação, de modo geral em face à sua histórica discriminação, enfrentava empregos temporários, salários aviltantes, inferiores à metade do recebiam os homens, extensas jornadas de trabalho em ambientes insalubres ou inadequados, e ainda eram responsáveis por todas as atividades das suas casas e dos filhos. Essas eram razões mais do que suficientes para a revolta. Por isso, os movimentos reivindicatórios múltiplos e diversos de mulheres trabalhadoras emergem em fins do oitocentos em vários países, no Brasil e no estado do Pará: greves em diversos ramos, e algumas vezes solidariamente a outras categorias de trabalhadores; paredismos e passeatas, como também o envio de documentos reivindicatórios às autoridades e comunicados à imprensa local etc.

Duas pautas dominaram esses movimentos: melhores salários e condições de trabalho. No bojo desse movimento, a exigência de redução da jornada de trabalho e melhoria salarial para as mulheres mobilizou e unificou trabalhadoras e trabalhadores. Cabe ressaltar que que tais movimentos não incorporavam explicitamente a questão da discriminação feminina.

---

17   Recenseamento Geral do Brasil. v. IV (5ª parte), tomo 1 – População, p. 134-137.

O estudo de Braga (2021)[18] sobre as greves operárias no Pará de 1918 a 1919, principalmente utilizando documentos produzido pela imprensa – *Folha do Norte* e *Estado do Pará*, especialmente os elaborados pelas diferentes categorias de trabalhadores, como *Jornal do Povo*, *A Revolta*, *O Semeador*, *A Voz do Trabalhador* e o *Aurora Libertária* – desvela a atuação das mulheres grevistas narrada pela imprensa. Ele registrou que parcela das fábricas e indústrias preferiam contratar mulheres e menores de idade pelo fato de que seus salários eram menores do que o pago aos homens, como as fábricas Palmeiras, Perseverança, Roupas Aliança, Fumos Girafa, Esmeralda, Pará-Amazonas, Rosa Cruz, Tabacaria Paraense e Casa de Risca. De acordo com o autor, as operárias dessas fábricas trabalhavam em condições insalubres, com "salários de miséria e autoritarismo dos patrões e capatazes", por isso realizaram greves sequenciais, ao longo dos dois anos, e posteriormente ampliaram suas reivindicações e ações (BRAGA, 2021, p. 162)[19].

A atuação das mulheres operárias no paredismo grevista teve rebatimentos diversos: repressão, agressões, prisões, demissões etc., como explicou a grevista Graciana Santos e foram registrados pelo jornal *O Estado do Pará*[20], mas também a solidariedade e apoio de organizações de trabalhadores, intelectuais, principalmente de jornalistas e juristas. A União Geral dos Trabalhadores – UGT cedeu espaço de sua sede para as reuniões e orientou sobre as reivindicações e formas de luta e resistência. A parceria entre a UGT e as grevistas resultou na criação do Sindicato dos Manipuladores de Fumo.

Uma importante categoria de trabalhadoras, as domésticas, também se movimentou em busca de direitos nas primeiras décadas do século XX. Discussões e proposições foram encaminhadas à justiça, por elas e por seus patrões, para definição e controle das atividades públicas das domésticas em Belém. Elas encaminharam suas reivindicações trabalhistas e obtiveram a edição de uma legislação relacionadas às suas atividades, baseadas no código civil de 2016 e Decreto n.º 16.107 de 1923. Elas criaram inicialmente a Associação Beneficente das Trabalhadoras Domésticas, transformado, posteriormente, em

---

18 BRAGA, Marcos L. Abreu. Mulheres nas agitações trabalhistas em Belém entre 1918 e 1919: nas greves, nos sindicatos e na imprensa operária. *Dossiê Gênero na Amazônia*. Belém, n. 19, jan./jun., 2021, p. 159-176.

19 BRAGA, 2021, *op. cit.*, p. 162.

20 "Greve Operária", *O Estado do Pará*, Belém, nº 2699 de 2 de outubro de 1918, p. 2.

HISTÓRIA DAS MULHERES NA AMAZÔNIA
(PARÁ, SÉCULO XVIII AOS DIAS ATUAIS)

Sindicato das Trabalhadoras Domésticas como órgão oficial de representação coletiva, à semelhança de outros estados.

Segundo Braga, nesse período ocorreu alguma oposição à introdução de máquinas em algumas indústrias em Belém, e em face à possibilidade de que seu uso promovesse o desemprego de parcela de trabalhadoras/es. Os trabalhadores das fábricas de cigarro – os cigarreiros de ambos os sexos – entraram em greve, criando um comitê de grevistas, que enviou aos proprietários documentos com suas exigências diversas, mas principalmente de manutenção dos empregos. Assinaram esse documento as/os operárias/os Elvira Maria Rodrigues, Isabel Paula, Angocilla Nascimento e Elysio Lobato, Joaquim Resende e Raymundo Marques. Essa movimentação coincidiu com a Greve Geral convocada pela UGT[21]. Os trabalhadores de ambos os sexos não obtiveram, inicialmente, nenhuma concessão dos proprietários.

Seguiu-se então a greve nas fabricas têxteis[22]. Na Fábrica de Cordas Perseverança, o movimento paredista ampliou-se, com a ocupação das imediações da fábrica pelas operárias, para evitar a entrada das/os "fura greve", incluindo o apedrejamento do "Edifício" onde funcionava a fábrica. As operárias "paredistas" foram duramente agredidas pela polícia. No primeiro de maio de 1919, foi realizada uma manifestação de trabalhadores de ambos os sexos próxima ao Mercado de São Braz, em que fizeram discursos as operárias Cecilia Carvalho e Saturnina Otêro e, no evento ocorrido no Teatro da Paz, discursou Ana Sirene[23]. As vozes femininas começaram a ser ouvidas além das paredes, nas fábricas, nas ruas e nas instituições reguladoras e repressoras.

---

21 "Greve dos Motorneiros e Condutores da Pará Eletric". *Estado do Pará*, Belém, n. 2713, 16/10/1918, p. 1; "Greve Geral". *Estado do Pará*, Belém, n. 2718, 16/10/1918, p. 1; "Greve geral". *Estado do Pará*, Belém, 2756, 28/11/1918;' "Aos senhores operários e operárias cigarreiras". *Estado do Pará*, Belém, n. 1761, 03/12/1918; "Vida Syndical" *O semeador*, Belém, n. 01 de 26/04/1919; "Operários em greve". *Estado do Pará*, Belém, n. 2908, de 30/04/1919, p. 2.

22 "Operários em greve". Estado do Pará, Belém, n. 2907 de 29/04/1919, p. 2; "Fabricas de cordas". *O Semeador*, Belém, n. 2, 1º de maio de 1919, p. 4; As Festas do Trabalho". *Estado do Pará*, Belém, n. 02910, 02/05/1919, p. 1; "A greve dos operários". *Estado do Pará*, Belém, n. 2912, de 04/05/1919, p. 2; "1º de maio". *O Semeador*, Belém, n. 4, de 21/05/1919, p. 3; "Operários em greve". *Estado do Pará*, Belém, n. 2931 de 23/05/1919, p. 1; "Operários em greve". *Estado do Pará*, Belém, n. 2935 de 27/051919; "Fábrica de cordas", *Estado do Pará*, Belém, n. 2937, de 29/05/1919, p. 8.

23 "Diversas notícias". *O Semeador*, Belém, n. 03, de 10/05 de 1919, p. 4. Coluna fixa, onde são divulgas notícias de reuniões, ações, situações dos sindicatos e organizações classistas de Belém.

Durante a greve da Perseverança, foi criada a "Liga da Resistência das Operárias do Pará", em abril de 1919, já sob a influência de participantes do Núcleo Paraense pelo Progresso Feminino, referência local da futura Federação Brasileira de Mulheres, ainda iniciante na Amazônia.[24] Constata-se pelas matérias veiculadas na imprensa e na documentação sindical, que, de modo geral, as mulheres trabalhadoras, por longo período, compunham o corpo de associados e participavam dos sindicatos, como nos sindicatos dos Artistas Alfaiates e Costureiras e no Sindicato dos Manipuladores de Cigarros do Pará, mas não ocupavam cargos nas diretorias e em conselhos, resultado da legislação e da mentalidade discriminadoras contra as mulheres.

Os sindicatos que adotaram, de forma explícita, nesse período, em seus estatutos, a presença de mulheres em seu corpo de associados foram a União dos Operários Sapateiros e a União dos Manipuladores de Pão, que admitiam sócios "sem distinção de cor, sexo e nacionalidade", exceto os que exploravam aprendizes e operários. Isso denota a presença e influência anárquico-sindicalista entre os trabalhadores fabris urbanos na região amazônica, à época, como do comerciário Honório Santos, do caixeiro Fernando de Nazareth e do tipografo e escritor Bruno de Menezes[25].

As mulheres também se destacavam nas redações da imprensa operária e nas tradicionais. Escreviam artigos, editoriais e noticiavam. Braga (2021) relaciona vinte artigos escritos por mulheres, muitas utilizando pseudônimos, entre 1919 e 1920; em muitos desses textos, é reforçada a necessidade de promover a "educação formal e intelectual das mulheres", pois ela é a educadora da e na família (BRAGA, 2021, p. 169). Ele também observa que alguns textos escritos por mulheres se orientam por um anticlericalismo, em face a medidas adotadas por alguns setores do clero relacionadas à comportamentos femininos. Mas destacou, também, a iniciativa solidária de mulheres comprometidas com as populações pobres, com a criação do Centro Humanitário Amor, Sciencia e Liberdade, em 1º de maio de 1912, para manter uma biblioteca e uma escola prática composta por "livres-pensadores" para parcela pobre da população belemense.

---

24 "Vida Syndical" *O semeador*, Belém, n. 01 de 26/04/1919.

25 FIGUEIREDO, Aldrin Moura de; RUBRA POESIA-Bruno de Menezes, anarquista, 1913-1923. *Asas da palavra*, v. 10, n. 1, p. 69-77, 2005.

No início do século XX, o movimento internacional de mulheres pelo direito ao voto feminino ecoou no Brasil como condição para o reconhecimento e exercício de cidadania, colocando em pauta a luta feminista. O feminismo nessa circunstância contribuiu para minimizar a invisibilidade e a importância sociocultural nas práticas persecutórias de afirmação da mulher como cidadã de direitos.

Em particular, a realização da II Conferência Feminista da Internacional Socialista de Mulheres, realizada na Dinamarca, em 1910, ressoou com certa importância nos movimentos de mulheres no Brasil e na Amazônia paraense, com a presença de representantes de 16 países, em que Clara Zetkim propôs a instituição de um dia de luta pela emancipação feminina[26].

Luzia Alvares (1990)[27] e Pinheiro (1999)[28] sistematizaram informações sobre a presença de influência dos movimentos sufragistas (luta pelo direito de voto) nacional e internacional em vários países, no Brasil e no Pará, nas primeiras décadas do século XX. Em 1923, a jornalista e advogada Orminda Bastos atuava na região, discutindo as reivindicações do movimento "emancipacionista feminino" na imprensa, nos sindicatos e outras organizações, como a Liga Cooperativa das Operárias das Fábricas em Belém[29].

Em diferentes abordagens, essas autoras recuperaram informações preciosas sobre movimentos e organizações de mulheres em Belém e no interior do Pará, de diversos setores socioeconômicos, que ao longo da primeira metade do século XX se instituíram, atuaram e contribuíram para modificar e ressignificar os movimentos das mulheres paraenses no que se refere aos seus pleitos

---

26 As origens do "8 de março", como dia de luta pela cidadania e igualdade entre homens e mulheres, tiveram origem nas organizações socialistas europeias, como dia de rememoração das lutas das operárias mortas nos Estados Unidos, na Fábrica Têxtil Tringle Shirtwais Company em 1911 e à greve das trabalhadoras russas de 1917.

27 ÁLVARES, M. L. M. Saias, laços e ligas: construindo imagens e lutas. Um Estudo sobre a participação política e partidária das mulheres paraenses – 1912-1937. Tese (Doutorado) – Núcleo de Altos Estudos Amazônico, Universidade Federal do Pará, Belém, 1990; ÁLVARES, M. L. M.; D'INCAO, M. Â. *A mulher existe?* Uma contribuição aos estudos da mulher e gênero na Amazônia. Belém, GEPEM-UFPA/Museu Goeldi-CNPq, 1995, 252 p.

28 PINHEIRO, Flor de Maria. *Breve trajetória do movimento feminista em Belém*: discriminações, reivindicações e conquistas de 1910 a 1999. Trabalho de Conclusão do Curso (Especialização em História) – Centro de Filosofia e Ciências Humanas, Universidade Federal do Pará, Belém, 1999.

29 BRAGA, *op. cit.*, p. 167. *O semeador*, n. 5, 14 jun., n. 28, 29 nov. 1919. (Informava que Liga se reunia aos domingos, às 2 horas da tarde, na rua Bailique, 49).

por direitos e participação cidadã. É interessante ressaltar que nesse processo as mulheres das camadas ricas se organizaram e atuaram significativamente na política e nas atividades beneficentes, geralmente em movimentos sociais organizados juridicamente.

Luzia Alvares (1990) narra que no alvorecer da República no Pará, seguimentos de mulheres da elite socioeconômica local se organizaram e atuaram na conquista de espaços políticos, nos quais discutiam a condição sociopolítica das mulheres, explicitando suas demandas, em especial pelo direito de voto, na busca de suas cidadanias plenas. Elas se organizaram em ligas, legiões e centros, se constituindo em setores e força política importante, auxiliando as agremiações partidárias em disputas pelos espaços de poder do governo estadual e municipal, à época. De acordo com os textos e pronunciamentos registrados pelas ligas femininas, de modo geral, adotaram os princípios da moralidade e do patriotismo como mote de campanha de sua atuação na sociedade paraense.

Registra-se que mulheres também se organizaram e se movimentaram em organizações político-partidárias conservadoras, analisadas por Luzia Alvares (1990) como "Liga Feminina Lauro Sodré" e "Liga Arthur Lemos" (1912). Outras ligas surgiram também em 1912, como a Liga Moral de Resistência e o Centro de Resistência ao Leninismo[30].

O jornal *A Província do Pará* de 19 de agosto de 1912 registrou o convite, assinado por Carmelita de Lemos Bastos, convocando a reunião da Liga Arthur Lemos. Em 21 de agosto, também registrou o convite assinado por Esther Lalôr Barbosa para a primeira reunião administrativa de organização em apoio a Arthur Lemos, a se realizar no dia 22 de agosto. Essa liga, posteriormente, adotou a denominação de Liga Feminina Arthur Lemos.

Em 31 de julho de 1912, o jornal *Estado do Pará* publicou em sua primeira página notícia endereçada às mulheres paraenses, informando que seria instalada no dia seguinte, na casa da senhorita Rachel Israel, a Liga Feminina Lauro Sodré, dirigida por Hilda Vieira, Rachel Israel e Consuelo Paes[31]. A Liga Feminina Lauro Sodré foi oficializada juridicamente em outubro de 1912, sob a direção de proposta por Consuelo Paes, a saber: Rachel Israel, Presidente;

---

30   ÁLVARES, M. L. M. Saias, laços e ligas: construindo imagens e lutas. Um Estudo sobre a participação política e partidária das mulheres paraenses – 1912-1937. Tese (Doutorado) – Núcleo de Altos Estudos Amazônico, Universidade Federal do Pará, Belém, 1990.

31   *Estado do Pará*, de 31 de julho de 1912.

Almerinda Barroso Torres, vice-presidente; Emerentina Moreira de Souza, 1ª Secretária; Lucilinda Wan-Meil, Filonila Paiva, Helena Araújo e Maria Modesto como membros. A Liga teria também uma guarda de segurança exclusivamente masculina. De acordo com Alvares (1990, p. 161), a organização administrativa da Liga Feminina Lauro Sodré possuía uma diretoria, um conselho deliberativo com a função de criar comissões seccionais nos diversos bairros e no interior do Estado[32]. Em 1917, foi fundado o Centro Beneficente Teodora Sodré para ampliar as ações de apoio ao então líder político.

Na sequência, surgiu o movimento iniciado em 1922, que culminou no Núcleo Feminista do Pará, em 1931, organizado por Orminda Bastos, e se constituiu como Núcleo Paraense pelo Progresso Feminino em 21 de junho de 1932. Sua finalidade era dar sequência às reivindicações das mulheres no Pará, cuja pauta central era: direito de igualdade jurídico-política, direito à educação, ao voto, à emancipação política, ao direito de ocupar cargos públicos, participar da elaboração das leis, e participação nos lucros das empresas em que trabalhavam, como familiar ou não, criação do Ministério da Maternidade, Infância e Lar. Compuseram a comissão organizadora: Corina Pegado, Clores Silva, Elmina Lima, Feliz Benoliel de Cavaco, Helena Souza, Joanita Machado e Marieta Campos[33].

Na década de 1930, as questões e demandas operárias entram em cena e se fazem presentes no movimento através da Liga Nacionalista, liderada por Feliz Benoliel de Cavaco. A ativa participação das mulheres na Liga propiciou o surgimento e a organização da Associação Defensora do Trabalho Feminino, vinculada à federação das Classes Trabalhadoras, no Pará, que em 1932 foi transformada na Concentração Feminina do Trabalho, sob a presidência de Feliz B. de Cavaco, reunindo periodicamente 3.034 operárias de diferentes setores para discutir, propor leis e legislação para regular as atividades laborais

---

32 ÁLVARES, M. L. M. *Saias, laços e ligas*: construindo imagens e lutas. Um Estudo sobre a participação política e partidária das mulheres paraenses – 1912-1937. Tese (Doutorado) – Núcleo de Altos Estudos Amazônico, Universidade Federal do Pará, Belém, 1990. p. 161.

33 BASTOS, Orminda. A emancipação da Mulher. *Folha do Norte*. Belém, 22 ago. 1923. *In*: ALVARES, ÁLVARES, M. L. M. *Saias, laços e ligas: construindo imagens e lutas*. Um Estudo sobre a participação política e partidária das mulheres paraenses – 1912-1937. Tese (Doutorado) – Núcleo de Altos Estudos Amazônico, Universidade Federal do Pará, Belém, 1990. p. 923-235.

das mulheres. Apresentaram anteprojeto de Lei à Comissão designada pelo então ministro do Trabalho Lindolfo Collor[34].

Entre os anos finais de 1920 e 1940, foi organizada a liga político--partidária Legião Feminina Magalhães Barata (1935) para apoiar o Cel. Joaquim de Magalhães Barata, funcionando como força auxiliar no Partido Social-Democrata (PSD). Essa organização desapareceu sob o Estado Novo, quando foram extintas todas as formas de associativismo com tendência política. Ressurge em 1954, com o nome de Agremiação Baratista e em 1957 foi reorganizada como Departamento Feminino do PSD, extinto em 1967.

Como as ligas compunham-se com as mulheres das camadas médias e intelectuais oriundas de famílias tradicionais, elas atuavam na política na perspectiva de mudarem a condição jurídica da mulher, entoando um ideário "emancipacionista", ainda pouco conhecido na região.

As mulheres na política

A partir de 1917 surgiram outras organizações de mulheres em Belém com menor expressão social, mas as suas movimentações nas atividades sindicais, movimentos paredistas e no debate sobre a discriminação das trabalhadoras fabris foram marcantes no Pará. Nos anos de 1920, período em que as mulheres paraenses ainda estavam sob os auspícios de divulgação dos movimentos nacional e internacional de mulheres na defesa do direito do voto feminino – o sufrágio para as mulheres, foi iniciada a movimentação em torno das organizações "emancipacionistas".

Entre 1920 e 1950, ocorreu um aparente aferrecimento público de Movimento das Mulheres, em face à repercussão da Revolução Socialista no leste europeu e a segunda Grande Guerra (1939-1945). Mas as mulheres desencadearam os movimentos contra Guerra e pela Paz, assim como se inscreveram e atuaram em muitas atividades de guerra como enfermeiras, operárias, musicistas, aviadoras e/ou agentes secretas.

No Brasil e na Amazônia, os reflexos da guerra foram moderados no que se refere à cotidianidade, mas as mulheres de setores da classe média intensificam as ações em defesa do direito ao voto e dos direitos trabalhistas, criando

---

34 A Província do Pará entre 1922 e 1923, noticiou matérias sobre as participações das mulheres nas atividades preparatórias da Constituinte de 1945.

organizações atuantes jurídica e politicamente, como a Federação Brasileira pelo Progresso Feminino (FBPF), em agosto de 1922, com uma pauta propositiva em defesa do direito ao Sufrágio Feminino como fundamento à noção de nacionalidade e cultura brasileira.

Há que ressaltar que os debates sobre o papel da mulher cidadã, em especial os textos de Orminda Bastos, publicados pelo jornal *A Província do Pará* entre 1922 e 1923, incentivaram algumas mulheres paraenses a solicitarem o seu alistamento eleitoral no final da década de 1920, utilizando-se da brecha relativa à não proibição das mulheres votarem pela Constituição de 1891.

De acordo com matéria publicada pela *Folha do Norte* de 22 de fevereiro de 1929, duas mulheres do Pará requereram os seus alistamentos de eleitoras como falangianas do Partido republicano Federal – P.R. Federal, antigo partido laurista, em cujas fileiras elas queriam incorporar os seus futuros votos. Eram elas: Maria Aurora Pegado Beltrão, de 40 anos, nascida no Rio Grande do Norte, moradora de Jambu-Açú, no rio Moju, professora, viúva, filha do político major Genésio de Moura Pegado; e Corina Martins Pegado, Natural do Pará, casada com Austeclinio Pegado, filha de Eduardo Martins e Silva, cunhada de Maria Aurora[35].

As duas mulheres, utilizando-se da brecha constitucional, argumentaram a não proibição constitucional, com a autorização dos pais e marido e demais documentos exigidos pela Lei, acessaram o Cartório, solicitando os seus alistamentos eleitorais. Enfrentaram rigorosa oposição do cartorário do Sr. Sarmento da Veiga, que tentou desestimulá-las, alegando que a lei estadual, anterior à Constituição de 1891, proibia às mulheres o direito ao sufrágio eleitoral. Recorreram às instâncias superiores na defesa de seus direitos, e posteriormente tiveram seus requerimentos indeferidos pelo fato de que não havia ainda legislação reguladora quanto ao direito de voto das mulheres no Brasil e no Pará.

Na década de 1930, as mulheres organizadas na Federação Brasileira para o Progresso Feminino e outras organizações criaram a Federação Brasileira de Mulheres sob a direção nacional de Alice Tibiriça, como instituição

---

35 "Surgem, no Pará, as primeiras candidatas ao alistamento eleitoral". *Folha do Norte*, Belém, 22 fev. 1929, p. 1. "O voto das mulheres". *Folha do Norte*, Belém, 23/02/1929, p. 1.

MOVIMENTOS DE MULHERES NO PARÁ: UTOPIA E HISTÓRIA (1832-2000)

representativa dos movimentos das mulheres, e obtiveram o direito de votar e serem votadas em 1932.

O então presidente do Brasil Getúlio Vargas, através do Decreto n.º 21.076, de 24 de fevereiro de 1932, instruiu o Código Eleitoral Brasileiro – CEB, que em seu artigo 2º disciplinou quem era eleitor/a: "o cidadão maior de 21 anos, sem distinção de sexo, alistado na forma do CEB", cuja escrita mantém a linguagem misógina[36].

Os relatos sobre as mulheres feministas pioneiras, como Orminda Bastos, no Pará, ou Alice Tibiriçá, no Rio de Janeiro, vinculadas ao que denominamos atualmente "partidos de esquerda", registram como marco importante as comemorações do 08 de março de 1947, quando da criação do Instituto Feminino do Serviço Construtivo, dirigido por Alice Tibiriçá, com representação em vários Estados. Evento esse presidido por Nuta Bastlex James, ativista do Partido União Democrática Nacional (UDN), sendo ela uma nacionalista radical, defensora da Campanha do Petróleo é Nosso e da Frente Única de Mulheres pela Paz, Direito à Cidadania e o Sufrágio Universal.

A partir da conquista do direito civil como eleitoras e, portanto, cidadãs, as mulheres em diversos estados brasileiros se candidataram aos cargos eletivos, na perspectiva de comporem os poderes legislativos e executivos municipais, estaduais e federal. Assim, puderam se alistar, entretanto, de acordo com as estatísticas eleitorais, poucas se candidataram ou foram eleitas na primeira metade do século XX.

O movimento feminista

Em 1936, foi realizado o III Congresso Feminista, organizado pela Federação Brasileira para o Progresso Feminino, em que Bertha Lutz apresentou o Projeto de um Estatuto da Mulher e a criação do Departamento Nacional da Mulher. O projeto do estatuto sofreu resistências de algumas feministas como Carlota Pereira de Queiroz, que defendia a igualdade plena entre homens e mulheres no Brasil[37]. O debate que se desenvolvia foi interrompido pelo golpe de Estado de 1937, data em que Getúlio Vargas instituiu o

---

36 Decreto número 21.076 de 24 de fevereiro de 1932.

37 A polêmica girou em torno da ideia de que tais instituições, de certo modo, poderiam ser controladoras e limitadoras à promoção da igualdade plena entre homens e mulheres no Brasil.

autoritarismo no país, com o poder centralizado no executivo, e extinguiu os direitos civis e políticos no país, fechou instituições, partidos políticos, organizações sociais, os poderes legislativos, impondo uma ditadura – o chamado Estado Novo – que durou quase dez anos.

A extinção das nascentes liberdades democráticas, o fechamento do Congresso Nacional, a extinção dos partidos políticos e demais organizações – Federação Brasileira para o Progresso Feminino, União nacional dos Estudantes, Organizações sindicais e Centrais de Trabalhadores provocou um certo arrefecimento nos movimentos sociais, que foram retomados com vigor no processo de redemocratização e a convocação da Constituinte de 1945.

Nesse período, é importante destacar a legislação que atingiu direitos das mulheres, em especial o Decreto n.º 3.199, de 10 de novembro de 1937, que proibia às mulheres a prática de diversos esportes, comportamentos e atividades. No que se refere aos esportes, foi proibida a participação de mulher nas lutas de qualquer natureza, futebol de salão e de praia, polo aquático, halterofilismo e beisebol[38].

Apesar da conquista da cidadania através do direito de votar e ser votada, a participação política das mulheres pouco avançou na Constituição de 1946. Somente na Constituição de 1988 se instituiu e se ampliou, juridicamente, a igualdade entre homens e mulheres, na letra da Lei. Durante o Estado Novo, os diversos movimentos sociais sofreram controle e repressão. Nesse período, as mulheres se movimentaram em campanhas nacionalistas, em defesa dos mais pobres, como as marchas contra as Panelas Vazias e pela Paz. O processo de redemocratização a partir de 1946 possibilitou a reorganização de entidades de mulheres em quase todo o país, e colocou novas questões para os movimentos, como a discussão sobre a cultura patriarcal vigente e a urgência da igualdade de direitos entre homens e mulheres, iniciando o debate sobre os princípios do feminismo contemporâneo no Brasil.

Há que registrar que até então pouco se discutia e questionava sobre a construção da cultura patriarcal, ou mesmo os papéis até então destinados às mulheres – esposa e mãe – naquela sociedade, ainda que nesse processo surgissem ideias e propostas questionadoras da estrutura familiar e dos papéis vigentes para as mulheres, independentemente da classe social a que pertenciam,

---

38   Decreto nº 3.199, de 10 de novembro de 1937.

como as questões elaboradas por Gilka Machado, Maria Lacerda de Moura e Bertha Lutz. Esta, bióloga com boa vivência na Europa e nos Estados Unidos, havia internalizado a compreensão do Movimento Sufragista como mais amplo que o direito ao voto, e que requeria mudanças profundas na organização da sociedade, na família e nas leis, de modo a assegurar que as relações entre homens e mulheres teriam que mudar profundamente, em especial colocando fim ao conceito de "pátrio poder". Bertha Lutz propunha os princípios fundamentais que se ampliaram e consolidaram nos movimentos feministas contemporâneos, que emergiram no ocidente a partir dos anos de 1950 e 1960.

Merece destaque a atuação das Igrejas Católica e a Pentecostal em defesa dos direitos das mulheres em programas de promoção social das mulheres, em oposição aos grupos anticlericais do movimento feminista. A igreja Católica elaborou e executou diversos programas de natureza assistencialista como forma de elevar a condição feminina, promovendo ações de capacitação laboral em suas comunidades e acesso às instituições sociais e de saúde familiar enquanto direitos.

A Igreja Pentecostal desenvolveu ações estritas com base nos princípios do Evangelho, pela pregação "da fé e da esperança", e o permanente incentivo à formação de caráter voltado para a busca da prosperidade socioeconômica, evidenciando a noção do "pensamento positivo" como ferramenta de conquista de direitos. A noção de "pensamento positivo" também foi adotada pela Igreja Católica no Movimento de Renovação Carismática, fundamentando a organização Associação Cristã Feminina nas paróquias.

A partir dos anos 1960, os movimentos de mulheres se ressignificaram, adotando a pauta da igualdade e liberdade jurídica, incorporando o conceito feminista. Eles ampliaram suas demandas, incluindo questões de natureza étnico-raciais, orientação sexual e outras.

Os anos 1960 contextualizaram situações complexas. Na primeira metade da década, sob os auspícios do debate político sobre a situação do país e as demandas sociais por reformas diversas no mundo urbano e no rural, as chamadas reformas de base encontraram forte resistência dos setores agrários e demais setores conservadores, culminando no golpe civil-militar em 1964, que

HISTÓRIA DAS MULHERES NA AMAZÔNIA
(PARÁ, SÉCULO XVIII AOS DIAS ATUAIS)

instituiu um sistema ditatorial, que fechou os poderes legislativos em todos os níveis, com destaque ao Congresso Nacional[39].

Os militares passaram a governar através de Atos Institucionais autoritários que extinguiram as liberdades, as organizações sociais de toda natureza e muitas instituições públicas, inclusive fechou as organizações de mulheres no país. Foram quase vinte e cinco anos de regime ditatorial e de resistência e luta pelos diversos setores sociais, e nele as mulheres tiveram destaque. Retomaram e ressignificaram as pautas, ações, as lutas, os seus movimentos e organizações, aprofundaram o debate sobre a condição feminina e desenvolveram as teses feministas que passaram a fundamentar e exigir profundas mudanças no que se refere aos direitos das mulheres no Brasil.

O movimento das mulheres sob a ditadura

O período entre 1964 e 1985, no Brasil e no Pará, foi marcado pelo autoritarismo, pela supressão dos direitos constitucionais, pela intimidação dos adversários, censura prévia nas comunicações, prisões, morte e outras formas de repressão contra as organizações sociais consideradas oposicionistas. Fecharam o Congresso Nacional, submeteram o Poder Judiciário, impuseram uma ordenação jurídica que satisfazia às exigências políticas dos governantes e governaram através de Atos Institucionais – AI e Ementas Constitucionais – EC.

Entre 1964 e 1978, foram decretados e promulgados 16 AI. Os governos militares usaram e abusaram desse ordenamento jurídico, através do AI-! Suspenderam os direitos políticos de centenas de pessoas. O Mal. Castelo Branco se utilizou dos Ais e EC como instrumento de punição a todos que faziam ou poderiam fazer oposição. Com a edição do AI número 1, fechou associações civis, entre estas as das mulheres, proibiu greves, manifestações, interveio nos sindicatos, cassou mandatos de políticos, criou o Serviço Nacional de Informação (SNI) (13 de junho de 1964), que passou a monitorar e reprimir todo e qualquer movimento social no país. O AI-3 extinguiu o sistema partidário vigente e criou o sistema bipartidário em 05 de fevereiro de 1966,

---

39   Há que registrar que, em apoio ao golpe de 1964, surgiu o movimento "Marcha Da Família Com Deus Pela Liberdade", com expressiva participação de mulheres conservadoras no Brasil.

e estabeleceu eleições indiretas para governadores, que passaram a ser eleitos pelas Assembleias Legislativas.

Em 13 de dezembro de 1968, o Mal. Costa e Silva decretou o AI-5, o mais abrangente e autoritário, com a finalidade de consolidar o regime militar. Por esse ato, o presidente podia cassar mandatos, suspender qualquer direito, cancelar direitos individuais, eliminar a garantia de estabilidade do Poder Judiciário, suspender a aplicação de Habeas Corpus, decretar recesso das Assembleias Estaduais e Câmaras Municipais, reestruturou o Conselho de Segurança Nacional, entre outras medidas consideradas necessárias pelo regime.

A violência política e policial exercida contra a sociedade civil brasileira e seus movimentos e demandas, sob os governos militares, foi a característica marcante. Muitas mulheres foram presas, torturadas ou mortas, e muitas apresentaram sequelas incuráveis. Casos exemplificadores foram o sequestro da atriz Norma Bengel, em São Paulo, em 1968, que foi duramente espancada e torturada, posteriormente liberada, e a perseguição à estilista Zuzu Angel (Zuleika de Souza Netto), mãe do jovem Stuart Edgar Angel Jones, torturado e assassinado pela ditadura. Ela passou anos denunciando as arbitrariedades da repressão até morrer em um acidente de carro suspeito, em 1976.

Na década de 1970, mulheres brasileiras de distintas categorias sociais se mobilizaram e organizaram movimentos com múltiplas finalidades contra a ditadura, recuperando espaços, defendendo direitos, realizando manifestações e ações em defesa da redemocratização do país, em especial através da Campanha da Mulher pela Democracia (CAMDE). Participaram da Luta pela Anistia, Contra a Fome, pelas Eleições Diretas etc.

Se na primeira metade de 1970 tornou-se difícil a organização de mulheres, elas iniciaram campanhas e movimentos diversos, entre os quais se destacou a União Brasileira de Mães, criada em 1964, que atuou ativamente com a finalidade de protestar e apelar às autoridades em defesa dos presos políticos, exigindo a quebra de sua incomunicabilidade, o direito de visitas aos prisioneiros e assistência jurídica a eles. Esse movimento, de forma organizada, teve importante papel na resistência durante a ditadura na segunda metade de 1960 e na década de 1970.

Na década de 1970, mulheres vinculadas, ou não, à União Brasileiras de Mães, se desdobraram em torno de temas prementes e deram origem a iniciativas diversas: grupos de estudos sobre a condição das mulheres no Brasil nas universidades que organizaram estudos, publicações e eventos como o Grupo de Estudos "Eneida de Morais" na UFPA. Diversas organizações populares de mulheres promoveram eventos diversos no urbano e no mundo rural, também reorganizaram e ressignificaram entidades e instituições de mulheres feministas como as Uniões Populares de Mulheres em vários estados, somando-se a Organizações da Sociedade Civil na luta em defesa da Democracia e pela Anistia.

Foi nesse cenário que emergiram os movimentos e organizações contemporâneas de mulheres no Pará, como: a União Metropolitana de Mulheres de Belém (UMMB) (1979); o Centro de Estudos e Defesa das Mulheres (1980); União de Mulheres de Belém (UMB) (1981), que se expandiu para vários municípios; Movimento de Mulheres do Campo e da Cidade – MMCC (1982), que também se estendeu em diversos municípios; Centro de Defesa do Negro – CEDEMPA, com pauta explícita de defesa da Mulher Negra; Associação Cristã Feminina (ACF) (criada em 1967 e reorganizada no início dos anos de 1980); Movimento de Promoção das Mulheres – MOPROM; Pastoral da Mulher Marginalizada (1982); Grupo de Mulheres Prostitutas da Área Central (GEMPAC) (em Belém); e os departamentos e organismos de mulheres nas entidades das classes trabalhadoras.

No início da década de 1980, os movimentos pressionaram o prefeito recém-eleito Fernando Coutinho Jorge para a criação do Conselho Municipal dos Direitos da Mulher (CMDM), instituído pela Lei n.º 7.348, de 20 de outubro de 1986, modificado pelo prefeito Hélio Gueiros como Conselho Municipal da Condição feminina, pela Lei número 7.660 de 04 de outubro de 1993, permanecendo até a atualidade. O Conselho é composto por representantes do governo municipal e por representantes das organizações municipais de mulheres e tem como competência "atuar, de forma permanente, como instrumento de identificação, valorização e defesa dos plenos direitos da cidadania da mulher, formulando, em tal sentido, uma política global no âmbito do Município". Em 1987, foi inaugurada em Belém a Divisão de Crimes contra a Integridade da Mulher, as Delegacias de Mulheres, na perspectiva de combater a violência física e emocional da mulher.

O conjunto das entidades realizaram em 30 de maio de 1982 o I Congresso da Mulher Paraense com a participação de cerca de 800 mulheres representantes de múltiplas e diversas organizações, durante o qual se discutiu a situação dos movimentos das mulheres no Pará e uma extensa pauta em defesa de seus direitos, da democracia, da Anistia, por eleições diretas em todos os níveis e a elaboração de uma nova Carta Constitucional que assegurasse na lei os direitos das mulheres, como também a proposição da criação de uma Federação Paraense de Mulheres, para a unificação e fortalecimento do Movimento. A criação da Federação teve forte oposição do MMCC[40] e foi aprovada e criada uma comissão para propor o seu Estatuto e o programa de atividades, composta por comissão provisória composta de 07 membros titulares e 07 suplentes, com representantes dos movimentos organizados de mulheres.

No que diz respeito à questão feminista, se avançou na compreensão e no esforço para assegurar a igualde jurídica, social e cultural da mulher no país, contribuindo para a formulação da Carta Constitucional de 1988, que em nível jurídico assegurou inúmeras conquistas, incluindo a criação de instituições, organismos e políticas públicas específicas para as mulheres. Algumas conquistas obtidas nos anos de 1980, quando em São Paulo foi instituído o primeiro Conselho da Condição Feminina, tornaram-se referências para os demais estados. No Pará, o Conselho Estadual dos Direitos da Mulher (CEDEM) foi instituído pela Lei n.º 5.671 de 1991. Nesse período, foram criados outros órgãos destinados a promover a defesa dos direitos da mulher, como a criação do Fundo Estadual dos Direitos das Mulheres por esta legislação e vinculado à Secretaria de Estado de Justiça e Direitos Humanos (SEJUDH), o Centro de Orientação Jurídica e Encaminhamento à Mulher (COJEM).

No que diz respeito à questão feminina/feminista, se avançou na compreensão e no esforço para assegurar a igualde jurídica, social e cultural da mulher no país, contribuindo para a formulação de uma Carta Constitucional de 1988, que em nível jurídico assegurou inúmeras conquistas, incluindo a criação de instituições, organismos e políticas públicas específicas no sentido

---

40 A oposição do MMCC caracterizou a disputa política vigente naquele período no Pará. Os grupos de mulheres atuantes através da tendência popular no MDB/PMDB propunham a criação da Federação e os grupos de mulheres atuantes no MMCC eram vinculados ao recém-criado Partido dos Trabalhadores (PT), e perceberam que não teriam hegemonia ou comando na Federação.

de assegurar os direitos das mulheres, promovendo ações direcionadas à igualdade entre mulheres e homens que vigoraram até 2018 no país.

Referências

ALMEIDA, M. A. V. (1988). História da educação brasileira – o problema de sua periodização. Revista Brasileira de Estudos Pedagógicos. Brasília, DF, v. 69, n. 161, p. 112-141, jan/abr.

ÁLVARES, M. L. M.; D'INCAO, M. Â. A mulher existe? Uma contribuição aos estudos da mulher e gênero na Amazônia. Belém, GEPEM-UFPA/Museu Goeldi-CNPq, 1995.

ÁLVARES, M. L. M. Saias, laços e ligas: construindo imagens e lutas. Um estudo sobre a participação política e partidária das mulheres paraenses –1912-1937. 1990. Tese. (Doutorado)- Núcleo de Altos Estudos Amazônico, Universidade Federal do Pará, Belém, 1990;

BANDEIRA, L.; MELO, H. P.de. Tempos e memórias: movimento feminista no Brasil. Brasília, DF: Secretaria de Políticas para as Mulheres, 2010

BRAGA, Marcos L. Abreu. Mulheres nas agitações trabalhistas em Belém entre 1918 e 1919: nas greves, nos sindicatos e na imprensa operária. Dossiê Gênero na Amazônia. Belém, n. 19, jan./jun., 2021, p. 159-176.

BASTOS, Orminda. A emancipação da Mulher. Folha do Norte. Belém, 22 ago. 1923. In: ALVARES, M. L. M. Saias, laços e ligas: construindo imagens e lutas. Um estudo sobre a participação política e partidária das mulheres paraenses –1912-1937. 1990. Tese. (Doutorado)- Núcleo de Altos Estudos Amazônico, Universidade Federal do Pará, Belém, 1990;

BELOV, Maria da Graça Diniz. A questão feminina: gênero, identidade e direitos. TV Justiça. Palestra. Brasília, DF, 2007. Videocassete (02h20min); MULLER, Crisna Maria e BESING, Márcia. A trajetória da mulher no Brasil: da submissão à cidadania. Rev. Augustus. Rio de Janeiro, v. 23, n.45, jan./jun. 2018.

COLLING, Ana. A construção histórica do feminino e do masculino. In: STREY, Marlene N.; CABEDA, Sonia T. Lisboa; PREHN, Denise R. (Org.). Gênero e cultura: questões contemporâneas. Porto Alegre: EDIPUCRS, 2004

COSTA, B. Gonçalves; ARAÚJO, Sonia Maria da Silva. Entre romanizadores e liberais: a educação moderna na Província do Pará no século XIX. Revista Brasileira de História da Educação, Maringá-PR, v. 17, n. 2 (45), p. 5-27, abr./jun. 2017.

FIGUEIREDO, Aldrin Moura de; RUBRA POESIA-Bruno de Menezes, anarquista, 1913-1923. ASAS DA PALAVRA, v. 10, n. 1, p. 69-77, 2005.

GUINZBURG. C. Andarilhos do Bem. Rio de Janeiro: Cia de Bolso, 2010.

KRAMER, Heinrich, SPRENGER, James. O martelo das feiticeiras. Rio de Janeiro: BESTBolso, 2015.

LINDOSO, Dirceu. A razão quilombola: estudos em torno do conceito quilombola de nação etnográfica. Maceió: Edufal, 2011; _____. A utopia armada: rebelião de pobres nas matas do tombo real. Maceió: Edufal, 2005.

MOURÃO, Leila. Emília Snethlage: narrativas de ciência e literatura na Amazônia (1907). Revista Complexita, Belém: UFPA; IFCH n.16, v. 2, n. 2, p. 74-94, 2017;

PERROT, Michelle. Escrever uma história das mulheres: relatos de uma experiência. Conferência proferida no Núcleo de Estudos de Gênero, em 06 de maio de 1994 (UNICAMP). In: Cadernos Pagu, v.4, p. 9-28, 1995.

PERROT, Michelle. **As Mulheres e os silêncios da História.** Bauru, SP: EDUSC

PINHEIRO, Flor de Maria. Breve trajetória do movimento feminista em Belém: discriminações, reivindicações e conquistas de 1910 a 1999. (Trabalho de Conclusão do Curso (Especialização em História) - Centro de Filosofia e Ciências Humanas, Universidade Federal do Pará, Belém, 1999.

RAYOL, Domingos Antônio. Motins políticos: ou história dos principais acontecimentos políticos da Província do Pará desde ano de 1821 até 1835. Belém: UFPA, 1970.

SALLES, Vicente. O negro no Pará: sob o regime da escravidão. Belém: Secretaria de Estado da Cultura; Fundação Cultural do Pará "Tancredo Neves", 1988.

VERUCCI, Florisa. A capacidade jurídica civil da mulher brasileira com raízes nas ordenações do reino de Portugal. In: O rosto feminino da expansão portuguesa. Lisboa: Comissão para a Igualdade e para os Direitos da Mulher, 1994.

Jornais

Greve Operária", O Estado do Pará, Belém, nº 2699 de 2 de outubro de 1918, p. 2

O semeador, n. 5, 14 jun., n. 28, 29 nov. 1919.

Greve dos Motorneiros e Condutores da Pará Eletric". Estado do Pará, Belém, n. 2713, 16/10/1918, p. 1;

"Greve Geral". Estado do Pará, Belém, n. 2718, 16/10/1918, p. 1;

"Greve geral". Estado do Pará, Belém, 2756, 28/11/1918;

"Aos senhores operários e operárias cigarreiras". Estado do Pará, Belém, n. 1761, 03/12/1918;

"Vida Syndical" O semeador, Belém, n. 01 de 26/04/1919;

"Operários em greve". Estado do Pará, Belém, n. 2908, de 30/04/1919, p. 2.

"Operários em greve". Estado do Pará, Belém, n. 2907 de 29/04/1919, p. 2;

"Fabricas de cordas". O Semeador, Belém, n. 2, 1º de maio de 1919, p. 4;

As Festas do Trabalho". Estado do Pará, Belém, n. 02910, 02/05/1919, p. 1;

"A greve dos operários". Estado do Pará, Belém, n. 2912, de 04/05/1919, p. 2; "1º de maio". O Semeador, Belém, n. 4, de 21/05/1919, p. 3;

"Operários em greve". Estado do Pará, Belém, n. 2931 de 23/05/1919, p. 1;

"Operários em greve". Estado do Pará, Belém, n. 2935 de 27/051919;

"Fábrica de cordas", Estado do Pará, Belém, n. 2937, de 29/05/1919, p.

MULHERES QUILOMBOLAS: TRADIÇÃO ORAL E SABERES AFRODIASPÓRICOS NO NORDESTE PARAENSE

Raimunda Conceição Sodré[1]
Ana Célia Barbosa Guedes[2]

Introdução

Desde a década de 1980 assistimos a um avanço na produção acadêmica de mulheres negras que construíram um campo específico para pensar suas trajetórias no que conhecemos como pensamento feminista negro. Esse campo se constituiu a partir da compreensão das acadêmicas e militantes dos movimentos negros e feministas de que as mulheres negras são atravessadas por diversas opressões que se conjugam e as colocam na base da pirâmide social. Nesse sentido, dentro do movimento negro, as mulheres negras não tinham suas demandas reconhecidas como importantes pelos seus pares masculinos. Dentro do movimento feminista clássico de matriz ocidental não se viam como iguais às mulheres brancas, pois suas vidas e corpos eram atravessados por experiências de opressão diversas daquelas que marcam

---

1 Professora efetiva do Instituto Federal do Pará – IFPA Campus Conceição do Araguaia. É doutoranda em História no Programa de Pós-Graduação em História Social da Amazônia da Universidade Federal do Pará – UFPA. Membro do Grupo de pesquisa Estudos Culturais da Amazônia – GECA. E-mail: conceicao_sodre@hotmail.com

2 Professora efetiva do Instituto Federal do Pará – IFPA Campus Breves. É doutoranda em História no Programa de Pós-Graduação em História Social da Amazônia da Universidade Federal do Pará – UFPA. Membro do Grupo de Pesquisa GEIRER. E-mail: anacelia.guedes@ifpa.edu.br

a experiência das mulheres não negras e que muitas vezes para se liberar usufruíam da opressão das mulheres negras.

Conscientes das várias opressões que se interseccionalizam para oprimi-las, as mulheres negras brasileiras estabelecem seu campo próprio de discussão no qual puderam colocar suas demandas e elaborar sua produção intelectual pautadas em outras epistemologias que conhecemos como feminismo negro ou, como diria Lélia Gonzalez, feminismo afro-latino-americano. Para Cláudia Pons Cardoso (2017), essa configuração atual é parte de um processo que iniciou nos anos de 1980 e passou por vários amadurecimentos culminando com essa compreensão teórica da interseccionalidade nos anos 2000. De acordo com a autora:

> Surge, então, o sujeito político, mulheres negras, como resultado de uma multiplicidade de experiências de raça, gênero, classe, religião, diversidade sexual, região, etc. Seu lugar é construído pela intersecção de marcadores sociais constitutivos de identidades, mas, ao mesmo tempo, de desempoderamento, levando, em função disto, a formação de várias frentes de luta para obstar os processos de exclusão e discriminação produzidos por estes marcadores. Este sujeito político é o da diáspora negra, reconstruído pela recuperação da memória, da história dos antepassados, pela problematização das desvantagens cumulativas de mulheres e homens negros no mundo globalizado e, por isto, permite a construção de agendas transnacionais e descolonizadoras (CARDOSO, 2017, p. 127).

No entanto, é necessário chamar atenção que nesse universo de mulheres autodenominadas negras inserem-se experiências e vivências de pertencimentos plurais e que certamente se organizam dentro do movimento feminista negro delimitando suas demandas específicas. Embora as mulheres negras sejam atravessadas por diferentes opressões, vivenciam experiências a partir de seu lugar de fala, pois nem todas as mulheres negras são iguais, compartilham o pertencimento da raça atravessadas pelos marcadores sociais de classe, escolaridade, territorialidade, localização geográfica e identitária.

A intelectual quilombola Maria Aparecida Mendes do quilombo Conceição das Crioulas reflete que as mulheres quilombolas têm demarcado seu lugar de fala no interior do ativismo negro, apontando as diferenças entre elas e as mulheres em contextos urbanos. De acordo com ela, devemos atentar para o perigo de concebê-las de forma paternalista negando-as a autonomia intelectual de pensar por si mesmas, considerando inclusive que o conhecimento delas provindo pauta-se "em profunda ligação com o território e com as marcas que carregamos de nossa ancestralidade negra" (MENDES, 2020, p. 63).

Para Selma dos Santos Dealdina[3] (2020), a agenda por demandas das mulheres quilombolas inclui para além daquelas que marcam a luta feminista e o feminismo negro outras específicas:

> Nós, mulheres quilombolas, temos um papel de extrema importância nas lutas de resistência, pela manutenção e regularização dos nossos territórios. No quilombo ou na cidade, temos sido as guardiãs das tradições da cultura afro-brasileira, do sagrado, do cuidado, das filhas e filhos, das e dos griôs, da roça, das sementes, da preservação de recursos naturais fundamentais para a garantia dos direitos. (DEALDINA, 2020, p. 37).

E ainda completa a autora:

> Nos quilombos, os valores culturais, sociais, educacionais e políticos são transmitidos às e aos mais jovens pela oralidade. A mulher quilombola tem um papel fundamental na transmissão e na preservação das tradições locais; na manipulação das ervas medicinais, no artesanato, na agricultura, na culinária e nas festas. São as mulheres quilombolas que desempenham um papel central, estabelecendo vínculos de solidariedade e transmitindo experiências (DEALDINA, 2020, p. 37).

Nessa perspectiva de marcar diferenças nas pautas de lutas e invisibilidades dessas demandas no contexto da atuação do ativismo e produção intelectual do feminismo negro, a intelectual e ativista quilombola Givânia Maria da Silva, membro fundadora da Coordenação Nacional dos Quilombolas – CONAQ, questiona-se sobre o lugar de fala das mulheres quilombolas na

---

3   Organizadora do livro *Mulheres quilombolas: territórios de existências negras femininas*, publicado pelo selo Sueli Carneiro em 2020. Trata-se de uma coletânea de artigos de várias mulheres quilombolas com formação acadêmica diversa, forjadas na luta quilombola por direitos e que estão situadas em diferentes territórios de várias partes do país.

medida em que estas, apesar de serem detentoras de vastos saberes e assumir o papel de guardar e transmitir os saberes ancestrais e científicos, "permanecem sendo ignoradas no debate acadêmico" (SILVA, 2020, p. 53). Nesse sentido, ela afirma:

> Nesse debate temos visto questões relevantes que têm sido pouco discutidas. Refiro-me a presença e à atuação das mulheres quilombolas nos seus respectivos territórios. Chama a atenção o fato de as mulheres quilombolas assumirem em seus territórios papeis significativos para a manutenção da luta. Desde a época dos navios negreiros até os dias atuais. Mesmo assim, pouco se sabe ou ainda são muito escassos os registros sobre o papel central das mulheres na constituição e na manutenção da vida política e cultural do quilombo. [...] Dentre os papéis que desempenham está os de guardiãs da pluralidade de conhecimentos que emergem e são praticados nos territórios quilombolas (SILVA, 2020, p. 53-54).

Nesse capítulo evidenciamos a importância das mulheres quilombolas como guardiãs de uma memória ancestral e a relevância que detêm em seus territórios para a continuidade dos saberes, das tradições e das narrativas que contam a história de suas comunidades aqui entendidas como fundamentais na luta por direitos e reconhecimento. Em outras palavras, trata-se de localizar a mulher quilombola a partir de seus referenciais culturais, afirmando sua existência como um "ato de qualificação epistêmica" (BERNARDINO-COSTA; MALDONADO-TORRES; GROFOGUEL, 2020), restituindo sua humanidade e assim desestabilizando o sistema-mundo colonial que exporta seu universalismo abstrato colocando-se como modelo hegemônico a ser seguido e desconsiderando as outras formas de existência e produção de conhecimentos situados fora dos espaços de educação sistematizada e em territórios educativos não ocidentais.

Por conseguinte, o trabalho visa compreender as mulheres na transmissão dos saberes tradicionais nos quilombos de Santa Rita de Barreira[4] e de

---

4   O quilombo de Santa Rita de Barreira fica localizado no km 12 da PA-251, na área rural do município de São Miguel do Guamá, no estado do Pará, foi reconhecido pelo Estado enquanto comunidade remanescente de quilombo no dia 22 de setembro de 2002. Sua titulação se deu de acordo com a Lei Estadual n.º 6.165, de 2 de dezembro de 1998 (Pará 1998), com o Decreto Estadual n.º 3.572/1999 (Pará 1999) e a Instrução Normativa n.º 02/1999 (GUEDES, 2018).

MULHERES QUILOMBOLAS: TRADIÇÃO ORAL E SABERES AFRODIASPÓRICOS... **405**

Narcisa[5], localizados no Nordeste Paraense. Nesses quilombos as mulheres são guardiãs da memória, da história e dos conhecimentos relacionados à ancestralidade negra presente no cotidiano das comunidades quilombolas. Observando a tradição oral como principal meio de transmissão das manifestações culturais (a música, a dança, as festas e os conhecimentos relacionados a manipulação de plantas para prevenção e tratamentos dos males físicos e espirituais) e dos saberes ancestrais sobre a ocupação do espaço pelos antigos.

Para tanto, utilizou-se como procedimento metodológico a pesquisa bibliográfica sobre a temática, a história oral e a etnografia[6]. A história oral é uma metodologia investigativa inovadora, uma vez que dá atenção aos "dominados" a exemplo de mulheres, proletários, a história do cotidiano e da vida privada, além de suas abordagens darem preferência à "história vista de baixo" (FRANÇOIS, 2006). A etnografia configura-se como método de pesquisa muito utilizado pelos antropólogos que realizam trabalho de campo. Parte de uma "descrição densa" (GUEERTZ, 1989) da situação social intensamente observada na interação entre o (a) pesquisador (a) e os interlocutores da pesquisa. Em outras palavras, consiste em descrever minuciosamente a realidade etnográfica observada com intuito de compreender no fluxo da vida cotidiana os elementos ordenadores da vida social.

Como técnicas de coleta de dados foram utilizadas a observação participante e entrevistas semiestruturadas aplicadas com algumas (uns) moradoras (es) das duas comunidades. A observação participante consiste num tipo de coleta de dados privilegiado especialmente pela antropologia no processo de elaboração das etnografias na medida em que dá possibilidade a quem está pesquisando se envolver ativamente na vida cotidiana dos grupos e comunidades com os quais interage.

Discutimos a relação entre protagonismo feminino quilombola, oralidade, luta por direitos e transmissão de saberes ancestrais em dois momentos. No

---

5   A Comunidade Remanescente de Quilombo de Narcisa localiza-se na zona rural do Município de Capitão, no Pará, foi certificada pela Fundação Cultural Palmares através da Portaria n.º 28 de 04 de julho de 2005, o Relatório Técnico de Identificação e Delimitação – RTID foi realizado pelo INCRA em 2010 e publicado em 2012, atualmente aguarda o título definitivo, sendo parcialmente titulada com uma área de 120,0530 hectares dos 618,9320 hectares reconhecidos (SODRÉ, 2015).

6   Na pesquisa de campo realizada na Comunidade Quilombola de Narcisa, a observação participante e o caderno de campo foram os principais instrumentos de coleta de dados para elaboração da etnografia que resultou na dissertação de mestrado de Sodré (2015).

primeiro tópico, a partir da pesquisa de campo realizada na comunidade quilombola de Narcisa, exploramos as narrativas que contam a história de origem ligada a uma memória da escravidão guardada pelo grupo e transmitida através da oralidade pelas mulheres investida dessa função e que se tornaram fontes importantes no processo de reconhecimento como quilombolas e titulares dos direitos previstos na Constituição Federal de 1988. O segundo tópico se centra nas narrativas que mostram a tradição de transmissão dos saberes ancestrais como as práticas de cura das benzedeiras, rezadeiras e parteiras e o domínio do acervo de plantas medicinais pelas mulheres quilombolas da comunidade de Santa Rita de Barreira. E por fim, na conclusão, tecemos alguns apontamentos acerca da tradição oral como herança ancestral da diáspora negra no Nordeste paraense.

Tradição oral e luta por direitos na Comunidade Quilombola de Narcisa: vozes negras femininas contam sua história

Desde a década de 1970, intelectuais negros e negras vêm tomando a categoria quilombo como objeto de estudo e instrumento de luta por reconhecimento, além de elo de reconexão com a ancestralidade africana. Beatriz Nascimento (1990, p. 241) é uma dessas pioneiras e nos brinda com a seguinte ideia sobre essa categoria: "o quilombo é memória, é história, é o ser". Como ela afirma, assim era entendido nesse período, pois era o lema do movimento negro que visava recuperar a identidade e a ancestralidade do negro brasileiro. Essa forma de entender quilombo estava associada ao movimento de questionar os discursos sobre o negro que predominavam no meio acadêmico como objeto científico confinado ao mundo da escravidão e, quando estudado no pós-abolição, era referido como problema social retirando-se da análise o recorte racial fundamental para compreender o negro na sociedade brasileira. De acordo com Nascimento (1977), o que mais a chocou ao adentrar na universidade[7], no curso de história, "era o eterno estudo sobre o escravo"[8]. Os estudos sobre comunidades quilombolas que ela realizou nos trazem outras

---

7   Ela ingressou na Universidade Federal do Rio de Janeiro – UFRJ em 1968, graduando-se em 1971.

8   Conferência Historiografia do Quilombo proferida na Quinzena do Negro na USP organizada por Eduardo Oliveira e Oliveira. Citada por RATTS, Alex. *Eu sou atlântica*: sobre a trajetória de vida de Beatriz Nascimento. São Paulo: Imprensa Oficial, 2006. p. 41.

perspectivas de ver e compreender a população negra para além do aparato discursivo produzido sob a égide do projeto colonialista, que segue norteando os modos de pensar grupos historicamente subalternizados.

No ensaio "Mulher negra, essa quilombola", Lélia Gonzalez nos remete à ideia de quilombo bem próxima do que reflete Nascimento. Ao conjecturar sobre as condições de vida e luta pela sobrevivência da mulher negra, numa perspectiva comparativa entre as escravizadas e as livres do pós-abolição, Gonzalez (2020) enfatiza que apesar da vida dura e do trabalho árduo que enfrentam cotidianamente para sobreviver e garantir o sustento dos seus, as mulheres negras atuais são as herdeiras da força ancestral das quilombolas. Quilombola, neste capítulo, entendido por ela como símbolo de resistência, pois quem herda esse espírito de luta não se "deixa soçobrar" (GONZALEZ, 2020, p. 199).

Mais recentemente, mulheres quilombolas têm reivindicado o poder de falar por si e por seus grupos de pertencimento e quando se referem a quilombo não só remetem à ideia de território, mas também como lugar de resistência e de conexão com os saberes ancestrais, com os antepassados, como lugar de recriar a vida em liberdade. Dealdina (2020, p. 20) enfatiza que "cada mulher preta é um quilombo, é a resistência às mazelas que nos impõem todos os dias". Essas vozes atuais se juntam às vozes daquelas que as antecederam e em coro reafirmam o quilombo como lugar da liberdade, da ancestralidade e dos saberes e fazeres dos sujeitos afrodiaspóricos.

Os territórios quilombolas são espaços de existências negras femininas desde as primeiras organizações que se têm notícia, cuja mais conhecida é Palmares. Lá, embora Zumbi tenha sido referido como o grande herói, as mulheres tiveram importância como participantes ativas da organização dos espaços e na luta contra o poder senhorial. Aline Najara da Silva Gonçalves[9] se refere a nomes como Aqualtune e Acotirene como importantes lideranças femininas do quilombo de Palmares, nos respectivos mocambos que atuavam. Aqualtune, mãe de Ganga Zumba e avó de Zumbi, participou junto com o filho da organização de Palmares e liderou um dos mocambos que levava seu nome. Já a segunda "era a matriarca do Quilombo dos Palmares e exercia a

---

9   Para mais informações sobre heroínas negras brasileiras consulta: Gonçalves, Aline Najara da Silva. Luiza *Mahin*: uma rainha africana no Brasil. 1. ed. Rio de Janeiro: CEAP, 2011.

função de mãe e conselheira dos primeiros negros refugiados na Cerca Real dos Macacos" (GONÇALVES, 2011, p. 08).

A literatura de pensadoras negras a exemplo de Gonçalves (2011) está recheada de histórias de heroísmo de mulheres negras destemidas que lograram batalhas contra o estado escravagista para defender seu povo das amarras do cativeiro e sonhar com a vida em liberdade. Essa tradição de luta está muito viva e configura-se como uma marca da experiência de mulheres negras quilombolas. Elas participam ativamente da vida das comunidades quilombolas exercendo os mais diversos papéis, seja na roça, na casa, nos quintais, como mães, avós, tias, esposas, irmãs, lideranças, professoras, guardiãs da memória e dos saberes científicos. A lista de funções por ela desempenhadas é longa na medida em que as vislumbramos dentro e fora das comunidades, inclusive como estudantes universitárias na graduação e pós-graduação. Como afirma Silva (2020, p. 53-4), "as mulheres quilombolas atuam como um acervo da memória coletiva; com elas estão registradas as estratégias de luta e resistência nos quilombos, os conhecimentos guardados e repassados de geração em geração".

As mulheres quilombolas de diferentes territórios assumem a função ou dela são investidas de contar a história de seus lugares e transmitir os saberes ancestrais de "boca a ouvido" de geração em geração (HAMPATÉ BÂ, 2011). Tomamos como referência as narrativas das mulheres da comunidade quilombola de Narcisa localizada na zona rural do município de Capitão Poço no Nordeste paraense para refletir sobre a tradição oral, marca das comunidades afrodiaspóricas, através da qual acionam os eventos do passado no presente para dar suporte à luta por direitos enquanto grupo étnico específico.

No processo de elaboração de monografias e relatórios técnicos realizados tanto por órgãos ligados ao movimento negro (como o Centro de Defesa do Negro no Pará – CEDENPA) quanto pelos estatais (como o Instituto Nacional de Colonização e Reforma Agrária – INCRA), a tradição oral foi acionada para coletar informações acerca da ancestralidade negro-africana-escravizada dos negros de Narcisa com o intuito de garantir os direitos proclamados na Constituição de 1988 aos nomeados remanescentes de quilombo[10].

---

10 Artigo 68 dos Atos das Disposições Constitucionais Transitórias (ADCT): "Aos remanescentes das comunidades dos quilombos que estejam ocupando suas terras, é reconhecida a propriedade definitiva, devendo o Estado emitir-lhes títulos respectivos".

No primeiro estudo sobre Narcisa, realizado pelo CEDENPA em 2000[11], no Relatório Técnico de Identificação e Delimitação – RTID realizado pelo INCRA em 2010 e por fim na pesquisa de campo realizada entre abril e outubro de 2013, por uma das autoras deste capítulo,[12] as narrativas orais foram amplamente utilizadas como fontes a partir das quais foi possível elaborar os materiais produzidos sobre a história e memória da referida comunidade.

Nos trabalhos citados, as narrativas negras femininas foram fundamentais para a coleta de dados. Embora as pesquisas não tivessem a intenção de tomá-las unicamente como interlocutoras, elas se sobressaem na medida em que, no caso do Narcisa, a memória do grupo é amplamente marcada pelas histórias contadas por uma mulher, a senhora Maria Alcântara, através da qual os herdeiros lembram e rememoram o passado de escravidão, a origem do grupo, os saberes e fazeres como as rezas, as curas, o trato com as ervas medicinais, os divertimentos e o apoio mútuo como o mutirão. A genealogia do grupo foi transmitida através da oralidade cuja principal detentora era esta senhora que segundo contam morreu aos 116 anos.

São através de rezas como a que transcrevemos a seguir que o ato de lembrar as histórias contadas pelos velhos (a mãe velha) encaminha os atuais moradores de Narcisa a imagens, paisagens, cantigas e rezas do tempo passado, contidos no presente.

> Sexta, sexta, santa. Três dias antes da páscoa. Quando Deus andou no mundo fazendo a sua chamada se ajuntava de um a um, se ajuntava de dois a dois. Só quem respondeu foi Santa Madalena e Santo Batião (São Sebastião). Um lavava mão e outro lavava o pé. Dentro do cálice sagrado um será rei e outro recusado. Quem beber essa água será bem abençoado. Quem aprendeu não ensinar na hora da morte vai penar. Quem ouvir não aprender na hora da morte vai se arrepender. Com Deus me deito. Com Deus me levanto. Com divina graça ao Espírito santo. Eu benzo

---

11 TRINDADE, Joseline Simone Barreto e NOGUEIRA, Shirley Maria Silva. *Narcisa*: história e memória de uma comunidade negra em Capitão Poço. Belém: CEDENPA, maio de 2000.

12 SODRÉ, Raimunda Conceição. "Aqui é uma parentesa só": Conjugalidade, Gênero e Identidade na Comunidade Quilombola de Narcisa – Capitão Poço/PA. Dissertação (Mestrado em Antropologia social) – PPGAS, Universidade Federal do Amazonas, Manaus, 2015. p. 231.

meu corpo que eu quero me deitar. Para que todos os santos venham me acompanhar[13].

Trata-se de uma reza que era constantemente ensinada por dona Maria Alcântara para as crianças. Além de rezas compartilhava saberes sobre plantas medicinais e contava histórias do tempo "dos primeiros". As histórias contadas pela mãe velha (e por outros) e recontadas por seus descendentes foram e são suporte da memória de fatos do passado ativados a partir das necessidades da vida presente.

Dona Maria Alcântara é, por assim dizer, o acervo bibliográfico do Narcisa, assumindo a função de guardiã da memória e de transmitir para as gerações futuras seus ensinamentos. A herdeira Benedita (filha de dona Maria Alcântara) relata como eram esses momentos em que a mãe repassava seus conhecimentos para as crianças:

> [...] ela só chamava as crianças pra rezar, ai rezavam e ela "dizia olha eu tô te ensinando pra vocês aprenderem, pra vocês ensinarem pra outros", ai começavam a rezar e eles começavam a conversar ai ela dizia "ah eu vou deixar isso de mão vocês não querem é nada", ai eles deixavam e não demoravam eles chegavam de novo "como é minha mãe velha" e agora vamos rezar e ai ela dizia "ah eu não rezo", ai iam trabalhar com ela até que ela rezava. Não sei se essa Francisca aprendeu, mas ela ensinou foi muito pra Francisca e pra Ivanice, não sei se aprenderam. (Entrevista, Comunidade Quilombola de Narcisa, 2013).

As histórias do tempo dos antigos são compartilhadas pelos agentes sociais de diferentes gerações na medida em que a memória individual é construída em interação com a memória do grupo de origem. O velho, em algumas sociedades, exerce a função de guardião da família, do grupo, da instituição e da sociedade (BOSI, 1994). Essa autora argumenta que embora a tarefa de lembrar não seja uma função social imposta e nem exclusiva dos velhos, por já estarem afastados dos afazeres do cotidiano, se dedicam com mais frequência às narrativas de assuntos do passado.

---

13 Essa reza foi escrita por Francilene e entregue no último dia do período de campo de uma das pesquisadoras no ano de 2013. Essa herdeira é bisneta de dona Maria Alcântara. Foram realizadas algumas correções para tornar o texto mais acessível ao leitor.

MULHERES QUILOMBOLAS: TRADIÇÃO ORAL E SABERES AFRODIASPÓRICOS...

Maria Alcântara é neta dos dois casais que, segundo as narrativas, fundaram a comunidade. Em 2000, quando as pesquisadoras Joseline Trindade e Shirley Nogueira estiveram em Narcisa para fazer entrevistas com intuito de elaborar a monografia que subsidiou a certificação da comunidade como autodeclarada quilombola pela Fundação Cultura Palmares, foi a interlocutora privilegiada por elas, em virtude de sua idade (era a mais velha na época) e da memória acumulada e compartilhada pelos antigos do lugar. Na ocasião, ela narrou como os casais fundadores chegaram ao local:

> Cumo eles chegaram aqui? Foi assim vieram daí de baixo, daí de longe de baixo de Ourém. A finada minha tia, quera bisavó dessa que mora ali ela foi escrava, foi do tempo da escravatura eu cunheci este pedaço porque ela conversava com nós. Ela já murreu bem velhinha também. [...] Ela, veio já dispôs de moça feita, já meio idosa, já moça, que ela chegou, que ela veio com a mãe dela e o pai, veio simbora e ela conversava com nós, ela dizia "no tempo que eu tava trabalhando na escravatura, lá num trabalha assim". Eu dizia: como é que vocês trabalhavam? Ela dizia: "nós trabalhava era só umas horas, quando chegava aquelas horas que a gente tava trabalhando, tinha o mandante que governava nós, chamava nós do serviço e pra pegar a bóia ou pra beber qualquer coisa, e nós saia dali e ia pra lá. Quando nós saia que nós terminava de comer ou beber, quando nós chegava lá em casa era de noite". Digo faziam só pra experimentar vocês? Não sei se era pra esprementar ou será mesmo gosto deles trabalhar até de noite, é...[...] Não, o meu avô foi buscar ela (P: o seu avô foi buscar pra morar aqui?) Foi, aqui dentro desse sítio. [...] Dum era Nunhé do outro que era da mãe, era Filipe[14].

É através dos relatos transmitidos por dona Maria Alcântara que os herdeiros lembram dos casais fundadores. A memória genealógica dos moradores de Narcisa remonta a dois casais: Nunes Alves do Nascimento, casado com Marcela, e Felipe Conceição dos Santos, casado com Suzana. Essa memória indica que esses dois casais fugiram, ainda na segunda metade do século XIX, de fazendas de Ourém e se estabeleceram próximos às margens do rio Guamá, onde hoje está localizado o núcleo central da comunidade quilombola de Narcisa.

---

14   Entrevista: 15/03/2000. *In*: Trindade e Nogueira (2000, p. 47).

De acordo com o relato da guardiã da memória ancestral, os dois casais fundadores fugiram de fazendas de Ourém e vieram "botar roçado" na margem do rio Guamá e assim deram origem à comunidade. Eles agiram de acordo com um dos meios disponíveis na época para reclamar a liberdade do cativeiro, inseridos que estavam em um contexto de questionamentos do regime escravocrata no Brasil e, mais particularmente, no Pará.

Esse questionamento do sistema escravocrata, de acordo com Salles (2005), ocorreu ainda nos primeiros tempos da introdução da mão de obra africana no Pará. Informação corroborada por Castro (2003) ao salientar que os negros escravizados empreenderam mecanismos diversos para romper com o sistema escravocrata e construir longe das senzalas a vida em liberdade. Para essa autora, "as rupturas com o sistema escravagista, as revoltas, os levantes e as fugas emergem já desde o início do século XVIII. Grupos crescentes de negros logra[ra]m romper os laços com seus senhores pela fuga, sobretudo" (CASTRO, 2003, p. 02).

Os negros que fugiam, mesmo em condições de clandestinidade, exerciam atividades diversas, inclusive para terceiros como maneira de assegurar suas condições de existência fora da escravidão. A autora observou, porém, que "a maior parte [acabou] por recriar, no interior das florestas, seus roçados, fortalecendo assim os laços internos e ampliando seus conhecimentos e as práticas de uso dos recursos da floresta e cursos d'água" (CASTRO, 2003, p. 02).

Na região Guajarina e Bragantina, no Nordeste Paraense, na área de confluência entre Maranhão e Pará, área de localização de várias comunidades quilombolas, entre as quais o Narcisa, as fugas ocorriam constantemente como maneira eficaz na resistência ao regime escravocrata (CASTRO, 2006). Esses quilombos/mocambos se organizavam próximos de rios, furos e igarapés pela facilidade de dispersão caso fossem descobertos, mas também para facilitar a locomoção, o escoamento da produção e a comunicação com outras localidades e pessoas.

Gomes (2006) utiliza o conceito de "campo negro" para se referir à rede de apoio estabelecida entre os agentes sociais que compunham a sociedade escravocrata. Esse campo era composto, segundo o autor, por uma diversidade de agentes sociais que colaboravam com os negros em fuga, inclusive comprando os produtos de suas roças e fornecendo mercadorias industrializadas.

MULHERES QUILOMBOLAS: TRADIÇÃO ORAL E SABERES AFRODIASPÓRICOS... **413**

O relato de Maria Alcântara não só faz referência aos avós que vieram "daí de baixo de Ourém", onde eram escravizados, como também informa sobre a tia que foi escravizada e veio morar na comunidade após a abolição, quando o pai foi buscá-la. A tia a qual ela se refere é constantemente lembrada por outros moradores. A herdeira Nilda, que "nasceu, cresceu, casou e criou" em Narcisa, relata que Justina Luiza era escravizada em uma fazenda localizada na Vila de Ourém, enfatizando o trabalho nas roças de mandioca e os castigos que sofria em seu cativeiro:

> A finada Justina. Ela tinha a cabecinha peladinha. Rapadinha. Ela contava: "minha filha, quando um tempo procure alguma coisa pra vocês estudarem, pra vocês não irem na roça muito, porque vocês vão pra escravidão como eu sai da escravidão. Nós apanhava fazendo farinha. Botavam massa no forno e mandavam meter fogo de baixo do forno, se a massa queimasse a gente pegava aquelas lambadas". Isso ela falava pra gente. Era taca mesmo. [...]. Quando ela veio da escravidão ela já veio com a cabeça rapada, já com a cabeça amarrada com um pano. [...] Foi lá que raparam, lá onde ela vivia. [...] Era, porque só ela que foi pra escravidão. Nós levava hora. Ela fazia nós sentar pra ela contar essas coisas (Entrevista, Comunidade Quilombola de Narcisa, 2013).

Os senhores de escravos do Pará ficaram famosos "na crônica da escravidão, pelo rigor com que castigavam e maltratavam os escravos". Salles (2005, p. 159) elenca algumas formas de castigar os escravos em fazendas no Grão Pará e Maranhão:

> Os escravos sofriam açoites, a imobilização aos troncos, uma série de castigos que ia até o limite do assassínio. Os instrumentos de castigo eram variados e às vezes requintadíssimos. A tradição conserva, em muitos lugares, o fantasma do sumidouro, lugar em que se dava sumiço aos escravos rebeldes ou merecedores da pena capital: um poço profundo que se acredita geralmente comunicar-se, através de um túnel, ao rio ou igarapé mais próximo.

Outros castigos são abundantemente narrados nos jornais que noticiavam a fuga de escravos. Esses jornais, ao descrever o tipo físico do fugitivo, citavam os sinais dos castigos, como dentes quebrados, marcas de ferro em brasa, narizes e orelhas cortadas (SALLES, 2005). Raspar a cabeça, nesse sentido, é percebido como mais um instrumento de castigar e maltratar os escravos nas propriedades escravocratas em várias regiões do Pará.

A mão de obra africana é utilizada no Pará desde meados do século XVIII em diversas atividades, tanto no campo quanto na cidade. De acordo com Castro (2006), os africanos estiveram ocupados em trabalhos em minas de ouro, em pedreiras, nas lavouras, na construção de fortificações e prédios coloniais, na fabricação de utensílios ou no trabalho doméstico. Nessa mesma linha interpretativa, Bezerra Neto (2001) relata que os escravos introduzidos pela Companhia Geral do Grão-Pará e Maranhão atendiam aos proprietários escravistas residentes em Belém e aos que residiam em diferentes vilas da capitania, como Cametá, Bragança, Ourém e Praça de Macapá. Os escravos introduzidos pela Companhia eram utilizados especialmente nas lavouras de arroz, algodão, cacau, açúcar e nos roçados de mandioca. A fabricação de farinha, portanto, fazia parte das atividades executadas pelos cativos, inclusive na fazenda em que Justina era escravizada, como pode ser observado no relato de dona Nilda.

Em outra narrativa, a herdeira Benedita, tomando como referência as histórias contadas por sua mãe, relata que mesmo longe dos senhores, seus antepassados viviam com medo de serem recapturados:

> Ela só falava (Dona Maria Alcântara) que eles correram, correram, tavu escondendo os filhos por causa da escravatura. A mãe dela veio esconder eles pra cá pra cima. Subiram de lá, por isso que nós diz que pra lá de onde o dono do som (Tupinambá) mora eles vieram correndo de lá, por isso que nós diz que nós tem gente praí. [...] Quem quem, eles vieram de lá do Tupinambá. [...] Era, que eles vinho correndo de lá, ai eles vieram foro praí e botaram roça. [...] Era só mato mesmo, eles vinho torrar farinha de noite por causa das crianças [...] (Entrevista, Comunidade Quilombola de Narcisa, 2013).

Na historiografia produzida sobre a escravidão no Pará (SALLES 2004; 2005; 2013; BEZERRA NETO, 2001; VERGOLINO-HENRY; FIGUEREDO, 1990, dentre outras), é ressaltado que a intensificação à repressão aos negros fugitivos crescia à medida que as fugas se tornavam cada vez mais constantes. Nesse sentido, os moradores de Narcisa inseridos no contexto da escravidão estavam vulneráveis aos projetos de recaptura dos escravagistas. Nos documentos catalogados por Castro (2006), há pelo menos quarenta e duas referências que fazem menção à presença de quilombos na região Bragantina. Destes, oito fazem referência à presença de quilombos na Vila de Ourém. Os conteúdos desses documentos se referem à captura de negros que viviam aquilombados nesta vila, referidos como inimigos e perigosos para a tranquilidade do lugar.

As narrativas transmitidas pelas mulheres através da oralidade informam que a comunidade quilombola busca no passado de escravidão, ocupação comum da terra e no parentesco os elementos constituidores de sua identidade e, por assim dizer, legitimam o processo de reconhecimento do território étnico. Neste sentido, a memória evocada entrelaça elementos do passado aos do presente que, articulados, dão coerência ao mito de origem da comunidade.

Trouxemos as narrativas de dona Maria Alcântara, dona Nilda e dona Benedita do quilombo de Narcisa para enfatizar que as mulheres quilombolas são detentoras de conhecimento e titulares de saberes e que não precisam ter sua voz tutelada, pois elas podem falar por si e pelos seus, elas são as protagonistas de sua história. Por mais que a ciência moderna não reconheça os saberes tradicionais elaborados nesses territórios do saber como o quilombo, a partir de outras epistemologias, isso não quer dizer que não são válidos. Podem não ser válidos para a academia eurocentrada, mas para os seus grupos de pertencimento eles são extremamente importantes e são seus pares que as investem do status de sabedoras e cientistas forjadas na experiência da luta cotidiana por existência.

Saberes afrobrasileiros e tradição oral no quilombo de Santa Rita de Barreira

No quilombo Santa Rita de Barreira, as pessoas desde muito jovens são ensinadas a realizarem diferentes atividades, muitas delas são as mulheres que se encarregam de transmitir o conhecimento, como pode ser observado na fala de dona Antônia Oliveira:

[...] olha eu sei roçar, a minha mãe me ensinou eu sei, eu sei derrubar, sei capinar, fazer cova pra plantar a maniva, sei incuivarar, em fim, sei fazer farinha, agora que é aqui no motor, eu tive de impurar a mandioca só uma vez porque eu tenho muito medo da minha mão lá. Com a mamãe não, quando nós era tudo solteira [...] eu e aminha irmã a gente tinha roça aí dentro. De manhã cedo, quatro hora da manhã mamãe nos chamava fazia o café [...] (Entrevista, Comunidade Santa Rita de Barreira, 2017).

O relato revela que as mulheres que vivem neste quilombo ensinavam e ensinam as(os) suas(eus) filhas(os) os ofícios importantes para existência de seu grupo social, ao mesmo tempo em que nos mostra que aquelas mulheres executavam e executam diferentes trabalhos como o plantio da roça, a capina, a colheita e o preparo da farinha de mandioca. Ademais, nos revela as mudanças no preparativo da farinha, assim no passado a mandioca era manipulada de forma artesanal e para tanto usavam o ralo feito pelas(os) próprias(os) quilombolas(os) e na contemporaneidade é usado um motor movido a gasolina, o qual dona Antônia Oliveira relata que tem medo de manuseá-lo dado o risco de sofrer algum acidente e machucar suas mãos. As mulheres, ao longo dos anos, adquiriram vários conhecimentos os quais são transmitidos para outras gerações, que foram obtidos a partir de suas experiências e seu tempo histórico.

De tal modo que as mulheres do quilombo, ao falarem de suas vivências, as relacionam sempre com as de suas mães, avós e tias, já que muito de seus conhecimentos foram adquiridos com a convivência com as mulheres de sua família. Outrossim, ao falarem de suas experiências revisitam na memória a história de seus ancestrais, sobretudo das mulheres do seu quilombo, história que se perpetua ao longo dos anos através da oralidade, mediante a lembrança das pessoas mais velhas, principalmente os saberes importantes para o grupo social como, por exemplo, o trabalho na agricultura e no extrativismo animal e vegetal, o manejo e manipulação dos recursos naturais para tratamento da saúde coletiva, o samba do cacete, o carimbó, entre outros.

Neste capítulo tomamos como referência a manipulação das plantas medicinais para o tratamento da saúde coletiva para explorar o conhecimento transmitido de geração a geração através da oralidade na Comunidade Santa Rita de Barreira.

MULHERES QUILOMBOLAS: TRADIÇÃO ORAL E SABERES AFRODIASPÓRICOS... **417**

Nesse quilombo a medicina popular é praticada por curandeiras e benzedeiras que buscam o tratamento e/ou prevenção de doenças. Segundo Araújo (1979), no Brasil, a medicina popular é o resultado das relações culturais entre portugueses, indígenas e africanos após anos de contatos e interação forçada. Nesse sentido, é difícil distinguir que elementos é puramente indígena, africano ou europeu. Restam de concreto à investigação da(o) curandeira(o) e da(o) benzedeira(o) que poderão dar algo que indique, em parte, a origem étnica de suas técnicas empregadas durante a prática de cura (ARAÚJO, 1979).

As (os) moradoras (es) de Santa Rita de Barreira depositam credibilidade à medicina popular para prevenção e/ou tratamento de várias enfermidades e transmitem essa credibilidade de geração a geração, de tal modo que muitas pessoas adultas desse território foram pouca ou nenhuma vez ao médico, isso não significa que nunca tenham sofrido algum tipo de enfermidade, mas sim que ao sentirem algum sintoma de doenças recorrem à curandeira do quilombo e só procuram o médico se esta os recomendar. Assim, as mulheres do quilombo conhecem e usam várias plantas medicinais para tratamento e prevenção de enfermidades, elas retiram as plantas da floresta e/ou cultivam em seus quintais, e sabem exatamente que tipo de planta que devem usar para cada tipo de doença, como bem nos relatou dona Maria Hosana dos Santos Castro (46 anos): *"[...] olha sendo que se eu cismar que meus filho tão com problema de verme [...] Aí eu pego a flor do mamão macho, o alho e a flor do cajueiro [...] aí eu vou pego, faço chá e dou, aí se não resolver aí eu faço o chá da raiz da chicória que ela é boa também [...]".*

Tais práticas se difundiram na construção cultural das (os) moradoras (es) do quilombo. Desse modo, os saberes relacionados ao cultivo e ao uso de plantas medicinais, a exemplo de sementes, raízes, caule, cascas, cipós, folhas e frutas para fazer chás, xaropes, garrafadas, e banhos para uso medicinal estão presentes no cotidiano delas (es) e são usados pela maioria das famílias que ali vivem. Dessa forma, os povos tradicionais que usaram e usam plantas medicinais para o tratamento da saúde coletiva mostram que não existe uma única maneira original e ideal que orientem as pessoas a terem suas experiências de vida, sobretudo relacionadas às práticas de cura (OLIVEIRA, 1985).

É importante destacar que a prática de uso de plantas medicinais não se restringe às mulheres do quilombo, visto que os homens também fazem uso da medicina popular para tratamento de sua saúde. Contudo, a pesquisa empírica revelou que são as mulheres as guardiãs do conhecimento relacionado à manipulação das plantas para fins medicinais e que elas transmitem esse conhecimento para suas filhas, irmãs, netas e noras. Ademais, quando os homens estão enfermos, procuram suas mães, irmãs, esposas ou a curandeira do quilombo para fazerem os chás, banhos ou outro medicamento a base de planta medicinal.

No quilombo não existe posto de saúde, assim a maioria das pessoas que ali vive procurou apenas uma ou duas vezes assistência médica para tratar de algum tipo de enfermidade ao longo de sua vida. Entretanto, a pesquisa empírica revelou que elas (es) utilizam plantas medicinais para o tratamento da saúde coletiva porque acreditam em sua eficácia e porque faz parte de sua cultura, esta vem sendo transmitida por várias gerações. Dessa forma, ao serem indagados se ao sentirem algum problema de saúde procuram o médico responderam que preferem fazer um chá em suas casas e se for algo mais grave buscam remédio com a curandeira do quilombo, pois todos os seus antepassados se tratavam usando essa prática e assim confiam na eficácia dos remédios feitos de plantas e nos ensinamentos das (os) mais velhas (os).

Dona Antônia Almeida (70 anos) é uma curandeira respeitada no quilombo de Santa Rita de Barreira. Ela guarda em sua memória o nome, as partes e a quantidade exata das plantas medicinais, bem como o tipo de doença que deve ser tratada com cada uma delas. De acordo com Del Priore (2013), as mulheres e suas doenças, desde o período colonial no Brasil, vivenciam diferentes saberes que eram e são transmitidos oralmente de geração a geração. Para a autora, o mundo vegetal é cheio de símbolos e práticas ligados às plantas, decodificados pelas mulheres, como observado no quilombo.

Durante a entrevista, dona Antônia Almeida nos revelou que seus conhecimentos foram adquiridos ao longo dos anos observando sua mãe, avós e as (os) mais velhas(os) da comunidade onde mora. Os conhecimentos relacionados à manipulação de plantas medicinais fizeram com que dona Antônia e outras mulheres do quilombo conquistassem uma relativa autonomia na sociedade em que vivem. Essa autonomia se traduz na maneira em que lidam com as doenças. Dessa forma, são vistas em sua região como pessoas que têm o dom de curar, isto fez com que passassem a ser respeitadas e admiradas pelo seu grupo social. As pessoas que vivem no quilombo de Santa Rita de Barreira desde criança têm experiência com curandeiras, benzedeiras e rezadeiras, já que estas eram/são suas mães, tias e/ou irmãs. Logo, essas práticas de cura fazem parte de sua vida cultural.

As curandeiras, rezadeiras e benzedeiras dos quilombos dominam as rezas e plantas, fazem garrafadas, banhos e chás, elas misturam o mundo místico aos conhecimentos curativos das plantas. De tal modo que, segundo as(os) moradoras(es) de Santa Rita de Barreira, a benzeção serve para doenças cujas causas são reconhecidas como biológicas, mas também aos males espirituais, tais como quebranto e mau-olhado, como bem ressaltou dona Ana Lúcia Braga Santo (52 anos): *Ela tava com olhado de bicho [...] ela não conseguia dormir [...] chorava e dizia que ela via um bicho [...] foi por isso que ela veio aqui. E aí foi que eu benzi ela, eu benzi, ensinei um remédio pra ela, uns banho pra fazer pra ela.* Nesse sentido, a benzeção serve tanto para doenças do corpo quanto para os males espirituais ou relacionados aos animais que vivem na floresta. As benzedeiras sabem o que devem fazer quando estão diante de tais problemas, já que aprenderam com seus ancestrais o tipo de reza e as plantas que devem usar para cada tipo de caso. Para Oliveira (1985), as benzedeiras são especialistas que mantêm, através de suas rezas, fórmulas e simbolismo, os segredos e saberes acerca das plantas para cada tipo de enfermidade.

Os povos tradicionais experimentam e se relacionam com o biológico e o natural de maneira diferente dos ocidentais, já que para os primeiros não existe separação entre natureza e cultura, ao contrário dos segundos que fazem uma estrita separação entre o mundo biofísico, humano e sobrenatural (SCOBAR, 2000).

Nos quilombos do Nordeste paraense, sobretudo em Santa Rita de Barreira, as mulheres organizaram várias estratégias de sobrevivência a partir do uso de recursos naturais e de laços de solidariedade. Isso é observado na hora das doenças, da morte e do nascimento de uma criança. Nesse momento, as mulheres, principalmente as mais idosas, voltam os cuidados à parturiente e ao recém-nascido, pois o que está em jogo não é apenas o nascimento, mas também a vida e o temor da morte tanto da mãe quanto da(o) filha(o). Os saberes relacionados à manipulação de plantas, e herdados de suas avós e mães, são fundamentais para garantir a sobrevivência de mães e filhas (os).

Pinto (2004), em sua pesquisa sobre o quilombo do Umarizal no Pará, mostrou que as mulheres que lá vivem organizaram/organizam estratégias para enfrentar as dificuldades cotidianas, e elas são as responsáveis pela saúde e pelo ritual que envolve o nascimento das crianças de seu grupo social.

Em Santa Rita de Barreira, as mulheres se envolvem no nascimento da maioria das crianças, uma vez que possuem vários conhecimentos, os quais foram adquiridos ao longo dos anos a partir da convivência com outras mulheres que detinham os saberes relacionado as parturientes e aos recém-nascidos, todos esses saberes são fundamentais para o sucesso do parto, a exemplo de banhos, chás e alimentos.

As parteiras ganham experiência ao longo de sua vida, assim, com um simples toque ou até mesmo um olhar para barriga da grávida já conseguem saber como a criança está e se a parturiente poderá ter seu filho em casa. Porém, em alguns casos, suas previsões falham, mas segundo as moradoras da região é muito difícil uma parteira experiente errar em suas intuições, como bem destacou dona Socorro, moradora do quilombo de Santa Rita de Barreira: *"[...] minhas parteiras todas disseram pra mim como ia acontecer com meu parto e nenhuma negou, todas falaram o correto. Quando eu tava grávida desse meu filho aí, que fui o segundo filho, ela, com 7 meses ela me despachou,* né? [...]". Essas mulheres confiam nas parteiras, pois os saberes adquiridos ao longo dos anos são fundamentais às parturientes, a exemplo de massagens na barriga e remédios feitos de plantas para tomar antes e depois do parto. Essas qualidades das parteiras são resultado das práticas cotidianas e do desafio de assumir o destino da vida da parturiente e das(os) suas(eus) filhas(os). Para a historiadora Pinto (1997), as atividades realizadas pelas parteiras de comunidades tradicionais se encontram envoltas em práticas míticas e as transformam em guardiãs de saberes ocultos que só elas dominam após longos anos de aprendizado.

Em Santa Rita de Barreira, os conhecimentos sobre a manipulação de plantas para fins medicinais foram construídos ao longo dos anos, sobretudo entre as mulheres, as quais se preocupam em transmitir para suas filhas, netas, sobrinhas, amigas e vizinhas, como bem destacou dona Antônia de Castro Silva (70 anos): *"[...] olha, minha filha, isto aqui é pra... é pra quando eu não tiver[...] ela se preocupa em aprender, ela faz [...]"*

As mulheres de Santa Rita de Barreira reconhecem a necessidade de transmitir os conhecimentos relacionados à manipulação de plantas para fins medicinais, uma vez que é assim que aprendem como se prevenir e tratar de algumas enfermidades. Nesse quilombo as curandeiras iniciantes são acompanhadas pelas mais antigas, pois estas têm o compromisso de compartilhar os saberes com os parentes, vizinhos e com qualquer outra pessoa que necessite de tratamento.

Dessa forma, os laços afetivos e as relações parentais, de vizinhança e compadrio moldam o estilo da vida do quilombo, fazendo com que as curandeiras, que também são benzedeiras e parteiras, sejam uma das responsáveis pela transmissão dos conhecimentos tradicionais e pelo tratamento da saúde coletiva.

A criança aprende as primeiras atividades com os mais velhos do seu grupo de pertencimento e continua seu aprendizado ao longo da vida, isso acontece inclusive com as ocupações que não possuem aprendizado formal. Isso significa que junto com os saberes que são transmitidos são repassadas também experiências sociais e a sabedoria comum da coletividade (THOMPSON, 1998). Por fim, conforme enfatiza Thompson (1998), mesmo que a vida se altere, não atinge o ponto em que se admite que cada geração terá um horizonte diferente, uma vez que a educação formal não se interpõe de forma significativa no processo de transmissão de conhecimentos de geração para geração.

Notas conclusivas: tradição viva como herança da diáspora africana nos quilombos do Nordeste paraense

A história e a cultura dos povos quilombolas da Amazônia brasileira é transmitida de geração a geração pelas pessoas mais idosas desses quilombos que guardam em suas memórias os registros dos eventos de seu grupo social. No entanto, um olhar desatento mostrará que é algo simples, mas uma análise mais profunda revelará que esta é uma herança da cultura africana presente nesses territórios, pois um dos costumes importantes dos povos africanos é a tradição oral, através da qual os acontecimentos são transmitidos pacientemente "de boca a ouvido", "de mestre a discípulo", durante séculos (HAMPATÉ BÂ, 2011), o que significa que esta é uma tradição viva na África e também na Amazônia, como evidenciamos a partir das pesquisas empíricas realizadas nas comunidades quilombolas do Nordeste paraense.

A cultura ocidental na qual prevalece a escrita e valida os saberes, durante muito tempo, negou os povos ágrafos por julgar que eram sem cultura, no entanto, estes sempre buscaram conservar e transmitir sua história e cultura através da oralidade. Para Vansina (2011, p. 140), "A oralidade é uma atitude diante da realidade e não a ausência de uma habilidade [...]".

Assim, nos quilombos do Nordeste paraense predomina a oralidade, pois suas histórias e costumes são transmitidos de geração a geração pela fala, pelos gestos e expressões corporais e são as pessoas mais velhas que se encarregam de transmiti-los às gerações mais novas. Vale destacar que mesmo havendo uma forte influência da cultura ocidental nesses quilombos, a pesquisa empírica revelou que quando se trata da história e dos costumes desses povos, a escrita fica relegada a segundo plano, o que nos leva a inferir que são povos que valorizam a palavra. De tal modo que os costumes e tabus são transmitidos oralmente e são levados a sério pela maioria dos membros dos quilombos.

É fundamental perceber os saberes tradicionais enquanto construção e reconstrução do processo histórico e sociocultural do cuidar cotidiano e como expressões culturais dos povos racializados (FREIRE, 2008), mas também como experiências e estratégias de vida deles diante das diversas opressões que os atravessavam como de raça, gênero, trabalho e território. Tais experiências e estratégias foram construídas ao longo dos séculos, visto que durante o período de escravidão, no Brasil, e mesmo após a abolição os povos racializados tiveram que criar e recriar suas práticas culturais herdadas dos negros da diáspora no sentido de assegurar sua existência.

Por conseguinte, os saberes tradicionais não são conteúdos meramente verbais e portadores de sentidos, pois transmitem também uma experiência e uma competência que tem um lado instintivo e que pede mais que uma adesão a um conjunto de significados culturais, exigindo dos sujeitos sociais uma imersão nas práticas culturais do grupo. Nesse sentido, a memória, a reprodução de certos rituais, a preservação de saberes, as recordações familiares, bem como a transmissão de heranças materiais e imateriais são extensões importantes do sentimento de pertencimento e dos laços familiares, conforme assegura Candau (2016).

Portanto, nos quilombos do Nordeste paraense, há uma continuidade histórica de reprodução de várias práticas ligadas à transmissão dos saberes tradicionais que visam à preservação da história e da cultura desses povos. E as mulheres são umas das responsáveis por essa continuidade histórica tão importante ao modo de vida quilombola. Assim, as mulheres de diferentes gerações compartilham e dialogam com suas experiências cotidianas, pois necessitam

MULHERES QUILOMBOLAS: TRADIÇÃO ORAL E SABERES AFRODIASPÓRICOS... **423**

desses conhecimentos para o bem-estar de seu povo, mas também porque fazem parte da cultura local a tradição da oralidade, a qual é uma herança que se perpetua há séculos entre os povos da diáspora negra.

Referências

ALMEIDA, A. W. B. *Terras de quilombos, terras indígenas, "babaçuais livres", "castanhais do povo", faxinais e fundos de pastos*: terras tradicionalmente ocupadas. 2. ed. Manaus: PGSCA-UFAM, 2008.

AMARAL, A. J. P. *Artesanato quilombola*: identidade e etnicidade na Amazônia. *Cadernos do CEOM*, 2010.

ARAÚJO, A. W. *Medicina Rústica*. v. 3, São Paulo: Cia Ed. Nacional, 1979.

BERNARDINO-COSTA, Joaze, MALDONADO-TORRES, Nelson; GROFOGUEL, Ramón (org.) *Decolonialidade e pensamento afrodiaspórico*. 2. ed. Belo Horizonte: Autêntica, 2020.

BEZERRA NETO, José Maia. *Escravidão negra na Amazônia (séculos XVII-XIX)*. Belém: Paka-Tatu, 2001.

BOSI, Ecléa. *Memória e Sociedade – lembranças de velhos*. São Paulo: Companhia das Letras, 1994.

CASTRO, Edna (org.). Quilombos de Bujaru. *Relatório do Projeto de Pesquisa Mapeamento de comunidades negras rurais no Pará*: ocupação do território e uso de recursos, descendência e modo de vida. Belém, Convênio UNAMAZ/SEJU/Programa Raízes, maio de 2003.

CASTRO, Edna (org.). *Escravos e senhores de Bragança*: Documentos históricos do século XIX, região Bragantina, Pará. Belém: NAEA, 2006.

CANDAU, J. *Memória e identidade*. 1. ed. São Paulo: Contexto, 2016.

DEALDINA, Selmas dos Santos. Mulheres quilombolas: defendendo o território, combatendo o racismo e despatriarcalizando a política. *In*: DEALDINA, Selma dos Santos (org.). *Mulheres quilombolas*: territórios de existências negras femininas. São Paulo: Sueli Carneiro: Jandaíra, 2020, p. 25-44.

DEL PRIORE, Mary. (org.). *Minha história das mulheres no Brasil*. 2. ed. São Paulo: Contexto, 2013.

ESCOBAR, Arturo. El lugar de la naturaleza y la naturaleza del lugar: ¿globalización o postdesarrollo? *In*: LANDER, E. (org.). *La colonialidad del saber*: eurocentrismo y ciencias sociales. Perspectiva latino-americanas. Buenos Aires: CLACSO, Consejo Latinoamericano de Ciencias Sociales. 2000.

FREIRE, Priscila. Gênero e saberes da Amazônia: reflexões sobre saúde e conhecimentos tradicionais. In: *Fazendo gênero: corpo, violência e poder*. 2008. Florianópolis. 2008. Disponível em: http://www.fazendogenero.ufsc.br/8/. Acesso em: 3 jan. 2018.

GONÇALVES, Aline Najara da Silva. *Luiza Mahin*: uma rainha africana no Brasil. Rio de Janeiro: CEAP, 2011.

GONZALEZ, Lélia. Mulher negra, essa quilombola. *In*: RIOS, Flávia; LIMA, Márcia (org.). *Por um feminisno afro-latino-americano*: ensaios, intervenções e diálogos – Lélia Gonzalez. Rio de Janeiro: Zahar, 2020. p. 197-200.

GUEDES, Ana Célia Barbosa (2018). *Mulheres quilombolas e uso de plantas medicinais*: práticas de cura em Santa Rita de Barreira/PA. 2018. Dissertação (Mestrado em Desenvolvimento Sustentável do Trópico Úmido) – Universidade Federal do Pará, Belém, 2018.

GEERTZ, Clifford. [1973]. Uma descrição densa: por uma Teoria Interpretativa da Cultura. *In*: GEERTZ, Clifford. *A interpretação das culturas*. Rio de Janeiro: Guanabara Koogan, 1989.

HAMPATÉ BÂ, Amadou. A tradição viva. *In*: KI-ZERBO, Joseph (ed.). *Metodologia e Pré-História da África*. 3. ed. São Paulo: Cortez; Brasília: UNESCO, 2011, p. 167 (221)-212 (266). – (Coleção História Geral da África; vol. I).

MENDES, Maria Aparecida. "Saindo do quarto escuro": violência doméstica e a luta comunitária de mulheres quilombolas em Conceição da Crioulas. *In*: DEALDINA, Selma dos Santos (org.). *Mulheres quilombolas*: territórios de existências negras femininas. São Paulo: Sueli Carneiro: Jandaíra, 2020, p. 59-73.

MELLO, Marcelo Moura. *Reminiscências dos quilombos:* territórios da memória em uma comunidade negra rural. São Paulo: Editora Terceiro Nome, 2012.

NASCIMENTO, Beatriz. A luta dos quilombos: ontem, hoje e amanhã. Jornal Mergulho, 1990. *In*: RATTS, Alex (org.). *Uma história feita por mãos negras*: relações raciais, quilombos e movimentos – Beatriz Nascimento. Rio de Janeiro: Zahar, 2021. p. 236-241.

NAUAR, Ana Lídia *et al.* (org.). *Relatório Técnico de Identificação e Delimitação* – RTID – Comunidade Remanescente de Quilombo de Narcisa. Belém: Instituto Nacional de Colonização e Reforma Agrária – INCRA, dezembro de 2010.

OLIVEIRA, E. R. *O que é medicina popular*. São Paulo: Brasiliense, 1985. (Coleção Primeiros Passos, n. 3).

RATTS, Alex. *Eu sou atlântica*: sobre a trajetória de vida de Beatriz Nascimento. São Paulo: Imprensa Oficial, 2006.

SALLES, Vicente. *O negro no Pará sob o regime da escravidão*. Belém: IAP/Programa Raízes, 2005.

SILVA, Givânia Maria da. Mulheres quilombolas: afirmando o território na luta, resitência e insurgência negra feminina. *In*: DEALDINA, Selma dos Santos (org.). *Mulheres quilombolas*: territórios de existências negras femininas. São Paulo: Sueli Carneiro: Jandaíra, 2020, p. 51-58.

SODRÉ, Raimunda Conceição. *"Aqui é uma parentesa só"*: Conjugalidade, Gênero e Identidade na Comunidade Quilombola de Narcisa – Capitão Poço/PA. Dissertação (Mestrado em Antropologia social) – PPGAS, Universidade Federal do Amazonas, Manaus, 2015. p. 231.

PINTO, B.C.M. *Nas veredas da sobrevivência:* memória, gênero e símbolo de poder feminino em povoados amazônicos. Belém: Paka-Tatu, 2004.

TRINDADE, Joseline Simone Barreto; NOGUEIRA, Shirley Maria Silva. *Narcisa*: história e memória de uma comunidade negra em Capitão Poço. Belém: CEDENPA, maio de 2000.

THOMSON, A. Recompondo a memória: questões sobre a relação entre a História Oral e a Memória. *Revista Projeto História,* São Paulo, n. 15, 1997. (Ética e História Oral).

TOMPSON, E. P. *Costumes em comum*: estudo sobre a cultura popular tradicional. São Paulo: Companhia das Letras, 1998.

VANSINA, J. A tradição oral e sua metodologia. *In*: KI-ZERBO, Joseph (ed.). *Metodologia e Pré-História da África*. 3. ed. São Paulo: Cortez; Brasília: UNESCO, 2011, pp. 139-166. (Coleção História Geral da África; vol. I).

VERGOLINO-HENRY, Anaíza; FIGUEIREDO, Aldrin Moura. *A presença africana na Amazônia Colonial*: uma notícia histórica. Belém: Arquivo Público do Pará, 1990.

QUANDO A ALDEIA É A CIDADE: MULHERES INDÍGENAS, TRAJETÓRIAS, EXPERIÊNCIAS E IDENTIDADES NO CONTEXTO URBANO DE BELÉM DO PARÁ

Ana Lídia Nauar[1]
Alana Wictória Lima de Oliveira[2]

Introdução

Este texto é resultado de uma pesquisa que vem sendo desenvolvida desde 2019 e procurou identificar mulheres indígenas que vivem no contexto metropolitano da cidade de Belém, capital do estado do Pará, e compreender questões que estão relacionadas às suas experiências nesse contexto citadino, com foco em suas ancestralidades, trajetórias e identidades. Com esse intuito, foram entrevistadas três mulheres indígenas, que contaram e analisaram suas trajetórias e vivências. São elas: Célia Maracajá (65 anos, atriz, cineasta e produtora), Carla Bethânia Ferreira da Silva (52 anos, arquiteta, urbanista e artista) e Márcia Kambeba (41 anos, geógrafa, cantora, escritora e Ouvidora do Município de Belém). Todas possuem uma história e engajamento político

---

1 Professora Adjunta de Antropologia Social (UEPA), Docente Permanente do Programa de Pós-Graduação em Educação Escolar Indígena (PPGEEI – UEPA/UFPA/UFOPA/UNIFESSPA). Historiadora, Doutora em Antropologia Social. Coordenadora do GENSEG – Grupo de pesquisa Gêneros, Sexualidades, Educação e Gerações (UEPA/CNPq). E-mail: ananauar@uepa.br

2 Historiadora, Mestranda em História Social no Programa de Pós-Graduação em História Social (UFPA) e pesquisadora do GENSEG – Grupo de Pesquisa Gênero, Sexualidades. Educação e Gerações (UEPA/CNPq). E-mail: Alana.wiict@gmail.com

na luta em prol das populações indígenas e seus direitos.[3] Além do mais, todas elas tiveram contato com a AMWK (Associação Multiétnica Wyka Kwara), sendo que apenas uma delas continua como integrante.

A AMWK é um coletivo que reúne indígenas de várias etnias e pessoas apoiadoras da causa, de diferentes regiões do território brasileiro e até de outros países. Foi oficializada há cerca de dois anos e sua sede física está localizada no município de Ananindeua, Pará. Nesse sentido, atua principalmente na região metropolitana de Belém, na chamada Amazônia oriental brasileira. Esta instituição não governamental visa acolher e apoiar indígenas que estão em contexto urbano, seja os que vieram de suas comunidades em decorrência de algum fator ou um conjunto de fatores, seja os que já nasceram na cidade em decorrência de suas famílias já estarem no ambiente citadino há algumas gerações. Foi por meio da AMWK que conseguimos chegar até essas mulheres indígenas e conhecer suas trajetórias e as desafiantes experiências que tiveram ao longo das suas vivências no contexto urbano, entendendo, dessa forma, como isso se relaciona com as suas ancestralidades e identidades. Esse primeiro contato ocorreu em 2019, momento em que uma das autoras participou de uma atividade em que a Associação Multiétnica Wyka Kwara se fazia presente através de alguns de seus representantes.

Assim, é importante destacar que o desenvolvimento desta pesquisa ocorreu por meio de uma observação de campo, que pode ser entendida aqui como uma "participação observante", possibilitada por uma prática etnográfica crítica e em colaboração conforme assinala James Clifford (2002) quando afirma que: "[...] a experiência evoca uma presença participativa, um contato sensível com o mundo a ser compreendido, uma relação de afinidade emocional com seu povo, uma concretude de percepção" (CLIFFORD, 2002, p. 38). Nesse sentido, buscamos realizar a pesquisa de maneira a envolver (e a nos envolver também) ativamente as interlocutoras para que elas pudessem participar da construção e estruturação deste trabalho. Logo, a metodologia utilizada pretendeu uma abordagem baseada em um processo de descolonização do conhecimento e das práticas de pesquisa também. Sobre esse aspecto é relevante fazermos uma breve reflexão teórica com o intuito de facilitar o

---

3   Todas as interlocutoras autorizaram a divulgação das entrevistas e de suas identidades e imagens para fins desta publicação.

entendimento sobre a metodologia adotada e o lugar ocupado pelas autoras e pelas interlocutoras nesta pesquisa.

Como sabemos, a ciência moderna ocupou um lugar de destaque no processo de colonização, tendo gerado o legado epistemológico do eurocentrismo, marcado por relações assimétricas, violentas e posições extremamente desiguais. Ao levantar esse debate, Hartemann e Moraes (2018) analisam, entre outros aspectos, a transformação da ciência moderna na instituição Ciência, quando esta passa a ser encarada a partir de uma ótica quase divina, a verdadeira e única forma de ter acesso ao conhecimento e, assim, conhecer o mundo. Nesse sentido, alguns atributos são direcionados à ciência como a objetividade, a neutralidade e, consequentemente, a verdade. Segundo as autoras, essa perspectiva marca a ideia de que é somente essa ciência que possibilita a produção de um saber julgado como válido e útil. Mais ainda, ela é pautada pela "colonialidade do saber" (HARTEMANN; MORAES, 2018, p. 11) e criou uma separação epistemológica entre sujeito e objeto, que também pode ser definida como a relação entre o Nós e o Outro. As pesquisadoras pontuam que tudo isso determinou: "[...] quem pode saber e quem não pode, quem pode falar e quem não pode, quem pode ensinar e quem não pode" (HARTEMANN; MORAES, 2018, p. 11-12). Isso é importante ser destacado, na medida em que, há a percepção de que o sujeito que constitui e enuncia essa ciência possui um padrão, ou seja, há uma composição majoritária da produção desse discurso científico que é: "[...] o homem, branco, judaico-cristão, cisgênero, heterossexual, euroamericano, urbanizado e burguês [...]" (HARTEMANN; MORAES, 2018, p. 11).

Essas questões também estão presentes no texto de Grada Kilomba (2019) quando escreve sobre a marginalidade e o silêncio impostos aos grupos afetados pelo colonialismo e pela sua expressão mais atual, o pós-colonialismo. A partir de sua própria trajetória de vida e experiências cotidianas, enquanto uma mulher negra, a autora reflete sobre o entrelaçar do conhecimento com o poder racial e questiona: "Quem sabe o quê? Quem não sabe? E por quê?" (KILOMBA, 2019). Logo, ela percebe como conceitos, tais como conhecimento, erudição e ciência estão estreitamente conectados ao poder e autoridade raciais. E é tendo em vista essa discussão que ela estabelece a sua análise sobre o centro e as margens. O centro refere-se ao meio acadêmico, que, por sua vez, não é um lugar neutro, mas sim um espaço de produção e reprodução de violência. O debate da autora é em relação à desqualificação das vozes negras por esse espaço acadêmico, entretanto, essa discussão pode perfeitamente se estender às vozes indígenas, que também passaram pelo processo de marginalização e silenciamento impostos pelo colonialismo. Então, a questão não é que essas vozes não tenham se manifestado, mas a negação delas por parte do sistema racista representado pela academia.

A margem é onde colocam essas vozes que expressam um "conhe, cimento desviante" (KILOMBA, 2019, p. 51), é um espaço periférico, onde há opressão, mas também resistência e capacidade de imaginar mundos e discursos novos e alternativos. Conseguir chegar no centro, para os grupos que passaram e passam por esse processo histórico de marginalização, é desafiador. A partir dessa questão, a autora propõe uma discussão fundamental para esta pesquisa, que é a respeito da descolonização da ordem eurocêntrica do conhecimento, pois é necessário que haja a compreensão de que essas pessoas vivem realidades diferentes, portanto, as metodologias, os temas e os paradigmas usados para explicar tais realidades, consequentemente, também devem ser diferentes daqueles impostos pelo modelo eurocêntrico. É nessa perspectiva que reside o impacto decolonial na epistemologia até então vigente, que refletia os interesses específicos do grupo que não foi e não é marginalizado. A perspectiva decolonial reconhece e inclui a subjetividade dentro da epistemologia, ou seja, como parte da escrita acadêmica. Pois, como alerta a pesquisadora, não há neutralidade nos discursos, já que "[...] todas/os nós falamos de um tempo e lugar específicos, de uma história e uma realidade específica [...]" (KILOMBA, 2019, p. 58). Portanto, o discurso acadêmico pode possuir um teor político, pessoal e poético.

Linda Tuhiwai Smith (2018) também discute essas questões ao centrar sua abordagem mais especificamente sobre a História e construir a sua análise dando enfoque à perspectiva indígena. Essa autora compreende que, apesar de a história ter sido contada durante muito tempo sob a visão do colonizador, para os povos indígenas a história é importante na medida em que proporciona um entendimento sobre o presente e cita ainda que reivindicá-la é fundamental no processo de descolonização. Nesse sentido, pontua a necessidade de haver a criação de histórias alternativas e saberes também alternativos, que transformem a perspectiva colonizada que recai sobre a história, sobretudo a história sobre os povos indígenas. Logo, é nesse cenário que os relatos indígenas precisam ser reconhecidos e aceitos como interpretações válidas de eventos históricos e que eles mesmos possam contar e escrever sobre suas histórias a partir do seu ponto de vista. Isso, segundo a autora, é resistência.

É nesse contexto que reside a relevância do pensamento decolonial. E nesse processo é fundamental a realização de uma pesquisa de campo crítica, tal como propõe a socióloga boliviana Silvia Rivera Cusicanqui (1987). Essa autora propõe a ideia de uma "práctica historiográfica índia" (CUSICANQUI, 1987, p. 9), que pode ser interpretada como uma reconstrução histórica através das perspectivas internas e específicas das populações indígenas. É essa compreensão que procuramos elaborar ao realizar esta pesquisa direcionando nossa atenção para as vozes das mulheres indígenas, e para isso tornou-se fundamental uma noção bem estruturada a respeito da história oral e suas potencialidades para uma abordagem decolonial. Cusicanqui também reflete sobre essa relação, pontuando que a história oral pode despertar uma discussão de cunho decolonial e explica que, por meio do que ela entende como "história oral índia" (CUSICANQUI, 1987, p. 9), é possível ter acesso à memória coletiva da comunidade e dos interlocutores da pesquisa.

Com base nessas referências teóricas e metodológicas, este texto pretende trazer uma outra percepção com relação à pesquisa junto às populações indígenas, pondo em evidência as suas narrativas, as suas versões da sua história. Uma história alternativa que é trazida das margens e posta para falar do centro, pois entendemos nossos lugares de fala, nossas posições dentro desta pesquisa e objetivamos romper (ao menos minimamente) com esse sistema violento imposto pelo academicismo eurocêntrico com todo o seu legado epistemológico. Por conseguinte, a participação observante, a abordagem decolonial e a história oral foram essenciais na medida em que proporcionaram o embasamento prático e teórico para a pesquisa. Dessa forma, este texto é impregnado de um teor político, subjetivo e poético, entendendo que essa postura é reveladora de situações históricas, experiências, sentimentos e posicionamentos políticos.

Outro ponto que merece ser destacado é a carência de estudos sobre as mulheres indígenas que se encontram em contextos urbanos no Brasil, algo que foi constatado durante a pesquisa e que revela a urgência em se pensar sobre essas sujeitas que tiveram (e continuam tendo) suas experiências silenciadas no decorrer da história. São poucos os trabalhos que se dedicam a essa análise, a exemplo da dissertação da autora Camila Vasconcelos Meneghini (2015), que procurou compreender a situação das mulheres indígenas na cidade do Recife (PE), o artigo da indígena Aline Rochedo Pachamama (2019), que expõe as narrativas de mulheres indígenas em situação urbana na cidade do Rio de Janeiro (RJ) e o artigo da antropóloga Claudina Azevedo Maximiano (2013), no qual realiza uma pesquisa etnográfica com mulheres indígenas vivendo em Manaus (AM) e enfatiza as vivências relatadas por elas. Até o momento essas foram as produções encontradas e que ajudaram a pensar e construir este texto da melhor forma possível. Portanto, a ideia foi localizar essas mulheres indígenas, ouvi-las sobre suas experiências, ancestralidades, identidades, redes de apoio e tudo que engloba essa vivência na cidade, e realizar uma escrita que ressaltasse essas vozes de maneira que elas pudessem aparecer enquanto sujeitas ativas e coconstrutoras do trabalho, sendo protagonistas nessa história.

Trajetórias e identidades de mulheres indígenas em Belém do Pará

Célia Maracajá

A primeira interlocutora chama-se Célia Maracajá[4], nasceu em 1956 em um vilarejo no interior do município de Bela Vista, Mato Grosso do Sul. Ao remexer as memórias para falar da sua origem familiar, ela remonta à trajetória desde as experiências de sua bisavó e relata a história que chegou até ela através da oralidade presente na família:

> [...] a minha avó é interessante porque ela quando... como que é a origem? Os pais dela estavam na aldeia, que ninguém sabe dizer qual era, eu acredito que seja, pela descrição, depois mais tarde entendendo, no Mato Grosso, ou é Pareci, naquela região onde eles falaram. Então é assim, a minha avó, a sua mãe, como eles falam, a minha bisavó no caso, e meu bisavô viviam nessa aldeia. Aí, disque, passou um alemão lá e acabou ficando com a minha bisavó. Aí nasceu minha avó dessa mistura. A minha avó quando era criancinha, esse alemão tirou ela da mãe e levou para um colégio das freiras, para ser educada. [...] e nunca mais apareceu. [...]. Sumiu, até que

---

4   A interlocutora assume esse nome desde pequena, pois seu pai a chamava de "maracajá" em referência ao gato-maracajá, que, conforme relatado por Célia, é muito encontrado no Estado do Mato Grosso do Sul, onde ela nasceu. Seu nome de registro é Célia Aparecida de Azevedo.

minha avó completa maioridade e aí ela, interessante, acaba casando com o meu avô que também era indígena.[5] (Célia Maracajá, em 02/11/2020)

Célia relembra o processo de deslocamento de sua família do interior de Bela Vista em direção ao grande centro urbano que constitui a cidade de São Paulo, destaca como encarou essa situação e como ficou a condição social e financeira da sua família nesse novo contexto, algo que foi marcado pelo impacto com a nova realidade, pela luta por sobrevivência e pela marginalização. Ao discorrer sobre essa questão, a interlocutora pontua que essa situação é muito recorrente na trajetória dos indígenas que migram para os centros urbanos:

> Aí eu cheguei com a minha família para lá numa situação bem, bem difícil! Até porque pobre, né? E na cidade você fica mais pobre ainda, muito mais pobre, entendeu? Tanto que é, quando cheguei em São Paulo eu fui a pessoa que passei um ano, um ano e meio doente, tal foi o impacto, digamos assim. Você sair quase que do meio do mato e chega num lugar que é uma violência, pelo menos para mim. [...]. E quando a gente chega em São Paulo, é aquela velha história, você vai morar onde? Na periferia né? Como sempre. E aí meu pai passa a fazer todo tipo de trabalho para sustentar a família, e minha mãe também, e aí ela vai trabalhar como empregada, em restaurante, e depois em casa de família, assim. É essa a trajetória dos indígenas que acabam indo para a cidade. (Célia Maracajá, em 2/11/2020).

Em seguida, Célia comenta sobre a sua vida escolar no contexto urbano, sobretudo como era vista pelos professores e pelas outras crianças da sua sala de aula por conta da sua aparência, ou seja, suas características fenotípicas, revelando todo um imaginário mais amplo incutido na forma como historicamente os povos indígenas são vistos não apenas pelo aparelho estatal, mas pela sociedade nacional como um todo. Ao ser chamada de "bugre"[6], Célia Maracajá já sentia desde cedo todo o preconceito e o racismo impregnados na sociedade brasileira:

---

5   Entrevista com Célia Maracajá, concedida em 02 de novembro de 2020.

6   Segundo o dicionário Houaiss Conciso (2011), bugre é um termo pejorativo que era utilizado pelos europeus para referir-se aos índios. O nome incute a ideia de selvageria, incivilidade e barbárie.

> E na escola, eu me lembro bem, às vezes o professor falava assim: "olha nós temos uma bugre aqui na sala de aula". E aí eu chegava e perguntava para meu pai "mas o que é isso?" [...]. Eu me lembro bem que era sempre, tipo atração turística. "Olha nós temos uma bugresinha na sala de aula". Aí tinha uma professora uma vez que falou que eu era chinesa! [risos], a gente tem o olho bem puxadinho, né? cabelo assim bem liso e, enfim, nossos traços. E ela falava "olha pai tem uma chinesinha". Essas coisas bem... professora né. Acho que não era nem para ofender, falava assim porque no fundo era sem consciência. (Célia Maracajá, entrevista em 02/11/2020).

Por meio dessa narrativa fica patente uma percepção etnocêntrica, preconceituosa e colonialista sendo reproduzida no espaço da escola, associando a sua diferença étnica à ideia de um ser exótico e selvagem pertencente a um outro mundo e que não deveria estar ali. O sofrimento de estar em contexto urbano e ter que se adaptar a essa realidade hostil à sua presença nesses espaços é algo que assume destaque na fala de Célia, processo doloroso não apenas para ela, mas também para seu pai, que também teve muita dificuldade em adaptar-se na cidade. A tentativa de adaptação de pessoas indígenas ao ritmo urbano, com todos os seus códigos e problemáticas, constitui uma dificuldade a mais nesse processo migratório da aldeia para a cidade, pois outras questões também englobam o conjunto de adversidades que os/as indígenas precisam enfrentar, como a exclusão e a marginalização que estão relacionadas à falta de acesso a uma educação de qualidade, à assistência médica eficiente, ao saneamento básico, ao trabalho assalariado e, muitas vezes, também à questão de moradia e alimentação (ALVES; PEREIRA, 2018; MAGNANI, 2012; PONTE, 2011; SOUZA, 2017).

Além disso, na cidade há ainda outro aspecto com o qual os/as indígenas precisam lidar: a representação congelada no tempo, que recai sobre eles[7]. Na narrativa de Célia, ela destaca o quanto foi doloroso o processo de adaptação do seu pai à cidade, pontuando: "Era uma pessoa que não se adaptava muito bem, agora eu tenho consciência disso, ele não se adaptava bem naquela vida de cidade. Era um certo sofrimento, porque não era aquilo que se queria". Em sua trajetória, até mesmo escolar, Célia conta que sempre soube da sua identificação com o teatro e queria se dedicar a isso. Estudou e começou a trabalhar

---

7   Algo que será mais bem abordado no próximo item.

QUANDO A ALDEIA É A CIDADE: MULHERES INDÍGENAS, TRAJETÓRIAS... **435**

nessa área. Foi nesse processo que ela conheceu Belém na década de 1980 e, como ela mesmo ressalta, apaixonou-se pela cidade, ficando raízes aqui até hoje.

Márcia Kambeba

Outra interlocutora deste trabalho é Márcia Wayna Kambeba[8], nascida em 1979 na aldeia "Belém do Solimões", do povo Tikuna, no Alto Solimões, Estado do Amazonas. Segundo o seu relato, o fato de ela ter nascido em território Tikuna a fez ter o seu "pertencimento de território", mas ela possui a ancestralidade de três povos indígenas (Kambeba, Kokama e Ytoto). Por essa razão, Márcia se considera "povo misturado", mas assume a identidade do povo Kambeba. Sua avó[9] era professora e morava no território do povo Tikuna quando ela nasceu, e era casada com um homem da etnia Tikuna, a quem Márcia tinha como um pai.

Em seu relato, Márcia relembra sua infância na aldeia, as brincadeiras, os costumes, os seus aprendizados e as suas sensações. Entrementes, também discorre sobre a sua migração da aldeia para a cidade de São Paulo de Olivença[10], também no Estado do Amazonas. De acordo com ela, o motivo que fez com que sua família migrasse para o contexto urbano foi a questão da saúde, já que Márcia teve pneumonia e sua avó foi orientada pelos médicos da aldeia a levá-la para a cidade com o objetivo de tratar o problema. Ela destaca que foi a partir desse processo de deslocamento que começou a estudar (em uma escola não indígena, como ela faz questão de ressaltar) e encarar situações até então novas na sua trajetória e que colocavam a questão do preconceito de forma abrupta e violenta para aquela criança de nove anos de idade, à época. Nesse sentido, Márcia conta como as pessoas a tratavam na escola:

> [...] por exemplo, eu "fedia" a índio, eu ia "morder", não brincavam comigo, eu era sempre aquela que ficava olhando, porque eu tinha saído da aldeia,

---

8   Seu nome no registro civil Márcia Vieira da Silva.

9   Segundo Márcia, sua avó era filha de pais Kambeba e Kokama e, portanto, sua mãe possuía a ancestralidade desses dois povos e mais a do povo de seu pai, que era Ytoto.

10   Hoje chama-se Tabatinga.

eu "fedia" a índio. Então, índio tem um "fedor", índio "fede", né? Tanto que eu falo disso nas minhas literaturas[11] (Márcia Kambeba, em 07/12/2020)

Percebe-se mais uma vez a violência do preconceito étnico-racial se atualizando no ambiente escolar. Desde pequena Márcia Kambeba já tinha afinidade com a literatura, pois sua avó escrevia poesias e ela as decorava e recitava para os turistas que visitavam a sua aldeia. Essa aproximação com a literatura desde muito cedo foi muito importante para a interlocutora porque influenciou positivamente toda a sua trajetória de vida, fazendo com que ela se utilizasse disso como um instrumento de luta política, escrevendo sobre suas experiências individuais e coletivas, reivindicando direitos e denunciando as diversas formas de opressão a que estão submetidos os povos indígenas ao longo da história.

A interlocutora relata que sofreu preconceito também na universidade quando cursou a graduação na Universidade do Estado do Amazonas, no município de Tabatinga. Em seguida, foi fazer mestrado na Universidade Federal do Amazonas, em Manaus. Durante o seu percurso acadêmico, a sua capacidade intelectual foi questionada. Além disso, a interlocutora comenta sobre a identidade indígena em contexto urbano e como ocorre a convivência com a cultura do não indígena:

> E que uma identidade, dentro da cidade, ela não se desfaz, ela apenas muda, muitas vezes até o aspecto né? Porque ela vai conviver com uma outra cultura. Então, os povos indígenas são tão estratégicos, que até ao assimilar a cultura do outro, eles sabem ressignificar, é isso que a gente precisa entender. (Márcia Kambeba, em 07/12/2020).

Esse aspecto da ressignificação da cultura urbana e não indígena pelos povos indígenas que moram na cidade é importante, pois, como ela destaca, estar na cidade e em contato com outra cultura não significa a perda da sua identidade. E, particularmente, no caso dela, lançou mão da sua poesia para afirmar e valorizar a identidade de seu povo. Márcia Kambeba veio para Belém em 2013 e continuou aqui a sua luta em defesa dos povos indígenas. Nesse sentido, participou de alguns coletivos voltados à reunião dos indígenas em

---

11   Entrevista com Márcia Kambeba, concedida em 07 de novembro de 2020.

contexto urbano, como a Associação dos Indígenas da Área Metropolitana de Belém (AIAMB)[12] e a Associação Multiétnica Wyka Kwara, tendo sido vice-presidente desta última entre os anos de 2019 e 2021. Atualmente ela trabalha na Ouvidoria Geral do Município de Belém.

Carla Marajoara

A terceira interlocutora desta pesquisa chama-se Carla Bethânia Ferreira da Silva, ou Carla Marajoara, como já se autodeclarou em alguns momentos, ressaltando o seu território de origem: o Marajó. Ela nasceu na cidade de Belém do Pará, em 1970. Seus pais moravam em Belém, mas sua mãe era originária de Ponto Fina, uma antiga comunidade no arquipélago do Marajó e seu pai era de São Francisco, município pertencente ao estado de Minas Gerais. Em seu relato, Carla destacou bastante aspectos da sua comunidade de origem: Cajuúna[13].

A comunidade Cajuúna é a continuação da comunidade de Ponta Fina, mudando apenas o nome e o local. Carla explica como ocorreu esse processo de deslocamento: "A primeira geração da minha mãe é em Ponta Fina, aí depois vem... vem... eles andam, teve outra comunidade, construção né? Porque como as águas entravam muito, eles acabavam saindo de lá e vieram andando recuando, é isso aí"[14]. Essa migração, segundo a interlocutora, culminou na construção da comunidade que hoje chama-se Cajuúna. O sustento de seus moradores provém principalmente da caça e da pesca. Segundo Carla, as mulheres possuem uma força enorme de atuação dentro desse território, muitas são marisqueiras, outras trabalham com a confecção de joias e cerâmicas que expressam a complexidade e a riqueza do grafismo marajoara.

Durante a sua fala, Carla ressalta que sua comunidade é de origem *Aruã Maruaná*, mas não possui o reconhecimento por parte dos órgãos oficiais como a Fundação Nacional do Índio (FUNAI), ao contrário, são tidos como extintos, assim como todas as populações indígenas que habitavam o Marajó à época da invasão europeia no período da colonização portuguesa no Brasil. Esse aspecto

---

12 Segundo Ponte (2009), a Associação dos Indígenas da Área Metropolitana de Belém foi criada após o término do mandato do prefeito Edmilson Rodrigues (1997-2004). A página do Diretório de Empresas, fornecido pela Econodata, pontua a fundação da AIAMB em 12/02/2010.

13 Segundo ela, a palavra "cajuúna" vem do Tupi e significado "caju preto".

14 Entrevista com Carla Marajoara, concedida em 09 de março de 2022.

é muito marcante no seu depoimento, já que expõe o silenciamento e a invisibilização aos quais estão submetidos os povos indígenas. Apesar de não ter nascido no território originário de sua mãe, ela pontua que sempre houve a conexão com o seu povo de origem, desde a sua infância, pois sua mãe sempre abrigava os parentes que precisavam vir à Belém por algum motivo. Nesse sentido, a interlocutora explica que ela procura dar continuidade à missão de sua mãe (já falecida), de proporcionar aos seus parentes que vivem no território da comunidade Cajuúna todo o apoio necessário quando precisam vir para Belém. Ela, portanto, é a base de apoio que seus parentes precisam na capital quando necessitam se deslocar da aldeia até a cidade. Assim, ela explica o motivo de ainda morar na cidade mesmo após o falecimento de seus pais e com o convite de seus familiares para ir morar no Cajuúna:

> [...] eu que não quero arredar o pé daqui porque eu sei a dificuldade da comunidade na área da saúde, eu sei o perigo que pode ocorrer. Se eu tô viva, pelo menos eu quero deixar uma estrutura pra eles aqui em Belém, se caso ocorrer qualquer coisa com eles e uma delas é a questão de uma mudança climática aí. (Carla Marajoara, em 09/03/2022).

Além disso, ela lembra que em sua infância era comum as idas à comunidade junto com sua mãe e relata como ocorreu o seu processo identitário desde cedo, sem nem mesmo ter ainda a dimensão do debate sobre identidade indígena em contexto urbano e como isso poderia gerar inúmeras questões e situações discriminatórias e preconceituosas, tendo em vista o olhar do estado e da sociedade brasileira sobre os povos indígenas. Portanto, ela pontua:

> Eu vou começar desde a minha infância, quando eu vi o mundo, porque eu entro num espaço urbano, minha mãe vem de lá e ao nascer eu encontro um espaço que não é aquele que é da origem de lá de dentro do território. E eu consigo entender muito bem esses dois mundos, o de lá do território e o que eu nasci, que é aqui no mundo urbano. Desde pequena eu não fui muito compreendida, porque, como eu falei, meu corpo é meu território, quando eu era miúda eu estudava numa, veja só, escola militar, mas que lá tinha todo um aspecto, tinha a floresta, tinha uma maloca atrás, dos Wayana Apalai, e na hora da merenda, do recreio, em vez de eu tá junto com as crianças aqui brincando, eu ia pra maloca. E a diretora muitas

vezes chamou a atenção da minha mãe né [risos] (Carla Marajoara, em 02/03/2022)

Nesse processo de inserção em uma escola não indígena, que era militar, em Belém, Carla recorda como foi sua experiência e como era vista a partir da perspectiva do outro, o não indígena:

> Eu dizia assim "eu quero tá dentro da floresta!" [risos], eu dialogava... porque como eu vivia só, só vivia sozinha! Amiguinho não queria tá comigo, não queria brincar assim comigo, eles diziam que eu era selvagem porque o meu cabelo era muito lisinho, era cortadinho cuinha minha mãe cortava, ainda tenho essas fotos, meu cabelinho cuinha, aí aqueles traços marcantes, aí os meninos "é sagui! Ela é uma selvagem!". Eu escutava muito. Tinha um menino que eu gravei o nome dele, o Fábio. Toda vez ele juntava os coleguinhas dele assim, quando eu passava "olha a sagui! Lá vai a selvagem!". E eu não me importava de eles me compararem com um macaquinho, porque o vento batia e o meu cabelinho fazia assim [gesto com as mãos], eu não me importava porque os macaquinhos pra mim eram os meus amigos. E lá tinha essas coisas né, eu entrava na floresta, parece que era o meu mundo, e aquele de dentro de sala de aula não era o meu mundo. Eu nunca fui boa em português, eu tive sérios problemas em português. (Carla Marajoara, em 02/03/2022).

Em outro momento a interlocutora destaca que essas atitudes preconceituosas se estenderam ao longo de sua trajetória, estando muito presentes também na sua vida adulta e acadêmica. Ela é formada em Arquitetura e Urbanismo pela Universidade Federal do Pará e conta como a sua experiência universitária foi perpassada por situações preconceituosas e discriminatórias, pois a universidade é vista como o não lugar do indígena:

> E aí foi essas dificuldades que eu tive e quando eu entrei na universidade, que sofri novamente o preconceito. "Índio lá, tu aqui!", meu tema era falando sobre os indígenas, não tinha outra alternativa, era aquilo que tava dentro de mim. (Carla Marajoara, em 02/03/2022)

Carla ressalta ainda:

> Eu sofria assim... não queriam fazer trabalho comigo, meu tcc eu tive problema, porque naquela época tinha que fazer dupla, aí quando eu apresentei meu projeto, eles disseram "ah, como que a gente vai fazer o projeto com você? A gente vai pra aldeia? Os índios vão nos comer?. A ideia era essa."
> (Carla Marajoara, em 02/03/2022)

Assim, percebemos o quanto os relatos entrecruzam-se, dialogam e são capazes de expressar problemáticas muito específicas sobre a experiência dessas mulheres indígenas que estão no contexto urbano. A violência verbal está presente em todos os relatos. É interessante ressaltar que essas são situações reveladoras de aspectos que atravessam a experiência de todas as pessoas indígenas, independentemente do gênero, pois historicamente há a construção de uma imagem sobre quem é o indígena, imagem essa que é estereotipada, homogeneizadora, romântica e congelada sempre no passado, onde não há possibilidade de evidenciar o protagonismo indígena, essa imagem circula no imaginário nacional (BERGER, 2018; BEVILAQUA, 2017; NUNES, 2010).

A seguir, serão expostas e discutidas as especificidades das experiências das interlocutoras enquanto mulheres indígenas no contexto da cidade. Ou seja, não apenas a questão étnico-racial importa aqui, mas também o gênero, pois entendemos que essas mulheres passam por situações mais específicas, que os homens indígenas não passam.

Experiências de mulheres indígenas na cidade

Ao realizar esta pesquisa, questões importantes foram surgindo para enriquecer esse debate a respeito da presença indígena na cidade, questões nas quais já havíamos nos deparado antes (outras vezes demonstradas sempre por nossas alunas indígenas) e que dizem respeito a ser mulher indígena em ambiente urbano. Portanto, essa discussão já havia despertado o nosso interesse mesmo antes desse momento. Mas, a partir das conversas com outras mulheres indígenas, sobretudo com as interlocutoras deste trabalho, pudemos perceber a importância de escrever sobre o tema. São narrativas que expõem as vivências femininas indígenas, o sentimento delas em relação a tais vivências, e as suas estratégias de enfrentamento dessas situações.

Nesse sentido, uma das interlocutoras, Célia Maracajá, comenta sobre a sua experiência enquanto uma mulher indígena que vive no contexto urbano de Belém e ressalta os dois aspectos (ser mulher e ser indígena) que envolvem essa situação e que, de certa forma, ganha maior complexidade quando se atualiza em ambiente urbano: "Amiga, a gente tem dois aspectos, um que ser mulher às vezes já é complicado né, [...] e na cidade, é aquilo que te falei, é um choque [...]" (CÉLIA, 02/11/2020). Ela destaca a visão exótica e a objetificação que recaem sobre o corpo das mulheres indígenas nesse contexto:

> [...] e quando é mulher ainda tem uma coisa exótica, em relação à mulher, a mulher indígena né, já te olham de uma maneira, eu diria os homens, já te olham de uma maneira assim, "olha uma índia aí", como se você tivesse à disposição! Entendeu? Tem esse olhar, é uma índia, tá disponível! O que isso quer dizer, né? Aí você tira o sapato e dá na cabeça [risos], ou o facão! (Célia Maracajá, em 02/11/2020).

Como sabemos, a objetificação sexual do corpo das mulheres indígenas está presente nos filmes, na TV e na literatura clássica, traduzindo visões coloniais pautadas em uma fetichização de seus corpos, sempre associada a uma imagem de mulher inferiorizada, submissa, inocente ou mesmo selvagem e é fato que isso em muito tem contribuído para as práticas de violências sexuais contra elas em ambiente urbano.

Segundo Célia, no Brasil o preconceito se atualiza de várias formas e em vários aspectos, e recai, obviamente, com maior peso, sobre as mulheres indígenas, pois, nessas situações, há, pelo menos, três marcadores sociais das diferenças que historicamente na nossa sociedade tem marcado as práticas preconceituosas, de inferiorização e objetificação dos seus corpos, que se atualizam: gênero, raça e classe, como ela destaca na narrativa a seguir:

> O Brasil é um país preconceituoso sim amiga, querendo ou não, é! E não adianta querer jogar pra debaixo do tapete, porque é preconceituoso! É preconceito por ser mulher, é preconceito contra os indígenas, preconceito contra os negros, é preconceito, amiga, contra os pobres, sabe? Infelizmente, existe uma falsa ideia de que aqui convivemos todos assim maravilhosamente bem, mas não é verdade. E entrando com outros parentes assim, em lugares, em restaurantes, você percebe que tem uma apreensão, ficam olhando com um certo receio de que alguma coisa vai acontecer, ou então

eles ficam olhando para saber se você não vai roubar, entendeu? (Célia Maracajá, em 02/11/2020).

No cotidiano das suas vivências na cidade, elas também são vistas com desconfiança, associadas a estigmas que são atualizados a partir de olhares sobre os seus corpos. Pois que elas apresentam traços físicos caraterísticos da sua etnia e, ainda, se considerarmos uma indígena habitante na cidade (e não nas aldeias), os estigmas se cristalizam nos lugares por onde ela circula fora de sua aldeia, no caso no contexto urbano, sempre visto pelos não indígenas, como o não lugar do/da indígena. A respeito disso, Célia Maracajá relata:

> Com certeza, já enfrentei, sim. Vou te falar uma coisa, uma vez tava lá com os Xikrin e daí nós saímos, nas Águas do Norte, eu entrei no supermercado para comprar umas coisas para levar para a aldeia né, cê acredita que o dono do supermercado ficou andando atrás de mim o tempo inteiro, não sei o que ele achou, não sei se achou se eu ia roubar. Eu peguei, dei uma parada dura nele, perguntei "que que há?", sabe assim? "você tá andando atrás de mim por quê? Que diabos tá este achando que eu vou roubar, que eu vou fazer o quê?", entendeu? Eu tava toda pintada como os Xikrin (Célia Maracajá, em 02/11/2020).

É importante percebermos nessa narrativa o incômodo e a desconfiança que o corpo pintado de uma mulher indígena causa ao dono do supermercado. Mas, mais importante é o posicionamento assumido por Célia, enfrentando e dando "uma parada dura" nele e questionando sobre "o que que há". Assim, percebemos que diante de situações como essas, elas também resistem e reagem enfrentando, se posicionando, defendendo seus direitos. Nesse sentido, parece ser um tipo de reação de uma pessoa estigmatizada e que, de acordo com Goffman (2019, p. 27), pode reagir por meio de duas atitudes diferentes: ou se retrai ou se torna um sujeito agressivo. Para esse autor, são situações que sempre promovem um tipo de interação angustiada.

Ao ser perguntada a respeito de como é ser mulher indígena na cidade, tanto em Manaus quanto em Belém, já que ela possui a experiência de viver nessas duas capitais, e se sentia uma diferença nesse sentido (em relação às experiências dos homens indígenas), a interlocutora Márcia Kambeba relata sobre o assédio sofrido pela mulher indígena que vive nesse contexto urbano e que, portanto, passa por várias situações desse tipo. Ela pontua que não se trata apenas do assédio sexual, mas de todo tipo de assédio:

> Tem! Porque a gente sofre muito esse assédio né, não só o assédio sexual, que é o estereotipado, como todo tipo de assédio! Chamam a gente da barbárie, mexem com o caráter da gente, às vezes duvidam do caráter e do povo (Márcia Kambeba, em 07/11/2020).

Ela comenta como lida com essas questões por meio de enfrentamentos que ocorrem não de maneira violenta, mas através de sua literatura, que é política, pois é assim que ela responde e informa as pessoas: "A minha literatura vem muito informar, descolonizar, ela é política [...], eu sou um ser político!" (MÁRCIA, 07/11/2020). Ao comentar a respeito dessa relação que a sua escrita tem com as suas próprias vivências, ela relata como ocorreu a produção de um dos seus poemas:

> Olha, eu tenho um... eu postei um poema que eu fiz respondendo a uma pergunta, uma pergunta não, uma afronta de um rapaz que ele disse assim "eu quero que todos os índios se explodam! Que caia uma bomba e mate esses índios todos, e foda-se a cultura indígena!", e eu escrevi "foda-se a cultura indígena" numa resposta pra ele, que eu coloquei aqui ó, tá na minha página, e tá aqui, eu fiz esse poema em resposta pra ele. Que a cultura ela é rica e sagrada, ela não se prostitui, a cultura ela é rememorada no entrelaçar das mãos, e que se for pra que a gente possa... possa nascer mais curumins e cunhatãs, então que foda-se a cultura indígena no sentido de procriação, de procriar cultura, de procriar saberes, procriar identidades, procriar conhecimentos, e fazer essa interlocução entre os pensamentos produzidos na cidade e produzidos na aldeia (Márcia Kambeba, em 07/11/2020).

Diante de violências explícitas e verbalizadas como essa que ela narra, Márcia assume um posicionamento que é político e busca, por meio de seus poemas, desconstruir a visão preconceituosa, estereotipada e colonialista sobre ela e os indígenas de um modo geral. Com isso também educa, esclarece, informa, e procura dar visibilidade e fortalecer a cultura indígena no contexto da cidade. É uma narrativa sensível e de resistência diante das situações que enfrenta. Seus temas, como ela mesma pontua, possuem uma natureza política, estabelecendo assim uma crítica social sobre as relações de colonialidade e violência que não reconhecem as alteridades e que persistem desde o período colonial até os dias atuais. Através da leitura de seus poemas, pudemos constatar esse engajamento político muito presente como parte de um projeto que é de descolonizar o pensamento e o imaginário do outro – o não indígena:

AY KAKYRI TAMA [Eu moro na cidade]

Ay kakyri tama
Ynua tama verano y tana rytama
Ruaia manuta tana cultura ymimiua
Sany may-tini, iapã iapuraxi tanu ritual
[tradução]
Eu moro na cidade
Esta cidade também é nossa aldeia
Não apagamos nossa cultura ancestral
Vem, homem branco, vamos dançar nosso ritual

Nasci na Uka sagrada
Na mata por tempos vivi
Na terra dos povos indígenas
Sou Wayna, filha de Aracy

Minha casa era feita de palha
Simples, na aldeia cresci
Na lembrança que trago agora
De um lugar que nunca esqueci

Meu canto era bem diferente
Cantava na língua Tupi
Hoje, meu canto guerreiro
Se une aos Kambeba, aos Tembé, aos Guarani

Hoje, no mundo em que vivo
Minha selva em pedra virou
Não tenho a calma de outrora

Minha rotina também já mudou

Em convívio com a sociedade,
Minha cara de **"índia"** não se transformou
Posso ser quem tu és
Sem perder quem eu sou

Mantenho meu ser indígena
Na minha identidade
Falando da importância do meu povo
Mesmo vivendo na cidade (KAMBEBA, 2018,p. 24-25)

O poema, chamado *Ay kakyri tama*, está inserido no livro *Ay kakyri tama: eu moro na cidade*, de Márcia Wayna Kambeba (2018, p. 24-25). A partir de sua leitura, é possível identificar questões que envolvem as experiências de vida da escritora, tais como: necessidade de reafirmação da identidade indígena em contexto urbano, o direito de morar na cidade, as lembranças da aldeia, as transformações que o processo de migração em direção à cidade ocasionou, a exemplo da rotina que a autora pontua passar por uma modificação, pressupondo não mais ter a calmaria que tinha quando vivia em contexto da aldeia, pois a vida, a lógica e o tempo da cidade são outros. Ao mesmo tempo, as lembranças da aldeia por meio das poesias são uma forma outra de "voltar ou estar na aldeia", são um encontro com suas origens e suas ancestralidades e, assim, fortalecer a sua identidade étnica e sua cultura em outro contexto: o contexto hostil da cidade que nega suas existências, que exclui e violenta essas mulheres.

É preciso lembrar que os povos originários possuem uma concepção de mundo baseada na natureza, onde o tempo, por exemplo, não é o do relógio, ou o tempo cronológico. Portanto, lidar com o mundo urbano inclui ressignificações no sentido de adaptação e convívio com uma cultura diferente daquela vivida na aldeia, como relata a interlocutora no decorrer da entrevista. Outro aspecto interessante no referido poema é a respeito do destaque pelos não indígenas, do fenótipo indígena através do uso recorrente da expressão "cara de **'índia'**", para identificá-la, pois, segundo a própria, ela não perdeu isso quando começou a conviver com a sociedade não indígena. Portanto, não deixou de ser quem era, tanto fisicamente quanto culturalmente falando, pois ressalta a permanência de sua identidade indígena em ambiente citadino e sua luta nesse sentido. Deixa claro, dessa forma, que a identidade é subjetiva onde o corpo é carregado de simbologia que vai muito além do seu aspecto puramente biológico, como nos disse Célia: "meu corpo, meu território".

Para nossas interlocutoras, ser mulher indígena e viver na cidade é tentar se adaptar (nunca se acostumar) a uma realidade que é muito diferente das suas aldeias e de sua cultura. Além disso, é ter que enfrentar diariamente a hostilidade, os preconceitos e as violências de gênero e étnico-raciais nos mais diferentes espaços onde necessitam circular, o que torna a experiência mais difícil e desafiadora. Até mesmo nos espaços onde menos se espera que essas relações se reproduzam, que é a universidade, como também relatou Carla Marajoara, dizendo sentir medo de voltar para a universidade para fazer seu curso de Mestrado pois sofreu muito preconceito quando cursou a graduação em Arquitetura, ressaltando que "Eu passei todo esse tempo e não fiz o mestrado. O medo! Eu tive medo da Universidade Federal! Por conta dessa... do que eu passei, né!" (Carla Marajoara, 03/04/2022). No entanto, ela resiste bravamente na cidade, pois, para ela, ser uma mulher indígena e viver na cidade é também defender o seu povo, conforme ela ressalta:

> É ser uma guardiã! Eu sou uma guardiã! Além de eu guardar a minha herança, que é as futuras gerações também dessa herança, que é meus primos, minhas primas, todos que vivem na comunidade, eu resguardo também a identidade. Eu reforço essa identidade dentro do mundo urbano. E defendo meu povo! Correndo risco até de morrer, mas... [risos] 52 anos, se morrer hoje, eu deixei a semente aí. Já deixei o legado aí. (Carla Marajoara, em 03/04/2022).

É importante destacar aqui, considerando essa narrativa de Carla, que ser mulher indígena e morar na cidade, sofrendo preconceitos, enfrentando os desafios diários e muitas vezes correndo riscos, é também parte de um projeto que não é somente delas, de cada uma individualmente. Trata-se de um projeto e de uma luta que é coletiva, de defesa dos interesses que são de seus parentes, de suas comunidades, de seus povos, suas maiores heranças, como afirma Célia. Daí a importância das redes que elas estabelecem entre si na cidade. É uma forma de se fortalecerem diante das adversidades da vida urbana. De não se sentirem sozinhas, como Carla destacou: "Olha, professora, é até irônico assim, até contar, né? Mas eu tenho uma rede que é os indígenas do contexto urbano, né?". É por meio dessa rede que elas se ajudam, se apoiam, defendem seus povos, resistem e se fortalecem. Assim, elas também nos ensinam que é no coletivo que reside a força que precisamos para nos fortalecer enquanto grupo e lutar pelos nossos direitos como mulheres.

Considerações finais

Não são poucos os desafios que as nossas interlocutoras enfrentam por serem mulheres indígenas e morarem na cidade. Todas elas nos narraram experiências e trajetórias que são marcadas por muito preconceito, estigmas e violências de toda ordem. Com isso pudemos perceber o quanto ainda persistem os pensamentos e as práticas colonialistas seculares de uma sociedade que nunca reconheceu a alteridade indígena e muito menos aprendeu a respeitá-la. No dizer de uma delas, "as pessoas não reconhecem Belém e a Amazônia como um todo, enquanto um território indígena".

Por outro lado, as narrativas também apontam como elas possuem uma capacidade extraordinária de se organizarem diante das adversidades e dificuldades e as enfrentarem, criando estratégias de luta para fortalecerem suas identidades e de seu povo e enquanto mulheres indígenas. Assim, mesmo nas suas diferenças (pois cada uma pertence a uma etnia diferente) elas se unem, se apoiam, se ajudam e se fortalecem. Para elas, sobretudo, ser indígena e morar na cidade adquire um significado de luta coletiva pois está relacionado também com o projeto político e societário de seus povos. Nesse sentido, essas trajetórias e experiências nos colocam a necessidade de pensarmos em vários feminismos, incluindo-as nesse importante debate, analisando o processo diferenciado, mas igual ao mesmo tempo, de suas inserções em espaços públicos na cidade, como as escolas e as universidades, espaços que aparecem em suas falas, como lugares de produção e reprodução de preconceitos, estigmatização e exclusão, o que corrobora a afirmação de Grada Kilomba (2019), sobre esse mesmo aspecto.

Referências

ALVES, P. L. S.; PEREIRA, C. M. Políticas públicas e índios citadinos: direito ao trabalho e inclusão social. *Revista de Direito da Faculdade Estácio do Pará*, Belém: UNESA, v. 05, n. 07, p. 48-64, 2018.

BERGER, William. Índios na cidade do capital: indígenas em contexto urbano na cidade do Rio de Janeiro em tempos de barbárie (2012-2017). Rio de Janeiro: Gramma, 2018. 306 p.

BEVILAQUA, Camila. A Aldeia Vertical: mistura indígena na cidade do Rio de Janeiro. *Mundo Amazónico*, Manaus e Bogotá: UFAM e Universidade Nacional da Colômbia, v. 8, n. 2, p. 50-70, 2017.

CLIFFORD, James. *A experiência etnográfica*: antropologia e literatura no século XX. Tradução Patrícia Farias. 2. ed. Rio de Janeiro: UFRJ, 2002. 320 p.

CUSICANQUI, Silvia Rivera. El potencial epistemológico y teórico de la historia oral: de la lógica instrumental a la descolonización de la historia. *Temas Sociales*, La Paz: IDIS-UMSA, n. 11, p. 49-64, 1987.

ECONODATA. Disponível em: ASSOCIACAO DOS INDIGENAS DA AREA METROPOLITANA DE BELEM AIAMB - cnpj 12.158.147/0001-93 - Econodata/. Acesso em: 14 jul. 2021.

GOFFMAN, Erving. Estigma: notas sobre a manipulação da identidade deteriorada. Tradução de Márcia Bandeira de Mello Leite Nunes, 4. ed. Rio de Janeiro: LTC, 2019.

HARTEMANN, G.; MORAES, I. P. Contar histórias e caminhar com ancestrais: por perspectivas afrocentradas e decoloniais na arqueologia. *Vestígios – Revista Latino-Americana de Arqueologia Histórica*, Minas Gerais: UFMG, v. 12, n. 2, p. 10-34, 2018.

KAMBEBA, Márcia Wayna. *O lugar do saber ancestral*. 2. ed. São Paulo: UK'A, 2021. 144 p.

KILOMBA, Grada. Quem pode falar? Falando do centro, descolonizando o conhecimento. *In*: KILOMBA, Grada. (org.). *Memórias da plantação*: episódios de racismo cotidiano. Tradução Jess Oliveira. 1. ed. Rio de Janeiro: Cobogó, 2019. p. 47-69.

MAGNANI, José Guilherme C. Índios em contextos urbanos: o caso de Manaus e outras cidades da Amazônia. *In*: FORTUNA, Carlos; LEITE, R. P. (org.). *Diálogos urbanos*: territórios, culturas, patrimônios. Coimbra: Almedina, 2012. p. 175-200.

MAXIMIANO, Claudina Azevedo. Mulheres indígenas: Diálogo Sobre a Vida na Cidade. *Ponto Urbe*, São Paulo: NAU-USP, n. 13, p. 1-20, 2013.

MENEGHINI, Camila Vasconcelos. *Mulheres indígenas na cidade do Recife*: identidade étnica e redes. Dissertação (Mestrado em Antropologia) – Programa de Pós-graduação em Antropologia, Universidade Federal de Pernambuco. Recife, 2015. 132 f.

NUNES, Eduardo Soares. Aldeias urbanas ou cidades indígenas? Reflexões sobre índios e cidades. *Espaço Ameríndio*, Porto Alegre: UFRGS, v. 4, n. 1, p. 9-30, 2010.

PACHAMAMA, Aline Rochedo. Mbaima Metlon: Narrativas de mulheres indígenas em situação urbana. *Ekstasis – Revista de Hermenêutica e Fenomenologia*, Rio de Janeiro: UERJ, v. 8, n. 2, p. 135-150, 2019.

PONTE, Laura Arlene Saré Ximenes. *Políticas públicas e os indígenas citadinos*: estudo das políticas indigenistas de educação e saúde em Belém e Manaus (1988 a 2010). Tese (Doutorado em Ciências, Desenvolvimento Socioambiental) – Programa de Pós-graduação em Desenvolvimento Sustentável do Trópico Úmido, Universidade Federal do Pará. Belém, 2011, 269 f.

SMITH, L. T. Imperialismo, história, escrita e teoria. *In*: SMITH, L. T. *Descolonizando metodologias*: pesquisa e povos indígenas. Tradução de Roberto G. Barbosa. Curitiba: UFPR, 2018. p. 31-55.

SOUZA, Fabrício Filizola de. Índios citadinos: a constituição de uma comunidade multiétnica no bairro Tarumã, Manaus, AM. 2017. 124 f. Dissertação (Mestrado em Sociedade e Cultura na Amazônia) – Programa de Pós-graduação em Sociedade e Cultura na Amazônia, Universidade Federal do Amazonas, Manaus, 2017.

VILLAR, Mauro de S. *Dicionário Houaiss Conciso*. 1. ed. São Paulo: Moderna, 2011.

INDÍGENAS MULHERES NAS AMAZÔNIAS: RESISTÊNCIAS E LUTAS POR DIREITOS

Rosani de Fatima Fernandes[1]

O texto discute os protagonismos e as lutas de indígenas mulheres lideranças por direitos nas Amazônias, que se constituiu historicamente como território de tensões, disputas e conflitos socioambientais, mas também como lugar de resistências de povos indígenas e populações tradicionais. Atualmente, as mulheres lideram as maiores organizações indígenas no Brasil, coordenando discussões e reivindicações pela retomada e demarcação dos territórios tradicionais, na elaboração e implementação de políticas públicas de educação e saúde, estão na vanguarda dos projetos políticos comunitários, na administração e gestão das associações e em cargos de chefia nas aldeias. Enfrentando o racismo e a histórica violência colonial de gênero, muitas dessas lideranças mulheres são perseguidas e criminalizadas por protagonizarem resistências nos territórios, em contextos nacionais e internacionais. Ao problematizar a agência das indígenas mulheres em luta por direitos, busca-se aproximações com o Feminismo Comunitário discutido por Paredes (2010, 2015), Paredes e Guzman (2014), na perspectiva decolonial discutidas por Rivera Cusicanqui (2010) e Wlash (2019) e nas resistências de longa duração problematizadas por Sampaio (2021).

---

1   Kaingang, Educadora, Militante em Direitos Indígenas/Educação Escolar Indígena, Doutora em Antropologia Social pelo Programa de Pós-Graduação em Antropologia (PPGA) da Universidade Federal do Pará (UFPA), Mestre em Direito pelo Programa de Pós-Graduação em Direito (PPGD/UFPA). Em estágio de Pós-Doutoramento na Clínica de Direitos Humanos da Amazônia (CIDHA/PPGD/UFPA), Bolsista FORD/CLUA. E-mail: rosanifernandes2@gmail.com

O trabalho, escrito por pessoa indígena, mulher da etnia Kaingang[2], se insere no arcabouço das produções realizadas por intelectuais indígenas mulheres que têm crescido significativamente na última década, especialmente pelos resultados positivos das Políticas da Ações Afirmativas nas universidades. Como indígenas intelectuais orgânicas (GRAMSCI, 1979), protagonizam novas percepções e elaborações para visibilidade das epistemologias próprias no questionamento da chamada "historiografia oficial", que silencia as histórias, cosmologias, conhecimentos e trajetórias de lutas indígenas. A expectativa é que as discussões possam contribuir para novas reflexões, dentro e fora da academia, especialmente como possibilidade de aproximação dos desafios apresentados às realidades vivenciadas pelas indígenas mulheres na conquista de espaços políticos nas suas comunidades, na sociedade brasileira, nas mais diversas frentes.

Consideram-se as diversidades étnicas, raciais, sexuais e de gênero como produções sociais e culturais específicas de cada sociedade indígena, construídas e comunicadas historicamente em processos educacionais também particulares a cada grupo étnico. Compreende-se cultura enquanto categoria dinâmica que engendra ressignificações e reelaborações de acordo com a autonomia e autodeterminação de cada povo, que, em situações de contato interétnico e relações interculturais, negocia novas agências em favor dos projetos coletivos.

Tais dinâmicas estão circunscritas às trajetórias individuais e coletivas dessas mulheres em contextos locais, territoriais e globais, como parte dos arranjos políticos representativos de cada povo/comunidade. Não cabem, portanto, generalizações ou, ainda, a pretensão de dar conta da amplitude e da diversidade que o tema proposto enseja. Trata-se de ensaio, baseado nas minhas próprias vivências em trocas, convivências e parcerias com outras indígenas mulheres em contextos de militância, na academia, nas organizações políticas representativas das aldeias, em colaborações pontuais, especialmente na temática da Educação Escolar Indígena (EEI) e Direitos Indígenas que me possibilitam aproximações na condição de parente, pesquisadora, educadora

---

2   Não utilizo o itálico para os nomes em línguas indígenas por compreender que são parte do meu campo linguístico e cultural, as palavras em língua estrangeira serão grifadas com itálico.

INDÍGENAS MULHERES NAS AMAZÔNIAS: RESISTÊNCIAS E LUTAS POR DIREITOS

e antropóloga na colaboração com outros povos, uma vez que, me encontro distante do lugar onde meu umbigo está enterrado[3].

Ressalto que não é objetivo do trabalho realizar aprofundamento teórico da categoria gênero e povos indígenas, tampouco realizar reflexões e elaborações em contraponto ao chamado Movimento Feminista hegemônico à luz das produções dos campos das ciências humanas e sociais, mas, problematizar, a partir das trajetórias de algumas indígenas mulheres lideranças a importância das reelaborações e ressignificações dos papéis de gênero nas comunidades, mediante negociações e tomada de diferentes posições políticas diante dos enfrentamentos históricos, especialmente no que se refere à proteção dos territórios, representatividade política e busca por escolarização nos diferentes níveis.

Para demarcar o campo semântico e político, não utilizo o termo "índia ou índio" por serem categorias coloniais pejorativas que fazem referência às representações estereotipadas e generalizadas, remetem, portanto, as pessoas indígenas ao vitimismo e à hiperssexualização, negando a possibilidade de agência e mantendo-as em lugares de subalternidade. Assim como a categoria "mulher indígena", empregada comumente nas produções do chamado feminismo hegemônico, será abordada nesse contexto específico. A opção pela categoria "indígenas mulheres" justifica-se por compreender que a etnicidade pressupõe a identidade sexual e de gênero, que são construções sociais e culturais específicas de cada povo, portanto, diversa, subverte-se aos termos do "feminismo hegemônico" tal qual discute Sampaio (2021).

O termo "indígena", como explica Luciano (2006), foi politizado e ressignificado especialmente a partir da década de 1970 pelos Movimentos Indígenas em luta por direitos. Trata-se, nesse sentido, de identidade unificadora dos enfrentamentos históricos dos povos que, mesmo diferenciados linguística e culturalmente,[4] têm em comum histórias de lutas e resistências às políticas

---

3   Meu umbigo está enterrado na Terra Indígena Toldo Chimbangue, onde nasci e onde estão enterrados meus troncos velhos, para onde meu corpo deve retornar quando minha caminhada se encerrar. Vivendo no Pará desde 2004, tenho atuado especialmente nas regiões Sul e Sudeste, na organização política de luta por Educação Escolar Indígena (EEI) nos Territórios Indígenas. Atualmente estou Coordenadora do Grupo de Trabalho de EEI do Fórum Regional de Educação do Campo (FREC), sou uma das fundadoras e vice-presidente da Associação dos Professores Indígenas do Sul e Sudeste do Pará (APISSPA), criada em junho de 2019.

4   Conforme dados do Censo do Instituto Brasileiro de Geografia e Estatística (IBGE) de 2010, no Brasil vivem (resistem) cerca de 305 povos, sem contar os que se encontram em situação de

genocidas, etnocidas e epistemicidas. Ao problematizar a temática em tela, toma-se como referência o processo histórico de constituição do Estado brasileiro que tem como matriz orientadora o racismo estrutural, que, engendrou o ideal de nação mestiça, por meio de políticas sistemáticas de "branqueamento cultural" que produziram e reproduzem a subalternização dos corpos e epistemologias indígenas pela manutenção de padrões de colonialidade (QUIJANO, 2002; 2005), que seguem produzindo invisibilização e silenciamento dos povos nativos.

Por racismo, entende-se como "[...] uma forma sistemática de discriminação que tem a raça como fundamento, e que se manifesta por meio de práticas conscientes ou inconscientes que culminam em desvantagens ou privilégios, a depender ao grupo racial ao qual pertençam" (ALMEIDA, 2018, p. 25). Para o autor, o racismo constitui muito mais do que ações isoladas de indivíduos que agem conforme motivações pessoais, pois o racismo está emaranhado nas relações sociais, institucionais, na cultura, nas estruturas sociais que formam a sociedade brasileira, seja na economia, na formação política e cultural e ainda, nos processos educacionais que reproduzem desvantagens para a maior parte da população, autodeclarada negra, por isso denominado "racismo estrutural".

Assim como a população negra, os povos indígenas foram propositalmente negligenciados na historiografia oficial, compreendidos e assim tratados como "vítimas" do processo colonial, foram sistematicamente relegados/as ao lugar do exotismo e do estereótipo associado a ideia de "selvageria" ou do "bom selvagem", o que justificaria as políticas sistemáticas de "amansamento", "docilização" , "civilização", invasão e expulsão dos territórios tradicionais (CARNEIRO DA CUNHA, 1992).

É certo que nenhuma dessas visões, características do tratamento a povos ditos "conquistados" na empreitada colonial é adequada e não reconhece a agência das pessoas indígenas e seus coletivos nas resistências históricas realizadas na defesa dos territórios, muito menos problematiza as agências das indígenas mulheres nesses processos, visto que a historiografia dita oficial e canônica sequer reconhece que os povos indígenas têm história, que, escrita por homens, brancos, heterossexuais e cristãos negam qualquer possibilidade

---

isolamento voluntário, somando um total de aproximadamente 900 mil pessoas, vivendo em aldeias e nos contextos urbanos. Fonte: https://www.ibge.gov.br/indigenas/indigena_censo2010.pdf.

de reconhecimento das diversidades étnicas, culturais, linguísticas, sociais, sexuais, de gênero, muito menos as contradições na formação do chamado estado nacional, ou seja, são histórias a serem escritas.

Ao considerar o racismo enquanto produção social, histórica e cultural, questiona-se o não lugar das indígenas mulheres nos espaços de poder, pois, assim como as pessoas negras, em especial as mulheres, lutam para romper as exclusões produzidas nas relações mediadas pelo racismo em suas diferentes nuanças. Cabe ressaltar que os povos indígenas organizados têm questionado as exclusões sistemáticas e provocado mudanças significativas nas últimas décadas, especialmente pelas reivindicações e lutas dos Movimentos Indígenas locais, do Movimento Indígena nacional e dos Movimento das Indígenas Mulheres articuladas em torno das pautas prioritárias de luta indígena no Brasil. Especialmente a partir das décadas de 1970 e 1980, as organizações representativas reivindicam não só o reconhecimento de direitos historica-mente negados, mas maior participação na sociedade nacional e nos espaços de decisão e poder.

Na esteira da autodeterminação, indígenas mulheres também têm acom-panhado e protagonizado mudanças importantes e estão, paulatinamente, reconfigurando e ressignificando, não somente seus papéis na organização familiar e na economia doméstica, política e social das comunidades, mas tam-bém nas organizações tradicionais ou não dos povos aos quais pertencem. Não é por acaso que as maiores organizações indígenas nas Amazônias e no Brasil estão sob a liderança de mulheres, como é o caso da Articulação dos Povos Indígenas do Brasil (APIB) e da Coordenação das Organizações Indígenas da Amazônia Brasileira (COIAB), que têm à frente Soninha Guajajara e Nara Baré, respectivamente.

Levantamento do Instituto Socioambiental (ISA) realizado em 2020[5] apontou a existência de 85 organizações de "mulheres indígenas" e cerca de sete organizações indígenas que têm departamentos de mulheres, totalizando 92 organizações, localizadas em 21 estados brasileiros.

A crescente inserção das mulheres nas organizações locais, regionais e nacionais tem como objetivo a ampliação da representatividade indígena

---

5 Levantamento disponível em: https://site-antigo.socioambiental.org/pt-br/noticias-socioam-bientais/organizacoes-de-mulheres-indigenas-no-brasil-resistencia-e-protagonismo. Acesso em: 02 jun. 2022.

feminina, quadro que também está sendo ampliado no número de indígenas mulheres que tem acessado o ensino superior, reivindicado participação nos cargos de legislatura pública e nas instâncias de controle social governamentais e não governamentais. Nas eleições de 2018 foi eleita a primeira indígena mulher como Deputada Federal no Brasil. Pelo partido Rede Sustentabilidade do estado de Roraima, Joenia Batista de Carvalho ou Joenia Wapichana, como é conhecida, fez história ao ser a segunda pessoa indígena a ocupar uma cadeira no Congresso Nacional e tem representado as vozes indígenas na resistência aos projetos governamentais e ações no legislativo e judiciário que pretendem retroagir as conquistas constitucionais dos povos indígenas. Atualmente, Joenia é vice-líder da oposição na Câmara dos Deputados e é Coordenadora da Comissão de Acompanhamento da situação do povo Yanomami na região de Waikás, que tem sofrido com os constantes ataques dos garimpeiros ilegais que mantêm o território invadido. A hoje deputada ganhou destaque e notoriedade pública quando foi também a primeira indígena mulher advogada a fazer sustentação oral no Supremo Tribunal Federal (STF) em março de 2009, no histórico julgamento sobre a demarcação da Terra Indígena Raposa Serra do Sol[6].

Cabe ressaltar que a ampliação das conquistas recentes não significa, de maneira nenhuma, que a agência das indígenas mulheres só passou a existir com a reconfiguração dessas relações, pelo contrário, o protagonismo das mulheres é parte da composição sociopolítica dentro e fora das comunidades, nos termos de cada povo. Entre os Mebengokrê, conhecidos também como Kayapó, por exemplo, as mulheres participam ativamente das reuniões, encontros e reivindicações, dentre estas, destacam-se as intervenções de Tuíre Kayapó, que ficou conhecida ao protagonizar o que se tornou a imagem emblemática e símbolo da luta dos povos indígenas contra a construção de barragens no "I Encontro dos Povos Indígena do Xingu, movimento realizado em Altamira" em fevereiro de 1989, quando colocou a lâmina do seu facão para "beijar" a face do então presidente das Centrais Elétricas do Norte do Brasil S/A (ELETRONORTE), José Antonio Muniz Lopes. O encontro marcou a

---

6   Trata-se de uma área localizada em porções dos municípios de Normandia, Pacaraima e Uiramutã, composta por cerca de 194 comunidades e uma população de aproximadamente 28 mil pessoas dos povos Macuxi, Taurepang, Patamona, Ingaricó e Wapichana. Fonte: https://www.brasildefato.com.br/2021/08/18/indigenas-vao-a-camara-e-mostram-gestao-modelo-na--reserva-raposa-serra-do-sol. Acesso em: 05 jun. 2022.

resistência dos povos indígenas contra a construção de Kararaô, que viria a ser a Hidrelétrica de Belo Monte, o "Belo Monstro", como referem as lideranças da região do Xingu. Tuíre segue representando seu povo e sendo uma das vozes indígenas de resistência nas Amazônias.

Entre conquistas e novos desafios

Longe de querer esgotar a temática ou dar conta de todos os aspectos culturais e políticos que redesenham as novas configurações de gênero e povos indígenas, considero importante refletir criticamente sobre os avanços, conquistas e alguns dos desafios que se apresentam nesses processos de tomada de novos espaços políticos protagonizados por indígenas mulheres nas Amazônias. É importante considerar, nesse sentido, as insurgências nas próprias comunidades que vão redefinindo dinamicamente os papéis de gênero, como por exemplo, na busca por escolarização em contextos urbanos, no acesso às universidades, aos cursos de graduação e pós-graduação, na conquista de postos outrora ocupados somente pelos homens.

Não é meu objetivo, pelo menos neste ensaio, discorrer sobre as possibilidades ou não de um "feminismo indígena" no contexto brasileiro, temática ainda lacunar no que concerne às elaborações protagonizadas por indígenas mulheres nos movimentos indígenas e na academia, mas, de forma introdutória, socializar inquietações e percepções acerca dos novos arranjos políticos protagonizados por indígenas mulheres em movimentos nas Amazônias, considerando que as categorias gênero e sexualidade são constituintes dos modos de conhecer e conceber as relações sociais, portanto, marcados pela alteridade, uma vez que também são múltiplas as formas do uso de sexualidade (MCCALLUM, 2013).

Para análise, tomo como referência as narrativas das mulheres Tembé Tenetehara[7] de Santa Maria do Pará, na região nordeste paraense, que vivem nas aldeias Jeju e Areal, com as quais dialoguei na feitura de tese[8] em Antropologia, defendida no Programa de Pós-Graduação em Antropologia (PPGA) da Universidade Federal do Pará (UFPA), em 2017. Os diálogos com

---

7   Por compreender que os relatos de memória e narrativas denunciam situações de violência e que foram confidenciados mediante o resguardo das identidades, serão utilizados nomes fictícios, especificamente no caso das Tembé Tenetehara.

8   Ver Fernandes (2017).

as parentas aconteceram em diferentes momentos do trabalho de campo e indicam as resistências elaboradas para, de alguma forma, romper as barreiras e os descasos para buscar escolarização, ao mesmo tempo que denunciam violências históricas e atuais.

Toma-se também como referência de análise as narrativas de Kátia Silene Valdenilson, cacique do Povo Akrãtikatêjê, localizada na Terra Indígena Mãe Maria (TIMM), no município de Bom Jesus do Tocantins, na região sudeste paraense, com os quais convivo e mantenho vínculos familiares e políticos mediados pela condição de indígena parente, acolhida pelas possibilidades de colaboração, desde 2004. O fato de também ser indígena e mulher me insere em espaços e diálogos que, talvez, não seriam possíveis à outras mulheres não indígenas, ou seja, minha escrita é situada e mediada pela etnicidade compartilhada.

As narrativas foram coletadas em diversos momentos de diálogo com a líder, durante as reuniões de construção do Projeto Político-Pedagógico (PPP) da escola da aldeia, nos trabalhos de construção do currículo e da matriz curricular das escolas da TIMM que está em andamento e na participação da mesma na disciplina de "Diversidade e Direitos dos Povos Indígenas no Contexto Amazônico" do curso de extensão e especialização em "Formação em Docência e Gestão da Educação Escolar Intercultural Indígena", realizado pela Universidade Federal do Sul e Sudeste do Estado do Pará (UNIFESSPA) em que atuei na docência. As reflexões da cacica Kátia mostram as insurgências e estratégias para ocupar espaços políticos nas comunidades enquanto lideranças femininas, seja nos cargos de administração e gestão das escolas, nos postos de saúde, nas associações das aldeias, ou ainda, mais recentemente, na chefia enquanto cacicas.

A escrita é, portanto, orientada pela percepção das categorias próprias que compõem os discursos das interlocutoras, o que pressupõem o diálogo respeitoso entre iguais, que requer sensibilidade para o ouvir e interpretar. Também requer atenção e percepção dos momentos e lugares mais adequados para as conversas, que são sempre diálogos construtivos de troca de conhecimentos, conforme discutido por Cecília Minayo (2010). As narrativas de memórias de resistências estão presentes nas falas das interlocutoras e contam histórias com sentidos, palavras e expressões que são próprias das suas experiências e modos de vida, assim como explicam Bauer e Gaskell (2008, p. 91):

Na verdade, as narrativas são infinitas em sua variedade, e nós as encontramos em todo lugar. Parece existir em todas as formas de vida humana uma necessidade de contar; contra histórias é uma forma elementar de comunicação humana e, independente do desempenho da linguagem estratificada, é uma capacidade universal. Através da narrativa, as pessoas lembram o que aconteceu, colocam a experiência em uma sequência, encontram possíveis experiências para isso, e jogam com a cadeia de acontecimentos que constroem a vida individual e social. Contar histórias implica estados intencionais que aliviam, ou ao menos tornam familiares, acontecimentos e sentimentos que confrontam a vida cotidiana normal.

As narrativas das indígenas mulheres interlocutoras no trabalho denunciam, sobretudo, o racismo em suas diferentes nuances, institucional, velado e como base da própria estruturação do Estado brasileiro enquanto pretensa nação mestiça que trabalhou sistematicamente para o apagamento das identidades indígenas, subalternizando os corpos, culturas, línguas, conhecimentos, em processos de etnocídio e epsitemicídio de longa duração.

"Eu queria aprender o ABC": vivências Tembé Tenetehara de Santa Maria do Pará em busca de escolarização

Distante cerca de cinco quilômetros da cidade de Santa Maria do Pará, que está a cerca de 100 quilômetros da capital Belém, encontra-se a Vila do Jeju, que os Tembé Tenetehara autodenominam de "Aldeia do Jeju" por ser parte do território tradicional reivindicado e que ainda não foi demarcado pelo Estado brasileiro. Por essa razão, as casas e os Tembé estão entre os regionais, seus filhos estudam em escolas municipais e estaduais não indígenas das Vilas do Jeju e do Areal. A "aldeia Areal" fica distante cerca de quatro quilômetros do Jeju e é outra porção do território reivindicado pela Associação Indígena Tembé Tenetehara de Santa Maria do Pará (AITESAMPA), que, desde 2003, organiza as famílias nos processos de retomada e de reconhecimento de direitos junto aos demais Tembé Tenetehara de outras aldeias e diante do Estado brasileiro.

Minhas primeiras conversas com as mulheres Tembé Tenetehara de Santa Maria do Pará tiveram início em 2013, quando passei a estabelecer diálogos e parcerias mediadas pela relação que meu irmão Edimar A. Fernandes realizava nas ações com a AITESAMPA em sua pesquisa de Mestrado no Programa de Pós-Graduação em Direito (PPGD) da UFPA, tendo sido acolhido como parente Kaingang na feitura da sua dissertação. Por prestarmos apoio em nossa residência em Belém a algumas pessoas da comunidade que se mudavam para a capital para estudar, construímos relações de confiança e parceria que contavam também com auxílio e orientação na elaboração dos trabalhos acadêmicos e em atividades pontuais a que éramos convidados/as a realizar nas aldeias e nas escolas das comunidades do Jeju e Areal.

Nessa condição, passei a frequentar as aldeias e a compartilhar os espaços de sociabilidade de algumas famílias em momentos de lazer e de muita aprendizagem que incluíam banhos nos igarapés, passeios, caminhadas e visitas para longas conversas com diversas pessoas, incluindo dona Maria Francisca da Silva, a Capitoa do Jeju, e seu Miguel Carvalho da Silva, cacique do Areal, ambos falecidos. As conversas eram quase sempre mediadas por dona Judite Vital, que, além de nos receber carinhosamente em sua casa, nos apresentava às pessoas e nos guiava nas atividades de campo.

Dentre as muitas conversas com diversas pessoas, a maioria mulheres, algumas em especial me chamaram a atenção. No recorte para este trabalho, incluí relatos de memória de algumas delas, e que, por se tratar de relatos de violência, inclusive vivenciados na infância, terão seus nomes preservados. Umas das primeiras mulheres com as quais dialoguei foi Dona Margarida Branca[9], que escreve suas memórias em um pequeno caderno, amarelado pelo tempo e pelo uso. Com escuta atenta, fazia também meus registros sobre as memórias de dor daquela senhora que compartilhava comigo o sonho de estudar quando era jovem e as dificuldades que enfrentou para aprender o "ABC", como ela mesma informa. Discriminada pelos colegas por não ter roupas consideradas "adequadas" para ir à escola e nem o material escolar, arranjava estratégias para driblar as dificuldades e impedimentos. O desejo de estudar era tanto que dona Margarida chegou a negociar com a professora da escola da comunidade a troca de serviços domésticos por aulas de alfabetização, mas nem tudo saiu como ela planejou...

---

9   Para resguardar as identidades das mulheres *Tembé Tenetehar* que relatam situações de violência, serão utilizados nomes fictícios de flores sem espinhos, porque a jornada dessas mulheres já é, por si só, espinhosa e dolorida.

> [...] se a senhora me ensinar a lê e lhe ajudo fazer suas coisas, eu venho mais cedo, eu piso o arroz pra senhora, eu faço tudo... mas só que eu nem imaginei que eu também tinha que ajuda a minha mãe né... tá! Aí eu fui estudar, só que quando ela falou pra mamãe, a mamãe deu um tempo tinha que comprar um caderno, tinha que comprar um lápis, e eu já tinha preparado folha de papel né, eu já tinha ajeitado papel de embrulho porque naquele tempo tinha papel de embrulho pra embrulha as coisa, quando não, era folha de guarimã, né, aí eu já ia reservando aqueles papelzinho, aí eu disse pra ela, mamãe, eu vou com esse borrão e depois quando a senhora comprar o papel eu passo a limpo, mas a situação era muito carente, pra uma pessoa comprar uma folha de papel (registro realizado em 13 de agosto de 2014).

Não se dando conta inicialmente dos compromissos assumidos e que teria que dar conta da limpeza da casa da mãe e da professora, dona Margarida Branca, ainda menina, se viu em uma tripla jornada de trabalho. Sem muitas condições de prosseguir nos estudos e de comprar os materiais escolares e uniformes, foi enviada pela mãe à casa de uma "madrinha" que residida em Belém, situação, infelizmente, ainda bastante comum, em que, pessoas ditas "bem intencionadas" levam meninas do interior para trabalhar em suas casas em troca de comida e alguma roupa para poder estudar...

> [...] daí minha mãe me botou pra casa de uma madrinha minha, lá eu fui servir de burro de carga, carrega de 20 lata de água pra vesti um vestido de mês em mês, não estudava, só trabalhava, lá também tinha um cara que era sobrinho dela e gostava de agarra a pessoa na marra, e um dia eu fui limpa um quarto lá, e esse homem fazia pão, me levantava quatro hora da manhã pra faze a limpeza em tudo, começava trabalha até oito da noite, esse cara quis me agarra e eu me fiz de vítima, disse que eu precisava ir lá vê se tinha alguém olhando, se vinha chegando alguém, mas eu fiz foi pular por uma janela e cai fora, mais um livramento que Deus me deu. (registro realizado em 13 de agosto de 2014)

Na casa da dita madrinha, foi assediada pelo sobrinho da mulher que "gostava de agarra pessoa na marra", conta que "driblou" o assediador e saiu em fuga pela janela da casa jurando que nunca mais retornaria àquele lugar, e assim o fez.

O sonho de estudar foi mais uma vez adiado, mas dona Margarida não desistiu de aprender o ABC. Contrariando as negativas do pai e, depois de casada, do esposo, conta que acordava três horas da manhã para preparar a comida e deixar tudo pronto para as crianças e o marido. Trabalhando o dia todo e estudando a noite, não havia outra forma de estudar. Além disso, cuidava sozinha dos filhos e da mãe adoentada, deixando limpas as duas casas, a sua e a de sua mãe.

Dona Margarida prossegue relatando que as provações e impedimentos eram muitos, mulheres não tinham "permissão" dos pais e dos esposos para sequer andar de bicicleta, quanto mais frequentar a escola ou "trabalhar fora". A única alternativa era então ser "dona de casa", "[...] era uma série de coisas, era muito racismo, eu acho assim, muito machismo né." (registro em 13 de agosto de 2014).

Mesmo com tantas negativas e dificuldades, dona Margarida aprendeu a ler e escrever e hoje incentiva suas filhas a prosseguirem nos estudos, duas são professoras formadas e atuam em escolas do município, mas também precisaram insurgir às negativas e romper as barreiras históricas para frequentar a universidade. Orgulhosa das filhas, segue escrevendo suas memórias no seu caderno porque acredita que precisam ser escritas e conhecidas pelas novas gerações para que valorizem os caminhos trilhados para a conquista dos espaços e direitos das mulheres Tembé Tenetehara.

As violências relatadas são também parte do cotidiano atual das pessoas Tembé Tenetehara, que buscam escolarização no Jeju e Areal. Relatos das mães de estudantes da Educação Básica da escola da Vila do Jeju denunciam casos de racismo praticados pelos/as professores/as, no início do processo de retomada étnica comparavam as pinturas corporais feitas com jenipapo, que é parte da identidade étnica e cultural do povo, como "coisas da besta fera", ou seja, demonizadas e inferiorizadas, deviam ser lavadas até desaparecerem da pele dos estudantes, que eram obrigados a voltar para suas casas e tomar banho. Essas posturas reforçam o racismo e os preconceito contra as pessoas indígenas do Jeju.[10] As situações de violência racista não são, infelizmente casos isolados, são parte da rotina de indígenas estudantes, inclusive no ensino superior. Sujeitos à educação civilizatória e catequizadora em meados do final

---

10   Sobre as violências históricas e do tempo presente vivenciadas pelos Tembé Tenetehara, ver Fernandes (2017; 2021)

do século XX e na primeira metade do século XXI pelos Freis Capuchinhos Lombardos da Missão do Norte em convênio com o governo do estado do Pará, os Tembé de Santa Maria do Pará foram compulsoriamente silenciados, tanto na historiografia oficial quanto nas produções antropológicas. Há cerca de duas décadas estão organizados e requerem o território tradicional de onde foram expulsos, bem como o reconhecimento dos direitos indígenas enquanto povo etnicamente diferenciado. A Educação Escolar Indígena específica, diferenciada e intercultural e as políticas de Saúde Indígena são também parte das reivindicações da AITESAMPA.

"Eu não penso só na minha comunidade, mas no território, em todo mundo"

Era manhã do dia 14 de março de 2022 e a cacique Katia Silene Valdenilson compartilhava com professores e professoras Awaeté Parakanã da Terra Indígena Parakanã[11] e professores/as (não indígenas) as suas muitas lutas para se construir enquanto liderança do povo Akrãtikatêjê em substituição ao seu pai Jamrikakumti Hõpryre Ronore Jõnpikti, mais conhecido como Payaré, que faleceu no final do mês de março de 2014.

A conversa com a cacica era parte das atividades da disciplina "Diversidade e Direitos dos Povos Indígenas no Contexto Amazônico" do "Curso de Formação em Docência e Gestão da Educação Escolar Intercultural Indígena" realizado pela Universidade do Sul e Sudeste do Estado do Pará (Unifesspa) em Convênio com a Prefeitura Municipal de Novo Repartimento e em Parceria como o Programa Parakanã, na região sudeste paraense. Ao falar dos ensinamentos do pai, a voz embargava, silenciava e vinha o choro, contido pelo seu discurso potente de quem já enfrentou muitas barreiras para chegar onde está.

Levados arbitrariamente para a TIMM em Bom Jesus do Tocantins, no sudeste paraense, na segunda metade do século passado, os Akrãtikatêjê

---

11 Localizada em porções dos municípios de Novo Repartimento e Itupiranga. Conhecidos na literatura como Parakanã, se autodenominam Awaeté (gente de verdade) e estão distribuídos em 18 aldeias espalhadas estrategicamente para garantir a proteção do território. Expulsos e removidos da sua área de ocupação tradicional para a construção da Hidrelétrica de Tucurui na década de 1980, no contexto do Projeto Grande Carajás, os Awaeté têm se mobilizado para requerer educação escolar pública e intercultural, uma vez que, ficaram mais três décadas sob a gestão do Programa Parakanã, que segundo informam, não possibilitava a aprendizagem do Português como segunda língua. Fonte: https://pib.socioambiental.org/pt/Povo:Parakan%C3%A3.

resistiram o quanto foi possível às violentas investidas do Estado brasileiro, sempre muito violentas. No entanto, se viram obrigados a sair do território tradicional sob ameaças de morte, depois de inúmeros ataques, conforme relata a cacica, que relembra as memórias do pai Payaré. Expulsos da montanha, no hoje município de Tucuruí, se viram obrigados a refazer a vida na convivência com outros dois grupos: os Parkatêjê, liderados pelo cacique Topramre Krohokrenhum Jõpaipaire, conhecido como Capitão, e os Kyikatêjê, liderados pelo cacique Kinaré, que foram também compulsoriamente levados para a TIMM do seu território tradicional, este último removido para "ceder lugar" a uma empresa madeireira chamada CIDA, que deu origem ao hoje município de Cidelândia, no vizinho estado do Maranhão.

Kátia foi a primeira liderança mulher na TIMM, mas não a última, depois dela, encorajadas, outras assumiram os postos de liderança, mas não só, são hoje diretoras das escolas, professoras, administradoras e gestoras das associações das comunidades, "quebrando um protocolo cultural" como define Kátia, que convoca as mulheres para assumirem os postos de lideranças nas suas comunidades:

As mulheres têm que se envolver. Quando meu pai me colocou como liderança, ele quebrou um protocolo porque não podia mulher ser liderança, o meu pai disse:

> pode sim! Assim como o homem pode, a mulher também pode. A mulher é organizada, ela organiza a sua casa [...] a língua materna é o maior compromisso da mulher, é a língua mãe. Somos nós mulheres que seguramos a cultura e ensinamos os nossos filhos que ajuda a organizar, dá ideia da roça, de plantar, de colher, de ensinar. E se toda a mulher pensar isso, cada aldeia vai ter uma mulher liderança. As mulheres não podem se sentir pra baixo, porque hoje eu sou uma liderança, mas eu não fui aceita de primeira, quando o meu pai me colocou como liderança mulher eu sofri muito preconceito, mas hoje estou aqui e me orgulho (Cacique Katia Silene Valdenilson, narrativa coletada em 14 de março de 2022).

Dentre os enfrentamentos protagonizados pelas lideranças mulheres dos povos da TIMM, estão os embates com a Empresa Vale S/A, antiga Companhia Vale do Rio Doce (CVRD), que impacta o território Mãe Maria há mais de três décadas[12], as negociações com a Eletronorte e com o próprio Estado brasileiro nas cobranças pela execução das políticas públicas de saúde e educação para fortalecer a língua, a cultura e defender os direitos indígenas e indigenistas que têm a escola intercultural como principal ferramenta de luta.

> Nós precisava aprender a ler porque é uma ferramenta, é uma arma. A gente precisava carregar nossa língua em silêncio, a nossa cultura em silêncio porque nós tava vivendo o momento da ditadura militar, nós era proibido de falar na nossa língua porque eles achavam que era um código...que a gente estava resistindo e tramando alguma coisa. Então foi um momento muito tenso, foi um momento difícil, difícil mesmo. Eu falo que hoje tenho força pra mim contar, mas antigamente eu não tinha força de falar, porque eu vi meu pai ali morrendo, e meu povo teve que sair, veio embora pra Mãe Maria [...] o meu povo foi expulso [...]. O meu pai botava na nossa cabeça, pra todo mundo, meu pai reunia nós sempre, eu me lembro, e falando né, que nós tinha que aprender, entender a língua do branco e entender o que o branco queria com nós né. E a gente ouviu muito que nós não podia mais falar aquela língua e muito menos estudar. Eu vim estudar quando tinha uns 10 ou 11 anos, eu já era grande. (Cacique Katia Silene Valdenilson, narrativa coletada em 14 de março de 2022).

Além das funções de liderança da sua comunidade, Kátia também é professora da língua e da cultura Akrãtikatêjê na escola da aldeia. Depois de muitas reivindicações na Secretaria de Estado de Educação do Pará (SEDUC), a comunidade conquistou a tão sonhada escola. Infelizmente, Payaré faleceu sem poder ver a educação escolar intercultural e bilíngue ser efetivada como tanto defendia. No entanto, Kátia dá continuidade ao seu legado repassando seus ensinamentos aos filhos, netos, noras e a toda sua comunidade, mostrando que a escola é uma arma na defesa dos direitos, da cultura e do território como forma de fortalecer a identidade Akrãtikatêjê,

---

12 A TIMM é cortada de uma extremidade a outra pela Estrada de Ferro Carajás que transporta minério da Serra de Carajás, localizada no município de Parauapebas até o porto da capital do Maranhão, São Luiz. Além disso, há duas linhas de transmissão de energia que também produzem impactos socioambientais ao território e às comunidades. Para mais informações sobre as resistências dos povos da TIMM por meio de políticas educacionais próprias ver Fernandes (2010).

> O meu pai trabalhou muito com nós, que nós tinha que saber, que era para lutar e tinha que aprender o português pra defender os nossos direitos, defender o território, defender a cultura e quem nós era. E a preocupação naquele momento do meu pai junto com outras lideranças era nós saber quem nós era para manter a nossa identidade [...] meu pai foi um grande visionário. (Cacique Katia Silene Valdenilson, narrativa coletada em 14 de março de 2022).

Foi também com mais de três décadas de disputa judicial que os Akrãtikatêjê venceram a ELETRONORTE no processo de restituição do território do qual foram expulsos e que foi inundado pela Hidrelétrica de Tucuruí. A área adquirida faz limites com a TIMM e representa uma grande conquista para o povo da Montanha, que vivenciou as atrocidades da expulsão e das violências cometidas pelos agentes do órgão indigenista no período da ditadura militar. Essas memórias de fugas, enfrentamentos dos militares, helicópteros fazendo sobrevoos no território, das correrias, espancamentos e ameaças sofridas por homens, mulheres e crianças são parte da história recente dos Akrãtikatêjê, sobreviventes da saga de remoções compulsórias para ceder lugar aos projetos desenvolvimentistas implantados sob toda forma de violência nesta parte da Amazônia. Kátia, assim como sua avó Ronoré, mãe de Payaré e de muitos outros que adotou por criação, por isso conhecida como Mamãe Grande, são símbolos das resistências das mulheres em situações de extrema violência física e simbólica.

As mudanças orquestradas pelo Estado brasileiro, seja na remoção compulsória, seja nos ataques e retrocessos dos direitos indígenas, especialmente relacionados à garantia dos territórios têm, de certa forma, sido propulsora na ressignificação dos papéis de gêneros nas sociedades indígenas. Num passado recente, os homens ocupavam quase que exclusivamente os postos de lideranças na maioria das comunidades da TIMM, situação comum também a outros povos indígenas, em que quase que exclusivamente eram as pessoas a buscarem escolarização fora das aldeias, no entanto, esse quadro mudou significativamente, especialmente na última década.

As relações "tradicionais" de gênero estão presentes em muitas sociedades indígenas; ao mesmo tempo, é certo que esses padrões estão sendo constantemente modificados, em maior ou menor grau, como resultado do contato com

INDÍGENAS MULHERES NAS AMAZÔNIAS: RESISTÊNCIAS E LUTAS POR DIREITOS **467**

a sociedade não indígena. Essa pressuposição leva em conta que as ações das políticas de desenvolvimento de organismos estatais e não governamentais, a mobilidade indígena aos centros urbanos, aliadas às novas experiências organizativas resultantes da estratégia assumida pelos povos indígenas no contexto interétnico, complexificam o tema de gênero no que tange aos povos indígenas (SACCHI; GRAMKOW, 2012, p. 17)

Um dos maiores desafios para concretizar maior inserção nos espaços políticos é justamente a superação dos quadros históricos de exclusão produzidos pelo que Rivera Cusicanqui (1993) denomina de colonialismo de larga duração. As narrativas das indígenas lideranças mulheres Akrãtikatêjê e Tembé Tenetehara de Santa Maria do Pará se aproximam das exclusões e reivindicações das indígenas mulheres na Bolívia no que tange às dificuldades e empecilhos para o acesso à escolarização, direito negado pelo fato de serem indígenas e mulheres.

> Estudar para nós, como povos, e para nós, mulheres, dentro de nossos povos, têm sido muito mais difícil, porque embora alguns irmãos tenham sido capazes de ingressar na escola, a conquista das mulheres foi muito posterior. Somente agora se abriu essa possibilidade com o governo do Estado Plurinacional. Pessoalmente, eu sou a primeira e até agora a única da minha família que terminou seus estudos e ingressou na universidade para formação acadêmica, mas minhas ancestrais são sábias e manejam teorias e conhecimentos que até o momento me encantam e seguem me ensinando (PAREDES, 2019, p. 26).

Para Paredes, os corpos das mulheres indígenas são instrumentos de luta anticolonialista e nesse sentido, é necessário questionar os limites das categorias feministas hegemônicas que não dão conta das diversidades de gênero e concepções dos povos originários. A apropriação de categorias genéricas seria outra forma de colonização dos corpos e das identidades, portanto, reducionista.

Bosi (2003) explica que as narrativas são carregadas de representações ideológicas e caracterizadas por serem diferentes dos documentos, que são unilineares. As narrativas, nessa acepção, expressam a complexidade dos acontecimentos, delas emergem visões de mundo, sons, ruídos, silêncios, gritos, pausas, sentidos e marcas, tensões e conflitos, lembranças e esquecimentos que marcam a complexidade da teia de significados que definem as culturas. As narrativas, tal qual os corpos das indígenas mulheres, expressam as marcas da colonialidade de poder, do ser e do saber de que fala Anibal Quijano (2005) são, portanto, constructos de resistência, assim como os corpos das indígenas mulheres.

No caso das mulheres Tembé Tenetehara e Akrãtikatêjê, essa resistência é material e simbólica, se concretiza na afirmação das identidades pelas pinturas corporais, no uso dos artefatos cerimoniais, na afirmação dos nomes próprios nas línguas originárias, na organização política e militante que dialoga com a pauta coletiva dos povos indígenas no Brasil. No entanto, ao analisar criticamente a produção historiográfica e antropológica de gênero, Sampaio afirma que esses dois campos elegeram mulheres prioritárias para as reflexões históricas e que as mulheres indígenas estão em último plano, ou seja, continuam invisibilizadas, pois não contemplam "[...] as diversas formas de fazer-se mulheres, nem a diferença colonial." (2021, p. 79).

Indígenas mulheres na vanguarda da defesa de direitos

Conforme mencionado, as indígenas mulheres estão atualmente nas coordenações das maiores organizações de defesa e promoção de direitos indígenas no Brasil. A APIB tem à frente Sônia Bone de Souza Silva Santos, liderança conhecida como Sonia Guajajara ou ainda, Soninha Guajajara, nascida na Terra Indígena de Araribóia, do povo Guajajara Tenetehara, no hoje estado do Maranhão. Soninha é graduada em Enfermagem e Letras pela Universidade Federal do Maranhão (UFMA) e mestra em Cultura e Sociedade pelo Instituto de Humanidades, Artes e Cultura pela Universidade Federal da Bahia (UFBA), tendo longa trajetória nas mobilizações indígenas, integrou a Coordenação das Organizações e Articulações dos Povos Indígenas do Maranhão por dois mandatos, e foi vice-coordenadora por cinco anos da COIAB. Mais recentemente, fez história sendo a primeira indígena mulher a compor uma chapa à Presidência da República, nas eleições de 2018, sendo vice de Guilherme Boulos. Nas eleições de 2022, foi candidata ao cargo de Deputada Federal pelo Estado de São Paulo, também pelo Partido Solidariedade (PSOL). Sobre as mais de duas décadas na luta por direitos indígenas no Brasil e o desafio de ser indígena mulher e liderança, pondera que as mulheres sempre exerceram liderança nas suas comunidades, mas podem também assumir outros postos de luta:

> [s]er mulher indígena no Brasil é você viver um eterno desafio, de fazer a luta, de ocupar os espaços, de protagonizar a própria história. Historicamente foi dito para nós que a gente não poderia ocupar determinados espaços. Por muito tempo as mulheres indígenas ficaram na invisibilidade, fazendo somente trabalhos nas aldeias, o que não deixa de ser importante, porque o trabalho que a gente exerce nas aldeias sempre foi esse papel orientador. Só que chega um momento que a gente acredita que pode fazer muito mais do que isso, que a gente pode também estar assumindo a linha de frente de todas as lutas. (SONIA GUAJAJARA, 2020).

Ativista na defesa dos direitos indígenas, Soninha está entre as cem pessoas mais influentes do mundo, conforme levantamento realizado pela revista *Time* em maio de 2022. Conhecida internacionalmente, viajou mais de trinta países e esteve à frente de denúncias de violações de direitos indígenas na Organização das Nações Unidas (ONU) e nas Conferências Mundiais do Clima, no período de 2009 a 2021. Para a líder Guajajara Tenetehara, é preciso que as indígenas mulheres rompam o silenciamento a que foram submetidas há mais de cinco séculos, o que deve ser realizado com a valorização das culturas e identidades indígenas.

Nessa esteira, Guzmán (2019) chama atenção para a descolonização das memórias e dos feminismos, pois "o feminismo europeu serve apenas à Europa" e, assim, como o território das palavras e dos corpos, é um elemento de disputa de sentidos.

Da mesma forma, os discursos e as teorias decoloniais também estão em disputa com as leituras essencialistas e historicistas que renovam práticas de colonização e subalternização,

> Não pode haver um discurso de descolonização, uma teoria de descolonização, sem uma prática descolonizadora. O discurso do multiculturalismo e o discurso do hibridismo são leituras essencialistas e historicistas da questão indígena, que não tocam nas questões subjacentes da descolonização; Ao contrário, ocultam e renovam práticas efetivas de colonização e subalternização. (RIVERA CUSICANQUI, 2010, p. 62).

Nesse sentido, as organizações de indígenas mulheres têm aumentado significativamente como possibilidade de resistência e enfrentamento às permanências colonialistas e às práticas de exclusão e subalternidade mantidas e perpetuadas pelo estado brasileiro. Levantamento do Instituto Socioambiental realizado em fevereiro de 2020 apontou a existência de 85 organizações de "mulheres indígenas" e cerca de sete organizações indígenas que têm departamentos de mulheres, totalizando 92 organizações, localizadas em 21 estados brasileiros. Destas, 66 são organizações locais, 10 são estaduais e 16 regionais.[13]

As vozes das indígenas mulheres, denunciando as violências, têm alcançado outros continentes e mostram a diversidade geracional que compõem o movimento de indígenas mulheres no Brasil hoje, veteranas e novas lideranças estão elaborando estratégias coletivas de defesa das etnicidades e da diversidade de povos que vivem nas Amazônias hoje, altamente ameaçadas pelos projetos de morte, especialmente na atual legislatura do executivo brasileiro.

Recentemente, uma liderança mulher, jovem do povo Surui de Rondônia ficou conhecida mundialmente por denunciar as violências enfrentadas pelos povos indígenas no Brasil. Txai Surui, graduanda em Direito e ativista em direitos indígenas, fez o discurso de abertura da Conferência Mundial das Nações Unidas sobre mudanças do Clima (COP 26) que aconteceu em Glasgow, na Escócia, no mês de novembro de 2021. Txai foi a primeira indígena mulher a proferir discurso em uma Conferência do Clima. Atuante na defesa das florestas e dos territórios indígenas, a jovem de 24 anos, filha do líder Almir Surui alertou para a importância de colocar os povos indígenas no centro das discussões e decisões do evento "[o]s povos indígenas estão na linha de frente da emergência climática. Por isso devemos estar no centro das decisões que acontecem aqui[14]". Ovacionada pelos presentes, Txai relata que foi intimidada e ameaçada após o pronunciamento por uma pessoa que representava o governo brasileiro no evento, sob recomendações de que "não falasse mal do seu país". A tentativa de mordaça mostra a continuidade dos padrões de colonialidade que tentam, há mais de cinco séculos, calar as vozes das indígenas

---

13 Fonte: https://acervo.socioambiental.org/acervo/mapas-e-cartas-topograficas/brasil/mapa-das-organizacoes-de-mulheres-indigenas-no-brasil. Acesso em: 10 maio 2022.

14 Matéria Marina Rossi no jornal *El País Brasil*, de 09 de novembro de 2021. Disponível em: https://brasil.elpais.com/brasil/2021-11-09/txai-surui-destaque-da-cop26-vivo-sob-clima-de-ameacas-desde-que-me-conheco-por-gente.html. Acesso em: 23 maio 2022.

mulheres no Brasil. Não se deixando intimidar, a jovem segue denunciando não só os projetos de destruição das Amazônias, que têm os povos indígenas no seu epicentro, mas o atual governo brasileiro que tenta, de todas as formas, retroagir os direitos indígenas.

Após seu discurso, Txai ganhou maior visibilidade nas redes sociais, recebeu inúmeras mensagens de apoio, mas também passou a ser alvo de discursos de ódio e notícias falsas, as chamadas *fakes news*. Acostumada aos embates na luta, a jovem líder não se intimidou diante dos ataques e segue ampliando a militância em favor das Amazônias e dos povos que nela vivem, dando maior visibilidade à pauta e à presença das indígenas mulheres no Movimento Indígena brasileiro.

Entre os dias 9 e 14 de agosto de 2019, aconteceu a "1ª Marcha das Mulheres Indígenas", na capital federal. Idealizada desde 2015, com lema "Território: nosso corpo, nosso espírito", o movimento tem como objetivo o fortalecimento das resistências indígenas nos territórios. Além disso, é parte da pauta das indígenas mulheres em movimento e em articulações para ocupação de espaços de poder e decisão. Em manifesto público, a Articulação Nacional das Mulheres Indígenas Guerreiras da Ancestralidade (ANMIGA) reforça a importância da articulação da luta com os saberes e tradições, que devem convergir a garantia da vida e dos direitos indígenas.

> Nós, Mulheres Indígenas, estamos em muitas lutas em âmbito nacional e internacional. Somos sementes plantadas através de nossos cantos por justiça social, por demarcação de território, pela floresta em pé, pela saúde, pela educação, para conter as mudanças climáticas e pela "Cura da Terra". Nossas vozes já romperam silêncios imputados a nós desde a invasão do nosso território (ANMIGA, 2022 s/p).

A ANMIGA faz o Chamado pela terra intitulado "Mulheres Indígenas no Poder: movimento de retomada política" onde conclama para um novo projeto de descolonização e de sociedade, baseado no bem viver indígena,

> Há um novo projeto de mundo que tem sido ofertado pelos povos originários, verdadeiros guardiões do Planeta. É um projeto de descolonizar a Vida e abrir caminho para a sociedade da felicidade e do amor, do bem-viver, do

envolvimento. Um reencontro a partir de uma nova matriz energética, dos direitos da natureza em oposição à distopia de terra arrasada, do colapso climático (ANMIGA, 2022)[15].

Em "Manifesto contra a violência de gênero, racismo contra a mulher indígena, e da intolerância religiosa, e contra a inconstitucionalidade do Projeto de Lei n°191/2020", a ANMIGA se posiciona contra as violências de gênero nos territórios indígenas, estupros e violações dos corpos das indígenas mulheres, lembrando e repudiando casos recentes de violência e assassinatos em diferentes estados brasileiros. Ao mesmo tempo, denuncia as graves ameaças aos territórios representadas no Projeto de Lei n.º 191/2020 do Poder Executivo que está em tramitação no Congresso Nacional em regime de urgência e que conta com apoio da bancada ruralista, principal interessada na exploração predatória dos recursos minerais, hídricos e florestais nos territórios indígenas.

> Nós, Indígenas Mulheres, lutamos pela demarcação das terras indígenas, contra a liberação da mineração e do arrendamento dos nossos territórios, contra a tentativa de flexibilizar o licenciamento ambiental, contra o financiamento do armamento no campo. Enfrentamos o desmonte das políticas indigenista e ambiental. (ANMIGA, 2022, s/p)

Articuladas na defesa dos territórios ancestrais, as indígenas mulheres denunciam nacional e internacionalmente, os descasos e as violações. Ao conceber os corpos como "territórios de direitos" e a terra como "mãe de todas as lutas", anunciam que outro mundo é possível e pode ser construído em aliança com as "guerreiras da ancestralidade". Nesse sentido, há pontos de convergência com o chamado Feminismo Comunitário ensejado em *Abya Yala*, termo em língua *Kuna* que significa "terra madura", "terra viva", "em florescimento", categoria decolonial que contrapõe o que se convencionou chamar de "América Latina". O Feminismo Comunitário, como teoria social de combate às opressões coloniais históricas que articulam opressões, considera as identidades como categorias políticas que devem rejeitar os essencialismos e as subordinações (GUZMÁN, 2019).

---

15   Disponível em: https://anmiga.org/. Acesso em: 02 jun. 2022.

Concluindo sem encerrar

As novas relações e negociações em torno da defesa dos territórios e dos direitos indígenas vêm sendo amplamente discutidas e ressignificadas nas comunidades indígenas e nas organizações representativas dos povos indígenas no Brasil, o que inclui releituras e mudanças nos papéis de gênero, ditos tradicionais, nas comunidades e em outros espaços sociopolíticos.

Conforme foi possível analisar, as indígenas mulheres têm requerido maior participação em novos arranjos políticos e sociais, que incluem reconfigurações nas organizações representativas, que têm, não de hoje, indígenas mulheres em posições de destaque, inclusive nas instituições do chamado mundo não indígena, tal como discutem Sacchi e Gramkow (2012).

O crescente ataque aos direitos indígenas, as ameaças de retrocesso aos direitos constitucionais conquistados com muita luta dos movimentos indígenas no Brasil têm também reconfigurado as próprias organizações indígenas, tradicionalmente lideradas por homens. Ao romper as barreiras históricas, as indígenas mulheres entendem que a militância deve ser fortalecida e potencializada com a aquisição de outros conhecimentos: jurídicos, antropológicos, históricos, educacionais, entre outros que possibilitam diálogos mais equitativos na construção de uma sociedade menos racista e preconceituosa.

Atualmente, diversas lideranças indígenas mulheres estão sob ameaça por defenderem os territórios ancestrais das invasões de madeireiras, do garimpo ilegal, de projetos governamentais desenvolvimentistas e por combater o desmonte dos direitos indígenas liderado pelas bancadas Anti-indígenas no Congresso Nacional. Mesmo ameaçadas e criminalizadas, a resistência segue sendo realizada em diversas frentes: por meio de denúncias em instâncias internacionais, na publicização por meio de diversos documentos, relatórios, cartas abertas, entre outros, da política genocida em curso no país.

Ao mesmo tempo em que exigem providências, seguem mobilizadas para conquistar outros espaços, especialmente no "aldeamento da política" em torno de candidaturas de pessoas indígenas para os cargos nos poderes constituídos. As novas formas de liderança feminina nas aldeias estão diretamente conectadas e ajustadas à pauta do movimento indígena nacional, que tem a defesa dos territórios tradicionais e demarcação das terras indígenas como prioridade na luta. Mas não só isso, as reivindicações por políticas de educação escolar e saúde de qualidade movem as indígenas mulheres na luta para garantir a possibilidade de futuro das próximas gerações.

Referências

ALMEIDA, Silvio Luiz de. *O que é racismo estrutural?* Belo Horizonte: Letramento, 2018.

ANMIGA. *Articulação Nacional das Mulheres Indígenas Guerreiras da Ancestralidade.* Disponível em: https://anmiga.org/. Acesso em: 02 jun. 2022.

BAUER, Martin W; GASKELL, George. *Pesquisa qualitativa com texto, imagem e som: um manual prático.* 7. ed. Petrópolis: Vozes, 2008.

BOSI. *O tempo vivo da memória.* São Paulo: Ateliê editorial. 2003.

BRASIL. *Instituto Brasileiro de Geografia e Estatística:* Povos Indígenas. Disponível em: https://www.ibge.gov.br/indigenas/indigena_censo2010.pdf. 2010. Acesso em: 30 maio 2022.

CARNEIRO DA CUNHA, Manuela. (org.). *Legislação indigenista do século XIX:* uma compilação. São Paulo: Editora da Universidade de São Paulo, Comissão Pró-índio. 1992.

FERNANDES, Rosani de Fatima. *Educação Escolar Kyikatêjê*: novos caminhos para aprender e ensinar. (Dissertação de Mestrado em Direito) – Programa de Pós-Graduação em Direito, Universidade Federal do Pará, Belém, 2010.

FERNANDES, Rosani de Fatima. *"Na educação continua do mesmo jeito"*: retomando os fios da história Tembé Tenetehara de Santa Maria do Pará. (Tese de Doutorado em Antropologia) – Programa de Pós-Graduação em Antropologia, Universidade Federal do Pará, Belém, 2017.

FERNANDES, Rosani de Fatima. Los pueblos Tembé Tenetehara de Santa María Del Pará: resistencia y lucha por derechos en la Amazonia brasileira. *In*: KEME, Emil. (Org.). *Indigeneidad y descolonización*: diálogos trans-hemisféricos. 1. ed. Ciudad Autónoma de Buenos Aires: Del Signo, 2021. p. 133-150.

GRAMSCI, Antonio. 1979. *Os intelectuais e a organização da cultura.* Rio de Janeiro, Civilização Brasileira.

GUAJAJARA. Sonia. *Revista Brasil de Fato*. 2020. Entrevista concedida em 09 de junho de 2020. Disponível em: https://www.brasildefato.com.br/2020/06/09/povos-indigenas-vivem-momento-traumatico-afirma-sonia-guajajara. Acesso em: 03 jun. 2022.

GUZMÁN, Adriana A. *Descolonizar la memoria, descolonizar feminismos*. La Paz: Llojeta, 2019.

ISA. *Instituto Socioambiental*. Disponível em: https://acervo.socioambiental.org/acervo/mapas-e-cartas-topograficas/brasil/mapa-das-organizacoes-de-mulheres-indigenas-no-brasil. Acesso em: 03 jun. 2022.

LUCIANO, Gersem dos Santos. 2006. *O índio brasileiro:* o que você precisa saber sobre os povos indígenas no Brasil hoje. v. 1. MEC/SECAD/LACED/Museu Nacional, Brasília. Disponível em: Acesso em: 05 jun. 2022.

MCCALLUM, Cecília. Notas sobre as categorias "gênero" e "sexualidade" e os povos indígenas. *Cadernos Pagu*, n. 41, p. 53-61, 2013.

MINAYO, Maria Cecília de Souza (org.). *Pesquisa social:* teoria, método e criatividade. 29. ed. Petrópolis, Rio de Janeiro: Vozes. 2010.

PAREDES, Julieta. Despatriarcalización: Una respuesta categórica del feminismo comunitario (descolonizando la vida). *Revista de Estudios Bolivianos*, v. 21, p. 100-115, 2015.

PAREDES, Julieta. Entrevista Julieta Paredes. Mulheres indígenas, descolonização do feminismo e políticas do nomear. SPYER, Tereza; MALHEIROS, Mariana; ORTIZ, Maria Camila. *Epistemologias do Sul*, v. 3, n. 2, p. 22-42, 2019. Disponível em: file:///C:/Users/004/Downloads/2465-Texto%20do%20artigo-8658-1-10-20200809%20(4).pdf. Acesso em: 25 maio 2022.

PAREDES, Julieta. GUZMÁN, Adriana A. *El Tejido de la Rebeldía*: que es el feminismo comunitário? La Paz: Comunidad Mujeres Creando Comunidad, 2014.

PAREDES, Julieta. *Hilando fino*: desde el feminismo comunitario. La Paz: Comunidad Mujeres Creando Comunidad, 2010.

ROSSI, Marina. Txai Suruí, destaque da COP26: "Vivo sob clima de ameaças desde que me conheço por gente". *Jornal El País Brasil*, 09 nov. 2021, disponível em: https://brasil.elpais.com/brasil/2021-11-09/txai-surui-destaque-da-cop26-vivo-sob-clima-de-ameacas-desde-que-me-conheco-por-gente.html. Acesso em: 23 maio 2022.

QUIJANO, Anibal. Colonialidade, poder, globalização e democracia. *Novos Rumos*, v. 17, n. 37, p. 4-25, 2002.

QUIJANO, Anibal. Colonialidade do poder, eurocentrismo e América Latina. *In*: LANDER, Edgardo (org.). *A colonialidade do saber*: eurocentrismo e ciências sociais. São Paulo: Perspectivas, 2005.

RIVERA CUSICANQUI, Silvia. *Ch'ixinakay Utxiwa*: Uma reflexión sobre prácticas y discursos descolonizadores. Buenos Aires: Tinta Limón, 2010. 80 p.

RIVERA CUSICANQUI, Silvia. La raíz: colonizadores y colonizados. *In*: ALBÓ; BARRIOS (Coord.). *Violencias encubiertas en Bolivia*. Cultura y política. La Paz: Cipca, 1993. pp. 26-139.

SAMPAIO, Paula Faustino. *Indígenas Mulheres*: entre colonialismos e resistência de longa duração – séculos XX e XXI. Teresina: Cancioneiro, 2021. 448p.

SACCHI, Ângela; GRAMKOW, Márcia Maria. (org.). *Gênero e povos indígenas*. Coletânea de textos produzidos para o "Fazendo Gênero 9" e para a "27ª Reunião Brasileira de Antropologia". Rio de Janeiro, Brasília: Museu do Índio/ GIZ / FUNAI, 2012.

WALSH, Catherine. Interculturalidade e decolonialidade do poder um pensamento e posicionamento "outro" a partir da diferença colonial. *Revista Eletrônica da Faculdade de Direito da Universidade Federal de Pelotas (UFPel)*, v. 5, n. 1, 2019.

"NÃO SOU EU UMA MULHER?": ENSINO DE HISTÓRIA E (IN) VISIBILIDADE DA HISTÓRIA DAS MULHERES NO ESPAÇO ESCOLAR

Anna Maria Alves Linhares[1]
Caroline Barroso Miranda[2]

Para início de conversa feminista

Em ideias para adiar o fim do mundo, Ailton Krenak (2019, p. 13) proferiu uma frase que nos remete à invisibilidade da história das mulheres: "nosso tempo é especialista em criar ausências", pois, de acordo com o pensador, povos indígenas são retirados violentamente da história do Brasil, tendo em vista esse sistema capitalista aniquilador, inclusive afetando a vida de indígenas mulheres[3].

Pode parecer no mínimo curioso começar a ler um texto que trata da história de mulheres com a citação de um homem, mas se trata da citação de um homem indígena, que, assim como as mulheres, faz parte de uma minoria silenciada, a dos povos indígenas. Para além de fazer parte de uma minoria

---

1   Professora da Universidade Federal do Pará (UFPA), Campus Ananindeua. Doutora em História pelo Programa de Pós-Graduação em História Social da Amazônia (PPHIST), Universidade Federal do Pará (UFPA). Grupo de pesquisa "Onde está Tereza? Invisibilidade, violência contra a mulher, ensino de História e Patrimônio. E-mail: annlinhares@yahoo.com.br..

2   Professora da Secretaria de Educação do Estado do Pará (SEDUC-PA). Mestra em Ensino de História (ProfHistória-UFPA). E-mail: carolinebarrosomi@gmail.com

3   Devemos nos referir às indígenas por "indígenas mulheres" e não "mulheres indígenas", pois de acordo com Manoela Karipuna, "nós nascemos indígenas, já ser mulher é algo que é construído socialmente. Ou seja, [...] nascemos com a identidade de um povo e mais tarde vamos constituindo o nosso ser mulher" (SOARES, 2021, p. 2).

invisibilizada e apresentar reflexão acerca dos silenciamentos e ausências referentes ao seu povo, Krenak apresenta ideias de como adiar o fim do mundo a partir da necessidade de pensarmos a luta de forma coletiva para que não se crie mais ausências, por isso, assim como Ailton Krenak, consideramos que a luta de mulheres precisa ser coletiva.

Tendo em vista a necessidade dessa luta coletiva é que escrevemos este texto. Mas consideramos que essa luta também pode ser feita no "chão da escola", pois comumente dissociamos a sala de aula do movimento político. E quando falamos de movimento político, estamos falando também de ciência e de saber escolar, pois movimento político é ciência, ciência é movimento político, e ciência e movimento político precisam estar no espaço escolar, afinal de contas, viver é fazer política e movimento político, ciência e saber escolar incidem diretamente na consciência histórica de cada um de nós.

Por isso, trazemos nesses escritos a necessidade de que esse debate seja feito no espaço escolar, porque temos observado, a partir de nossas pesquisas e atuação em sala de aula, o quanto o ensino de História tem silenciado mulheres e como isso ratifica violências e opressões. Mas, esse silenciamento é histórico, não se reduzindo ao espaço escolar, e pensamos que os movimentos políticos feministas, no plural, devem ser aliados para que não precisemos mais nos indagar "e eu não sou uma mulher?".

A invisibilidade da História das mulheres e feminismos

Quando se traz à tona a invisibilidade de mulheres é comum se ouvir falar em patriarcado. Em outras palavras, somos invisibilizadas e violentadas por causa dessa estrutura. Mas o que seria o patriarcado?

De acordo com Gerda Lerner (2019), o patriarcado é um sistema que foi se constituindo historicamente por homens e mulheres por cerca de 2.500 anos até se estabelecer enquanto tal, a princípio, como Estado arcaico, tendo sua unidade básica a organização da família patriarcal, aos moldes do que conhecemos como família, constituída de um pai, que seria o patriarca, mãe e filhos, que expressou e fez consolidar, de modo incessante, as regras e valores do que conhecemos como patriarcado, sendo o pai o provedor da família, a mãe, aquela que deve cuidar do lar e dos filhos e estes, mãe e filhos, submissos ao patriarca, que tem o poder de voz, autoridade e comando por essa instituição, que chamamos de família.

Grosso modo, esse modelo não fora conscientemente pensado para violentar mulheres, pois essa estrutura foi se estabelecendo lentamente e a inferioridade de mulheres se estabelecendo aos poucos. O patriarcado foi se consolidando a partir da divisão de papéis diferenciados entre os sexos, usando a reprodução e sexualidade de mulheres como forma de estabelecer essas relações sociais e as escravizando. De acordo com a Gerda Lerner (2019, p. 262):

> [...] a escravidão de mulheres, combinando tanto o racismo quanto o machismo, precedeu a formação de classes e opressão de classes. As diferenças de classes foram, em seu início, expressas e constituídas em termos de relações patriarcais.

Em suma, por milênios esse sistema foi sendo construído a partir do uso da reprodução, sexualidade de mulheres e escravização, combinados ao racismo. Ao longo desses milênios o patriarcado fora se estabelecendo como um sistema que inferiorizou mulheres e fez com que homens fossem vistos como superiores em todos os setores da sociedade (LERNER, 2019)[4].

Conhecer a história do patriarcado nos ensina que esse sistema só funciona porque tivemos a cooperação de mulheres para que ele se perpetuasse até os dias atuais. Isso foi aprendido por doutrinação, privação de educação, a negação das mulheres sobre a sua própria história, a separação entre mulheres que deveriam ser respeitadas e não respeitadas pela sociedade, além de formas de coerção, dificuldade de acessos a recursos econômicos e representatividade política, assim, naturalizando a ideia de inferioridade das mulheres através de milênios (LERNER, 2019).

Não à toa, a luta das mulheres é tão árdua e difícil, haja vista que estamos nos referindo a um sistema milenar que inferioriza mulheres. E é por isso

---

4   Na obra, a autora apresenta uma pesquisa de fôlego com dados históricos, antropológicos e arqueológicos acerca da constituição do sistema patriarcal. Gerda Lerner apresenta como isso se constituiu ao longo dos milênios, tendo em vista dados pesquisados das fontes de várias localidades do mundo, apresentando como mulheres de classes diferentes foram subalternizadas, como a família patriarcal se constituiu ao longo dos séculos, o papel da propriedade privada e Estado para a subalternização e escravização de mulheres, que segundo a autora, se deu antes mesmo da escravização de homens, dentre outros dados. Para saber mais, ler: Lerner (2019).

mesmo que a violência contra mulheres ainda é tão presente e naturalizada, bastando ver os índices de violências perpetradas cotidianamente contra todas e pela qual passamos. Isso explica por que somos invisibilizadas e não nos enxergamos como fazedoras de história, como sentiu Sojourner Truth, ativista negra, em uma convenção pelos direitos das mulheres em Akron, Ohio, em 1851.

Sojourner Truth, a única mulher negra no referido evento, se impôs nesta convenção quando fora hostilizada por homens agressivos e pelo silêncio e conivência de algumas mulheres brancas quando estes a violentaram com palavras. Um dos homens presentes na convenção de mulheres afirmou que era "ridículo que mulheres desejassem votar, já que não podiam sequer pular uma poça ou embarcar em uma carruagem sem a ajuda de um homem" (DAVIS, 2016, p. 70-71).

Diante das violentas palavras, a ativista afirmou que nunca havia sido ajudada por qualquer homem a pular poças ou subir em carruagens e nem por isso ela deixava de ser mulher, conforme proferiu em seu discurso:

> E não sou uma mulher? [...] Olhe para mim?! Olhem para meu braço! [...] Arei a terra, plantei, enchi os celeiros, e nenhum homem podia se igualar a mim! Não sou eu uma mulher? Eu podia trabalhar tanto e comer tanto quanto um homem – quando eu conseguia comida - e agüentava o chicote da mesma forma! Não sou eu uma mulher? Dei à luz treze crianças e vi a maioria ser vendida como escrava e, quando chorei em meu sofrimento de mãe, ninguém [...] me ouviu! Não sou eu uma mulher? (DAVIS, 2016, p. 71).

O discurso proferido pela ativista negra foi um dos mais citados, desde então, pelo movimento de mulheres no século XIX, além disso, revelou a importância de se interseccionalizar o debate de mulheres, pois em uma convenção de mulheres, a única mulher negra não sentiu a solidariedade de mulheres brancas, em muitos casos, sendo racistas com Sojourner Truth (DAVIS, 2019).

Estamos nos referindo a questões que são reproduzidas na longa duração e isso tem a ver com a socialização machista e racista. Como afirmou Beauvoir (2016), ninguém nasce mulher, torna-se mulher, sendo o conjunto da civilização que elabora, o que entendemos por ser homem e mulher, nos pondo na condição de *Outro*. De acordo com a filósofa francesa, a mulher é vista como o *Outro* porque é posta na condição de objeto, de acordo com a interpretação que faz do conceito do "em si", sartreano. Em outras palavras, a mulher é posicionada com algo que possui uma função, destituindo-lhe a humanidade, haja vista que mulheres não são objetos, mas seres humanos.

A mulher é posta nesse lugar, impedindo-a de ser um "para si", pois o mundo não lhes apresenta todas as possibilidades, lhe impondo esse lugar de *Outro*, sem a reciprocidade do olhar masculino (BEAUVOIR, 2016). Entretanto, Grada Kilomba interseccionaliza a reflexão filosófica e afirma que enquanto a filósofa francesa põe as mulheres, no geral, nessa condição de *Outro*, as negras seriam o *Outro do Outro*, numa posição mais difícil de reciprocidade. De acordo com Kilomba (2019, p. 37-38),

> Dentro dessa infeliz dinâmica, o sujeito *negro* torna-se não apenas a (o) "Outra (o)" – o diferente, em relação ao qual o "eu" da pessoa branca é medido –, mas também "Outridade" – a personificação de aspectos repressores do eu do *sujeito branco*. Em outras palavras, nós nos tornamos a representação mental daquilo com o que o sujeito branco não quer se parecer.

De acordo com Krada Kilomba, ser posta na condição de o *Outro* do *Outro*, demonstra que, além de mulheres negras sofreram com o sexismo, também sofrem com o racismo, sendo transformadas nessa "*Outridade*" dos sujeitos brancos, que em hipótese algum querem se identificar com essas pessoas por sua condição racial.

Mulheres lésbicas, da classe trabalhadora, e, principalmente, negras, deram início a análises ligadas à diversidade do que é ser mulher dentro do feminismo. As feministas negras entendem que as diferenças existentes entre mulheres (de classe, raça/etnia e sexualidade), apesar de contingenciais, são decisivas e constitutivas de suas identidades, de suas experiências e de sua opressão. No contexto da escravidão nos Estados Unidos, a grande parte das mulheres e meninas, assim como a maioria dos homens e meninos, trabalhavam pesado na lavoura o dia todo, a força produtiva, obtida através da ameaça de açoite, das mulheres negras escravizadas era mais importante do que as questões relativas ao gênero, portanto, Angela Davis (2016) afirma que a opressão das mulheres era idêntica à dos homens, pois:

> A postura dos senhores em relação às escravas era regida pela conveniência: quando era lucrativo explorá-las como se fossem homens, eram vistas como desprovidas de gênero; mas, quando podiam ser exploradas, punidas e reprimidas de modos cabíveis apenas às mulheres, elas eram reduzidas exclusivamente à sua condição de gênero. [...] A exaltação ideológica da maternidade – tão popular no século XIX – não se estendia às escravas. Na verdade, aos olhos de seus proprietários, elas não eram realmente mães; eram instrumentos que garantiam a ampliação da força de trabalho escrava. Elas eram "reprodutoras" – animais cujo valor monetário podia ser calculado com precisão a partir de sua capacidade de se multiplicar (2016, p. 19).

Por isso se faz urgente interssecionalizar o debate, pois, além do machismo, temos uma categoria de mulheres que ainda sofrem o classismo e o racismo, e os dados de violência contra mulheres negras nos apresentam isso, sendo a maioria de violentadas, cerca de quase 70% das assassinadas no Brasil, como nos apresenta o Atlas da Violência de 2021 das Mulheres da Bahia[5]. Isso nos mostra que, além de vivermos em um país sexista, vivemos em um país racista e não podemos mais "fechar os olhos" para a dura realidade de mulheres negras, pois isso se reflete negativamente no espaço escolar, como veremos mais adiante.

Esse é mais um indicativo de que a história tem nos mostrado que a invisibilidade mata, e no Brasil, quem tem morrido muito mais são mulheres negras, o que Djamila Ribeiro (2017) chama de "deixar de viver ou deixar de morrer", parafraseando Michel Foucault. Segundo Djamila Ribeiro, a reflexão fundamental a ser feita é perceber que quando sujeitas (os) negras (os) reivindicam espaço, voz e visibilidade, estão reivindicando o direito à própria vida (RIBEIRO, 2017), ou seja, ser sujeita negra, é por si só um ato de resistência, já que o machismo, o racismo e o classismo querem matá-la todos os dias.

Por isso se faz tão importante que pessoas negras tenham lugar de fala, pois todo mundo tem o direito à fala, mas nem todo mundo pode falar, e dessa forma os silenciamentos são construídos e naturalizados. Ainda de acordo com Ribeiro (2017, p. 43):

---

5   Sobre dados da violência contra mulheres negras, acessar para saber mais: http www.mulheres. ba.gov.br.

Mulheres negras, por exemplo, possuem uma situação em que as possibilidades são ainda menores – materialidade! – e, sendo assim, nada mais ético do que pensar em saídas emancipatórias para isso, lutar para que elas possam ter direito a voz e melhores condições.

Todo mundo tem o direito de fala, mas nem todo mundo pode falar ou é ouvido, como pessoas negras, por exemplo, pois o racismo estrutural e sistematizado não as deixa serem escutadas. Refletindo sobre o não querer escutar dos racistas, Grada Kilomba (2019, p. 47) problematiza se "pode a subalterna falar", parafraseando Gayatri Spivak, e responde, ainda fazendo a mesma referência:

> Não! É impossível para a subalterna falar ou recuperar sua voz e, mesmo que ela tivesse tentado com toda a sua força e violência, sua voz ainda não seria escutada ou compreendida pelos que estão no poder. Nesse sentido, a subalterna não pode, de fato, falar. Ela está sempre confinada à posição de marginalidade e silêncio que o pós-colonialismo prescreve.

E é justamente por causa desse silenciamento, mais especificamente de mulheres negras, as quais debruçaram nossa análise, que Sueli Carneiro (2018) clama para que possamos *enegrecer o feminismo* como forma de descolonizar o movimento político, em sua constituição branco e burguês[6].

Enegrecendo o feminismo é expressão que se utiliza para expressar o movimento de mulheres negras no Brasil, de acordo com Sueli Carneiro (2018), pois segundo a pensadora, enegrecer o feminismo seria uma forma de engendrar uma agenda específica ao combate das desigualdades de gênero e intragênero, dando visibilidade a uma perspectiva negra, que emerge da condição específica

---

6 Historicamente, atribui-se o início do movimento feminista no século XIX na Europa, e, posteriormente, nos EUA, com as sufragistas. Entretanto, pouco se fala do importante movimento feito por Mary Woostonecraft na Inglaterra do século XVIII, quando publicou sua obra *Reivindicação dos direitos das mulheres: o primeiro grito feminista*, uma espécie de tratado com a finalidade de reivindicar direito iguais para homens e mulheres, educação, escolaridade para meninas, e especialmente, reivindicar que a sociedade enxergasse mulheres como pessoas dotadas de racionalidade, apresentando duras críticas à Rousseau, que atribuía irracionalidade às mulheres. Ela ficou conhecida como a fundadora do feminismo filosófico, fazendo com que outras mulheres entendessem a importância da luta. Atualmente o movimento político feminista é refletido em *ondas feministas*, com a finalidade de mostrar que está em constante mudança e são várias as vertentes desse movimento político, dentre elas, liberal, radical, trans, negro, dentre outros, por isso o movimento é plural, pois somos diferentes entre si (LINHARES, 2021).

do ser mulher negra, geralmente em vulnerabilidade econômica, dessa forma, delineando o papel que essa perspectiva feminista tem na luta antirracista.

Pensando nessa perspectiva antirracista é que bell hooks (2019) afirma que o *feminismo é para todo mundo*, pois sempre ouviu reclamações de que a teoria feminista era "acadêmica demais", e que por isso não tinha o alcance que deveria ter para a população de forma geral, especialmente às mulheres negras:

> Ao ouvir todas as reclamações sobre teoria feminista ser "muito acadêmica" ou "muito cheia de palavras que a galera não entende, senti que, de alguma forma, o movimento tinha falhado, já que não conseguimos esclarecer para todo mundo as políticas feministas. Muitas vezes disse que precisávamos ir de porta em porta para compartilhar o pensamento feminista [...] (bell hooks, 2019, p. 9-10).

E essa falta de esclarecimento do movimento político se deve ao feminismo burguês, branco, que silencia negras, e afasta essas mulheres da luta, tal qual ocorreu com Soujorner em Ohio, no século XIX. Enquanto sufragistas iam para as ruas lutar pelo voto, as mulheres negras estavam nas casas destas sufragistas, sendo exploradas com trabalho doméstico.

O feminismo branco, esvaziado da dimensão radical, visto como universal, invisibiliza e contribui com esse sistema de exploração racial, constituindo-se como pilar de ideologias que se oporiam a ele, a saber, liberalismo, nacionalismos, xenofobia e ideologia de extrema direita. Por exemplo, ao ignorar que mulheres brancas de classe média só podem trabalhar e ocupar cargos de poder, deixando seus filhos em casa, porque existem mulheres racializadas, sendo mal pagas, para proporcionar serviços de cuidado para essas mesmas mulheres brancas, ou seja, são concedidos direitos às mulheres apenas quando existem outras mulheres para permanecer em situação de servidão (COSTA, 2021).

De forma geral, às mulheres negras não coube experimentar o mesmo tipo e submissão vividos pelas brancas até meados do século XX e tampouco seu espaço de atuação fora o privado, como reservado às "bem-nascidas", uma vez que em vulnerabilidade econômica e discriminadas, tiveram que lançar mão de uma gama de estratégias para sobreviver e lidar com os desafios cotidianos (NEPOMUCENO, 2016). Deve-se a isso, então, à necessidade de interseccionalizar o debate, pois o feminismo liberal, branco e burguês silencia mulheres.

Para democratizar esse movimento político, segundo bell hooks (2019), uma das soluções seria *erguer a voz*, pois, para a autora, o silêncio não salvará mulheres negras, parafraseando Audre Lorde:

> o silêncio não irá nos salvar, e que superar o medo é um gesto necessário de resistência [...] e quando falamos temos medo de nossas palavras não serem ouvidas, nem bem vindas, mas quando estamos em silêncio, ainda assim temos medo, é melhor falar então. Desafiar mulheres a se manifestar, a contarmos nossas histórias, tem sido um dos aspectos transformativos centrais do movimento feminista. Enfrentar o medo de se manifestar e, com coragem confrontar o poder continua a ser uma agenda vital para todas as mulheres [...] especialmente as pessoas de grupos oprimidos e explorados que lutam para romper silêncios (bell hooks, 2019, p. 19).

Bell Hooks (2019) acredita que a educação é via essencial nessa prática feminista antirracista para *erguer a voz*, e que esse debate deveria ser levado para a sala de aula, pois, segundo a autora, o espaço do saber também pode ser um espaço de opressão e silenciamentos, afirmando que "estudantes negros precisam ser reconhecidos e celebrados" (p. 151) e não somente silenciados.

Precisamos começar a refletir a necessidade de se pensar em histórias plurais para não cairmos na armadilha da "história única", daquela que cria estereótipos, que são incompletos, tornando a história singular, que rouba a dignidade das pessoas e que torna difícil o reconhecimento da humanidade das minorias sociais (ADICHIE, 2019), em especial de mulheres negras, nosso foco de análise. Podemos fazer isso no "chão da escola".

O silenciamento das mulheres negras no ensino e novas possibilidades

Nesses escritos estamos nos referindo às questões que são dolorosas e causam sofrimento para a condição do ser mulher e, nesse caso, ser mulher negra. Os silenciamentos provocados contra todas nós causam angústia e dor, e refletir sobre essas posições marginais evocam decepções e raivas, pois são "[...] lembretes dos lugares onde mal podemos entrar, dos lugares no quais dificilmente "chegamos ou não "podemos ficar" (KILOMBA, 2019, p. 57), mas essa realidade deve ser falada e refletida para que ao erguer nossas vozes tenhamos a possibilidade de mudar essa realidade. A educação é um dos caminhos para que possamos mudar essa realidade porque ainda somos silenciadas no espaço escolar.

A feminista negra nigeriana Chimamanda diz que começou a escrever com sete anos de idade, a lápis, com ilustrações feitas com giz de cera e tudo que ela escrevia era lido por sua mãe:

> [...] escrevia exatamente o tipo de história que lia: todos os meus personagens eram brancos de olhos azuis, brincavam na neve, comiam maças e falavam muito sobre o tempo e sobre como era bom o sol ter saído. [...] Como eu só tinha lido livros nos quais os personagens eram estrangeiros, tinha ficado convencida de que os livros, por sua própria natureza, precisavam ter estrangeiros e ser sobre coisas com as quais eu não podia me identificar. Mas tudo mudou quando descobri os livros africanos. [...] Percebi que pessoas como eu, meninas com pele cor de chocolate, cujo cabelo crespo não formava um rabo de cavalo, também podiam existir na literatura (ADICHIE, 2019, p. 12-14).

Chimamanda naturalizou a história escrita por pessoas brancas e isso fez com que ela mesma não se enxergasse nos livros que lia e se representasse nas histórias que escrevia. Chimamanda lia e escrevia histórias com o olhar de pessoas brancas, mas quando descobriu os livros africanos, se deu conta de que existiam outras histórias, plurais, assim como existiam outras garotas parecidas com ela, com a pele da cor de chocolate e com cabelos crespos que não formavam rabo de cavalo. Em outras palavras, a pensadora se deu conta de que não existia uma história única, mas histórias múltiplas e variadas, histórias plurais. Como afirmou Zélia Amador de Deus:

> Apesar dos entraves, nem a desesperança, nem o desanimo, nem a derrota. Ao contrário, muitas vezes, alguns recuos para a reflexão são necessários, são tempos para elaboração de novas histórias, pois há sempre uma história a ser narrada. Aliás, um só não, haverá sempre muitas histórias para as herdeiras e os herdeiros da deusa Aranã, guardiã de todas as histórias existentes no mundo (2019, p. 174).

É preciso problematizar essa singularidade porque falar em história única é falar sobre poder, e saber como elas são contadas, quantas são contadas, quando são contadas, e principalmente, quem as conta, nos dá pistas de que tipo de história estará sendo narrada, pois o "poder é a habilidade não apenas de contar a história de outras pessoas, mas de fazer com que ela seja sua história definitiva" (ADICHIE, 2019, p. 23), e essa história definitiva, ou vista como a verdadeira, é aquela que não leva em conta a pluralidade, que faz com que meninas da pele da cor de chocolate se sintam sozinhas ou que se indaguem se "não é mesmo uma mulher". Em muitos casos, essa história definitiva segue sendo narrada nos livros didáticos, ratificando violências e silenciamentos.

De acordo com Senna (2018, p. 6), recai ainda sobre a mulher negra o silêncio das fontes:

> A historiografia ocultou, na maioria das vezes, as ações femininas de maior relevância restringindo-se a citar alguns fatos mais simples e a colocar as mulheres, em geral e, em particular, as negras, em lugar de subordinação, ou seja, sempre na retaguarda dos homens ou esperando por eles. Essa construção histórica materializa-se nas representações presentes no livro didático, instrumento tão difundido nas escolas brasileiras.

De acordo com a pesquisa de Daniela Senna (2018), os livros didáticos de História, fontes ideológicas que não podem ser vistas como neutras, silenciam mulheres, especialmente negras, e que este racismo gravita em torno de questões culturais emblemáticas como a identidade étnica e as expressões de diversidade, expresso tanto no livro como no espaço escolar com um todo:

> Nas escolas tem se percebido cada vez mais esse processo de exclusão. Ele se manifesta no branqueamento que ocorre nas salas de aula na medida em que se avançam os anos letivos, se manifesta quando se observa a pequena quantidade de professores negros nas universidades, quando a realidade mostra que ainda é necessário lutar por cotas para garantir a presença de alunos negros em escolas de nível superior. E recai muito mais sobre mulheres negras (SENNA, 2018, p. 13).

Por isso se faz necessário re-configurar planos de curso, planos de aula e material didático, ou seja, faz-se urgente descolonizar a educação, pois o "chão da escola" não é um espaço neutro. Krada Kilomba, como mulher negra, afirma que

> [...] temos sido descritas (os), classificadas (os), dezumanizadas (os), primitivizadas (os), brutalizadas (os). Esse não é um espaço neutro. Dentro das salas fomos feitas (os) objetos de discursos estéticos e culturais predominantemente brancos [...] mas raras vezes fomos sujeitos. Tal posição de objetificação que comumente ocupamos, esse lugar da "Outridade" não indica, como se acredita, uma falta de resistência ou interesse, mas sim a falta de excesso à representação, sofrida pela comunidade negra (2019, p. 51).

Essa falta da representação da história plural mostra-se desde os projetos políticos-pedagógicos, até os planos de curso e aulas das disciplinas, do ensino básico ao superior. De acordo com Costa (2021), sobre os Projetos Políticos-Pedagógicos dos cursos de História:

> É preciso acrescentar que, pela perspectiva de gênero, essa formação teórica também pode ser questionada, a seleção de conteúdos relevantes é datada e precisa ser revista de tempos em tempos, os conteúdos inseridos nos Projetos Pedagógicos não exploram a vivência de mulheres, não foram produzidos por mulheres, e não há como atender as demandas do tempo presente excluindo o debate de gênero. É necessário pensar em caminhos possíveis para os enfrentamentos indispensáveis, pensar quem são as professoras e professores que estão trabalhando nas escolas, qual formação tiveram, e defender que se trabalhe desde a formação as temáticas de gênero, porque embora essa discussão já possa ser considerada clássica, no campo da educação ainda é muito silenciada (COSTA, 2021, p. 37).

A pesquisadora defende que, além da reconfiguração dos Projetos Políticos-Pedagógicos, planos de cursos e aulas, que não apresentam a discussão sobre gênero, mulheres e feminismos, também defende a necessidade de formação docente, haja vista que é impossível reconfigurar o planejamento docente se este não possuir uma formação adequada, sendo aquela que se propõe debater questões de gênero, raça, mulheres, masculinidades e feminismos.

Inclusive, Costa (2021) argumenta que é possível debater feminismos em áreas do conhecimento que sequer foram pensadas como áreas do saber possíveis de diálogo com o movimento político:

> Quando se pensa nos Projetos Pedagógicos [...] percebe-se que durante a construção deles as teorias elaboradas por mulheres foram ignoradas, ou isoladas em disciplinas optativas, passando para os alunos a ideia de que esses temas e abordagens são secundários, menos importantes. Perpetua-se a concepção de que, não se pode estudar economia e política através da teoria feminista, porque estes são assuntos masculinos. E as críticas do feminismo a política capitalista neoliberal, ao estatismo, economicismo, androcentrismo, que analisa a experiência de homens e mulheres neste sistema [...] seguem marginalizadas (FROTA, 2021, p. 33).

Anna Linhares (2020) afirma que essa forma de elaborar planos de ensino e currículo, que silencia mulheres, está relacionada a um "falocentrismo pedagógico", que afasta a discussão sobre mulheres do "chão da escola". É para retirar as mulheres do lugar de marginalidade do conhecimento que a epistemologia de gênero propõe a desnaturalização dos espaços de saber, sejam eles o universitário ou do ensino básico, levando em consideração a complexidade de suas articulações. Na forma como os conteúdos são escolhidos, é preciso colocar um "por quê?" em lugares, pressupostos e discursos. As estruturas precisam ser tensionadas, questionadas, pois os critérios de rigor acadêmico existentes foram construídos majoritariamente por homens brancos e europeus, com base em conceitos eurocêntricos (FROTA, 2021).

Pensando nessa falta de representação de mulheres e na busca do tensionamento desse saber hegemônico, nos projetos pedagógicos, refletidos também nos livros, que docentes do ensino de História têm planejado e produzido o que se convencionou chamar de "produtos", que são materiais didáticos complementares aos livros didáticos, a saber, histórias em quadrinhos, documentários, curtas metragens, blogs, jogos interativos, on-line ou não, dentre outros.

É importante ressaltar que não há interesse em desprestigiar o livro didático ou desconsiderar a sua importância no processo de aquisição e transmissão de saberes. Ao contrário, o intuito é o de refletir a forma/conteúdo com que esse livro tem chegado às escolas e, quem sabe, indicar pistas que possam fazer dele um instrumento a mais na luta contra a discriminação racial e de gênero (SENNA, 2018), porém, esse material não está isento de críticas.

Pesquisas apontam como os textos e ilustrações de obras didáticas transmitem estereótipos e valores dos grupos dominantes, generalizando temas, como família, criança, etnia, de acordo com os preceitos da sociedade branca burguesa. Por isso, o livro didático é enquadrado como um importante veículo portador de um sistema de valores, de uma ideologia, de uma cultura. Assim, segue sendo problematizado (BITTENCOURT, 2001).

Pensando na elaboração de material que dê apoio ao livro didático, Daniela Senna (2018) produziu *tiras em quadrinhos* sobre a vida de Zélia Amador de Deus, militante do movimento negro e professora da Universidade Federal do Pará, com o objetivo de apresentar a trajetória de uma importante intelectual negra, que não se encontra nos livros didáticos, aos discentes do ensino básico, para que dessa forma, meninas negras as tenham como referência de uma mulher negra fazedora de história e se entendam, também, como pertencentes e fazedoras dessa mesma história.

A seguir a 1ª e a última *tiras em quadrinhos* (SENNA, 2018) produzidas para servir de material didático sobre a trajetória de militância e educação de Zélia Amador de Deus com o objetivo de dar visibilidade a uma personagem importante do movimento feminista negro, da educação, e da militância negra, que poderia ter tido uma história diferente da que teve, igual à de muitas mulheres negras do nosso país, longe da sala de aula e movimento político, mas que se tornou referência intelectual e de luta para todas (os) nós[7]:

---

7   Esta pesquisa e produto foram feitos a partir de pesquisa com a professora Zélia Amador de Deus, que consentiu a apresentação das narrativas nas *tiras em quadrinhos*.

Imagem 1: 1ª tirinha em quadrinhos sobre a trajetória política e de educação de Zélia Amador de Deus

Fonte: Senna, 2018.

Imagem 2: Última tirinha em quadrinhos sobre a trajetória política e de educação de Zélia Amador de Deus

Fonte: Senna, 2018.

Como bem afirmou Senna (2018) sobre o material produzido de *tiras em quadrinhos*, as mulheres negras do Brasil e da Amazônia não precisam de mediação, pois são protagonistas de sua própria história, porém, a oportunidade de criar novas epistemologias, novos produtos pedagógicos, novos

HISTÓRIA DAS MULHERES NA AMAZÔNIA
(PARÁ, SÉCULO XVIII AOS DIAS ATUAIS)

debates e reflexões, de reunir os coletivos negros em prol de um futuro melhor e mais justo significa um grande avanço na luta da causa da mulher negra, por isso a importância desse tipo de material, que proporciona apresentar a história de mulheres importantes, como a de Zélia Amador de Deus para discentes que precisam conhecer essas referências.

A historiadora Caroline Barroso Miranda (2020) também aponta a *política do silêncio* no espaço escolar, através de pesquisa na escola, livros didáticos e entrevistas com alunas negras do ensino básico. De acordo com Miranda (2020), essa *política do silêncio* vem da

> ideia que o silêncio, assim como o estereótipo de pobreza e subalternidade sobre essas sujeitas "se relaciona com a história e ideologia, ele atua de forma a legitimar vozes e discursos ao mesmo tempo em que obscurece outros, sem deixar qualquer tipo de marca formal no discurso, mas apenas pistas de sua ocorrência [por isso] que a questão racial é silenciada nos livros didáticos e que a condição difícil das mulheres negras representadas nesse material se deve apenas a uma questão de classe social. (2020, p. 60).

Isso ficou perceptível na pesquisa feita por Miranda (2020), em que mulheres negras aparecem nos livros sempre relegadas à subordinação às pessoas brancas, escravização, subalternização e humilhação. Em poucos casos, mulheres negras e pessoas negras de forma geral aparecem associadas a imagens positivas[8]:

> Uma característica marcante na representação das imagens sobre as mulheres negras como se pode observar nesse livro do PNLD de 2005, é o fato dessas sujeitas históricas estarem, quase sempre, acompanhadas de outros

---

8   Os livros pesquisados por Caroline Barroso Miranda foram: Livro 1 – PNLD 2001/2002/2003/2004: "Nas trilhas da história", Kátia Correa Peixoto Alves e Regina Célia de Moura Gomide Belisário, volume 3, Ed. Dimensão, 2000, livro 2 – PNLD 2005/2006/2007: "Viver a história" ensino fundamental 7ª série – autor: Cláudio Vicentino. Ed Spcione, 2002, livro 3 – PNLD 2008/2009/2010: "História conceitos e procedimentos" 7ª série, autores: Ricardo Dreguer e Eliete Toledo, Ed atual, 2006, livro 4 – PNLD: 2011/2012/2013 – "Projeto Radix: História 8º ano", autor: Cláudio Vicentino, Ed. Spcione, 2009, livro 5 – PNLD: 2014/2015/2016 – "Projeto Radix: História 8º ano", autor: Cláudio Vicentino, Ed. Spcione, 2012, livro 6 – PNLD: 2017/2018/2019 – "Projeto Mosaico", 8º ano - ensino fundamental, anos finais, história, autores: Cláudio Vicentino e José Bruno Vicentino, Ed. Scipione: São Paulo, 2016 e livro 7 – PNLD: 2017/2018/2019 – "Coleção Integralis história 8º ano", autores: Pedro Santiago, Célia Cerqueira e Maria Aparecida Pontes, Ed. Ibep, 2015. Para saber mais, ler Miranda (2020).

sujeitos históricos na mesma imagem, como homens negros em condição de escravização, homens brancos e mulheres brancas livres em condição senhoras (es) dos sujeitos negros e de, seja no passado, seja no presente sempre aparecerem em condições de humilhação, pobreza, miséria, escravidão (MIRANDA, 2020, p. 69).

A imagem a seguir é de uma das representações analisadas por Miranda (2020):

Imagem 3: Fotografia de uma ama de leite e um menino branco do LDH PNLD 2005

Fonte: Miranda, 2020.

Essa é a representação, dentre as dezenas de imagens de mulheres negras, que está associada à servidão, trabalhos escravos, pobreza, fome, desamparo etc. nos livros pesquisados. Sobre essa imagem especificamente:

> Das imagens de controle sobre a mulher negra, a que está mais presente na representação das mulheres negras [...], é a de mammy, que seria uma serviçal fiel e obediente, "criada para justificar a exploração econômica das escravas domésticas e mantida para explicar o confinamento das mulheres negras no serviço doméstico" [...], além de ser uma imagem de controle que remonta escravidão (MIRANDA, 2020, p. 70).

Miranda (2020) ainda apresenta que das poucas vezes que pessoas negras, nesse caso mulheres, aparecem associadas a aspectos positivos, estão relegadas aos boxes dos livros. O que a historiadora problematiza é como essa imagem negativa de mulheres negras se vincula à consciência histórica dessas garotas:

> Mulheres negras foram relegadas sempre à essa condição? Mulheres negras não foram também protagonistas de suas histórias? Como tais imagens ecoam na mente de jovens meninas negras no espaço escolar? Como essas meninas com talentos poéticos, dançarinos, de escrita, dentre tantos outros talentos, se sentirão ao ver que a condição da mulher negra, no passado e no presente, se relega apenas ao sofrimento? Em miúdos, como a escola pode ser um espaço de contribuição para a baixa auto-estima dessa garota ou de vetor de violência? Como essa menina vai se sentir representada, socialmente falando, se só enxerga relegada ao sofrimento em todos os períodos históricos no livro didático? (MIRANDA, 2020, p. 67).

De acordo com Miranda (2020), ao enfatizar a representação de estereótipos de subalternidade, pobreza e invisibilização cultural e histórica da mulher negra, esse tipo de imagem de controle contribui para manter a representação desta mulher como os "Outros" da sociedade (COLLINS, 2019), ou seja, sujeitas que nunca poderão ser realmente parte da mesma, mas sempre estranhas que ameaçam a ordem social e moral, no entanto, seguem sendo fundamentais para a sobrevivência dessas ordens, mas sempre à margem da sociedade, pois, manter imagens das mulheres negras como o Outro justifica ideologicamente a opressão de raça, gênero e classe.

Em sua pesquisa nos livros didáticos e com alunas do ensino básico (MIRANDA, 2020), fica evidente que muitas meninas sequer se identificaram enquanto meninas negras por não se enxergarem representadas, de forma positiva, no livro didático de História, afinal de contas, assim como Chimamanda, elas também não enxergavam meninas da pele com a cor de chocolate na literatura de forma a se identificar com elas, mas sempre de forma violenta e silenciada.

Como resultado dessa pesquisa, produziu-se o documentário "'De que cor eu sou' O lugar da menina negra no ensino de História" (MIRANDA, 2020) como possibilidade de repensarmos o ensino de História, tendo em vista o lugar da mulher no saber escolar, nesse caso especificamente, o da mulher negra. Esse "produto", em formato de áudio visual, diz respeito a uma série de entrevistas com alunas negras da escola estadual de ensino básico do Pará, Magalhães Barata, em que elas narram suas próprias histórias a partir dos relatos sobre quando, onde e como elas viram mulheres negras representadas no livro didático e espaço escolar e de como o ensino influenciou sua forma de se ver e se enxergar no mundo.

De acordo com a pesquisadora, esse documentário é uma forma de

> quem sabe, promover seu empoderamento coletivo, a auto determinação de suas negritudes, valorizando seu lugar de fala e seu ponto de vista coletivo como futuras mulheres negras. [...] Portanto, com o documentário, lhes dando lugar de fala e protagonismo pretendo usar formas de alternativas contra hegemônicas para produzir e validar conhecimento que seja usado em sala de aula por docentes preocupados com uma sociedade não racista, não sexista e mais igualitária[9].

Esse "produto" fora pensando em consonância com o pensamento feminista negro com o objetivo de criar e fortalecer autodefinições e autoavaliações independentes entre as alunas negras. A pergunta inicial do documentário foi "Qual a cor da tua pele?" por entender a importância da autodeterminação das suas negritudes, por reconhecer a conexão entre experiência, conhecimento escolar e consciência que forma a vida cotidiana de cada aluna negra no espaço escolar e na sociedade e por entender que o ponto de vista do feminista negro é resultado das experiências históricas coletivas de opressões interseccionalizadas das mulheres negras, que formam um ponto de vista autodefinido, opressões responsáveis pelo ativismo e empoderamento como grupo (MIRANDA, 2020). Em suma, o documentário apresenta-se como mais uma possibilidade de repensarmos o ensino de História, de um ponto de vista interseccional.

Os "produtos", além de se apresentarem como ferramentas importantes em sala de aula, nesse caso como forma de contrapor determinado silenciamento de grupos subalternizados no livro didático, apresentam-se como ferramentas interessantes para dinamizar as aulas e atrair ainda mais as (os) discentes ao tema que se pretende abordar (LINHARES, 2021)[10].

---

9   Link do documentário de Caroline Barroso Miranda (2020), "'De que cor eu sou?': O lugar da menina negra no espaço escolar": https://youtu.be/BQ_e0vg_YEA.

10 Existem inúmeras possibilidades para além dos "produtos", de repensarmos o ensino voltado para questões de gênero. Atualmente, a professora Anna Maria Alves Linhares está desenvolvendo

Destarte, outro meio bastante utilizado enquanto ferramenta de uso didático tem sido o uso das de redes sociais para o debate sobre feminismos[11], produção de sites, e aplicativos, dentre outras ferramentas, que são bastante utilizadas pelos discentes. Para tanto, é preciso que educadoras (res) pesquisem sobre feminismos, leiam e apoderem-se da reflexão para a confecção de seus "produtos", pois antes de conhecer como produzir um material didático, é preciso conhecer o conteúdo desse material que se pretende produzir. Pensamos que assim podemos dar um grande passo nessa luta antirracista e antimachista no "chão da escola".

Para fim de conversa feminista, ou começo...

Segundo hooks (2020, p. 193-195),

> Nenhum livro de história usado em escolas públicas nos informou sobre imperialismo racial. Em vez disso, deram-nos uma noção romântica do "novo mundo", do "sonho americano" [...] como um grande caldeirão de raças em que todas se juntam criando uma. [...] Ninguém falava sobre a África como berço da civilização. [...] Em vez disso, professores sistematicamente escondiam a verdade, ensinando-nos a aceitar a polaridade racial como supremacia branca e a polaridade sexual como domínio masculino (HOOKS, 2020, p. 193-195)

Assim como Chimamanda, bell hooks, Evellyn Alice, que está no *'De que cor eu sou'*, Anna, Carol, e tantas Marias do nosso tempo presente, também não estudaram a história de mulheres pela perspectiva negra e, assim, naturalizaram a perspectiva de luta, isso quando tal perspectiva aparecia nas aulas

---

um projeto de pesquisa e extensão em escolas públicas da Grande Região metropolitana de Belém, a saber, Belém, Ananindeua, Marituba, Benevides e Santa Isabel, com a apresentação de oficinas sobre mulheres, feminismos, e ensino de História. Ela e mais duas bolsistas do curso de História da UFPA, Ananindeua, Ândria Nôbrega e Bianca Costa, apresentam as oficinas para docentes e discentes das instituições, tendo em vista a preocupação com o saber escolar e formação de professores. O projeto de pesquisa se chama *Onde está Tereza? invisibilidade, violência contra a mulher e ensino de História e patrimônio* e está vinculado à Fadesp.

11 Anna Linhares publicou recentemente dois livros de crônicas feministas, resultado de suas escritas nas plataformas digitais, em especial no Facebook. Por perceber a interação e identificação de mulheres com as crônicas feministas, ela decidiu compilar os escritos, publicá-los e usá-los em sala de aula. Para saber mais, ler: Linhares, 2019 e 2021.

de história, pelo olhar de pessoas brancas, fazendo com muitas delas não se sentissem representadas e sequer se sentissem fazedoras de história.

Krada Kilomba (2019) afirma que era muito comum que as pessoas tocassem nos cabelos de Alicia[12] quando ela era criança, pois os consideravam "diferentes", "olha que cabelo interessante! olha o cabelo afro, e o tocavam. Eu me sentia um cachorro sendo acariciado [...] e eu não sou um cachorro, sou uma pessoa" (p. 121), afirmava. Essa diferença, expressa no cabelo da menina Alicia, é usada como marca para a invasão, invasão do que é visto como "diferente" ou "anormal", mas Alicia nunca foi "anormal", mas uma garota que não fazia parte da narrativa de uma história única, por isso vista como "exótica".

Para que não façamos mais com que Alicia e tantas outras garotas sintam seus corpos invadidos, invisibilizados e silenciados, precisamos enfrentar o medo de se manifestar, que confrontemos o poder dominante com coragem, pois esse poder segue nos assolando, e confrontar essa hegemonia continua sendo agenda vital para todas as mulheres, e isso precisa e pode ser feito no "chão da escola":

> precisamos erguer nossas vozes e encorajar nossas alunas (os) a erguer as suas vozes por meio da educação. Erguer a voz é se por contra todo um sistema patriarcal racista estruturado. Se conseguirmos ter coragem de erguer nossas vozes e de nossas alunas (os), será possível que aos poucos consigamos mexer em tais estruturas arraigadas que, por mais poderosas que pareçam ser, não são imóveis (LINHARES, 2021, p. 145).

O ensino precisa estar de "mãos dadas" com a luta feminista antirracista, antimachista e anticlassista para que não criemos mais tantas ausências e dores, pois

> Nosso tempo é especialista em criar ausências: do sentido de viver em sociedade, do próprio sentido da experiência da vida. Isso gera uma intolerância muito grande com relação a quem ainda é capaz de experimentar o prazer de estar vivo, de dançar, de cantar. E está cheio de pequenas constelações de gente espalhada pelo mundo que dança, canta, faz chover. O tipo de humanidade zumbi que estamos sendo convocados a integrar não tolera

---

12 Alicia é a personagem de suas narrativas em *Memórias da Plantação: episódios de racismo cotidiano.*

tanto prazer, tanta fruição de vida. Então, pregam o fim do mundo como uma possibilidade de fazer a gente desistir dos nossos próprios sonhos. E a minha provocação sobre adiar o fim do mundo é exatamente sempre poder contar mais uma história. Se pudermos fazer isso, estaremos adiando o fim (KRENAK, 2019, p. 13).

Precisamos continuar a contar muitas histórias, não a única, mas as histórias plurais, para que adiemos o fim do mundo de tantas mulheres negras em suas pequenas constelações de vida, que não querem desistir de sonhar.

Para isso, segundo Chimamanda, é preciso educar crianças feministas. Para isso devemos ter raiva, pois ao longo da história, muitas mudanças positivas só aconteceram por causa da raiva (ADICHIE, 2015). Essa raiva, segundo a autora, deveria ser convertida no movimento político feminista de libertação, a um feminismo que refute epistemologias mestras e opressoras, que não visibilizam mulheres negras (e o povo preto de forma geral), indígenas etc.:

minha bisavó, pelas histórias que ouvi era feminista. Ela fugiu da casa do sujeito com quem não queria casar e se casou com o homem que escolheu. Ela resistiu, protestou, falou alto quando se viu privada de espaço e acesso por ser do sexo feminino. Ela não conhecia a palavra "feminista". Mas nem por isso ela não era uma. Mais mulheres deveriam reivindicar essa palavra. [...] A meu ver, feminista é [todo aquele que] diz: "sim, existe um problema de gênero ainda hoje e temos que resolvê-lo, temos que melhorar". Todos nós, mulheres e homens, temos que melhorar (ADICHIE, 2015, p. 49-50).

Todas e todos precisamos melhorar para que muitas histórias ainda possam ser contadas, não silenciadas e que a educação histórica seja emancipadora, promovendo, assim, justiça social, racial e de gênero. Por isso, sejamos feministas e antirracistas!

Referências

AMADOR DE DEUS, Zélia. *Ananse tecendo teias na diáspora*: uma narrativa de resistência e luta das herdeiras e dos herdeiros de Ananse. Belém: Secult/PA, 2019.

BITTENCOURT, Circe Maria Fernandes. *O saber histórico na sala de aula*. São Paulo: Contexto, 2001.

CARNEIRO, Sueli. *Escritos de uma vida*. São Paulo: Pólen Livros, 2018.

COLLINS, Patricia Hill. *Pensamento Feminista Negro*: conhecimento, consciência e a política do empoderamento. Tradução Jamille Pinheiro Dias. São Paulo: Boitempo Editorial, 2019.

DA COSTA, Camila Frota. *As mulheres existem*: Teoria feminista, estudos de gênero e história das mulheres na formação de professores da história. 2021. 145f. Dissertação (Mestrado) – Programa de Pós-graduação do Mestrado Profissional em Ensino de História (UFPA, Ananindeua), Ananindeua, 2021. Disponível em: http://educapes. capes.gov.br/handle/capes/699590. Acesso em: 13 dez. 2021.

DAVIS, Angela. *Mulheres, raça e classe*. São Paulo: Boitempo, 2016.

HOOKS, bell. *Erguer a voz*: pensar como feminista, pensar como negra. São Paulo. Editora Elefante, 2019.

HOOKS, bell. *Eu não sou uma mulher*: mulheres negras e feminismos. Rosa dos Tempos, 2020.

HOOKS, bell. *O feminismo é para todo mundo*: políticas arrebatadoras. Rio de Janeiro, Rosa dos Tempos, 2019.

KILOMBA, Grada. *Memórias da plantação – Episódios de racismo cotidiano*. Rio de Janeiro: Cobogó, 2019.

KRENAK, Ailton. *Ideias para adiar o fim do mundo*. São Paulo: Cia. das Letras, 2019.

LERNER, Gerda. *A criação do patriarcado*: história da opressão das mulheres pelos homens. São Paulo: Cultrix, 2019.

LINHARES, Anna Maria Alves. *Do Facebook para a Sala de Aula*: Crônicas Feministas. Goiânia: Editora Espaço Acadêmico, 2019.

LINHARES, Anna Maria Alves. Sejam feministas: por uma escola des-reguladora de corpos femininos. *In*: OLIVEIRA, Vanilda Maria de; FILGUEIRA, André Luiz de Souza; FERREIRA E SILVA, Lion Marcos (org.). *Corpo, corporeidade e diversidade na educação*. Uberlândia: Culturatrix, 2021.

LINHARES, Anna Maria Alves; SORDI, Barbara. *Reflexões feministas em crônicas*: a escrita de si como forma de re-existir. São Paulo: Editora Voz de Mulher, 2021.

MIRANDA, Caroline Barroso. *"De que cor eu sou?" O lugar da menina negra no espaço escolar*: um estudo sobre a representação das Mulheres Negras no livro didático de história. 2020. 177f. Dissertação (Mestrado) – Programa de Pós-graduação do Mestrado Profissional em Ensino de História (UFPA, Ananindeua), Ananindeua, 2020. Disponível em: https://educapes.capes.gov.br/handle/capes/583600. Acesso em: 16 dez. 2020.

NEPOMUCENO, Bebel. Mulheres negras. *In*: BASSANEZI, Carla; PEDRO, Joana Maria (org.). *Nova História das Mulheres no Brasil*. São Paulo: Contexto, 2016.

RIBEIRO, Djamila. *O que é lugar de fala?* Belo Horizonte: Letramento: Justificando, 2017.

SENNA, Daniela Oliveira. *Onde está Tereza? A presença da mulher negra no livro didático*. Trabalho de Conclusão de Curso (Especialização em Ensino de História) – Faculdade de História, Universidade Federal do Pará, Ananindeua, 2018.

SOARES, Ana Manoela Primo dos Santos. As perguntas da Antropólogas - percepções sobre demarcação do territóro da escrita e o costurar dos conhecimentos. *Novos Debates*, v. 7, n. 1, E7104, 2021.

WOOSTONECRAFT, Mary. *Reivindicação dos direitos das mulheres – o primeiro grito feminista*. São Paulo, Edipro, 201

MULHERES HORTICULTORAS: AGRICULTURA FAMILIAR NO UBIROCA, EM MARITUBA, NO PARÁ

Ieda Palheta Moraes[1]

Introdução

Marcos (2016) pontua que atualmente vivemos sob a lógica de um discurso que o capitalismo impera em todo os locais e que estamos plenamente integrados a ele. Segundo essa visão, todos estão inseridos no mercado da mesma forma e produzem com o mesmo grau de mecanização e tecnificação, entretanto, esse discurso busca esconder a existência de uma questão agrária que implica em si contradições que descabam em conflitos, contraposição aos modelos de mercado e a outras práticas produtivas, bem com as resistências ao modelo hegemônico. O presente capítulo adentra tais questões ao evidenciar o cotidiano de mulheres agricultoras que sobrevivem e resistem no bairro do Uriboca[2], no município de Marituba, Região Metropolitana de Belém (RMB), em 2015, se instalou naquele bairro a Central de Processamento e Tratamento de Resíduos de Marituba (CPTR Marituba).

---

1. Professora de História e Estudos Amazônicos da Educação Básica SEDUC-PA. Mestre em Ensino de História pelo Mestrado Profissional em Ensino de História (ProfHistória – UFPA) Campus Ananindeua – PA, especialista em História Agrária da Amazônia Contemporânea (UFPA). Membro do Grupo de Estudo em história agrária, meio ambiente e sociedades amazônicas. E-mail: iedapalhetamoraes@gmail.com

2. O Uriboca é um dos bairros mais antigos de Marituba, no entanto, neste capítulo, ele será referenciado como comunidade rural, conforme documento da EMATER (2017).

O local onde funciona o projeto da CPTR Marituba possui uma área total de 100 ha, destas 22 ha seriam utilizadas para a compostagem do lixo. Estava prevista a instalação de estruturas diversas no empreendimento, como um sistema de tratamento de percolado[3], uma unidade de tratamento de biogás[4] e o aterro sanitário[5], no qual deveria funcionar um centro de triagem para separação do lixo reciclável do orgânico[6]. Nessa mesma área vivem várias mulheres que desenvolvem agricultura familiar, vale ressaltar que, durante muito tempo, as mulheres se restringiam à colheita, ao plantio e aos cuidados com o plantio, entretanto, cada vez mais, elas vêm ganhando papéis de destaque na implementação de processos produtivos, questão abordada por Pastorio e Roesler (2014, p. 4):

> Destaca-se que apesar das "mudanças ocorridas ainda permanecem relações desiguais de poder que se expressam no campo afetivo, econômico e político". (Brasil, 2005, p. 17). Essa realidade, contudo, começa a se diferenciar com a luta das mulheres em geral e das mulheres do campo para a criação de políticas públicas que as coloquem em condições de igualdade de direitos.

As mulheres agricultoras que serão analisadas neste capítulo estão relacionadas a um universo específico e multifacetado da agricultura familiar. Para Guanziroli *et al.* (2009), tal universo é permeado por diferenças do ponto de vista econômico, social e cultural e seus sujeitos não são uma categoria estanque, imóvel e isolada, ao contrário, eles sofrem processos de acumulação de capital, descapitalização e têm suas relações sociais como resultado das dinâmicas nas quais se inserem. Dinâmicas que vão para além da questão da luta pela terra.

Assim, segundo Pessanha (2005), compreende-se tais dinâmicas dentro do universo da agricultura familiar a partir das formas de organização da

---

3   Sistema de tratamento do chorume, quando ele passa por um filtro para purificá-lo ou para que lhe sejam retiradas (certas) substâncias.

4   O biogás se obtém através do processo anaeróbio, é constituído por 50 a 70% de metano e cerca de 30 a 40% de dióxido de carbono.

5   Para saber mais, ver: http://www.diarioonline.com.br/noticia-188359-.html. Acesso em: 30 maio 2022.

6   Para saber mais, ver: http://g1.globo.com/pa/para/noticia/2015/07/lixo-de-belem-e-depositado-no-novo-aterro-sanitario-em-marituba.html. Acesso em: 30 maio 2022.

produção em que a família é, ao mesmo tempo, proprietária dos meios de produção e executora das atividades produtivas e, conforme Silva (2009), a relação gerada entre a terra, o trabalho e a família não é igual em todos os lugares, pois possui suas especificidades e diferenciações regionais ou locais.

No Pará, por exemplo, a Empresa de Assistência e Extensão Rural do Estado do Pará (EMATER) identificou tais questões em estudos realizados em Marituba, estes apontam as potencialidades de crescimento no aspecto ambiental, associadas a abundância de recursos hídricos nas propriedades, a recuperação do solo, o controle de queimadas[7], entre outras. Contudo, existem alguns problemas que dificultam o desenvolvimento agrícola do município como pouca/precária orientação, fiscalização sanitária e ambiental, baixo desenvolvimento de ações de cuidado, falta de preservação das nascentes e melhoras no cuidado no descarte do lixo[8].

De acordo com os dados da EMATER, Marituba é um dos menores municípios do Pará em extensão territorial e abrange uma área de 103,279 km², sua emancipação política é recente, data do ano de 1994, por meio da Lei Estadual n.º 5.857/94. Sua população era de 120 mil habitantes em 2014, o que lhe conferia a terceira maior taxa de densidade demográfica do Pará. O município possui cerca de 249 unidades produtivas de agricultura familiar distribuídas em 15 comunidades rurais, entre elas está o Uriboca (Mapa 1), onde foi realizada a pesquisa de campo apresentada neste capítulo.

---

7   EMATER – PROATER MUNICIPAL de 2017. Escritório Local de Marituba Regional das Ilhas. Marituba – Pará (2016, p. 8).

8   *Ibidem.*

Mapa 1 – Localização do Uriboca

Elaboração: Wellingtom Felix, 2019.

A representação cartográfica (Mapa 1) foi utilizada como referência para localização, em linha reta, do bairro do Uriboca situado no km 9 da Rodovia BR-316, distante cerca de 3.464 km da rodovia. O "lixão" de Marituba distancia-se cerca de 642,35 metros das comunidades rurais do bairro. A proximidade entre o Uriboca, que possui um conteúdo rural, com área mais urbanizada do município de Marituba e com a rodovia BR-316, tornou-se um problema para as agricultoras. Pela falta de definição se a localidade pertence ao meio rural ou urbano, dificulta a obtenção de melhoria da infraestrutura do bairro, o acesso a crédito rural e políticas públicas que viabilizem a assistência técnica e aumento na produtividade agrícola local, segundo documento da EMATER.

Parte da pesquisa *in loco* ocorreu no período de 26 de julho a 6 de agosto de 2018 em duas propriedades de agricultura familiar do Uriboca, onde foram realizadas entrevistas tendo como base os pressupostos metodológicos da História Oral, o que, segundo Portelli (2006), é uma ferramenta adicional na panóplia de fontes do historiador. Entrevistou-se quatro mulheres e três homens, perfazendo um total de seis horas de entrevistas. Neste capítulo, a identidade das pessoas entrevistadas será mantida em sigilo, garantindo anonimato e confidencialidade das informações.

Utilizou-se também Atas da Câmara Municipal de Marituba, documentos da EMATER e notícias veiculadas em jornais de grande circulação no Pará e em blogs. Além de bibliografia que enfatizam temas que abordam a história de luta das mulheres destacando as que trabalham na agricultura familiar.

A História Oral, ao contrário da maioria das fontes históricas, é construída a partir de uma relação dialógica entre o entrevistador e o entrevistado (PORTELLI, 2016) e, nesse sentido, é importante que o entrevistador compreenda esse conceito dialógico da História Oral, tendo em mente que a produção dessa fonte é uma arte da escuta. Desse modo, mesmo que já exista um roteiro para entrevista, sempre irão surgir novas indagações. Existem algumas objeções a respeito da confiabilidade das narrativas, uma vez que a memória é seletiva e subjetiva e pode ocorrer distorções dos fatos. Desse modo, a tarefa do historiador é fazer o cruzamento das informações com outros tipos de fontes para verificar a veracidade dos fatos (PORTELLI, 2016).

Assim, propõem-se duas questões-problema: Quais os impactos na vida e no trabalho das mulheres que praticam agricultura familiar no Uriboca após a instalação do CPTR Marituba? Quais as estratégias encontradas por elas para prosseguirem com a sua produção agrícola e continuarem a viver nessa localidade?

Este capítulo está dividido em quatro seções, na primeira analisamos o processo de implantação da CPTR Marituba. Na segunda abordamos as transformações na paisagem após a instalação desse empreendimento e as formas de legitimação que a empresa REVITA utilizou para estabelecer a CPTR em Marituba. Na terceira procuramos destacar o cotidiano do trabalho das mulheres agricultoras do Uriboca. Na quarta abordamos as mulheres horticultoras, suas memórias, as dificuldades e os desafios enfrentados por elas para assegurar sua subsistência e autonomia.

A invenção do "lixão" de Marituba

> Marituba parece ser a escolhida para sede do lixo, não me importo. Se viabilizar um grande transtorno, tem de ser pensado para Marituba não ser prejudicada. (Bertoldo Couto, Prefeito de Marituba entre 2009-2012) (FONTES; MESQUITA, 2011, p. 12).

O trecho foi proferido pelo então Prefeito de Marituba, Bertoldo Couto, em um evento realizado pela Federação das Associações de Municípios do Estado do Pará (FAMEP), no ano de 2011. O evento contou com a participação de autoridades municipais e de todos os prefeitos dos municípios da RMB, na época administrados por Duciomar Costa (Belém).

Um dos principais temas debatidos no evento foi a destinação dos resíduos sólidos da RMB, em função da legislação sobre resíduos sólidos, que havia sido aprovada no Congresso Nacional por meio da Lei n.º 12.305, de 2 de agosto 2010, que instituiu a Política Nacional de Resíduos Sólidos. Entre os prefeitos da RMB, era consenso que deveria ser tomada uma decisão conjunta em relação ao Aterro Sanitário do Aurá, que, segundo o então prefeito de Ananindeua em exercício na época, recebia "1,8 toneladas de lixo" da RMB. Para Helder Barbalho:

> Se não cumprirmos com o nosso papel, vamos ser julgados e apenados por não termos, no nosso momento, contribuído para que as gerações próximas e muito próximas, possam entrar em colapso, não tendo mais para onde destinarem os resíduos sólidos produzidos diariamente em nossa região metropolitana. (FONTES; MESQUITA, 2011, p. 14).

Duciomar Costa, Mário Kató, José Begot e outras autoridades presentes corroboraram com a fala de Helder Barbalho e desde então já se discutia o fato de receber o lixo de outros municípios poderia ocasionar revolta entre a população local. Para o prefeito de Santa Izabel do Pará uma solução para esse problema seria a criação de uma política de compensação ambiental. As autoridades presentes decidiram que deveria ser criado um *Plano Diretor de Resíduos Sólidos* e um consórcio entre os municípios para a elaboração de um

Plano Integrado Metropolitano de Resíduos Sólidos[9] com a finalidade de estabelecer metas e propostas que deveriam ser debatidas com a população e apresentadas aos governos estadual e federal. O Seminário Regional para o Desenvolvimento Integrado, organizado pela FAMEP, talvez tenha sido o primeiro evento que conseguiu reunir não somente os então chefes dos poderes executivos municipais, mas também importantes autoridades com poder de decisão na área, que em um curto espaço de tempo se consolidou com a implantação da CPTR Marituba.

Sabe-se que um dos maiores problemas da contemporaneidade é o descarte dos resíduos sólidos urbanos, além da falta de políticas que cumpram a legislação para o destino adequado daqueles resíduos, bem como a pouca participação popular nas discussões sobre ele, isso se deve à dificuldade da implantação de um formato para a gestão e gerenciamento, como também a escolha de espaços para o funcionamento dos aterros sanitários (VASCONCELOS JR.; CORRÊA, 2017). A Lei n.º 12.305/2010, que instituiu a Política Nacional de Resíduos Sólidos, regulamentada pelo Decreto n.º 7404/2010, dispõe que

> Art. 4º A Política Nacional de Resíduos Sólidos reúne o conjunto de princípios, objetivos, instrumentos, diretrizes, metas e ações adotados pelo Governo Federal, isoladamente ou em regime de cooperação com Estados, Distrito Federal, Municípios ou particulares, com vistas à gestão integrada e ao gerenciamento ambientalmente adequado dos resíduos sólidos[10].

No Aurá, bairro do município de Ananindeua, funcionou um aterro sanitário no qual eram destinados os resíduos sólidos da RMB, este aterro não chegou a atender aos requisitos ambientais que competem a um aterro sanitário. Assim, ao longo de sua existência se configurou como um lugar extremamente insalubre e com um fluxo de depósito de lixo superior a capacidade de armazenamento. Nesse sentido, sob os auspícios da nova legislação, ele teria um prazo para se adaptar e obedecer às novas regras, o que era inviável e acabou por ocasionar o debate sobre a "invenção" de um "lixão" no município de Marituba, o que foi defendido pelo chefe do poder Executivo municipal na época. Nascia

---

9   Id., p. 17.

10   BRASIL. Institui a Política Nacional de Resíduos Sólidos na Lei n.º 12.305, de 2 de agosto de 2010.

assim um grande problema para os gestores municipais: como garantir a coleta e o depósito de resíduos sólidos da RMB e atender as disposições legais da Lei n.º 12.305/2010?[11]

É interessante destacar que a FAMEP, na época, era presidida pelo então Prefeito de Ananindeua, Helder Barbalho, e conforme frisamos anteriormente, era de interesse comum que os municípios criassem um consórcio para solucionar a questão do destino dos resíduos sólidos. Chegou-se ao consenso de que cada município trabalhasse de acordo com sua necessidade e disponibilidade e que o consórcio seria responsável pelo destino dos resíduos sólidos, além disso, ele seria responsável pela implementação de ações e projetos que visassem à educação socioambiental e reciclagem de lixo em cada município.

Como uma continuidade dos debates iniciados em 2011, a FAMEP realizou novo evento para a assinatura de uma carta compromisso entre os representantes das cidades que fazem parte da RMB[12], no entanto, faltava apenas decidir o local onde seria implantado o novo aterro sanitário. No mesmo período em que os municípios que compõem a RMB discutiam possíveis locais para a instalação do novo aterro sanitário, o município de Marituba passava por um pleito municipal conturbado. Da eleição que ocorreu em 2012, saíram como vencedores Mário Henrique de Lima Bíscaro (PSD) e como vice, Elivan Campos Faustino, do PMDB, os quais não puderam assumir o cargo por pendências na Justiça Eleitoral referentes ao ano de 2008[13].

De forma interina, a gestão foi assumida por Wildson de Araújo Melo, vereador e presidente da Câmara Municipal, que também foi afastado do cargo em maio de 2013 pela Justiça Eleitoral por envolvimento em fraude eleitoral e compra de votos. Francisco Besteiro, vereador de Marituba, foi eleito pela Câmara para governar de forma interina o município até realização de novo pleito eleitoral[14]. Quando se acreditava que o infindável pleito de 2012 seria

---

11 Idem.

12 O tema do novo seminário Soluções sustentáveis para os resíduos sólidos da região metropolitana, esse evento ocorreu em Belém. Para saber mais: http://raizesdoananin.blogspot.com/2011/03/famep-discute-destino-final-do-lixo.html. Acesso em: 30 maio 2022.

13 Para saber mais ver site: http://www.diarioonline.com.br/noticia-244386-prefeito-interino-de--marituba-tem-mandato-cassado.html. Acesso em: 30 maio 2022.

14 Para saber mais ver site: http://g1.globo.com/pa/para/noticia/2013/05/francisco-besteiro-e--eleito-novo-prefeito-interino-de-marituba-pa.html. Acesso em: 30 maio 2022.

concluído com a vitória de Elivan Faustino[15], surgiu uma nova decisão judicial expedida pelo Tribunal Superior Eleitoral (TSE) validando o resultado das eleições de 2012.

Dessa forma, em um curto período, Marituba teve quatro prefeitos sem governabilidade de fato, em meio a tantas trocas do gestor municipal, os problemas emergenciais da cidade acabaram ficando em segundo plano, como o descarte do lixo, que desde 2010 já acumulava discussões sobre o tema. Com a instabilidade decisória que Marituba vivenciou e em uma conjuntura metropolitana de decisões políticas, Marituba acabou por ser escolhida para sediar o novo aterro sanitário CPTR Marituba[16].

O lixão e as transformações na paisagem do Uriboca/Marituba

Em 5 de junho de 2015[17], o Aterro Sanitário do Aurá foi desativado, e 20 dias depois foi inaugurada a CPTR Marituba com a expectativa de que ela funcionasse em conformidade com a legislação. Segundo os noticiários da época, a inauguração ocasionou insatisfação popular[18]. Entre os anos de 2016 e 2017, protestos contra a CPTR Marituba começaram a ganhar destaque e visavam sensibilizar à população dos municípios da RMB sobre o que estava acontecendo em Marituba (Imagens 1). Diversos atos foram capitaneados pela população de Marituba que chegou a impedir o tráfego de veículos na Rodovia BR-316 e a entrada de caminhões de coleta de lixo na porta da empresa, o que ocasionou a inviabilização da coleta de lixo por vários dias na RMB em 2016.

---

15 Para saber mais ver site: http://g1.globo.com/pa/para/noticia/2013/08/elivan-faustino-e-eleito--prefeito-de-marituba.html. Acesso em: 30 maio 2022.

16 A empresa Guamá Tratamentos de Resíduos Sólidos, gerenciado pela REVITA Engenharia Sustentável, é a responsável pela operacionalização do Aterro Sanitário em Marituba, essa empresa faz parte do grupo Solví.

17 Em cumprimento à Lei n.º 12. 305/2010.

18 O local não separava o material reciclável do orgânico como a Prefeitura de Belém havia divulgado e o centro de triagem também não estava pronto. Para saber mais, ver: http://g1.globo.com/pa/para/noticia/2015/07/lixo-de-belem-e-depositado-no-novo-aterro-sanitario-em-marituba.html. Acesso em: 30 maio 2022.

Imagem 1 – Moradores de Marituba protestam contra o "lixão"

Fonte: *Diário do Pará*, edição de 12 de abril de 2017.

A imagem 1 destaca uma grande manifestação da população de Marituba ironizando os pontos turísticos da cidade: presídio, cemitério e agora um "lixão". Muitas pessoas que aparecem na imagem estão com máscaras no rosto para destacar o mau cheiro que começou a exalar não só no município, mas também em suas proximidades, como em alguns bairros do município de Ananindeua.

No entorno da CPTR Marituba podem ser observadas mudanças na paisagem natural (Imagem 2 e 3) e cultural que começaram a ocorrer em virtude da implantação do aterro sanitário. O conceito de Paisagem cultural está ligado às vivências, ao discurso, ao pensamento das pessoas que dela fazem parte. Assim, a Paisagem aparece como um lugar simbólico, que se faz pela criação de uma unidade visual em que o seu caráter é determinado pela organização de um sistema de significação (COSGROVE 1998 *apud* BRITTO, 2011, p. 8).

Imagem 2 – Antes e depois do "lixão"

Fonte: blog Uruatapera, 2017[19].

Imagem 3 – Vista Panorâmica da CPTR Marituba

Fonte: *O Liberal*, 2018.

As transformações da paisagem são percebidas pelos sujeitos que a elas atribuem significados. Na imagem 2, é possível perceber tal relação, pois nela observa-se que antes da instalação do CPTR Marituba existia uma grande cobertura vegetal que foi retirada para a construção do aterro sanitário, os moradores do Uriboca utilizavam essa área para coletar frutos, mas com a

---

19 Para saber mais, ver: http://uruatapera.blogspot.com/2017/03/lixao-de-marituba-pode-ser-
-desativado.html. Acesso em: 09 nov. 2018.

retirada da floresta essa prática ficou inviável. Outra transformação foi a construção de uma via para dar acesso à área de descarte.

Segundo Britto e Ferreira (2011), a Paisagem é o conjunto de forma que, num dado momento, exprime as heranças que representam as sucessivas relações localizadas entre o homem e a natureza, no entanto, as relações estabelecidas entre o homem e a natureza só podem ser percebidas se for realizada uma imersão na paisagem para além do que se pode ver, só assim os seus significados podem ser compreendidos.

Um olhar panorâmico sobre a Imagem 3 revela os impactos socioambientais causados pela CPTR Marituba no Uriboca, pois foram retirados 100 ha de áreas verdes para a construção de um espaço de descarte de lixo. A imagem também mostra a abertura de "piscinas" para a compostagem do lixo, na qual seria utilizado um tipo de lona para forrá-la. Como um empreendimento como esse poderia possuir autorização para funcionar próximo a áreas de nascentes de rios e em uma área de proteção ambiental?

A empresa realizou um estudo da área mostrando possíveis locais para a instalação do aterro sanitário, dentre os sete possíveis locais, cinco estavam em Marituba, os documentos apresentados pela empresa indicavam que o local selecionado possuía condições para receber a CPTR Marituba. Antes de aprovar a instalação do aterro sanitário no Uriboca, o Ministério Público Estadual (MPE) identificou algumas deficiências na análise de alternativas para a escolha do local, entre as quais destaca-se as normas ambientais[20] que estabelecem que o Estudo de Impacto Ambiental (EIA) deveria contemplar todas as alternativas tecnológicas e de localização do projeto, considerando inclusive a hipótese da não realização do projeto[21].

Diante dessa possibilidade, o MPE solicitou à Secretaria de Meio Ambiente (SEMA) a realização de audiências públicas com o objetivo de fomentar o debate entre empresa e sociedade, assim, as autoridades e sociedade civil poderiam discutir as propostas e os problemas que poderiam ser gerados a partir da instalação de um empreendimento como esse. As audiências ocorreram entre junho de 2011 a março de 2012 nas cidades que fazem parte

---

20 Referente ao Conselho Nacional do Meio Ambiente (CONAMA).

21 Para saber mais ver: http://www.diarioonline.com.br/noticia-188359-.html. Acesso em: 30 maio 2022.

da RMB[22]. Contudo, as audiências públicas realizadas pelo MPE, segundo a população, não se configuraram como espaço de amplo debate sobre o assunto, uma vez que a maioria das pessoas e, principalmente, as agricultoras que foram afetadas pela CPTR Marituba, não tiveram acesso aos meios que foram divulgadas as audiências, deslegitimando socialmente a representatividade delas no processo.

Entretanto, o MPE conferiu legitimidade "institucionalmente" viabilizando a implantação da empresa em Marituba quando indicou que todos os requisitos legais para aquisição da licença ambiental pela REVITA foram cumpridos pela empresa, mostrando também que o MPE acompanhou todo o processo desde o início até a inauguração, ratificando a regularidade no processo de licenciamento ambiental[23]. E como ficaria a situação das produtoras agrícolas que vivem e trabalham nas imediações da CPTR Marituba? Como seria a relação das agricultoras e a empresa? Elas passaram a temer não só pela saúde de sua família, mas principalmente pela qualidade das hortaliças produzidas em suas propriedades.

Mulher, trabalho e memória: resistência no Uriboca/Marituba

Ao longo deste capítulo, procurou-se mostrar como a implantação da CPTR Marituba ocasionou impactos socioambientais no município de Marituba, em especial no bairro do Uriboca, onde vivem sujeitos sociais que historicamente ocuparam aquele lugar tendo por base o trabalho na agricultura familiar.

A primeira agricultora entrevistada vamos chamar de agricultora "A", que trabalha em uma propriedade familiar[24], local onde reside e mantém a plantação de hortaliças em uma pequena horta. O pai da agricultora "A" nasceu na

---

22   Para saber mais ver: http://g1.globo.com/pa/para/noticia/2015/07/audiencia-publica-debate-instalacao-de-aterro-sanitario-em-marituba-no-pa.html. Acesso em: 30 maio 2022.

23   Para saber mais ver: http://www.agenciabelem.com.br/Noticia/114136/pmb-participa-de-audiencia-publica-sobre-nova-destinacao-do-lixo-da-regiao-metropolitana Acesso em: 30 maio 2022.

24   Propriedade familiar/módulo rural "o imóvel rural que, direta e pessoalmente explorado pelo agricultor e sua família, lhes absorva toda a força de trabalho, garantindo-lhes a subsistência e o progresso social e econômico, com área máxima fixada para cada região e tipo de exploração, e eventualmente trabalho com ajuda de terceiros" (BRASIL, 1964, Art. 4º alínea II e III).

comunidade de remanescentes de quilombo do Abacatal[25], entretanto, com o passar do tempo, levou sua família para morar no Uriboca, em Marituba, onde se estabeleceram, sobrevivendo da renda que obtinham com a venda de produtos oriundos das suas roças de mandioca com a produção de farinha. Quando seu pai faleceu, a propriedade[26] passou a ser administrada pelo filho, agricultor "E"[27]:

> [...] esse terreno sempre foi do meu pai, né?! aí meu pai foi falecido e aí ficou só nós, o terreno tá no nome do meu irmão [...], cada um tem suas casas, pra aculá (sic) são as hortas, todo mundo trabalha aqui, cada qual é responsável pelo seu pedacinho. [...] (Entrevista concedida pela agricultora "A" à autora, em dia 26 de julho de 2018).

Em uma sociedade em que prevalece os valores patriarcais, os bens familiares devem ser administrados pelos homens. No Uriboca não é diferente, assim a propriedade familiar em que a agricultora "A" vive foi entregue para seu irmão o agricultor "E", mesmo ele não sendo o mais velho entre os(as) irmão(ãs), mas a visão que prevaleceu foi de que o homem deveria administrar os negócios da família. No entanto, a propriedade, ao ser dividida entre os irmãos, a maioria das casas e das hortas passaram a ser cuidadas e administradas pelas mulheres, mostrando que, na prática, a ideia que se poderia ter de fragilidade ou de dependência não se sustenta. Tal questão vai de encontro aos estudos de Pinto (2012), quando analisa a história, memória e poder feminino em povoados amazônicos tendo por base a História Oral, mediante relatos orais e histórias de vida, e no cruzamento de documentos escritos demonstra as relações sociais de gênero em povoações remanescentes de quilombos na região do Tocantins, no Pará. Segundo a autora:

> As experiências históricas das mulheres da região tocantina nos seus povoados intercruzam-se com aquelas da escravidão e dos quilombos. São

---

25 A Comunidade de remanescente de quilombolas Abacatal está localizada na estrada do Aurá na zona rural de Ananindeua/PA.

26 Segundo os entrevistados, eles possuem título de posse da propriedade, no entanto, não tivemos acesso a essa documentação.

27 O irmão da agricultora "A" ficou responsável pela documentação do terreno, onde vive grande parte da família Silva.

mulheres que não se encontram nos "bastidores da história", pelo contrário, sempre demonstraram, através de suas estratégias e das experiências de suas ancestrais que foram sujeitos no processo histórico e nele executaram e executam papéis de destaque, quando se transformam em personagens capazes de construir tanto a história dos seus povoados como de sua própria existência. A própria tradição oral local vem revelando, através da memória, mulheres que desmentiram as ideias de "fragilidade," "submissão" e "dependência." (PINTO, 2012, p. 6).

A visibilidade das mulheres na história enquanto ser político iniciou a partir do final do século XIX, com o advento da Revolução Industrial e as reivindicações de algumas mulheres em busca de seus direitos. Contudo, as demandas que se estabeleceram ao longo da história dessas mulheres não foram iguais. A luta da mulher negra, por exemplo, iniciou desde o período da colonização no Brasil e permanece até os dias atuais. Segundo hooks (2014), nos Estados Unidos, no século XIX, as mulheres negras não estavam em busca de trabalho, e sim lutando pela sua sobrevivência:

> Ao contrário da maior parte das mulheres brancas defensoras de direitos, Sojourner Truth pode referir-se à sua própria experiência de vida pessoal como evidência da capacidade da mulher para funcionar como um pai; em ser igual ao homem no trabalho; em suportar a perseguição, o abuso físico, a violação, a tortura e não apenas sobreviver. (HOOKS, 2014, p. 115).

A trajetória da mulher negra nos Estados Unidos é de resistências e lutas contra os abusos físicos, psicológicos, sexuais, entre outros. Mesmo havendo diferenças entre as mulheres estadunidenses e as brasileiras, observamos algumas similaridades e os abusos, sexismo e o racismos estão entre as semelhanças. Assim, as pautas das mulheres negras não eram apenas contra o racismo que as desconstruía como pessoa, também lutavam pelas suas existências. Muitas vezes elas desempenhavam o papel de pai e de provedoras de suas casas, porém, mesmo trabalhando igual aos homens eram discriminadas, abusadas e torturadas, tendo que lutar constantemente para encontrar um espaço na sociedade (HOOKS, 2014).

As mulheres presentes neste capítulo não exercem o papel social que foi construído ao longo do tempo para as mulheres brancas, as quais são vistas como a esposa do homem branco, a mãe, a mulher do lar que deveria ser amada, respeitada e admirada (NASCIMENTO, 2006). As mulheres deste capítulo são agricultoras, que cultivam hortaliças, descendentes de remanescentes de quilombo. Segundo Neves e Medeiros (2013), a maioria das mulheres não abdicam das tarefas domésticas, ao contrário, acrescentam mais atividades para produzir e comercializar alguns produtos importantes à sua subsistência e de grupo social no qual estão inseridas.

> A agricultora "A", citada anteriormente, cultiva em sua horta cheiro-verde, alface e jambu, a horta é irrigada manualmente pelas próprias mulheres, isso ocorre devido à falta de equipamentos técnicos mais sofisticados de irrigação. O trabalho é individualizado, em que mulheres são as responsáveis pelo cultivo, organização e administração de sua pequena produção de hortaliças. Segundo as entrevistadas, em períodos de ceifa, quando a produção é maior, alguns membros de suas famílias as ajudam na colheita:

> [...] a gente planta mesmo cada um faz o seu canteiro [...]. É assim cada um de manhã vem para sua horta, faz os seus pedacinhos, quando é a tarde volta de novo, trabalha aí quando tem muita verdura pra tirar a gente chama outras pessoas pra ajudar a gente. (Entrevista concedida pela agricultora "A" em 26 de julho de 2018).

Nas quinze comunidades rurais de Marituba, a economia está centrada principalmente em torno da agricultura familiar, na qual se destacam atividades variadas, como olericultura convencional, piscicultura, transição para orgânico, hidropônica (alface), fruticultura, floricultura, plantas ornamentais e medicinais (EMATER, 2016).

A horticultura é a principal forma de obtenção de renda, sendo que existem muitas famílias que sobrevivem apenas dos ganhos de suas hortas. Essa produção é realizada o ano todo, contudo, no verão, a produção possui um desenvolvimento mais rápido, o cheiro-verde, por exemplo, pode ser colhido de 8 a 15 dias, já no período do inverno é mais demorado. Nesse período, as agricultoras fazem uma cobertura com plástico para evitar o encharcamento dos canteiros (Imagem 4), evitando assim prejuízos que acarretem na carestia do produto.

Imagem 4 – Cobertura de proteção das verduras

Foto: Ieda Palheta, 2018.

A maioria das mulheres entrevistadas, trabalha com hortaliças, porém, algumas delas cultivam plantas medicinais e plantas ornamentais (Imagem 5).

Imagem 5 – A pesquisadora em frente ao pé de alecrim

Foto: Ieda Palheta, 2018

Na Imagem 5, a pesquisadora está em frente de um pé de alecrim, segundo a agricultora "B", a planta tem funções curativas, podendo ser usado para aliviar dores musculares, auxilia o crescimento capilar, melhora a memória, e pode ser usado para temperar a comida. A agricultora "B" é irmã da agricultora "A". Ela também reside na propriedade rural da família Silva, é lá que cultiva seus "matos". Essa mulher desenvolve o trabalho com agricultura desde sua infância:

> [...] olha, quando era mais novinha eu trabalhava muito, tirava pedra, fazia roça, capinava quintal, plantava, mesmo com os meus 78 anos, se precisar ainda hoje eu capino meu terreiro[28], só não sei ficar parada. Me convidaram para ir para o centro da terceira idade eu não quis não, se não minha horta ia cair muito". (Entrevista concedida pela agricultora "B" no dia 31 de julho de 2018).

Ao longo da história, a mulher branca esteve vinculada aos papéis de mãe e esposa, fruto de uma construção social. Essas mulheres, de uma maneira geral, não eram valorizadas se não estivessem vinculadas às tarefas domésticas. A agricultora "B" não é uma dessas mulheres mencionadas. Nas memórias que tem de sua infância, ela diz não recordar de ter trabalhado em outro tipo de atividade que não fosse a agricultura. Casou-se três vezes, teve sete filhos, mas sua realização é quando está trabalhando no seu canteiro tendo contato com seus "matos". Essa agricultora foi adquirindo o conhecimento das propriedades curativas das ervas ao longo do tempo de uma forma empírica. Ela relatou que há alguns anos, conhecia muitas plantas medicinais, mas que devido à idade e em consequência da seletividade da memória, só lembra de algumas plantas, as quais são cultivadas em sua horta:

> [...] olha quando eu estava com o pai dos meus filhos eu conhecia muito mato, mas hoje já com a idade eu fui me esquecendo, mas eu ainda sei muitos. Na minha horta tem a oriza, o manjericão, a catinga de mulata, a arruda, a japana, o esturaque, o cravo, o alecrim e o mastruz. (Entrevista concedida pela agricultora "B" no dia 31 de julho de 2018).

---

28 Forma que ela se refere ao seu quintal.

A agricultora "B" não utiliza seu conhecimento apenas como uma forma de complementar sua renda pela venda de seus "matos", a comunidade do Uriboca é muito carente de políticas públicas, existe apenas um posto de saúde no bairro, mas não é suficiente para atender as demandas desse bairro, assim quando as pessoas precisam de um remédio, vão até a casa dela em busca de um "mato" para fazer um remédio caseiro e curar sua enfermidade.

Mulheres na horticultura: memória, estratégias e lutas por autonomia

A lucratividade com o cultivo das hortas é relativamente pequena, cada maço de cheiro-verde ou de mastruz, entre outros produtos, é vendido por R$ 1,00, assim, para conseguirem ganhar R$ 30,00, precisam vender trinta maços. Porém, elas ainda têm que pagar as despesas com o transporte do produto, com a compra de sementes e adubo, o que acaba reduzindo sua margem de lucro. Considerando as limitações que cada uma delas pode enfrentar a cada mês, pode-se concluir que as agricultoras não conseguem uma grande produção mensal. A agricultora "B", por exemplo, explicou o porquê de colher poucos maços:

> [...] o máximo de maço que tiro por semana é 50, primeiro porque eu não dou conta de tirar mais e segundo porque tem muita gente que vende pra ele lá no Ver-o-Peso, também outro problema é que o "mato" tem um tempo de duração, se colher muito e não vender, ele se estraga. (Entrevista concedida pela agricultora "B" no dia 31 de julho de 2018).

O trabalho na agricultura familiar não é uma tarefa fácil, porém as mulheres do Uriboca, apesar dos poucos ganhos, veem como vantagem poder trabalhar em sua própria horta, não ter um patrão lhe impondo uma rotina, já que são elas que estabelecem o que vão fazer. Além do ritmo de trabalho ser de acordo com o da natureza e com a rotina de sua vida cotidiana. Dessa forma, a vantagem de ser responsável por seu próprio negócio é poder retornar para sua casa e realizar suas tarefas domésticas, ou fazer suas "viagens de rua[29]". E

---

29 Expressão usada para indicar as saídas para resolver problemas cotidianos como pagar as contas.

apenas no final da tarde, quando o sol já está menos intenso, pode-se retornar para o trabalho na horta.

Uma das estratégias usadas por essas mulheres para proteger o solo é a cobertura dos canteiros das hortas com serragem, que tem a função de permitir o descanso do solo como uma preparação ao plantio. Elas aproveitam todas as partes dos canteiros, assim plantam várias espécies de verduras no mesmo canteiro, otimizando assim todo o espaço cultivável.

A agricultora "C", assim como a agricultora "A" e a agricultora "B", também vive em uma propriedade rural no Uriboca[30]. Essa propriedade pertence a sua família a mais de setenta anos. A relação que foi estabelecida por elas com o lugar não é simplesmente financeira, pois existem também laços afetivos. Nesse território também tem plantação de açaí para consumo, criam alguns animais de pequeno porte como galinhas e patos, bem como é o local onde são evocadas as memórias de seus antepassados. A memória é constituída por pessoas, personagens, por acontecimentos e por lugares, que agem como um ponto de memória onde são evocadas as lembranças (POLLAK, 1992).

Dessa forma, em muitos momentos da entrevista foram evocadas memórias de quando a esposa do agricultor "F"[31] estava viva. Segundo a agricultora "C", ela era uma mulher que cuidava e administrava a horta da família, participava ativamente da Associação dos Produtores de Hortifrutigranjeiros de Abacatal e Uriboca, sendo uma de suas fundadoras, buscava sensibilizar seus vizinhos sobre a importância de se vincularem à associação dos moradores.

> A minha sogra brigava que só, eu sempre ia com ela, ela foi uma das fundadoras da associação [...] teve um dia que nós ia ser barrado de vender no Ver-o-Peso, não ia mais poder vender lá, só quem era sócia na associação de lá, já pensou ninguém quer perder né, aí nós reclamamos que nós já pagava a associação daqui e ia ficar ruim pagar duas né, com muita briga, eles aceitaram. (Entrevista concedida pela agricultora "C" no dia 6 de agosto de 2018).

---

30 O terreno que a agricultora "C" mora é uma propriedade rural onde vive sua família, também não tivemos acesso a essa documentação que está no nome da filha mais velha do proprietário, o agricultor "F", e esta não estava presente no dia da entrevista. (Entrevista concedida pela agricultora "C" no dia 6 de agosto de 2018).

31 Sogro da agricultora "C" é o dono da propriedade, o nome de sua esposa não foi mencionado.

Assim como a agricultora "C" e sua sogra, muitas mulheres que trabalham com hortaliças precisam desempenhar outras funções, como dona de casa, esposa, agricultora e cidadã na defesa de seus direitos de produtora rural. Segundo Sales (2007), o despertar da luta pelo reconhecimento do trabalho das mulheres no campo ocorreu em 1980, e se desenvolveu dentro de uma conjuntura mais ampla a partir de conferências mundiais, essa luta das trabalhadoras rurais abriu caminho para novos espaços políticos, pela busca de direitos, pela participação na previdência social e na política.

No Uriboca, a maioria das hortas é produzida e administrada por mulheres, no entanto, elas ainda não têm acesso às políticas públicas, pois não possuem uma forma de organização política que viabilize esse acesso. Em 1992 foi fundada uma Associação dos Produtores de Hortifrutigranjeiros de Abacatal e Uriboca. Mas devido a problemas institucionais e de dívidas, a Associação foi desarticulada. Com isso, a produção também se desarticulou, uma vez que, quando ela estava em funcionamento, existiam vários benefícios como é mostrado a seguir:

> No tempo da associação era bom, tinha benefícios, o caminhão vinha buscar a produção, o adubo a gente comprava mais barato, a filha da agricultora "A" é a única que vende pra gente, quando tinha a associação vinha curso, o pessoal da EMATER vinha também. A filha da agricultora "A" já pensou em fazer um grupo só de mulheres, porque a maioria das pessoas que trabalham com horta aqui, quem está na frente é as mulheres, mas não foi pra frente". (Entrevista concedida pela agricultora "C" no dia 6 de agosto de 2018).

As dificuldades para adquirir as sementes, o adubo e o transporte das hortaliças ainda é um grande desafio para as agricultoras do Uriboca, porém esses não são os únicos problemas que elas enfrentam, já que, a partir de 2015, elas, suas famílias e os moradores da área do Uriboca tiveram que disputar o espaço com o aterro sanitário CPTR Marituba. Naquele bairro, existe uma área de reserva próximo a CPTR Marituba, essa área como relatou a agricultora "A", são evocadas memórias de sua infância junto de seus irmãos. Portanto, é um espaço importante para as pessoas que ali vivem, pois a memória não é apenas um fenômeno individual, mostrando o que é recordado por uma pessoa, ela deve ser entendida também como um fenômeno construído coletivamente (HALBWACHS, 1990 *apud* POLLAK, 1992). No depoimento da agricultora "A", podemos notar o controle que o aterro sanitário exerceu sobre a área de reserva:

> De primeiro quando nós era pequeno, nós ia lá pra baixo juntar uxi, mari, castanha, ia tomar banho lá no rio, só ia embora quando chovia, então vinha de lá com o saco cheio de fruta. [...], agora não pode mais o meu filho foi preso quando entrou no igarapé pra pescar, vai responder um processo por invasão. (Entrevista concedida pela agricultora "A" no dia 26 de julho de 2018).

O trabalho de agricultura familiar desenvolvido no Uriboca desperta o sentimento de pertencimento nas pessoas que vivem nesse bairro. Desse modo, destacou a agricultora "B":

> Eu acho bom viver aqui, durante toda minha vida vivi aqui, todo mundo me chama pra ir pra lá, pra aculá, eu não vou, quero ficar aqui [...]. Aqui eu vou pra minha horta, cuido dos meus bichos, das minhas galinhas (Entrevista concedida pela agricultora "B" no dia 31 de julho de 2018).

Essa agricultora já poderia deixar de trabalhar, uma vez que está aposentada e apresenta alguns problemas de saúde, além de ter 78 anos. Assim, possui algumas limitações em decorrência de sua idade. No entanto, ela não manifesta o desejo de deixar de cultivar seus "matos", dentre os motivos destacados, está a necessidade de complementar a renda familiar, além de possuir uma identidade de agricultora e deixar de trabalhar significaria deixar parte de suas memórias e seus referenciais como pessoa produtiva e mulher do campo.

Considerações finais

Ao longo da história, a mulher lutou para ocupar um espaço de reconhecimento perante uma sociedade patriarcal, para as mulheres agricultoras essa tarefa foi ainda mais difícil. Na região do Uriboca, Marituba, Pará, percebe-se que a maioria das hortas são cultivadas e administradas por mulheres. No entanto, elas ainda precisam ultrapassar diversas dificuldades em buscar políticas públicas para a melhora de seu trabalho, assim como a luta para que a legislação de proteção ambiental seja cumprida pelo CPTR Marituba, com a finalidade de proteger suas famílias e suas hortas.

A Lei n.º 12.305, de 2 de agosto de 2010, instituiu a Política Nacional de Resíduos, determinando que até 2014 todas as cidades brasileiras deveriam fechar seus lixões. É nesse contexto que a CPTR Marituba se instala em Marituba, Pará. Em um momento complicado da história política do município, com sucessivas trocas de prefeito sem uma efetiva governabilidade, o aterro sanitário, administrado pela empresa REVITA, entra em funcionamento. Todavia, essa instalação acarretou sérios problemas para as agricultoras do Uriboca, não apenas problemas ambientais, mas também a perda de lugares de memórias onde as agricultoras costumavam realizar práticas cotidianas. Além dessas interferências na vida dessas agricultoras, ainda surge a preocupação com a saúde de sua família e das pessoas que consomem seus produtos.

Assim, as mulheres que praticam agricultura familiar no Uriboca enfrentaram e enfrentam muitos desafios para manter suas hortas em funcionamento, elas precisam lutar contra a hegemonia da empresa REVITA, e a ausência de políticas públicas que possam lhes proporcionar desenvolvimento de seu trabalho e garantia de qualidade de vida.

Se o presente capítulo faz parte de um passado que não está morto, é porque ele ainda está sendo escrito. Este capítulo não tem a pretensão de esgotar esse assunto porque se tem a certeza de que muito ainda pode ser discutido. Pretendemos contribuir para que as agricultoras do Uriboca possam ser vistas, ouvidas e, por meio dessa visibilidade, também sejam obtidas políticas de incentivo às mulheres do campo para desenvolverem suas atividades produtivas.

Referências

BRASIL. **Lei n.º 4.504, de 30 de novembro de 1964.** Dispõe sobre o Estatuto da Terra, e dá outras providências. Brasília, DF: Presidência da República [1964]. Disponível em: https://www.planalto.gov.br/ccivil_03/leis/l4504.htm. Acesso em 11/05/2023.

BRITTO, Monique Cristine de; FERREIRA, Cássia de Castro Martins. Paisagem e as diferentes abordagens geográficas. *Revista de Geografia*, v. 2, n. 1, 2011.

DOSSE, François. História do tempo presente e Historiografia. *In*: SARAIVA, R.; LAPUENTE; R.; GANSTER, R.; ORBEN, T.A. (org.). *Diálogos do tempo presente*: historiografia e história. São Paulo: ABEC, 2017.

EMATER-PA. *Proater Municipal de 2017*. Marituba: Escritório Local de Marituba Regional das Ilhas, 2016.

FONTES, E. J. O.; MESQUITA, T. B. (org.) *Seminários regionais para o desenvolvimento integrado*. Belém: FAMEP; Paka Tatu, 2011.

GUANZIROLI, Carlos et al. *Agricultura familiar e reforma agrária no século XXI*. Rio de Janeiro: Garamond, 2009.

GUSMÃO, Luiz Henrique Almeida. *Impactos Socioambientais do Aterro Sanitário de Marituba/PA*. 2017. Disponível em: http://geocartografiadigital.blogspot. com/2017/04/impactos-socioambientais-do-aterro.html. Acesso em: 11 out. 2018.

HOOKS, Bell. *Ain't I a woman, black woman and feminism*. 1 ed. 1981. Tradução livre para a Plataforma Gueto, 2014.

MACHADO, Márcia Reis; MURCIA, Fernando Dal-Ri; MACHADO, Márcio André Veras. *Em busca da legitimidade social*: relação entre o impacto ambiental da atividade econômica das empresas brasileiras e os investimentos no meio ambiente. In: XVI CONGRESSO BRASILEIRO DE CUSTOS, Fortaleza, 2009. **Anais...** Fortaleza, 2009.

MARCOS, Valéria de. Novas (ou) velhas alternativas para o campo na Amazônia e a questão agrária na atualidade. *In*: MACEDO, C. O. *et al. Os "nós" da questão agrária na Amazônia*. Belém: Editora Açaí, 2016.

MARTINS SILVA, Juniele. Agricultura Familiar no Brasil: características e estratégias da Comunidade Cruzeiro dos Martírios – Município de Catalão (GO). *In*: XIX ENCONTRO NACIONAL DE GEOGRAFIA AGRÁRIA, São Paulo, 2009. *Anais* [...] São Paulo, 2009. p. 1-28.

NASCIMENTO, B. A mulher negra no mercado de trabalho. *In*: RATTS, A. *Eu sou atlântica*: sobre a trajetória de vida de Beatriz Nascimento. São Paulo: Instituto KUANZA, Imprensa Oficial, 2006.

NEVES, Delma Pessanha. Verbete: Agricultura Familiar. MOTTA, Marcia (org.). *In*: *Dicionário da Terra*. São Paulo: Civilização Brasileira, 2005.

NEVES, Delma Pessanha; MEDEIROS, L. S. *Mulheres camponesas*: trabalho produtivo e engajamento político. Niterói: Alternativa, 2013.

PASTÓRIO, Inês Terezinha; ROESLER, Marli Renate Von Borstel. O Papel da Mulher no Processo Produtivo Familiar com Sustentabilidade. *In*: VI SEMINÁRIO NACIONAL ESTADO E POLITICAS SOCIAIS, Toledo, 2014. *Anais [...]*. Toledo, 2014.

PINTO, Benedita Celeste de Moraes. História, memória e poder feminino em povoados amazônicos. *In*: ANAIS DO ENCONTRO DE HISTÓRIA ORAL, 2012. Disponível em: http://www.encontro2012.historiaoral.org.br/resources/anais/3/1331847519_ ARQUIVO_PODERFEMININOEMPOVOADOSAMAZONICOS-Dr. BeneditaCelestedeMoraesPinto.pdf. Acesso em: 05/05/2023.

POLLAK, Michael. Memória e Identidade Social – Transcrição da conferência no CPDOC. *Estudos Históricos*, Rio de Janeiro, v. 5, n. 10, p. 200-212, 1992.

PORTELLI, Alessandro. *História oral como arte da escuta*. Tradução de Ricardo Santhiago. São Paulo: Letra e Vozes, 2016.

ROCHA, Ítalo Freitas; PEREIRA, Fabio Neto; LEMOS, Linovaldo Miranda. A paisagem como poder e o poder da paisagem: Um Estudo da Produção e Valorização do Patrimônio em Quissamã/RJ. *In*: CONGRESSO BRASILEIRO DE GEÓGRAFOS, 7., Vitória, 2014. *Anais [...]*. Vitória, 2014.

SABOURIN, Eric. *Camponeses do Brasil entre a troca mercantil e a reciprocidade*. Rio de Janeiro: Garamond, 2009.

SALES, Celecina de Maria Veras. Mulheres rurais: tecendo novas Relações e reconhecendo Direitos. Universidade Federal do Ceará. *Estudos Feministas*, Florianópolis, n. 15, v. 2, p. 240, maio-agosto 2007.

VASCONCELOS JUNIOR, Moisés Rita; CORRÊA, Rosália do Socorro da Silva. *Resíduos Sólidos Urbanos e Sustentabilidade:* Desafios da Implantação do Aterro Sanitário de Marituba – Pa. In: 1º Seminário (ERESPP – o encontro regional de sustentabilidade e políticas públicas (ERESPP – semiárido) Encontro regional, anual promovido pelo Programa de Pós-Graduação em Planejamento e Dinâmicas Territoriais no Semiárido (PLANDITES), Campus de Pau dos Ferros, da Universidade do Estado do Rio Grande do Norte, 2017.

VASCONCELOS JUNIOR, Moisés Rita; SILVA CORRÊA, Rosália do Socorro da. Impactos Socioambientais causados pelo aterro sanitário no município de Marituba-PA. *In*: SEMINÁRIO DE SERVIÇO SOCIAL, TRABALHO E POLÍTICA SOCIAL, 2., Florianópolis, 2017. *Anais* [...]. 2017. Disponível em: <https://repositorio.ufsc.br/xmlui/bitstream/handle/123456789/180039/101_00435. pdf?sequence=1&isAllowed=y> Acesso em 12/05/2023.

AS MULHERES PROTAGONISTAS DO POLO JOALHEIRO DO PARÁ – REDES SOCIAIS VISÍVEIS E INVISÍVEIS, ALÉM DAS VITRINES, NA PRODUÇÃO DE JOIAS ARTESANAIS

Rosângela Quintela[1]

> As joias com emoção, onde efetivo esse olhar. O pensamento, geralmente, voltado para minhas lembranças, cheiros e saudades ancestrais. O fogo, o metal e a gema, coadjuvantes, a serviço do pensamento e de imagens que chegam e exigem tomar forma. E a joia nasce, como um parto e suas dores, geralmente, única, inesquecível para mim, gestada e concebida nas inquietações da minha alma. Amada, desejada, minha, no entanto, não me pertence. Como um filho...
>
> Rita Bittencourt

O presente trabalho pretende dar destaque à mulheres que construíram redes sociais familiares, de trabalho e de saberes, de modo a se tornarem personagens principais no ramo da produção de Joias Artesanais;

---

1 Pesquisadora do Grupo de Pesquisa de Gêneros, Sexualidades, Educação e Gerações (GENSEG) – UEPA-CNPQ. Assessora da Prefeitura Municipal de Belém (PMB)/Coordenadoria de Políticas de Segurança Alimentar e Nutricional (COPSAN). Membro do Grupo de Trabalho de Gênero/ANPUH-PARÁ. E-mail: rosangelapara@yahoo.com.br.

vinculadas ao Programa Polo Joalheiro do Pará, o qual foi criado pelo Governo Estadual, em 1998, com a intenção de, segundo fontes oficiais, agregar valor à produção mineral que historicamente vinha sendo comercializada em estado bruto, assim como combater a informalidade na produção e na comercialização das joias artesanais. Essas joias passaram a ser comercializadas no Espaço São José Liberto, criado em 2002, que passou a abrigar o Polo Joalheiro (codinome do referido programa).

A trama exposta aqui envolve mulheres com diferentes histórias de vida, condições econômicas, socioculturais e anseios pessoais, que vivenciam conflitos e alianças entre si ou de questões de gêneros. Foi composto com base no quarto capítulo de minha tese de doutorado,[2] mas também com fontes coletadas em pesquisa de campo que não foram utilizadas na tese. O referencial teórico envolve a discussão sobre mundo do trabalho de mulheres, artesanias, relações de gênero, saberes, entrelaçado com história do presente, memória e sociabilidade. Foram, portanto, configuradas várias faces desse mundo de trabalho de joias artesanais, pelo protagonismo das mulheres.

Nesse mundo, o fazer joia artesanal é uma das mais antigas formas de usar as mãos para criar algo que pode significar muitas coisas para os seres humanos. Sendo assim, o fazer, criar e o uso de joias vem atravessando tempos e lugares, agregando aspectos socioculturais, econômicos, simbólicos, desse modo, delineando histórias. (Texto acrescentado pela autora)

MULHERES NO MUNDO DE TRABALHO DAS JOIAS ARTESANAIS DO POLO JOALHEIRO DO PARÁ – ESPAÇO SÃO JOSÉ LIBERTO

A Organização Internacional do Trabalho (OIT), em 1999, formalizou o conceito de trabalho decente como uma síntese de promover oportunidades para que homens e mulheres obtenham um trabalho produtivo e de qualidade, em condições de liberdade, equidade, segurança e dignidade humanas. Ainda segundo esta organização,

---

2 Apresentada, em 2016, ao doutorado do Programa de Pós-Graduação em História da Amazônia (PPHIST), do Instituto de Filosofia e Ciências Humanas, da UFPA, com o título LUGAR DE JOIAS, MEMÓRIAS E HISTÓRIAS: O POLO JOALHEIRO DE BELÉM E PERSONAGENS NO TEMPO PRESENTE - Um estudo das sociabilidades do fazer joias artesanais no espaço São José Liberto, no tempo presente.

O Trabalho Decente é o ponto de convergência dos quatro objetivos estratégicos da OIT (o respeito aos direitos no trabalho, a promoção do emprego, a extensão da proteção social e o fortalecimento do diálogo social), e condição fundamental para a superação da pobreza, a redução das desigualdades sociais, a garantia da governabilidade democrática e o desenvolvimento sustentável. (GUIMARÃES, 2012)

No Brasil, segundo os dados da Pesquisa de Orçamentos Familiares (POF) 2008-2009 do IBGE, cerca de 61,0% da renda familiar é proveniente do trabalho. Isso significa que grande parte dos rendimentos familiares e, por conseguinte, das condições de vida das pessoas, depende primordialmente dos rendimentos gerados no mercado de trabalho. Além da remuneração adequada, o trabalho decente também supõe o acesso aos direitos associados ao trabalho e à proteção social que, quando combinados com aumentos de produtividade e igualdade de oportunidades e de tratamento no emprego, têm o potencial de diminuir exponencialmente a pobreza extrema e a fome por meio do aumento e melhor distribuição da renda.

Os dados do Instituto de Pesquisa Acertar mostraram que em Belém, dos 130 produtores de joias entrevistados, 107 (82,3%) foram identificados como do sexo masculino e 23 (17, 7%) como do sexo feminino.[3] Com base nesses dados, no contexto da joalheria, as mulheres ourives joalheiras estão em divergência com as taxas de aumento de participação das mulheres no mercado de trabalho, segundo os dados expostos a seguir.

As taxas de participação das mulheres no mercado de trabalho vêm crescendo a um ritmo bastante superior as dos homens, segundo dados da OIT. A participação feminina no mercado de trabalho, que girava em torno de 57,0%, em 1992, aumentou para 62,9%, em 2004 e para 64,8%, em 2009. Por outro lado, a participação masculina declinou, ao passar de cerca de 90,0%, em 1992 para 86,8%, em 2004, mantendo-se praticamente estável em 2009 (86,7%). Como resultado dessas tendências opostas, diminuiu o diferencial de participação entre homens e mulheres (de 24,0 pontos percentuais em 2004 para 21,9 pontos percentuais em 2009) e a taxa de participação total apresentou um pequeno crescimento, ao passar de aproximadamente 73,0%, em 1992 para 74,4%, em 2004 e 75,3%, em 2009. Em decorrência da maior incorporação ao

---

3   Pesquisa do Instituto Acerta, 2004.

mercado de trabalho, as mulheres passaram a representar 44,5% da População Economicamente Ativa (PEA) nacional em 2009, contra 40,0%, em 1992.

Assim, ainda segundo dos dados OIT, o nível de ocupação total evoluiu de 67,8% para 69,0% entre 2004 e 2009. Mas o ritmo de crescimento foi diferenciado para homens e mulheres. O crescimento do nível de ocupação das mulheres (de 55,5% para 57,5%) foi mais intenso do que o da ocupação masculina (de 80,9% para 81,3%). Em consequência, o diferencial entre os níveis de ocupação de homens e mulheres reduziu-se 1,6 ponto percentual nesse período: passou de 25,4 para 23,8 pontos percentuais.

Desse modo, o relatório da OTI tem como meta promover o acesso a um "Trabalho Decente" no mundo, em que permita às pessoas obter uma quantidade de bens e serviços por meio de seus rendimentos. Ao mesmo tempo, oferecer a oportunidade de prover um serviço produtivo à sociedade e expandir habilidades e talentos. Também proporcionar segurança para tomar decisões que não tenham impacto negativo sobre o desenvolvimento humano, evitando, por exemplo, os efeitos do desemprego de homens e mulheres sobre a educação e alimentação dos filhos ou no estímulo ao trabalho infantil.

O crescimento econômico tem potencial de expandir as capacidades humanas, mas, para isso, ele deve ser equitativo e aumentar as oportunidades que permitam às pessoas tomar decisões sobre como viver uma vida que elas valorizem. Todas as oportunidades que constituem o desenvolvimento humano são importantes – liberdade para ir e vir e liberdade de expressão, oportunidades de acesso a serviços básicos de educação e saúde, oportunidades de acesso à moradia digna, com água potável e saneamento, entre outras. Porém, só o acesso ao Trabalho Decente pode converter o crescimento econômico em desenvolvimento humano.

Nesse cenário, o Polo Joalheiro vem se firmando, enquanto um programa de governo, que tenta desenvolver "trabalhos decentes" no mundo da joalheria, apesar das contradições cotidianas de conflitos e rupturas e das trocas de governos estaduais. Os produtores de joias afirmam, em sua maioria, que com o Polo Joalheiro conseguiram mais respeito como ourives, pois antes do Polo, eles eram confundidos como receptadores de ouro roubado.

Também no Polo Joalheiro, apesar ainda de prevalecer ourives homens, as mulheres vêm construindo suas trajetórias como ourives joalheiras, as quais são associadas às atividades de design de joias, assim como às atividades de lapidárias, transformando assim, ao poucos, as relações de gênero nesse contexto, correspondendo assim ao cenário mais geral no âmbito nacional, em que, sob a ótica de gênero, observa-se, entre 2004 e 2009, um crescimento um pouco mais rápido do rendimento médio das mulheres do que o dos homens: 21,6% contra 19,4%, respectivamente, contribuindo para a redução da disparidade: durante o referido período, evoluiu de 69,4% para 70,7% o percentual do rendimento recebido pelas mulheres em relação ao auferido pelos homens, segundo os dados da OIT.

Outro aspecto importante levado em consideração pela OTI é a conciliação entre o trabalho e a vida pessoal e familiar, pois está intrinsecamente relacionada ao conceito de Trabalho Decente, principalmente no que tange à liberdade, inexistência de discriminação e capacidade de assegurar uma vida digna a todas as pessoas que vivem de seu trabalho. É uma dimensão central de uma estratégia de promoção da igualdade de gênero no mundo do trabalho e exige a articulação de ações nos mais diversos âmbitos - político, social, governamental, empresarial e individual – que possam conduzir a uma nova organização do trabalho e da vida familiar.

O Polo Joalheiro vem também traçando sua história nessa perspectiva de suas protagonistas fazerem a conciliação entre vida pessoal, familiar e trabalho. As oficinas geralmente ficam nas próprias residências ou próximo destas e envolvem toda a família nas atividades desenvolvidas no ramo da joalheria, na cadeia produtiva. Mas isso é uma estratégia das Mulheres/famílias e não da política

Há uma rede de trocas de serviços e matéria prima, em que pode ocorrer escambo ou divisão dos lucros das vendas. Pode haver conflitos, mas a tendência é retornar à rede, por ser essa a maneira de sobrevivência na produção em questão.

Todo início de ano há recadastramento dos participantes do Programa Polo Joalheiro. No cadastro de 2011, o perfil social dos participantes, apresentou-se conforme os quadro 1, a seguir:

QUADRO 1
PARTICIPANTES DO PROGRAMA QUE SE RECADASTRARAM EM 2011

Participantes Masculinos	Participantes Femininos	Total
16	23	39

Fonte: Cadastro do IGAMA, 2011.

Como informa o quadro 1, recadastraram-se 39 pessoas. Deste total, o público masculino foi minoria e o feminino maioria, em termos de recadastramento, indicando que as mulheres estão investindo em ampliar suas participações. Para elas é importante tornar oficial sua integração no Polo Joalheiro, como um meio de potencializar seu reconhecimento na área da joalheria.

Esses dados mostram que o Programa Polo Joalheiro incentivou a entrada de novas pessoas, principalmente das mulheres, no setor joalheiro e fez diferença na vida daquelas que já atuavam no referido setor, na busca de um "trabalho decente", mudando assim o cenário de antes do Programa, em que havia somente três mulheres atuando na produção de joias artesanais na inauguração do espaço São José Liberto e o referido Programa não tinha sido iniciado.

Durante a pesquisa foi observado que a escolaridade foi um fator gerador de confrontos de interesses e opiniões na rede social e de produção do Polo Joalheiro. Desde sua implantação até hoje, vem gerando situações de disputas, inclusão ou exclusão de indivíduos ou grupos em ações, atividades e projetos. Nesse sentido, as mulheres, em sua maioria, têm um nível de escolaridade maior em relação aos homens, confirmando o movimento interno do Polo de mulheres que buscaram se qualificar no ensino formal de graduação ou pós--graduação. É o que demonstra o quadro 1, a seguir:

QUADRO 1
PARTICIPANTES QUANTO À ESCOLARIDADE

Escolaridade			
Masculino	**Total**	**Feminino**	**Total**
Pós - graduação	4	Pós - graduação	5
Superior completo	4	Superior completo	11
Superior incompleto	3	Superior incompleto	4

Ensino Médio Completo / Curso técnico	3	Ensino Médio Completo / Curso técnico	3
Ensino Médio incompleto	1	Ensino Médio incompleto	0
Ensino Fundamental completo	0	Ensino Fundamental completo	0
Ensino Fundamental incompleto	1	Ensino Fundamental incompleto	0
Total Geral	16		23

Fonte: Cadastro do Igama, 2011.

São mulheres que se sentiram excluídas em atividades de qualificação do Polo, por não estarem no critério de participação enquanto ourives ou designer de joias. Isso ocorreu de forma pontual em dois cursos de qualificação com consultores internacionais, na gestão de 2010, gerando a princípio ressentimentos, mas depois superação.[4] Voltaram a estudar fazendo cursos, num nível técnico ou superior, em ourivesaria ou designer. Estas declararam sobre tal ocorrido: "demos a volta por cima"! "Hoje ninguém pode nos impedir que participemos de nada no Polo"!

O último levantamento que fiz, até agosto de 2013, confirma aproximadamente cem pessoas envolvidas direta ou indiretamente com o Polo, pois, além dos participantes que se recadastram, há uma rede social de prestação de serviços vinculados à cadeia produtiva do setor, envolvendo familiares e profissionais, as quais não são cadastradas no Programa e nem fazem questão de fazê-lo, por não quererem, segundo alguns depoimentos, ficar aparecendo, preferindo, assim, um anonimato.[5] Alguns afirmaram também que não gostam de participar das atividades propostas pelo IGAMA, preferindo apenas fazer seus trabalhos. Sempre quem faz tal depoimento são as ourives que atuam nas oficinas, seja como empregadas de carteira assinada (nas oficinas de joias), seja como prestadoras autônomas de serviços.

Além dessas, há as ourives que são contratados por designers e comerciantes para fazer peças para serem comercializadas no Espaço São José Liberto e não são cadastradas no Programa, ficando assim também no anonimato. Até

---

4 Depoimentos em entrevistas realizadas no Polo, em 2013. Não as identifico para evitar situação constrangedora.

5 Colhidos em entrevistas em suas casas-oficinas de duas ourives, abril de 2013. Uma das ourives disse-me que não gosta de falar dessas coisas. Por essa opção de anonimato não as nomeiam.

o momento, identifiquei nessa situação seis ourives. Desse modo, resumidamente, posso dizer que há sete ourives femininas, produzindo peças para o Polo Joalheiro regularmente, por meio de uma produção formalizada ou não.

Fiz visitas em três oficinas de ourives do comércio, em maio de 2013, para perguntar o porquê de não ingressarem no Programa. Elas responderam que não se interessam porque têm muita exigência, principalmente em ter quer participar dos cursos e participar desses cursos atrapalha o trabalho delas, porque enquanto estão nesses cursos não estão fazendo o trabalho da oficina e, portanto, não recebem por esses trabalhos. Ou seja, foi assim identificado que há um desencontro entre a participação das ourives nos cursos de qualificação ofertados pelo IGAMA e o tempo de produção das ourives, pois, como geralmente trabalham por conta própria, se param de produzir não geram renda. Por conta disso, muitos avaliam que é melhor não fazer parte oficialmente do Programa, mas participar no anonimato, pois, segundo elas, dá orgulho de fazer uma peça para o Polo, pois vai ser vista em exposições por aí, por muitas pessoas.

Nesse cenário, são vivenciadas dinâmicas visíveis e invisíveis pelos e pelas participantes do Polo Joalheiros, informando, mais uma vez, que dei aqui destaque às ourives de joia que se propõe fazer joias artesanais no Polo Joalheiro, situado em Belém do Pará, no espaço São José Liberto, em conjunto com outras importantes ocupações nesse criar e fazer tal produto.[6]

A referência de comercialização dos produtores de joias que não possuem pontos próprios comerciais, ou seja, lojas para vender suas peças é a loja Una, que funciona no Espaço São José Liberto. Em 2013, essa loja tinha aproximadamente 31expositores, entre ourives, lapidárias e designers, segundo levantamento que fiz, consolidando assim as experiências individuais e coletivas no Polo Joalheiro. Tal loja foi criada desde o início do Programa para apoiar os produtores de joias que não tinham onde comercializar seus produtos.

A identificação dos participantes por sua ocupação não pode ser feita de forma estática, pois uma mesma pessoa atua em várias ocupações ao mesmo tempo, delineando assim uma complexa rede de relações de trabalho no Polo Joalheiro, em que as condições socioeconômicas variam muito, configuradas

---

6   Evitei aqui identificar nomes por assumir pactos éticos de ditos que não pode ser associadas às que disseram, para não gerar constrangimentos em suas relações interpessoais e institucionais.

em ourives que atuam somente em sua bancada fazendo suas joias; ourives que fazem joias, mas são também microempresárias, por ter uma loja de venda de joias arrendada no espaço citado; designers que são também ourives e outras que são somente designers; além das que desenham suas joias sem ser designers formados na academia e sem ser ourives.

Entrar e sair no referido programa, voltar, está mais ou menos presente nas ações e atividades institucionais cotidianas ou eventuais, são dinâmicas motivadas por diversos fatores. Pode ser por motivos pessoais, por conflitos ou estímulos interpessoais, como de ordem mais de identificação com a gestão administrativa e institucional, assim como interesses e identificações políticas.

Desse modo, as idas e vindas em termos de participação no Polo Joalheiro podem ser por mágoas, como por exemplo, o relato de uma ex–participante, que disse: [...] "eu me afastei porque meu irmão preferiu ficar do lado da mulher dele, quando eu contei que ela tentou roubar meu projeto de joia."[7]

Outra participante relatou que se afastou mais do Polo porque com a mudança de governo estadual perdeu muito. Disse isso nesses termos: [...] "com esse governo eu e minha família não tem mais espaço para realizar nossas coisas. Agora eu só participo mais das exposições".[8]

Mas a mudança de governo traz outras pessoas de volta, que se afastaram por contar de não aceitar o governo anterior. Mas existe um grupo de pessoas, a maioria, que permanece independente dessas mudanças, inclusive reelaborando sua rede de relações institucionais, fazendo novas alianças de apoio aos seus projetos pessoais ou de grupo.

Um participante voltou recentemente a frequentar o Polo Joalheiro, por conta de sua filha se interessar em fazer designer na Faculdade e querer desenhar joia. Foi inclusive uma motivação para ele voltar a fazer joia. Ele disse: [...] "Poxa! Minha filha me fez querer ser novamente ourives. Eu tinha deixado de fazer joia. Estava fazendo outra coisa. Mas ela fez eu querer voltar pra cá."[9]

Há o grupo que vive de outra profissão e faz ou cria joia esporadicamente. É o caso das professoras que criam joias para as exposições institucionais, como a das joias de Nazaré, que ocorre em outubro, no mês do Círio de Nazaré. Têm

---

7   Entrevista realizada na casa dessa ex-participante, em 14 de março de 2014.

8   Entrevista realizada em sua casa, em outubro de 2014.

9   Entrevista realizada no Espaço São José Liberto, em dezembro de 2015.

também as arquitetas, entre outras profissões. Ora participam ora se afastam por conta da falta de tempo por estarem envolvidas de forma mais sistemática com outras atividades. Elas dizem geralmente que são ourives ou designers de joias por *hobby*, por paixão mesmo. [...] "O Polo Joalheiro possibilita viver isso, de criar minhas joias quando é possível, quando consigo driblar minha falta de tempo." Disse-me uma das professoras.[10]

Entre tantas trajetórias, houve aquelas que marcaram de forma tão negativa seus protagonistas, que estes não querem nem ouvir falar no Polo Joalheiro. Um dessas relatou que saiu para nunca mais voltar porque se sentiu lesada quando não recebeu o que deveria receber por suas joias por parte dos que gerenciavam a Loja Una. "Eu nem quero falar sobre isso, de tanta raiva que sinto até hoje!" Disse-me de modo áspero uma dessas protagonistas, que se recusou a dar entrevista gravada.[11]

Nesse cenário de muitas faces, de diversas experiências, os ditos que não se pode dizer quem disse são muitos, também os não querer dizer para não se comprometer. Nesse sentido, os temas estudados no tempo presente estão implicados em questões éticas, principalmente quando se trata de fontes orais. Mas, ao mesmo tempo, favorece o reconhecimento de versões não oficiais, por isso não propagandeadas, mas sim, muitas vezes, escondidas "a sete chaves".

Outra face da pesquisa no tempo presente é a responsabilidade com os interlocutores em termos do que foi autorizado e não autorizado a dizer no trabalho. Como resolver isso é sempre um problema, ocasionando a necessidade de eu fazer uma opção ética além da metodológica.

Nesse sentido, fiz opção em seguir pela trilha de Paul Ricoeur, por afirmar que narrar é contar o vivido, é colocá-lo em uma temporalidade e, assim,

---

10 Conversas informais no Espaço São José Liberto, durante a Exposição de Joias de Nazaré de 2014.

11 Isso ocorreu quando lhe telefonei para solicitar uma entrevista e fui verificar com outras pessoas mais antigas no Polo o que ocorrera, porque ela me falou isso, dessa forma. Foi que elas me contaram um ocorrido, que de fato isso aconteceu com alguns produtores, quando houve mudança de governo. Alguns não receberem pela venda de suas joias porque no inventário realizado nessa transição não conseguiram comprovar a entrada e saída dessas joias que reivindicavam pagamento. Também contaram, com a insistente solicitação de não serem identificados, que o dinheiro dos produtores da loja Una foi utilizado para outro fim pela gestão anterior do São Jose Liberto. Assim como muitos funcionários (as) não receberam seus direitos trabalhistas quando demitidos, por conta de mudança de gestão. Quase todos entraram com processos na justiça do trabalho para receber esses direito e tempo depois os bens dos principais gestores foram embargados para serem leiloados e vendidos para sanar essa dívida trabalhista.

humanizar o tempo, alinhar os personagens, tecer uma intriga; é, ainda, transgredir o discurso oficial em busca da criação; é, sobretudo, aliar o tempo vivido ao tempo ficcionado.

Também compartilhei da inquietação de Costa (2016):

> Outra inquietação que tomou conta de mim foi a de que as interpretações do pesquisador podem deixar marcas no quadro emocional do depoente. A narrativa oral é um momento de grande importância para o narrador, no qual ele reflete, ordena, "reinventa o ser", além de atribuir sentidos às suas experiências cotidianas, que se apresentam emoldurados pela afetividade.

Como lidar com esses entraves e desafios no trabalho acadêmico? Uma questão posta para mim não somente aqui, mas em toda trajetória da escrita da tese. A opção foi dar à subjetividade um valor positivo, mas, ao mesmo tempo, preservar uma autonomia de pesquisadora, com base na hermenêutica da interação e do dialógico.

Contudo, sem deixar de ater para o fato de que "o passado pode ser construído segundo as necessidades do presente e que, portanto, pode-se fazer uso político do passado"(FERREIRA, 2016), assim como também em prol de interesses individuais.

AS MULHERES DAS JOIAS:
ENTRELAÇAMENTOS DE VIVÊNCIAS

Desde o início de sua administração institucional, por meio de uma principal mentora, duas diretoras executivas e coordenações, o Polo Joalheiro foi se constituindo pela atuação de mulheres. O gerenciamento das lojas do Espaço São José Liberto, em sua maioria, é realizado por mulheres, seja um empreendimento familiar, seja individual. Atualmente, elas estão substancialmente à frente da comercialização e do designer de joias. Nesse sentido, vem se tecendo uma história social das mulheres, em que as relações de gênero se entrecruzam de diversas maneiras, ocasionando, em algumas ocasiões, conflitos verticais e horizontais, visíveis e invisíveis.

Desse modo, têm disputas de afeto e profissional. Os grupos se compõem e decompõem de acordo com essa rede de relações. Há casamentos e separações. Vidas são modificadas e reconstruídas. Traições e alianças são feitas, desfeitas e refeitas, numa intensa dinâmica de interesses coletivos e/ou individuais. Mas quem dá o tom nisso tudo são as mulheres, até mesmo nas consultorias internas e externas.

> [...] "No Polo Joalheiro a mulherada é quem manda mais, se a minha mulher disser participa dessa exposição, eu participo, se diz não, então eu não. Nem discuto! Ela que sabe!" [...] "Eu não suporto quem não é profissional. Ela diz que vai fazer, mas não faz, me deixou várias vezes na mão, eu não trabalho mais com ela" [...] "O grupo acabou porque rolou ciúme pesado, quase vai para vias de fato". [...] "com os ourives a gente tem que manter uma postura, se não eles não respeitam, não são todos, mas tem uns que tem que ter cuidado"![...] "Por isso eu gosto mais de trabalhar com as colegas." [...] As meninas são complicadas, me entendo mais com o sexo oposto para trabalhar! [12]

Há, portanto, questões de gêneros nas histórias dessas mulheres das joias, em que as relações se entrecruzam em identificações e estranhamentos, não de modo dual, mas diverso. Pois, segundo Soihet e Pedro(2007):

> Chegamos assim à atualidade, na qual a divergência de posições, os debates e controvérsias marcam o cenário; quadro que se nos afigura dos mais promissores, e que coincide com a diversidade de correntes presentes na historiografia atual. Diversidade que se manifesta na existência de vertentes que enxergam a teoria como ferramenta indispensável à construção do conhecimento histórico sobre as mulheres, até as que relativizam a sua presença, em nome do caráter fluido, ambíguo, do tema em foco: as mulheres como seres sociais.

Nesse labirinto de ideias, eu me inspirei para mostrar como as mulheres das joias do Polo Joalheiro vêm construindo suas visibilidades profissionais, de forma solitária ou em grupo. [...] "Eu não confio em ninguém! Por isso gosto de trabalhar eu e eu mesma!" [...] "Gosto de trabalhar com o grupo, a gente se

---

12 Conversas informais no São José Liberto, tomando um cafezinho, as quais eu anotei no meu diário de campo, de 2014 a 2016.

arranha de vez em quando, mas depois fica tudo bem. A gente foi aprendendo a se respeitar."[13]

Vou a seguir apresentar as práticas de outras protagonistas dessa história, realizadas com destaque individual ou de grupo, em dizeres e imagens,[14] entre "sombras e luzes", segundo Matos e Borelli (2013), quando afirmam que:

> Ao longo deste último século, as mulheres ampliaram sua presença no mundo do trabalho (formal ou informal) e ocuparam diversos campos profissionais. Porém, paradoxalmente, a maior parte das mulheres continua concentrada em ocupações de menor remuneração, em empregos precários e vulneráveis. [...] Persistem ainda dificuldades de inserção em determinadas especialidades ou funções, bem como desigualdades salariais e múltiplos obstáculos à promoção nas carreiras existentes.

No Polo joalheiro existem diversas relações de trabalhos, entre as mulheres, que constituem a maioria das pessoas que atuam no Polo, existem as relações entre as patroas e empregadas, em condições socioeconômicas bem diversas. Há aquelas profissionais que conseguiram ser donas do próprio negócio, ou seja, tornaram-se microempresárias, mas também atuam como designers, ourives ou lapidárias, assinam suas peças e brilham nas exposições. Mas há também aquelas que ficam na oficina, na sombra, por trás, muitas vezes do marido, que aparece mais ou no anonimato de suas funções nas lojas ou oficinas e, algumas, querem continuar nesse anonimato, preferem as sombras, ao invés das luzes. [...] "Gosto de ficar no meu canto, fazendo o que gosto, o acabamento das joias. São elas que têm que brilhar. Não gosto de muita conversa não!"[15]

Soma-se a isso a situação de diversidade, de que algumas, em maioria, como afirmam Matos e Borelli (2013):

> Apesar do aumento da contribuição feminina para o orçamento da família e da constatação da chefia de domicílios encabeçada por mulheres, nos

---

13 Entrevista em grupo, mais um bate papo, durante um evento no Polo Joalheiro, em março de 2014.

14 Já mostrei mais detalhadamente a trajetória de algumas dessas mulheres no terceiro capítulo, com destaque para as ourives. Aqui a ênfase foi dada nas realizações no Polo Joalheiro.

15 Disse-me uma delas, durante uma entrevista em sua casa-oficina, em junho de 2014.

núcleos familiares, os cuidados dos filhos e encargos domésticos continuam majoritariamente sob responsabilidade das mulheres, sobrecarregando seu cotidiano envolto numa "dupla jornada".

Há ainda as mulheres que são solteiras, sem filhos, com mais tempo para si e suas realizações profissionais. Mas, como qualquer situação, tem suas particularidades, pois há aquelas que, apesar desse estado civil e sem filhos, são as responsáveis principais pelos proventos da família e declararam que se sentem sobrecarregadas de responsabilidades: [...] "gostaria de ter mais tempo para me dedicar a minha arte de criar joias, mas tenho que correr atrás para pagar as contas".[16]

Nesse sentido, as mulheres aqui são vistas a partir da categoria analítica de gênero, no sentido de agregar concepções de masculino e feminino presentes e atuantes no processo histórico, assim como no social e cultural, indo de encontro à concepção determinista da condição de sexo biológico. (PINSKY, 2009)

A pretensão desse item é fazer um exercício analítico das questões de gênero, partindo das experiências cotidianas, dos detalhes da micro-história, do mundo particular da joalheria de algumas protagonistas do Polo Joalheiro, mas sem compactuar com "antigas oposições binárias".

Para tanto, considero que a história é feita por sujeitos, e estes possuem crenças, sistemas de valores, mitos e formas de organização social, política, econômica e cultural. Conforme Edward Thompson: "[...] *qualquer* futuro feito pelos homens e mulheres não se baseia apenas na 'ciência' ou nas determinações da necessidade, mas também numa escolha de valores e nas lutas para tornar efetivas essas escolhas". (THOMPSON, 1981)

Mostro a seguir alguns feitos dessas mulheres sujeitos dessa história aqui escrita, por meio de suas falas e imagens; imbricados com suas vivências e com suas redes relações sociais e interpessoais, no mundo das joias do Polo Joalheiro.

---

16 Entrevista no São José Liberto, em setembro de 2015.

Designer de Joia, Celeste Heitmann

Início com os feitos de Celeste Heitmann, designer de joia no Polo, que narrou sua trajetória antes e depois de entrar no Polo, em 2008:

> Bem Rosângela fui semi-interna e sempre gostei de desenhar. Ganhei em primeiro lugar em desenho Artístico e em primeiro lugar com bolsa de estudos na Escola Técnica. Também primeiro lugar no Liceu (em Portugal). Já aqui Belém só fui me dedicar como Artista Plástica em 82, não parando mais. Pintava telas, porcelana e pintura alemã. 2002 comecei a trabalhar com a moda em bolsas, até hoje. As joias começaram quando comecei a usar as pinturas de meus quadros em placas e usar as mesmas nas bolsas. Foi então que recebi o convite do Prof. Erivaldo (um dos primeiros designers a se integrar no Polo),que conhecendo meu trabalho na Moda Pará e já fazendo joias para apresentar no Fashion Rio, me convidou para participar do workshop que ele ia dar no Polo e de cara vendi meus projetos. Continuei a fazer joias e recebi um convite do Governo Francês para participar de uma exposição em Paris para expor minhas bolsas e joias. Já na França, a Professora. Rosa Helena (atual Diretora Executiva do Polo Joalheiro/Espaço São José Liberto) viu minhas peças expostas e me convidou para participar da Loja Una, aí que comecei de fato a participar e não parei mais.[17]

Em 2014, Celeste comemorou 30 anos de carreira, por isso recebeu nesse ano várias homenagens, anunciadas por diversas mídias. Entre essas, o blog oficial do Espaço São José Liberto fez o registro desse acontecimento,[18] destacando-a como uma profissional consagrada em âmbito local, nacional e internacional, pelo que faz.

Ela é uma das designers que investiu recentemente em sua graduação acadêmica, depois de muitos anos sem estudar. Ela fez o curso de moda e design, numa faculdade particular de Belém, concluindo em 2011. Sobre isso declarou que: "Tinha uma grande vontade de aprender mais, de estar no meio

---

17 Entrevista via rede social em maio de 2016, pois por conta de sua agenda de trabalho, várias vezes tivemos que adiar o nosso encontro para realizar a entrevista gravada.

18 Disponível em: http://espacosaojoseliberto.blogspot.com.br/2014/02/celeste-heitmann-comemora-30-anos-de.html. Acessado em junho de 2016.

de gente jovem que trouxesse uma nova linguagem". [19]Mesmo já com um extenso portfólio. Segundo o mesmo blog:

> [...] suas criações como design de joia e de moda totalizam 55 exposições individuais e coletivas de caráter local, nacional e internacional. Das17 individuais, constam "/Raízes Lusitanas, Coração Paraense/", em Belém (2001); "/Amazônia/", em Lisboa (2002); "/Celeste Heitmann: Arte e Design/"; em Belém (2009) - exposição de bolsas realizada no Espaço São José Liberto, que marcou 25 anos de suas criações - e exposição de joias na França (2010). Entre as exposições coletivas, estão a "/Voz D'Arte/", em Lisboa (1999); Casa Cor Pará/Rio e exposição de bolsas e joias no Copacabana Palace/Rio+20 (2012); além de diversas edições da Pará Expojoia, Dia dos Namorados, Joias de Nazaré e outras exposições promovidas pelo Espaço São José Liberto, dentre outras.[20]

Foi o desejo de adquirir mais conhecimento teórico que a inquietou e a fez ingressar, aos 60 anos, na faculdade, depois de 35 anos afastada da academia, declarou. Ela afirmou também que hoje é uma artista plástica, empresária, dona de casa, esposa, mãe e avó, com muita vontade ainda de "desbravar o desconhecido".

Veio de Portugal para Belém em 1963 e costuma repetir que é "portuguesa de alma paraense". Disse que é apaixonada pelo Pará, por isso a temática regional tem marcado suas criações. Entretanto, narrou também que o leque de inspiração vai desde a memória afetiva dos azulejos portugueses até a magia identificada no cenário mítico e natural da Amazônia, passando por questões voltadas ao meio ambiente.[21]

Atualmente, além da microempresa homônima que possui, ela também cria, com exclusividade, bolsas e joias para uma loja de Ipanema (RJ). Desde 2003, quando começou a se voltar mais para o ramo da moda, criou blusas inspiradas no Círio de Nazaré, sucesso de venda até hoje.

Celeste tem trabalhos nos Estados Unidos, Japão, França, Suíça, Áustria, Portugal e vários estados do Brasil. A televisão também tem sido vitrine para

---

19 Idem.

20 Idem.

21 Entrevista via rede social em maio de 2016, pois por conta de sua agenda de trabalho, várias vezes tivemos que adiar o nosso encontro para realizar a entrevista gravada.

suas criações, mostrando, constantemente, colares, bolsas e outras peças em personagens de programas como, por exemplo, Caminhos do Coração (Rede Record) e Malhação, América, Páginas da Vida, Sete Pecados e Guerra dos Sexos (Rede Globo).[22]

Mesmo com uma trajetória de sucesso profissional, fez questão de destacar:

> [...] que foi muito importante todo o aprendizado técnico, o intercâmbio com diferentes gerações durante as aulas na Faculdade. [...] Foi enriquecedor meus colegas (os outros alunos) declararem que se orgulhavam de fazer parte de minha vida. Foi um momento especial minha formatura, com muitas emoções e lágrimas. Escutar um pouco de minha trajetória de trabalho, onde acontecia uma festa especial para todos os formandos e eu sendo destaque profissional de exemplo para eles, me deixou sem palavras para definir tanta felicidade.

Nessa sua trajetória, ela se definiu como: "Sou autodidata e, na adolescência, criava acessórios para uma loja importante no Bairro de Santa Luzia. Sempre gostei de criar e pintar minhas próprias roupas".[23]

Celeste é uma artista atuante nas diversas faces da arte das manualidades, como designer de joias, moda de bolsas e roupas, assim como nas artes plásticas, como pintura de quadro e gastronomia. Já escreveu cinco livros de culinária, em que as rendas foram integralmente revestidas em obras sociais filantrópicas. Hoje Celeste é uma mulher de 66 anos, como muita vontade de novas conquistas, segundo ela mesma.

Assim, destoa de uma perspectiva de velhice decadente. Faz parte de uma categoria social de mulheres que continua a se dedicar à família, mas que, depois dos filhos crescidos, foi em busca de resolver seus anseios profissionais. (MOTTA, 2013)

---

22 Informação registrada em sua página pessoal e comercial Celeste Heitmann no facebook.

23 Entrevista via rede social.

Ourives e Design de Joia, Rosângela Gouvêa

Outra protagonista em destaque aqui é Rosângela Gouvêa, por ter uma trajetória profissional no Polo Joalheiro como uma das primeiras que atuou como designer de joia nesse projeto, pois antes não existia esse profissional em Belém. Ela foi, primeiramente, para o Rio de Janeiro fazer um curso de joia e depois fez especialização em designer de joia, o primeiro curso foi custeado pela antiga Escola Técnica e o de especialização por ela mesma. Quando voltou para Belém passou a atuar nesse ramo profissional e nunca mais saiu.

Ela mesma conta essa trajetória:

> Meu nome é Rosangela Gouvêa Pinto, também sou professora, na área de design, eu vou contar um pouco da minha história, começando pela minha formação, eu sou chefa de departamento, fui por quatro anos coordenadora do curso de design daqui UEPA, SNT, mas atualmente estou como chefa de departamento de desenho industrial que responde por grande parte do curso, e tem mais disciplinas vistas em outros cursos, mas vinculadas ao design. [24]

Mas antes disso, como eu afirmara, foi protagonista do início da atuação dos designers de moda no Polo Joalheiro. Assim começou sua trajetória no Polo:

> Eu sou formada em artes, me formei pela UFPA, na época que o curso era Licenciatura de Educação Artística com habilitação em Artes Plásticas e nessa época eu já tinha interesse por, não especificamente pela joia, mas pelo setor que trabalhava com artesanato, trabalhei com artesanato mineral e trabalhei um pouquinho com lapidação, isso na antiga escola técnica, então eu já tinha conhecimento dos materiais utilizados na joalheria, no caso as gemas, a chamada peças ornamentais e também um pouco sobre o metal, aí esse interesse foi tendo mais amplitude quando começou o projeto polo joalheiro, ainda não como a gente tem hoje, nos dias de hoje, eu acredito que foi em 98 que antiga escola técnica foi convidada pra fazer

---

24 Entrevista com Rosângela Novaes, em maio de 2015, no local de trabalho, onde exerce o cargo de Professora e coordenadora do curso de Desenho Industrial da Universidade Estadual do Pará, mas ainda é consultora e instrutora do Polo Joalheiro.

parte desse comitê que estava se formando através de várias instituições. [...] É, CEFET e atualmente é o IFPA.

[...] a antiga escola técnica através da direção resolveu mandar, nos mandar eu e o professor Tadeu Nunes, professor Carlos Cristino na época pra fazermos cursos livres no Rio de Janeiro, em um ateliê.

[...] Foi particular, pago pela escola técnica, num ateliê particular, mas num ateliê de umas das principais designer de joias do país, Andréa Nicácio, que já havia ganho prêmios reconhecidos no Brasil, por exemplo do IBGM. [...] ela formou muita gente no Rio nessa área de joias, formação independente no seu ateliê. Depois que foi surgindo os cursos de design de joias no Rio, inclusive o curso da PUC, que foi o curso que eu fiz especialização formal, posteriormente.

[...]quem custeou fui eu mesma e fiquei lá por um ano fazendo a especialização, foi a primeira turma de especialização de design de joias. Lá eu realmente aprimorei o que eu já havia aprendido um ano antes com a professora Andréa Nicácio [...][...] com a professora Irina, ministramos eu e o professor Tadeu, o curso de design de joias aqui em Belém, um curso livre. Da primeira turma têm designers hoje reconhecidos. Nós formamos essa primeira turma que deu origem a primeira coleção de joias do Pará.

Rosângela Gouvêa, a partir de então, não parou mais de atuar profissionalmente no setor joalheiro, mas não propriamente como criadora de joias, enveredou para a formação de designers de joias. Como ela mesma afirma:

[...] tem essa questão, eu como designer, não vou dizer que eu sou frustrada, não, por que foi uma opção, eu optei pela formação e não pela a criação técnica, uma opção meio que fui conduzida a isso, porque não tinha ninguém pra formar. Eu fui a primeira da equipe que fiz a especialização, e até hoje acho que continua sendo eu, a única que tem especialização, acadêmica, não que não tenham profissionais que tenham alcançado um grau muito bom dentro de joias, mas acadêmica só eu tenho.[25]

---

25 Idem.

Ela já teceu uma história nesse intenso investimento profissional voltado para a formação de designers de joias em Belém e mais especificamente para o Polo Joalheiro, contribuindo assim para um "design de joias amazônico", o qual define como aquele que [...] "observa os critérios técnicos do setor joalheiro para a inserção dos elementos que compõem a cultura material e imaterial local." (PINTO, 2011)

Iniciou essa formação como professora de design de joia na antiga Escola Técnica, Cefet e depois na Universidade Estadual do Pará, de maneira mais sistemática, a partir de 2004, quando se tornou professora efetiva do seu quadro docente.

Desse modo, sua atuação no Curso de Bacharelado em Design da Uepa, especificamente na disciplina Projeto de Produto III–Projeto de Joias, vem desde então despertando interesses de muitos discentes para o setor da joalheria, potencializando assim a entrada de novos designers de joias no Polo Joalheiro e o desenvolvimento de trabalhos de conclusão de curso – TCC. Por exemplo, Lídia Mara Pereira Abrahim (uma das protagonistas da pesquisa) foi uma das alunas de designer de Rosângela.

Por esse trilhar acadêmico Rosângela Gouvêa já colhe um reconhecimento no setor joalheiro, além do Polo e da Uepa. É comum ser convidada para participar de bancas de tcc em outras instituições de ensino superior quando os temas se referem ao setor de design e joias

Em 2012, ela defendeu sua dissertação de mestrado intitulada "Caracterização do Estado da Arte do Setor de Gemas e Joias do Município de Belém-Pará" pelo Programa de Pós-Graduação em Gestão dos Recursos Naturais e Desenvolvimento Local – Ppgedam, do Núcleo De Meio Ambiente – Numa, da Universidade Federal do Pará, consolidando também sua contribuição na produção de conhecimento acadêmico para o setor joalheiro.

Segundo Rosângela,

> Design de joias, área em que o profissional designer, que se dedica a concepção, planejamento e execução dos projetos de joias, inclusive podendo projetar estratégias de inserção desses produtos no mercado, trabalhando também com material gráfico e vitrines de joalherias e exposições. (PINTO, 2012)

Ourives e Design de joia, Helena Bezerra

Helena Bezerra é outra mulher protagonista, que resolveu tecer sua história do design de joia no Polo. Fez curso de ourivesaria pelo Senai. Segundo ela: "sou a primeira mulher ourives com certificado do Polo".[26] Um pedaço de papel que vale muito em sua história, segundo ela mesma. Fez o curso em 2004/2005, mas se dedicou depois mais a sua função de empresária, na gestão de sua loja no São José Liberto, pois diversas vezes, quando iniciou no Polo suas peças não passaram na curadoria[27] da instituição. Mas não desistiu, diz ela:

> [...] cavei outros caminhos, montei uma loja de joias no Espaço São José Liberto e consegui mais autonomia. Contratei a designer Lívia Abrahim. Assim estabelecemos uma longa parceria e consegui aprovação para vender as joias em minha loja. Virei empresária. Mas depois não quis ser somente isso. Então fui estudar para me tornar uma designer de joia reconhecida e hoje crio as joias pra minha loja e pra exposições. Hoje estou conseguindo esse reconhecimento aos poucos. Estou a mil por hora nesse caminho.[28]

Em 2004, concluiu seu curso de Graduação em Tecnologia em Design de Moda e atualmente está fazendo uma especialização nessa mesma área. Assim, vem construindo sua atuação como designer de joia. Segundo ela: "ninguém me segura, ninguém me impede de seguir em frente". Nesse ano corrente, 2016, lançou uma coleção de joia voltada para pessoas cadeirantes, intitulada coleção cápsula, projeto que vai ser seu trabalho de conclusão de curso de especialização, mas que já foi bastante comentada pela mídia local.

Uma marca social que agrupa essas mulheres é fazer parte de uma história não apenas no setor joalheiro, mas no ensino acadêmico também de maneira imbricada com tal setor, visto que, segundo Lopes: "As mulheres no Brasil só foram autorizadas a frequentar um curso superior no ano de 1879 quando a

---

26 Entrevista realizada em 16 junho de 2016, via facebook, por conta de sua agenda sempre lotada de compromissos profissionais para realizarmos a entrevista presencial.

27 Uma equipe de profissionais faz a avalição das peças para controle de qualidade dessas para a comercialização no Polo Joalheiro, o que é uma constante fonte de conflito entre a esfera administrativa do Polo e seus participantes.

28 Entrevista realizada em 16 junho de 2016, via facebook, por conta de sua agenda sempre lotada de compromissos profissionais para realizarmos a entrevista presencial.

elas fora concedido o direito de frequentarem o ensino universitário por Dom Pedro II, então Imperador do Brasil." (LOPES, 2014)

Nesse sentido, o acesso ao mundo acadêmico foi sempre um lugar de superação de papeis sociais, de alguma maneira, tradicionais vinculados à imagem, representações socioculturais e simbólicas do universo feminino presentes na sociedade brasileira, em contrapartida ao universo masculino, por isso uma questão de gênero. Com isso a trajetória de muitas mulheres nessa realidade, vem se transformando.

Com base nos estudos de Lopes (2014), a presença feminina no ensino universitário,

> [...] Até meados da década de 1960 o espaço acadêmico era ocupado majoritariamente por homens, ou seja, somente 25% das mulheres conseguiam alcançar a Universidade. Isso se dá por inúmeros fatores históricos, entre eles o acesso ao mercado de trabalho, a restrição e áreas do conhecimento, entre outros. A década de 1970 é um marco na democratização, expansão e aumento de vagas, inicia - se o processo de alteração entre quantidades de matrículas de homens e mulheres [...] atualmente as mulheres ocupam a maior parcela de vagas em instituições de Ensino Superior, contudo podemos observar que este fenômeno esbarra na divisão da ciência em áreas do saber destinadas a homens e a mulheres, o que demonstra visão machista e androcêntrica.[29]

Por essa via de reflexão, as mulheres retratadas aqui em grupo ou individualmente, parafraseando Rago (2016),

> Enfim, parece que já não há mais dúvidas de que as mulheres sabem inovar na reorganização dos espaços físicos, sociais, culturais e aqui, pode-se complementar, nos intelectuais e científicos. E o que me parece mais importante, sabem inovar libertariamente, abrindo o campo das possibilidades interpretativas, propondo múltiplos temas de investigação, formulando novas problematizações, incorporando inúmeros sujeitos sociais, construindo novas formas de pensar e viver.

---

29   Idem.

Todavia, segundo Bernard Charlot, cabe retomar dois pontos para se compreender como, apesar dos pesares, as moças foram se escolarizando. Nos termos do sociólogo francês, é importante distinguir "posição social objetiva" (ser mulher na sociedade) de "posição social subjetiva" (o que eu, mulher, penso e faço com isso). Por mais que as mulheres estejam em desvantagem em inúmeros indicadores – tal como a remuneração no mercado de trabalho, representação política e índices de violência doméstica – isso, por si só, não define a experiência de cada mulher. Individualmente, elas vivenciam distintas feminilidades e se posicionam na sociedade de modos diversos: aquelas que vestem blusa roxa e saem à luta, aquelas que se expõem mais ou menos, aquelas que entram no "esquema", aquelas que são patroas e as que são empregadas etc.

Ainda, segundo ele, na escola, não é diferente. Não basta lhes dizer que, por serem mulheres, enfrentarão mais dificuldades. Quer pelo enfrentamento, quer pelo desconhecimento, elas podem muito bem seguir com seu sonho, esforçar-se na escola e obter excelentes resultados acadêmicos, superando, inclusive, seus colegas do sexo masculino.

É necessária essa disputa? Como mesurar se alguém supera outrem? Os homens podem ser aliados e não apenas opositores. Outras mulheres podem ser opositoras e não aliadas. Há diversos outros marcadores sociais a serem cruzados (raça e classe). Não acho interessante uma análise que coloque "o sexo masculino" em oposição generalizada às mulheres, pois não dão conta da diversidade de feminilidades e masculinidades nas experiências cotidianas.

Em termos de representação conceitual, tudo bem, mas nas práticas, acho muito generalizante, um lugar comum– é essa, pois, a realidade do sistema educacional brasileiro e de muitos outros países. Além disso, lembremos que aquilo que chamamos de "indivíduos", na sociedade, são na realidade "sujeitos", tendo alguma autonomia para tocar sua própria vida, com sua agência, para além dos tais limites estruturais. [30]

---

30 Entrevista com Bernard **Charlot**. Desafios da educação na contemporaneidade: reflexões de um pesquisador. Entrevista concedida a Teresa Cristina Rego e Lucia Emília Nuevo Barreto Bruno. Universidade de São Paulo, 2009. Revista Educação e Pesquisa, São Paulo, v. 36, n. especial, p. 147-161, 2010. Disponível em: http://www.scielo.br/pdf/ep/v36nspe/v36nspea12.pdf. Acessado em 20/01/ 2016.Gênero e educação: uma história desigualdades. Disponível em: https://ensaiosdegenero.wordpress.com/2014/01/22/genero-e-educacao-uma-historia-de-desigualdades/. Acessado em 20/01/ 2016.

Design de joia Mônica Matos

A última mulher das joias que apresento aqui é Mônica Matos, com um percurso diferente das outras que destaquei anteriormente no mundo do design das joias do Polo. Percurso esse que ela mesma narrou, durante entrevista gravada, em maio de 2015, em sua oficina de trabalho que divide com Paulo Tavares.

> Entrei no Polo como vendedora e um tempo depois, fui trabalhar como auxiliar da curadoria. Foi quando tive a oportunidade de fazer um curso de ourivesaria, antes já trabalhava com artesanato em alpaca. No período que trabalhei na curadoria, conheci o Paulo Tavares e com minha saída do Esjl, comecei a trabalhar com ele, e juntos montamos uma oficina. No início fazia parte ativa, apenas do processo criativo. Hoje faço parte, não só da criação, como produção e também trabalho junto às pesquisas.

Ela e Paulo Tavares tornaram-se oficialmente sócios. Mônica passou a ser participante do Programa Polo Joalheiro e investir sistematicamente em sua formação, participando com frequência dos cursos de capacitação ofertados pelo IGAMA. Sobre tudo isso Mônica afirmou: [...] "tive dois grandes mestres na minha vida, Paulo Tavares e Stefano Ricci." [...] "A parceria com Paulo Tavares nunca foi interrompida e continua cada vez mais fortalecida," afirma ela. Juntos lançaram em 2012, a exposição de joias artesanais "Digitais da Amazônia". [31]Essa exposição foi bem noticiada na imprensa local e nacional, também em reportagens internacionais.

Em parceria com Stefano, lançou uma exposição em outubro do mesmo ano, 2012. Também bastante noticiada pela imprensa local, nacional e internacional. Mônica foi também, em novembro de 2012, uma das finalistas do Concurso *Bijoux d'autore* 2012, com a peça "O Curuatá, que também é chamado de croatá ou curatá, dependendo da região amazônica, é o invólucro das flores das palmeiras nativas, como o açaizeiro, o inajazeiro ou o buritizeiro, e é utilizado por índios e ribeirinhos para o transporte dos frutos do açaí depois de apanhados, de dentro da floresta até o seu local de comercialização ou consumo.[32] Essa peça dela foi selecionada no concurso Internacional realizado

---

31 Fonte: http://monicamatosjoias.blogspot.com.br/

32 http://monicamatosjoias.blogspot.com.br/2012_08_01_archive.html.

na Itália, exposta em Roma, em fevereiro de 2013, no Museo del Bijou di Casalmaggiore, cidade da Província de Cremona, no norte da Itália.[33]

De acordo com as ideias de Rago (1998),

> [...] foi-se tornando claro que as mulheres têm leituras do mundo bastante diferenciadas das dos homens, que agenciam o espaço de outra maneira, que o recortam a partir de uma perspectiva particular e que não tínhamos até então instrumentos conceituais para nos reportarmos a essas diferenciações. Ao mesmo tempo, parece-me um grande avanço podermos abrir novos espaços para a emergência de temas não pensados, de campos não problematizados, de novas formas de construção das relações sociais não imaginadas pelo universo masculino. Sem incorrer na ilusão de que as mulheres vêm libertar o mundo, acredito que a pluralização possibilitada pela negociação entre os gêneros é fundamental não só para a construção de um novo pacto ético, mas para a própria construção de um ser humano menos fragmentado entre um lado supostamente masculino, ativo e racional e outro feminino, passivo e emocional. A superação da lógica binária contida na proposta da análise relacional do gênero, nessa direção, é fundamental para que se construa um novo olhar aberto às diferenças.

Nesse sentido, as mulheres das joias, por diferentes e/ou semelhantes, caminhos vem delineando suas histórias no setor joalheiro, aqui especificamente no designer de joia, estabelecendo ora relações de cooperação ora de disputa entre elas, como também entre todos os participantes do Polo. Desse modo, sem dúvida, as relações socioculturais estabelecidas no Polo refletem, em alguns aspectos, o que se vivencia numa sociedade em que a sociabilidade é transpassada por pensamentos e atitudes, que não aceitam a autonomia dos sujeitos em relação ao seu modo de ser. Vigilância e punição (MICHEL, 1987) ainda são ações constantes no cotidiano, de forma física ou simbólica, dos que buscam essa autonomia, principalmente, em sua sexualidade de gênero masculino e/ou feminino, entendendo isso como vivência e pensar relacional.

Por outros aspectos, as diferenças são aliadas no fortalecimento dessa busca, aqui especificamente se abordou sobre a atuação e realização profissional das mulheres, por entender que ainda é necessário fazer o registro dessas

---

33 http://simplesmentelu.blogs.sapo.pt/2012/11/ , www.infojoia.com.br.

histórias, pois ainda o universo masculino vem levando vantagem nesses registros, em sua visibilidade nesse campo, basta para isso verificar as estatísticas das pesquisas sobre tal assunto. E, sem dúvida, no Polo Joalheiro/Esjl, as mulheres construíram e continuam a construir um empoderamento social,[34] entendido como um processo pelo qual podem acontecer transformações nas relações sociais, políticas, culturais, econômicas e de poder, sem abandonar suas facetas individuais. Sendo assim, faço das palavras de Matos (1997), a expressão de meus anseios nessa empreitada, como pesquisadora:

> Os estudos de gênero, porém, não representam opção para o pesquisador preocupado com um método que pressuponha equilíbrio, estabilidade e funcionalidade. Tal temática é extremamente abrangente e impõe dificuldades para definições precisas. São muitos os obstáculos para os pesquisadores que se atrevem a enveredar pelos estudos de gêneros -campo minado de incertezas, repletos de controvérsias e ambiguidades, caminho inóspito para quem procura marcos teóricos fixos e muito definidos. (MATOS, 1997)

Desse modo, com base nas fontes pesquisadas, nos dados já demonstrados e analisados no terceiro capítulo e aqui, posso afirmar que, na trama sociocultural do Polo Joalheiro, o universo masculino ainda impera na ourivesaria de joalheria e o feminino no design de joia e em cargos administrativos. Mas não de forma estanque e sim de modo intensamente dinâmico e diverso, nos seus modos de vida.

Del Priore (1997), que, em seus escritos, esclarece que os historiadores que têm a família por objeto de estudo vêm percebendo que a vida privada e o cotidiano familiar são um lugar de produção social das existências, não podendo ser reduzir apenas um lugar de reprodução e manutenção. Ambos, vida privada e cotidiano, são, por conseguinte, teatro de um processo portador de historicidade, num jogo híbrido de manutenção de tradições e inovações nas várias esferas da vida. Nesse caso, esse jogo acontece na rede de relações vivenciadas na produção de joias do Polo Joalheiro.

O mundo das joias envolve, portanto, glamour, luxo, passarela, exposição, catálogos, notícias na mídia, em que chamo aqui de vitrines, mas, por outro

---

34 http://www.significados.com.br/empoderamento/.

lado, envolve também trabalho familiar, cotidianos marcados por dificuldades de sustento financeiro, de falta de matérias primas, de anseios e dificuldades de se firmar no ofício de ourives ou na profissão de design. É um mundo, portanto, nessa perspectiva, marcado por relações de disputas por espaços de reconhecimento, por diversidade de modos de vida, com diferentes status sociais e econômicos.

Têm aquelas que aparecem comumente na mídia, mas também outras que vivem no anonimato por opção ou ressentidos com um anonimato nas oficinas. Podem ser estabelecidas apenas relações de prestação de serviços ou comerciais, mas também relações de compadrio, vizinhança, amizade, que, em conjunto com as relações de parentesco, formam uma rede social visível ou invisível de pactos de convivência, de trocas e alianças.

É um universo multicultural, composto por uma diversidade de experiências, pois uns têm formação acadêmica, outras não concluíram nem o ensino fundamental. Têm aquelas que foram apresentar suas peças em feiras internacionais e aquelas que nunca saíram de Belém. Um mosaico de modos de ser composto por diferentes modos de agir e fazer. Um mundo complexo e cheio de faces.

REFERÊNCIAS

CARTILHA DE PESQUISA DO INSTITUTO ACERTA, 2004.

DEL PRIORI, Mary. História do Cotidiano e da Vida Privada. In: FLAMARION, Ciro e VAINFAS, Ronaldo (orgs). Domínios da História: ensaios de teoria e metodologia. Rio de Janeiro: Editora Campos, 1997.

GUIMARÃES, José Ribeiro Soares. Perfil do Trabalho Decente no Brasil: um olhar sobre as Unidades da Federação. Brasília: OIT, 2012.

LOPES, Flávia Augusta Santos de Melo. Gênero e Ciência – presença feminina na academia: qual o lugar da mulher com deficiência? 18º Encontro Redor: perspectivas feministas de gênero – desafios no campo da Militância e das Práticas. Universidade Federal Rural de Pernambuco. Recife, 24 a 27 de novembro de 2014.

MATOS, Maria Izilda S. de Matos. Outras Histórias: as mulheres e estudos dos gêneros - percursos e possibilidades. SAMARA, Eni de Mesquita (et.al.). Gênero em debate: trajetória e perspectivas na historiografia contemporânea. São Paulo: EDUC, 1997.

MATOS, Maria Izilda e BORELLI, Andrea. Trabalho: Espaço Feminino no Mercado Produtivo. In: Pinsky, Carla B. e Pedro, Joana Maria. Nova História das Mulheres no Brasil. São Paulo: contexto, 2013.

MICHEL, Foucault. Vigiar e punir: nascimento da prisão. Petrópolis, Vozes, 1987.

MOTTA, Alda Britto da. Mulheres Velhas. In: PINSKY, Carla B. e PEDRO, Joana Maria (Organizadoras). Nova História das Mulheres no Brasil. São Paulo: Contexto, 2013.

PINSKY, Carla B. Estudos de Gênero e História Social. Estudos Feministas, Florianópolis, 17(1), janeiro-abril/2009.

PINTO, Rosângela Gouvêa. Joia Paraense: Pesquisas Desenvolvidas pelo Curso de Design do Centro de Ciências Naturais e Tecnologia da Universidade do Estado do Pará – Uepa. In: NEVES, Rosa Helena Nascimento (et. al.). Joias do Pará: Design, Experimentações e Inovação Tecnológica nos Modos de Fazer. Belém: Paka-Tatu, 2011.

_____. Caracterização do Estado da Arte do Setor de Gemas e Joias do Município de Belém-Pará. Dissertação de Mestrado do Programa de Pós-Graduação em Gestão dos Recursos Naturais e Desenvolvimento Local – Ppgedam, do Núcleo De Meio Ambiente - Numa, da Universidade Federal do Pará. Belém, 2012.

RAGO, Margareth. Descobrindo historicamente o gênero. Cadernos Pagu (11) 1998: p.89-98.

_____. Epistemologia feminista, gênero e história. Edita: CNT-Compostela, agosto de 2012. Disponível em: www.cntgaliza.org. Acessado em maio de 2016, p.46.

SOIHET, Rachel e PEDRO, Joana Maria. A Emergência da Pesquisa da História das Mulheres e das Relações de Gênero. In: Revista Brasileira de História, São Paulo, v. 27, nº 54, p. 281-300, 2007.

THOMPSON, Edward P. A Miséria da teoria. Rio de Janeiro: Zahar, 1998.

O TRABALHO DAS MULHERES NA PESCA E NA PRODUÇÃO DE MASSA DE CARANGUEJO NO NORTE DA AMAZÔNIA BRASILEIRA

Denise Machado Cardoso[1]

Introdução

A produção de massa de caranguejo (*Ucides cordatus*) implica em impactos ambientais significativos a médio e longo prazos por se tratar de atividade desenvolvida intensamente em área de manguezal. Tais realidades estão presentes dentre as questões relevantes apresentadas pelos habitantes do município de Marapanim, nordeste do estado do Pará – Amazônia brasileira. Essa produção é realizada por mulheres catadoras que, até recentemente, têm seu trabalho pouco valorizado tanto localmente quanto em relação aos órgãos do governo e Colônia de Pescadores. Todavia, a relevância econômica dessa atividade é reconhecida, na vila de Guarajubal, pelas próprias catadoras, embora tal reconhecimento seja feito de forma velada.

Neste capítulo apresento o debate que envolve a questão socioambiental e de gênero na pesca, em contexto da pesquisa sobre a atividade produtiva das mulheres da vila de Guarajubal no processo de catação da massa de caranguejo. A partir de obras com perspectiva antropológica, em diálogo com áreas de conhecimento como a História e a Geografia, proponho reflexões acerca das

---

1   Professora e pesquisadora do Laboratório de Antropologia e do Programa de Pós-graduação em Sociologia e Antropologia (PPGSA-UFPA). Doutora em Desenvolvimento Socioambiental e Mestra em Antropologia Social – UFPA. Coordena o Grupo de Pesquisa em Antropologia Visual e da Imagem (VISAGEM) e o Grupo de Estudos sobre Populações Indígenas (GEPI). E-mail: denise@ufpa.br

relações sociais entre homens e mulheres em contexto da pesca na área costeira da Amazônia Brasileira.

A pesquisa foi realizada no âmbito do mestrado em Antropologia Social, na década de 2000, no qual observei que para melhor compreender a reduzida valorização do trabalho da mulher na pesca seria pertinente a utilização da perspectiva de gênero por se tratar de algo que é uma construção social. Nas relações sociais de gênero, "naturaliza-se" o trabalho da mulher como algo inerente ao domínio doméstico, observa-se que quando ocorre a inserção no domínio público, o seu trabalho é visto como "ajuda" ao trabalho do homem. Essa dicotomia entre domínio público/privado é apenas uma dentre tantas que compõem a forma de ver e organizar o mundo segundo padrões do chamado mundo ocidental, pois o que é determinado como masculino e feminino em uma sociedade pode não o ser em outras.

O trabalho das mulheres e as questões socioambientais

Os estudos antropológicos e os feministas de orientação socioeconômicos e históricos sobre a relação mulheres, gênero ambiente/desenvolvimento avançaram principalmente nas últimas décadas do século passado. Os estudos de Boserup (1970), Leacock (1981), Nash (1975) e Shiva (1993) constituem o que já se pode denominar de clássicos a respeito. Segundo a leitura de Simonian (2000; 1998; 1995), tais trabalhos trouxeram à tona a importância das mulheres nas relações de trabalho, desvendaram a sua íntima relação com o ambiente em que vivem e as discriminações que sofrem em face de sua condição de gênero e nos contextos de desenvolvimento.

As pesquisas têm demonstrado (CASTELO BRANCO, 1993; MANESCHY, 1993; VANUCCI, 1999) que os mangues são vitais na reprodução de espécies aquáticas e terrestres, garantindo recursos hídricos e florestais para várias populações humanas tradicionais. Atividades produtivas desenvolvidas por mulheres nessas áreas são ainda pouco conhecidas, sendo esta uma das razões para esse estudo em que se destaca a sua participação, a relação com o ambiente, as relações de gênero, principalmente no contexto das populações tradicionais da Amazônia.

Os estudos ambientais na Antropologia foram e são desenvolvidos principalmente a partir da perspectiva da Ecologia Humana, que considera o modo como as relações humanas se ajustam ao meio físico e biológico e como adquirem seus padrões de distribuição no espaço. Essa abordagem, segundo Moran (1990), caracteriza-se por ser sistêmica e multifatorial, abrangendo elementos materiais e não materiais de uma cultura, além de apresentar uma perspectiva dinâmica.

Em diversas regiões do Brasil, o trabalho dos catadores de caranguejo é identificado como o processo de coleta/captura do caranguejo das regiões de mangue (CASTELO BRANCO, 1993; VERGARA, 1995). O que se está a considerar como catação, entretanto é, em Guarajubal e nas regiões circunvizinhas, o trabalho desenvolvido predominantemente por mulheres, cujo processo consiste em separar a carne do caranguejo de seu exoesqueleto. O processo de coleta/captura do caranguejo é, por sua vez, identificado nessa região do Estado do Pará como tiração. A partir da tiração, o caranguejo é catado e o produto dessas atividades é comercializado pelo atravessador/marreteiro que faz chegar ao consumidor final a massa do caranguejo em alguns centros urbanos desse Estado.

As regras sociais estabelecidas no contexto das relações de gênero são tão intensas que a desvalorização do trabalho feminino pela própria mulher está presente, inclusive quando é importante nas mais diversas atividades, como é o caso, por exemplo, das seringueiras do médio Madeira e de Xapuri, como nos mostram, respectivamente, Campbell (1996) e Simonian (1995). Essa forma de "deixar em segundo plano" a atividade produtiva da mulher dificulta até mesmo a produção e possíveis formas de mobilização e associação entre mulheres em suas respectivas atividades. Segundo Simonian (1995), o trabalho das seringueiras é discriminado ou silenciado, chegando a ser desconsiderado em vários momentos históricos relevantes. Essa desconsideração ocorre em vários planos, acarretando produção de trabalhos etnológicos, históricos e iconográficos que omitem a participação da mulher no processo produtivo da borracha. Há motivos que podem explicar o silêncio acerca do trabalho das seringueiras, bem como da luta e resistência delas em momentos de tensão, mas certamente que não se pode aceitar a desconsideração dessa atividade, como vem ocorrendo continuamente em várias décadas. Mesmo destacando a intensa migração de homens para trabalhar em seringais, além de aspectos ideológicos sobre o trabalho nessas áreas, a mulher não deve ser vista como alheia a esse processo produtivo.

Ainda de acordo com Simonian (1995), as adversidades ambientais e socioculturais não foram suficientes para impedir a atuação direta ou indireta da mulher em seringais, porém a falta de um reconhecimento maior a respeito dessa atuação deve-se fortemente ao fato de que as mulheres internalizaram a ideologia que trata tais atividades como masculinas, em detrimento de seus próprios interesses. A desvalorização do trabalho feminino é apenas um aspecto das relações sociais entre os sexos existentes em nossa sociedade, pois não é apenas no nível público que ocorre a relação hierarquizada entre masculino e feminino, e nem tampouco tal hierarquização se limita a aspectos produtivos.

De acordo com Vieira, o sexo não é uma manifestação de algo inato ou "natural" do macho ou da fêmea; é a expressão de algo que tem se configurado ou produzido historicamente de acordo com cada formação social. Gênero, portanto, é uma construção social sobre os sexos e tem uma existência concreta no nível interpessoal, familiar e público. Segundo Leacock ([1976] 1981) e Nash (1975), a mulher é impulsionada a lutar pela abertura de novos espaços devido à deficiência ou esquecimento de políticas públicas em relação a seus problemas. Sua capacitação é importante, mas pouco apoio recebe para implementá-la e sua vasta jornada de trabalho dificulta uma maior mobilização nesse sentido.

Mesmo com o reconhecimento de sua importância, a mulher é mais vista de forma hierarquizada em relação ao homem, parecendo mais uma parte desse do que propriamente um ser autônomo. Além disso, ela é valorizada mais pelo seu papel de reprodutora social do que por ser um agente de transformação em potencial (ou mesmo um agente de conservação e equilíbrio ambiental). Cabe ressaltar também que a mulher é um indivíduo de extrema importância na questão ambiental por estar extremamente ligada ao manejo de recursos vitais para o grupo doméstico do qual faz parte (KAINER; DURYEA, 1992; SHIVA, 1993). Esses recursos ambientais são de uma abrangência ímpar e dizem respeito tanto às plantas medicinais e as utilizadas na alimentação; recursos hídricos, agrícolas e silvícolas; quanto à forma como são controladas em sua utilização pela mulher.

Em grupos sociais com características tradicionais e que apresentam práticas ancestrais, há uma associação entre o trabalho e o uso múltiplo de sistemas florestais, agrícolas e cuidados de animais. A conservação da biodiversidade está ligada à conservação de sistemas de vida. Porém, há um processo de homogeneização e uniformização da produção a partir de um modelo, defendido desde o final da Segunda Guerra Mundial, caracterizado pela valorização da monocultura de grãos, cuja denominação passou a ser Revolução Verde (SHIVA, 1993). Essa defesa da uniformidade da produção através da implementação tecnológica intensifica a destruição da diversidade, além de considerar que sistemas de produção baseados na diversidade são economicamente baixos. Ações de homogeneização da produção, como a Revolução Verde, denotam a falta de consideração de saberes tradicionais e dificultam a preservação de ecossistemas.

A escola de pensamento Ecofeminismo concorda que, segundo Zimmerman (1994), a crise ecológica origina-se em parte do dualismo e atomismo hierárquico da modernidade. De acordo com o Ecofeminismo, o patriarcalismo é a forma original de opressão, da dominação de mulheres e da exploração de formas de vidas não humanas. Uma tarefa importante para o Ecofeminismo Cultural, no entendimento de Zimmerman, é reconciliar um progressivo, e até mesmo uma visão utópica do futuro, com crítica da ideia de modernidade patriarcal de progresso.

Patriarcalismo é, no entendimento de ecofeministas, uma ideologia fundada na suposição de que o ser humano é distinto do animal e, portanto, superior a este. Além disso, ele é fundamentado no dualismo binário que identifica as mulheres com natureza, corpo e emoção, e homens com razão transcendente, espírito e divindade. A base para essa superioridade é o "contato" do homem com um poder-conhecimento chamado deus. De acordo com essa lógica, o homem busca se despir de tudo que considera diferente e assim abaixo da razão: animalidade, feminilidade, emoções, moralidade plana. Acima de tudo ele busca ficar independente da natureza, criando um mundo artificial que está completamente debaixo de seu controle.

A partir dos séculos XVI e XVII, a identidade da mulher com a natureza passou a ser uma das premissas fundamentais do pensamento científico moderno, caracterizado por uma visão fragmentada do mundo de acordo com categorias dualistas. O poder sobre a natureza era identificado também com o poder sobre a mulher, conforme posicionamento de Bacon (1973). Descartes, por sua vez, influenciou sobremaneira o pensamento científico moderno privilegiando a mente e buscando a verdade absoluta na ciência (1973). Embora, naquele momento a valorização da razão estivesse a serviço da superação do pensamento teocentrista medieval, ela alicerçou a exclusão da mulher a partir de sua identificação apenas com a natureza, como se mulheres possuíssem apenas intuição e emoção e fossem desprovidas de razão. Por conseguinte, essa identificação do homem com a cultura e a mulher com a natureza foi sendo solidificada ao longo dos séculos subsequentes.

A dominação da mulher se dá, segundo a lógica do homem patriarcal, a partir dessa visão dualista de que o homem é mais humano que ela e, por ser menos humana, ela estaria sujeita a tal dominação. Ao nível ideológico, esta justificativa se aplicaria também a algumas pessoas que, mesmo sendo do sexo masculino, seriam consideradas inferiores devido às diferenças étnicas, religiosas e sociais. Da mesma forma, animais e florestas seriam passivos de dominação e exploração devido à sua condição não humana e, portanto, "inferior". Esse "antropocentrismo" justificaria a hierarquia social e ecológica, segundo a qual o que é mais humano pode dominar o que é menos humano.

Todavia, esse homem caracteriza a sociedade ocidental a partir de movimentos que valorizam sobremaneira a razão em detrimento da emoção. Além disso, é necessário salientar que homens também são dominados e explorados nesta sociedade por outros homens. Assim, cautela é importante quando se trata de generalizações acerca do domínio masculino sobre o feminino a partir do patriarcalismo como se isto fora presente em todos os períodos e sociedades.

A visão de que as mulheres são seres absolutamente passivos, dominados e que não resistem diante da opressão dificilmente condiz com a realidade, e isto os estudos feministas têm demonstrado amplamente. Nesta perspectiva, ainda que de forma tímida algumas mulheres infringem as normas desta dominação patriarcal de várias maneiras. Esta "resistência" pode ser vislumbrada em várias sociedades tradicionais, como é o caso da vila de Guarajubal, onde mães apoiam suas filhas solteiras grávidas ou não virgens diante da ira de seus companheiros; ou quando vão ao mangal tirar caranguejo mesmo estando menstruadas; ou ainda quando passam a controlar o número de filhos através de métodos anticoncepcionais diversos, embora seus companheiros desejem um número maior de filhos.

As feministas culturais apesar de concordarem com propostas pós-modernas não evitaram fazer generalizações a partir de suas próprias experiências de mulheres brancas e de classe média. A polifonia só passou a fazer parte efetivamente a partir das contundentes críticas ao Ecofeminismo Cultural. Essa escola de pensamento é criticada devido às generalizações feitas inicialmente sobre o patriarcalismo, sem que fossem percebidas as particularidades de sua própria sociedade e as do Terceiro Mundo.

Entretanto, as críticas desferidas ao pensamento moderno, por várias escolas de pensamento contribuem, de certa maneira, na adoção de uma postura menos hierárquica e dualista. O não dualismo evita a homogeneização e contribui na percepção da existência de diferenças e identidades individuais para além da organização em apenas duas possibilidades, sejam elas a partir dos sexos ou em outros aspectos que compõem a diversidade das sociedades.

Mulher e Pesca: o debate a partir das relações sociais de gênero

A pesca na Amazônia é uma das principais atividades econômicas da região, tradicionalmente passada entre gerações e constituindo-se em fonte de alimento e de renda, principalmente para a população ribeirinha residente ao longo dos rios amazônicos. Desde tempos imemoriais, a pesca foi exercida na Amazônia de forma intensa (PALHETA; CAÑETE; CARDOSO, 2016). Contudo, a participação de mulheres nesta atividade é praticamente silenciada nos documentos oficiais, pelas próprias mulheres e, até as décadas finais do século passado, era tema pouco explorado nas produções científicas.

Em se tratando de área de manguezais, a atividade produtiva da mulher raríssimas vezes é percebida de forma relevante pela população na qual está inserida, pois a pesca, mesmo quando ocorre neste ambiente, ainda é considerada de domínio masculino. Neste contexto, cabe à mulher realizar atividades no espaço da casa, no espaço doméstico. Essa visão, porém, não deve ser explicada apenas entre espaço público e doméstico, pois, segundo Rosaldo (1995) essa explicação polarizada inviabiliza o estudo sobre relações de gênero por não considerar particularidades socioeconômicas de diversas sociedades. Torna-se necessário, portanto, que a compreensão da forma como uma sociedade lida com a questão de gênero possibilite o entendimento das razões que provocam a possível invisibilidade da mulher nesse meio.

Discursos modernos recusaram reconhecer o papel produtivo das mulheres e estudiosos feministas se preocupam com esta questão já há algum tempo, conforme antes posto em relação a Leacock e Nash. No entendimento de

Escobar (1995), a mais recente preocupação diz respeito ao papel da mulher nas políticas de desenvolvimento, pois vários estudos têm demonstrado que o desenvolvimento apregoado pelo Banco Mundial e agências financiadoras internacionais tornou invisível a contribuição das mulheres à economia ao mesmo tempo que provocou um efeito mental sobre seu status e posição econômica. De acordo com a literatura de desenvolvimento, somente os homens eram ocupados em atividades produtivas e isso acarretou um incremento nos incentivos às melhorias técnicas direcionadas somente aos homens e à homogeneização da produção (portanto, pouca ênfase nos saberes tradicionais). O trabalho da mulher, ainda no entendimento desse autor, por não ser visto como qualificado por essas políticas de desenvolvimento, tornou invisível sua contribuição na produção agrícola anteriormente visíveis localmente. Desse modo, a invisibilidade do trabalho da mulher na agricultura, pesca ou qualquer outra atividade produtiva inviabiliza políticas públicas eficientes. No que diz respeito à Amazônia brasileira, os estudos de Simonian a respeito tiveram início na década anterior.

Quanto à pesca e a exploração de caranguejo e de outros crustáceos, os estudos antropológicos no Brasil têm demonstrado que tais empreendimentos foram pouco trabalhados como temática de estudo. Por exemplo, ao se comparar a produção de trabalhos acadêmicos, a questão da pesca é reduzida em relação a outros temas. Embora já se percebam mudanças, homens e mulheres que trabalham na pesca são pouco vistos ou considerados pela própria academia e, também, pelo poder público praticamente, acarretando o esquecimento desse setor em relação a outros. Segundo Motta-Maués (1999), a Antropologia brasileira teve um interesse tardio pelas sociedades pesqueiras, passando a considerá-las como tema de estudo somente a partir de meados do século XX, quando deixou de se deter nos estudos das sociedades consideradas "exóticas". Essa mudança de enfoque é possível de ser observada pelo aumento de trabalhos nesse tema pois, desde a década de 1970, o número de dissertações e teses relacionadas às sociedades pesqueiras tem crescido consideravelmente. Se o interesse pela pesca tem crescido, tornando mais visível o trabalho do pescador, o mesmo não pode ser observado com a mesma intensidade em relação à mulher na pesca.

Os vários motivos que levam as comunidades pesqueiras, o poder público e a própria academia a não considerarem o trabalho feminino nesta atividade são identificados por pesquisadores que desenvolvem estudos sobre essa temática. Os estudos sobre mulher e pesca são aparentemente reduzidos no Brasil. A partir da análise da produção de trabalhos antropológicos que envolvam essa temática, é possível observar que tal produção acadêmica é relevante. Motta-Maués (1999) evidencia que os trabalhos acadêmicos publicados no Brasil desde a década de 1970 até os dias atuais chama atenção para o reduzido número de trabalhos publicados sob esse tema, porém considera que há bastante produção científica, mas a maneira como os trabalhos são registrados e catalogados é que nos leva a pensar que eles são restritos ou sequer existem. Além disso, a autora considera ser importante salientar que a partir da década de 1970 há uma acentuada influência do feminismo no meio acadêmico internacional e nacional, impulsionando discussões referentes à mulher nos trabalhos produzidos desde então.

Desde a década de 1980, verifica-se um aumento considerável na produção científica voltada não apenas para questões da mulher, mas para as questões de gênero. Há, entretanto, uma crítica no próprio meio acadêmico às análises sobre o tema mulher e pesca, pois ocorre com frequência a chamada invisibilização da mulher nas comunidades pesqueiras e atividades ligadas à pesca.

A não consideração do trabalho feminino na pesca é apontada, dentre outros fatores, como resultado da relação hierarquizada entre os gêneros nas próprias comunidades pesqueiras, que veem apenas os homens como pessoas ligadas à pesca. Essa visão é decorrente da própria formação de pescadores que privilegia a aprendizagem do saber ligado à pesca apenas aos homens, cabendo à mulher outras atividades produtivas. Uma das causas dessa invisibilização do trabalho feminino na pesca refere-se ao que Alencar (1993) considera como modelo bipolar da divisão sexual do trabalho. Woortmann (1992) assinala, de modo semelhante, que a bipolaridade espacial das atividades desenvolvidas por homens e mulheres gera visões distorcidas sobre elas, pois a oposição entre os sexos é simétrica e hierárquica.

A divisão espacial entre atividades de homens e mulheres gera a visão de que o mar/água está para o homem assim como a terra está para a mulher. Portanto, à mulher cabe atividades como a roça, a educação dos filhos, os cuidados com a casa etc.; e ao homem cabe atividades a serem desenvolvidas no mar. Essa visão inviabiliza que a mulher seja vista como sujeito atuante na pesca, pois seu espaço não está ligado à água e sim à terra.

HISTÓRIA DAS MULHERES NA AMAZÔNIA
(PARÁ, SÉCULO XVIII AOS DIAS ATUAIS)

No entendimento de Alencar (1993), pesquisadores e pesquisadoras, embora tivessem interesse em criticar a falta de visão do trabalho da mulher na pesca, acabaram por reforçar a invisibilização do trabalho feminino nas atividades pesqueiras ao se utilizarem desse modelo que a coloca longe do espaço aquático e consequentemente ao espaço da pesca. Esse modelo bipolar reforçou a invisibilização da mulher na pesca quando, além de ser considerado em uma determinada sociedade, é tomado como modelo a ser generalizado às demais sociedades pesqueiras. Ainda segundo essa autora, pesquisas desenvolvidas no Brasil desde a década de 1970 corroboraram com essa visão dicotomizada do trabalho entre homens e mulheres na pesca. Trabalhos como os de Peirano (1975), Motta-Maués (1993), Furtado (1987) e Diegues (1983) salientam que a pesca é uma atividade essencialmente masculina, em que à mulher cabe apenas atividades auxiliares e nunca desenvolvidas no próprio mar ou área de pesca.

Todavia, há que se considerar a utilização de categorias locais por esses autores no que se refere ao que os próprios trabalhadores de uma sociedade pesqueira considerem como pesca ou não pesca. Nesse sentido, os pesquisadores não estariam reforçando a invisibilização do trabalho feminino, mas estariam utilizando-se da explicação local sobre os saberes ligados à pesca. Se essa atividade é considerada localmente como masculina, e se cientistas se utilizam dessas concepções locais, é compreensível que tal atividade seja considerada como masculina. O debate desenvolvido no meio acadêmico demonstra a dificuldade nessa questão, pois mesmo considerando e "vendo" o trabalho da mulher na pesca cientistas não descartaram as concepções locais de que pesca é atividade essencialmente masculina.

É importante considerar que ao tentar buscar o que Geertz (1999) identifica como "o ponto de vista do nativo", o antropólogo chega a alcançar apenas o discurso público sobre a questão, deixando muitas vezes de lado o que ocorre no âmbito doméstico das sociedades. O pesquisador se detém mais sobre o discurso que reforça e valoriza a relação hierarquizada entre os sexos, principalmente quando se diz que as atividades produtivas da mulher servem como "ajuda" ao trabalho do homem (muito embora essa atividade garanta a manutenção de toda a família). Na década de 1970, sob influência do feminismo, a invisibilização da mulher na pesca era pensada a partir da ênfase na sujeição feminina diante da dominação masculina. Nos anos 1980 e 1990 essa invisibilização é pensada com ênfase, segundo enfoque dos estudos de gênero atuais, na complementaridade entre homens e mulheres.

Essa situação da mulher na pesca pode vir a ser superada, inicialmente a partir da utilização cuidadosa do modelo bipolar de atividades entre os sexos – segundo o espaço e tempo de uma determinada sociedade. Se em uma sociedade o espaço aquático é predominantemente masculino e o terrestre é predominantemente feminino, certamente isso não é uma garantia de que seja uma regra a ser generalizada a outras sociedades.

Além disso, é fundamental que o próprio conceito de pesca seja ampliado, Motta-Maués, referindo-se ao trabalho de Peirano (1975), salienta que se as mulheres não se identificam como pescadoras é devido ao que elas próprias consideram como pesca. No dizer de Peirano (1975 *apud* MOTTA-MAUÉS, 1999, p. 392), "o que as mulheres pescam é classificado como não-peixes" e, dessa forma se trabalham com animais que não são peixes então não pescam, e se não pescam não são pescadoras. E o que são essas mulheres que capturam sargaço (*alga parda da família das fucáceas; gênero sargassum*), caranguejo (*ucides cordatus*), camarão (*Penneuas*), polvos (*molusco cefalópode*) etc.? Essa questão necessita ser tratada a partir do sentido ampliado de pesca que não limita a atividade à captura de peixe em alto-mar. Pesca deve ser considerada de forma mais ampla, englobando atividades em terra e captura de animais aquáticos e do mangue, exercidas por pessoas de várias idades e de ambos os sexos.

A que pese as dinâmicas observadas com a criação das Reservas Extrativistas Marinhas (RESEX), as mulheres da pesca apresentam dificuldades em se autodefinir e de se reconhecer como pescadoras porque, segundo Maneschy (1995) e Alencar (1993), nas sociedades dessas mulheres essa é uma atividade direcionada aos homens desde a infância através da socialização e aprendizagem relacionada à pesca. Segundo os trabalhos de Diegues (1983) e Leitão (1997), a identidade de quem trabalha na pesca é construída ao longo do processo de aprendizagem inerente à atividade pesqueira. Esse processo de dominar os saberes ligados à pesca exige, segundo Diegues, um período mais longo de experiência que nas outras formas de artesanato. Leitão considera que a identidade faz parte de uma precoce e permanente socialização para o trabalho no mar. Segundo Woortmann (1992), à mulher cabe a socialização através da aprendizagem de saberes ligados à terra, à casa e ao roçado. O que dificultaria sua identificação com a pesca, mesmo quando exerce atividades na pesca. Seria, portanto, essa socialização mais voltada para atividades da terra. É necessário que as generalizações não sejam utilizadas para explicar fenômenos sociais de uma sociedade a partir de outras.

O que se ouve em uma pesquisa de campo é, às vezes, aquilo que se deseja ouvir e não basta apenas o registro dessas informações. Consequentemente, é importante um exercício contínuo de não considerar que a realidade observada irá se encaixar aos modelos pelos pesquisadores tomados como referência e como algo a ser provado. "O discurso feito para o estranho é muitas vezes absorvido e acreditado pelo pesquisador como se este fora o discurso privado baseado no diálogo interno da sociedade" (WOOTMANN, 1992). É possível que muitas vezes pesquisadores e pesquisadoras aceitem o que lhes é dito por considerar que aquilo irá reforçar as suas ideias sobre a sociedade que ora pesquisam, forjando dessa forma um dado como prova do que ora discutem em suas investigações. Trabalhar com o discurso dos agentes sociais da sociedade pesquisada requer senso crítico muito aguçado e constante análise do contexto em que algo foi dito ou omitido pois, embora se tenha sempre a intenção de descrever, traduzir, analisar e interpretar com a maior fidedignidade possível, eventualmente pode-se cair em "armadilhas" do trabalho de campo. No que se refere ao modelo bipolar apresentado anteriormente, ao utilizá-lo em estudos sobre a pesca, importa que se privilegie tanto o mar quanto a terra e seus respectivos agentes sociais, visto que são muitas as interações entre esses dois ambientes.

A pesca, quando tratada no sentido amplo, permite a visualização do trabalho desenvolvido por mulheres e crianças, tradicionalmente desvinculados dessa atividade por não estarem ligados diretamente à captura de peixe em alto-mar, conforme salientado anteriormente. Em áreas de manguezais, a mulher coleta moluscos e crustáceos, muito embora este trabalho seja pouco valorizado entre os pescadores. Oliveira (1994) observa que, ao se considerar a hipótese de que

> A mulher, estando mais diretamente relacionada com a reprodução social, desenvolveu um provável senso elevado de responsabilidade com o ambiente e com a reprodução de espécies animais, vegetais e humanas [...] torna-se relevante destacar que o gerenciamento dos diferentes usos e manejos dos recursos naturais marinhos não pode prescindir de incorporar

a atividade feminina nos estudos pesquisas e na formulação de políticas ambientais destinadas à preservação dos mangues (OLIVEIRA, 1994, p. 2).

Em pesquisa realizada na localidade de Caratateua, RESEX Marinha Mãe Grande de Curuçá (Nordeste do Estado do Pará), sobre o conhecimento tradicional da mulher marisqueira e pescadora de rio e mar, Palheta, Cañete e Cardoso (2016) investigaram a ação destas mulheres na inserção e comercialização de novas espécies de pescado. Foi observado que as mudanças ocorridas ao longo dos anos provocam a escassez das espécies tradicionais, tanto na mesa do pescador quanto no mercado consumidor. Os resultados dessa pesquisa apontam, especialmente, para o papel da mulher na inserção de novas espécies em ambos os espaços, privado e do mercado, já que o conhecimento feminino evidencia uma maior percepção acerca dos recursos naturais disponíveis para consumo. Nessa perspectiva, a mulher passa a ser vista como atuante em atividades pesqueiras, bem como tem sua importância reconhecida na preservação dos ecossistemas à qual está ligada.

Recentemente, observa-se que esse cenário começa a ser alterado e o trabalho das mulheres passa a ser considerado como algo relevante devido a fatores que incluem a ampliação de estudos no âmbito dos programas de pós-graduação; a maior inserção e participação de mulheres nas associações de usuários de RESEX Marinhas, ocasionando mobilização com agenda específica para as realidades das Reservas Extrativistas Marinhas; e, consequentemente, a incorporação dessas agendas na legislação que contempla as demandas das mulheres na pesca[2], em especial as mulheres marisqueiras.

Diante disso, é possível evidenciar que as mulheres que atuam na produção pesqueira passam a ser protagonistas em outros espaços, como é o caso das associações. Embora ainda ocorra de maneira reduzida, a relevância do trabalho das mulheres na pesca vem sendo reconhecida em vários contextos, em especial nas ações voltadas para a produção pesqueira em áreas costeiras da Amazônia brasileira.

---

2 Lei n.º 13.902/19, que dispõe sobre a política de desenvolvimento e apoio às atividades das mulheres marisqueiras.

Notas conclusivas

A relação mulheres/gênero/meio ambiente e desenvolvimento é permanente e muito estreita. Definir onde o chamado ambiente natural começa e termina é uma tarefa difícil para algumas sociedades e principalmente para as mulheres, pois todas as atividades de desenvolvimento de algum modo afetam seu espaço. De todo modo, o trabalho feminino e o conhecimento tradicional que as mulheres possuem sobre biodiversidade são essenciais para preservação das espécies.

As mulheres em geral, e especialmente aquelas das sociedades com características tradicionais, desenvolvem múltiplas atividades durante o dia e cedo durante a noite. Conforme verificado em Guarajubal e em outras populações amazônicas (SIMONIAN, 2000b), as mulheres se envolvem em uma série de outras tarefas que não aquelas voltadas necessariamente à produção de renda, precisamente ligadas aos cuidados com a saúde dos membros da família, cuidados com a criação de animais em seus quintais, com a roça, transporte de água, lenha e de produtos dos roçados, dentre outras. Muitos desses fazeres se encontram intimamente relacionados ao ambiente em que vivem, o que é mediatizado por suas próprias culturas e sociedades.

O trabalho feminino geralmente sustenta família e comunidades e, na maioria das vezes, é um trabalho não remunerado e invisibilizado. Apesar dessa invisibilidade, elas executam múltiplos trabalhos dentro e fora de casa. Por exemplo, segundo Shiva (1993), estudos de gênero publicados na Índia demonstram que "as mulheres são as maiores produtoras de comida em termo de valor, volume e horas de trabalho".

Em relação à produção e comercialização da massa de caranguejo, observou-se que elas garantem a oportunidade de trabalho às pessoas economicamente ativas. Além disso, essas atividades permitem uma maior inserção de mulheres em seu processo produtivo, garantindo uma maior possibilidade de participação delas na captação de recursos para o sustento de si e de suas famílias.

Referências

ALENCAR, E. F. Gênero e trabalho nas sociedades pesqueiras. *In*: FURTADO, L. G.; LEITÃO, W.; DE MELLO, A. F. (org.) *Povo das águas*: realidade e perspectiva na Amazônia, Belém: MPEG, 1993. p. 63-81.

AUGÉ, M. O Espaço histórico da Antropologia e o tempo antropológico da História. *In*: AUGÉ, M. *Por uma antropologia dos mundos contemporâneos*. Rio de Janeiro: Bertrand Brasil, 1997. p. 9-31.

BACON, F. *Novum organum*. São Paulo: Abril Cultural, 1973 (Coleção Os Pensadores).

BOSERUP, E. *Women's role in economic development*. London: Allen & Unwim, 1970.

BRASIL. *Lei n.º 13.902, de 13 de novembro de 2019*. Dispõe sobre a política de desenvolvimento e apoio às atividades das mulheres marisqueiras. Brasília, DF: Presidência da República, [2019]. Disponível em: https://www.planalto.gov.br/CCiVil_03/_Ato2019-2022/2019/Lei/L13902.htm. Acesso em:30 de maio de 2022.

BRUSCHINI, M. C. A.; ROSEMBERG, F. A mulher e o trabalho. *In*: BRUSCHINI, M. C. A.; ROSEMBERG, F. *Trabalhadoras do Brasil*. São Paulo: Brasiliense, 1982. p. 9-22.

CAMPBELL, C. Women's group of Xapuri – out on the front lines but still struggling for voice. *In*: ROCHELEAU, D. *et al.* (org.). *Feminist political ecology*. London: Routledge, 1996. p. 27-61.

CASTELO BRANCO, A. Eles vivem num mar de lama. *Revista de Domingo do Jornal do Brasil*, Rio de Janeiro, 06 jun. 1993. p. 6.

DAVDSON, J. Women`s relationship with the enviroment. *In*: DAVDSON, J.. *Women and the enviroment*. Oxford: Oxfam, 1993. p. 5-18.

DIEGUES, A. C. S. *Pescadores, camponeses e trabalhadores do mar*. São Paulo: Editora Ática, 1983. 287 p.

ESCALLIER, C. O Papel das mulheres da Nazaré na economia haliêutica. *Etnográfica*. Lisboa, v. 3, n, 2, p. 293-308, 1999.

ESCOBAR, A. Power and visibility: tales of peasants, women, and the environment. *In*: ESCOBAR, A *Encountering development*: the making and unmaking of the third world. New Jersey: Princeton university Press, 1995. p. 154-211.

FURTADO, L. G. Comunidades tradicionais: sobrevivência e preservação ambiental. In: D'INCAO, M. A.; SILVEIRA I. M. (org.) *A Amazônia e a crise da modernização*. Belém: MPEG. 1994. p. 67-74.

GEERTZ, C. Do ponto de vista dos nativos. *In*: GEERTZ, C. *O Saber local*: novos ensaios em Antropologia Interpretativa. 2. ed. Rio de Janeiro: Vozes, 1999. p. 33-56.

KAINER, K. A.; DURYEA, M. L. Tapping women's knowledge: plant resource use. *In*: *Extrative reserves*, Acre, Brazil. Economy Botany, v. 46, n. 4, p. 408-425, 1992.

LEACOCK, E. B. Women and anthropological facts and fiction. *In*: LEACOCK, E. B. *Myths of male dominance*. New York: Monthly Review Press, 1981. p. 310-316.

LEITÃO, W. M. O *Pescador mesmo*: um estudo sobre o pescador e as políticas de desenvolvimento da pesca no Brasil. 1997. Dissertação (Mestrado) – Universidade Federal do Pará, Belém, 1997.

MANESCHY, M. C. Pescadoras em busca de cidadania. *In*: ÁLVARES, M. L. M; D'INCAO, M. A. (org.) *A mulher existe?* uma contribuição ao estudo da mulher e gênero na Amazônia. Belém: GEPEM/GOELDI, 1995. p. 81-96 (Coleção Eduardo Galvão).

MANESCHY, M. C. Uma Presença discreta: a mulher na pesca. *In*: D'INCAO, M. A;

SILVEIRA I. M. (org.). *A Amazônia e a crise da modernização*. Belém: MPEG, 1994. p. 251-258.

MORAN, E. F. O Desenvolvimento da Ecologia Humana como área de estudo. *In*: MORAN, E. F. *Ecologia humana das populações da Amazônia*. Petrópolis: Vozes, 1990. p. 21-119.

MOTTA-MAUÉS, M. A. *"Trabalhadeiras & camarados"*: relações de gênero, simbolismo e ritualização numa comunidade amazônica. Belém: Gráfica e Editora Universitária/UFPA, 1993. 216 p.

MOTTA-MAUÉS, M. A. Pesca de homem/peixe de mulher(?): repensando gênero na literatura acadêmica sobre comunidades pesqueiras no Brasil. *Etnográfica*. Lisboa, v. 3, n. 3, p. 377-399, 1999.

NASH, J. Certain aspects of the integration of women en the development process: a point of view. Paper apresentado na Conferência Internacional do Ano da Mulher, 1975.

OLIVEIRA, N. M. *Rainha das águas dona do mangue*. Salvador: UFBA/NEIM, Comunicação Pessoal, 1994. 10p.

ONU. Organização das Nações Unidas. Situação da população mundial 2000/ Relatório. [on line]. 2000. Disponível em: www.uol.com.br/elpais. Acesso em: 21 set. 2000.

PALHETA, M. K. da S.; CAÑETE, V. R.; CARDOSO, D. M. Mulher e mercado: participação e conhecimentos femininos na inserção de novas espécies de pescado no mercado e na dieta alimentar dos pescadores da RESEX Mãe Grande em Curuçá (PA). *Boletim do Museu Paraense Emílio Goeldi. Ciências Humanas*, v. 11, n. 3, p. 601-619, set.-dez. 2016.

PEIRANO, M. G. A *Reima do peixe*: proibições alimentares numa comunidade de pescadores. Dissertação (Mestrado) – Universidade de Brasília, Brasília, 1975.

QUINTANEIRO, T. Os espaços da reclusão e da sociabilidade. *In*: QUINTANEIRO, T. *Retratos de mulher*: o cotidiano feminino no Brasil sob o olhar de viageiros do século XIX. Petrópolis: Vozes, 1996. p. 37-86.

ROSALDO, M. Woman, Culture, and Society: A Theoretical Overview. *In*: ROSALDO, M.; LAMPHERE, R. (ed.). *Woman, Culture, and Society*. Stanford: Stanford University Press. 1995. p. 17- 42.

SHIVA, V. Women´s indigenous knowledge and biodiversity. *In*: MIES, M.; SHIVA, V. (org.) *Eco-feminism*. Halífase: Fernwood Publications, 1993. p. 164-173.

SIMONIAN, L. T. L. Políticas pública, desenvolvimento sustentável e recursos naturais em áreas de reservas da Amazônia brasileira. *In*: COELHO, M. C. N. (ed.). *Estado e ambiente na Amazônia*. Belém: CEJUP, 2000a. p. 09-53.

SIMONIAN, L. T. L. *Mulheres do rio Aripuanã (AM)*: memórias, situação atual e esperanças quanto ao futuro. Manaus: SECULT-AM. 2000/Mimeo. Forthcoming in 2000b.

SIMONIAN, L. T. L. Mujer y desarrollo en la Amazonia brasileña. 1998: Puyo. *In*: VII Jornadas Amazonicas Analles de las VII Jornadas Amazonicas. Puyo:1998.

SIMONIAN, L. T. L. Mulheres seringueiras na Amazônia brasileira – uma vida de trabalho silenciado. *In*: ÁLVARES, M. L. M.; D´INCAO, M. A. (org.). *A mulher existe?* uma contribuição ao estudo da mulher e gênero na Amazônia. Belém: GEPEM/ GOELDI, 1995. p. 97-115. (Coleção Eduardo Galvão).

TOVAR, P. Procreaceón o adopción; encrucijadas entre género, el poder y el parentesco. *Revista Colombiana de Antropologia.* v. 34, p. 92-123, 1998.

VANUCCI, M. *Os manguezais e nós.* São Paulo: Edusp/CNPq, 1999. 219 p.

VIEIRA, E. M. M. O Mainstream: a mulher e o meio ambiente. *In*: LIMA, N. (org.) *Mulher e meio ambiente.* Maceió: Edufal/UFAlagoas, 1994. p. 52-61 (Coleção Gênero e Cidadania).

WOLFF, C. S. A Linguagem da violência. *In*: WOLFF, C. S. *Mulheres da floresta*: uma história, Alto Juruá, Acre (1890-1945). São Paulo: Hucitec, 1999. p. 195-252.

WOORTMANN, E. F. Da Complementaridade à dependência: espaço, tempo e gênero em "comunidades pesqueiras" do Nordeste. *Revista Brasileira de Ciências Sociais*, v. 18, p. 41-60, 1992.

ZIMMERMAN, M. E. Ecofeminism's critique of the patriarchal domination of woman and nature; Ecofeminism and deep ecology. *In*: ZIMMERMAN, M. E. *Contesting earth's future*: radical ecology and postmodernity. Los Angeles: University of California Press, 1994. p. 233-275; p. 276-317.

TRAJETÓRIA DE IZA CUNHA: MILITÂNCIA POLÍTICA E A QUESTÃO DOS DIREITOS HUMANOS NA AMAZÔNIA

Sandra Regina Alves Teixeira[1]

Introdução

Este trabalho é resultado de pesquisa para conclusão na obtenção do título de Especialista em Planejamento e Gestão de Políticas Públicas para as Mulheres na Amazônia, o qual analisa o perfil social feminino concernente à participação de militância no espaço público da História da Amazônia na perspectiva biográfica dialogando com a História Social e Cultural sobre uma das principais mulheres que destacaram-se na militância social e política: Isabel Marques Tavares da Cunha, conhecida como Iza Cunha de codinome "Maria", que através da luta clandestina na Ditadura Militar atuou em organizações populares, de trabalhadores, movimentos sociais e de mulheres, pautando-se como uma grande liderança feminista, na formação política e principal referência dos Direitos Humanos na Amazônia.

A metodologia utilizada foi abordagem qualitativa examinando 30 matérias veiculadas em alguns blogs e sites; periódicos tais como: o jornal *Resistência*

---

1   Docente da Secretaria de Educação do Estado do Pará. Técnica em Gestão Cultural-Historiadora da Secretaria de Cultura do Estado do Pará. Mestra em Direitos Fundamentais (UNAMA). Especialista em Processo Penal, Civil, Constitucional e Trabalho. (MAURICIO DE NASSAU) Especialista em Planejamento e Gestão de Políticas Públicas para as Mulheres na Amazônia (ESMAC). Especialista em História Social da Amazônia (UNAMA). Especialista em Docência no Ensino Superior na Amazônia (UFPA). Membro dos Grupos de Pesquisa GT GÊNERO-ANPUH-PA e GEIPAM – GRUPO DE ESTUDOS E PESQUISA INTERCULTURAIS PARÁ-MARANHÃO. E-mail: sandra.educacao@gmail.com.

(15 matérias referentes ao período de 1979 a 2013), o qual Iza Cunha era colaboradora em algumas colunas, localizado no Acervo da Biblioteca Arthur Vianna da Fundação Cultural do Estado do Pará, popularmente conhecido como CENTUR; alguns documentos institucionais da FASE, SPDH, 15 questionários dos 40 aplicados aos que conviveram cotidianamente ou indiretamente com Iza Cunha, além de 03 entrevistas (História Oral) realizadas (duas na SDDH e uma em residência particular), o Processo da Justiça Militar e dezenas de fotografias e iconografias, em uma análise descritiva e historiográfica das diversas fontes.

Historicamente, os homens dominaram o público e atribuíram a ele a sua própria condição de existir (ARENDT, 1991, p.), posteriormente as mulheres ocuparam espaços público-políticos nos movimentos sociais e partidos políticos na luta por direitos sociais, econômicos e políticos das mulheres, em todo o Brasil, em especial no Pará, destacando-se alguns perfis sociais, históricas mulheres militantes, políticas, sindicalistas, consolidando a luta pela efetivação dos Direitos Humanos através da organização do Movimento Social de Mulheres Campo e Cidade e Movimento Feminista nas décadas de 1960, 1970 e 1980.

Logo, analisar sobre a militância política de Iza Cunha é proeminente do ponto de vista científico e social, não somente para a minha qualificação técnica na intervenção social atuando como Conselheira Estadual dos Direitos das Mulheres, Especialista em Planejamento e Gestão de Políticas Públicas para as Mulheres na Amazônia, mas também refletir que a experiência de Iza Cunha é relevante não apenas pelo seu protagonismo nos diferentes movimentos sociais e organizações partidárias, como também ter contribuído na organização das mulheres, na discussão e formulação de políticas públicas, na implementação do debate dos Direitos Humanos na Amazônia.

Portanto, identificar a História e Memória elaborando condições para refletir sobre o protagonismo feminino (SPIVAK, 2012) devem ser preservadas como mulher amazônida, debatendo a categoria gênero nas organizações populares, político-partidária em um contexto de outrora pautada em trajetórias de lutas e resistências das mulheres proporcionando o empoderamento e emancipação política de futuras gerações, desse modo ressignificando reivindicações individuais que conduzem a outros modos de luta e do fazer político que foram esquecidas (TARROW, 2004) por muitos e devem ser preservadas.

Izabel Marques Tavares da Cunha – Iza Cunha

Adentrar no universo da pesquisa sobre a trajetória de uma militante política do período militar brasileiro na sociedade paraense é uma tarefa trabalhosa por inúmeros motivos: 1 – existem poucas notícias/reportagens/produções acadêmicas sobre sua história de vida veiculadas nas redes sociais ou acervos digitais; 2 – raríssimas matérias jornalísticas no próprio periódico, intitulado jornal *Resistência*"[2], no qual Iza Cunha foi colaboradora e escrevia esporadicamente; 3 – muitos homens e mulheres que conheceram Iza Cunha recusaram-se a responder os questionários ou conceder entrevistas e 4 – outros (as) desconheciam o perfil sociopolítico da militante dos Direitos Humanos na Amazônia, assim como eu que tenho igual formação acadêmica, social e política de Iza Cunha (militamos no mesmo partido) e também realizo pesquisas e palestras sobre gênero, pois em minhas memórias estive em seu velório e posteriormente fui presenteada com uma camisa na qual tinha sua foto em uma das inúmeras homenagens em atos políticos que recebeu após seu falecimento no ano de 2003.

---

2   "Foi para contrapor ao discurso único, imposto pela ditadura, que surgiu também, em Belém, o jornal *Resistência*, órgão da Sociedade Paraense de Defesa dos Direitos Humanos (SPDDH), em fevereiro de 1978. O periódico assumiu um lado, o lado que não tinham vez e nem voz. Recebeu marcação cerrada dos órgãos de segurança e informação. Seus integrantes eram espionados em 1977 (quando foi fundada a SPDH), pelo Serviço Nacional de Informações (SNI) e pelo Centro de Informações da Aeronáutica (Cisa)" *In*: FERREIRA Paulo Roberto. *A Censura no Pará*: A mordaça a partir de 1964 (registros e Depoimentos). Belém Pará Paka-Tatu. 2015. p. 165.

Fonte: BRASIL NUNCA MAIS DIGITAL. SUMÁRIO DO BNM 054. Ação Penal nº 16/72. Apelação STM40.188. Disponível em: http://bnmdigital.mpf.mp.br/DocReader/DocReader. aspx?bib=BIB_01&pesq=izabel%20marques%20tavares. Acesso em: 19 de julho de 2022.

TRAJETÓRIA DE IZA CUNHA: MILITÂNCIA POLÍTICA E A QUESTÃO DOS DIREITOS... 577

É importante salientar que "existem poucos trabalhos que falam de clandestinidade, utilizam a memória como fonte e têm enfoque de gênero" (PEDRO, 2017, p. 37). Nesse sentido, percebi a importância da História Cultural e Social, considerando as experiências sociais de uma mulher paraense de Cametá, protagonista nas discussões de Gênero e Direitos Humanos, na preservação de sua memória, além do desafio de escrever um ensaio na perspectiva biográfica, pois "é uma das tarefas fundamentais do gênero biográfico na atualidade é [exatamente o de] recuperar a *tensão*, e não a oposição, entre o individual e o social". (SCHMIDT, 1997, p. 12).

Em março de 1981, o jornal intitulado *Resistência* publicou uma extensa reportagem intitulada: "Tortura O Inferno de Iza Cunha", no qual a Historiadora e coordenadora do Centro de Intercâmbio de Pesquisas e Estudos Econômicos e Sociais (CIPES) relatou em forma de denúncia inúmeras torturas e atrocidades cometidas durante a repressão militar, vivenciada no período em que esteve presa de 30 de dezembro de 1971 a outubro de 1972, sendo que durante 04 meses na cela do DOP'S, considerado um período de alta tensão porque constantemente ouvia gritos e surras a presos comuns. Em outubro de 1973, Iza Cunha encontrava-se grávida de 02 meses, sendo intimada para um julgamento em Juiz de Fora (MG), no qual teve uma condenação de 6 meses, porém já tinha sido cumprida pena de 10 meses e segundo ela "sobravam 4 meses", voltando para Belém sem o marido Humberto Cunha, que ficou em Juiz de Fora para cumprir a pena de mais 3 meses e meio, uma vez que sua condenação foi de 18 meses de prisão.

Na reportagem Iza Cunha, descreve os inúmeros tipos de torturas vivenciadas nas dependências do DOI-CODI tais como: "pau de arara, choques elétricos (nos dedos e mãos com descarga de mais e 60 volts, estendendo-se pelo ânus, língua, vagina e no corpo todo), tapas, telefones (tapas no ouvido com as mãos em forma de concha, socos, câmara de tortura". Além das atrozes ameaças de ser "currada por 5 homens em um Volks", hodiernamente intitulado de estupro coletivo, e com o possível desaparecimento do seu corpo, Iza Cunha relatou que foi torturada pelo Sargento Davi, conhecido como Dr. Sócrates:

> Despida, apertava o bico dos meus seios, como quem queria arrancá-los; depois sentou-me a força em um vaso sanitário onde jogava água gelada dentro dos meus órgãos genitais. Parecia um louco, desesperado, os olhos a

saltar, parecia transtornado. Olhei firme para ele e mandei-o fazer isso com a mãe dele. Ele respondeu que a mãe dele não era uma subversiva, era uma santa mulher. Era um sádico e tenho quase certeza que chegava ao orgasmo quando fazia isso. Ficava irritadíssimo e nervoso quando fitava-o, firme nos olhos; voltava a torturar-me.[3]

O site intitulado "Brasil Nunca Mais Digital – Sumário do BNM 054" traz informações gerais sobre a Primeira Fase do Processo e Recurso ao Superior Tribunal Militar. A organização/partido ou setor social a ser atingido era a Ação Popular conhecida como AP que Izabel Marques Tavares militava clandestinamente, sendo denunciada pelo Ministério Púbico Militar sob a acusação de "Agrupamento perigoso à Segurança Nacional. Classificação do crime alterada na sentença por agrupamento prejudicial à Segurança Nacional. Fundamento legal da acusação Artigo 43, do Decreto-Lei nº 898, de 1969. Classificação do crime alterada na sentença para Art. 14, do mesmo Decreto-Lei"[4]

Concernente sobre o que significou a organização clandestina intitulada Ação Popular, "grupo político organizado em 1962, reuniu em sua maioria os estudantes que compunham a JUC e defendiam um "socialismo humanista". Com o golpe militar em 1964, muitos dos seus integrantes foram presos e exilados (ROSA, 2013, p. 31).

Contudo, posteriormente, a AP considerou o Marxismo como corrente teórica, aplicando como referência a Revolução Cultural Chinesa e as ideias de Mao Tse-Tung. Inúmeros militantes e dirigentes da organização foram para a China e retornaram inspirados nas organizações maoístas, próximos do PCdoB, porém sem se comprometerem em ações de guerrilha. Partilhando o modelo da Revolução Chinesa, "eles investiram na proletarização de seus militantes – a maioria deles dos setores médios da sociedade-, deslocando-os para o trabalho nas fábricas ou no meio rural" (ROSA, 2013, p. 31).

---

3   CARVALHO, Luiz Maklouf. Tortura. O Inferno de Iza Cunha. Resistência. Março de 1981. Ano IV. n. 22. Disponível em: www.fcp.pa.gov.br/2016-12-13-19-41-20/resistencia-mensario-da-sociedade-paraense-de-defesa-dos-direitos-humanos-belem-mitograph-v-4-n-22--mar-1981-20-p. Acesso em: 06 mar. 2019.

4   BRASIL NUNCA MAIS DIGITAL. SUMARIO DO BNM 054. Ação Penal nº 16/72. Apelação nº STM 40.188. Disponível em: bnmdigital.mpf.mp.br/sumarios/100/054.html. Acesso em: 10 mar. 2019.

Contudo, a denúncia foi realizada em 13 de abril de 1972, o processo tramitou na Justiça Militar de Minas Gerais – Auditoria da 4ª CJM – Juiz de Fora e a data da sentença foi em 09 de outubro de 1973 com o resultado do Julgamento:

> Foi reconhecida a litispendência quanto a Jussara Lins Martins, José Milton Ferreira de Almeida, Luiz Antonio Duarte e Marcos José Burle de Aguiar, para o fim de excluí-los da ação penal. Condenação de Zoraide Gomes de Oliveira, Alanir Cardoso, Claudio Fernandes Arabal, Humberto Rocha Cunha e de Edesio Franco Passos à pena de 1 ano e 6 meses de reclusão; de Salvio Humberto Penna à pena de 1 ano de reclusão; e de **Izabel Marques Tavares**, Ana Lucia Penna e de Maria Rosângela Batistoni à **pena de 6** meses de reclusão. Absolvição dos demais acusados. (grifos nossos)[5].

Destarte, em 26 de outubro de 1973, Humberto Rocha Cunha e Izabel Marques Tavares entraram com apelação ao egrégio Superior Tribunal Militar, pois estavam "inconformados com a sentença que os condenou a um ano e seis meses"[6]. Dentre as razões finais apresentadas em 13 de novembro de 1973, o argumento central foi na desistência voluntária ("daquela filiação do grupo subversivo"), o qual relatava:

> Isto posto considerando a insuficiência de provas dos autos e considerando que houve a desistência voluntária dos possíveis atos de filiação e que nenhum outro ato delituoso foi imputado a apelante, espera-se a reforma da Sentença com sua absolvição por ser de JUSTIÇA.[7]

Nesse sentido, analisar o referido Processo da Justiça Militar, é relevante para a construção de campos de possibilidades para o conhecimento histórico na perspectiva da História Cultural e Social, pois possibilita aos pesquisadores adentrarem no universo de determinados sujeitos sociais (GINZBURG, 2006, p. 205), tais como as mulheres, antes denegadas na História, pois funcionam

---

5   BRASIL NUNCA MAIS DIGITAL. SUMÁRIO DO BNM 054. Ação Penal nº 16/72. Apelação nº STM 40.188. Disponível em: bnmdigital.mpf.mp.br/sumarios/100/054.html. Acesso em: 10 mar. 2019.

6   *Ibidem.*

7   *Ibidem.*

como "fio do relato, que nos ajuda a nos orientarmos no labirinto da realidade" (GINZBURG, 2007, p. 7).

Nesse sentido, sobre o poder simbólico dos processos no campo jurídico:

> O campo judicial é o espaço social organizado no qual e pelo qual se opera a transmutação de um conflito direto entre as partes diretamente interessadas no debate juridicamente regulado entre profissionais que atuam por procuração e que tem em comum o conhecer e o reconhecer de regra do jogo jurídico, quer dizer, as leis escritas e não escritas do campo. (BOURDIEU, 2003, p. 229).

Dessa forma, ao analisar o depoimento presente no processo de Iza Cunha contestando o seu algoz, torturador e violador de seus direitos fundamentais, "Por sua falta de respeito, sua ironia, sua espontaneidade, a palavra das mulheres é cheia de subversões. Ela mantém esta reserva, esta distância que permite aos humildes preservar a sua identidade. Salvar sua memória" (PERROT, 2005, p. 217).

Logo, é importante conferir voz a essa mulher, Iza Cunha, que sofreu inúmeras violações concernentes ao princípio da dignidade da pessoa humana, analisando seu perfil social, suas experiências e vivências sociais, políticas e culturais na sociedade paraense da década de 1970 a 1990, tornando-se referência na militância política em defesa dos Direitos Humanos na Amazônia, "conduzida pela reflexão sobre a potencialidade das lutas das mulheres rurais para superação das desigualdades de classe, gênero, raça e etnia". (CORDEIRO; SANTOS, 2020, p. 228).

Em entrevista[8] concedida para Historiadora Edilza Fontes, Humberto Cunha, marido de Iza Cunha, afirmou que na época em que eram namorados deslocaram-se para Minas Gerais a convite da Direção Nacional AP (em São Paulo), para reorganizar ao Partido na região de Belo Horizonte, uma vez que todos foram presos (a organização abrangia os estados de Minas Gerais, Brasília e Goiás), Iza Cunha acompanha o futuro marido atuando na clandestinidade.

---

8   FONTES, Edilza Joana Oliveira. A UFPA e os Anos de Chumbo: memórias, traumas, silêncios e cultura educacional (1964-1985) – Entrevista com Humberto Rocha Cunha. Disponível em: http://www.multimidia.ufpa.br/jspui/handle/321654/1277. Acesso em: 04 mar. 2019.

Humberto Cunha relatou em entrevista que foi deslocado para São Paulo e ficou preso, fez greve de fome por melhores condições na cadeia e foi levado para o Carandiru, em reclusão até abril de 1973, depois "voltou para Belém e teve uma luta para voltar a cursar agronomia na FICAP", posteriormente em outubro de 1973 foi intimado para o julgamento em Juiz de Fora, sendo condenado a um ano e meio de reclusão, cumprindo o restante da pena por mais 3 meses. Logo, somente teve permissão de voltar ao curso de Agronomia no segundo semestre de 1974 e colou grau em 1976.

Segundo ele: "Iza Cunha ficou em um presídio separado e saiu antes, pois permaneceu apenas 10 meses presa". Diante disso, o casal se "sustentava com aulas particulares e montaram uma escolinha de alfabetização", sustentando os dois filhos[9].

A posteriori, em 1978, Iza Cunha participou junto com Humberto Cunha de uma atividade da FASE no RJ[10] e foram convidados para participação no Comitê Brasileiro da Anistia, o qual trouxeram para Belém inserido em um núcleo da Anistia dentro da SPDDH[11] com dupla vinculação, discutindo a anistia em assembleias na SPDDH e com apresentação da Carta de Princípios da SPDDH, o que possibilitou fundar depois de 10 anos o Movimento Nacional dos Direitos Humanos.

Com base nos relatos de Humberto Cunha sobre Iza Cunha, compreende-se o processo da trajetória política da mulher militante, uma vez que

> os problemas de interpretação de uma vida são riquíssimos, pois nos defrontam com tudo que constitui nossa própria vida e a dos que nos cercam [...]. Atualmente a biografia, como aliás quase tudo mais, é vista como parte da História. Fala-se em um retorno da biografia" (BORGES, 2004, p. 288).

---

9   *Ibidem.*

10 Federação de Órgão para a Assistência Social e Educacional, é uma organização não governamental de educação popular e defesa dos direitos humanos, com atuação nacional e unidades regionais em seis estados. Disponível em: https://fase.org.br/pt/onde-atuamos/fase-rio-de-janeiro/. Acesso em: 30 maio 2022.

11 Sociedade Paraense de Defesa de Direitos Humanos é uma entidade civil, sem fins lucrativos, fundada em 08 de agosto de 1977, que tem como missão a valorização e Defesa dos Direitos Humanos na perspectiva de uma sociedade Justa e Igualitária, cujo objetivo é a defesa dos atingidos por violações de direitos humanos [...]. Disponível em: http://sddh.org.br/index.php. Acesso em: 20 maio 2022.

Desse modo, ao analisar as diversas fontes sobre a vida de Iza Cunha, constatou-se que ela era professora formada em História, conforme a fonte a seguir. Foi militante política de organizações clandestinas e diversos partidos, tais como: APML (Ação Popular Marxista Leninista), PCdoB (Partido Comunista do Brasil), PRC (Partido Revolucionário Comunista) e PT (Partido dos Trabalhadores), sendo candidata ao parlamento no início da década de 1990, coordenadora do Centro de Intercâmbio de Pesquisas e Estudos Econômicos e Sociais (CIPES), foi fundadora do Movimento de Mulheres do Campo e da Cidade (MMCC) e Sociedade Paraense em Defesa dos Direitos Humanos (SDDH), no qual posteriormente ocupou o cargo de Presidenta.

Fonte: BRASIL NUNCA MAIS DIGITAL. SUMÁRIO DO BNM 054. Ação Penal nº 16/72. Apelação nº STM40.188. Disponível em: http://bnmdigital.mpf.mp.br/DocReader/DocReader.aspx?bib=BIB_01&pesq=ISABEL+MARQUES+TAVARES+DA+CUNHA. Acesso em: 19 de julho de 2022.

Também atuou na implementação do Conselho Municipal da Condição Feminina de Belém sendo posteriormente Presidenta, segundo a narrativa da entrevistada:

> O principal papel de Isa Cunha na Amazônia foi na organização das mulheres trabalhadoras rurais por seus direitos trabalhistas e pelo direito à terra. Nessa tarefa foi primordial, também, sua defesa do meio ambiente, contra a primeira proposta de construção da usina Belo Monte, contra os grandes projetos que destruíam a floresta e os rios, e defesa dos povos indígenas[...]. Como Historiadora, feminista e ativista dos Direitos Humanos foi uma mulher à frente do seu tempo, fazendo múltiplas palestras contra

o machismo e em defesa dos direitos reprodutivos das mulheres com os trabalhadores do campo e da cidade[12]

A partir do relato mencionado, compreende-se que Iza Cunha rompe com o modelo de perfil social feminino (MATOS, 1997, p. 84-113), vigente nas décadas de 1970 e 1980 e início dos anos 1990, no qual a mulher deveria estar inserida apenas no espaço privado doméstico cuidando da casa, marido e filhos. No entanto, ao ocupar o espaço público no campo político e social, era representada por muitos de seus companheiros (as) de militância política como "uma mulher à frente do seu tempo"[13]. Logo, Iza Cunha desconstrói a naturalização dos papéis sociais de gênero nos quais "a Igreja, e o Estado apostavam no sucesso do papel feminino. Dentro de casa, a mulher poderia comandar alianças, poderes informais e estratégias. Mas apenas dentro de casa. Na rua era outra coisa" (PRIORE, 2014, p. 19).

Fonte: http://holofotevirtual.blogspot.com/2012/03/memoria-do-movimento-de-mulheres-no.html. A Memória do Movimento de Mulheres do Pará 08 março 2012.

---

12 SOLIMÕES. Neide Rocha Cunha. Entrevista aplicada através de Questionário respondido por e-mail em 11 de novembro de 2018 às 11h11. A Farmacêutica Servidora Pública Federal argumenta que conheceu Iza Cunha "em meados de 1968 [...] em plena efervescência das lutas estudantis contra a ditadura militar", tornando-se posteriormente cunhada de Iza Cunha, pois esta casou-se no civil com seu irmão, Humberto Cunha.

13 CAREPA. Ana Júlia. A ex-governadora do Estado do Pará (a primeira e única mulher a governar o Pará) afirma que "Iza Cunha teve um papel social muito relevante na Amazônia. Foi uma mulher à frente do nosso tempo. Foi uma liderança que influenciou positivamente muitas pessoas, mulheres especialmente". Entrevista aplicada através de Questionários respondidos por e-mail em: 25 de janeiro as 13h51.

Segundo o jornalista e amigo de militância política, Pedro César Batista, que conviveu com Iza Cunha no final dos anos 1970:

> Quando a SPDDH estava sendo fundada durante a realização das reuniões na Igreja da Aparecida, na Pedreira em Belém. Depois convivemos por um período, durante a articulação da Tendência Popular do PMDB, que reuniu candidaturas populares, com reuniões na Livraria Jinkinks, sendo que Humberto Cunha companheiro de Iza, foi candidato a vereador, tendo sido eleito em 1982 [...]. Um quadro dos movimentos de esquerda paraense, tendo tido destaque na construção do PT, de movimento populares, do Movimento do Campo e da Cidade (MMCC), da Comissão dos Bairros de Belém (CBB) e junto a inúmeras lutas do povo e da classe trabalhadora"[14]

O Blog intitulado "Resistência" publicou no dia 02 de abril de 2012, sob o título "Resistência à Ditadura: o embrião da luta por Direitos Humanos no Brasil", as palavras da própria Iza Cunha concernentes ao papel social e político da SDDH na ocasião, sendo Presidenta e comemorando 10 anos de fundação:

> A SDDH nasceu nesse clima (de Ditadura Militar) e teve o papel de aglutinar toda a oposição de esquerda à ditadura militar, lutando por anistia ampla, geral e irrestrita, pelas liberdades políticas, pela reforma agrária radical e imediata, e por eleições livres e diretas em todos os níveis, luto contra a Lei de Segurança Nacional e contra os órgãos do aparelho repressivo e contra a tortura, principalmente[15].

A Historiadora Elisete Veiga Maia, amiga e companheira de militância política de Iza Cunha, narrou em entrevista que a militante política atuou intrinsicamente na "organização das operárias da Castanha para participação

---

14 BATISTA. Pedro César. Entrevista aplicada através de questionário respondido por e-mail em 23 de janeiro de 2019 às 16h22. O jornalista e coordenador do Movimento Cultural de Olho na Justiça asseverou que "na organização do MMCC ela teve papel fundamental. Atuando na mobilização de camponeses e trabalhadoras urbanas".

15 JORNAL RESISTÊNCIA. Resistência à ditadura: o embrião da luta por Direitos Humanos no Brasil. 02/02/2012. Disponível em: https://jornalresistenciaonline.blogspot.com. Acesso em: 17 mar 2019.

no Sindicato da categoria, com realizações de reuniões, pautas reivindicatórias de trabalho, passeatas e muitas mobilização das mulheres que tinham uma concentração na Condor e Jurunas"[16].

Elisete Veiga Maia relata que Iza Cunha

> Participou da equipe do IPAR (Instituto Pastoral Regional, ministrava cursos através da teologia da libertação, fez parte da MLPA (Movimento pela Libertação dos Padres do Araguaia), da Comissão Pastoral da Terra, com formação de trabalhadores (as) rurais, onde acompanhei algumas de suas viagens e diálogos, e tinha uma boa inserção política dentro desses movimentos[17].

No entanto, para Rosana Moraes, assistente social que atuou como Técnica no Projeto de Combate à Violência Contra a Mulher entre os anos de 1999 a 2000, período em que Iza Cunha foi Presidente do Conselho Municipal da Condição Feminina (CMCF), afirma que

> Isa sabia transitar nos corredores dos movimentos sociais e da política uma militante do PT que não se escondia, sabia dialogar e trazer ganhos para às políticas do segmento feminino. Uma mulher incansável. Morreu lutando, posso afirmar! Era uma pessoa benquista, carismática. Ela fez parte da luta, resistência e conquista das mulheres amazônidas. Isa militou. Pensava às conquistas das mulheres em todos os campos urbano, rural, ribeirinho, comunidades, tradicionais... trabalhava na perspectiva HUMANISTA dos DIREITOS! Viajou muito por aí, construiu pautas e agendas políticas. Iza trabalhou nos dois lados: militância nos movimentos e servidora pública nos cargos comissionados que assumiu. Sabia diferenciar atuando com ética e respeito. Era uma boa articuladora!! De viés socialista, Isa primava pela liberdade, igualdade justiça social. Tinha um olhar marxista-crítico sobre o mundo[18].

---

16   MAIA, Elisete Veiga. Entrevista aplicada através de Questionário respondido por e-mail em 30 de janeiro de 2019 às 03h53.

17   MAIA, Elisete Veiga. Entrevista aplicada através de Questionário respondido por e-mail em 30 de janeiro de 2019 às 03h53.

18   MORAES, Rosana Ribeiro. Entrevista aplicada através de Questionário respondido por e-mail em 06 de fevereiro de 2019 às 22h14.

A partir da narrativa, compreende-se que as mulheres colaboravam em cada ente federativo do imenso Brasil de maneiras heterogêneas, desempenhando ações de sensibilização social, enquadrando-se no movimento camponês, movimentos sociais de mulheres, aglutinando-se as ações das pastorais usufruindo-se das estruturas locais, para a constituição de "bases de sustentação, áreas de recuos tático, rotas de saída para seus militantes. Em todos estes locais, sempre houve o trabalho das mulheres" (RIBEIRO, 2018, p. 38).

Dessa forma, percebe-se uma preocupação de Iza Cunha concernente à organização das mulheres, dos movimentos populares e sociais dentro da abordagem marxista, dialogando com as primeiras discussões de gênero, feminismo, violência contra a mulher e direitos humanos dentro do espaço acadêmico promovido pelo GEPEM/UFPA, conforme relata a coordenadora e cientista política Dra. Luzia Miranda Alvares:

> O feminismo de Isa Cunha tendia a uma radicalidade sem fronteiras, quando a situação se inclinava a constatar a violência contra a mulher. Mas ela ia mais além, mostrando que se deixássemos de lado o companheiro sem as informações pontuais sobre a violência praticada, não mudaríamos nada, não chegaríamos a desenvolver o pleito maior que era a mudança social. E essa posição dela me fascinava, pois sempre foi esse o meu ponto de vista. Desta sintonia, extraíamos a argumentação necessária para a revisão de algumas versões que não levavam a quase nada. Nossas conversas eram sempre para a definição de posições dos temas sobre a questão da mulher, nos textos teóricos que surgiam e também na prática, quando ela via que estas posições tendiam a excluir algum ator social do processo. Eram sempre para planejar alguma oficina, curso ou palestra que levasse informação às mulheres. Por isso, Isa sempre estava presente nos eventos promovidos pelo GEPEM/UFPA dando sua contribuição às novas gerações. Esta parceria se não alcançou mais o presencial, seu rastro tem estado presente entre nossas companheiras de movimento e isto é muito bom saber. Mas aquela ternura de Isa Cunha de comentar a mudança na vida da mulher e tratar com radicalidade a justiça social para humanos e humanas vai ficar na diretriz de nossas vidas. O movimento dos direitos humanos ficou pobre ao perder Isa Cunha, que foi ferida de morte no emprego que mantinha há

muito tempo, onde não foi tratada por alguns com o instrumento que fazia dela a grande militante: os direitos humanos[19].

Nesse sentido, a importância da consolidação da trajetória política e social de Iza Cunha como mulher e militante está representada simbolicamente na Comenda Iza Cunha, normatizada pela Resolução n.º 22, de 11 de agosto, "que homenageia com medalhas outorgadas em 2004 e nos anos seguintes paras personagens femininas[20] que prestam serviços relevantes à sociedade paraense, em Solenidade Especial na Assembleia Legislativa do Pará e na Câmara dos Vereadores de Belém no Dia Internacional da Mulher, valorizando a memória de uma mulher que deixou um legado de luta e exemplo nos Direitos Humanos no Estado do Pará.[21]

Nada mais do que justo tal comenda, pois conforme preconizou Michelle Perrot (2017, p. 15-16):

> As Mulheres têm uma história [...] A história das mulheres mudou. Em seus objetos, em seus pontos de vista. Partiu de uma história do corpo e dos papéis desempenhados na vida privada para chegar a uma história das mulheres no espaço público da cidade, do trabalho, da política, da guerra, da criação. Partiu de uma história das mulheres vítimas para chegar a uma história das mulheres ativas, nas múltiplas interações que provocam a mudança. Partiu de uma história das mulheres para tornar-se mais especificamente uma história do gênero, que insiste nas relações entre os sexos e integra a masculinidade. Alargou suas perspectivas espaciais, religiosas, culturais.

---

19 ALVARES, Luzia Miranda. "Oração por uma companheira de lutas". *Blog do Paulo Fonteles Filho*. Verdade, Memória e Justiça na Amazônia. 10 jun. 2016. Disponível em: paulofontelesfilho.blogspot.com/2016/06/luzia-miranda-alvaresassic. Acesso em: 17 mar. 2019.

20 MULHERES recebem a medalha Isa Cunha na ALEPA e reivindicam medidas para a calamitosa situação da grande maioria das mulheres no Pará. *CUT-PARÁ*, Belém, 12 mar. 2014. Disponível em: https://cut.pa.org.br. Acesso em: 17 mar. 2019.

21 "Ex-Deputada Araceli recebe medalha do Legislativo". Ex-deputada do PSOL, Araceli Lemos, historiadora homenageada pelo atual Prefeito Edmilson Rodrigues (PSOL), foi presidente do SINTEPP, dois mandatos como Deputada Estadual pelo PT e PSOL – 1998 e 2007, representante das Mulheres Parlamentares da União Nacional dos Legisladores e Legislativos Estaduais. O discurso do Deputado Estadual Edmilson Rodrigues, concernente à homenagem, fez referência à atuação de Iza Cunha. Disponível em: http://www.edmilsonbritorodrigues.com.br/ex-deputada-araceli-recebe-medalha-do-legislativo/ Acesso em: 17 mar. 2019.

Considerações finais

A protagonista Iza Cunha militou, coadjuvou e lutou não somente para a efetivação dos Direitos Humanos na Amazônia como colaborou na implementação na área de Planejamento e Gestão de Políticas Públicas para as Mulheres na Amazônia. Diante disso, procurou-se analisar dentro de uma perspectiva da Biografia (ensaio biográfico) através da História Social e Cultural das Mulheres na Amazônia dialogando com diversas fontes e bibliografias, adentrando no universo da trajetória política e social de Iza Cunha, que tinha uma "visão marxista, o materialismo histórico e dialético, no entendimento da opressão da mulher". (TOLEDO, 2017, p. 16.) contribuindo para o debate e execução de políticas públicas direcionadas para as mulheres na sociedade paraense, tais como: "moradia digna, memorável campanha em defesa da educação com a reivindicação da criação das creches e a garantia de vagas para zerar o déficit por meio da ampliação da rede de escolas públicas"[22]

Dessa forma, Iza Cunha com o conhecimento histórico, político e social, contribuiu para a efetivação dos Direitos Humanos, organização dos movimentos sociais, participação política partidária (como candidata e assessora parlamentar) e de gestão (cargos comissionados, Presidência/Coordenação), além da militância na sociedade civil, (movimentos sociais, populares, organizações, associações e sindicatos).

Ao entrevistar a coordenadora do Movimento de Mulheres Campo e Cidade (MMCC) e ex-ouvidora de Segurança Pública do Estado, Eliana Fonseca, esta argumentou:

> Iza foi uma mulher de uma identidade feminina impar, aparentemente frágil, delicada, e de uma vasta humildade, expressa a cada exemplo de mulher forte destemida, aguerrida, sem temer, sem dar passo para trás a não ser por estratégia, para dar um passo em seguida.[23],

---

22 ALVES, Edivânia Santos. Historiadora e Professora da UFPA/IEMCI. Entrevista aplicada através de Questionário respondido por e-mail: 12 março de 2019 às 00h39.

23 FONSECA, Eliana. Educadora popular, conselheira municipal dos Direitos Humanos, coordenadora do Movimento de Mulheres Campo e Cidade (MMCC) e ex-ouvidora de Segurança Pública do Estado, foi amiga de Iza Cunha, com ela atuando na SPDDH e MMCC. Entrevista concedida no dia 06 de fevereiro de 2018 na SDDH (15 às 17h).

Logo, Iza Cunha era representada por muitos como "uma mulher à frente do seu tempo".[24] Nesse sentido, além de sua memória ficar registrada em Comenda (medalha) para homenagear perfis femininos com relevância político-social, econômica, cultural e de gestão na sociedade paraense, Iza Cunha também foi homenageada no meio ambiente cultural urbano: em Praças e Ruas em vários bairros de Belém como Bengui e Pratinha[25], Bibliotecas (Diretório Estadual do PT), Centro de Medidas Sócio-Educativas Feminina (Ananindeua), Núcleo de Assessoria Jurídica Universitária Popular, Unidade de Educação Infantil de Belém Isa Cunha, Cursinho Popular, Praça Iza Cunha em Ponta de Pedras, entre outros, configurando o registro de uma memória feminina presente na urbes do centro e periferia de Belém e do Estado do Pará.

Em entrevista no Jusbrasil em 2010, Regina Barata afirmou: "Isa Cunha foi uma mulher guerreira que sofreu a insanidade da tortura que lhe arrancou gritos, lhe fez expor medo, mas não tirou os sonhos"[26].

Portanto, a sua História e Memória devem ser preservadas como mulher amazônida em um contexto de outrora pautado em imagens de trajetória de lutas e resistências das mulheres proporcionando a emancipação política em um cenário público político (SALOMÃO; VIDAL, 2009, p. 29), uma militante política dos Direitos Humanos que lutava contra a opressão, por uma justiça social vislumbrando "uma sociedade melhor e mais igualitária"[27], "na defesa dos silenciados, humilhados e esquecidos"[28].

Conforme a própria Iza Cunha, em entrevista concedida como forma de denúncia no Jornal *Resistência* sobre a sua tortura, relatou:

---

24 FONSECA, Eliana. Educadora popular, conselheira municipal dos Direitos Humanos, coordenadora do Movimento de Mulheres Campo e Cidade (MMCC) e ex-ouvidora de Segurança Pública do Estado, foi amiga de Iza Cunha, com ela atuando na SPDDH e MMCC. Entrevista concedida no dia 06 de fevereiro de 2018 na SDDH (15 às 17h).

25 IZA CUNHA. Quem foi a mulher que deu nome à praça da Pratinha? Disponível em: https://www.youtube.com/watch?v=CSNM0NTA5h4 Acesso em: 10 jun. 2022.

26 JUS BRASIL. "Legislativo comemora Dia Internacional da Mulher". 08/03/2010. Disponível em: https://al-pa.jusbrasil.com.br Acesso em: 14 set. 2018.

27 GUERRA, Jureuda Duarte. Psicóloga, aproximou-se de Iza Cunha na militância do Partido PcdoB, na Sociedade de Defesa dos Direitos Humanso-SDDH e no movimento feminista. Entrevista aplicada em questionário respondido por e-mail em: 13 de março às 13h24.

28 CARVALHO, Angelo. Geógrafo e Professor. Conheceu Iza cunha nas manifestações estudantis e sindicais. Entrevista aplicada em questionário respondido por e-mail em: 05 de março às 18h19.

Apesar de tudo isso, continuo achando o mesmo que achava: que o povo tem o direito de ter melhores condições de vida, lutando por todas as formas ao seu alcance, inclusive contra a lei, quando ela favorece apenas aos poderosos[29].

Portanto, adentrar no universo da militância política da mulher paraense, compreendendo sua atuação na clandestinidade, participação nos movimentos sociais de mulheres, grupos sociais, organizações político-partidárias nos diferentes espaços públicos e privados, além de refletir através da riqueza dos depoimentos analisados, comparando com as demais fontes históricas institucionais, é trazer a possibilidade de reverberar as vozes das protagonistas anônimas da História da Amazônia, preservando sua memória, sentindo as subjetividades e a força dessa mulher na luta contra a Ditadura Militar, em prol da garantia dos Direitos Humanos e efetivação de uma sociedade justa e democrática, pois conforme a própria Iza Cunha asseverou com toda pujança: "As mulheres são fortes, nada de pensar nesta fraqueza, que impingiram sobre a nossa imagem".

Fonte: Jornal *Resistência* – Belém Pará. Março de 1981 Ano IV. Nº 22 p. 7.

---

29 CARVALHO, Luiz Maklouf. Tortura. O Inferno de Iza Cunha. *Resistência*, Belém, mar. 1981. Ano IV. n. 22. Disponível em: www.fcp.pa.gov.br/2016-12-13-19-41-20/resistencia-mensario-da-sociedade-paraense-de-defesa-dos-direitos-humanos-belem-mitograph-v-4-n-22--mar-1981-20-p. Acesso em: 06 mar 2019.

TRAJETÓRIA DE IZA CUNHA: MILITÂNCIA POLÍTICA E A QUESTÃO DOS DIREITOS... **591**

Referências

ALVARES Luzia Miranda, "Oração por uma companheira de lutas". *Blog do Paulo Fonteles Filho*, 10 jun. 2016. Disponível em: paulofontelesfilho.blogspot.com/2016/06/luzia-miranda-alvaresassic. Acesso em: 17 mar. 2019.

ARENDT Hannah. *A condição humana*. Tradução de Roberto Raposo. Rio de Janeiro: Forense Universitária, 1991.

BORGES Vavy Pacheco. Desafios da Memória e da Biografia Gabrielle Brune- Sieler, uma Vida (1874-1940). *In*: BRESCIANI Stella e NAXARA Márcia (org.). *Memória e (Res) sentimento*: Indagações sobre uma questão sensível. Campinas: Editora da Unicamp, 2004. p. 288.

BOURDIEU, Pierre. *O poder simbólico:* elementos para uma sociologia do campo jurídico. Rio de Janeiro: Bertrand Brasil, 2003, p. 229.

BRASIL NUNCA MAIS DIGITAL. SUMÁRIO DO BNM 054. Ação Penal nº 16/72. Apelação nº STM 40.188. Disponível em: bnmdigital.mpf.mp.br/sumarios/100/054.html. Acesso em: 10 mar. 2019.

CARVALHO. Luiz Maklouf. Tortura. O Inferno de Iza Cunha. *Resistência*, Belém, março de 1981. Ano IV. n. 22. Disponível em: www.fcp.pa.gov.br/2016-12-13-19-41-20/resistencia-mensario-da-sociedade-paraense-de-defesa-dos-direitos-humanos-belem-mitograph-v-4-n-22-mar-1981-20-p. Acesso em: 06 mar 2019.

EDMILSON RODRIGUES DEPUTADO ESTADUAL DO POVO." Ex-Deputada Araceli recebe medalha do Legislativo. Disponível em: http://www.edmilsonbritorodrigues.com.br/ex-deputada-araceli-recebe-medalha-do-legislativo/. Acesso em: 17 mar. 2019.

FERREIRA Paulo Roberto. *A censura no Pará*: a mordaça a partir de 1964 (registros e Depoimentos). Belém Pará Paka-Tatu. 2015. p. 165.

FONTES, Edilza Joana Oliveira. A UFPA e os Anos de Chumbo: memórias, traumas, silêncios e cultura educacional (1964-1985) – Entrevista com Humberto Rocha Cunha. Disponível em: http://www.multimidia.ufpa.br/jspui/handle/321654/1277. Acesso em: 04 mar 2019.

GINZBURG, Carlo. *O queijo e os vermes*: o cotidiano e as ideias de um moleiro perseguido pela inquisição: São Paulo: Companhia das Letras, 2006. p. 205.

GINZBURG, Carlo. *O fio e os rastros*: verdadeiro, falso, fictício. Tradução de Rosa Freire d'aguiar e Eduardo Brandão. São Paulo: Companhia das Letras. 2007. p. 7.

JUS BRASIL. "Legislativo comemora Dia Internacional da Mulher". Belém, 08 mar. 2010. Disponível em: https://al-pa.jusbrasil.com.br . Acesso em: 14 set. 2018.

MATOS, Maria Izilda. Outras Histórias: as Mulheres e estudos de gênero-percursos e possibilidades. *In*: SAMARA, Eni de Mesquita; SOHIET, Raquel; MATOS, M. Izilda S. de. (org.). *Gênero em debate*. Trajetórias e perspectivas na historiografia contemporânea. São Paulo. Edusc. 1997, p. 84-113.

MULHERES recebem a medalha Isa Cunha na ALEPA e reivindicam medidas para a calamitosa situação da grande maioria das mulheres no Pará. *CUT-PARÁ*, Belém, 11 mar. 2014. Disponível em: https://cut.pa.org.br . Acesso em: 17 mar. 2019.

PEDRO, Joana Maria. Viver o Gênero na clandestinidade. *In*: ROVAI, Marta Gouveia de Oliveira. *História Oral e história das mulheres*: rompendo silenciamentos. São Paulo. Letra e Voz. 2017. p. 37.

PERROT, Michele. A mulher popular rebelde. *In*: PERROT Michele. *As Mulheres e os silêncios da História*. Bauru: EDUSC, 2005. p. 217.

PERROT Michelle. *Minha história das mulheres*. São Paulo: Contexto, 2017. p. 15-16.

POLLACK, PRIORE Del Mary. *Histórias e conversas de mulher*. 2. ed. São Paulo. Planeta. 2014. p. 19.

RESISTÊNCIA à ditadura o embrião da luta por Direitos Humanos no Brasil. *Resistência*, Belém, 02 fev. 2012. Disponível em: https://jornalresistenciaonline. blogspot.com. Acesso em: 17 mar. 2019.

RIBEIRO, Maria Cláudia Badan. *Mulheres na luta armada protagonismo feminino na ALN (Ação Libertadora Nacional)*. São Paulo: Alameda, 2018 p. 38.

ROSA, Susel Oliveira da. *Mulheres Ditaduras e Memórias*: "Não imagine que precise ser triste para ser militante". São Paulo: Intermeios, Fapesp, 2013. p. 31.

SAMOLÃO Mirian da Silva; VIDAL Josep Pont. A participação das Mulheres no espaço público-político: Algumas reflexões. *In*: ALVARES, Maria Luzia Miranda; SANTOS, Eunice Ferreira; CANCELA, Cristina Donza (org.). *Mulheres e Gênero*: as faces da diversidade. Belém: GEPEM, 2009. p. 23-34.

SCHMIDT, Benito Bisso. Construindo Biografias. Historiadores e Jornalistas. Aproximações e afastamentos. *Estudos Históricos*, Rio de Janeiro, CPDOC/FGV, n. 19, 1997. p. 12.

SPIVAK, Gayatri Chakravorty. *Pode o subalterno falar?* Tradução de Sandra Regina Goulart Almeida, Marcos Pereira Feitosa e André Pereira Feitosa. Belo Horizonte: UFMG, 2012.

TARROW, Sidney. *El poder em movimento, Los movimentos sociales, la acción colectiva y la política.* 2. ed. Madrid: Alianza, 2004

TOLEDO, Cecília. *Gênero e Classe.* São Paulo: Sundermann, 2017. p. 16.

PROTAGONISMO DE MULHERES TRANS EM MOVIMENTOS SOCIAIS NO PARÁ: TRAJETÓRIAS, RESISTÊNCIAS E LUTA POR VISIBILIDADE

José Luiz de Moraes Franco[1]
Milton Ribeiro da Silva Filho[2]
Natália Conceição Silva Barros Cavalcanti[3]

Pensando em discutir a respeito da memória, trajetória e luta dos movimentos LGBTs e sua história ao longo das décadas, este capítulo se propõe a compreender as relações homossexuais e a conquista por direitos civis, políticas públicas e visibilidade social ao longo das décadas em Belém do Pará. Rever essa história é adentrar em um Pará dos idos finais dos anos de 1970/80 e entender como os homossexuais viviam nessa época, quais os lugares que mais frequentavam tanto na capital quanto no interior desse

---

1 Professor Efetivo do Instituto Federal do Pará - Campus Tucuruí. Doutor em Antropologia Social PPGA/UFPA (2018). E-mail: jlantropologo@gmail.com.

2 Professor de Ciências Sociais no Departamento de Filosofia e Ciências Sociais da Universidade do Estado do Pará, lotado no Campus X/Igarapé-Açu. Doutorando em Antropologia no Programa de Pós-Graduação em Sociologia e Antropologia da Universidade Federal do Pará, Mestre em Ciências Sociais - área de concentração em Antropologia Coordenador do Podcast «Diálogos em RI» e da «Enciclopédia de RI», vinculados ao Bacharelado em Relações Internacionais (UEPA).E-mail: milton.ribeiro@uepa.br

3 Professora Titular da Educação Básica, Técnica e Tecnológica. Docente do Instituto Federal de Educação, Ciência e Tecnologia do Rio Grande do Norte - Campus Macau. Atua no PROFEPT- Mestrado Profissional em Educação Profissional e Tecnológica do Campus Belém. É Professora colaboradora no Programa de Pós-Graduação em Educação Profissional PPGEP-IFRN. Doutora em História pela Universidade Federal de Pernambuco- UFPE. Coordena o Projeto de Extensão Podcast Entre uma História e Outra. E-mail: natalia.cavalcanti@ifpa.edu.br

estado e as estratégias utilizadas para ter um diálogo mais próximo com o governo a partir dos movimentos sociais LGBTs, dos Concursos de cunho Gay e, principalmente, combater a violência, o HIV/Aids, o preconceito e a discriminação. Importante para a pesquisa foi compreender como esse conjunto de fatores contribuíram para uma ação coletiva e como a força de militantes homossexuais de diversos bairros de Belém, por meio de associações e entidades comprometidas com a questão social, foi dando vida a Grupos de Amigos Homossexuais, até chegar ao Movimento Homossexual de Belém (MHB) do estado e concretizando seus objetivos por meio das articulações e vida cultural.

Dentro das pesquisas antropológicas desenvolvidas e realizadas em nossa região, surge o intuito de analisar os estudos sobre a homossexualidade desde os anos de 1970?

Estas serviram como pano de fundo para adentrarmos neste estudo e nos estimula a ir adiante e aprofundar este trabalho. Nesse sentido, rememorando os trabalhos realizados por Peter Fry, em 1974, na cidade de Belém, que tomaremos como um dos trabalhos seminais de campo realizados na região amazônica. Fry se concentrou em analisar a presença e a participação de homossexuais nos cultos afro-religiosos, nos terreiros e casas afros de alguns bairros de Belém. Seguindo essa trajetória, quase duas décadas após, encontramos no trabalho de Telma Amaral Gonçalves, desenvolvido no antigo PPGCS da UFPA, uma pesquisa intitulada: "Homossexualidade – representações, preconceitos e discriminação em Belém", no ano de 1989, orientado pela Profa. Dra. Maria Angélica Motta-Maués, que dialoga com questões dos direitos LGBTs na cidade de Belém.

Os movimentos LGBTs do Pará, principalmente por meio do Movimento Homossexual de Belém (MHB), surgido em 1990, considerando sua atuação no estado, conseguiu dar sedimentação a outros coletivos, no início dos anos 2000, que se institucionalizaram como: Grupo Homossexual do Pará – GHP, Cidadania, Orgulho e Respeito – COR; e Grupo pela Livre Orientação Sexual – APOLO; Grupo OLIVIA. Todos com o propósito de lutar por direitos individuais e coletivos, entre todos encontramos a presença de uma força que vem perpassando por décadas de resistência e lutas travadas por mulheres transexuais que foram protagonistas desses movimentos na capital paraense, mas que muitas vezes foram invisibilizadas.

É importante frisar que nessa mesma Belém, nos anos 1970, houve o aparecimento de manifestações culturais propostas por um grupo de artistas, intelectuais e jornalistas que saíam às ruas e se tornavam visíveis para a sociedade. Estou falando da Festa da Chiquita, que hoje é conhecida nacionalmente e é palco de reivindicações políticas e culturais nessa capital, como se observa nas pesquisas do antropólogo Silva Filho (2011) a respeito desta tão emblemática festa de Belém do Pará, após a passagem de Nossa Senhora de Nazaré, no sábado da trasladação, do Círio a ela dedicado. Também ressaltamos a importância do Teatro de Belém na figura de Luís Otávio Barata, que transformou o cenário cultural, considerado até então uma reprodução da heteronormatividade.

De uma forma ou de outra, os movimentos sociais têm um papel muito importante na sociedade, suas ações produzem transformações sociais significativas. Uma questão a ser destacada é sobre as tomadas de posição frente a uma determinada situação social, com o intuito de transformá-la ou mantê-la. Os movimentos sociais estabelecem conflitos, ensejam processos sociais, criam identidades coletivas, articulam solidariedades e geram inovações, influenciando a vida política da sociedade. Cabe, então, analisar os papéis e propósitos desses movimentos a partir do local (ou espaço) onde eles se fazem presentes, principalmente aqui na Amazônia Oriental.[4]

Os movimentos sociais refletem as conquistas traçadas a partir da participação de agentes sociais ao longo dos tempos. Essas conquistas são frutos de muitas mentes inteligentes, que foram descobertas ao longo do envolvimento

---

4 Para nossa pesquisa é de suma importância enfatizar o conceito de *ação coletiva* especialmente na forma como ele é trabalhado por Alberto Melluci. Scherer-Warren (1999), com referência em Melluci, afirma que o conceito de ação coletiva tem sido geralmente utilizado na academia de maneira demasiadamente ampla para se referir a toda e qualquer forma de ação reivindicativa que está atrelada à questão da mobilização de recursos ou protestos realizados por grupos sociais, tais como associações civis, agrupamentos e organizações para a defesa de interesses públicos. Dessa forma, a noção de ação coletiva se torna genérica e abrangente, referindo-se a diferentes níveis de atuação, dos mais localizados e restritos (uma ONG, por exemplo) aos de um alcance mais universal de esfera pública (um movimento social propriamente dito, por exemplo, o Movimento dos Sem-Terra). Porém, para essa autora, assim como para nossa pesquisa, o que de fato interessa é a abordagem precisa que Melluci faz dessa teoria ao afirmar que ação coletiva envolve uma estrutura articulada de relações sociais, circuitos de interação, influência, e escolhas entre formas alternativas de comportamento. Os movimentos sociais seriam uma das possibilidades dessas ações. Assim, segundo Melluci, o movimento social, enquanto categoria analítica, é reservado ao tipo de ação coletiva que envolve solidariedade, manifesta um conflito e excede os limites de compatibilidade do sistema em relação à ação em pauta.

de militantes que dedicaram suas vidas à luta pelo reconhecimento de um determinado direito social que não estava sendo concretizado. Como afirma Gramsci, grosso modo, esses se transformam em verdadeiros intelectuais orgânicos, capazes de mudar suas realidades e de muitas pessoas que estão envolvidas na luta. Nesse sentido, viver essa realidade dos movimentos sociais é poder descobrir como, ao longo do tempo, a efetivação de ações voltadas à melhoria da vida de um determinado segmento social converge para o bem comum e procura concretizar boas mudanças em seu interior, transformando realidades em meio a injustiças sociais. A partir de tais definições e diversas análises sobre os movimentos sociais ao longo dos tempos, faz-se necessário sinalizar alguns componentes próprios dos movimentos sociais, enfatizando a perspectiva dinâmica e transformadora que estes podem proporcionar aos que neles estão envolvidos.

É necessário ressaltar que este trabalho foi realizado a partir de pesquisas em meio a documentos, como jornais, livros, artigos eletrônicos, entrevistas com interlocutoras da temática pesquisada e observações de campo. Para interpretar e trazer à tona a história, a trajetória, a memória, a participação e a luta das ativistas do movimento LGBT do Pará, fez-se mister adentrar no contexto histórico do país e do estado do Pará e, principalmente, entrevistar as interlocutoras para reconstruir a história de suas vidas dentro do movimento, levando em consideração a posição política dessas militantes, com suas reflexões e *práxis* de inserção no meio do povo, mesmo que muitas vezes estas fossem julgadas e invisibilizadas. Em suas memórias encontramos muita garra, vontade de mudança e luta que por meio de ações promovidas pelo movimento LGBT se constituiu e se efetivou através dos tempos. Dessa forma, é importante perceber a luta coletiva dessas militantes, principalmente das transexuais, dos homossexuais, e as expressões importantes do movimento popular de Belém, que almejavam a inserção dos temas e demandas destes que, muitas vezes, estavam fora da questão política da cidade no que se refere à saúde, à educação, ao lazer, à segurança e à dignidade.

Passando para uma discussão mais direcionada sobre os pensadores dos movimentos sociais e dialogando com as teorias do sociólogo Alain Touraine (2007), observa-se que esse autor levanta a discussão de que a sexualidade é fundamental para trazer à tona as necessidades de um determinado grupo social e, por meio dela, buscar meios pelos quais as pessoas que não se sentem

PROTAGONISMO DE MULHERES TRANS EM MOVIMENTOS SOCIAIS NO PARÁ

contempladas socialmente em relação a suas orientações sexuais sejam aceitas de forma igualitária, assim, segundo ele, compreende-se que

> A sexualidade ocupa um lugar central na formação dos sujeitos, pois ela remete a uma experiência individual, ao engajamento da personalidade ao redor desta experiência, que é ao mesmo tempo uma vivência pessoal, uma relação com o outro e, mais profundamente, uma consciência de si mesmo voltada para a relação com a vida e com a morte. O que é dito aqui tem uma consequência que é preciso mencionar logo de saída. A sexualidade é a construção de condutas de sexo (TOURAINE, 2007, p. 219).

Há, portanto, uma constante marca da sexualidade humana que a todo o momento exige dos indivíduos uma padronização social. Essa reflexão de Touraine diz respeito à necessidade que os indivíduos que não seguem os padrões heteronormativos têm em reivindicar seus direitos e melhorias sociais. Nesse sentido, os movimentos LGBTs se apresentam como uma forma de cada vez mais buscar visibilidade e lutar por seus direitos enquanto cidadãos e se situam em meio a estes diversos movimentos como categoria reivindicatória dentro do espaço público ao qual pertencem[5].

Essa análise é compartilhada pela filósofa da teoria crítica Nancy Fraser (2001) quando se refere à "coletividade homossexual". Segundo a autora, os direitos homossexuais não são respeitados, tampouco levados em consideração, por isso acabam por serem negligenciados, pois há muitos preconceitos em relação àqueles que destoam do geral. Avançando para as reflexões do sociólogo Giddens (1993), este diz que os homossexuais ainda enfrentam uma multiplicidade de preconceitos profundamente enraizados e, muito comumente, uma violência aberta.

Nesse sentido, é posto em relevo a necessidade das/dos militantes dos movimentos LGBTs em trazer, em seu interior, um conjunto de interesses que se concretizam por meio de articulações comuns com o intuito de

---

5 Os avanços conquistados pela cidadania LGBT nos últimos anos são frutos da mobilização e do ativismo de pessoas, grupos e instituições que há mais de 30 anos lutam pela garantia de direitos iguais e da conquista da cidadania LGBT plena, tornando-se também importantes contribuições para a democracia e a criação de uma sociedade mais igualitária. Cotidianamente, a mídia noticia e a sociedade civil denuncia ações de homofobia que variam desde uma sutil discriminação a uma violência física grave, que resultam, muitas vezes, em morte. (2ª Conferência LGBT, 2011).

mudar comportamentos, rever as questões das normas sociais e sempre lutar pela inclusão social, reivindicando políticas públicas para essa categoria social. Dessa forma, os movimentos sociais adentram a vida da cidade e vão de encontro a uma sociedade que, diversas vezes, impõe práticas de racismo, preconceito, homofobia, entre outras práticas, para manter uma pequena quantidade de pessoas e grupos no poder, sem se importar com a isonomia dos cidadãos que nela vivem. Concorda-se, nesta pesquisa, com antigas análises de Touraine (1978) quando afirmou que "os movimentos sociais são o coração, o pulsar da sociedade".

Facchini (2005) afirma que pensar em movimentos sociais atualmente traz à tona um emaranhado de palavras que foram aderindo à categoria ao longo do tempo, tais como racionalidade, autonomia, espontaneidade, transformação social, identidade, carências coletivas, solidariedade. Assim como uma série de classificações e caracterizações que tentam dar conta da variedade empírica e das mudanças conjunturais das ações coletivas como movimentos populares, movimentos sociais urbanos, movimentos alternativos, movimentos libertários, movimentos homossexuais, associações civis, ONGs, redes de movimentos sociais e campo ético-políticos. Outros termos, ainda, vinculam-se à atribuição de um sentido a essas ações políticas, tais como atores políticos, sujeitos coletivos, sociedade civil e terceiro setor. Importante analisar que essas questões referentes aos movimentos sociais e suas diversas dimensões se fizeram presentes ao longo da história e foram se fortificando principalmente por causa das constantes lutas que se efetivaram por questões de direitos negados.

Ressalta-se que os "grupos desviantes organizados", como sinaliza Howard Becker (2009), é essa identificação por alguma causa que cede ao movimento mais força e coragem para construir seus objetivos em comum e necessidade de estar organizado e lutar pelo mesmo problema social.

A luta pela diversidade sexual em meio à invisibilidade social

Benedito Nunes (2006) afirma que "Belém é [...], antes de tudo, uma cidade-história" com sua diversidade cultural que atrai pessoas de todas as outras partes do mundo. Nesse sentido, podemos considerá-la como uma "cidade-memória", embora, por vezes, esteja tão próxima do esquecimento de si mesma. Analisar esse fato é justamente o que interessa a esta pesquisa, tendo em vista que foca na experiência dos sujeitos e a compreensão dos lugares que criaram e vivenciaram por meio do movimento que foi se constituindo através da militância de homossexuais nos fins da década de 1980 em Belém do Pará.

As interlocutoras que são apresentadas nesta pesquisa são pessoas que viveram um momento, segundo elas, de muitas indecisões, questionamentos, violência e militância em suas vidas. Buscou-se, por meio delas, saber como estas se fortaleceram a partir dos movimentos sociais. Fez-se necessário, portanto, analisar individualmente e buscar entender como essa categoria de movimentos sociais é interpretada a partir delas mesmas. Segundo elas, devido às suas orientações sexuais, tanto a família, os amigos, as instituições, os amores, os desejos e os sonhos foram e são marcados e atravessados por preconceitos, invisibilidades, porém, apesar de todas essas mazelas sociais, conseguiram unir-se e lutar por seus direitos.

Apresentam-se as interlocutoras com suas dessemelhanças, mas com a vontade e desejo de uma sociedade mais digna e igualitária. Essas militantes representa a busca por maior visibilidade que, a partir do movimento MHB instituído, deixaram suas contribuições na luta pela causa homossexual do estado.

As entrevistas foram realizadas individualmente e em diferentes espaços. Foram gravadas e depois transcritas. Nessas entrevistas, priorizou-se a imparcialidade. Como afirma Howard Becker (2010), seguindo a fidelidade das falas dos interlocutores e deixando que, a partir de suas memórias, pudessem realmente reconstruir a história de lutas das militantes do Movimento Homossexual de Belém (MHB) e suas demandas que deram vida a outros movimentos como o Apolo, o GHP, entre outros grupos dos anos 2000.

Interessante perceber que esse trabalho contribui para a discussão dessa temática dentro da academia, recuperando a trajetória do próprio movimento LGBT do Pará que em todas as vezes foi invisibilizada. É necessário reconhecer que alguns professores já discutiam tal temática no interior da Universidade, principalmente na Escola de Teatro da UFPA, por meio de alguns espetáculos[6], como se verá na figura do professor Ernani Chaves, não de maneira mili-

---

6   Para entendermos melhor sobre esse período de surgimentos de diversas peças de teatro em Belém do Pará, temos o trabalho de Michele Campos de Miranda, em seu texto: "Luís Otávio Barata: por uma Cena Aberta e política em Belém do Pará", que fala sobre a vida e obra de uma das figuras mais emblemáticas de nosso estado que é o diretor, dramaturgo, cenógrafo,

tante e institucionalizada, mas como partícipe dessa realidade no interior dessa instituição que trazia em seus métodos, em seus debates e em peças teatrais, entre outras atividades, o tema da sexualidade e homossexualidade humana.

Nesse primeiro momento, serão apresentadas as interlocutoras que nos concederam entrevistas. Depois, a partir de suas histórias de vida, será contextualizado o período histórico, tentando fazer uma digressão de como era a vida em Belém no momento do surgimento do movimento homossexual institucionalizado. As militantes **Jacques Chanel** (50 anos) e **Midori Amorim** (43 anos). Estas foram protagonistas do Movimento Homossexual de Belém – MHB[7] com outros militantes homossexuais.

Dando início à apresentação das interlocutoras, a partir dos contatos adquiridos por meio do Jocélio Rente (Professor e militante do Movimento Homossexual de Belém), mandei mensagem para a **Midori Amorim**, que mora em São Paulo. Uma das precursoras do MHB. Após meu primeiro contato com ela pelo *WhatsApp*, explicando sobre a minha pesquisa e o interesse de ter uma conversa/entrevista com ela a respeito de sua atuação no MHB no período em que morou na capital paraense, depois de algumas horas ela me retornou e disse que poderia com certeza me conceder a entrevista e estaria disposta a me encontrar, mas lá em São Paulo. Como eu estava com uma viagem marcada para São Paulo e uma semana antes havia tido conhecimento da história da Midori Amorim e sua trajetória no movimento, fui atrás dela em São Paulo e a encontrei. Em São Paulo, eu estava na casa de um amigo na zona oeste, em Osasco, região metropolitana. Midori Amorim mora no bairro de Grajau no extremo sul da capital paulista. Como são extremos e era um final de semana e ainda por cima feriado, foi muito difícil de chegar ao local que marcamos no Shopping Eldorado, que é perto de seu trabalho. Midori Amorim

---

figurinista, jornalista e artista plástico, que segundo ela abalou a cena provinciana da cidade de Belém durante três décadas, de 1970 a 1990. Influenciado por distintos artistas, poetas, cenógrafos e filósofos, apropriava-se do trabalho e de escritos de Antonin Artaud, Jean Genet, Friedrich Nietzsche, Roland Barthes, Jean Paul Sartre, Santo Agostinho, Flavio Império e de textos bíblicos para compor suas cenas, feitas por colagens e imagens caóticas criadas a partir da leitura desses mestres. Arte e vida trazidas para o palco em sua diversidade humana e seus aspectos políticos perseguiram a trajetória do artista que, por fim, recriou a própria vida morrendo para o mundo artístico de Belém e sobrevivendo, como um anônimo personagem perdido, na fuligem sampaulina, onde morreu aos 66 anos por parada cardíaca, em 24 de julho de 2006.

7   Sabe-se que a questão da sexualidade em Belém do Pará vinha sendo discutida em outros lugares, como na Universidade Federal do Pará e nos Grupos de Teatro que existiam na época, locais estes que eram e são espaço de pertinentes reflexões como já afirmado.

é travesti, este é seu nome social, ela trabalha em frente ao Jóquei Club, bem próximo do shopping, do outro lado da Marginal Tietê. Saí de Osasco pela estação Quitaúna em direção ao metrô. Devido ao trem e ao metrô estarem lentos, demorei bastante para chegar no local que marcamos de nos encontrar. Midori estava me aguardando em frente ao Shopping Eldorado, também não sabia como ela era, pois sua foto de perfil no *WhatsApp* não estava visível, então esperava que ela se aproximasse e me abordasse, como aconteceu. Quando passei a catraca do trem, ela se aproximou toda sorridente, falando comigo apertando minha mão, foi então que nos apresentamos realmente. Ressalto que fui muito bem acolhido por ela. Midori já havia terminado seu trabalho e estava "desmontada", estava trajando uma camisa branca de mangas e uma bermuda azul. Midori possui cabelos longos bem pretos e traços indígenas bem fortes, se considera indígena, possui o segundo grau completo e sua profissão é fazer programas, se caracteriza como "profissional do sexo". Segundo ela:

> nasci no interior do Pará, na cidade chamada Cametá, vindo de uma família de 8 irmãos, mais primos e tios, nós daríamos cerca de 158 integrantes da família, os mais próximos de primeira e segunda e terceira geração, tios, netos, primos. Morei lá até os 16 anos, quando completei o 2.º grau e daí em diante passei a morar em Belém, que foi onde conheci a questão de luta por emancipação de homossexuais que o seu trabalho tá refletindo isso. (entrevista com Midori Amorim, Shopping Eldorado SP, em 15 de novembro de 2015).

Midori Amorim tem uma memória extraordinária, quando conversávamos me falava com uma facilidade e precisão, como se não fizesse 22 anos que havia participado do MHB e que saiu de Belém para morar em São Paulo. Diz que desde os 08 anos já sabia que era gay e que na infância sempre foi taxada como mariquinha. Já se travestia desde o período do MHB. Adora ser DJ, uma de suas outras profissões, e já veio tocar em Belém em uma das Paradas LGBT. Midori transmite uma energia muito boa, é extremamente politizada e bastante crítica em relação ao mundo em que vive. Durante nossas conversas, Midori me deu o número do telefone de **Jacques Chanel**. Iremos conhecer um pouco de sua trajetória no movimento e surgimento do MHB e toda a luta que ambos realizaram em meio à invisibilidade e enfrentamentos familiares e sociais pela sua sexualidade.

Como já havia conseguido seu contato, mandei mensagem para **Jacques Chanel** por meio do *WhatsApp*, me apresentando e falando o objetivo da mensagem. Após alguns dias ela me retornou e marcamos para conversarmos a respeito de sua atuação no MHB. Inicio essa trajetória de vida ressaltando o que Jacques Chanel em relação a sua sexualidade me disse: "eu levanto a bandeira das travestis, porém eu estou num processo de transexual, inclusive tô fazendo tratamento no HC pra fazer a cirurgia de readequação". Jacques Chanel é de Belém do Pará, mas mora em São Paulo há 22 anos, na região central da capital. Tem 50 anos e se considera negra, embora em sua certidão esteja que seja parda. Sua profissão é de cabeleireira. Teve uma relação muito difícil e frustrada com a família e se sentia muito reprimida. É uma mulher muito espiritualizada e dedicada ao que faz. Teve sua vida marcada pelos grandes concursos de miss Gay de Belém e do Brasil, nos quais ganhou muitos títulos e nos momentos de reconhecimento e pronunciamento pelos títulos aproveitava para falar sobre a violência contra os homossexuais em Belém e sempre dizia que queria fundar um movimento em prol da causa gay.

No primeiro contato com Jacques, que aconteceu no centro de São Paulo, na Rua Amaral Gurgel, embaixo do famoso viaduto Minhocão, não foi possível conversar com ela por ser uma quarta-feira à noite, momento em que ela se reúne com os integrantes do "Projeto Ministério Séforas". Segundo ela:

> é exclusivamente e radical para inclusão social e religiosa de travestis e transexuais, esse termo transexuais englobando mulheres transexuais e homens trans segundo o movimento, então é assim inclusão radical em todos os sentidos em termos de militância, em termos de cidadania e é um projeto novo porque a igreja não tinha esse trabalho voltado para as trans e a maior parte das igrejas inclusivas não tem. A nossa é a primeira, então eu tô super feliz ... e é a primeira do País (Entrevista com Jacques Chanel na estação São Bento, em SP, 20 de novembro de 2015)

Participei da reunião e percebi uma excelente discussão e entrosamento entre as travestis e as mulheres trans, notei que elas estão se empoderando em relação à luta por respeito. A partir do depoimento de cada uma, percebi que estão se organizando para lutar por seus direitos e cada vez mais se aprofundar nos discursos em relação aos direitos humanos. Muitas delas foram integradas ao "Projeto TransCidadania", que existe somente no estado de São Paulo. Ressalto que foi uma experiência muito boa ouvir cada uma e sentir a força da organização.

Assim, como a reunião se prolongou bastante e percebi que ela estava meio cansada, então resolvi marcar outro momento para conversarmos com mais calma. Nosso segundo encontro se deu na estação São Bento no centro de São Paulo. Marcamos em seu local de trabalho na Galeria São Bento e lá pudemos conversar, porém não tão à vontade, pois ela estava de saída para mais uma reunião com o Ministério Séforas.

A partir das conversas e entrevistas que tive com todos os interlocutores, é de consenso a afirmação de que ela foi a fundadora do MHB. Importante é afirmar aqui que no período da fundação do movimento ela era o Ricardo Góes, hoje é Jaques Chanel, uma mulher trans. Após algum tempo de militância e alguns problemas internos dentro do próprio movimento e no trabalho, Jacques Chanel resolveu ir morar em São Paulo.

É necessário perceber o quanto a memória dessas lutas por direitos estão presentes na vida dessas mulheres que ainda hoje vêm lutando por mais inclusão social e reconhecimento dos direitos dos homossexuais a partir dos espaços construídos em diversos lugares, estes de ontem e de hoje por estas reinventados. Esses espaços da cidade serão os principais locais por onde esses militantes fizeram a divulgação, prevenção e diálogo com os futuros integrantes do MHB. Para tanto, é preciso destacar que o diálogo com alguns autores que trabalham com narrativas auxiliou na compreensão de qual caminho mais adequado para que essas narrativas de vida, por meio da memória, venham reconstruir um fato. Dentro dessa perspectiva, tem-se Tuner (1986, 1981), Bauman (1986), Portelli (1997), Bosi (2003), entre outros.

Nos documentos e entrevistas realizadas, encontrou-se uma data que marca a história do surgimento do Movimento Homossexual de Belém. Por meio da entrevista realizada com Jacques Chanel, a qual mora atualmente em São Paulo, pôde-se recuperar o início de toda a articulação envolta do contexto social de violência em relação aos homossexuais da época. Sua história se confunde com a própria história do surgimento do MHB, como deixa claro em suas palavras:

Bem, é é é tudo surgiu do seguinte é eu participei de um concurso de beleza em Belém, onde um amigo meu que era tipo promotor de justiça, desembargador, era desembargador de justiça, ele articulou um concurso de beleza gay em Belém e ele me convidou e eu não via a menor possibilidade de eu ganhar algum concurso eu não sentia assim, eu não tinha essa autoestima, acho que até por conta de ter vivido dentro da igreja evangélica, então eu não dava importância a essa questão de corpo, de beleza de autoestima e quando ele me convidou eu não via a menor possibilidade e eu fui, me convidaram pra fazer um teste de beleza, de maquiagem, e no teste de maquiagem eu fui descobrir no momento em que o rapaz terminou a maquiagem que ele me pediu pra que virasse pro espelho, até então estava de costas pro espelho, quando ele pediu pra mim virar de frente pro espelho foi que eu senti que eu não era mais simplesmente aquele gay. Vi que eu era uma pessoa a mais, eu tava descobrindo a minha alma feminina naquele momento. Participei do concurso, ganhei e como eu percebi que a mídia veio pra cima de mim.

José Luiz: Qual era o concurso?

Jacques Chanel: Foi o concurso que chamava **Beleza Gay**, esse concurso aconteceu numa boate. **E quando eu vi a que a mídia veio pra cima de mim eu quis aproveitar e fazer algo a mais pelas pessoas da minha comunidade e naquele momento matavam-se muitos gays e matavam-se muitos travestis na república ali era assassinato direto de travestis e tava acontecendo muitos assassinatos de gays e eu senti a necessidade de fazer algo pela minha comunidade.** Não pode continuar isso tá uma matança terrível e eu tenho que fazer alguma coisa, procurei ajuda de alguém, tipo assim que pudesse como fazer esse movimento acontecer em Belém e aí me falaram imediatamente do GGB que é o Grupo Gay da Bahia do antropólogo Luiz Mott e entrei em contato com ele através de carta. Ele que me deu toda orientação pra eu lançar o movimento em Belém, pediu praque eu fizesse uma carta de manifesto à população e lançando a ideia do movimento. Foi isso que eu fiz articulei com 5 mil panfletos, e nos juntávamos inicialmente ali no **Can**, eu mais alguns gays que na época não era o Jocélio e nem o Luiz Carlos era o **Guilherme** que morava numa vila bem na lateral do Can e tinha mais o **Iran Júnior e tinha mais o João**, então eles foram quem articularam comigo o início e nós íamos pra boate distribuir esses panfletos o Luiz Mott me orientou fazer, eu ia pra boate junto com eles e eu subia nos palcos e convocava o pessoal pra participar, para participar também da campanha de prevenção a Aids, porque aí o Luiz Mott já me orientou que seria interessante também trabalhar com a prevenção da Aids e trabalhar junto com o movimento de negros, foi aí que eu pedi o apoio do grupo **Sedenpa** que é o Centro de Defesa do Negro do Pará e das senhoras da auto sociedade, **Grupo de Senhoras** e o Grupo também das prostitutas dali da Riachuelo – **GEMPAC** – Grupo de Mulheres Prostitutas da Área Central, isso o Gempac, então nós nos juntamos é eu pedi o apoio dessas entidades inclusive do Padre também do Emaús, do que agora eu não me lembro o nome dele – O Bruno – padre Bruno, isso tudo aí foram entidades que eu chamei assim e expliquei pra eles do movimento e eles me deram apoio também, isso no caminhar e... mas o início foi basicamente assim lá no conjunto arquitetônico a gente se reunindo ali, depois que eu pedi o apoio dessas entidades e uma delas nos cedeu, acho que foi o Grupo de Senhoras nos cedeu a sede na 14 de abril era um espaço delas ali e começaram a ceder pra gente o espaço. Esse espaço era o Moplon (grifo do autor, após pesquisa).

José Luiz: E qual era o nome da sede?

Jacques Chanel: Eu não me lembro, eu sei que era na 14 de abril é acho que era Grupo de Senhoras.

José Luiz: É aí que surge o MHB?

Jacques Chanel: Não, ele já estava surgindo de fato, mas não estava legalizado, mas foi nesse momento aí que ele se inicia.

José Luiz: Mais ou menos quando?

Jacques Chanel: Em termos de ano eu não me lembro, (rsrsrs) eu acho que foi em 90, que foi o ano que eu tava na faculdade, entendeu, eu tava fazendo o curso de administração e aí eu lancei pra faculdade esse e e e, o movimento e inclusive tem um perfil meu no jornalzinho da Faculdade falando sobre o movimento.

José Luiz: Como foi o movimento?

... o serviço que a gente tava fazendo era basicamente isso, era divulgar o movimento, divulgar que todas as pessoas podiam ser militantes que todas elas poderiam entrar nessa luta, lutar em favor da vida, num sentido amplo e também entregar camisinha que era uma das formas de preservar a vida.

(Entrevista com Jacques Channel, em 21 de novembro de 2015, em São Paulo, Galeria São Bento)

Toda história e memória do surgimento do MHB acontece em um período que a Jacques Channel era Ricardo Góes e morava em Belém do Pará. A trajetória de sua vida enquanto integrante e idealizador(a)/fundador(a) do Movimento Homossexual de Belém é reafirmada pelos outros entrevistados que participaram da história de fundação desse movimento, na pesquisa feita mais ampla para este trabalho.

Como se percebe na entrevista de Jocélio, que diz: "o Ricardo Goes, travestido fantasiado de mulher e tudo mais começou a distribuir uns panfletos onde ele denunciava os crimes que vinham ocorrendo contra homossexuais em Belém, eu acompanhava isso pelo jornal". A partir da entrevista que ela concedeu, percebe-se que durante o momento em que falava a respeito de sua vida passada, ela sentia certa angústia e ressentimento ao lembrar dos fatos e puxar pela memória momentos que muitas vezes a satisfaziam enquanto militante, religiosa e miss, outras vezes a angustiavam, pois ela ficava ofegante e com um olhar meio cabisbaixo.

Ressalta-se que seu processo de transexualização se dá em São Paulo. Nesse período, em Belém, ela era Ricardo Goes, mas, quando ia para os concursos tinha o nome de "Vatuzy Beckman". Dos diversos concursos que participou e concorreu no período, pode-se mencionar o Miss Pará Gay, Miss Beleza Gay no ano de 1986 e o Miss Brasil Gay em 1989.

Em suas memórias, constata-se que realmente Ricardo Góes era envolvido nas causas dos direitos humanos da época. Sua entrevista demonstra um engajamento e interesse em querer ver mudanças e fazer justiça. A questão da violência na cidade, fato citado por algumas pessoas que viveram no período como Zélia Amador, Wlad Lima, Ernani Chaves, entre outros pesquisadores, como se viu nas entrevistas concedidas no documentário "Belém aos 80" (documentário sobre o processo cultural nos anos 1980 em Belém/PA. Dirigido por Alan K. Guimarães) e em textos do antropólogo Peter Fry, quando esteve pesquisando em Belém, nesse mesmo período.

A cada ato de violência, a cada morte de travesti ou homossexual, ele sentia como se fosse nele, suas constantes interrelações com as entidades do momento eram de suma importância para dar visibilidade ao movimento. O contato com outros militantes, a necessidade de saber como estava acontecendo a luta fora do estado também demonstra um interesse muito forte de Ricardo Góes em estar atualizado nos temas em questão, trazendo para dentro do estado maneiras eficazes de divulgar o movimento e lutar por mais dignidade para os seus.

O consenso nas entrevistas com pessoas que conviveram com Ricardo Góes diz respeito ao fato de ele ter sido um militante que era apaixonado pelo que fazia. O que fica evidente quando se montava para concorrer nos Concursos de Miss, para ir distribuir preservativos e se reunir com os outros integrantes do movimento, pois sempre utilizava daquele personagem para divulgar e insistir no objetivo do MHB.

Embora não houvesse contato com as obras de alguns autores como Kenneth Plummer (1983) e Pollak (1986), parte desses militantes do MHB enxergava uma necessidade de aprender a ser homossexual, a partir do momento em que vão socializando seus desejos e desafiando a sociedade heteronormativa, impulsionados pela coragem de falar de seus sentimentos e de suas subjetividades. Nesse sentido, as reuniões eram importantes para eles cada vez mais alinharem seus objetivos e depois praticá-los. Por meio dessas reuniões, esses homossexuais vão aprendendo a dialogar com a esfera política do estado e a levantar a bandeira em prol dos direitos dessa minoria, sendo dessa forma uma maneira de dizer que querem viver sua sexualidade, sem submeterem-se à violência e preconceitos dos demais.

Atenta-se para a questão da homofobia que era frequente nesse momento, manifestada pelo ódio, violência e discriminação contra os LGBTs, a qual certamente tem levado muitos militantes a dizerem "não" a esse tipo de atitude e a se organizarem por meio dos movimentos sociais, a fim de enfrentarem juntos todo esse preconceito contra os homossexuais. Em sua entrevista, percebe-se que os objetivos são em comum, em prol da luta pela criminalização da homofobia e o interesse em criar, por meio das reuniões, maneiras de se fomentar a discussão para a criação de mais políticas públicas de enfrentamento à homofobia, ao desrespeito, falta de inclusão social, discriminação e violação dos direitos LGBTs.

Considerando seu envolvimento e estratégia ao utilizar de espaços LGBTs da época, principalmente quando ganhava algum concurso de Miss, para divulgar o MHB e falar de prevenção, cuidado em relação à violência, assim como fazer as pessoas LGBTs refletirem sobre seu papel social, é importante percebermos que essa prática foi uma atitude inovadora, com mérito social extremamente relevante. A partir desse momento, ela conseguiu levar a essas pessoas discussões sobre a questão da sexualidade, direitos humanos, questões políticas e principalmente envolvê-las na luta por mais respeito, tanto nos espaços políticos quanto no poder público, pois, a partir de momento em que se leva alguém a se questionar, no sentido de saber qual o lugar que essa pessoa ocupa na sociedade, trará mais amadurecimento para cobrar melhorias sociais.

Todo esse processo de mobilização, enfrentamento, discussão e divulgação realizada de um a um trará muitos benefícios para esses LGBTs que procuram estratégias de diálogo diante do poder municipal e estadual. Considera-se que, a partir da formação do MHB, houve mais contato entre essas minorias com os representantes políticos do município. No Pará, a data de fundação do Movimento Homossexual de Belém foi 11 de janeiro de 1990, com passos muito lentos, mas que certamente pode-se considerar um grande avanço para essa população.

O que se observa no contexto de sua entrevista são as primeiras articulações do possível surgimento do Movimento Homossexual de Belém. Apesar da falta de internet, de comunicação mais avançada e rápida naquele período de seu surgimento, nota-se que há um interesse dos primeiros integrantes em ter um contato mais direto com aquilo que está acontecendo em outros estados, pois muitas vezes, na entrevista, percebe-se que os anseios e os militantes de estados diferentes são os mesmos e, muitas vezes, os movimentos vão surgindo a partir da mesma estrutura e necessidade. O fato de o MHB ter um contato inicial com o Movimento Gay da Bahia é prova de que nasce com um propósito e interesse de criar um espaço no qual a reflexão em relação à sexualidade, prevenção e luta por direitos dos homossexuais deve ser constante.

Corroborando e confirmando a respeito da história do surgimento do Movimento Homossexual de Belém, tem-se, a partir da entrevista de Midori Amorim, alguns marcos históricos desse movimento e a presença de alguns integrantes fizeram parte dessa trajetória de luta, como se observa em parte da entrevista que realizamos com ela, onde se observa:

> José Luiz: Vamos falar agora sobre o Movimento Homossexual de Belém (MHB), então como você tomou conhecimento do movimento?

> Midori: Foi numa Blits do Ricardo com o João Neves, eles estavam distribuindo panfletos no "Chrocrane 77" [8] e aí nos convidaram, e aí eu falei Carlos Neves, vamos no MHB? Eles já me convidaram, eu conheço o Ricardo, ele já me falou, vamos lá, não havia ninguém.

> José Luiz: Isso mais ou menos quando?

> Midori: **Em 89, foi o início de tudo eu creio, e aí vamos chamar o Jocélio, vamos chamar o Luiz Carlos e a gente vai. Sempre eram às sextas-feiras as reuniões, e aí como a gente foi eu acho que nessa hora ele viu que tinham pessoas, então ele disse: vamos fundar o MHB, aí fez lá uma ata de formação do movimento e nós fundamos o MHB. É, vamos dizer, membros fundadores é a Ricardo Góes – Jacque Chanel, o João Neto, que já é falecido, o José Carlos Neves que é a Racha Rerisson ... todas tem um nome feminino não sei porquê, o Luiz Carlos, eu: Midori Amorim, o Adilson Fafá e o rapaz que tomava conta das pessoas mudas surdas, era Fernando, se eu não me engano o nome dele. E aí nós formamos o MHB, tínhamos reuniões pra distribuir preservativos, falar sobre HIV e Aids, porque naquela época era a Peste Gay.** Era muito cômico isso da questão porque nós íamos no mercado e aí todas as pessoas olhavam estranhas porque nós gays daquela época éramos os portadores de HIV/Aids, então ninguém nos encostava, ninguém nos esbarrava, sempre que chegávamos perto as pessoas evadiam e deixavam como se fosse um branco do nosso lado e da nossa volta. Então muitas vezes a gente bem pilantra usava isso, a fila do mercado era muito extensa, e nós falávamos: "ah, eu

---

8   Bar frequentado por Gays e Lésbicas que ficava na avenida Magalhaes Barata em frente à Casa do Governador. Também era conhecido como "Bar Chrocrane". Funcionou até os idos de 2000. Atualmente, não existe mais.

esqueci de tomar o AZT", na fila que estava cheia, não ficava ninguém, então a gente caminhava até o caixa, passava a compra e ia embora, por uma questão de preconceito das pessoas, nós usávamos isso a nosso favor. Então nós distribuíamos preservativos, falávamos sobre DST e Aids, fazíamos palestras, inclusive nós tínhamos um grupo que nessa época ia para o Barros Barreto fazer assepsia nas pessoas que estavam internadas com HIV/Aids porque eram abandonadas pela família e pelos enfermeiros e pelas pessoas que trabalhavam no hospital pela questão da desinformação.

José Luiz: Como foi o MHB da época que tu atuaste?

Midori: Olha, ele era um movimento que se preocupava em dar um bem-estar pras pessoas que nos procuravam. É, nós não tínhamos fundo e nem financiamento pra nada, na medida do possível que nós podíamos fazer alguma coisa principalmente de problemas familiares, havia muitos problemas de preconceito, discriminação dentro do trabalho, nós procurávamos advogados que podiam nos ajudar sem cobrar honorários e encaminhávamos as pessoas e íamos juntos resolver coisas, então. Na época nós éramos um movimento pra luta de emancipação mesmo, nós queríamos que as pessoas se assumissem homossexuais e não padecessem por serem homossexuais.

A partir das memórias dos entrevistados, a história do Movimento Homossexual de Belém perpassa por quatro locais/pontos: Moplon, PPS, Casa do Cidadão e a Defesa Civil. Todos esses locais cedidos por instituições vinculadas à Prefeitura de Belém. Embora fossem de alguma forma atrelados a esses espaços, os interlocutores afirmam que o MHB era apartidário. Ressaltam que após Edimilson Rodrigues ter sido prefeito, ele fundou a Casa do Cidadão, a qual se localizava na Quintino, bairro de Nazaré.

O MHB foi pra Casa do Cidadão devido à recusa de vínculo com o PPS, entre outras questões partidárias. Nesse período, Edimilson Rodrigues abria um leque para as minorias: na Casa do Cidadão funcionava o MHB, bem como o GEMPAC[9]. Ressaltam também que os deficientes físicos, visuais e auditivos possuíam uma sala cada: "então nós tivemos a nossa sala lá. Passamos

---

9   Embora o GEMPAC possuísse uma sede, tinham uma sala na Casa do Cidadão.

um tempo lá e infelizmente a Casa do Cidadão ia ser desativada e aí nessa época o Paulinho já começou a ir ao meu lugar como vice, entendeu".

Em entrevista com o militante Luiz Carlos, este ressalta ainda que durante esse período, como a casa ia fechar, o Paulinho (hoje Paulinha) começou a articular, pois deveriam ter outro espaço para se organizar.

> Sendo assim, a Casa do Cidadão eu não sei se ela mudou de lugar ou fechou, não sei como foi a história que acabou que a gente conseguiu um espaço na **Defesa Civil**, lá na Campos Sales, lá foi o 4.º lugar que a gente ficou (no qual tinha a história de que sumia algumas coisas, mesmo tendo cadeados). De lá que eu me afastei o Paulinho ficou, depois não podia mais ficar lá porque iam remanejar o espaço e o Paulinho acabou levando o Movimento pra casa dele lá em Benfica. Aí ele começou a movimentar em Benfica e ficou MHB (Movimento Homossexual de Benfica), mas é de Belém eu não sei se ele mudou isso, entendeu? Aí eu disse: "mas, mano, Benfica não tem nada a ver com Belém, menino, Benfica é apenas um distrito de Benevides", aí eu não sei em que pé ficou essa história. Eu não sei mais a história do MHB, não sei. Olha, a última vez que eu saiba teve uma reunião em Benfica, não sei se ainda tá lá, não sei te dizer como está a cara do MHB hoje, se existe MHB, eu não sei te falar. Só que outras pessoas de outros grupos frequentavam o MHB, chegaram a ir, te lembra da Ray Carlos, hoje é o Ray Carlos. Eu não sei como é que anda. Então, até onde eu sei é isso. Éramos muito solicitados pra dar palestras e oficinas nas escolas. (Entrevista com o Luiz Carlos – Estação das Docas – Belém do Pará. Em 23/09 /2015).

A partir dessa trajetória do Movimento Homossexual de Belém, é possível visualizar como, ao longo dos tempos, ele foi se formando e se transformado em um defensor das causas dos direitos humanos. Essa organização faz parte desse processo histórico de luta em prol da dignidade dessa parcela minoritária com seu programa de atividades que deve ser seguido e aperfeiçoado.

A partir dos contatos que os integrantes do movimento faziam em meio a bares, boates, praças, cinemas, entre outros, a sociabilidade que acontecia ao divulgarem o movimento e ao fazer as prevenções contra o HIV/Aids servia para trazer mais integrantes e reforçar os projetos e metas que eles vinham planejando. Diante dessa prática, pode-se dialogar com alguns autores que auxiliam a pensar e refletir sobre essa etnografia urbana, como por exemplo Green (2000), Perlonger (2008), Facchini (2008), Reis (2012) e Silva Filho (2012).

Dentro desse contexto e dinâmica de entrevistas com alguns integrantes, na entrevista realizada com Jocélio Rente, ele afirma:

José Luiz: Mas vocês se reuniam sempre?

Jocélio: Sim. A nossa reunião ela era semanal, às 19h nós íamos pra sede do PPS e ali nós discutíamos várias situações, o que acontecia relacionado a **questão ou de assassinato**, nós levávamos os recortes que foi diminuindo, a questão da distribuição de preservativos, de estratégias de trabalho, né, quem vai pra praça da República, quem vai trabalhar com Michê, quem vai para os bares e outras informações, havia propostas de leituras, que várias pessoas foram surgindo a partir daí, então as pessoas propunham leituras para serem discutidas entre nós, coisas que foram lidas ali, traziam estatísticas, entrevistas coisa e tal pra que nós pudéssemos conversar e traçar alguma proposta de trabalho com relação a aquilo. Eu tenho uma fita com uma/um momento dessa reunião, uma fita K7, uma micro daquelas pequenininhas, fita k7, na época eu tava fazendo um teste com um gravador e deixei ele ligado e gravou e eu confesso que depois aquilo eu acabei guardando não sei nem como é que está a qualidade daquela gravação, mas naquele momento a discussão era por conta de uma prestação de conta, então foi uma lavagem de roupa. Eu me lembro bem que a discussão ficou entre o Junior Bichara e o João Neto, entendeu, então o Joao Neto cobrando do Junior essa questão da prestação de contas, então havia também essas questões. Essas reuniões elas eram pra discutir, por exemplo: vamos fazer uma festa de confraternização pra angariar fundos, então as ideias iam surgindo, entendeu, quem ia fazer show, tinha a pessoa que ia fazer a parte da comunicação que ia articular com o Pinheiro o dono da Camaleão, se ele ia ceder como é que seria, se a portaria seria nossa, se a bebida seria dele, quais eram na época as pessoas que iriam fazer show que eram a **Virna Voguel, a Gereca, Marlene Dietrich, todas mortas infelizmente**. Quem poderia colaborar e tal, quem ia pagar cachê, quem não ia, se o cachê seria uma doação, era essa a tônica das nossas conversas. (Entrevista com Jocélio Rente no Horto de Belém).

Luiz Carlos, em sua entrevista, também afirma que

> [...] estava havendo muita violência e mortes; o MHB, ele surgiu justamente por conta da violência que estava muito acirrada em Belém, foi por isso que o movimento surgiu, por em conta que ninguém mais estava aguentando que cada dia era praticamente um assassinato né, e não se via nada em relação a justiça, em relação a prender os culpados a penalizar alguém, por causa dessas morte que haviam, tá. (Entrevista com Luiz Carlos em 23 do 09 de 2015, Estação das Docas).

Certamente essas reuniões tinham o objetivo de cobrar do Estado melhorias em relação a tantos assassinatos que os homossexuais eram vítimas. O MHB também se mobilizava para combater a Aids. Em todas as entrevistas, ficou claro que os militantes tinham bastante conhecimento a respeito do vírus HIV que circulava em meio a sociedade.

Como exposto na entrevista de Jocélio, o movimento se reunia para reivindicar principalmente junto ao Ministério Público para que este analisasse e avaliasse todos os processos de assassinatos de homossexuais em andamento aos fóruns no sentido de apresentar relatório de domínio público sobre a situação jurídica e as penalidades aplicadas nos tribunais aos assassinos de homossexuais. Bem como lutavam para que a Defensoria Pública do Estado atendesse despojada de preconceitos contra homossexuais que necessitavam e necessitam do poder público para se defenderem de atitudes homofóbicas, como espancamentos, extorsões policiais, despejos de imóveis, impedimento no direito de ir e vir, além do ingresso na rede pública de ensino. Os integrantes do Movimento Homossexual de Belém estavam sempre atentos às questões referentes à violência contra o "entendido", termo utilizado na época. Segundo pesquisas, nesse período, a violência contra homossexuais se elevava a cada ano. Nas estimativas do MHB, somente no período de 1983 a 1993 foram praticados 200 homicídios contra homossexuais em Belém.

Considerações finais

Buscamos aprofundar como os homossexuais e as mulheres trans na cidade de Belém se articulavam para lutar por direitos em meio à sociedade preconceituosa e machista das décadas de 1970 até os dias atuais [...]. Pesquisar como o atual Movimento Homossexual de Belém desenvolveu estratégias para que as reivindicações fossem aceitas e de que forma essas e esses militantes conseguiram transformar a questão da orientação sexual em proposta de Estado e como se deu em Belém o processo específico de implementação de políticas públicas direcionadas à comunidade LGBTQI é de extrema importância para a luta por cidadania das minorias sociais do nosso estado.

A partir de tudo que já refletimos a respeito das questões de direito e a sua negação, percebe-se que a LGBTfobia vem crescendo e permanecendo em nosso país e nosso estado. Segundo os dados obtidos, mais de 350 LGBTs foram mortos por motivo de homofobia e transfobia. O avanço de crimes e a discriminação contra homossexuais, lésbicas, transexuais, entre outros são fatos que se propagam a cada dia, embora todas as formas de prevenção aconteçam por meio das e dos militantes, ou mesmo do estado, através das políticas públicas. Verificou-se que em 2017 o assassinato de LGBTTQIA+ cresceu mais de 103%. Em nosso estado, há uma pressão no legislativo estadual para a provação da lei que pune pessoas e estabelecimentos privados por discriminarem pessoas LGBTs em decorrência de sua orientação sexual e sua identidade de gênero, além de cobrar orçamento para as Políticas Públicas estaduais, fortalecendo dessa forma uma rede que já existe em nosso estado. Mesmo com a s diversas campanhas que são realizadas durante todos esses anos de militância e realização das Paradas LGBTs no estado, mesmo assim, percebe-se que é necessário juntarmos forças para que realmente seja criminalizada a prática da homofobia.

Entende-se que o enfrentamento ao preconceito, à discriminação, à violência, entre outras formas de barreiras encontradas pela população LGBTs diante de todos esses mais 40 anos de surgimento do Movimento mostra que a luta é constante e se faz necessária. A dedicação das e dos militantes LGBTs na busca por direitos civis demonstra que existem muitas demandas que não foram alcançadas e nem mesmo pensadas e discutidas pelos representantes políticos que têm certo asco por essas discussões e uma forte rejeição em querer pautá-las. Insistimos em afirmar que embora aconteçam diversas Conferências Estaduais LGBTs, em nosso estado, verifica-se que há necessidade de reforçar a discussão em relação a essas demandas, pois toda uma população de minorias sofre com a ausência de reconhecimento dos seus direitos em meio a uma sociedade que se afirma democrática, na qual todos deveriam ter seus direitos garantidos, mas, no entanto, não os têm.

Referências

ALONSO, Angela. *As teorias dos movimentos sociais*: um balanço do debate. São Paulo: Lua Nova, 2009.

BRASIL. [Constituição (1988)]. *Constituição da República Federativa do Brasil de 1988*. Brasília, DF: Presidência da República, [2016]. Disponível em: http://www.planalto. gov.br/ccivil_03/Constituicao/ Constituiçao.htm. Acesso em: 3 de maio de 2022.

CLIFFORD, James. *A experiência etnográfica*: antropologia e literatura no século XX. Rio de Janeiro: Editora UFRJ, 1998;

FRASER, Nancy. "From redistribution to recognition? Dilemmas of justice in a 'postsocialist' age". *In*: SEIDMAN, S.; ALEXANDER, J. (org.). *The new social theoryreader*. Londres: Routledge. p. 285-293.

FACCHINI, Regina. *Sopa de Letrinhas?* Movimento homossexual e produção de identidades coletivas nos anos 90. Rio de Janeiro: Gramond, 2005.

FACCHINI, Regina. *Entre Umas e Outras*: mulheres, (homo)sexualidades e diferenças na cidade de São Paulo. Tese (Doutorado em Ciências Sociais) – Área de Estudos de Gênero, IFCH/Unicamp, Campinas, 2008.

FRUGOLI JUNIOR, Heitor. *Sociabilidade Urbana*. Rio de Janeiro: Jorge Zahar, 2007.

FRANÇA, Isadora Lins. Cercas e pontes: o movimento GLBT e o mercado GLS na cidade de São Paulo. 2006. Dissertação (Mestrado) – PPGAS/USP, São Paulo, 2006.

FRANÇA, Isadora Lins. Sexualidade e política: uma abordagem a partir do mercado e do consumo. *Bagoas – Estudos gays: gêneros e sexualidades*, Natal, v. 6, n. 07 p. 223-252, 2012.

FRY, P., MACRAE, E. *O que é Homossexualidade*. São Paulo: Brasiliense, 1985. (Coleção primeiros passos).

FERRARI, J. S. Homofobia. *Brasil Escola*, [*S. l.*], [20--]. Disponível em: brasilescola. uol.com. br/psicologia/homofobia.htm. Acesso em: 09 nov. 2015.

GEERTZ, Clifford. *A interpretação das culturas*. Rio de Janeiro: Zahar, 1978.

GREEN, James N. *Além do Carnaval*: A homossexualidade masculina no Brasil do século XX. Tradução de Cristina Fino e Cássio Arantes Leite. São Paulo: UNESP, 2000.

HALL, Stuart. *A identidade cultural na pós-modernidade*. 10. ed. Rio de Janeiro: DP&A, 2005.

LE GOFF, Jacques, 1924. *História e memória*. Tradução de Bernardo Leitão *et al*. 5. ed. Campinas: Editora da UNICAMP, 2003.

MISKOLCI, Richard. A Teoria Queer e a Sociologia: o desafio de uma analítica da normalização. *Dossiê, Revista Sociologias*, Porto Alegre, ano 11, n. 21, p. 150-182, jan./jul. 2009.

TOURAINE. Alain. *Um novo paradigma*: para compreender o mundo de hoje. Petrópolis: Editora Vozes, 2005.

TARROW, Sidney. *O poder em movimento*: movimentos sociais e o confronto político. Petrópolis: Editora Vozes, 2009.

TAYLOR, C. La política del reconocimiento. *In*: TAYLOR, C. *El multiculturalismo y la política del reconocimiento*. Tradução de Mónica Utrilla de Neira. México: Fondo de Cultura Económica, 1993. p. 43-107.

TOMPSOM, Paul. *A voz do passado*: História Oral. Rio de Janeiro: Editora Paz e Terra, 1992. p. 09-103.

TREVISAN, J. Silvério. *Devassos no Paraíso*: A Homossexualidade no Brasil da Colônia à atualidade. Rio de Janeiro: Record, 2000.

Entrevista com o Sabá da Praça, a popular Babalô, em Abaetetuba, agosto de 2019.

7

DISCURSIVIDADES SOBRE TRAVESTIS E TRANSEXUAIS NA MÍDIA PARAENSE

Lyah Santos Corrêa[1]
Leandro Passarinho Reis Júnior[2]
Warlington Luz Lôbo[3]

Introdução

Pesquisar as práticas discursivas da mídia sobre travestis e transexuais permite focalizar a compreensão de um fenômeno complexo. Problematizar questões como estereótipos e patologizações em torno das questões de gênero é poder refletir sobre as cadeias de tensionamentos de saber-poder que têm nas instituições sociais seus principais reprodutores. Foucault (1985) já alertava, em seus diversos estudos, que cada sociedade, a seu modo, produziria os corpos que deseja afastar, que deseja manter apartados em nome da conservação de uma ordem binária.

Segundo Darde e Morigi (2012), os fatos quando passam para o *status* de notícia tendem a ser compreendidos, pelo imaginário coletivo, enquanto fatos naturais e que não foram modificados socialmente por diversos discursos

---

1　Psicóloga, Mestra em Psicologia pelo Programa de Pós-Graduação em Psicologia (PPGP/UFPA) Psicóloga da Saúde no Centro de Atenção Psicossocial da Prefeitura Municipal de Ananindeua. E-mail: lyahcorrea34@gmail.com

2　Professor do Programa de Pós-Graduação em Psicologia (PPGP) da Universidade Federal do Pará (UFPA). Doutor em Educação - Currículo, Epistemologia e História pela UFPA. E-mail: lpassarinho28@gmail.com

3　Psicólogo, Gestalt-Terapeuta. Especialista em Educação pelo Instituto Federal do Pará (IFPA), Mestre em Psicologia pelo Programa de Pós-Graduação em Psicologia (PPGP/UFPA) Psicólogo da Saúde da Secretaria de Saúde do Estado do Pará (SESPA). E-mail: warlington@ufpa.br

que ali interviram. Isso é uma observação importante quando se pensa nos inúmeros discursos que as mídias produzem e que podem impactar significativamente em diversos processos de subjetivação dos sujeitos.

Diante disso, percebe-se que, por vezes, os fatos midiáticos encarados enquanto produções fiéis, espelhos das realidades humanas, tornam-se naturalizados no imaginário coletivo na medida em que as reais intencionalidades não são problematizadas.

Conforme Gregolin (2007), o discurso se estabelece enquanto uma prática social que é historicamente determinada resultando na constituição de sujeitos e objetos. E a relação com o campo midiático é algo gerador de diversos tensionamentos, pois "a mídia é o principal dispositivo discursivo por meio do qual é construída uma 'história do presente' como um acontecimento que tensiona a memória e o esquecimento" (GREGOLIN, 2007, p. 16).

Em se tratando de mídias jornalísticas, Caeiro e Rocha (2016) destacam-nas como campos privilegiados onde se situam as lutas pela visibilização e significação da realidade social. Produzir notícias, produzir discursos é, acima de tudo, o que futuros jornalistas incorporam para si enquanto obrigação. E quando se remete à mídia jornalística impressa, tem-se a manifestação material e documental de linguagens, imagens e multiplicidades discursivas pelas quais determinados fatos sociais e/ou pessoas foram representados. Esse campo documental não corresponde a uma prova de um fato ocorrido, mas uma pista de que algo ocorreu e que não deve ser restituído em uma totalidade histórica (LEMOS *et al.*b, 2015).

Em termos gerais, nota-se, contemporaneamente, os movimentos midiáticos em torno de produções de sentidos que introduziram transformações nas práticas discursivas cotidianas. Isso significa dizer que a mídia se constitui enquanto um meio poderoso de criar e fazer repertórios, bem como de possibilitar novos rearranjos nas produções de sentido, levando-se em consideração o espaço como fluido sem fronteiras espaciais e temporais (SPINK; MEDRADO; MENEGON; LYRA; LIMA, 2001).

Quando se destacam as notícias referentes às questões de gênero e diversidades sexuais, Darde e Morigi (2012) problematizam que nessa rede de tensões acerca dos discursos produzidos e, consequentemente, incorporados pelo imaginário coletivo, perspectivas naturalizantes e essencialistas sobre heteronormatividades, hierarquizações entre os gêneros e arranjos familiares são aspectos que emergem constantemente.

De acordo com Torres (2010), compreender o contexto histórico e social, as redes de tensionamentos que perpassam acerca de assuntos como gênero e diversidade sexual implica em perceber o quanto de essencialista há no modo de se representar socialmente tais questões, inclusive até de problematizar a ideia hegemônica da heterossexualidade como única possibilidade existencial de sexualidade (RUBIN; BUTLER, 2003).

Portanto, é importante enfatizar que no processo discursivo de elaboração e difusão social de determinados debates, questões de ordem ideológica também se manifestam e atravessam o imaginário coletivo como um todo. Quando determinados sujeitos não estão inseridos dentro de ordens ideológicas e discursivas consideradas aceitáveis socialmente, pode-se perceber mecanismos de interdição e controle sobre suas maneiras de expressar seus gêneros e determinarem seus corpos, o que pode gerar silenciamentos de suas maneiras de viver.

Perspectivas sobre as transexualidades e travestilidades

Os estudos de Benedetti (2005) destacam o termo êmico *trans* enquanto um aglutinador de todas as identidades que subvertem as lógicas lineares de sexo/gênero, Barreto *et al.* (2009) também se valem das categorias *transgeneridades*, *transgêneros* ou simplesmente *trans* também para reunir o segmento de travestis e transexuais, *drag queens, crosdresser,* transformistas, pessoas não binárias enquanto sujeitos os quais realizam trânsitos entre um gênero e outro.

No presente estudo, adotou-se a expressão "experiências identitárias" para se pensar em multiplicidades experenciais identitárias, pois, de acordo com Sampaio e Germano (2014), o conceito de identidade está atrelado a uma perspectiva de indivíduos e coletividades, os quais possuem "características exclusivas e relativamente permanentes, determinadas seja por genes, seja por uma estrutura psicológica, como ocorre na perspectiva psicanalítica" (SAMPAIO; GERMANO, 2014, p. 292). Essas autoras baseiam seus estudos na perspectiva de que há o enrijecimento da ideia de que a identidade está intrinsecamente ligada à questão da essência, algo possivelmente intrínseco à subjetividade, o que acaba por não abarcar todas as possibilidades de se vivenciar as sexualidades.

A perspectiva de uma identidade social, no que condiz ao campo das sexualidades, foram (e são) referências de diversos tensionamentos para se pensar a reivindicação de direitos, principalmente no âmbito das políticas públicas. No entanto, não contempla a pluralidade de experiências que escapam a padrões fixos estipulados por políticas de identidade ou, como afirma Preciado (2011), por uma "sexopolítica", a qual se constitui em um mecanismo biopolítico presente na sociedade contemporânea capitalista.

No que tange à identidade de gênero, há um movimento da ordem da subjetividade que se extereoriza ou não, isto é, "sensações que estão dentro de cada um de nós e que podem vir para fora ou não" (HARTMAN, 2014, p. 14). É a relação de pertencimento que pode movimentar-se entre o masculino e/ou feminino. A questão da expressão de gênero, principalmente no sentido de ajustamento a um possível polo binário de gênero, possivelmente é uma característica marcante neste movimento de se reconhecer.

Nesse sentido, as experiências identitárias de pessoas transexuais e travestis passam por conflitos de validação social, já que a relação sexo/gênero/sexualidade corresponde a uma matriz cristalizada historicamente, tendo por referência modelos binários de estar no mundo. De um lado, o polo pênis/homem/heterossexual e do outro o polo vagina/mulher/heterossexual.

Assim, as transexualidades e travestilidades interrogam os paradigmas de condutas dicotômicas entre o normal e o patológico. Questiona as diretrizes do que é ser homem ou mulher que perpassa pela modificação corporal e indagação acerca das genitálias, tornando-se, portanto, um fenômeno de ordem identitário (COSSI, 2014).

Nessa lógica, o entendimento acerca das pessoas transexuais perpassa pelas possibilidades que vão muito além da perspectiva patologizante. Dessa forma, na presente pesquisa, o enfoque compreensivo vincula-se às perspectivas das Ciências Humanas, levando-se em consideração que o indivíduo não deve ser reduzido meramente aos condicionantes de determinismos biológicos, mas ser compreendido em sua complexidade, suas relações e, de modo holístico, envolvendo também aspectos psicológicos, sociais e culturais.

Na conceitualização e na experiência da transexualidade, é muito comum encontrar-se Parâmetros que enfatizam a relação dicotômica entre mente e corpo, em que há descompassos de adaptabilidade entre ambos. Assim, esse processo tem no saber médico uma possibilidade de um possível ajuste para dentro de um campo de aceitabilidade quando, como Foucault (1985) sinaliza, no processo de medicalização, alguns fenômenos saem de uma esfera da ordem do imoral, do inaceitável, do criminoso e demoníaco para a esfera de aceitabilidade a partir do controle médico dos desvios.

No Brasil, a ideia de que a transexualidade está ligada necessariamente ao processo cirúrgico dificulta compreender questões importantes na vivência do indivíduo como, por exemplo, sua identificação enquanto pertencente ao gênero que almeja e o entendimento acerca do que compreende e vivencia como é ser homem ou mulher. As experiências de vida a partir do processo de sociabilização são significativas nesse entendimento da vivência do indivíduo.

Na América Latina, com destaque para a Argentina, no ano de 2012, o Senado Federal daquele país aprovou a Lei de Identidade de Gênero, na qual travestis e transexuais foram autorizados a escolher seus sexos nos seus registros civis. Mais recentemente, em 2018, no Brasil, o Superior Tribunal Federal autorizou a possibilidade de pessoas transexuais e travestis alterarem seus prenomes civis e gênero, nos documentos civis, sem necessariamente passarem por processos judiciais, bem como por cirurgias de redesignação sexual.

Na quarta edição do Manual Diagnóstico e Estatístico de Transtorno Mental –DSM-IV-tr (APA, 2002), a transexualidade era considerada patologia, sendo denominada de Transtorno de Identidade de Gênero. Isto é enfatizado, principalmente, pelo desconforto entre o sexo anatômico e o gênero que se identifica. O CID-10 (OMS, 2008) utiliza o termo "transexualismo". Com base nessas concepções diagnósticas, Lionço (2008, p. 3) afirma que

> O que chama à atenção é o fato da descrição do transexualismo incluir, como critério diagnóstico, o desejo pela intervenção médica oferecida como solução para o dito transtorno, o que permite afirmar que o próprio saber médico é determinante na caracterização do tipo de quadro patológico, ou, dito em outros termos, a própria medicina estaria promovendo um certo ordenamento subjetivo.

No mês de maio do ano de 2013, a quinta versão do DSM veio com a publicação de uma nova nomenclatura diagnóstica para a transexualidade, a qual passou a ser designada de "Disforia de Gênero". Em relação a isso, Bento (2016) argumenta que o próprio atrelamento do gênero a uma categoria diagnóstica chega a ser violento, já que uma possível condição bimórfica dos corpos-sexuais é difundido sob uma possível verdade sobre os sujeitos.

Nesse sentido, a transexualidade desafia os referenciais médicos e até paradigmas de gênero que consideram este atrelado diretamente à genitália. A expressão corporal de gênero através das modificações corporais carrega simbologias que dizem muito acerca daquela pessoa e traça uma reivindicação a uma identidade social negada.

No que tange à travestilidade, Benedetti (2005) considera que é uma categoria que não se constrói conceitualmente como a transexualidade, já que esta última está inserida em toda uma lógica médico-patológica de uma possível correção médica. No entanto, aquela está marcada mais pela estigmatização e perversão.

Justa (2006) destaca que, ao se procurar o conceito da palavra travesti, é possível encontrar uma variedade de significados, os quais, provavelmente, refletem sobre um certo incômodo de "algo" que é difícil de enquadrar.

Na perspectiva dos estudos sobre travestilidades, é importante destacar os de cunho nacional, os quais deram possibilidades de se explorar este campo vasto e repleto de nuances as quais questionam desde a sexualidade, as relações de gênero, passando pelas construções identitárias até as próprias relações sociais. Nesse sentido, Benedetti (2005), em seu estudo antropológico sobre as construções de gênero, a corporeidade e as construções identitárias do sujeito travesti, ressalta que o campo da Antropologia foi um dos primeiros a pensar sobre esses vieses. Esse autor cita outros antropólogos que se dedicaram fundamentalmente ao estudo das travestilidades, os quais abriram caminhos para futuras reflexões acerca da temática, no período da década de 1990.

Embora os primeiros estudos que demarquem as questões sobre travestilidades no campo das relações sociais serem em âmbitos antropológicos, deve-se levar em consideração que tais estudos não eram homogêneos do ponto de vista teórico-metodológicos. Benedetti (2005) sinaliza, por exemplo, o estudo de Silva (1993), o qual, além de pioneiro, foi significativo para a compreensão acerca das construções de gênero das travestis cariocas. Ao passo que os estudos de Oliveira (1994), desenvolvido em Salvador, permitiram perceber que "a autora parece ter uma percepção quase religiosa desse grupo, julgando-o sofredor, como se tivesse afligido por uma patologia" (BENEDETTI, 2005, p. 33).

Os estudos os quais priorizam os campos das travestilidades estão bem situados nas esferas de construção de gênero e identitária, bem como não havendo uma homogeneidade entre eles. Mesmo nos estudos apontados nos anos 1990 como grandes precursores desse debate, principalmente no âmbito acadêmico, é possível compreender essa temática como um universo de possibilidades analíticas, as quais perpassam por intensos questionamentos sobre os desdobramentos acerca do corpo, gênero e sexualidade.

Algumas considerações sobre práticas discursivas e produção de sentido

Na presente pesquisa, as práticas discursivas foram adotadas enquanto possibilidades de efetuar a compreensão do objeto de estudo. No entanto, há de se perceber que elas correspondem a apenas uma entre tantas outras correntes as quais destacam o papel da linguagem e das materialidades nas construções das realidades.

Segundo Spink e Frezza (2004), problematizar o estudo das práticas discursivas é pensá-lo a partir de debates contemporâneos, tendo na Psicologia Social um campo referencial. No entanto, é necessário compreender seu caráter interdisciplinar tanto com a Filosofia quanto com a Sociologia, por exemplo.

Outra questão importante é também pensar sobre o campo da produção de sentidos a partir do foco analítico das práticas discursivas. Pensá-lo no grande campo das dialogicidades, do contexto como um todo, como afirma Spink (2010). E quando se fala em sentido, aqui também vale situá-lo dentro da perspectiva construcionista em Psicologia Social. Para isso, vale ressaltar que o construcionismo não se resume a uma teoria, mas sim a um movimento e, como todo movimento, é processual. Não dá para falar de um construcionismo que fica parado no tempo. Então, a questão das realidades serem múltiplas e das materialidades já são avanços desse movimento.

Quando se pensa em construcionismo, é percebê-lo uma postura antiessencialista e relativista. Relativo no sentido que historicamente as coisas mudam. É uma consequência de considerar que as realidades são socialmente construídas. Além disso, vale destacar que o campo da produção de sentidos é relativamente novo dentro da Psicologia Social, pois até meados de 1970 o modelo de Psicologia Científica era sustentado predominantemente pela lógica positivista. Nesse sentido, a própria Psicologia Social Experimental surge enquanto uma perspectiva com fortes influências da Psicologia Experimental (SPINK; FREZZA, 2004).

É importante destacar que o processo histórico da Psicologia Social não foi somente marcado por influências positivistas, mas, também, filosóficas, sociológicas e políticas as quais, inclusive, estas três últimas foram primordiais na formação do construcionismo. Autores como Peter Berger, Tomás Ibáñez, Thomas Luckmann e Kenneth Gergen fazem uma distinção entre construcionismo e construção social, destacando esta no campo das ações e aquele, das teorizações. Há autores, principalmente os ligados às escolas piagetianas e da terapia familiar sistêmica, que utilizam o termo *construtivismo*. Spink e Frezza (2004) sinalizam que

> O termo construtivismo, dessa forma, dá margem à adesão (ainda que não intencional) a uma perspectiva individualista, mesmo quando o indivíduo é concebido como um ser em sociedade; lembramos que, para o construcionismo, a própria noção de indivíduo é uma construção social (SPINK; FREZZA, 2004, p. 23-24).

O construcionismo, na perspectiva da Psicologia social, preocupa-se com a produção de sentido na vida cotidiana a partir de explicações pelas quais as pessoas descrevem as realidades. Em contraponto a perspectivas essencialistas, o construcionismo vai pensar a partir da ótica das relações, das descrições estabelecidas na exterioridade. Assim, essa perspectiva permite desfamiliarizações a partir da lógica tradicionalista de que a mente é o espelho da natureza, onde o conhecimento nasce a partir da interioridade, em que o cérebro é considerado a instância produtora do conhecimento. No entanto, a perspectiva construcionista vai centrar o debate sobre o conhecimento a partir de suas relações com a cultura (SPINK; FREZZA, 2004).

Segundo Spink e Frezza (2004), tanto o sujeito como o objeto são construções sócio-históricas e fazer tal afirmação significa perceber a noção que a realidade assume, tanto do ponto de vista ontológico, isto é, da noção de sua existência, ou também a pensando de um ponto de vista epistemológico, em que se caracteriza pelas maneiras como a apreendemos, como a acessamos, principalmente a partir da linguagem em processos de objetificação.

É importante destacar uma questão importante no cerne da concepção construcionista, que é a centralidade relacionada à linguagem enquanto constituinte das práticas sociais. Embora entenda-se que pensar a linguagem de uma forma ampla é não esgotar as possibilidades de debates, haja visto que se pode problematizá-la a partir de múltiplas abordagens. Abordá-la a partir da Psicologia Social de cunho construcionista é inseri-la dentro de duas correntes analíticas: a que se foca nas trocas linguísticas e a que se foca no discurso.

Notas sobre práticas discursivas e mídia

No seguimento do debate sobre práticas discursivas, destaca-se a importância da mídia na construção e circulação de repertórios na sociedade contemporânea. Assim, Medrado (2004), referenciando-se nos estudos de Thompson (1995), conceitua mídia enquanto um sistema cultural complexo, o qual possui uma dimensão simbólica em constante jogo entre signos e sentidos "que compreende a (re)construção, armazenamento, reprodução e circulação de *produtos* repletos de sentidos, tanto para quem os produziu (os *media*) como para quem os consome (leitores, espectadores, telespectadores etc.)" (p. 195). Além disso, a mídia, principalmente a partir de notícias e/ou reportagens, pode reafirmar hierarquias e categorizações, como Motta (2012, p. 213) sinaliza: "Neste sentido, os meios de comunicação e seu papel como mediadores e visualizadores das práticas sociais e culturais do país, terminam por impor um certo olhar sobre a nação, a partir da organização do seu texto semiótico e dos seus processos produtivos".

Em outro âmbito, há de se levar em consideração também uma dimensão contextual, já que os produtos são fenômenos sociais e estão inseridos em contextos. Como exemplos, têm-se os textos e imagens publicados em revistas, jornais, os quais são publicados tanto em TV como na internet. Inclusive, Medrado (2004) cita os próprios textos científicos enquanto produções midiáticas.

É importante frisar a importância da mídia na contemporaneidade no que condiz à construção e circulação de repertórios, pois exerce influência no cotidiano das pessoas reconfigurando barreiras entre o espaço público e o privado e diminuindo barreiras espaciais e temporais. Além disso, iniciou transformações significativas nas práticas discursivas na medida que proporcionou maneiras de como as pessoas produzem sentidos a partir de fenômenos sociais e como se posicionam em relação a eles (SPINK; MEDRADO, 2004).

Nesse sentido, Medrado (2004) cita Thompson (1995) para pensar sobre a reconfiguração da interação ocorrida nesse processo. Thompson destaca um modelo analítico tríplice de interação presente na contemporaneidade: a **interação face a face**, caracterizada pelas comunicações cotidianas; a **interação mediada**, a qual tem por intermédio a utilização de meios técnicos para que a comunicação possa ser transmitida; e a **quase-mediada**, cuja caracterização se liga aos meios de comunicação de massa, no qual não há um direcionamento específico para um receptor e sim, para uma massa.

Vale ressaltar que o modelo de interação quase-mediada se estabelece enquanto quebra da dicotomia emissor-receptor, além de questionar a noção de autoria, pois nos tipos de interações mediadas e quase-mediadas as informações circulam de modo livres de barreiras temporais e espaciais sem que estejam ligadas a um emissor original.

O modelo tríplice de interação é importante para se perceber que o processo discursivo não se resume e restringe apenas às comunicações interacionais do tipo face a face, mas também incluem as midiáticas (SPINK, 2004). Essa autora ressalta ainda que quando se insere a mídia nesse contexto é pensá-la para além da questão da produção e circulação de repertório, mas de pensá-la enquanto novas possibilidades de produção de sentido, pois os espaços fluidos, sem barreiras temporais e espaciais, presentes na contemporaneidade, permitem novas possibilidades de dar novos conceitos criados na modernidade tradicional entre o público e o privado (SPINK, 1997).

Ao pensar sobre as questões de visibilidades de fenômenos sociais criadas pelos tipos de interação mediada e quase-mediada, Spink (1997 *apud* MEDRADO, 2004) ainda sinaliza questões de mecanismos de controle propiciados pelo Estado no sentido de regular as programações televisivas. A autora coloca como exemplo os comerciais de bebidas alcoólicas e de produtos de fumo, em que, em 1978, o Conselho Nacional de Autorregulação (CONAR) estabeleceu diretrizes as quais restringiram a exibição indiscriminada destes elementos. Além disso, caso semelhante ocorreu com midiatizações acerca da epidemia da Aids, em que também houve restrições por parte de organizações não governamentais e da Coordenação Nacional de Aids, relacionadas ao tema, principalmente no que se tangia à utilização de termos preconceituosos.

Ainda no âmbito das interações mediadas e quase-mediadas, Thompson (1995, *apud* MEDRADO, 2004) estabeleceu um modelo tríplice de cunho metodológico no qual envolve três dimensões: produção e transmissão ou difusão das formas simbólicas, a construção das mensagens nos meios de comunicação, e a recepção e a apropriação. Esse modelo permite pensar a respeito das dinâmicas de produção midiática a partir de uma dimensão metodológica, facilitando o processo analítico e sempre relacionando-os entre si.

Medrado (2004) afirma que é necessária a construção de uma abordagem, do ponto de vista metodológico, a qual se permita fazer análise tanto de processos quanto de produtos midiáticos para haver desfamiliarizações de conceitos cristalizados nas interações face a face e perceber a dinamicidade propiciada pelas interações mediadas tanto por instrumentos técnicos quanto pela comunicação de massa.

Na produção e transmissão ou difusão das formas simbólicas, leva-se em consideração a produção e a transmissão das formas simbólicas a partir dos canais de difusão seletiva e localizam-se dentro de circunstâncias sócio-históricas. Na construção das mensagens, estas são consideradas enquanto produções simbólicas e complexas e que também apresentam limitações, principalmente quando são tomadas de forma isolada de seus processos comunicativos, os quais pressupõem. Já a recepção e a apropriação das mensagens dizem respeito às condições e circunstâncias socialmente diferentes nas quais as mensagens são recebidas pelas pessoas de forma particular.

Percurso metodológico

Inicialmente, a perspectiva da escolha do período cronológico das notícias, entre 2011 e 2018, deveu-se, primordialmente, por dois motivos: 1) as datas das notícias mais antigas pesquisadas referiu-se a 2011. Não foram encontradas notícias referentes ao objeto de estudo, nesse portal, com datas mais antigas a estas. Isso, provavelmente, leva à reflexão de que as notícias ficam armazenadas nesse canal por alguns anos. 2) Outra questão importante a sinalizar sãos as questões históricas decorrentes, principalmente a partir da última década e que dizem respeito a conquistas nacionais amplas reivindicadas pelos movimentos sociais LGBTI e de movimentos sociais específicos de pessoas trans, tais como: a união civil estável entre pessoas do mesmo sexo, a qual foi reconhecida em 2011 pelo Supremo Tribunal Federal; as cirurgias de redesignação sexual de fenótipos masculinos para femininos, as quais passaram a ser realizadas pela rede pública; a inserção, no Sistema Único de Saúde (SUS), do nome social de travestis e transexuais; a inserção do nome social, em 2013, também no Exame Nacional do Ensino Médio (ENEM), além de portarias e resoluções em diversos estados e municípios brasileiros relacionados à inserção do nome social nas esferas da administração pública e também na educação.

Dada a facilidade física possibilitada pelos canais de notícias midiáticos, as coletas foram realizadas ao longo do mês de julho do presente ano. Inicialmente, foi pensada a possibilidade de coletar as informações a partir de mídias impressas (jornais). No entanto, a variável tempo foi determinante para que houvesse a troca de canais de coleta.

A pesquisadora dispunha de pouco tempo para realizar tal atividade, levando-se em consideração os períodos dos documentos propostos pela pesquisa, os quais foram intervalados de 2011 a 2018. Além disso, também levou-se em consideração os pontos sinalizados por Castro (2008 *apud* BARROS NETA, 2016), os quais dizem respeito: à restrição de acesso aos arquivos, no que tange a questões burocráticas, como o horário de funcionamento da instituição, bem como a boa vontade do funcionário; o caráter único dos documentos arquivísticos, condizente à questão da burocracia de acesso; a não circulação dos documentos, havendo a dificuldades de empréstimos; propriedades de direitos autorais, que dizem respeito a questões de citações e cópias e o acesso físico ao local de depósito não é permitido (a não ser pelo próprio funcionário).

A pesquisa teve como lócus o portal eletrônico de notícias denominado *Diário On-line*. A escolha por tal canal midiático se estabeleceu por alguns motivos. Primeiramente ele foi selecionado devido ser um repositório de muitas notícias relacionadas ao Estado do Pará, bem como notícias de outros estados. As notícias presentes nesse portal são oriundas, em sua maioria, do jornal impresso *Diário do Pará*, de outros jornais impressos circulantes na Região

Norte, de fontes da Secretaria de Segurança Pública do Estado, além de outros portais eletrônicos de notícias brasileiros.

Foi pensada a possibilidade de mais outros portais de notícias enquanto lócus de pesquisa. No entanto, apenas no portal aqui mencionado, o *Diário Online*, foi encontrada uma vasta gama de notícias relacionadas ao objeto de estudo, o que, por si só, já trouxe um grande campo para análises.

A pesquisa na fonte virtual teve como elementos de procura as palavras-chave **travesti** e **transexual**, as quais foram estabelecidas no presente estudo enquanto critérios de inclusão. Levaram-se em consideração essas palavras-chaves presentes tanto nos títulos das notícias quanto como elementos discursivos presentes nas narrativas. Nas consultas, foram encontradas 35 notícias relacionadas à palavra travesti e 30, à transexual. As demais notícias encontradas com as palavras-chave sinalizadas ou eram repetidas ou não configuravam informações novas acerca das demais notícias.

As notícias encontradas abarcavam diversas dimensões sociais, desde aspectos relacionados a violências, entretenimento, sexualidade e política até questões vinculadas às garantias dos direitos humanos. A maioria das notícias relacionadas a fatos acontecidos na Região Norte, mais especificamente em Belém do Pará, já que o portal de notícias *Diário Online* está vinculado à predominância de notícias da Região Norte.

Resultados

Conforme mencionado, ao todo foram encontradas 35 notícias relativas à palavra-chave travesti e 30, à transexual, sendo outras notícias, referentes às mesmas palavras-chaves, repetidas ou não acrescentavam novas informações em relação às encontradas. Considerou-se o material coletado para se problematizar os discursos produzidos pelo canal midiático on-line pesquisado acerca das travestilidades e transexualidades. É importante frisar que, de acordo com Spink e colaboradores:

> A publicação de uma matéria no jornal é resultado da inter-relação de vários fatores. Nesse processo, incluem-se a estrutura organizacional (operacional e administrativa) de cada veículo, a rede de inter-relações estabelecidas

interna e externamente e os aspectos técnicos que são definidos pela linha editorial do jornal (SPINK *et al.*, 2001, p. 856).

A fim de visibilizar as construções discursivas em torno das representatividades de travestis e transexuais nas notícias, houve a organização de séries discursivas presentes nas notícias coletadas, as quais permitem pensar sobre os diversos tensionamentos que permeiam a discussão. Estas séries discursivas configuraram-se, significativamente, como os discursos mais frequentes encontrados nas notícias. Nesse sentido, estas séries discursivas não marcam generalizações absolutistas acerca do presente estudo. Apenas pontuam questões presentes nos discursos das notícias encontradas e propõem reflexões sobre o objeto estudado. As séries se organizam em três tópicos: 1) violência e marginalização da travestilidade, que trouxe temáticas sobre os contextos de violência e marginalidade, bem como questões ligadas a preconceitos e estereotipações, principalmente no atrelamento da travestilidade à prostituição; 2) Nome social e patologizações identitárias, em que problematizou-se a presença/ausência do nome social, além de perceber como as notícias traziam questões relacionadas à identidade de gênero e orientação sexual e 3) lutas por garantias de direitos, em que se trouxe notícias retratando os protagonismos das lutas de reconhecimento da cidadania.

A partir dos recortes das notícias, percebem-se alguns enunciados bem recorrentes e problematizadores, os quais também são encontrados nas demais notícias pesquisadas. Tais enunciados revelam muitas questões acerca de quais discursos são/estão sendo produzidos na mídia sobre travestis e transexuais e como influenciam nas práticas de saber-poder-subjetivação em torno deste segmento populacional.

No campo das notícias também é possível perceber o abismo simbólico entre as categorias "travesti" e "transexual" e como os próprios repertórios discursivos as enquadraram em dois campos bem presentes nas notícias: 1) marginalidade, principalmente relacionada à travestilidade e que corresponde, inclusive ao seu não reconhecimento enquanto ao gênero feminino; e 2) higienização, que aqui foi percebido a partir das notícias sobre transexualidades. Embora, a perspectiva patologizante, tanto das travestilidades quanto das transexualidades, seja um ponto nodal para a exclusão destas populações dos diversos processos de garantias de direitos, percebe-se que a categoria transexual é narrada midiaticamente enquanto dentro de um campo de "aceitabilidade" maior em relação à travesti, já que até as políticas públicas de saúde, como o processo transexualizador, é voltado para transexuais. No entanto, há de se convir que as mensagens trazidas nas notícias de alguma forma reafirmam o caráter patológico, de inteligibilidade e inadequação de gênero desses dois segmentos.

O desconhecimento sobre *universo trans* por parte da mídia favorece significativamente o preconceito acerca destas identidades. O não reconhecimento do nome social e gênero com os quais se reconhecem, a confusão entre identidade de gênero e orientação sexual, bem como a não reflexão acerca de todo o contexto de vulnerabilidade que se encontram que já as demarcam no campo da abjeção.

Em relação ao desconhecimento midiático sobre questões relacionadas não somente ao universo trans, mas também ao que condiz a toda a comunidade LGBTI, foi produzido, em 2018, o Manual de Comunicação LGBTI+, voltado para jornalistas, comunicadores e sociedade em geral, e que visa fornecer informações importantes acerca das questões referentes à comunidade LGBTI, tais como termos e definições básicas em relação à história do movimento social LGBTI, bem como chama atenção para os termos que devem ser utilizados no contexto da produção da notícia (REIS, 2018).

Neste contexto, as lutas pelas garantias de direitos por parte desta população entram enquanto movimentos contra-hegemônicos de lutas pela despatologização de suas identidades, bem como o reconhecimento enquanto pessoas cidadãs dentro de contextos de tensionamentos nas relações de saber-poder.

Considerações finais

Levando-se em consideração as notícias pesquisadas pela mídia *on-line*, percebe-se o quanto as questões relacionadas às experiências identitárias travestis e transexuais ainda se encontram na esfera da exclusão, violência, marginalidade e patologização, mesmo em um cenário social contemporâneo em que os movimentos sociais questionam constantemente e intervém nos processos de discussão acerca da garantia de direitos.

Os elementos constituintes das narrativas, os quais constituem as notícias, tais como os códigos visuais e verbais são articulados de tal maneira que quem produz a mensagem acaba por criar repertórios possibilitando novos rearranjos na produção de sentido. Spink *et al.* (2001) afirmam que tais rearranjos se fluem em um espaço sem fronteiras espaciais e temporais.

Nas articulações entre os códigos verbais presentes nas narrativas das notícias pesquisadas, ficou bem evidente como os códigos **travesti** e **transexual** divergem significativamente entre si, percorrendo caminhos tais que seus significantes assumem aspectos simbólicos diferenciados, tendo apenas em comum o caráter de não legitimidade e de patologização. Essa perspectiva divergente produz um caráter de subjetivação nas maneiras pelas quais não somente a sociedade em si, mas os próprios sujeitos em questão, irão se constituir e nomear a si e aos outros.

O desconhecimento, pela mídia, sobre questões relacionadas às relações de gênero e sexualidade colaboram para o processo de construção de discursos os quais produzem sentidos no imaginário coletivo acerca das travestilidades e transexualidades e acabam por reafirmar o caráter abjeto, como afirma Butler (2002) , desses sujeitos. Inclusive, o caráter repetitivo de notícias, principalmente sobre as travestilidades, as quais as localizam no campo das violências e prostituição, produzem "certezas" de que as travestilidades não existem fora desses campos, já que a produção discursiva em torno delas acaba gerando uma certa expectativa social de que suas construções identitárias só existem a partir de suas vinculações com a violência, marginalidade e prostituição.

É bastante sintomático pensar como contextos de violência, marginalidade e prostituição estão, na maioria das reportagens, presentes no imaginário coletivo acerca das travestilidades e ignorar o que Froemming e Bacci (2014) apontam enquanto transfobia, o qual se apresenta em todos os processos de exclusão que a pessoa trans passa em seus processos de vida. Esses contextos passam, muitas vezes, desapercebidos, em segundo plano, como se já fizessem parte de tudo o que se relaciona às travestilidades.

No campo das notícias sobre transexualidade, foram bastante incipientes tanto o quantitativo quanto as abordagens dadas quando o assunto se referia a homens trans. É ainda marcante a ligação cultural da transexualidade com o gênero feminino, o que colabora para a invisibilidade das identidades trans masculinas. No entanto, é um debate significativo e necessário que exige responsabilidades sociais, éticas e políticas para não se perder dentro do limbo da patologização.

Silva (2008) reitera que a mídia tem muita responsabilidade naquilo que produz e muitas vezes acaba reproduzindo estereótipos e tecendo, no seio da coletividade, "verdades" as quais assumem caráter perverso nas relações que os sujeitos estabelecem consigo mesmos e com os outros. Nesse aspecto, percebe-se como o próprio caráter, inclusive, de produção de sujeitos discursivos se estabelece no seio da coletividade. Com relação a isso, Foucault (1995, p. 7) afirma que "é preciso se livrar do sujeito constituinte, livrar-se do próprio sujeito, isto é, chegar a uma análise que possa dar conta da constituição do sujeito na trama histórica".

É necessário perceber também como a mídia tem um papel fundamental nas maneiras como se internaliza e se representa a sociedade e que nela estão inseridos tensionamentos sobre questões de saber-poder. Compreender que o sujeito está amarrado historicamente em discursos que geram "verdades" e como se é absolutizado nos meios e instituições sociais. Em relação a isso, é importante destacar os elementos pré-textuais, os quais convergem para esta leitura: quem são as pessoas que produzem os textos? Quais seus entendimentos acerca de questões relacionadas às relações de gênero e outros assuntos relacionados às questões de direitos humanos? De que forma as instituições midiáticas influenciam na omissão ou reprodução destes assuntos?

Vale ressaltar a amplitude dos campos de estudos sobre práticas discursivas em torno tanto das interdisciplinaridades quanto das próprias contradições com perspectivas reducionistas. Nesse sentido, o debate apresentado ao longo do presente estudo não se esgota e muito menos se limita a convergências absolutistas. Pelo contrário, abre-se um leque de possibilidades de críticas e contribuições que visem a desestabilizar conceitos enrijecidos sobre as realidades e subjetividades.

Referências

ASSOCIAÇÃO PSIQUIÁTRICA AMERICANA – APA. *Manual Diagnóstico e Estatístico de Transtornos Mentais* – DSM-IV-TR. Tradução de Cláudia Dornelles. Porto Alegre: ArtMed, 2002.

BENEDETTI. M. *Toda Feita*: o corpo e o gênero das travestis. Rio de Janeiro: Garamond, 2005.

BENTO, B. A. M. Disforia de gênero: geopolítica de uma categoria psiquiátrica. *Revista Direito & Práxis*, v. 7. n. 5. Rio de Janeiro, 2016.

BUTLER, Judith. Como os corpos se tornam matéria: entrevista com Judith Butler. Revista Estudos Feministas, n. 157, 2002

CAEIRO, R; ROCHA, H. Quem existe e como existe no jornalismo: análises dos discursos sobre transexualidade e travestilidade em dois jornais de Recife/Brasil. *Media & Jornalismo*. 2016. Disponível em: http://dx.doi.org/10.14195/2183-5462_29_13. Acesso em: 20 maio 2018.

COSSI, R. K. Desvinculação da experiência transexual do diagnóstico psicanalítico de psicose. *Revista Psicologia e Saúde*, v. 6, n. 1, 2014.

DARDE, V; MORIGI, V. Diversidade sexual no jornalismo brasileiro: um estudo sobre as representações da população LGBT nos jornais Folha de S. Paulo e O Estado de S. Paulo. *Brazilian Journalism Research*, v. 8, n. 1, 2012.

FOUCAULT, M. *História da sexualidade I*: a vontade de saber. Tradução de Maria Thereza da Costa Albuquerque e J. A. Guilhon Albuquerque. 6. ed. Rio de Janeiro: Edições Graal. Coleção: Biblioteca de filosofia, 1985.

GREGOLIN, M. do. R. Análise do discurso e mídia: a (re) produção de identidades. *Comunicação, Mídia e Consumo*, São Paulo, v. 4, n. 11, 2007.

HARTMANN, J. M. *Identidades trans* em pauta*: representações sociais de transexuais e travestis no telejornalismo policial brasileiro contemporâneo. 2014, 70f. Monografia. Departamento de Jornalismo, Centro de Comunicação e Expressão, Universidade Federal de Santa Catarina, Florianópolis, 2014.

JUSTA, J. F. *"Justo quando a lagarta achava que o mundo tinha acabado, ela virou uma borboleta"*: uma compreensão fenomenológica da travestilidade a partir de narrativas. 2006, 108f. Monografia. Departamento de Psicologia, Universidade Federal do Ceará. Fortaleza, 2006.

LEMOS, F. C. S; GALINDO, D; JÚNIOR, L. P. R; MOREIRA, M. M; BORGES, A. G. Análise documental: algumas pistas de pesquisa em Psicologia e História. *Psicologia em Estudo*, Maringá, v. 20, n. 3, 2015.

LIONÇO, T. Bioética e sexualidade: o desafio para a superação de práticas correcionais na atenção à saúde de travestis e transexuais. *Série Anis*, Brasília, n. 54, 2008.

MEDRADO, B. Textos em cena: a mídia como prática discursiva. *In*: SPINK, M. J. (org.). *Práticas discursivas e produção de sentidos no cotidiano*: aproximações teóricas e metodológicas. 3. ed. São Paulo: Cortez, 2004.

MOTTA, L. G. Por que estudar narrativas? *In*: MOTA, C. L. *et al*. (org.). *Narrativas Midiáticas*. Florianópolis: Editora Insular, 2012.

ORGANIZAÇÃO MUNDIAL DE SAÚDE. *CID-10*: Classificação Internacional de Doenças e Problemas Relacionados à Saúde. São Paulo: EDUSP, 2008.

PRECIADO, B. Multidões queer: notas para uma política dos "anormais". *Revista Estudos Feministas*, Florianópolis, v. 19, n. 1, 2011.

REIS, T. (org.). *Manual de Comunicação LGBTI+*. Curitiba: Aliança Nacional LGBTI/ GayLatino, 2018.

RUBIN, G; BUTLER, J. Tráfico sexual: entrevista. *Caderno Pagu*, Campinas, n. 21, 2003.

SAMPAIO, J. V; GERMANO, I. M. P. Políticas públicas e críticas queer: algumas questões sobre identidades LGBT. *Psicologia e Sociedade*, v. 26, n. 2, 2014.

SILVA, H. *Travesti*: a invenção do feminino. Rio de Janeiro: Relume-Dumará/ISER, 1993.

SPINK, M. J. *A construção social do risco no cenário da AIDS*. Projeto de pesquisa apresentado ao Conselho Nacional de Desenvolvimento Científico e Tecnológio – CNPq, mimeo, 1997.

SPINK, M. J. As múltiplas faces da pesquisa sobre produção de sentidos no cotidiano. *In*: SPINK, M. J. *Linguagem e produção de sentido no cotidiano*. Rio de Janeiro: Centro Edelstein de Pesquisas Sociais, 2010.

SPINK, M. J; MEDRADO, B; MENEGON, V. M; LYRA, J; LIMA, H. A construção da AIDS – notícia. *Cad. Saúde Pública*, Rio de Janeiro, n. 17, v. 4, 2001.

SPINK, M. J; FREZZA, R. M. Práticas discursivas e produção de sentidos: a perspectiva da Psicologia Social. *In*: SPINK, M. J. (org.). *Práticas discursivas e produção de sentidos no cotidiano*: aproximações teóricas e metodológicas. 3. ed. São Paulo: Cortez, 2004.

SPINK, M. J; MEDRADO, B. Produção de sentido no cotidiano: uma abordagem teórico-metodológica para análise das práticas discursivas. *In*: SPINK, M. J. (org.). *Práticas discursivas e produção de sentidos no cotidiano*: aproximações teóricas e metodológicas. 3 ed. São Paulo: Cortez, 2004.

TORRES, M. A. *A diversidade sexual na educação e os direitos de cidadania LGBT na escola*. Belo Horizonte: Autêntica Editora; Ouro Preto, MG: UFOP, 2010.

EXÍLIO AFETIVO: A CONSTITUIÇÃO FAMILIAR DE PESSOAS TRANS NUMA PARTE DA AMAZÔNIA BRASILEIRA NO FINAL DO SÉCULO XX

Otto Vasconcelos[1]

Introdução

Um avô e uma neta. Ele, pela própria condição, é um homem de idade avançada. Ela, uma garota de seios malformados – e mal disfarçados pela curta blusa, aparentemente, de algodão. Os dois estão muito próximos, num local escuro, ao lado da igreja do vilarejo no qual moram. Ele retira as duas peças de roupa que a garota usa, uma blusa puxada por sobre a cabeça dela, e uma saia, que é descida até os pés. Após isso, enquanto o avô se afasta, a câmera vai ampliando o espaço para que seja possível visualizar melhor o local no qual a garota, agora nua, está. Homens adultos estão com o olhar fixo na menina despida, enquanto se masturbam, tudo sendo observado de perto pelo avô.

A cena descrita é antecedida por outra, um pouco psicodélica, de usinas de cana de açúcar deterioradas, algumas abandonadas, descortinando uma riqueza que durante séculos foi responsável pela opulência de muitos lugares no Brasil, notadamente a região Nordeste. As usinas são mostradas em preto e

---

1   Doutor em História Social da Amazônia pelo PPHIST/UFPA). E-mail: osvaldosvasconcelos@gmail.com

branco, num primeiro momento, depois vão alternando cores, como que descolorindo para se chegar ao que se pretende dizer.

A terceira cena é composta por dois homens idosos, o primeiro já mencionado, o segundo um costureiro de fantasias do Maracatu, manifestação religiosa-artística-musical nascida em Pernambuco. Os dois estão sentados, olhando para uma das poucas ruas que existem, de costas para a câmera. O costureiro inicia o diálogo afirmando que ouvira no rádio sobre os costumes mundanos das pessoas do presente.

– É muita safadeza, num é? (Costureiro)

– Com a putaria que anda hoje no meio do mundo, visse? Sei não (Avô)

– Ontem mesmo na televisão tavam transmitindo o programa lá dos prêmio, e a moça que atendia o pessoal parece que nem tinha dinheiro pra comprar o tecido. Rebolava e ficava jogando o bundão de um lado pra outro. Pense num rabo! Era uma lapa de rabo que só vendo.

– É, meu filho, acabou-se o respeito. Mas sabe o que é, Mário? Falta de homem. Falta de homem que tenha moral, que tenha vergonha, que grite alto, que tenha autoridade. Mas hoje... hoje só tem uns cueca melada. Antigamente não. Antigamente, a coisa era resolvida ali no cipó de boi, aí, sim, tinha vergonha. A rapariga tinha vergonha, o corno tinha vergonha. Hoje não, virou foi moda[2].

O filme brasileiro "Baixio das Bestas", do diretor Cláudio Assis, do qual as descrições foram retiradas, se propôs a falar sobre coisas que muitos creem fazer parte de um Brasil remoto, colonial, arcaico, mas que estão tão presentes, embora muitas vezes de maneira assintomática – nos dá a impressão de que o mal está no outro, sempre –, que ao falar sobre ele parece que estamos lidando com fósseis de um costume não mais praticado: o patriarcalismo e sua matéria-prima, o machismo; o mandonismo; a submissão de tudo o que não for feito do e para o macho.

---

2   Os diálogos foram retirados do filme "Baixio das bestas", dirigido por Cláudio Assis, 2006.

A explicação para o filme "Baixio das bestas" ter iniciado este texto é importante para que o que se pretende fazer *a posteriori* seja ilustrado não como velharias sem maiores problematizações, mas como um autêntico fruto do contemporâneo gestado há muito tempo, criador de espaços sombrios e repleto de hiatos. O sombrio, nos diz Hannah Arendt, está ao alcance, "precisamos apenas olhar em torno para ver que nos encontramos em meio a um verdadeiro monte de entulhos daqueles pilares[3]" (ARENDT, 2008, p. 18). Os pilares que neste momento analisarei estão fincados na ideia de família, especificamente a família brasileira, inicialmente no singular, tal qual imaginou Gilberto Freyre, pioneiramente, Antônio Candido logo em seguida; depois, no plural e sob a forma de entulho, um monte de entulho que reclama existência, como sugerem Mariza Corrêa, Eni Samara e Ângela Mendes de Almeida.

Dos refugos das famílias: uma breve análise

Mais importante que ter uma família talvez seja o privilégio de ter sua família reconhecida. Digo privilégio, pois é esse o entendimento, ainda mais quando a padronização instituída não contemplou – nem se deu ao trabalho – as diversas outras formas existentes. Aqueles que não obtiveram o reconhecimento de suas formas familiares tiveram, por outro lado, o *privilégio* onipresente de ser constituído pela ideia, mais que pelo nome, de uma noção de família, a família patriarcal.

Por tal entendimento, o patriarcalismo foi/é democrático na constituição de famílias, não deixando indivíduo algum de fora. Essa ideia, embora não tenha sido fartamente discutida pelo idealizador, foi incutida por Gilberto Freyre, inicialmente em *Casa-Grande e senzala*, na edição inicial de 1933, depois em *Sobrados e mucambos*, de 1936. O entendimento de família patriarcal, idealizado por Freyre, é aquele que nascia para contemplar os domínios do senhor de engenho e todos aqueles que giravam na órbita dele, ou seja, ele era o Sol que iluminava os corpos que dele dependiam, seja os mais próximos, como a esposa e filhos legítimos, ou os agregados, amantes, criados e filhos considerados ilegítimos. Por tal raciocínio, a ideia, mais que o conceito objetivo, era de que a família patriarcal era, antes de qualquer coisa, extensa,

---

3   ARENDT, Hannah. *Homens em tempos sombrios*. São Paulo: Companhia das Letras, 2008, p. 18.

para conseguir aglutinar os mais variados elementos que ao senhor estavam ligados[4] (FREYRE, 2013, p. 80).

Por conseguinte, por mais que tenha havido alterações na estrutura dos elementos que fazem parte da ideia inicial, a família patriarcal ficando cada vez menor, o entendimento de família brasileira continuou bebendo na fonte disponibilizada por Freyre, que continua sendo, quase cem anos depois, uma passagem obrigatória para os estudos da família no Brasil, independentemente da área. É certo, ainda, que muitos daqueles que por ele passam deixam registrados a discordância em relação ao que foi imaginado, mas, mesmo assim, não deixou de ser relevante.

No geral, Freyre se transformou, ao menos nos estudos sobre a família, "o saco de pancadas predileto", como afirma Barth Barickman, num ensaio que questiona o real tamanho da casa-grande pensada por Freyre, aliás, o criador do termo, segundo o mesmo autor[5] (BARICKMAN, 2003, p. 79). Foi na casa-grande, refletindo na senzala, que Freyre estabeleceu as estruturas familiares que criaram o imaginário cristalizado na sociedade nacional do período colonial e boa parte do século XIX. Barickman ressoa e questiona determinados pontos, ressaltando uma divisão, entre os historiadores, nos estudos sobre família, consoante ao imaginado por Marisa Teruya, a de que há uma grande divisão nos estudos sobre a família, de um lado a visão a-histórica da ideia, cuja fonte é freyreana, e a outra na qual este modelo é revisto e fortemente questionado[6] (TERUYA, 2000).

O caráter revisionista partiu não exatamente sobre a família patriarcal, mas sobre outro ponto, também bastante conhecido de Freyre: o mito da democracia racial. Florestan Fernandes, numa conhecida contestação a Freyre, aborda não a criação e nomeação do mito, que ele afirma não serem de Freyre, este sendo responsável pelo amadurecimento e difusão da ideia, mas a participação

---

4   FREYRE, Gilberto. *Casa-grande e senzala*: formação da família brasileira sob o regime patriarcal. Apresentação de Fernando Henrique Cardoso. 52. ed. São Paulo: Global, 2013, p. 80.

5   BARICKMAN, Barth. E se a casa-grande não fosse tão grande? Uma freguesia açucareira do Recôncavo Baiano em 1835. *Afro-Ásia*, 28/30, p. 79-132, 2003, p. 79.

6   TERUYA, Marisa. A família na historiografia brasileira: bases e perspectivas teóricas. *Revista Brasileira de Estudos de População / Associação Brasileira de Estudos Populacionais*, Rio de Janeiro, Rebep, v. 32, n. 2, 2000.

efetiva do sociólogo na constituição de um mito nacional[7] (FERNANDES, 2008, p. 29). Lilia Schwarcz, historiadora e antropóloga, ratifica a afirmação de Fernandes, acrescentando que o alemão Karl Martius ganhara um concurso promovido pelo Instituto Histórico e Geográfico Brasileiro (IHGB), cuja intenção era de criar "apenas *uma* história, e que fosse (por suposto) europeia em seus argumentos, imperial na justificativa e centralizada[8]" (SCHWARCZ, 2019, p. 14), e foi assim, com a mistura das três raças, imaginadas tendo por analogia três rios, um mais caudaloso que o outro, simbolizando uma hierarquia, que nasceu a ideia da mixórdia harmônica entre o branco, mais caudaloso, o negro, medianamente caudaloso, e o índio, dos três, o menos caudaloso.

Se Martius imaginou a história, coube ao sociólogo Artur Ramos, continua Schwarcz, batizar a criança, cunhando o termo "democracia racial", num enlace perfeito entre o que fora imaginado sobre as origens nacionais, fruto de uma harmonia natural, e o nome, mais tarde acrescido do substantivo "mito". Assim, quando Freyre elaborou seus apontamentos sobre a construção de uma ideia nacional de família, foi acrescentando outros elementos, que não eram de sua autoria, mas que acabaram a ele sendo associados, grande foi o alcance dos seus trabalhos.

Dessa forma, a crítica de Florestan Fernandes aos mitos perpetuados por Freyre acaba corroborando a crítica que muito se faz ao entendimento que dele emanou sobre a formação da família brasileira, tendo como cerne o patriarcalismo. No resumo, as críticas, embora sejam de várias ordens, tendem a focar a família, no singular, como já destacado anteriormente, como se toda família brasileira fosse descendente de uma base específica, o que acaba não procedendo sob perspectiva alguma, quando se leva em consideração que a mistura de raças é genuína e visível, mas nem de longe fora amistosa e harmônica, como sugere Freyre.

No entanto, antes dos revisionistas se apropriarem da obra freyreana, outra obra fez com Freyre o que ele fizera com as ideias de Martius e de Artur Ramos. Antonio Candido, que se tornou célebre por seus estudos

---

7   FERNANDES, Florestan. *A integração do negro na sociedade de classes*: o legado da "raça branca". V. 1. 5. ed. São Paulo: Globo, 2008, p. 29.

8   SCHWARCZ, Lilia. *Sobre o autoritarismo brasileiro*. São Paulo: Companhia das Letras, 2019, p. 14. [grifo da autora].

literários, publicou, no início da década de 1950, um ensaio, escrito em inglês[9] (RAMASSOTE, 2008), para uma coletânea publicada nos Estados Unidos. Estranhamente, a obra nunca foi traduzida para o português[10].

Esse ensaio de Candido é considerado, ainda hoje, mesmo escrito muitas décadas atrás, como um marco importante nos estudos sobre a família brasileira e no pensamento de Gilberto Freyre, de quem Candido, sem criticar abertamente, acaba enaltecendo muitos pontos, e revisando outros. Logo no início, como para não cometer a homogeneização de Freyre, Candido afirma que

> Embora este capítulo tente dar um esboço geral do problema, o autor deve declarar no início que sua própria experiência e também os exemplos dados se referem principalmente às partes centro e sul do país, principalmente à área de influência histórica *Paulista*. No entanto, esta seção inclui aproximadamente metade da população brasileira e é a área onde as influências da urbanização e industrialização em curso são mais acentuadas[11] (CANDIDO, 1951, p. 291, tradução minha).

Seguindo o caminho traçado por Freyre, Candido pontua que a família brasileira descende da organização familiar portuguesa, que, em território nacional, sofreu transformações, dadas as misturas raciais empreendidas, principalmente pelas uniões irregulares, uma vez que, continua o autor, a permissividade sexual, já pontuada por Freyre, era uma constante, seja pela licenciosidade dos nativos daqui, seja pela compulsão sexual dos portugueses, por muito tempo reprimida, porém alimentada pela influência moura[12] (CANDIDO, 1951, p. 295).

Quando a colonização, de fato, ocorreu após 1532, emergiu a figura do patriarca, aquele cuja autoridade era ilimitada e por quem todos ao redor, direta

---

9   RAMASSOTE, Rodrigo. A sociologia clandestina de Antonio Candido. *Tempo Social, Revista de sociologia da USP*, v. 20, n. 1, p. 219-237, 2008.

10   A tradução do ensaio foi feita por mim, não tendo a pretensão de ser plenamente correta sob a perspectiva da tradução técnica.

11   CANDIDO, Antonio. The Brazilian Family. *In*: SMITH, Lynn; MARCHANT, Alexander (ed.). *Brazil*: Portrait of half a continent. New York: The Dryden Press, 1951. p. 291. [Grifo do autor].

12   CANDIDO, Antonio. The Brazilian Family. *In*: SMITH, Lynn; MARCHANT, Alexander (ed.). *Brazil*: Portrait of half a continent. New York: The Dryden Press, 1951. p. 295. [Grifo do autor].

ou indiretamente, temiam e respeitavam, habitando ou não sua área de influência mais imediata. No entanto, diferente de Freyre, Candido abriu um flanco na autoridade do patriarca para inserir a mulher, esposa deste, como figura que também lançava mão dos artifícios autoritários, seja para punir alguma escrava que daquele fosse usada sexualmente, seja para punir outras pessoas que no seu entendimento não atendiam aos reclames da autoridade[13] (CANDIDO, 1951, p. 295).

Outro ponto de fundamental importância destacado por Candido diz respeito a algo que mais tarde será alvo de intensos questionamentos, a influência da "periferia", ou seja, dos núcleos urbanos que não se encaixavam na ideia de família patriarcal, tal qual fora imaginada, seja por Freyre, seja por Candido, mas que conservava uma ligação entre a casa-grande e a senzala, aqui representado pelos aglomerados populacionais que não estavam próximos ao patriarca: o mandonismo. Aliás, em termos práticos, mandonismo, patriarcalismo, machismo, familismo, em maior ou menor grau, acabam tendo participação efetiva dentro da ideia de autoritarismo como agregador familiar, pois eles acabam aparecendo nas narrativas sobre os estudos da família, historiográficos ou não, sendo que em Freyre todos aparecem, embora não sejam gradação de uma mesma ideia.

Nesse sentido, Candido afirma:

> A história da família brasileira durante os últimos 150 anos consiste essencialmente em uma série ininterrupta de restrições às suas funções econômicas e políticas e à concentração nas funções mais específicas da família (do nosso ponto de vista) – a procriação e o disciplinamento do impulso sexual. Enquanto o núcleo privilegiado perdia sua posição de liderança e diminuía a amplitude e a rigidez de sua estrutura, os elementos heterogêneos tendiam cada vez mais a se separar de suas localizações periféricas e a adquirir autonomia doméstica e social; finalmente, a grande massa amorfa gradualmente se organizou, fundindo-se com a massa antes anômala de pessoas degradadas para formar as classes mais baixas da nova sociedade, a maioria das quais agora estão incluídas no regime familiar monogâmico mais ou menos estável, seja por meio do casamento legal ou em união estável. Assim, de uma forma ou de outra, a família atual provém da família

---

13 *Ibidem*, p. 297.

patriarcal, cujas características foram mais ou menos alteradas pelas ações ou pelos processos sociais, culturais e econômicos como urbanização, industrialização, proletarização, imigração e aculturação[14]. (CANDIDO, 1951, p. 297, tradução minha).

Ou seja, o autor inicia consoante a Gilberto Freyre, no tocante ao entendimento de família em boa parte do período colonial, mas considera, diferente da lógica freyreana, que o que antes era visto como singular, a família, passou a ser imaginada no plural, famílias, o que só foi possível, de acordo com Candido, por conta das transformações pelas quais o país passou, como a independência da Coroa, a abolição da escravidão e uma nascente industrialização. Tais transformações provocaram reorganizações na clássica família patriarcal, que se viu enfraquecida, e um aumento significativo das massas periféricas que passaram a ser notadas, posto que já compunham a base familiar há tempos, mas não eram contabilizadas.

A observação que Candido faz no início do ensaio, não querendo ter a pretensão de elaborar um entendimento homogêneo, acabou se desfazendo no ar, não exatamente por causa dele, mas por conta do acolhimento que o texto teve nos meios intelectuais. A longevidade da ideia de família patriarcal, primeiro com Gilberto Freyre, depois com Antonio Candido[15], principalmente, acabou se cristalizando no imaginário nacional, daí advindo uma das explicações para o seu vigor.

As contribuições, seja de uma identidade nacional, também divulgada por Freyre, como já salientei anteriormente, como a construção de uma ideia de família patriarcal, não somente por ele, mas por muitos pensadores, contemporâneos ou não, acabaram, durante muitas décadas, circunscritas às ciências sociais, especificamente aos sociólogos, incluindo as críticas posteriores. A não presença da História sobre os debates acerca da família, por exemplo, é explicada pela historiadora Sheila de Castro Faria:

---

14 CANDIDO, Antonio. The Brazilian Family. *In*: SMITH, Lynn; MARCHANT, Alexander (ed.). *Brazil*: Portrait of half a continent. New York: The Dryden Press, 1951. p. 294.

15 Cito os dois autores, em específico, mas sei da contribuição, para o assunto, de Oliveira Vianna, e o estudo do patriarcalismo para a formação da família, em "Populações Meridionais do Brasil"; de Caio Prado Junior, e a ideia da família urbana em "Formação do Brasil contemporâneo"; bem como de Sérgio Buarque de Holanda e seu "Raízes do Brasil". Os autores não foram utilizados por uma questão de recorte.

EXÍLIO AFETIVO: A CONSTITUIÇÃO FAMILIAR DE PESSOAS TRANS NUMA PARTE... 647

> Antes da década de 1950, os estudos sobre a família, como se entende hoje, praticamente não existiam, restringindo-se a análises genealógicas, quase sempre de grupos de elite, e baseados em fontes subjetivas. A vida familiar da grande massa da população não era contemplada[16] (FARIA, 1997, p. 354).

Segundo Faria, os historiadores eram refratários aos estudos sobre a família por dois motivos básicos: o primeiro, por conta da falta de fontes consideradas confiáveis, uma questão de método, portanto; o segundo, por uma questão conceitual considerada elástica, ou seja, havia dificuldade, por parte dos historiadores, em se debruçar sobre um conceito pelo qual, eles julgavam, se tinha pouco rigor conceitual, além da elaboração do qual os historiadores não tinham participado[17] (FARIA, 1997, p. 356).

A mudança, continua a autora, começou a ocorrer, timidamente, ela destaca, após 1930, quando alguns historiadores, na revista do *Annales*, passaram a inserir dados demográficos em suas análises, mas os efeitos dessa inserção só começaram a aparecer na década seguinte. Até 1970, continua Faria, já havia, ao menos, duas linhas de pesquisa histórica sobre a família, uma inglesa e uma francesa, ambas alcançando bastante fertilidade no Brasil. A inovação, pontua a autora, se concentrou nas "massas nominais", isto é, nos registros paroquiais, nos matrimônios registrados e nos censos[18] (FARIA, 1997, p. 357).

No entanto, destaca a autora, os limites dos historiadores esbarravam em questões metodológicas, uma vez que a quantidade de fontes não conseguia compreender todos os períodos, seja por conta da inexistência de alguns, seja por conta da delimitação dos que existiam. Outro ponto, destacado por Faria, diz respeito ao recorte territorial que possibilitou a história repetir os mesmos erros das ciências sociais, embora tenham incluído o Nordeste brasileiro no escopo. O ponto destacado enfatiza as mesmas áreas, Centro-Sul, com o acréscimo do Nordestina, mas não consegue explicar a Amazônia, por exemplo,

---

16 FARIA, Sheila de Castro. História da família e demografia histórica. *In*: CARDOSO, Ciro Flamarion; VAINFAS, Ronaldo. *Domínios da história*: ensaios de teoria e metodologia. Rio de Janeiro: Campus, 1997, p. 354.

17 *Ibidem*, p. 356.

18 *Ibidem*, p. 357.

embora haja trabalhos nessa temática[19], mas também seguindo as "massas nominais".

A ampliação do escopo historiográfico, nos estudos sobre a família, veio por conta da popularização da chamada "história das mentalidades" – brevemente analisado no primeiro capítulo – e da micro-história, que possibilitaram que a família pudesse expandir o imbróglio metodológico no qual se debatia. Aliado a isso, no mesmo período, no início da década de 1980, um debate surgido nas ciências sociais acabou favorecendo a história. A antropóloga Mariza Corrêa, seguindo os questionamentos sobre a família freyrena, turbinada pelo ensaio de Candido, respondeu aos dois, mais a Candido, pois ela entendeu que foi ele o responsável pela sedimentação, no meio acadêmico, da dominância patriarcal e, mais importante, que fora ele o responsável pela ampliação de tal ideia.

> A história das formas de organização familiar no Brasil tem se contentado em ser a história de um determinado tipo de organização familiar e doméstica – a "família patriarcal"-, um tipo fixo onde os personagens, uma vez definidos, apenas se substituem no decorrer das gerações, nada ameaçando sua hegemonia, e um tronco onde brotam todas as relações sociais. [...] Este é o modelo tradicionalmente utilizado como parâmetro, é a história da família brasileira, todos os outros modos de organização familiar aparecendo como subsidiários dela ou de tal forma inexpressivos que não merecem atenção[20] (CORRÊA, 1981, p. 6).

A crítica de Corrêa se concentrava, particularmente, na redução das relações sociais e suas estruturas às reminiscências da família patriarcal, independentemente se ela foi elaborada como resultado direto do que se passava nos domínios do engenho ou pela ampliação dos domínios do sertão, via atividade mineradora. A autora destaca em Freyre, mas também em Candido, que mesmo que houvesse outras formas de constituição familiar, elas não se encaixavam nas propostas de ambos, não ficando claro se por desconhecimento, ou deliberadamente provocada.

---

19 CANCELA, Cristina Donza. *Casamento e família em uma capital amazônica*. Belém: Ed. Açaí, 2011.

20 CORRÊA, Mariza. Repensando a família patriarcal brasileira. *Cad. Pesq.*, São Paulo, n. 37, 1981. p. 6.

EXÍLIO AFETIVO: A CONSTITUIÇÃO FAMILIAR DE PESSOAS TRANS NUMA PARTE...

Em outro momento, Corrêa sublinha que muitas dificuldades encontradas pelos autores que vieram depois, independentemente de linha de pesquisa, residiam na aceitação daquele modelo de família, que alimentava o que se entendia por secundário. A autora chama de "padrão dominante" essa linha principal, cuja função sempre foi fortalecer a historicidade da família patriarcal como sendo uma contribuição genuinamente brasileira ao mundo. Nesse sentido, Corrêa apontava que foi nesse embalo, "ignorando que foi através de uma luta suja, de infinitos pequenos conflitos e manipulações, e da violência, que este modelo, afinal, se impôs[21]" (CORRÊA, 1981, p. 6).

A grande contribuição de Candido, ainda assim maléfica, continua Corrêa, foi afirmar que os lugares que foram pouco afetados pela urbanização advinda da nascente industrialização brasileira tiveram mais dificuldade em assimilar a ideia do patriarcalismo familiar. Os lugares, citados nominalmente por Candido, são a Amazônia e partes generosas no Nordeste não litorâneo, que mostraram, segundo ele, "resistência substancial" aos sistemas de valores criados pela família patriarcal[22] (CANDIDO, 1951, p. 299).

Ainda de acordo com Candido, devido a essas resistências, partes do território permaneceram agrárias ante à urbanização do Centro-Sul, fato que pode ser constatado, diz o autor, na permanência de famílias que se sucedem no poder, elas praticamente inexistindo nas áreas urbanizadas[23]. Para Candido, parte da ruralidade brasileira ainda persistente se deve à essência patriarcal da família que não evoluiu, cujos traços mais evidentes estão presentes em comportamentos domésticos modernos, nos grandes centros, e seu contrário em lugares ainda carentes de modernidade.

> [...] a tendência é de rápida transformação no que resta da organização
> patriarcal, emergindo os seguintes traços: igualdade de status por parte de

---

21 *Ibidem.*

22 CANDIDO, Antonio. The Brazilian Family. *In*: SMITH, Lynn; MARCHANT, Alexander (ed.). *Brazil*: Portrait of half a continent. New York: The Dryden Press, 1951, 299.

23 Informação contestada amplamente por Raymundo Faoro, cuja análise vai abordar exatamente a capacidade das muitas famílias brasileiras, cuja matriz existencial está justamente na atividade política, em sobreviver ao longo dos séculos no Brasil. O autor entende que a formação e manutenção da elite no país é a fiadora da longevidade dos clãs políticos há muito estabelecidos, retribuindo, sempre, não com favores, mas com articulações que têm dupla função: retribuir a fiação e solidificar a presença desses clãs políticos. Ver mais em: FAORO, Raymundo. *Os donos do poder*: formação do patronato político brasileiro. Rio de Janeiro: Biblioteca Azul, 2004.

homens e mulheres; uma participação cada vez maior das mulheres nas atividades remuneradas; o aumento do controle da natalidade; aumento no número de desquites, e de casamentos com desquitados; diminuição da autoridade paterna e consequente diminuição das distâncias dentro da família; um enfraquecimento dos laços de parentesco e, consequentemente, uma mudança da família extensa para o grupo conjugal. Outras características, no entanto, são vigorosamente preservadas: tolerância ao adultério discreto por parte do homem; intolerância ao adultério por parte da mulher; e um violento tabu contra a perda da virgindade por parte das mulheres, mesmo nos centros mais urbanizados. O sentido de propriedade que o homem brasileiro de qualquer classe tem em relação à esposa é preservado quase integralmente, manifestando-se nos ciúmes (os tradicionais ciúmes ibéricos) e, principalmente, por aquela importância decisiva atribuída à castidade pré-marital - uma sólida representação coletiva que ocorre em todos os grupos, entre todas as classes, e só cede em circunstâncias de miséria[24]. (CANDIDO, 1951, p. 304, tradução minha).

Ao questionar Freyre e Candido sobre ampliar para o restante do país um modelo de família que existiu, de fato, mas em determinados pontos, notadamente nos espaços que tinham destaque econômico, Corrêa conclui que os dois assumiram "o olhar de seus habitantes – os senhores brancos e suas famílias[25]" (CORRÊA, 1981, p. 9), homogeneizando o modo de vida dos dominantes, obscurecendo todas as outras formas, que ainda teriam a pecha de descender daquela, caso viessem à baila. Com isso, continua a autora, mesmo através de um aparente enaltecimento da "plebe", como pode ser constatado em *Casagrande e senzala* e *Sobrados e mucambos*, principalmente, mas também em *The Brazilian Family*, o resultado entregue, e bastante assimilado, foi a cronologia familiar do "povo brasileiro"[26] (CORRÊA, 1981, p. 9).

Enveredando também pela ótica da contestação do legado patriarcal, a historiadora Eni de Mesquita Samara destaca a emergência de novas demandas, de indivíduos que tinham suas subjetividades suprimidas, como "os

---

24   CANDIDO, Antonio. The Brazilian Family. *In*: SMITH, Lynn; MARCHANT, Alexander (ed.). *Brazil*: Portrait of half a continente. New York: The Dryden Press, 1951, 304.

25   CORRÊA, Mariza. Repensando a família patriarcal brasileira. *Cad. Pesq.* n 37. São Paulo, 1981, p. 9.

26   *Ibidem*, p. 11.

EXÍLIO AFETIVO: A CONSTITUIÇÃO FAMILIAR DE PESSOAS TRANS NUMA PARTE... 651

segmentos marginalizados, a mulher, a família, a vida íntima e a sexualidade[27]" (SAMARA, 1993, p. 34), passaram a figurar nos estudos historiográficos, rompendo a timidez de décadas da disciplina na temática familiar. Samara afirma, ainda, que ter rompido o hiato possibilitou que novos protagonistas pudessem comprovar a combatida ideia de família patriarcal como precursora universal da composição social brasileira, uma caminhada sem direito a retorno, pontua[28] (SAMARA, 1993, p. 36).

Em outro texto, Samara levanta um argumento, que é bastante significativo para este texto, que diz respeito ao que existe por trás da ideia de família patriarcal, justamente o *patriarcalismo*. A autora afirma que sustentar a ideia de família, tal qual os precursores da ideia o fizeram, escondia o objetivo principal da iniciativa: escamotear a essência machista, esta, sim, presente nos mais diversos tipos de relações sociais estabelecidas no país, de vistas outras, ou seja, manter o homem enquanto o centralizador da vida, tudo o mais girando em sua órbita.

> A sociedade que aí se formou era uma mescla de raças e origens diversas e mais difícil de ser controlada, apesar das tentativas da igreja e da Coroa portuguesa. [...] Nessas paragens, não era fácil para os poderes constituídos, tentar fixar os padrões impostos pela colonização, que não eram seguidos pela maior parte da população[29] (SAMARA, 2002, p. 33).

No entendimento de Samara, muito além do debate sobre se a família patriarcal ainda se sustenta ou não, é considerar o papel machista que permaneceu intacto durante todos os séculos de constituição do país. A autora pondera que, a despeito das transformações ocorridas, fazendo alusões ao papel do engenho, do fim da escravidão, o estabelecimento do colonato, o início da industrialização e a consequente urbanização de muitas cidades brasileiras, "a vida continuou girando em torno da família e que a legislação reforçou, uma vez mais, o privilégio masculino[30]" (SAMARA, 2002, p. 29).

---

27 SAMARA, Eni de Mesquita. A mulher e a família na historiografia latino-americana recente. *Revista Anos 90*. nº 1, 1993, p. 34.

28 *Ibidem*, p. 36.

29 SAMARA, Eni de Mesquita. O que mudou na Família Brasileira? (Da Colônia à Atualidade). *Rev. Psicologia da Universidade de São Paulo*. v. 13, n. 2, 2002, p. 33.

30 *Ibidem*, p. 35.

A historiadora Ângela Mendes de Almeida, estudiosa da questão familiar, não faz coro ao grosso das críticas feitas a Freyre, preferindo destacar a "mentalidade patriarcal" como a grande contribuição freyreana para se pensar as relações criadas e mantidas no Brasil. Almeida pensa que para além das merecidas críticas que a ideia de família patriarcal e nuclear merece, é no que existe por trás do conceito o que precisa ser melhor esmiuçado, pois "o modo de pensar e de agir que Freyre descreve no âmbito do 'mundo da casa-grande e senzala', imperceptivelmente estendido ao Brasil como um todo, está bem próximo, do conceito de mentalidade[31]" (ALMEIDA, 1987, p. 41).

Almeida compreende que o comportamento autoritário reservado ao "macho-branco-proprietário" não é dele exclusivo, tendo se espraiado aos mais variados componentes familiares, eles sendo reconhecidos como tal ou não pelas análises que se debruçaram sobre o tema. A autora afirma que

> Trata-se de uma arquitetura mental em que a dominação e a submissão aparecem como "doce" intimidade, a valorização de algumas qualidades dos dominados pelos dominantes aparece e é sentida como confraternização, tudo isso contribuindo significativamente pra que não se apareça nem de longe uma equivalência entre seres humanos diversos que, neste caso, poderiam contrapor-se, mas se forje uma estrutura de comportamentos hierarquicamente tipificados[32] (ALMEIDA, 1987, p. 43).

O historiador brasileiro Ronaldo Vainfas, concordando com Ângela Almeida, reforça a ideia de que a contribuição maior de Freyre, independentemente da forma como ela é vista, é o "patriarcalismo dominante". Para o autor, é sabido que todo o arsenal montado para que se encarasse a família brasileira como fruto fundamental da família patriarcal foi desmascarado faz tempo, seja por historiadores, seja por cientistas sociais de outras searas. Diferente de Mariza Corrêa, Vainfas prefere contemporizar o enorme alcance das ideias de Freyre, destacando que o próprio fez discretos e rápidos alertas sobre a

---

31 ALMEIDA, Ângela Mendes de. Notas sobre a família no Brasil. *In*: ALMEIDA, Ângela Mendes de. (org.). *Pensando a família no Brasil*: Da colônia à modernidade Rio de Janeiro: Espaço e Tempo/UFRJ, 1987, p. 41.

32 ALMEIDA, Ângela Mendes de. Notas sobre a família no Brasil. *In*: ALMEIDA, Ângela Mendes de. (org.). *Pensando a família no Brasil*: Da colônia à modernidade Rio de Janeiro: Espaço e Tempo/UFRJ, 1987, p. 43.

existência de outros núcleos familiares aqui e alhures, embora tornasse robusta sua própria ideia de família, a patriarcal[33] (VAINFAS, 2011, p. 109), o que contribuiu sobremaneira para a massificação deste entendimento.

> E quer-nos parecer, ainda, que a maior ou menor concentração de indivíduos, fosse em solares, fosse em casebres, em nada ofuscava o patriarcalismo dominante, a menos que se pretenda que, pelo simples fato de não habitarem a casa-grande, as assim chamadas "famílias alternativas" viviam alheias ao poder e aos valores patriarcais – o que ninguém seria capaz de afirmar seguramente[34] (VAINFAS, 2011, p. 109).

Vainfas, no entanto, prefere reforçar a ideia de "legado patriarcal", como a grande contribuição freyreana para pensarmos não somente o conceito de família, mas também aquilo que percorre os afetos, os ódios, os sentimentos, enfim. É por meio da autoridade invisível, porém onipresente, que as relações são construídas, mantidas e perpetuadas, alcançando os mais diversos tipos de classe, indivíduos e espaços, conclui.

"Em casa tinha mais gay que hétero"

Dentro de um ônibus da linha "Canudos – Praça Amazonas", entre constrangida e excitada, Cléo Ferreira folheava revistas masculinas de nu frontal. No entanto, não eram as imagens com falos e nádegas que tiravam sua tranquilidade. Segundo Ferreira, sua presença no mundo, durante praticamente toda a infância, foi de um idílio com poucas e acentuadas quedas ao inferno terreno, estas causadas por escolhas erráticas do pai.

Dos percursos feitos no "inferno", conseguiu sobreviver com a onipresente ajuda da mãe. Semelhante a Dante, quanto este acorda no Inferno e de lá consegue sair com a providencial aparição de Virgílio, que o pega pelas mãos e o encaminha para os portões menos amedrontadores, representados pelo Purgatório. Usufruindo o idílio de voltar a ter dinheiro, saindo da pobreza na qual sua família fora jogada pelo pai, as percepções, sua e dos outros, eram uma

---

33 VAINFAS, Ronaldo. *Trópico dos pecados*: moral, sexualidade e inquisição no Brasil. Rio de Janeiro: Civilização Brasileira, 2011, p. 109.

34 *Ibidem*, p. 109.

só: Cléo era uma menina. Ela não sabe precisar, sobre as impressões alheias, se eram verdadeiras, ou fruto da não beligerância familiar.

Com o passar da infância, Cléo foi solidificando a imagem que tinha de si, de menina, de mulher em formação, de "garotinha com ar angelical da família". Tal imagem passou a sofrer algumas trincas quando Ferreira passou a ter contato com a revista que trazia homens despidos em cujo recheio também vinha reportagens sobre assuntos desconhecidos por ela até então: homossexualidade. "O que era ser homossexual?", Cléo se perguntava. Ela afirma que nunca tinha ouvido falar sobre o assunto e que em casa jamais isso fora ventilado. A maçã, representada pela homossexualidade detalhada na revista, fora mordida por Cléo e o paraíso que ela vivia até então passou a sofrer com a claridade vinda de fora. Agora, diferente de Dante, Cléo transitava entre o inferno da dúvida sobre si e o purgatório de ser iluminada por uma verdade que não conhecia.

Durante bastante tempo, o roteiro foi seguido de maneira pouco alterada: Cléo comprava a revista masculina numa banca de revista no centro comercial de Belém, dava voltas em ônibus, para ter tempo de ler todo o conteúdo, e, antes de descer, despachava o exemplar embaixo de algum banco do veículo. Ao relembrar essa prática, Cléo afirma que embora não tivesse consciência, à época, o chão de certezas que ela havia criado para si, com a ajuda involuntária da família, havia ruído. Ela confessa, entre risos, que a imagem de "mulher cis, mulher mesmo, mulher, mulher, sabe?" que pensava de si não existia. Ela estava enganada, conclui.

No entanto, mesmo diante das fissuras na própria percepção, Cléo manteve as aparências. Continuou performando, em casa, a sempre delicada pessoa que eles se acostumaram. Até aquele momento, ninguém havia rompido a película que haviam criado para Cléo. A única a ter consciência, diz, fora ela. A única até o momento em que encontrou alguns amigos, que provocaram e testemunharam a expulsão de Cléo daquele paraíso:

> Eu me sentia sempre menina, mas tinha alguma coisa que não tava se encaixando direito. Ao longo do tempo, com as minhas amizades, lendo, ouvindo as coisas, eu comecei a me encaixar na categoria de gay. A única categoria que tinha naquela época era de gay. Eu não tinha ouvido falar na categoria de travesti, de transexual. Não tinha assunto sobre isso. Era gay,

era gay, só gay. Aí os meus amigos, que na época não me conheciam direito, começaram a me observar melhor e disseram que pensavam que eu era uma menina, mas que agora sabiam que eu era um menino, que eu era gay. Eu achava que era uma menina (Cléo Ferreira, Belém, 2020).

Para os outros, diz Cléo, a família dela era tida como perfeita, pois eram vários filhos, todos estudando, a mãe dona de casa e o pai funcionário de uma escola muito bem postada socialmente. Internamente, as fissuras eram cada vez mais evidentes, seja pelo casal que vivia às turras, seja pelos filhos que começavam a desabrochar e ter consciência de quem eram.

A mamãe sempre carregou aquela questão de a mulher tem que ficar com o homem até... doa o que doer, aconteça o que acontecer, ela não pode abandonar a família. O papai tentou matar a mãe estrangulada, né? Então, pra ti ver, a mamãe teve várias razões pra poder se separar do papai, várias. Mas nunca se separou, até a morte, ela ficou com meu pai (Cléo Ferreira, Belém, 2020).

Por outro lado, Cléo afirma que os filhos, sobrevivendo a essa realidade conflituosa, foram levando a vida de acordo com as regras ditadas pelos pais. Assim, quando Clemente chegava do trabalho, os filhos já banhados e alimentados, sentavam no chão enquanto ele tirava as meias, num gesto que Cléo classifica como "tradicional e respeitoso". Além disso, durante as principais refeições, como almoço e jantar, todos deveriam comer em silêncio e no mesmo horário.

No momento em que relata essas passagens, Cléo afirma não ter trauma algum da criação que tivera, que seria absurdo afirmar algo nesse sentido, pois, diante de inúmeras situações que conhece de outras pessoas, não faz sentido dizer que é uma pessoa traumatizada com o que viveu dentro de casa. Ela destaca que teve uma família, que apesar dos percalços, eles eram unidos. "Eu tenho que agradecer a família que eu tive", sentencia ela.

O agradecimento feito por Cléo reside, segundo ela, no resultado, hoje em dia, do que os pais plantaram. Ela, que possui duas graduações, é funcionária pública concursada, além de todos os irmãos também possuírem formação superior, terem bons empregos e levarem uma vida confortável. De acordo com

Cléo, muito desse sucesso no presente é creditado à renúncia pessoal da mãe, que nunca desistiu do projeto familiar.

Dos sete filhos, excluindo o que morrera ainda bebê, são três mulheres lésbicas, um homem gay e Cléo, mulher trans. "Em casa tinha mais gay que hétero", brinca Cléo, ao recordar de como os conflitos envolvendo os pais sublimaram essas demandas dos irmãos e a dela também. Após a morte da mãe, ela diz que muitos desses potenciais problemas foram se desfazendo no ar, pois o pai, em idade avançada, já não era mais aquele de antes. Clemente, por conta da maturidade e com a perda da esposa, mostrou-se mais benevolente, se abrindo ao afeto dos filhos e convivendo pacificamente com as diferenças.

As filhas de Oxóssi

"A família da travesti são outras travestis", disse Maria Antonieta ao erguer o copo de cerveja para brindar a confraternização na qual, além dela, estavam Samantha Carrara, outras travestis e eu. Antonieta não bebe, não fuma mais e afirma nunca ter consumido drogas ilícitas ao longo da vida. Das drogas, diz, "sou apenas fornecedora, tu sabes". Fizera o brinde para responder a um questionamento meu sobre os familiares dela e de algumas outras que ali estavam.

Quando saíra da casa da tia, com quase 18 anos de idade, após uma violenta briga, Maria Antonieta se refugiou no terreiro de Dona Chiquinha, mãe de santo que a aceitou em sua morada. Desta estadia, deu-se o encontro com Olga, a travesti que frequentava o terreiro. Em questão de dias, as duas rápido estabeleceram uma amizade que duraria anos, sendo interrompida quando da morte de Olga. "Oxóssi, meu pai, orientou Dona Chiquinha, a mãe que a vida me deu, e assim eu não afundei. E por eles eu conheci minha outra mãe, a Olga. Melhor que de sangue, né?".

O "Bar do Didi", local onde a confraternização ocorreu, no bairro de São Braz, em Belém, fora fechado por Antonieta para o festejo anual das travestis que para ela trabalhavam. O bar, localizado nas proximidades do terminal rodoviário da capital e de hotéis baratos, tinha outros ao redor, de modo que a gritaria dos frequentadores, para o bar no qual estávamos, era intensa. Era a quarta vez que eu participava do evento. A anfitriã aproveitava a oportunidade para fazer um balanço sobre suas atividades econômicas, presentear as mais obedientes e lucrativas e para fazer doações àquelas que por algum motivo de saúde estavam impossibilitadas de sair de casa.

Especificamente naquela comemoração, na virada de 2017 para 2018, segundo Antonieta, havia mais doações que premiações. O número de travestis adoentadas, que estavam sob sua proteção, tinha crescido muito. Aids, problemas respiratórios, câncer, facadas, drogas, enumerou ela sobre os problemas de saúde que algumas meninas de sua grande família enfrentavam. Após Olga partir, fora ela, Maria Antonieta, a comandante da nau de travestis.

Em busca de um nome

Magda de Valqueire nasceu no dia 10 de novembro de 1965, na vila Vista Alegre, no município de Chaves, Ilha do Marajó, no Pará. Não recebeu um nome. A criança que nasceu seria chamada pelo pai, e pelas poucas pessoas ao redor, de "garoto". Não conheceu a mãe, sabendo pelo pai que ela "morreu pra sempre". Por outras bocas, também no ritmo da incerteza, soube de várias versões acerca do paradeiro daquela que a trouxe ao mundo. Uma pessoa disse que ela morrera no parto. Outra disse que fugiu com um pescador amigo do pai. Magda, no entanto, tende a acreditar naquilo que uma tia disse num momento de cólera: "Não é que tua mãe não tenha te quisto, tua mãe era empelicada, foi levada pra dentro da água, foi levada e deixou a maldição pra ti".

Assim, se considerar empelicada, embarcando em algo pautado na incerteza e no fantástico, fez Magda encarar a vida sem a mãe como algo que já existia antes dela própria nascer, algo que já havia sido planejado pelos espíritos da floresta[35], de modo que aceitar essa premissa talvez fosse mais emocionalmente aceitável do que aceitar que a mãe tenha fugido com outro homem, ou que tenha morrido para que ela, Magda, pudesse nascer.

Além de não ter conhecido a mãe, a criança também não conheceu um nome para chamar de seu. Magda recorda que o pai, homem taciturno e de raras palavras, quando a chamava dizia apenas "vem aqui, garoto", de modo que

---

35 Ter a vida tecida e organizada pelos espíritos da floresta é algo muito comum no interior da Amazônia, uma vez que longe dos hábitos e vícios urbanos, as pequenas localidades ainda conservam a visão da vida baseada nos mitos e imaginários amazônicos. Sobre isso ver: PAES LOUREIRO, João de Jesus. *Cultura Amazônica*: uma poética do imaginário. Belém: EdUFPA, 2010.

"garoto" passou a ser o nome que as pessoas o chamavam, servindo, ainda, para Magda aceitar como o *seu nome.*

Magda recorda que sua casa era na beira da praia, na vila Vista Alegre, "um lugar longe, muito, muito longe". A distância lembrada por ela faz referência a muitas coisas, seja pela falta de um vizinho perto, que ela afirma que existia, mas as casas ficavam distantes, como também pelo fato de sua vista só enxergar água por todos os lados. A casa trazida pela memória era de galhos de árvores, coberta de palha, com paredes revestidas também por palha. Não havia divisão interna, havendo uma fusão entre quarto, sala, cozinha, com chão de terra batida. Não existia banheiro.

A vida do menino sem nome cuja convivência com o pai sem palavras foi, aos olhos de Magda, tranquila e calma. Por não ter frequentado a escola, a criança vivia andando pelas longas praias desertas do vilarejo, nadando, ou ia pescar com o pai no "Iansã, a rainha", nome do barco que o pai possuía. O garoto sem nome cresceu entre caminhadas/corridas pelas praias desertas, camarões, peixes e um pai economicamente verbal. Magda garante ter herdado o silêncio do pai, sempre se lembrando dele com carinho, pois, afirma, mesmo que ele não fosse carinhoso, nem conversasse, nem lhe tivesse dado um nome, ele era o pai dela, aquele não a deixou morrer de fome, sozinha no mundo.

> Nunca fui pra escola. Nunca. Papai dizia que eu já sabia o que era necessário pra vida: nadar e pescar. Um homem só precisa saber disso. Eu fui conhecer uma escola na vida já adulta quando fui com uma amiga que ia matricular o filho. Fiquei olhando pras salas, corredor, cadeiras. Fiquei pensando como era ir pra escola. Eu não sei ler... [longo silêncio] Só sei escrever meu nome (Magda de Valqueire, Rio de Janeiro, 2018).

Outras recordações de Magda dizem respeito aos odores das plantações de abacaxi que sempre visitava para pegar algum escondido. Ela diz que pode estar em qualquer lugar, mas que "sempre que sinto cheiro de abacaxi eu choro". O cheiro da fruta permaneceu intacto em algum lugar na memória, assim como o queijo que o menino sem nome aprendeu a fazer com o pai. Magda recorda que quando perguntou ao pai por que não frequentava a escola, ele respondeu: "Já sabe cozinhar, nadar e pescar. Não precisa de mais nada".

Por ter medo do pai, talvez pelo silêncio onipresente, o menino nunca questionou qualquer coisa falada por ele. Tudo o que ele dizia, Magda lembra, era certo. No entanto, como nunca recebeu um nome, nem frequentou a escola, ainda hoje Magda permanece ligada ao pai, ao menos nas heranças deixadas, como o silêncio e o fato de não saber ler e escrever.

Tais heranças foram sacramentadas quando, no dia 25 de maio de 1982, enquanto almoçavam em casa, o pai abre bem os olhos, como se quisesse dizer coisas, e logo em seguida tomba para frente, mergulhando o rosto no peixe cozido contido no prato. O menino sem nome correu para cima do pai, mas o ataque cardíaco fora mais rápido. O garoto, que não tinha nome, não tinha mãe, a partir daquele momento, também não tinha mais pai. Além de ter ensinado o filho a nadar, a cozinhar e a pescar, o pai ainda deixou a casa de palha e "Iansã, a rainha", o barco, bens que o filho vendeu assim que descobriu que existia uma tia, irmã do pai, em Belém, que já sabia do falecimento e que já se movimentava para receber o sobrinho.

Não ter frequentado a escola e, por conseguinte, não ter sido alfabetizada, é uma chaga aberta na trajetória de Magda, pois essa lacuna intelectual acabou sendo explorada por inúmeras pessoas que atravessaram o caminho dela. Um dos primeiros infortúnios nesse sentido ocorreu após a morte paterna. Um conhecido do pai se ofereceu para comprar o barco e a casa, aceito por ela sem maiores obstáculos. O problema ocorreu no pagamento, pois ela pouco conhecia de dinheiro e garante que foi enganada, pois recebeu o pagamento e quando foi comprar a passagem para Belém, descobriu que metade do dinheiro havia sido gasto nessa ação.

Ao aportar no Porto da Palha, na capital paraense, perambulou pelo lugar segurando a sacola que levara. Sua presença ali não despertou a atenção de ninguém, pois é comum a presença de pessoas vindas do interior, notadamente daquelas que chegam à cidade pela primeira vez e assumem a mesma postura de Magda – ao menos era assim na época que ela chegou à cidade de Belém, nos idos de 1980 –, ou, nos dizeres locais, assumem a postura de matuto, de caboclo vindo do interior[36]. Ela afirma que não consegue precisar o tempo que passou andando pelo lugar, mas lembra quando alguém a puxou de maneira

---

36 OLIVEIRA, Robson Cardoso de. Éguas e Caboclos: as representações de uma paraensidade a partir de anúncios publicitários e vídeos compartilhados nas mídias sociais. Tese (Doutorado) – Programa de Pós-Graduação em Antropologia, Universidade Federal do Pará, Belém, 2020.

brusca pelo braço, gritando coisas numa forma de falar que ela rápido entendeu ser uma repreensão. Era a tia, muito irritada, que reclamava do então garoto ter saído do lugar que ela havia recomendado, e que ela afirmava estar escrito no papel que Magda carregava.

Ela não se recorda se tentou dizer algo em sua defesa, mas lembra que a tia saiu andando, ainda irritada, puxando-a pelo braço. Recorda ainda que sentiu um medo incontrolável quando subiu num ônibus pela primeira vez. Um ônibus que fazia a linha "Universidade-Ver-o-Peso[37]" e que, ela afirma, andava numa velocidade tão intensa que a ela parecia que a qualquer momento ele se despedaçaria. Por outro lado, ela diz que pela janela do mesmo ônibus ela pôde contemplar uma cidade grande pela primeira vez na vida e que a sensação de que não mais estava sozinha na companhia da água e da areia da praia a fez bem.

A estadia na capital paraense durou pouco. Magda conta que antes de chegar à cidade, já havia uma articulação, feita pela tia, para que ela fosse morar com uma conhecida daquela na cidade do Rio de Janeiro, na condição de "filho de coração". A "adoção não formal" é uma prática comum nas grandes cidades brasileiras, e mesmo na América Latina[38], que consiste na acomodação de meninas[39], em sua maioria, oriundas do interior do Brasil, na casa de pessoas[40] na condição de "afilhadas".

---

37 Linha de ônibus atualmente extinta. O nome faz referência à Universidade Federal do Pará.

38 DANTAS, Luísa. **E AS "CRIAS DE FAMÍLIA", POR ONDE ANDAM?** Um estudo sobre projetos de vida, memória e trabalho de mulheres em Porto Alegre/RS. IV Seminário de Trabalho e Gênero - Protagonismo, Ativismo, Questões de gênero revisitadas, 2016. Disponível em: https://files.cercomp.ufg.br/weby/up/245/o/E_AS_%E2%80%9CCRIAS_DE_ FAM%C3%8DLIA%E2%80%9D__POR_ONDE_ANDAM.pdf. Acesso em: 25/02/2020.

39 Embora a maioria dos casos seja de meninas, até por conta do imaginário acerca da atividade doméstica estar atrelada ao feminino, como uma "atividade de mulher", há uma dificuldade em retratar os casos em que meninos estejam na mesma situação, embora eles existam. Ver: Cal, Danila. **Comunicação e Trabalho Infantil Doméstico**: política, poder, resistências. Salvador: EDUFBA, 2016.

40 A condição social dessas pessoas é incerta, uma vez que o trabalho infantil é ilegal, como atesta Danila Cal. No entanto, o estrato social mais evidente vem a ser aquele que se concentra entre os ricos e a classe trabalhadora, logo, a classe média. Esse tipo de modelo de estratificação social, embora tenha nuances, dependendo de autores e linhas de pensamento, grosso modo, pode compartilhar determinada semelhança. Idem, p. 36.

Considerações finais

No mundo ideal, uma pessoa trans seria o arquétipo intelectual de outra pessoa trans que estivesse impossibilitada de estar naquela sintonia. Não estar em sintonia não quer dizer que nunca haverá sincronização. É claro que se houvesse, desde há muito, pessoas trans atuando diretamente nas decisões de poder, as realidades contemporâneas talvez fossem outras.

É claro também que existem pessoas trans desde há muito, mas tão longevo quanto suas existências são seus apagamentos. Assim, muitos anos atrás, motivado por uma questão estritamente pessoal, eu vi numa travesti alguém não como um arquétipo corporal, ou subjetivo, mas como *uma vida que importa*. Muito tempo depois da morte dela, após ter sido transformada no avesso da "diva du SIDA[41]", e de ter entrado na vida acadêmica, achei que eu poderia fazer alguma coisa com aquilo tudo. Dessa forma, na ausência de mundo ideal, fui ajudando a construir o mundo real.

Ao longo de todos os anos aos quais eu me dediquei em pesquisar as travestilidades, e, depois, as transexualidades, em momento algum consegui me imaginar um especialista. Continuo não me imaginando. Não posso ser especialista em experiências alheias, mas posso ser um observador curioso, daqueles que preferem ajudar a montar o palco no qual os verdadeiros atores e atrizes encenarão seus papeis.

Dessa forma, no mundo real, para muito além do ideal, tentei mostrar, neste texto, uma abordagem que priorizou a formação das famílias. Precisei tornar o debate bastante amplo para tentar encontrar respostas para inquietações persistentes, como o machismo, o mandonismo, a intolerância, e que estão presentes ainda hoje. Isso é tão certo, que muitos dos crimes de ódio cometidos contra as pessoas trans, principalmente, refletem cotidianamente essas percepções.

Além disso, a própria formação familiar vai ajudar a responder uma série de deficiências sociais de muitas dessas pessoas, como a exclusão dos ambientes

---

41 Ela, talvez cansada e amedrontada, caiu no canto da sereia do pastor que dirigia a igreja evangélica na qual se refugiu quando o pânico apontou. Por meio dele, ela desistira do AZT, que na época era a única solução medicamentosa contra o vírus da Aids. Lhe prometeram que Jesus a salvaria do vírus. Assim, diferente da "diva du SIDA", como Jean-Claude Bernardet chama as pessoas que fazem campanha de prevenção do HIV, ela permitiu que seu corpo fosse vencido. Sobre a expressão do autor ver: BERNARDET, Jean-Claude. **O corpo crítico**. São Paulo: Companhia das Letras, 2021, p. 115.

públicos, a falta de representatividade nas tomadas de decisões, a evasão escolar, que aos poucos começa a ser enfrentada, mas está longe de conseguir sanar muitas das barreiras existentes. Assim, abordar as formações familiares de pessoas trans, mesmo que de maneira incipiente, neste texto, é um passo importante para que possamos problematizar o exílio para qual muitas delas são enviadas com passagem só de ida.

Referências

ALMEIDA, Ângela Mendes de. Notas sobre a família no Brasil. In: ALMEIDA, Ângela Mendes de. (Org.). *Pensando a família no Brasil*: Da colônia à modernidade Rio de Janeiro: Espaço e Tempo/UFRJ, 1987.

ARENDT, Hannah. *Homens em tempos sombrios*. São Paulo: Companhia das letras, 2008.

BARICKMAN, Barth. E se a casa-grande não fosse tão grande? Uma freguesia açucareira do Recôncavo Baiano em 1835. *Afro-Ásia*, 28/30, pp. 79-132, 2003.

BERNARDET, Jean-Claude. **O corpo crítico**. São Paulo: Companhia das Letras, 2021.

CAL, Danila. *Comunicação e Trabalho Infantil Doméstico*: política, poder, resistências. Salvador: EDUFBA, 2016.

CANCELA, Cristina Donza. *Casamento e família em uma capital amazônica*. Belém: Ed. Açaí, 2011.

CANDIDO, Antonio. The Brazilian Family. In: SMITH, Lynn & MARCHANT, Alexander (eds.). *Brazil*: Portrait of half a continent. New York: The Dryden Press, 1951.

CORRÊA, Mariza. Repensando a família patriarcal brasileira. *Cad. Pesq.* n 37. São Paulo, 1981.

DANTAS, Luísa. E AS "CRIAS DE FAMÍLIA", POR ONDE ANDAM? Um estudo sobre projetos de vida, memória e trabalho de mulheres em Porto Alegre/RS. IV Seminário de Trabalho e Gênero - *Protagonismo, Ativismo, Questões de gênero revisitadas*, 2016. Disponível em: https://files.cercomp.ufg.br/weby/up/245/o/E_AS_%E2%80%9CCRIAS_DE_FAM%C3%8DLIA%E2%80%9D_POR_ONDE_ANDAM.pdf. Acesso em: 25/02/2020.

FARIA, Sheila de Castro. História da família e demografia histórica. In: CARDOSO, Ciro Flamarion & VAINFAS, Ronaldo. *Domínios da história*: ensaios de teoria e metodologia. Rio de Janeiro: Campus, 1997.

FERNANDES, Florestan. *A integração do negro na sociedade de classes*: o legado da "raça branca". V. 1. 5ª ed. São Paulo: Globo, 2008.

FREYRE, Gilberto. *Casa-Grande & Senzala*: formação da família brasileira sob o regime patriarcal. Apresentação de Fernando Henrique Cardoso. 52ª Edição. São Paulo: Global, 2013.

OLIVEIRA, Robson Cardoso de. Éguas e Caboclos: as representações de uma paraensidade a partir de anúncios publicitários e vídeos compartilhados nas mídias sociais. Tese (Doutorado). Programa de Pós-Graduação em Antropologia. Universidade Federal do Pará, 2020.

RAMASSOTE, Rodrigo. A sociologia clandestina de Antonio Candido. *Tempo Social*. Revista de sociologia da USP, v. 20, n.1, pp. 219-237, 2008.

SAMARA, Eni de Mesquita. A mulher e a família na historiografia latino-americana recente. *Revista Anos 90*. nº 1, 1993.

SAMARA, Eni de Mesquita. O que mudou na Família Brasileira? (Da Colônia à Atualidade). *Rev. Psicologia da Universidade de São Paulo*. v. 13, nº 2, 2002.

SCHWARCZ, Lilia. *Sobre o autoritarismo brasileiro*. São Paulo: Companhia das letras, 2019.

TERUYA, Marisa. A família na historiografia brasileira: bases e perspectivas teóricas. *Revista Brasileira de Estudos de População / Associação Brasileira de Estudos Populacionais*. – v. 32, n. 2 – Rio de Janeiro: Rebep, 2000.

VAINFAS, Ronaldo. *Trópico dos pecados*: moral, sexualidade e inquisição no Brasil. Rio de Janeiro: Civilização Brasileira, 2011.